De Gruyter Studium

Horst Lohnstein

Formale Semantik und natürliche Sprache

2., durchgesehene und erweiterte Auflage

De Gruyter

ISBN 978-3-11-020911-2
e-ISBN 978-3-11-022388-0

Bibliografische Information der Deutschen Nationalbibliothek

Die Deutsche Nationalbibliothek verzeichnet diese Publikation in der Deutschen Nationalbibliografie; detaillierte bibliografische Daten sind im Internet über http://dnb.d-nb.de abrufbar.

Druck: Hubert & Co. GmbH & Co. KG, Göttingen

∞ Gedruckt auf säurefreiem Papier

Printed in Germany

www.degruyter.com

Inhaltsverzeichnis

Vorwort

Das vorliegende Buch ist eine modifizierte und erweiterte Version von *Formale Semantik und natürliche Sprache*, die 1996 im Westdeutschen Verlag erschienen ist. Da dieses Buch insgesamt recht beliebt war und mich – nachdem es vergriffen war – immer wieder Anfragen erreichten, ob der Text noch verfügbar sei, bot sich eine Neuauflage an. Heiko Hartmann vom Verlag Walter de Gruyter hat diese Idee unterstützt und die notwendigen Schritte eingeleitet. Vielen Dank für die angenehme Zusammenarbeit!

In weiten Teilen und vom Aufbau her ist das hier vorliegende Buch identisch mit seiner Vorgängerversion. Bestimmte andere Teile habe ich aber gestrafft, verändert oder ergänzt. Neu in dieser Version sind die Kapitel über Kategorialgrammatik, Propositionen und Propositionenmengen, Fragesemantik und Informationsstruktur.

Der Versuch, einen Text leicht verständlich zu halten, scheitert gelegentlich an dem Komplexitätsgrad der zu beschreibenden Sachverhalte. Logik und Mathematik sind in aller Regel nicht die Disziplinen, die der Germanist oder Sprachwissenschaftler seinen primären Interessensbereich nennt. Dennoch bilden die aus diesen Forschungsgebieten hervorgegangenen Konzeptionen das wesentliche Instrumentarium zur theoretischen Beschreibung der Bedeutung und Interpretation natürlich-sprachlicher Sätze und Syntagmen.

Wie die erste Auflage ist auch diese Version als ein Weg zur formalen Semantik gedacht, der den in Sachen formaler Logik und mathematischer Funktionen nicht so vertrauten Philologen zu den Konzepten, Begriffen und grundlegenden Ideen der modernen Bedeutungstheorie führen kann. Dass dieser Weg gelegentlich steinig ist, gehört zur Sache. Das Buch versucht, ihn begehbar zu machen.

Allen Freunden und Kollegen, die direkt oder indirekt an der Entstehung beteiligt waren, möchte ich an dieser Stelle ganz herzlich danken: Stefan Brochhagen, Anika Dewald, Kleanthes Grohmann, Amina Hallab, Helge Kuhnert, Jürgen Lenerz, Rosemarie Lühr, Sonja Müller, Renate Musan, Imke Scheib und Volker Struckmeier. Meine Mitarbeiterin Hildegard Stommel hat große Teile des Manuskripts korrigiert und mit zahlreichen Anmerkungen die Verständlichkeit erhöht. Herzlichen Dank dafür!

An der Entstehung der ersten Auflage waren darüber hinaus Paul-Otto Samuelsdorf, Maria-Luise Nilges, Andreas Sombroek, Malte Zimmermann, Priya Bondre-Beil, Ulf Broszewski, Daniel Büring, Robert Kemp, Anne Rivet, Susann Siebert und vor allem auch Alexandra Zepter in der ein oder anderen Weise beteiligt. Auch Euch möchte ich an dieser Stelle nochmals herzlich danken!

Es bleibt – wie stets – zu vermerken, dass alle verbliebenen Fehler auf mein eigenes Konto gehen.

Wuppertal, im Dezember 2010 Horst Lohnstein

1. Einleitung

In jeder alltäglichen Situation, in der wir mit anderen Menschen reden, übermitteln wir mit sprachlichen Signalen Bedeutungen. Wir reden über die Welt, die uns umgibt, oder über innere Phantasiewelten, wir stellen Fragen, äußern Behauptungen oder Glaubensüberzeugungen, erteilen Anordnungen oder stellen Bitten, wir weisen Forderungen zurück oder erklären Angelegenheiten für erledigt. Dabei bedienen wir uns stets bestimmter sprachlicher Mittel, um unserem Gegenüber mitzuteilen, was wir jeweils ausdrücken wollen: Wir wählen verschiedene (möglicherweise komplexe) Wörter und setzen diese in einen strukturellen Zusammenhang, indem wir sie zu Phrasen und Sätzen verbinden. Diese haben auf der einen Seite eine gewisse Lautstruktur und Intonationskontur und auf der anderen Seite eine bestimmte Bedeutung. Aber auch die Wörter selbst haben Bedeutungen, und es stellt sich die Frage, wie die Bedeutung der Wörter mit der Bedeutung von Sätzen zusammenhängt, bzw. wie aus der Bedeutung verschiedener Wörter die Bedeutung eines Satzes zustandekommt.

Was aber ist eine Bedeutung? Betrachten wir dazu den einfachen Satz in (1):

(1) Peter schläft.

Wenn wir uns überlegen, was (1) bedeuten kann, so stellen wir fest, dass dies u. a. von den Kontexten seiner Verwendung abhängt. Zum einen kann es sich bei (1) um die Feststellung oder die Behauptung handeln, dass ein Individuum namens Peter schläft. (1) könnte aber auch eine Antwort auf die Frage sein: *Was macht Peter?* Weiterhin könnte (1) als Ermahnung aufgefasst werden, leise zu sein, oder in einer Situation in der telefoniert wird, als Aufforderung, später noch einmal anzurufen. Sogar als Einladung zu einem Geheimtreffen, von dem Peter nichts erfahren soll, kann der Satz (1) verwendet werden, usw. Wir sehen, dass ganz unterschiedliche Bedeutungskomponenten bei der Interpretation von (1) wirksam werden können. In allen Fällen bedeutet (1) jedoch, dass sich das Individuum Peter in einem bestimmten psychischen Zustand befindet, den man mit dem Wort *schlafen* bezeichnet. Für diese sog. *wörtliche Bedeutung* werden wir uns in diesem Buch interessieren.

Nun können wir weiter fragen, wie sich denn die wörtliche Bedeutung dieses Satzes genau ergibt, und was er besagt, wenn wir von kontextuellen Gegebenheiten absehen. Offenbar beschreibt er einen Tatbestand, der in der Welt bestehen kann oder auch nicht. Wenn die Person Peter in der Welt tatsächlich schläft, so sagen wir, dass der Satz *wahr* ist, und wenn sie nicht schläft, so sagen wir, dass er *falsch* ist. Um aber die Wahrheit bzw. Falschheit des Satzes zu ermitteln, müssen wir wissen, was er bedeutet. Diese

Bedeutung vergleichen wir mit den tatsächlichen Gegebenheiten in unserer Welt. Wenn eine Übereinstimmung zwischen dem besteht, was der Satz bedeutet und dem, was in der Welt der Fall ist, so sagen wir, der Satz ist wahr; anderenfalls ist er falsch. Wiederum haben wir aber nicht angegeben, was die Bedeutung eigentlich ist, sondern wir haben sie mit der *mentalen* Konstruktion einer Weltsituation gleichgesetzt, die mit den *tatsächlich* vorliegenden Gegebenheiten übereinstimmen kann, aber nicht muss. Seine *Bedeutung* haben wir dabei jedoch nicht näher spezifiziert. In der Tat ist dies auch eine schwierige Aufgabe, und wir wollen überlegen, wie der Begriff *Bedeutung* greifbarer gemacht werden kann. Es scheint nach unseren bisherigen Überlegungen klar zu sein, dass zwischen der *Bedeutung* eines Satzes und seiner *Wahrheit* ein enger Zusammenhang besteht, der sich folgendermaßen ausdrücken lässt: Die *Bedeutung* eines Satzes zu kennen, heißt zu wissen, wie die Welt beschaffen sein muss, damit er *wahr* ist. Mit dieser Feststellung haben wir die Frage nach der Bedeutung eines Satzes zurückgeführt auf die Frage nach seiner Wahrheit, und wir erkennen, dass dies eine sehr nützliche Vorgehensweise ist, wenn wir uns klar machen, dass unsere semantische Kompetenz zwar gute Intuitionen zur Bewertung der Wahrheit von Sätzen zur Verfügung stellt, dass wir aber keine guten Intuitionen haben, um die Bedeutung eines Satzes anzugeben.

Wir fragen nun weiter: Wann ist ein Satz wahr?, oder etwas anders formuliert: Welche Bedingungen müssen *in der Welt* erfüllt sein, damit ein Satz *der Sprache* wahr ist. Um eine Antwort zu finden, machen wir uns zunächst klar, dass der Satz (1) aus den beiden Wörtern *Peter* und *schläft* zusammengesetzt ist und dass er wahr ist, wenn das Individuum Peter in der Welt tatsächlich schläft. Wenn wir das Wort *schläft* durch das Wort *schwimmt* ersetzen, müssen in der Welt ganz andere Bedingungen erfüllt sein, damit der Satz *Peter schwimmt* wahr ist. Offenbar ist also der Satz *Peter schläft* unter ganz anderen Bedingungen wahr als der Satz *Peter schwimmt*. Was macht dieser Unterschied deutlich? Wenn wir wissen, was die Bedeutung des Wortes *schläft* ist, so vermögen wir, für jedes Lebewesen zu entscheiden, ob es schläft oder nicht, und gerade so können wir bestimmen, ob jemand oder etwas schwimmt oder nicht, wenn wir die Bedeutung des Wortes *schwimmt* kennen. Die Kenntnis dieser Bedeutungen versetzt uns in die Lage, jeweils zwei Klassen von Lebewesen und Dingen zu unterscheiden, nämlich einerseits solche, die schlafen, und solche, die nicht schlafen, und andererseits solche, die schwimmen, und solche, die es nicht tun. Mit den Wörtern der Sprache lassen sich somit Lebewesen und Dinge bestimmten Klassen zuordnen. Weil wir mit der Kenntnis der Bedeutung eines Wortes festlegen können, ob ein Lebewesen oder Ding jeweils zu der Klasse gehört, die wir mit Hilfe dieses Wortes identifizieren können, wollen wir annehmen, dass die entsprechende Klasse die jeweilige Bedeutung eines Wortes ist. Demzufolge stellt die Bedeutung eine Relation zwischen sprachlichen Ausdrücken und der Welt dar. Da der Begriff der *Bedeutung* – intuitiv verstanden – aber umfassender ist, wollen wir diese Relation anders bezeichnen; wir nennen sie *Denotation* und sagen, dass das Wort *schlafen* die Menge derjenigen Individuen denotiert, die in der Welt schlafen;

und das Wort *schwimmen* denotiert die Menge derjenigen Individuen und Dinge, die in der Welt schwimmen. Obwohl wir also nicht genau angeben können, was die Bedeutung eines Satzes ist, können wir doch sehr genau sagen, zu was sie uns in die Lage versetzt, bzw. welche Fähigkeiten wir besitzen, wenn wir Bedeutungen kennen. Wir vermögen nämlich, die den *sprachlichen Ausdrücken* entsprechenden *Denotate in der Welt* zu bestimmen.

Nun sind wir in der Lage, Bedingungen zu formulieren, unter denen der Satz (1) wahr ist. Dies ist genau dann der Fall, wenn Peter in der Klasse derjenigen Individuen enthalten ist, die schlafen; anderenfalls ist er falsch. Und geradeso ist der Satz *Peter schwimmt* genau dann wahr, wenn das Individuum Peter in der Menge derjenigen Individuen enthalten ist, die schwimmen; er ist falsch, wenn Peter in dieser Menge nicht enthalten ist. Derartige Bedingungen nennen wir *Wahrheitsbedingungen*, und ein Ziel der sog. *wahrheitsfunktionalen Semantik* besteht darin, solche Wahrheitsbedingungen zu formulieren.

Wir wollen uns verdeutlichen, dass wir damit verschiedenen, intuitiv plausiblen Annahmen über unsere *semantische Kompetenz* Rechnung tragen können. Zunächst sind wir mit Hilfe der *Denotats-Relation* in der Lage, die Einheiten unserer Sprache, die Wörter, in Beziehung zu den Gegebenheiten in der Welt zu setzen, indem wir angeben, welche Individuen bzw. Objekte zu Klassen zusammengefasst werden. Weiterhin können wir Bedingungen formulieren, die angeben, wann Sätze wahr sind. Darüber hinaus lässt sich auch die Beobachtung erfassen, dass sich die Denotate komplexer sprachlicher Ausdrücke *kompositionell* aus den Denotaten der weniger komplexen Ausdrücke ermitteln lassen. Denn wenn wir wissen, welches Denotat der Ausdruck *Peter* hat, und wenn wir weiterhin wissen, welche Individuen schlafen, so ergibt sich das Denotat des Satzes *Peter schläft* als seine Wahrheit, wenn die Bedingung erfüllt ist, dass Peter in der Menge der schlafenden Individuen enthalten ist. Diese Idee der *Kompositionalität* von Bedeutungen wird dem deutschen Logiker Gottlob Frege (1848-1925) zugeschrieben und lässt sich in dem folgenden (Frege-) Prinzip zusammenfassen: Die Bedeutung komplexer Ausdrücke ergibt sich aus der Bedeutung der elementaren Ausdrücke und der Art ihrer Zusammensetzung. Dieses Kompositionalitäts-Prinzip gibt uns aber auch eine Antwort auf die Frage, wie es möglich ist, mit endlichen Mitteln unendlich viele Bedeutungen zu erzeugen. Denn wenn wir uns klar machen, dass es in jeder Sprache unendlich viele Sätze gibt, so muss es auch unendlich viele Bedeutungen geben. Da auf der anderen Seite kompetente Sprecher einer Sprache aber nur über einen endlichen Wortschatz verfügen, wird die Erzeugung von unendlich vielen Bedeutungen gerade durch die (rekursiven und iterativen) syntaktischen Konstruktionsvarianten der Wörter möglich.

Nach diesen Vorüberlegungen zu dem Begriff *Bedeutung* wollen wir uns klar machen, was eine *Theorie der Bedeutung* sprachlicher Ausdrücke leisten sollte. In erster Linie soll sie es uns ermöglichen, Bedeutungen darzustellen, d. h. *Repräsentationen für Bedeutungen* zu entwerfen. Zweitens sollen diese Repräsentationen *intuitiv angemessen* sein, d. h. wenn wir einen sprachlichen Ausdruck in einer bestimmten Weise verstehen, so soll dies in einer semantischen Repräsentation darstellbar sein. Intuitiv unangemessene Bedeutungen sollten entsprechend dieser Forderung nicht zu adäquaten Repräsentationen in der Theorie führen. Drittens soll eine Theorie der Bedeutung die kombinatorischen Prinzipien spezifizieren, mit denen sich komplexe Ausdrücke aus elementaren Einheiten zusammensetzen lassen, so dass komplexe Bedeutungen *kompositionell* hergeleitet werden können. Viertens sollte sie die Möglichkeit bieten, den *Bezug zwischen den Ausdrücken der Sprache und den Gegebenheiten in der Welt* so zu explizieren, dass intuitiv angemessene Urteile über die Wahrheit von Sätzen getroffen werden können. Fünftens sollte eine Theorie der Bedeutung dem Phänomen der *Ambiguitäten* (Mehrdeutigkeiten) Rechnung tragen. Ein sprachlicher Ausdruck wird *ambig* genannt, wenn er auf verschiedene Weisen verstanden werden kann. Ambiguitäten können unterschiedliche Ursachen haben. So finden wir etwa *lexikalische Ambiguitäten* wie in (2)(i), die durch die Fortsetzungen in (2)(ii) und (2)(iii) deutlich werden:

(2) (i) Die Bank liegt neben dem Beethoven-Park.
(ii) Sie ist umgefallen.
(iii) Sie hat durchgehend geöffnet.

Die Ambiguität beruht in diesem Fall auf der Mehrdeutigkeit des Lexems *Bank*, denn sie ist darauf zurückzuführen, dass die lautliche Realisierung von zwei verschiedenen Bedeutungen zufällig identisch ist. Wir finden aber auch rein syntaktisch begründete Mehrdeutigkeiten, wie das Beispiel für eine *strukturelle Ambiguität* in (3)(i) zeigt, die mittels der Paraphrasen in (3)(ii) und (3)(iii) sichtbar wird:

(3) (i) Peter beobachtete den Dieb mit dem Fernrohr.
(ii) Peter beobachtete den Dieb, und dieser trug das Fernrohr in der Hand.
(iii) Peter beobachtete den Dieb, und dies hat er mit dem Fernrohr gemacht.

Die Ursache für derartige Ambiguitäten liegt in den syntaktischen Prinzipien der Satzbildung, die hier unterschiedliche Konstituentenstrukturen zulassen. Den für die Bedeutungstheorie interessanten Fall stellen sog. *Skopusambiguitäten* dar. Betrachten wir dazu die beiden Sätze in (4), die jeweils zwei Lesarten haben, wie die Paraphrasen in (5) und (6) deutlich machen:

(4) (i) Alle Menschen beten einen Gott an.
(ii) Drei Besucher fallen immer aus der Rolle.

(5) (i) Es gibt einen Gott, und diesen Gott beten alle Menschen an.
(ii) Jeder Mensch glaubt an (irgend-) einen Gott, und diesen Gott betet er an.

(6) (i) Es gibt drei bestimmte Personen (Peter, Otto und Clara), die bei jedem Besuch aus der Rolle fallen.
(ii) Bei jedem Empfang gibt es (irgendwelche) drei Besucher, die aus der Rolle fallen.

Dieser Typ von Ambiguitäten beruht auf der Verwendung von quantifizierenden Ausdrücken wie *alle Menschen*, *ein Gott*, *drei Besucher* oder *immer*, die systematisch zu Mehrdeutigkeiten führen. Eine Theorie der Bedeutung sollte imstande sein, derartige Mehrdeutigkeiten abzuleiten. Sechstens sollte eine Theorie der Bedeutung den *systematischen Zusammenhang zwischen verschiedenen wahren Sätzen* ableiten können, und damit den wichtigen Begriff der *Folgerung* explizieren. Eine Konklusion Q kann aus einer Sequenz von Sätzen $P_1, ..., P_n$ *gefolgert* werden, genau dann, wenn sich aus der Wahrheit von $P_1, ..., P_n$ die Wahrheit von Q zwingend ergibt. So sollte aus der Wahrheit den Sätzen in (7)(i) und (7)(ii) die Wahrheit des Satzes in (7)(iii) gefolgert werden können:

(7) (i) Wenn Karl ein Student ist, dann ist er klug.
(ii) Karl ist ein Student.
(iii) Karl ist klug.

Dies führt uns zu der allgemeinen Theorie des gültigen Schließens, der formalen Logik. Bereits der deutsche Philosoph Gottfried Wilhelm Leibniz (1646-1716) äußerte die Idee von einem rein formalen Denkverfahren, das nur auf den Prinzipien der Logik aufgebaut und von den Einzelbedeutungen der beteiligten sprachlichen Ausdrücke völlig unabhängig ist. Leibniz schwebte dabei eine formale Sprache vor, die allein nach den festgesetzten Regeln eines mathematischen Kalküls funktioniert und in der strikte Beweisführungen für gültige Argumente möglich sind. Jedoch gelang es ihm nicht, diese Sprache zu formulieren, und es dauerte ca. 300 Jahre bis der Logiker Frege diese Idee erneut aufgriff und in der *Begriffsschrift, eine der arithmetischen nachgebildete Formalsprache des reinen Denkens* die Grundzüge einer solchen Sprache angab. Aber erst die englischen Philosophen und Mathematiker Bertrand Russell (1872-1970) und Alfred North Whitehead (1861-1947) entwickelten zwischen 1910 und 1913 in den *Principia Mathematica* die mathematischen Grundlagen für eine konsequente Umsetzung dieses Vorhabens. In den dreißiger Jahren dieses Jahrhunderts griff der Mathematiker und Philosoph Rudolf Carnap (1891-1970), ein Mitglied des sog. *Wiener Kreises*, diese Ideen auf und entwickelte eine *Logische Syntax der Sprache*, die wenige Jahre später von dem polnischen Logiker Alfred Tarski (1902-1983) um eine semantische Komponente erweitert wurde. Damit war es schließlich möglich, das Verhältnis zwischen Sprache und Welt in systematischer Weise formal zu rekonstruieren und dem Begriff der *Wahrheit* eine theoretische Grundlage zu geben. Ein Ziel dieser philosophisch motivierten Entwicklung bestand in der Einsicht, dass die Probleme der Philosophie im wesentlichen die

Probleme der Sprache sind; ein Standpunkt, den der Philosoph Ludwig Wittgenstein (1889-1951) wohl am konsequentesten vertreten hat. Carnap hingegen bemühte sich um die Entwicklung von neuen (Kunst-) Sprachen, um die philosophischen Probleme nicht mehr nur in der natürlichen *Objektsprache*, sondern in der theoretischen *Metasprache* formulieren zu können. Mit diesen mathematisch/philosophischen Vorarbeiten, war der Weg zu einer formalen Semantiktheorie für natürliche Sprachen geebnet.

Wir wollen uns nun die Struktur einer solchen logischen Kalkülsprache klar machen. Dabei vergegenwärtigen wir uns zunächst, dass solche Kalküle Kunstsprachen sind, die aus einem *Vokabular* bestehen, in dem die verwendeten (elementaren) Symbole enthalten sind, einer *syntaktischen Komponente*, die die Kombinatorik dieser Symbole festlegt, und einer *semantischen Komponente*, die die Interpretation der in dieser Sprache möglichen (einfachen und komplexen) Ausdrücke determiniert. Es fällt natürlich sofort auf, dass eine direkte Parallele zwischen solchen Kalkülsprachen und natürlichen Sprachen besteht, denn auch letztere besitzen ein Vokabular, den Wortschatz der jeweiligen Sprache, eine syntaktische Komponente, die die formalen Eigenschaften von Sätzen festlegt, und eine semantische Komponente, die die Interpretation der einfachen und komplexen Ausdrücke bestimmt. Inwiefern lässt sich eine Beziehung zwischen den wohluntersuchten Kunstsprachen und den zu untersuchenden natürlichen Sprachen herstellen? Der amerikanische Logiker Richard Montague (1930-1971) äußerte sich in einem 1974 posthum veröffentlichten Aufsatz zu dieser Fragestellung folgendermaßen: "There is in my opinion no important theoretical difference between natural languages and the artificial languages of logicians; indeed, I consider it possible to comprehend the syntax and semantics of both kinds of languages within a single natural and mathematically precise theory." (Montague 1974:222). Der Weg, den Montague einschlägt, besteht darin, Ausdrücke der natürlichen Sprache in eine formale Logiksprache zu übersetzen, deren Eigenschaften bekannt sind und deren Ausdrücke eine eindeutige Interpretation zulassen. So erhält der bestimmte Artikel *der* im Deutschen etwa die Übersetzung in (8):

(8) der → $\lambda Q[\lambda P[\exists x[Q(x) \wedge \forall y[Q(y) \rightarrow x = y] \wedge P(x)]]]$

Es würde jedoch wenig hilfreich sein und nichts zu unserem Verständnis der Bedeutung des Wortes *der* beitragen, wenn wir es bei dieser Übersetzung beließen, solange wir nicht angeben, was sich hinter dieser übersetzten Zeichenkette verbirgt, denn wir hätten lediglich eine Symbolkonfiguration der deutschen Schrift in eine andere Symbolkonfiguration übersetzt. Ganz ähnlich könnten wir ja auch etwa das Wort *Jumbo-Jet* in die Symbolkonfiguration in (9) übersetzen, und wir hätten keine Vorstellung davon, was diese Übersetzung bedeutet:

(9) Jumbo-Jet → ジ ヤソポ ジ ェット

Wenn man jedoch weiß, dass diese Zeichenkette aus dem Silbeninventar Katakana des Japanischen gebildet ist und versteht, dass es sich um ein Übersetzungsäquivalent handelt, so lässt sich auch die Interpretation dieser Symbolkonfiguration angeben, wie dies in (10) deutlich wird:

(10) ジ ヤソポ ジ ェツト →

Wir geben hier nicht an, wie die Übersetzung des bestimmten Artikels *der* in (8) zu deuten ist, weisen aber darauf hin, dass eine zu unserem Katakana-Beispiel ganz parallele Art der Interpretation möglich ist; wir lernen sie in einem späteren Kapitel kennen. Entscheidend bei der Übersetzung ist also nicht, dass wir einen natürlich-sprachlichen Ausdruck in eine komplizierte Formel übersetzen, sondern die Interpretation, die sich hinter dieser Formel verbirgt.

Wir wollen uns nach diesen Betrachtungen die *Struktur einer Theorie der Bedeutung* verdeutlichen. Wie wir bereits gesehen haben, benötigen wir ein Vokabular, das die Basiseinheiten umfasst, eine syntaktische Komponente, die die Kombinatorik der Ausdrücke festlegt, und eine semantische Komponente, die die Interpretation der einfachen und komplexen Ausdrücke bestimmt. Da wir uns auch schon klar gemacht haben, dass sprachliche Ausdrücke im Hinblick auf die Beschaffenheit der Welt interpretiert werden, benötigen wir darüber hinaus ein *Modell von der Welt,* relativ zu dem wir die *in der Sprache gebildeten Ausdrücke* interpretieren können. Da die Logiksprache und ihre schrittweisen Erweiterungen, in die die natürlich-sprachlichen Ausdrücke jeweils übersetzt werden, unabhängig von den Eigenschaften spezieller natürlicher Sprachen sind, werden wir uns im Verlauf dieses Buches einen universellen Handwerkskasten zusammenstellen, mit dessen Instrumenten wir die Semantik jeder natürlichen Sprache erfassen können.

In den folgenden Kapiteln gehen wir so vor, dass wir zunächst einiges über Mengenlehre, Relationen und Funktionen lernen, um Beschreibungsmittel für die Struktur unserer Welt zur Verfügung zu haben und um die Beziehungen zwischen den Individuen und Dingen, die in unserer Welt auftreten, darstellen und beschreiben zu können. Dazu sind geringe mathematische Vorkenntnisse hilfreich, aber keineswegs notwendig, denn alle Begriffe werden anhand von Beispielen eingeführt und erörtert. Daran anschließend betrachten wir die klassische Aussagenlogik und die Struktur gültiger Argumente. Bereits an dieser sehr einfachen Logiksprache lässt sich die allgemeine Vorgehensweise, der wir in diesem Buch immer wieder begegnen werden, deutlich machen. Sie lässt sich vereinfacht so charakterisieren, dass wir zunächst elementare Einheiten angeben, die das Vokabular der Sprache festlegen. Sodann formulieren wir syntaktische Regeln, die die Kombinatorik dieser Einheiten zu komplexeren Ausdrücken festlegen. Schließlich geben wir zu jeder syntaktischen Regel eine Interpretationsregel an, die uns die Bedeutung des neu entstandenen komplexen Ausdrucks liefert. Da in der Aussagenlogik vollständige

Aussagen die elementaren Einheiten sind, betrachten wir im folgenden Kapitel, wie Aussagen selbst aus kleineren Einheiten aufgebaut sind. Dies führt uns zu der Struktur von Prädikaten und Argumenten. In diesem Kapitel werden wir auch kennen lernen, wie sich Ausdrücke der Prädikatenlogik relativ zu Modellen von der Welt interpretieren lassen. Die beiden anschließenden Kapitel über Typentheorie und λ-Kalkül (sprich: Lambda-Kalkül) dienen im wesentlichen der Vorbereitung einer Sichtweise, die Denotate als (komplexe) Funktionen auffasst, so dass die kombinatorischen Prinzipien stark vereinfacht werden können. Eine Anwendung der dabei entwickelten Konzepte bietet das folgende Kapitel über die Semantik von Nominalphrasen, die das Phänomen der Quantifikation mit Hilfe von Funktionen zu erfassen erlaubt. Das daran anschließende Kapitel behandelt den Zusammenhang zwischen dem grammatischen Tempus von Sätzen und der zeitabhängigen Veränderung unserer Welt, so dass eine Erweiterung der bis dahin entwickelten Logiksprache auch vergangene und zukünftige Weltsituationen beschreiben kann. In dem darauffolgenden Kapitel betrachten wir, wie sich Alternativen zu unserer aktuellen Welt in das logische System integrieren lassen. Wir werden dabei mögliche Welten kennen lernen, die Alternativen zu unserer tatsächlich existierenden Welt darstellen. Im anschließenden Kapitel werden die Ergebnisse der vorangegangenen Kapitel zu der Sprache der intensionalen Logik zusammengefasst, wie sie von dem Logiker Richard Montague 1974 formuliert wurde. Wir werden sehen, dass sich der Begriff *Bedeutung* noch präziser fassen lässt, als wir es bis dahin kennen gelernt haben. Anhand verschiedener ausgewählter Beispiele werden wir uns an dieser Stelle die Techniken und Verfahrensweisen der intensionalen Logik verdeutlichen.

Auf der Basis des Konzepts der möglichen Welten betrachten wir sodann die Begriffe der *Proposition* und der *Propositionenmengen* genauer. Auf deren Grundlage lassen sich viele Intuitionen über die Bedeutungen sprachlicher Konstruktionen theoretisch präzise explizieren. Wir geben eine erweiterte Charakterisierung der Modalität, führen in die Kontexttheorie ein und besprechen Eigenschaften von Konditionalsätzen. Mit diesen Mitteln gerüstet, wenden wir uns in dem darauf folgenden Kapitel der Semantik von Fragen zu und erörtern verschiedene Ansätze zur Rekonstruktion ihrer Bedeutung. Schließlich wenden wir uns den Eigenschaften der Informationsstruktur zu und erörtern verschiedene Konzeptionen zur Analyse von Fokus- und Topik-Konstruktionen.

Obwohl uns der Weg durch die Dornenhecke mathematischer Formalisierungen führen wird, sollten wir uns stets vergegenwärtigen, dass unser Ziel darin besteht, die Eigenschaften des menschlichen Sprachsystems, das in der Welt der biologischen Organismen wohl einzigartig ist, zu begreifen und die Prinzipien sichtbar zu machen, denen es unterliegt. Unsere semantische Kenntnis ist ein Teil dieser Sprachfähigkeit, die uns nicht nur in die Lage versetzt, mit anderen Menschen zu reden, sondern auch Märchen zu erzählen und innere Phantasiewelten in Geschichten zu verweben und über die Generationen weiterzuvererben. Eine semantische Theorie ist nur ein kleiner Schritt, um diese schöne und faszinierende Fähigkeit von Menschen etwas besser zu verstehen.

2. Mengenlehre

Wir beginnen mit einigen grundlegenden Begriffen aus der Mengenlehre. Wie wir sehen werden, lernen wir dabei Strukturen kennen, die für die Beschreibung unserer Welt nützlich sind und die wir für eine semantische Theorie benötigen, die uns den Zusammenhang zwischen sprachlichen Strukturen und Weltgegebenheiten durchsichtiger und besser verstehbar machen soll.

Da der mathematische Begriff von dem umgangssprachlichen Begriff der *Menge* abweicht, wollen wir ihn zunächst präzisieren. Um eine Menge zu bilden, können verschiedene Gegenstände und Objekte zusammengefasst werden. So lassen sich etwa ein Auto, ein Seehund, eine Banane und das Bürgerliche Gesetzbuch zu einer Menge zusammenfassen. Diese Menge kann folgendermaßen aufgeschrieben werden:

(1) {Auto, Seehund, Banane, Bürgerliches Gesetzbuch}

Wenn in diese Menge ein weiteres Auto aufgenommen werden soll, so muss sichergestellt werden, dass die beiden Autos unterschieden werden können. Wenn dies nicht der Fall ist, so befinden sich zwei ununterscheidbare Objekte in der Menge. Diese Situation soll aber vermieden werden, denn will man die Menge ändern, etwa indem ein Auto aus der Menge entfernt wird, so lässt sich nicht mehr feststellen, welches der beiden Autos in der Menge verbleibt und welches herausgenommen wird. Um diese Unterscheidung möglich zu machen, kann das erste Auto als Auto_1 und das zweite als Auto_2 bezeichnet werden, so dass es immer möglich ist, sich auf jedes Objekt in der Menge eindeutig zu beziehen. Die erweiterte Menge wird dann folgendermaßen aufgeschrieben:

(2) {Auto_1, Seehund, Banane, Auto_2, Bürgerliches Gesetzbuch}

Die Objekte, die sich in einer Menge befinden, werden *Elemente* genannt. Bei der Aufzählung werden die Elemente in geschweiften Klammern geschrieben:

(3) Eine *Menge* ist eine Kollektion *unterschiedener* Objekte, die als *Elemente* dieser Menge bezeichnet werden. Beliebige Objekte können zu beliebigen Mengen zusammengefasst werden.

Die Anzahl der Elemente in einer Menge spielt keine Rolle, d.h. Mengen können *endlich* oder *unendlich* viele Elemente enthalten. Die oben genannten Mengen sind endlich; sie enthalten vier bzw. fünf Elemente. Aber auch die Menge der natürlichen Zahlen, die größer als 57 und kleiner als 173 sind, ist endlich. Hingegen ist die Menge aller deutschen Sätze unendlich, aber auch die Menge der natürlichen Zahlen oder die Menge aller Zeitintervalle sind unendlich:

(4) Mengen können *endlich* oder *unendlich* viele Elemente enthalten.

Die Elemente von Mengen können auch selbst Mengen sein. So lassen sich etwa die Menge der Äpfel, die Menge der Birnen, die Menge der Apfelsinen und einige weitere Obstsorten zur Menge des Obstes zusammenfassen:

(5) Ä = {Apfel_1, Apfel_2, ...}
B = {Birne_1, Birne_2, ...}
A = {Apfelsine_1, Apfelsine_2, ...}
O = {{Apfel_1, Apfel_2, ...}, {Birne_1, Birne_2, ...}, {Apfelsine_1, Apfelsine_2, ...}}

Eine spezielle Menge ist die *leere Menge*, sie enthält kein Element:

(6) Die *leere Menge* ϕ enthält kein Element.

Die leere Menge spielt in der Mengenlehre eine ähnliche Rolle wie die 0 in der Arithmetik. Fasst man innerhalb einer Menge verschiedene Elemente zusammen, so bilden diese eine *Teilmenge*. Wenn etwa in der oben genannten Menge in (1) das Auto, der Seehund und die Banane zu einer Menge zusammengefasst werden, so bildet die Kollektion dieser drei Elemente eine Teilmenge der ursprünglichen Menge also die folgende Menge: {Auto, Seehund, Banane}.

Die Menge {Auto, Seehund, Banane, Bürgerliches Gesetzbuch} ist nicht dieselbe Menge wie {{Auto, Seehund, Banane}, Bürgerliches Gesetzbuch}. In der ersten Menge sind selbst keine Mengen enthalten, in der zweiten Menge hingegen wohl. Die Anzahl der Elemente der ersten Menge beträgt vier; die Anzahl der Elemente der zweiten Menge beträgt zwei. Die Anzahl der Elemente einer Menge bezeichnet man auch als die *Kardinalität der Menge*:

(7) Die Anzahl der Elemente einer Menge M heißt *Kardinalität*. Schreibweise: $|M|$ oder #(M).

Zwischen einer Menge und einem Element dieser Menge besteht eine bestimmte Beziehung, nämlich die *Element von*-Beziehung.

Wenn das Element a in der Menge M enthalten ist, schreibt man auch kurz: $a \in M$; wenn das Element a nicht in der Menge M enthalten ist, schreibt man entsprechend: $a \notin M$:

(8) *Element von* ist eine Relation $\in$ zwischen einem Element a und einer Menge M.
$a \in M$ heißt: a ist Element von M.
$a \notin M$ heißt: a ist nicht Element von M.

Wenn die Menge A Element der Menge B ist, schreibt man auch: A $\in$ B. Von dieser Ausdrucksweise ist eine grundsätzlich andere Relation zu unterscheiden, die man nicht verwechseln sollte. Dies ist die *Teilmengen*-Relation. Der Unterschied besteht darin, dass einerseits eine Menge A ein Element der Menge B sein kann. Wenn also A = {Auto, Banane} und B = {{Auto, Banane}, Seehund} ist, so ist A ein Element von B. Ist hingegen die Menge B = {Auto, Banane, Seehund}, dann ist die Menge A = {Auto, Banane} zwar eine Teilmenge von B, aber sie ist nicht Element von B, da kein Element von B eine Menge ist:

(9) Wenn die Menge A kein Element enthält, das nicht auch in der Menge B enthalten ist, so ist *A eine Teilmenge von B*. Wir schreiben: $A \subseteq B$.
Wenn B darüber hinaus weitere Elemente enthält, so ist *A eine echte Teilmenge von B*. Wir schreiben: $A \subset B$.
Wenn *A nicht Teilmenge von B* ist, so schreiben wir: $A \not\subseteq B$ bzw. $A \not\subset B$.

Für die Menge {Auto, Seehund, Banane}, die wir im folgenden mit M bezeichnen wollen, lässt sich überlegen, wieviele verschiedene Teilmengen aus dieser Menge gebildet werden können. Zunächst kann jedes Element allein eine Menge bilden, also {Auto},{Seehund} und {Banane}. Sodann können wir jeweils zwei Elemente zu Mengen zusammenfassen, also {Auto, Seehund}, {Auto, Banane} und {Seehund, Banane}. Und schließlich ist auch die Menge mit drei Elementen {Auto, Seehund, Banane} eine Teilmenge der Menge M, obwohl diese Menge mit der Menge M identisch ist. Eine weitere Teilmenge der Menge M ist aber auch die leere Menge. Diese Teilmengen können zu einer neuen Menge zusammengefasst werden, der sog. *Potenzmenge der Menge M* oder abgekürzt: $\wp(M)$. Wenn die Menge M drei Elemente enthält, so enthält die Potenzmenge $\wp(M)$ acht Elemente, wie sich durch Abzählen leicht nachprüfen lässt:

(10) $\wp(M)$ = { {Auto}, {Seehund}, {Banane}, {Auto, Seehund}, {Auto, Banane}, {Seehund, Banane}, {Auto, Seehund, Banane}, ϕ }

Allgemein lässt sich sagen, dass die Potenzmenge $\wp(M)$ einer beliebigen Menge mit n Elementen 2^n Elemente enthält:

(11) Die *Potenzmenge* $\wp(M)$ einer Menge M ist die Menge aller Teilmengen von M. Ist die Kardinalität von M gleich n, so ist die Kardinalität von $\wp(M)$ gleich 2^n.

2.1. Notation von Mengen

Arbeitet man mit verschiedenen Mengen, so ist es vorteilhaft, diesen Mengen Namen zu geben. Es hat sich eingebürgert, Mengen mit den Großbuchstaben A, B, C, ... zu bezeichnen. Entsprechend bezeichnet man mit den Kleinbuchstaben a, b, c, ... die Elemente von Mengen. Damit haben wir die Bezeichnung von Mengen festgelegt. Wir wollen aber auch aufschreiben können, aus welchen Elementen eine Menge besteht. Im Fall von endlichen Mengen kann dies einfach so geschehen, dass wir die Elemente in geschweiften Klammern aufschreiben. Wenn die Elemente der Menge M die Buchstaben a, b, c, d, e, f sind, so lässt sich die Menge M einfach durch Aufzählung der Elemente in *Listennotation* angeben:

(1) M = {a, b, c, d, e, f}

Diese Menge lässt sich auch graphisch mittels eines *Venn-Diagramms* darstellen:

(2) Venn-Diagramm:

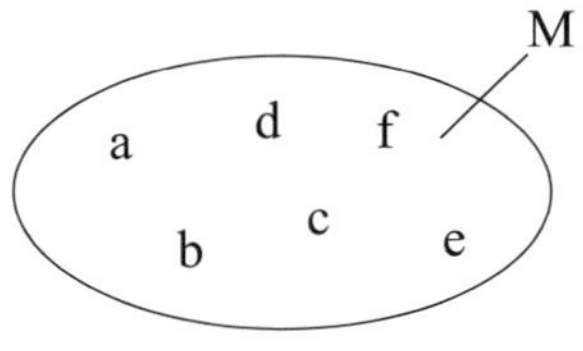

Wenn eine Menge jedoch unendlich viele Elemente enthält, so lässt sich diese Menge nicht einfach aufschreiben. Deshalb benötigt man andere Mittel, um sie zu notieren. Die Menge der deutschen Sätze etwa ist unendlich, da es zu jedem deutschen Satz einen längeren deutschen Satz gibt, in dem der ursprüngliche Satz enthalten ist. Wenn man bspw. die Menge S der deutschen Sätze angeben will, so bietet sich die sog. *Prädikatsnotation* an. Dabei wird die Menge durch Eigenschaften ihrer Elemente festgelegt:

(3) S = {x / x ist ein deutscher Satz}

Diese Notation kann folgendermaßen übersetzt werden: *Die Menge aller x, für die gilt: x ist ein deutscher Satz.* Dabei ist x eine *Variable*, für die jeder deutsche Satz eingesetzt werden kann. Das Zeichen '/' heißt: *für die gilt.*

Eine andere – sehr wichtige – Notation ist die sog. *rekursive Definition.* Wenn z.B. die Menge der natürlichen Zahlen, die größer als 0 sind, ausgedrückt werden soll, so ist zunächst festzustellen, dass diese Menge unendlich viele Elemente hat, so dass diese nicht einfach in Listennotation aufgeschrieben werden können.

Eine rekursive Regel hat die Eigenschaft, dass sie sich auf sich selbst bezieht. Um klar zu machen, wie eine derartige Regel funktioniert, betrachte man etwa den Prozess des Zählens. Wenn man zählt und bei 1 beginnt, benennt man nacheinander alle ganzen Zahlen, die größer als Null sind, also: 1, 2, 3, 4, 5, ... usw. Ist man dann etwa bei 1743 angekommen, und will man die nächste Zahl bestimmen, so muss man die Rechenoperation 1743 + 1 vornehmen. In ähnlicher Weise geht man beim Zählen ja stets vor, auch dann schon, wenn man bis zur Zahl 2 zählt. Dazu muss man nämlich 1 + 1 ausrechnen. Ein wichtiges Element scheint also die 1 zu sein, von der aus man startet und die auch immer wieder benötigt wird, um weiter zu zählen. Aber auch die Addition '+' ist wichtig, um über die 1 hinaus zu kommen. Hat man aber diese beiden Ausdrücke, so benötigt man nichts weiter, um zählen zu können. Diesen Sachverhalt wollen wir nun ausnutzen, um die Menge der ganzen Zahlen, die größer als Null sind (also die natürlichen Zahlen), aufzuschreiben. Dabei nehmen wir an, dass die 1 ein elementares Element und die Operation '+' eine elementare Operation ist, d.h. wir benötigen zwei Einheiten: 1 und '+'.

Wir müssen in einem ersten Satz festlegen, dass die 1 zu der Menge M gehört, die wir angeben wollen. Wir formulieren daher den Satz 1 in (4):

(4) Satz 1: $1 \in M$.

Sodann legen wir in einem zweiten Satz fest, dass die Zahl, die um 1 größer ist als *irgendein* Element von M, auch zu M gehört. Dies wird mit dem Satz 2 ausgedrückt:

(5) Satz 2: Wenn $x \in M$, dann ist auch $x + 1 \in M$.

Dieser Satz ist der *Rekursionsschritt*. Nach diesem Schritt gilt, dass auch die 2 in M enthalten ist. Und damit gilt natürlich für x = 2, dass auch 2 + 1 also 3 in M enthalten ist und so weiter. Diese Art des Vorgehens garantiert nun, dass alle Zahlen, die jeweils um 1 größer sind als ihr Vorgänger, auch zu M gehören, so dass wir alle ganzen Zahlen, die größer als Null sind, angegeben haben. Um auszuschließen, dass auch noch andere Elemente in der Menge M enthalten sind, formulieren wir den Satz 3:

(6) Satz 3: Nichts sonst ist in M.

Mit diesen drei Sätzen haben wir nun die Menge M vollständig spezifiziert und als rekursive Regel formuliert:

(7) Rekursive Regel für die Menge: $M = \{1, 2, 3, 4, 5, ...\}$
   (i) $1 \in M$
   (ii) Wenn $x \in M$, dann ist auch $x + 1 \in M$
   (iii) Nichts sonst ist in M.

Rekursive Regeln werden uns in den folgenden Kapiteln immer wieder begegnen, wobei die elementaren Einheiten und die elementaren Operationen allerdings andere sind als 1 und '+'. Zur Übung betrachten wir kurz die Menge M = {1, 2, 3, 4, 5, 6} in Listennotation und überlegen uns, wie diese Menge in Prädikatsnotation und als rekursive Regel angegeben werden kann.

(8) (i) Prädikatsnotation: M = {x / x ist eine positive ganze Zahl < 7}
(ii) rekursive Regel: 1) $1 \in M$
2) Wenn $x \in M$ und $x < 6$, dann ist $x+1 \in M$
3) Nichts sonst ist in M.

Offensichtlich erhalten wir mit diesen verschiedenen Darstellungen immer die gleiche Menge M. Mit Hilfe der Prädikatsnotation wird die Menge durch eine allgemeine Eigenschaft ihrer Elemente charakterisiert, etwa derart, dass x ein deutscher Satz oder eine natürliche Zahl ist. Die rekursive Regel stellt ein Verfahren dar, mit dem die Elemente der Menge mittels einer (oder mehrerer) Operation(en) konstruiert werden können. Für die Menge der deutschen Sätze gibt man dazu Basiseinheiten und Operationen an, die festlegen, welche Verbindungen zwischen den Basiseinheiten Sätze sind. Um die Menge der natürlichen Zahlen rekursiv zu definieren, geht man ganz ähnlich vor. Man legt Basiseinheiten (nur die 1) fest und definiert Operationen (nur '+'), die die Basiseinheiten zu neuen Elementen der Menge verbinden. Die formale Verfahrensweise ist in beiden Fällen identisch. Wie können wir nun die Gleichheit von zwei Mengen A und B feststellen? Nun, dies überprüfen wir dadurch, dass wir zu jedem Element aus A prüfen, ob es ein Element von B ist, und zu jedem Element aus B prüfen wir, ob es auch ein Element von A ist:

(9) Zwei Mengen A und B sind *gleich*, gdw. A die gleichen Elemente enthält wie B und umgekehrt.

Nachdem wir nun verschiedene Varianten der Mengenbeschreibung kennen gelernt haben, wollen wir genauer betrachten, auf welche Art und Weise mehrere Mengen aufeinander bezogen werden können. Mengen können ja zusammengefasst werden, um größere Mengen zu ergeben, oder aus einer Menge können Elemente entfernt werden, wodurch die ursprüngliche Menge kleiner wird.

2.2. Operationen zwischen Mengen

Zwischen (verschiedenen) Mengen vermag man Operationen durchzuführen, indem etwa die Elemente aus diesen Mengen zusammengefasst oder in einer bestimmten anderen

Weise aufeinander bezogen werden. Damit lassen sich Mengen zu größeren oder kleineren Mengen umformen, indem bestimmte Elemente zu diesen Mengen hinzugefügt oder weggenommen werden. Wir illustrieren dies anhand der beiden Mengen A und B in (1):

(1) (i) A := {1,2,3,4,5,6}

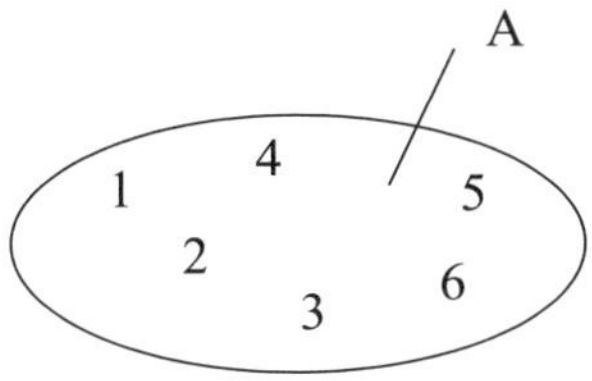

(ii) B := {5,6,7,8,9}

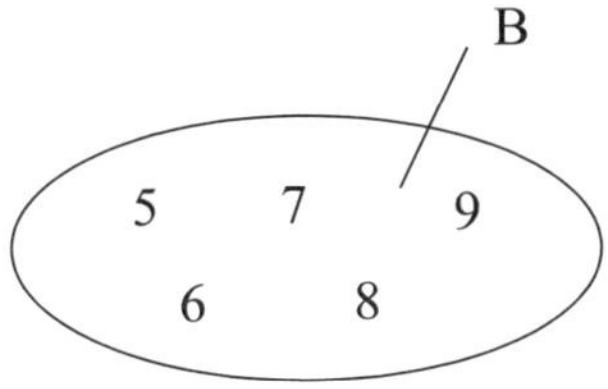

Zunächst betrachten wir, wie die zwei Mengen A und B zu einer Menge C zusammengefasst werden. Dazu nimmt man alle Elemente der Menge A und setzt sie in die anfänglich leere Menge C und nimmt dann alle Elemente der Menge B und setzt auch diese in die Menge C. Dabei ist zu berücksichtigen, dass in der neuen Menge C alle Elemente unterscheidbar sein müssen, d.h. wenn in B Elemente enthalten sind, die bereits in C sind, so dürfen diese Elemente nicht nochmals in C aufgenommen werden. Ein derartiges Zusammenfassen von Mengen nennt man die *Vereinigung von Mengen*:

(2) Die *Vereinigung* $A \cup B$ zweier Mengen A und B ist die Menge derjenigen Elemente, die in A oder in B auftreten:
$A \cup B := \{x / x \in A \text{ oder } x \in B\}$

Venn-Diagramm-Schreibweise:

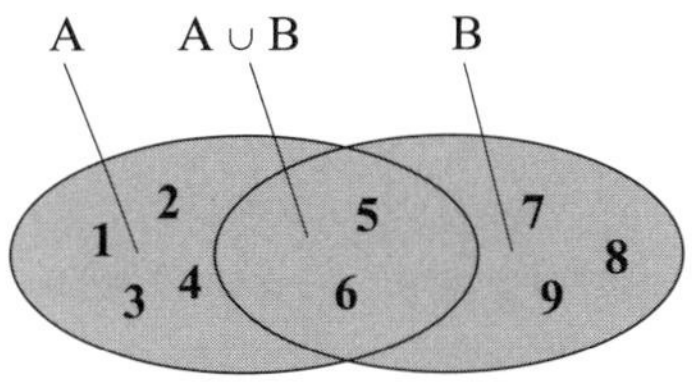

Notation für die Vereinigung mehrerer Mengen: $\bigcup\{A, B, C\}$

Sollen die Elemente ausgesondert werden, die zwei Mengen A und B gemeinsam haben, so verwendet man die Durchschnittsbildung. Im Durchschnitt zweier Mengen befinden sich all die Elemente, die sowohl in A als auch in B enthalten sind:

(3) Der *Durchschnitt* $A \cap B$ zweier Mengen A und B ist die Menge derjenigen Elemente, die sowohl in A als auch in B auftreten:
$A \cap B := \{x / x \in A \text{ und } x \in B\}$

Venn-Diagramm-Schreibweise:

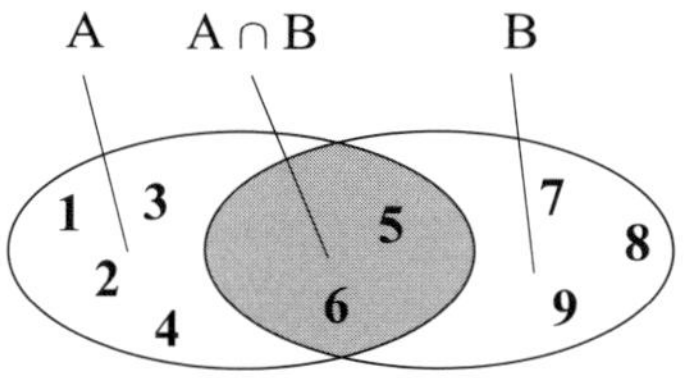

Notation für den Durchschnitt mehrerer Mengen: $\bigcap\{A, B, C\}$.

Will man bezüglich zweier Mengen A und B nur diejenigen Elemente finden, die in B sind, ohne zugleich in A zu sein, so lässt sich dies über die Differenzbildung der Mengen A und B erreichen. In der Differenz *B - A* sind alle Elemente aus B ohne die Elemente von A:

(4) Die *Differenz B - A* zweier Mengen A und B ist die Menge aller Elemente aus B ohne die Elemente aus A:
$B - A := \{x / x \in B \text{ und } x \notin A\}$

Venn-Diagramm-Schreibweise:

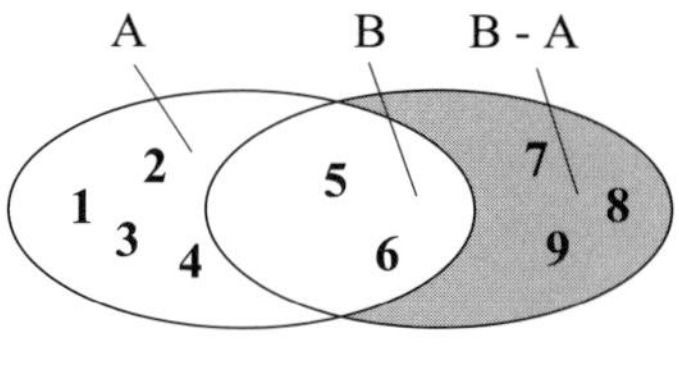

Die Mengenkonstruktion *B - A* (lies: B ohne A) wird auch das *relative Komplement von A bzgl. B* genannt. Der Grund dafür liegt in dem Tatbestand, dass mit B - A die Menge der Elemente gemeint ist, die gerade nicht in A liegen.

Von dem relativen Komplement ist das *absolute Komplement* A' zu unterscheiden, d.h. intuitiv gesehen will man hier alle Elemente erfassen, die nicht in A liegen; aber explizit wird nicht angegeben, bezüglich welcher anderen Menge das Komplement gebildet wird. In der Tat setzt diese Sprechweise etwas voraus, was wir als *Diskursdomäne* oder *Diskursuniversum D* bezeichnen. Die Diskursdomäne enthält alle Individuen und Objekte, über die gerade gesprochen wird und die meist implizit vorausgesetzt werden. Genau vor diesem Hintergrund muss das Komplement von A als D - A interpretiert werden. Das Komplement einer Menge A wird damit zur Menge aller Objekte im Diskursuniversum, die nicht in A sind:

(5) *Komplement von A: A' = D - A = A' = {x / x ∉ A}*. Die Variable x wird damit implizit derart verstanden, dass sich x im Diskursuniversum D befindet, aber nicht Element von A ist.

Venn-Diagramm-Schreibweise:

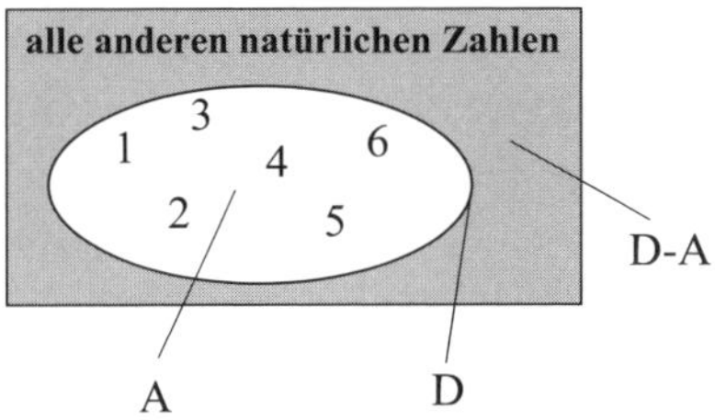

Wenn wir über die Zahlen aus der Menge A reden, so ist der Diskurshintergrund die Menge der natürlichen Zahlen. Das Komplement von A ist daher die Menge aller natürlichen Zahlen ohne die Zahlen aus der Menge A.

2.3. Übungsaufgaben

1. Gegeben seien die Mengen A und B.
   A = {x/ x ∈ N, x < 10, x > 5}
   B = {x/ x ∈ N, x < 14, x > 8}
   (i) Schreibe die Mengen A und B in Listennotation und als rekursive Regel.
   (ii) Bestimme ℘(A). Wieviele Elemente gibt es in dieser Menge?
   (iii) Gib die folgenden Mengen in Venn-Diagramm-Schreibweise an.
   a) A ∩ B; b) A ∪ B; c) A - B; d) B - A; e) (A ∪ B) - B
   (iv) Sind die folgenden Aussagen wahr?
   a) 9 ∈ B; b) {6, 9, 7} ∈ A; c) {7, 8} ⊂ A; d) {7, 9} ∈ ℘(A); e) ∅ ∈ ℘(A); f) ∅ ⊂ ℘(A)

2. Schreibe die folgenden Mengen in Listennotation:
   (i) ℘(℘({a, b})); (ii) ℘({∅}); (iii) ℘(∅); (iv) ℘({a})

3. Relationen und Funktionen

Im vorhergehenden Kapitel haben wir einfache Mengenkonstruktionen kennen gelernt. Dabei haben wir gesehen, dass sich Mengen vereinigen und schneiden lassen und dass Komplementbildung möglich ist. Als Resultate dieser Operationen entstehen stets wieder Mengen, in denen Elemente auftreten, die von der gleichen Art sind, wie die Elemente in den Ausgangsmengen. In diesem Kapitel wollen wir Operationen betrachten, die zu neuartigen Elementen führen. Wenn etwa auf einer Party 3 Männer und 5 Frauen anwesend sind, die tanzen können, und wir uns dafür interessieren, wie die Menge der möglichen Tanzpaare aussieht, so müssen wir aus der Menge A der Männer, die tanzen können, und der Menge B der Frauen, die tanzen können, die Menge aller Tanzpaare konstruieren. Das Resultat dieser Konstruktion enthält nun nicht mehr einzelne Individuen, die tanzen können oder nicht, sondern Paare von Individuen. Damit entsteht aber eine Menge, die ganz andere Elemente enthält als die Ausgangsmengen. Diese Elemente sind *Paare*, die ihrerseits aus zwei Individuen bestehen. Um eine solche Menge zu konstruieren, führen wir eine Operation ein, die aus (zwei) Mengen von Individuen eine Menge von Paaren macht. Wir wollen diese Operation mit A x B (lies: A Kreuz B) symbolisieren und *cartesisches Produkt* (oder: *Kreuzprodukt*) nennen. In dem cartesischen Produkt sollen alle Elemente a aus A mit allen Elementen b aus B zu Paaren <a, b> kombiniert werden:

(1) Das *cartesische Produkt A x B* zweier Mengen A und B ist die Menge aller *geordneten Paare <x, y>*, wobei x ∈ A und y ∈ B.
A x B := {<x, y> / x ∈ A und y ∈ B}

Die Elemente des cartesischen Produkts sind hinsichtlich ihrer Abfolge nicht geordnet, da das cartesische Produkt eine Menge ist. Die Abfolge innerhalb eines Paares, d.h. eines Elements des cartesischen Produkts, ist hingegen geordnet. In dem cartesischen Produkt A x B darf für alle Paare <x,y> x stets nur aus A und y stets nur aus B sein.

Wenn die Menge A = {a, b, c} und die Menge B = {1, 2} ist, dann sieht das cartesische Produkt A x B dieser beiden Mengen folgendermaßen aus:

(2) A x B = {<a, 1>, <a, 2>, <b, 1>, <b, 2>, <c, 1>, <c, 2>}.

Bei jedem Paar ist das erste Element aus A und das zweite aus B. Das Paar <2, c> ist hingegen kein Element aus A x B, da die Reihenfolge der Elemente vertauscht ist. Das Paar <2,c> wäre aber ein Element des cartesischen Produktes B x A.

Betrachten wir etwa das deutsche Verb *streicheln*, und sei die Menge A eine Menge bestehend aus den zwei Kindern *Franz* und *Clara*, also A = {Franz, Clara} und die Menge B sei die Menge bestehend aus der Katze *Lieschen* und dem Hamster *Erwin*, also B = {Lieschen, Erwin}. In einer Situation, in der Franz den Hamster Erwin und Clara die Katze Lieschen streichelt, bilden Franz und Erwin ein Paar und auch Clara und Lieschen, d.h. das Verb *streicheln* trifft in dieser Situation auf die Paare <Franz, Erwin> und <Clara, Lieschen> zu, nicht aber auf die Paare <Franz, Lieschen> und <Clara, Erwin>. Das cartesische Produkt A x B besteht hingegen aus der Menge *aller* Paare <a,b> mit a ∈ A und b ∈ B:

(3) A x B = {<Franz, Erwin>,<Clara, Lieschen>,<Franz, Lieschen>, <Clara, Erwin>}

Wir können daher feststellen, dass die Menge der Paare, die das Verb *streicheln* bildet, eine Teilmenge des cartesischen Produkts A x B ist. Für diese Teilmenge wollen wir die abkürzende Schreibweise in (4) vereinbaren:

(4) ⟦streicheln⟧ = {<Franz, Erwin>, <Clara, Lieschen>}

Die Verwendung der Doppelklammern ⟦...⟧ hat einen bestimmten Grund, den wir jetzt noch nicht verstehen müssen, der aber später klar wird. Wir können nun sagen, dass ⟦streicheln⟧ eine Teilmenge des cartesischen Produktes A x B ist, kurz:

(5) ⟦streicheln⟧ ⊆ A x B und für unser Beispiel sogar: ⟦streicheln⟧ ⊂ A x B.

Zu jedem Element x ∈ ⟦streicheln⟧, etwa x = <Franz, Erwin>, gilt dann auch x ∈ A x B.

Wenn wir nur über die Menge A = {Franz, Clara} reden, so können wir auch das cartesische Produkt A x A bilden:

(6) A x A = {<Franz, Clara>, <Clara, Franz>, <Clara, Clara>, <Franz, Franz>}

Da ⟦streicheln⟧ = {<Franz, Clara>} eine Teilmenge von A x A ist, gilt auch, dass <Franz, Clara> ∈ A x A.

Es lässt sich nun beobachten, dass jedes transitive Verb des Deutschen eine Paarmenge von Individuen oder Objekten festlegt, so zum Beispiel die Verben *schlagen*, *streicheln*, *küssen*, *hintergehen*, *überfallen* usw. Neben transitiven Verben können aber auch andere Ausdrücke, z.B. Präpositionen, Paarmengen bilden, wie etwa *auf*, *in*, *unter*, *über*, *neben* usw., die lokale Relationen zwischen Individuen oder Objekten bezeichnen und in Ausdrücken der folgenden Art auftreten:

(7) (i) [das Bild] *an* [der Wand]
(ii) [die Katze] *auf* [dem Dach]
(iii) [das Haus] *neben* [der Schule]
(iv) oder allgemeiner: x *an/auf/neben* y

Aber auch komparierbaren Adjektiven kann man solche Paarmengen zuordnen wie etwa *größer als, jünger als, schöner als* usw.:

(8) x *größer als/ jünger als/ schöner als* y

All diese Ausdrücke bezeichnet man als *zweistellige Prädikate*, weil sie *zweistellige Relationen* ausdrücken. Diese Begriffe werden wir sogleich näher präzisieren. Vorher wollen wir uns aber noch klarmachen, dass nicht alle sprachlichen Ausdrücke zweistellig sind und dass wir auch Mengen aus größeren 'Paaren' bilden können müssen. Dies wird sofort deutlich, wenn wir etwa Verben wie *geben, schenken, entnehmen* usw. betrachten, die jeweils eine Relation zwischen drei Personen/Objekten herstellen und damit dem allgemeinen Schema in (9) genügen:

(9) x *gibt/ schenkt/ entnimmt* y z

Um den Sachverhalt, dass [Peter] [Franz] [ein Buch] schenkt, als 'Multi-Paar' auszudrücken, benötigen wir ein Objekt der Art <Peter, Franz, Buch>, d.h. ein Dreier-Paar, auch *3-Tupel* oder *Tripel* genannt.

Nun kann das cartesische Produkt auch über mehr als zwei Mengen gebildet werden, etwa in der Form A x B x C. In diesem Fall erhalten wir eine Menge von 3-Tupeln <a,b,c>, wobei $a \in A$, $b \in B$ und $c \in C$. Die drei Mengen müssen aber nicht notwendigerweise verschieden sein. Betrachten wir etwa *zwei* Mengen A und B, zu denen wir das *drei*fache cartesisches Produkt A x A x B bilden:

(10) (i) A = {Peter, Clara, Franz}
(ii) B = {Buch, Fernseher}
(iii) A x A x B = {<Peter, Clara, Buch>, <Franz, Peter, Fernseher>, ...}

Wir wollen hier nicht alle möglichen Tripel aufschreiben, aber die Elemente des cartesischen Produktes dieser drei Mengen bestehen aus Elementen der Art <a,b,c>, wobei $a \in A$, $b \in A$ und $c \in B$ ist.

Aber auch damit nicht genug, wir können sogar noch größere Paare, sog. *n-Tupel* bilden, wobei n eine beliebig große Zahl ist, so dass das cartesische Produkt auch für mehr als zwei oder drei Mengen definiert werden kann:

(11) $A_1 \times A_2 \times \ldots \times A_n := \{\langle a_1, a_2, \ldots, a_n\rangle / a_1 \in A_1, a_2 \in A_2, \ldots, a_n \in A_n\}$

Mit diesem Inventar an Beschreibungsmöglichkeiten sind wir nun bestens gerüstet, um Ausdrücke mit beliebig vielen Argumenten zu beschreiben, indem wir die Argumente als n-Tupel angeben. Wir können dabei feststellen, dass jede Menge aus n-Tupeln stets eine Teilmenge des cartesischen Produkts über den n Mengen ist, aus denen die Bestandteile der n-Tupel jeweils entnommen sind.

Dem aufmerksamen Leser wird nicht entgangen sein, dass die Mengen des vorhergehenden Kapitels einen Spezialfall der Mengen in diesem Kapitel darstellen. Im vorigen Kapitel haben wir nämlich n-Tupel für den Fall n = 1 betrachtet. Wir haben in diesem Kapitel die Betrachtungsweise gewissermaßen auf komplexere Elemente ausgedehnt, d.h. wir berücksichtigen nicht nur einzelne Objekte, sondern auch Folgen von Objekten, für die aber genau die gleichen Bedingungen gelten, wie für die einfachen Elemente auch.

Wir haben weiter oben den Begriff der *Relation* gebraucht. Diesen Begriff wollen wir nun näher präzisieren. Wenn wir etwa den Satz *Franz liebt Clara* betrachten, so drückt dieser Satz eine ganz bestimmte Relation aus, nämlich die Relation des Liebens, die zwischen Franz und Clara besteht. Der Satz *Franz sieht Clara* drückt eine andere Relation aus, nämlich die des Sehens. Wir sehen also, dass zwischen Elementen von (nicht notwendigerweise verschiedenen) Mengen *Relationen* bestehen können. Wenn eine beliebige Relation R zwischen den Mengen A und B besteht, wollen wir schreiben: *ARB* und meinen damit, dass A in Relation zu B steht. Nun haben wir aber bereits gesehen, dass solche Relationen 2-Tupel bilden, so dass wir naheliegenderweise eine *Relation als Teilmenge des cartesischen Produktes* auffassen können:

(12) Eine *Relation R von A nach B* ist eine Teilmenge des cartesischen Produktes A x B.
Wir schreiben: $R \subseteq A \times B$, oder genauer:
$\{\langle x,y\rangle / xRy\} \subseteq \{\langle x,y\rangle / x \in A \text{ und } y \in B\}$

Betrachten wir die beiden Mengen in (13):

(13) (i) A = {Peter, Max}
(ii) B = {Monika, Paula, Renate}

Das cartesische Produkt aus A und B ist:

(14) A x B = {<Peter, Monika>, <Peter, Paula>, <Peter, Renate>, <Max, Monika>, <Max, Paula>, <Max, Renate>}.

Wenn Peter mit Monika und Renate tanzt, und Max mit Paula, dann ist die Relation *tanzen* zwischen den Mengen A und B gegeben durch die Menge der Paare:

(15) R = {<Peter, Monika>, <Peter, Renate>, <Max, Paula>}
= {<x,y> / x ∈ A und y ∈ B und x tanzt mit y } ⊆ A x B.

Wir identifizieren also die Relation R mit der Menge der geordneten Paare, die durch die Relation R angegeben wird. Diese Relation können wir auch durch ein Diagramm der folgenden Art darstellen:

(16)

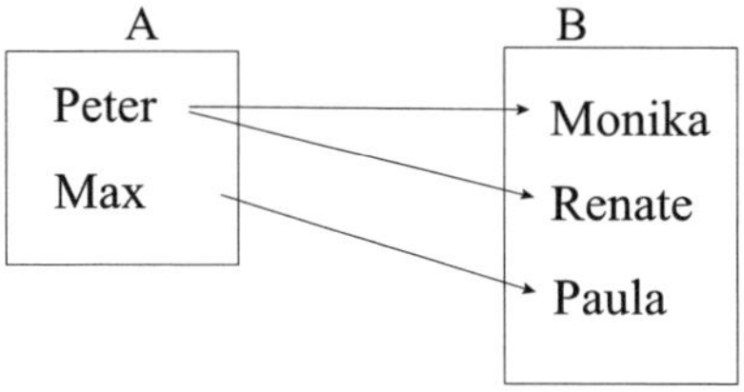

Dabei wird die Relation als eine Abbildung von A nach B aufgefasst. A wird als *Definitionsbereich* und B als *Wertebereich* bezeichnet.

Wir sehen, dass es verschiedene Auffassungsweisen von Relationen gibt; zum einen als Teilmenge des cartesischen Produktes und zum anderen als Abbildung. Wir werden im folgenden beide Auffassungsweisen verwenden, abhängig davon, welche jeweils die geeignetere ist.

Ganz analog zu dem Begriff des Mengenkomplements bestimmen wir nun das *Komplement einer Relation.* Dies hat seinen Sinn darin, dass wir entscheiden wollen, wann die Elemente eines Paares in einer bestimmten Relation stehen und wann nicht. Wenn zwei Individuen a und b in der Relation R stehen, so ist das Paar <a, b> ein Element in der Relation R, und anderenfalls ist es im Komplement von R enthalten:

(17) Das *Komplement R' einer Relation R* ist gegeben durch: *R' := (A x B) - R.*

R' enthält also alle geordneten Paare des cartesischen Produkts, die nicht in der Relation R enthalten sind, so dass ein Paar entweder Element der Relation oder aber des Komplements ist. Eine andere Möglichkeit besteht nicht.

Relationen können hinsichtlich bestimmter Eigenschaften unterschieden werden. Dies ist zum Beispiel interessant, wenn man Verben der folgenden Art betrachtet: *tanzen mit*, *begleiten*, *heiraten.* Diese Verben werden gelegentlich auch als symmetrische Prädikate bezeichnet. Das bedeutet, dass die Reihenfolge der Elemente eines Paares keine Rolle spielt. Wenn etwa Franz Elke heiratet, dann heiratet notwendigerweise auch Elke Franz. Dies ist nicht zwingend der Fall für das Verb *lieben.* Wenn Franz Elke liebt, so muss Elke Franz noch lange nicht lieben. Wir wollen daher verschiedene Eigenschaften von Relationen näher untersuchen. Dabei betrachten wir den Fall, dass die Relation R eine Teilmenge von A x A ist.

3.1. Eigenschaften von Relationen

Eine Relation R wird *reflexiv* genannt, wenn zu jedem Element x aus der Menge A das Element $\langle x,x \rangle$ in der Relation R enthalten ist. Das Paradebeispiel für eine reflexive Relation ist etwa der Ausdruck *x ist identisch mit y*. Da jedes Individuum oder Objekt zwangsläufig mit sich selbst identisch ist, ist diese Relation reflexiv:

(1) Reflexivität:
R ist *reflexiv*, gdw. für jedes $x \in A$ das geordnete Paar $\langle x, x \rangle \in R$.
Wenn für einige $x \in A$ das Paar $\langle x, x \rangle \notin R$, so heißt R *nonreflexiv*.
R heißt *irreflexiv*, wenn sie kein geordnetes Paar $\langle x, x \rangle$ enthält.

Man beachte bei dieser Definition, dass $\langle x, x \rangle \in R$ ist, für *alle* Elemente $x \in A$. Diese Bedingung muss bei den Eigenschaften, die wir im folgenden auch noch betrachten werden, nicht mehr gelten. Dort wird nur noch gefordert, dass zu einem Paar, *das in der Relation R enthalten ist*, auch bestimmte andere Paare in der Relation enthalten sein müssen.

Weiter oben haben wir bereits Beispiele für symmetrische Prädikate kennen gelernt. Wir geben jetzt die präzise Definition dafür an. Diese besagt, dass eine Relation genau dann symmetrisch ist, wenn zu einem beliebigen Paar $\langle x,y \rangle \in R$ auch das Paar $\langle y,x \rangle \in R$ ist. Das Verb *heiraten* stellt also eine symmetrische Relation dar: Wenn Franz Petra heiratet, dann heiratet natürlich auch Petra Fanz:

(2) Symmetrie:
R ist *symmetrisch*, gdw. für jedes geordnete Paar $\langle x, y \rangle \in R$ auch das geordnete Paar $\langle y, x \rangle \in R$.
Wenn für einige $\langle x, y \rangle \in R$ $\langle y, x \rangle \notin R$ ist, so heißt R *unsymmetrisch*.
R heißt *asymmetrisch*, wenn für kein geordnetes Paar $\langle x, y \rangle \in R$ ein geordnetes Paar $\langle y, x \rangle \in R$ existiert.

Eine weitere Eigenschaft einer Relation kann die *Antisymmetrie* sein, die dann vorliegt, wenn die zwei Paare $\langle x, y \rangle$ und $\langle y, x \rangle$ in R sind, daraus aber folgt, dass x gleich y ist. Die Relation *größer gleich* ist ein Beispiel für eine antisymmetrische Relation. Wenn gilt, dass x größer gleich y ist, und wenn zugleich gilt, dass y größer gleich x ist, so folgt aus diesen beiden Sätzen, dass $x = y$ ist. Man beachte hierbei, dass die Relation *echt größer* nicht antisymmetrisch ist:

(3) Antisymmetrie:
Eine Relation R heißt *antisymmetrisch*, wenn aus $\langle x, y \rangle \in R$ und $\langle y, x \rangle \in R$ folgt: $x = y$.

Als letzte Eigenschaft wollen wir die *Transitivität* betrachten. Eine Relation ist transitiv, wenn zu den beiden Paaren <x, y> und <y, z> in R, auch das Paar <x, z> in R ist. Die Relation *kleiner als* ist transitiv, denn wenn x kleiner als y und y kleiner als z, dann ist sicherlich auch x kleiner als z:

(4) Transitivität:
R ist *transitiv*, gdw. für alle geordneten Paare <x, y> und <y, z> ∈ R auch <x, z> ∈ R ist.
Ist R nicht transitiv, so heißt R *nontransitiv*.
R heißt *intransitiv*, wenn für jedes Paar <x, y> und <y, z> ∈ R gilt, dass <x, z> ∉ R.

3.2. Äquivalenzrelationen

Es gibt nun Relationen, die mehrere dieser Eigenschaften zugleich erfüllen. Z.B. kann eine Relation zugleich reflexiv, symmetrisch und transitiv sein. Eine derartige Relation nennt man *Äquivalenzrelation*. Eine Äquivalenzrelation hat die besondere Eigenschaft, dass sie die Menge, über der sie definiert ist, vollständig in disjunkte Teilmengen, sog. *Äquivalenzklassen* zerlegt:

(1) Eine Relation in A ist eine *Äquivalenzrelation*, gdw. sie reflexiv, symmetrisch und transitiv ist.

Die Relation *ist genauso alt wie* ist eine Äquivalenzrelation. Sie ist reflexiv, da jedes Individuum oder Objekt genauso alt ist wie es selbst. Sie ist symmetrisch, denn wenn x genauso alt ist wie y, so ist auch y genauso alt wie x. Sie ist transitiv, denn wenn x genauso alt ist wie y und y genauso alt ist wie z, so ist auch x genauso alt wie z. Mit dieser Äquivalenzrelation kann die Menge A in sog. *Äquivalenzklassen* zerlegt werden, d.h. in Teilmengen von Elementen, die hinsichtlich der Relation äquivalent sind. So induziert etwa die Relation *ist genauso alt wie* Klassen von Individuen und Dingen, für die gilt, dass sie hinsichtlich ihres Alters äquivalent sind. Die Relation setzt also alle Individuen, die fünf Jahre alt sind, in eine Klasse. Eine andere Klasse bilden etwa die sechzigjährigen Individuen usw. Wichtig ist, dass diese Klassenbildung durch eine Äquivalenzrelation herbeigeführt werden kann und dass es dann genügt, allein einen Vertreter aus einer Klasse zu betrachten, weil man ja weiß, dass alle anderen Elemente dieser Klasse zu diesem Vertreter äquivalent sind:

(2) Wir schreiben ⟦a⟧ für die Menge aller x, für die gilt: <a, x> ∈ R, wobei R eine Äquivalenzrelation ist.

Die Schreibweise mit den eckigen Doppelklammern haben wir bereits weiter oben eingeführt für die Menge der Paare, die in einer bestimmten Relation zueinander stehen. Auch bei dieser ersten Einführung gilt, dass die Paare hinsichtlich der sie verbindenden Relation äquivalent sind.

Eine Äquivalenzrelation zerlegt eine Menge A also in eine Kollektion nicht-leerer Teilmengen A_i von A, so dass die Vereinigung der A_i wieder A ergibt, was bedeutet, dass die Menge A vollständig zerlegt wurde. Zum anderen gilt dabei aber auch, dass die A_i paarweise disjunkt sind, d.h. dass ihr paarweiser Durchschnitt leer ist. Eine solche Zerlegung nennt man eine *Partition*:

(3) Eine *Partition* ist eine Kollektion nicht-leerer Teilmengen von A, so dass gilt:
(i) für zwei beliebige verschiedene Teilmengen X und Y gilt: $X \cap Y = \emptyset$
(ii) die Vereinigung aller Teilmengen dieser Kollektion ist gleich A.
Jede *Äquivalenzrelation* über einer Menge M induziert eine *Partition* von M.

Betrachten wir zur genaueren Klärung des Begriffs *Äquivalenzrelation* nun ein Beispiel. Die Menge A sei die folgende: A = {Franz, Paula, Fritz, Clara, Maria}. Wir untersuchen die Eigenschaften der Relation R in (4), und prüfen, ob R eine Äquivalenzrelation ist:

(4) R = {<Franz, Franz>, <Paula, Paula>, <Paula, Clara>, <Franz, Fritz>, <Clara, Paula>, <Clara, Maria>, <Clara, Clara>, <Maria, Paula>, <Fritz, Franz>, <Maria, Clara>, <Fritz, Fritz>, <Maria, Maria>, <Paula, Maria>}

Dazu müssen wir zeigen, dass R reflexiv, symmetrisch und transitiv ist. Beginnen wir mit der Reflexivität. Zu jedem Element x ∈ A muss das Paar <x, x> ∈ R sein. Dies gilt es zu prüfen. Wir nehmen das erste Element aus A, das ist Franz, und fragen, ob das Paar <Franz, Franz> ∈ R ist. Dies ist der Fall. Sodann nehmen wir das nächste Element aus A, also Paula, und prüfen, ob das Paar <Paula, Paula> ∈ R ist. Dies ist ebenfalls der Fall. In dieser Weise fahren wir fort, bis wir zu jedem Element x ∈ A geprüft haben, ob das Paar <x,x> ∈ R ist, was im vorliegenden Beispiel der Fall ist. Die Bedingung der Reflexivität ist also erfüllt.

Prüfen wir nun die Symmetrie-Eigenschaft. Dazu muss zu jedem Paar <x, y> ∈ R ebenfalls das Paar <y, x> ∈ R sein. Wir prüfen also, ob zu dem Paar <Franz, Franz> ∈ R auch das Paar <Franz, Franz> ∈ R. Dies ist trivialerweise der Fall. Sodann nehmen wir das zweite Paar <Franz, Fritz> ∈ R und testen, ob auch das Paar <Fritz, Franz> ∈ R. Auch dies ist der Fall. Weiterhin existiert zu dem Paar <Paula, Clara> das Paar <Clara, Paula>, zum Paar <Clara, Maria> gibt es das Paar <Maria, Clara>, und zu dem Paar <Maria, Paula> existiert das Paar <Paula, Maria>, so dass R auch symmetrisch ist.

Wenn wir nun noch die Eigenschaft der Transitivität nachweisen können, so wissen wir, dass R eine Äquivalenzrelation ist. Um dies zu zeigen, müssen wir alle Paare finden, deren letztes Glied gleich dem ersten Glied eines anderen Paares ist, und untersuchen, ob bzgl. der so zugeordneten Paare auch ein Paar existiert, mit dem Erstglied des ersten Paares und dem Letztglied des zweiten Paares; zu <x, y> ∈ R und <y, z> ∈ R gilt es also, das Paar <x, z> ∈ R zu finden. Dies testet man nun leicht durch die folgende Betrachtung:

Zu <Franz, Franz> und <Franz, Fritz> existiert das Paar <Franz, Fritz>.
Zu <Franz, Fritz> und <Fritz, Franz> existiert das Paar <Franz, Franz>.
Zu <Fritz, Franz> und <Franz, Fritz> existiert das Paar <Fritz, Fritz>.
Zu <Franz, Fritz> und <Fritz, Fritz> existiert das Paar <Franz, Fritz>.
Zu <Paula, Paula> und <Paula, Paula> existiert das Paar <Paula, Paula>.
Zu <Paula, Paula> und <Paula, Clara> existiert das Paar <Paula, Clara>.
Zu <Paula, Paula> und <Paula, Maria> existiert das Paar <Paula, Maria>.
Zu <Paula, Clara> und <Clara, Paula> existiert das Paar <Paula, Paula>.
Zu <Paula, Maria> und <Maria, Paula> existiert das Paar <Paula, Paula>.
Zu <Paula, Maria> und <Maria, Clara> existiert das Paar <Paula, Clara>.
Zu <Clara, Paula> und <Paula, Maria> existiert das Paar <Clara, Maria>.
Zu <Clara, Clara> und <Clara, Clara> existiert das Paar <Clara, Clara>.
Zu <Clara, Clara> und <Clara, Maria> existiert das Paar <Clara, Maria>.
Zu <Maria, Maria> und <Maria, Maria> existiert das Paar <Maria, Maria>.

Damit haben wir gezeigt, dass die Relation R auch transitiv ist, so dass sie eine Äquivalenzrelation ist. Die Frage ist aber, in welche Partition die Menge A durch diese Äquivalenzrelation zerlegt wird. Nun treten in einem Paar offensichtlich immer nur entweder Franz und Fritz oder Paula, Clara und Maria auf. Da R eine Äquivalenzrelation ist, sind Fritz und Franz äquivalent zueinander und gehören damit in eine Äquivalenzklasse. Franz und Fritz bilden hingegen nie mit Paula, Clara oder Maria ein Paar, so dass eine Äquivalenzklasse die Menge A_1 = {Franz, Fritz} ist. Da Paula, Clara und Maria jeweils miteinander in Paaren auftreten, sind auch diese Elemente äquivalent und bilden die Menge A_2 = {Paula, Clara, Maria}. Bezüglich A_1 und A_2 lässt sich nun feststellen, dass die Vereinigung $A_1 \cup A_2 = A$ und dass der Durchschnitt $A_1 \cap A_2 = \emptyset$ ist. Wir haben also durch die Äquivalenzrelation R eine Partition P_R auf der Menge A erhalten. Diese Partition ist P_R = {{Franz, Fritz}, {Paula, Clara, Maria}}. R zerlegt damit die Menge A in die Klasse der Männer und die Klasse der Frauen, so dass R umschrieben werden kann als *hat das gleiche Geschlecht wie*.

3.3. Ordnungsrelationen

Die Elemente einer Menge sind per definitionem nicht geordnet. Jedes Element hat den gleichen Status wie jedes andere Element auch. Die Menge der natürlichen Zahlen ist als

Menge ungeordnet, und wenn man nichts weiter zu den natürlichen Zahlen sagt, als dass sie eine Menge bilden, so wäre es nicht möglich, so zu zählen, wie wir es tun. Die Abfolge der Zahlen wäre dann nämlich völlig willkürlich, und die Zählreihenfolge könnte etwa sein: 7, 2, 9, 1, 3, 4, 8, ... Tatsächlich entspricht dies natürlich nicht der richtigen Reihenfolge beim Zählen. Um richtig zu zählen, müssen wir die Zahlen anordnen, und das heißt, dass wir für alle Zahlen festlegen müssen, wann eine Zahl relativ zu einer beliebigen anderen Zahl größer oder kleiner ist als diese andere Zahl. Die Zahlen stehen also untereinander in einer ganz bestimmten Ordnungsrelation, für deren Eigenschaften wir uns jetzt interessieren:

(1) Eine Relation in A ist eine *Halbordnung* auf A, gdw. A reflexiv, antisymmetrisch und transitiv ist.

Sei A die Menge der Zahlen {3, 5, 2, 4, 1}, und sei R eine Relation zwischen zwei Zahlen. R sei gegeben wie in (2):

(2) R = { <1,1>, <1,2>, <1,3>, <1,4>, <1,5>, <2,2>, <2,3>, <2,4>, <2,5>, <3,3>, <3,4>, <3,5>, <4,4>, <4,5>, <5,5>}

Diese Relation ist reflexiv, denn zu jedem Element a ∈ A, ist das Paar <a, a> ∈ R. Die Relation ist antisymmetrisch, denn wann immer gilt, dass <a, b> ∈ R und <b, a> ∈ R, so ist a = b. Wäre etwa auch das Paar <5, 4> ∈ R, so wäre R nicht antisymmetrisch, denn 4 ist nicht gleich 5. Die Relation R ist auch transitiv, wie sich leicht nachprüfen lässt. R ist also eine Halbordnung auf A. Genauer gesagt ist R die Relation '≤' (kleiner gleich).

Wenn für alle a, b ∈ A entweder <a, b> ∈ R oder <b, a> ∈ R gilt, so wollen wir sagen, dass a und b bzgl. der Ordnungsrelation R *vergleichbar* sind. Die Relation R' in (3) ist die gleiche Relation wie in (2), bis auf diejenigen Paare, die aus zwei gleichen Komponenten bestehen. R' ist ebenfalls eine Ordnungsrelation:

(3) R' = { <1, 2>, <1, 3>, <1, 4>, <1, 5>, <2, 3>, <2, 4>, <2, 5>, <3, 4>, <3, 5>, <4, 5>}

Bezüglich der Relation R' sind die Elemente von A *vergleichbar*, da für alle a, b ∈ A entweder <a, b> ∈ R oder <b, a> ∈ R ist:

(4) Sind je zwei Elemente a, b ∈ A bzgl. der Halbordnung R vergleichbar, so ist R eine *Totalordnung*.

Ordnungsrelationen werden uns wieder begegnen, wenn wir Ereignisse betrachten, die zu unterschiedlichen Zeiten stattfinden. Um die Vor-, Gleich- und Nachzeitigkeit zwischen

Ereignissen zu beschreiben, müssen wir Zeitabschnitte relativ zueinander ordnen, wozu wir mit Hilfe von Ordnungsrelationen in der Lage sind.

3.4. Funktionen

Relationen können zwischen zwei (nicht notwendigerweise) verschiedenen Mengen bestehen. Dabei ist keine Einschränkung darüber formuliert, ob ein Element im Definitionsbereich in Relation zu keinem, zu einem oder zu mehreren Elementen im Wertebereich steht, d.h. Relationen können mehrdeutig sein. Eine besondere Klasse von Relationen zeichnet sich durch die Eigenschaft aus, dass *jedes Element des Definitionsbereichs* in Relation zu *höchstens einem Element im Wertebereich* steht. Derartige Relationen werden *Funktionen* genannt. Eine Funktion ist eine Relation mit bestimmten Eigenschaften:

(1) Eine Relation F von A nach B ist eine *Funktion*, gdw.
  (i) der Definitionsbereich von F ist gleich A, und
  (ii) zu jedem Element aus dem Definitionsbereich A gibt es höchstens ein korrespondierendes Element im Wertebereich B.

Eine Funktion, die eine Teilmenge von A x B ist, wird als *Funktion von A nach B* bezeichnet. Eine Funktion, die eine Teilmenge von A x A ist, heißt *Funktion in A*. Die Elemente des Definitionsbereichs einer Funktion werden auch als *Argumente* bezeichnet. Die Elemente des Wertebereichs, also die Elemente, die die Funktion ihren Argumenten zuweist, heißen *Funktionswerte*:

(2) Schreibweise: F: A → B oder F: A → A

Funktionen haben gegenüber Relationen den Vorteil, dass sie links-eindeutig sind, da jedem Argument *höchstens ein* Funktionswert zugewiesen wird, zugleich wird aber auch *jedem* Element aus dem Definitionsbereich genau ein Argument zugeordnet. Die beiden folgenden Abbildungen verdeutlichen diesen Unterschied. Bei einer Funktion geht von jedem Element aus A genau ein Pfeil aus. Bei einer Relation können von einem Element aus A mehrere oder auch kein Pfeil ausgehen:

(3) Funktion: Relation:

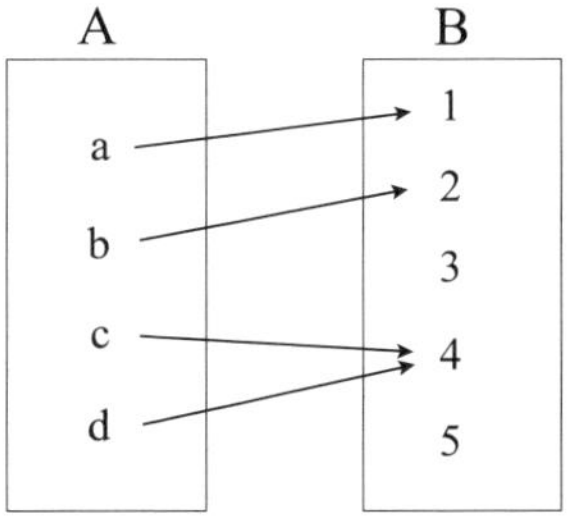

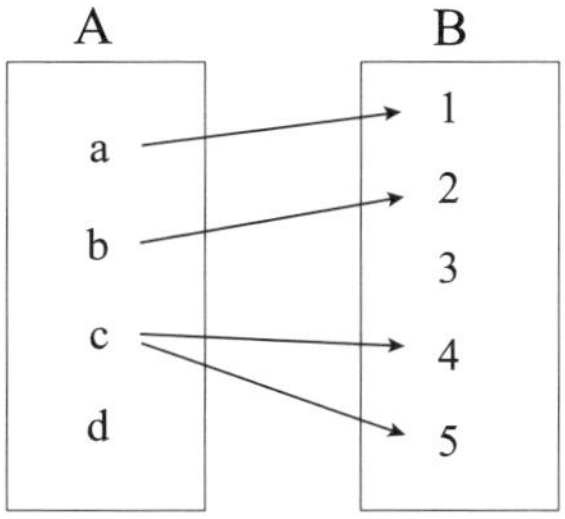

Aufgrund dieser Eigenschaften lassen sich Funktionen eindeutig verknüpfen. Wir können damit mehrere Mengen miteinander in Beziehung setzen und sicher sein, dass jedes Argument auch nach der Verknüpfung höchstens einen Wert hat. Wenn wir also zunächst die Funktion F betrachten, die die Menge A auf die Menge B abbildet, und dann die Funktion G, die die Menge B auf die Menge C abbildet, so können wir auch die *Komposition $G \circ F$* betrachten, die die Menge A direkt auf die Menge C abbildet:

(4) Komposition von Funktionen:

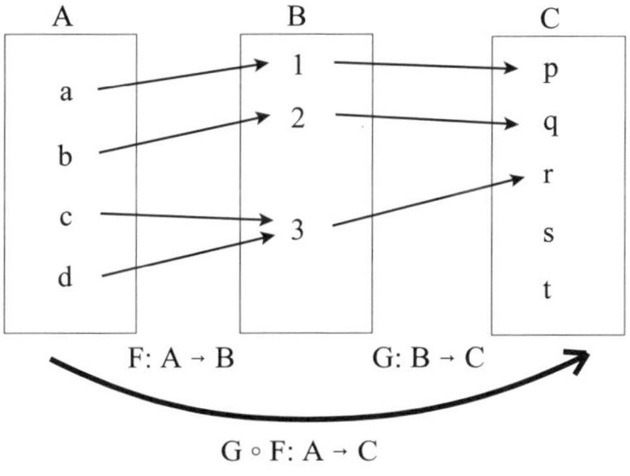

Diese Komposition können wir auch direkt angeben, denn wenn die Funktion $H = G \circ F$ ist, so sieht H folgendermaßen aus:

(5)

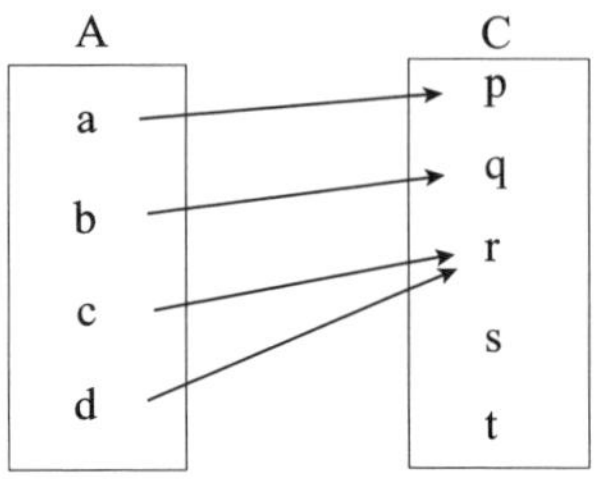

H: A → C

Wie sich unschwer erkennen lässt, ist auch H eine Funktion, die ihrerseits wieder mit einer anderen Funktion verknüpft werden kann:

(6) Aus zwei Funktionen F: A → B und G: B → C kann die *Komposition G ∘ F* von F und G gebildet werden.
G ∘ F := {<a, c> / für einige b, <a, b> ∈ F und <b, c> ∈ G}

Um die Komposition G ∘ F zweier Funktionen F: A → B und G: B → C zu berechnen, wendet man zunächst F auf die Menge A an und erhält die Menge B. Sodann wendet man die Funktion G auf die Menge B an und erhält die Menge C. F ordnet einem Argument a den Funktionswert F(a) zu, und G nimmt F(a) als Argument und ordnet diesem den Funktionswert G(F(a)) zu:

(7) (G ∘ F)(a) = G(F(a)).

Wir betrachten die drei Mengen A, B und C und die zwei Funktionen F: A → B und G: B → C als Beispiel. Die Mengen A, B und C seien wie folgt gegeben:

(8) (i) A = {Maria, Clara, Paula}
(ii) B = {Ford, Mercedes, VW}
(iii) C = {Peter, Otto, Karl}

Die Funktion F sei die Funktion *x fährt den Wagen y*, und die Funktion G sei die Funktion *im Wagen y fährt z mit*. F und G seien folgendermaßen gegeben:

(9) (i) F = {<Maria, VW>,<Clara, Mercedes>,<Paula, Ford>}
(ii) G = {<VW, Otto>,<Mercedes, Karl>,<Ford, Peter>}

Wir berechnen zunächst zu jedem Element a ∈ A den Funktionswert F(a):

(10) F: A → B
F(Maria) = VW
F(Clara) = Mercedes
F(Paula) = Ford

Damit sind wir in der Menge B angekommen, so dass wir zu jedem Element $b \in B$ den Funktionswert G(b) berechnen können:

(11) G: B → C
G(VW) = Otto
G(Mercedes) = Karl
G(Ford) = Peter

Diese beiden Schritte lassen sich aber auch direkt hintereinander ausführen, da F und G Funktionen sind:

(12) G(F(Maria)) = G(VW) = Otto
G(F(Clara)) = G(Mercedes) = Karl
G(F(Paula)) = G(Ford) = Peter

Die Funktion $H = G \circ F$ ist damit eine Funktion, die die Menge der Fahrer auf die Menge der Beifahrer abbildet, so dass H in der folgenden Weise gegeben ist:

(13) $G \circ F$ = {<Maria, Otto>, <Clara, Karl>, <Paula, Peter>}

3.5. Funktionen und Mengen: Die charakteristische Funktion

Wir wollen nun einen Zusammenhang zwischen Mengen und Funktionen herstellen. Genauer gesagt wollen wir Mengen mit Hilfe von Funktionen ausdrücken. Dazu wollen wir aber nicht zu jeder Menge eine spezielle Funktion angeben, sondern wir wollen eine ganz allgemeine Funktion verwenden, die jede beliebige Menge charakterisiert. Aus den Werten dieser Funktion soll abgelesen werden können, wie die Menge aussieht. Eine solche Funktion ist die *charakteristische Funktion*. Sie bestimmt eine Menge vollständig, indem sie die Argumente, welche Elemente der Menge sind, auf 1 abbildet und alle anderen auf 0. Wenn wir etwa eine Menge D von Individuen betrachten:

(1) D := {Clara, Peter, Fritz, Otto, Martin, Petra, Rita, Karl},

und wenn in dieser Menge drei Individuen singen können, etwa Peter, Fritz und Karl, dann ist die Menge S = {Peter, Fritz, Karl} der Sänger eine Teilmenge von D. Die charakteristische Funktion f_S von S nimmt als Argumente die Individuen von D. Wenn ein Individuum Element der Menge S ist, hat die Funktion f_S den Wert 1, wenn das Argument ein Element der Menge D - S ist, also dem Komplement von S bzgl. D, so hat die Funktion f_S den Wert 0. f_S kann also grundsätzlich zwei Werte annehmen: 0 oder 1:

(2) Die *charakteristische Funktion* f_S einer Menge S ist definiert wie folgt:

$$f_S(x) = \begin{cases} 1, & \text{wenn } x \in S \\ 0, & \text{wenn } x \notin S \end{cases}, \quad \text{für alle } x \in D.$$

Mengen lassen sich also auf zwei verschiedene Weisen darstellen:

(3) Mengennotation: Notation mit charakteristischer Funktion:

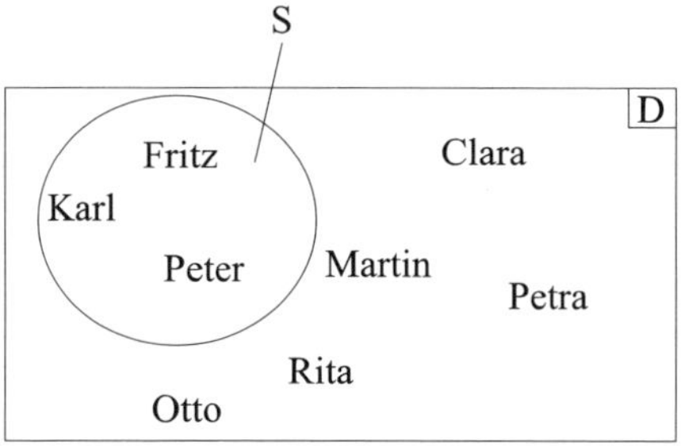

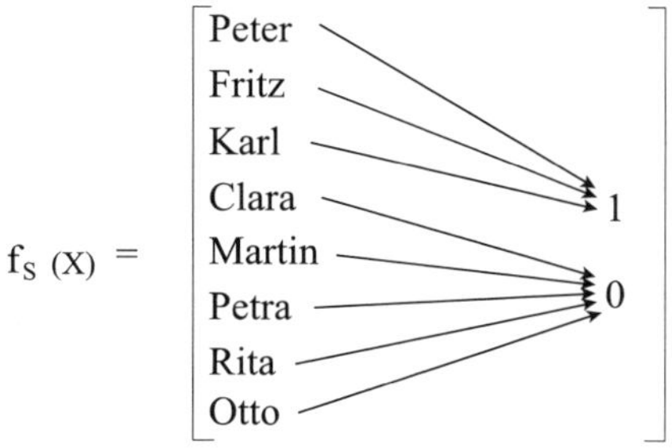

Beide Notationen drücken den gleichen Sachverhalt aus, und ihre Verwendung hängt von den jeweiligen Erfordernissen der Darstellung ab. Da wir später sehr häufig zu prüfen haben, ob es wahr ist, dass Objekte zu bestimmten Mengen gehören oder nicht, und da in der semantischen Theorie wesentlich der Begriff *Funktion* verwendet wird, ist die Notation der charakteristischen Funktion für unsere Zwecke äußerst bedeutsam.

3.6. Übungsaufgaben

1. Gegeben seien die Mengen A und B.
   A = {a,b}, B = {c,d}
   (i) Geben Sie die folgenden Mengen in Listennotation an: A x B, B x A, B x B, (A - B) x (B - A), (A ∪ B) x A

(ii) Sind die folgenden Aussagen richtig?
   a. (A x B) ∪ (B x A) = ∅
   b. (A x A) ⊆ (A x B)
   c. {<b,b>} ⊆ A x A
   d. <a,b> ∈ A x A
   e. <a,c> ∈ B x A
   f. {<b,d>, <a,d>, <c,b>} ⊆ A x B
   g. {<b,c>, <a,d>} ist eine Relation von A nach B.
   h. <b,b> ist eine Relation in A.

2. Gegeben sei die folgende Relation R zwischen A und B (A und B wie in 1.):
   R = {<a,c>, <a,d>, <b,c>}
   (i) Welchen Definitionsbereich hat R?
   (ii) Welchen Wertebereich hat R?
   (iii) Geben Sie das Komplement R' von R an.

3. Gegeben sei die Menge A = {a, b, c} und eine Relation R = {<a,a>, <a,b>, <c,c>, <b,a>, <b,b>}.
   (i) Ist R reflexiv?
   (ii) Ist R transitiv?
   (iii) Ist R eine Äquivalenzrelation? Wenn ja, welche Partition induziert R?

4. Was ist falsch an der Überlegung, dass Reflexivität eine Konsequenz aus Transitivität und Symmetrie ist?
   Wenn <x,y> ∈ R, dann ist wegen der Symmetrie auch <y,x> ∈ R. Wenn damit <x,y> und <y,x> in R sind, so folgt aus der Transitivität, dass <x,x> in R ist, und damit ist R auch reflexiv.

4. Aussagenlogik

Wir haben bisher beschrieben, auf welche Weise die Objekte und Individuen in unserer Welt als einfache Mengen und Mengen von n-Tupeln erfasst werden können. Daraufhin haben wir Relationen und Funktionen zwischen Mengen betrachtet, die wir als n-Tupel darstellen können, so dass wir nun in der Lage sind, beliebige Gruppierungen von Objekten und Individuen vorzunehmen. Dies benötigen wir, um Sachverhalte in der Welt zu beschreiben. Da wir sprachliche Ausdrücke und ihren Bezug zur Welt betrachten wollen, sehen wir uns die einfachen (Aussage-) Sätze in (1) an:

(1) (i) Peter ist in Paris.
(ii) Ein brauner Hund läuft den Hügel hinauf.
(iii) Karl hat gestern drei Autos zu Schrott gefahren.

Derartige Sätze analysieren wir zunächst nicht weiter, sondern fassen sie als elementare Aussagen auf. Als solche können diese Sätze entweder wahr oder falsch sein. Wenn z.B. in einer Weltsituation, in der ein brauner Hund den Hügel hinauf läuft, eine Person den Satz (1)(ii) äußert, dann ist dieser Satz wahr. Ist es hingegen nicht der Fall, dass ein brauner Hund den Hügel hinauf läuft, so ist der Satz (1)(ii) falsch.

Andere einfache Sätze wie die in (2) können nicht wahr oder falsch sein:

(2) (i) Kommt Franz morgen?
(ii) Wer will schwimmen gehen?
(iii) Gib mir 'mal fünf Mark!
(iv) Wäre das doch nicht passiert!

Der Satz (2)(i) ist eine Entscheidungsfrage, auf die mit *Ja* oder *Nein* geantwortet werden kann, während der Satz (2)(ii) eine Ergänzungsfrage ist, die beantwortet werden kann, indem man die Personen nennt, die schwimmen gehen wollen. Satz (2)(iii) ist ein Imperativsatz, auf den eine Handlung des Hörers erfolgen sollte, und (2)(iv) ist ein Exklamativsatz, mit dem eine innere Befindlichkeit ausgedrückt wird. Diesen vier Sätzen ist gemeinsam, dass sie weder wahr noch falsch sein können. Da wir gerade nach den Wahrheitsbedingungen von Sätzen fragen, fallen sie nicht in den Bereich unseres gegenwärtigen Interesses.

Nun interessieren uns nicht nur einfache Sätze wie in (1), sondern auch komplexere Zusammenfassungen solcher Sätze wie in (3):

(3) (i) Petra ist im Kino, und Franz ist in der Kneipe.
(ii) Peter kommt nicht.
(iii) Wenn Franz Bier trinkt, dann ist Petra sauer.
(iv) Peter ist in Rom, oder Karl ist in London.

Wir wollen auch zu diesen z.T. koordinierten Sätzen feststellen können, unter welchen Bedingungen sie wahr oder falsch sind. Offensichtlich hängt diese Bewertung nicht ausschließlich davon ab, ob die einzelnen Sätze jeweils wahr oder falsch sind, sondern auch davon, welche Verbindung zwischen den jeweils verknüpften Sätzen besteht. So ist der Satz (3)(i) nur dann wahr, wenn sowohl Petra im Kino als auch Franz in der Kneipe ist, d.h. beide Teilsätze müssen wahr sein, damit auch der Gesamtsatz wahr ist. Bei dem Satz (3)(iv) ist dies aber anders. Hier genügt ein wahrer Teilsatz für die Wahrheit des Gesamtsatzes.

Der Satz (3)(ii) sieht zunächst wie ein einfacher Satz aus. Doch auch dieser Satz ist komplex, denn in ihm steckt der Teilsatz *Peter kommt*, und dieser Teilsatz wird negiert mit dem Wörtchen *nicht*. Wenn Peter tatsächlich kommt, dann ist der Satz *Peter kommt* wahr, der Satz *Peter kommt nicht* ist hingegen falsch.

Schwieriger als diese ersten Sätze ist der Satz (3)(iii) zu beurteilen. Er ist sicherlich wahr, wenn Franz tatsächlich Bier trinkt und Petra tatsächlich sauer ist. Der Satz ist aber sicherlich falsch, wenn Franz tatsächlich Bier trinkt, Petra aber nicht sauer ist. Wenn Franz kein Bier trinkt, Petra aber sauer ist und jemand äußert in dieser Situation (3)(iii), so ist der Satz hinsichtlich seines Wahr- bzw. Falschseins intuitiv schwierig zu beurteilen.

4.1. Syntax der Aussagenlogik

Uns interessiert nun, welche Auswirkung die Verwendung der unterschiedlichen *Satzkonnektoren* auf die Wahrheit des Gesamtsatzes hat. Um dies systematisch zu untersuchen, wollen wir zunächst festlegen, welche Menge von Sätzen wir überhaupt betrachten wollen. Nun haben wir in der Mengenlehre bereits unterschiedliche Verfahren kennengelernt, mit denen wir Mengen angeben können. Da es sich bei der Menge der einfachen und komplexen Sätze bereits um unendlich viele Sätze handelt, ist es prinzipiell unmöglich, alle Sätze aufzuschreiben. Wir wollen daher *rekursiv* definieren, welche Sätze Gegenstand unserer Untersuchung sind. Dazu geben wir zunächst an, was *atomare Aussagen* sind und legen fest, dass alle atomaren Aussagen zur Menge der *wohlgeformten Formeln (wff)* gehören. Sodann geben wir an, wann zwei wohlgeformte Formeln wieder eine wohlgeformte Formel ergeben. Und schließlich müssen wir noch festlegen, dass außer dem genannten nichts anderes eine wohlgeformte Formel ist. Damit haben wir ein *syntaktisches System* konstruiert, welches uns eine unendlich große Menge wohlgeformter Formeln definiert. Wir formulieren also rekursive Regeln für die Menge der wffn. Die Regelmenge nennen wir die *Syntax der Aussagenlogik*. Die einzelnen Regeln legen fest, in welcher Art und Weise einzelne Aussagen verknüpft werden können. Die atomaren Aussagen p, q, ... und die Konnektoren bilden das Vokabular der Aussagenlogik.

(1) Syntax der Aussagenlogik.
  (i) Jede atomare Aussage ist eine *wohlgeformte Formel (wff)*.
  (ii) 1. Jede wff, der das Symbol '¬' (Negation) vorausgeht, ist eine wff.
  Zwei (nicht notwendigerweise verschiedene) wffn können zu einer wff zusammengefasst werden, indem
  2. das Symbol '∧' (Konjunktion) oder
  3. das Symbol '∨' (Disjunktion) oder
  4. das Symbol '→' (Konditional) oder
  5. das Symbol '↔' (Bikonditional)
  zwischen diese Ausdrücke geschrieben und der Gesamtausdruck in Klammern gesetzt wird.
  (iii) Nichts sonst ist eine wff.

Dieses syntaktische System erlaubt uns u.a. die folgenden wohlgeformten Formeln zu bilden:

(2) $p, (p \wedge q), \neg(p \leftrightarrow q), \neg(\neg r), ((((p \vee q) \wedge \neg s) \rightarrow r) \leftrightarrow s)$

Damit haben wir zunächst die *syntaktische Struktur* der Ausdrücke festgelegt, die wir betrachten wollen. Nun möchten wir darüber hinaus auch wissen, welche Wahrheitswerte diese komplexen Ausdrücke haben, d.h. wir fragen nach ihrer *semantischen Struktur*.

4.2. Semantik der Aussagenlogik

Um sicherzugehen, dass wir zu allen Ausdrücken eine semantische Struktur erhalten, müssen wir semantische Regeln angeben, die den syntaktischen Regeln zugeordnet sind, d.h. jedesmal, wenn eine syntaktische Regel angewendet wird, wird auch eine korrespondierende semantische Regel angewendet. Über diese Korrespondenz der Anwendungen von syntaktischen Regeln und semantischen Interpretationsregeln werden wir genau die Wahrheit bzw. Falschheit von komplexen Sätzen berechnen können. Da die wohlgeformten Formeln aus *atomaren Aussagen* und *Verknüpfungen* bestehen, gehen wir so vor, dass jeder atomaren Aussage ein *Wahrheitswert* zugeordnet wird. Als Wahrheitswerte wählen wir das Symbol *1* für eine wahre Aussage und das Symbol *0* für eine falsche Aussage.

Sodann müssen wir festlegen, welche *Wahrheitsbedingungen* die Konnektoren haben. Diese Festlegung geschieht durch sog. *Wahrheitswert-Tabellen*. In einer solchen Tabelle sind alle möglichen Kombinationen von Wahrheitswerten der beteiligten Aussagen erfasst, und die Tabelle gibt jeweils an, bei welcher Verteilung sich welcher Wahrheitswert ergibt. Betrachten wir zunächst die einfache Tabelle für die *Negation*. Diese Tabelle ist deshalb unkompliziert, weil sich die Negation nur auf *eine* Aussage bezieht, wie wir aus den syntaktischen Regeln ersehen können. Die vier anderen Konnektoren beziehen jeweils zwei Aussagen aufeinander.

Wenn wir untersuchen wollen, was die Bedeutung der Negation einer Aussage ist, so sind zwei Fälle zu unterscheiden. Eine Aussage kann entweder wahr oder falsch sein. Wenn eine Aussage wahr ist, so ist ihre Negation falsch; und wenn eine Aussage falsch ist, so ist ihre Negation wahr. Wenn z.B. die Aussage *Paul ist in Rom* wahr ist, d.h. dass Paul tatsächlich in Rom ist, dann ist die negierte Aussage *Paul ist nicht in Rom* oder *Es ist nicht der Fall, dass Paul in Rom ist* falsch. Ist die Aussage *Paul ist in Rom* falsch, d.h. dass sich Paul tatsächlich nicht in Rom aufhält, dann ist die negierte Form dieser Aussage, nämlich *Paul ist nicht in Rom* oder *Es ist nicht der Fall, dass Paul in Rom ist*, wahr. Die Eigenschaft der Negation scheint also zu sein, dass sie die Wahrheit von Aussagen gerade in ihr Gegenteil verkehrt. Diesen Sachverhalt drücken wir nun in der folgenden Wahrheitswert-Tabelle aus:

(1) Negation:

p	¬p
1	0
0	1

Beispiel: p = Peter kommt.
¬p = Es ist nicht der Fall, dass Peter kommt.
= Peter kommt nicht.

In der ersten Spalte von (1) stehen die beiden möglichen Wahrheitswerte, die die Aussage p annehmen kann. In der zweiten Spalte stehen die Wahrheitswerte, die die Formel ¬p hat, wenn p den Wert in der ersten Spalte annimmt. Damit haben wir zu der ersten *syntaktischen Regel* eine *semantische Regel* formuliert.

Dies wollen wir nun auch für die zweite syntaktische Regel vornehmen. Die *Konjunktion* verbindet zwei Aussagen miteinander, etwa die Aussage p = *Peter ist in Rom* und die Aussage q = *Maria ist in Paris*. Wann ist demnach die Aussage *Peter ist in Rom und Maria ist in Paris* wahr bzw. falsch? Nun, wenn Peter tatsächlich in Rom ist und wenn Maria tatsächlich in Paris ist, dann ist diese Aussage wahr. Wenn aber Peter nicht in Rom ist, Maria hingegen in Paris ist, dann ist die Aussage falsch. Genauso verhält es sich, wenn Peter tatsächlich in Rom, Maria aber tatsächlich irgendwo anders als in Paris ist. Die Aussage ist auch falsch, wenn sowohl Peter tatsächlich nicht in Rom und Maria tatsächlich nicht in Paris ist. Wir müssen also, wenn wir alle Fälle berücksichtigen wollen, eine Wahrheitswert-Tabelle mit vier Zeilen aufstellen. Jede Zeile enthält eine mögliche Verteilung der Wahrheitswerte der beiden Aussagen:

(2) Konjunktion:

p	q	(p ∧ q)
1	1	1
1	0	0
0	1	0
0	0	0

Beispiel: p = Peter raucht.
q = Maria trinkt.
(p ∧ q) = Peter raucht und Maria trinkt.

Damit haben wir auch für die zweite syntaktische Regel eine *semantische Regel* formuliert.

Die Zeilenanzahl einer Wahrheitswert-Tabelle ist abhängig von der Anzahl der auftretenden Variablen. Hat man eine Verknüpfung mit drei Variablen, so erhöht sich die Zeilenanzahl auf acht, bei vier Aussagen auf sechzehn usw. Die Anzahl der Zeilen einer Wahrheitswert-Tabelle lässt sich berechnen, wie in (3) angegeben:

(3) Wenn eine komplexe Formel n verschiedene Aussagen enthält, so ist die Anzahl der Zeilen für die Wahrheitswert-Tabelle dieser Formel gleich 2^n.

Die *Disjunktion* entspricht der Verknüpfung mit 'oder'. Diese Art der Verbindung zweier Aussagen hat andere Wahrheitsbedingungen als die Verknüpfung mit der Konjunktion '∧'. Wäre dies nicht so, so würde 'oder' das gleiche bedeuten wie 'und'.

Betrachten wir nochmals die beiden Aussagen p = *Peter ist in Rom* und q = *Maria ist in Paris*. Die Aussage *Peter ist in Rom oder Maria ist in Paris* ist offensichtlich wahr, wenn Peter tatsächlich in Rom und zugleich Maria tatsächlich in Paris ist. Dabei setzen wir voraus, dass das einschließende 'oder' gemeint ist, das mit *vel* ins Lateinische übersetzt wird, und nicht das ausschließende *entweder oder*, das mit *aut* zu übersetzen ist. Im Deutschen haben beide Bedeutungen nur eine Lautform. Die komplexe Aussage ist - im Gegesatz zur Konjunktion - aber auch dann wahr, wenn nur eine der beiden beteiligten Aussagen wahr ist. Wenn also nur Peter tatsächlich in Rom ist, Maria aber in London, dann ist die Gesamtaussage in diesem Fall genauso wahr, als wenn Peter tatsächlich in London, Maria aber in Paris ist. Nur wenn beide Teilaussagen falsch sind, wird auch deren Verknüpfung mit '$\vee$' falsch. Wenn also weder Peter in Rom noch Maria in Paris ist, so ist die Gesamtaussage falsch. Wir erhalten damit die Wahrheitswert-Tabelle für die Disjunktion in (4):

(4) Disjunktion:

p	q	(p $\vee$ q)
1	1	1
1	0	1
0	1	1
0	0	0

Beispiel:	p	=	Peter raucht.
	q	=	Maria trinkt.
	(p $\vee$ q)	=	Peter raucht oder Maria trinkt.

Die *wenn ... dann ...*-Beziehung wird *Konditional* (oder auch *materiale Implikation*) '$\rightarrow$' genannt, und sie verknüpft ebenfalls zwei Aussagen. Nur sind die Wahrheitswert-Verteilungen bei dieser Verknüpfung nicht so leicht ausfindig zu machen. Wenn wir wieder die beiden Aussagen p = *Peter ist in Rom* und q = *Maria ist in Paris* betrachten, so sagt uns unser intuitives Verständnis, dass die *wenn...dann...*-Verknüpfung wahr ist, wenn beide Aussagen wahr sind. Wenn es also wahr ist, dass Peter in Rom und Maria in Paris ist, dann ist die Aussage *Wenn Peter in Rom ist, dann ist Maria in Paris* wahr. Und ähnlich plausibel erscheint es uns, dass diese Aussage falsch ist, wenn Peter in Rom, Maria aber nicht in Paris ist.

Problematisch wird die Bewertung, wenn die Aussage p falsch ist. Wenn Peter tatsächlich nicht in Rom, Maria aber tatsächlich in Paris ist, und irgend jemand sagt *Wenn Peter in Rom ist, dann ist Maria in Paris*, dann scheint dieser Satz zunächst falsch zu sein. Tatsächlich können wir aber gar nicht genau sagen, was er bedeutet. Denn wenn wir von einer Voraussetzung ausgehen, die falsch ist, dann kann daraus alles mögliche folgen. Wenn etwa 2 x 2 = 5 ist, dann wissen wir einfach nicht, wie die Welt beschaffen ist, so dass die Aussage *Es gibt zehn Päpste* wahr sein könnte. In der Tat scheinen unsere Intuitionen bzgl. der Aussage *wenn p, dann q* zu versagen, wenn p falsch ist. Solange wir aber nur zwei Möglichkeiten zur Auswahl haben, nämlich *wahr* oder *falsch*, müssen wir uns für eine der beiden entscheiden. Da es – wie wir später noch sehen werden – gute Gründe dafür gibt, dem Konditional bei falschem Vordersatz den Wert wahr zuzuordnen, wollen wir die Wahrheitswert-Tabelle entsprechend festlegen:

(5) Konditional:

p	q	(p → q)
1	1	1
1	0	0
0	1	1
0	0	1

Beispiel: p = Peter raucht.
q = Maria trinkt.
(p → q) = Wenn Peter raucht, dann trinkt Maria.

Wir werden später aber noch eine angemessenere Deutung des Konditionals kennen lernen, begnügen uns aber zunächst mit der klassischen Definition.

Wenn wir den nächsten Konnektor, das *Bikonditonal* '↔' diskutiert haben, werden wir sehen, dass diese Festsetzung durchaus vernünftig war. Das Bikonditional lässt sich im Deutschen auch mit *genau dann, wenn* paraphrasieren. Des Ausdruck p ↔ q entspricht einer zweifachen Verwendung des Konditionals, nämlich: p → q und q → p. Das Bikonditional ist also ein Konditional in beide Richtungen. Eine Aussage, die aus zwei mit dem Bikonditional verknüpften Aussagen gebildet ist, ist genau dann wahr, wenn beide Aussagen den gleichen Wahrheitswert haben. Dies führt zu der Wahrheitswert-Tabelle in (6):

(6) Bikonditional:

p	q	(p ↔ q)
1	1	1
1	0	0
0	1	0
0	0	1

Beispiel: p = Peter raucht.
q = Maria trinkt.
(p ↔ q) = Peter raucht, gdw. Maria trinkt.

Mit den fünf verschiedenen Wahrheitswert-Tabellen haben wir zu jeder syntaktischen Regel eine semantische Regel formuliert, so dass wir nun zu einer beliebig komplexen Formel, die unser syntaktischer Apparat erzeugt, auch deren Wahrheitswert angeben können. Wir gehen von der syntaktischen Struktur der Formel aus und berechnen an jedem Knoten dieser Struktur die Wahrheitswerte.

Der Ausdruck $((p \vee q) \rightarrow \neg(p \wedge q))$ ist sicherlich eine wohlgeformte Formel. Wie lassen sich zu dieser Formel die Wahrheitsbedingungen angeben? Wir müssen alle Kombinationen von Wahrheitswertverteilungen für p und q betrachten und diese für die einzelnen Verknüpfungen aus den jeweiligen Wahrheitswert-Tabellen entnehmen. Dazu benötigen wir aber die syntaktische Struktur des Ausdrucks, der ja auch schon durch die Klammerung sichtbar wird, den wir aber nochmals als Baumstruktur darstellen wollen:

(7)

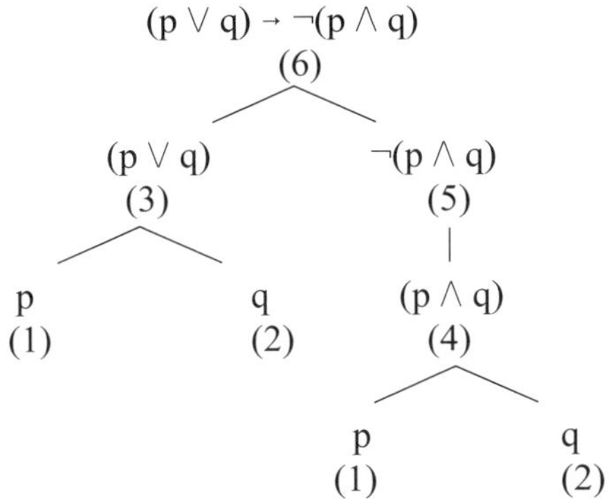

Um die Wahrheitsbedingungen am obersten Knoten dieses Baumes zu berechnen, beginnen wir bei den atomaren Aussagen und prüfen die Wahrheitsbedingungen an allen Knoten von unten nach oben. Wir folgen dabei der Strategie, dass wir zunächst die Wahrheitswerte der weniger komplexen Teilausdrücke berechnen und diese sodann nach den Wahrheitswert-Tabellen der jeweiligen Konnektoren aufeinander beziehen. Dazu betrachten wir die folgende Tabelle, in der jedem einzelnen Knoten eine Spalte zugeordnet ist. In diesen Spalten stehen die Wahrheitswerte, die an den Knoten jeweils unter allen möglichen Ausgangswerten von p und q auftreten:

(8)

p	q	$(p \vee q)$	$(p \wedge q)$	$\neg(p \wedge q)$	$(p \vee q) \rightarrow \neg(p \wedge q)$
1	1	1	1	0	0
1	0	1	0	1	1
0	1	1	0	1	1
0	0	0	0	1	1
(1)	(2)	(3)	(4)	(5)	(6)

In der untersten Zeile stehen die Spaltennummern, die den Knotennummern in dem Baum in (7) entsprechen. Um zu sehen, welche Wahrheitswerte an den Baumknoten in Abhängigkeit von den Wahrheitswerten von p und q auftreten, betrachtet man zu jedem Knoten im Baum (7) die zugehörige Spalte in der Tabelle (8). In den Spalten (1) und (2) stehen die möglichen Wahrheitswert-Verteilungen für p und q. Da wir die Kombinatorik von zwei Aussagen betrachten, die jeweils zwei mögliche Wahrheitswerte annehmen können, ergeben sich also vier Zeilen. Die Spalten (3) und (4) sind identisch mit den Wahrheitswert-Tabellen für die Disjunktion und die Konjunktion. Spalte (5) enthält die Werte für die negierte Spalte (4); und Spalte (6) gibt an, welchen Wahrheitswert die Gesamtformel – abhängig von den Wahrheitswerten von p und q – jeweils hat. Spalte (6) zeigt also, dass die Gesamtformel falsch ist, wenn p und q wahr sind, und dass sie in allen anderen Fällen wahr ist.

Mit Hilfe der Wahrheitswert-Tabellen lassen sich die Wahrheitswerte komplexer aussagenlogischer Formeln systematisch ermitteln. Der Wahrheitswert der Gesamtformel ist dabei stets abhängig von den Wahrheitswerten der beteiligten atomaren Aussagen. Man spricht daher auch von den *Wahrheitsbedingungen* einer aussagenlogischen Formel.

Wir kommen nun auf das Konditional zurück und wollen die Festlegung seiner Wahrheitswert-Tabelle mit Bezug zum Bikonditional motivieren. Das Bikonditional $p \leftrightarrow q$ drückt ja aus, dass $p \rightarrow q$ und $q \rightarrow p$ zugleich gelten, so dass die beiden Formeln in (9) bei gleicher Anfangsbelegung für p und q die gleichen Wahrheitswerte haben sollten. Dies prüfen wir einfach anhand der Tabelle in (10) nach:

(9) (i) $p \leftrightarrow q$
(ii) $(p \rightarrow q) \wedge (q \rightarrow p)$

(10)

p	q	$(p \leftrightarrow q)$	$(p \rightarrow q)$	$(q \rightarrow p)$	$(p \rightarrow q) \wedge (q \rightarrow p)$
1	1	1	1	1	1
1	0	0	0	1	0
0	1	0	1	0	0
0	0	1	1	1	1
(1)	(2)	(3)	(4)	(5)	(6)

Ein Vergleich der Spalten (3) und (6) zeigt, dass beide Formeln tatsächlich zu den gleichen Wahrheitswerten führen. Nehmen wir nun an, dass wir das Konditional anders definiert hätten, nämlich wie in (11):

(11) ungünstige Definition des Konditionals:

p	q	(p → q)
1	1	1
1	0	0
0	1	1
0	0	0

Dann sollten die Spalten (3) und (6) ebenfalls identisch sein. Dies ist, wie wir der Tabelle in (12) entnehmen können, aber nicht der Fall, da in der vierten Reihe zwischen den Spalten (3) und (6) keine Übereinstimmung besteht:

(12)

p	q	(p ↔ q)	(p → q)	(q → p)	(p → q) ∧ (q → p)
1	1	1	1	1	1
1	0	0	0	1	0
0	1	0	1	0	0
0	0	▸ 1	0	0	▸ 0
(1)	(2)	(3)	(4)	(5)	(6)

Die Tabelle ist also hinsichtlich unserer Intuition in den Spalten (3) und (6) kontraintuitiv. Nun ließe sich einwenden, dass der Unterschied in diesen Spalten dadurch behoben werden kann, dass das Konditional auch in der vierten Reihe den Wert 1 annimmt, so dass wir die Tabelle in (13) erhalten würden:

(13) ebenfalls ungünstige Definition des Konditionals:

p	q	(p → q)
1	1	1
1	0	0
0	1	0
0	0	1

Diese Definition führt aber zur Ununterscheidbarkeit von Konditional und Bikonditional, so dass auch diese Definition nicht sinnvoll sein kann. Als letzte Möglichkeit verbleibt die Definition in (14), für die wir aber schon in Tabelle (12) gesehen haben, dass sie in der vierten Reihe zu kontraintuitiven Resultaten führt:

(14) ebenfalls ungünstige Definition des Konditionals:

p	q	$(p \to q)$
1	1	1
1	0	0
0	1	0
0	0	0

Wir können also festellen, dass für die Fälle mit falschem Vordersatz keine Änderung in der Festlegung der Wahrheitswert-Tabelle des Konditionals vorgenommen werden kann, ohne dass kontraintuitive Ergebnisse auftreten.

4.3. Tautologien, Kontradiktionen und Kontingenzen

Es gibt Formeln, deren Wahrheitswerte unabhängig von den Ausgangswerten der beteiligten Aussagen stets gleich sind, d.h. solche Formeln sind unter allen Anfangsbelegungen der Teilausdrücke stets nur wahr oder nur falsch:

(1) (i) Eine Aussage, die stets wahr ist, wird *Tautologie* genannt. In diesem Fall enthält die letzte Spalte der Wahrheitswert-Tabelle nur 1-en.
(ii) Eine Aussage, die stets falsch ist, wird *Kontradiktion* genannt. In diesem Fall enthält die letzte Spalte der Wahrheitswert-Tabelle nur 0-en.
(iii) Eine Aussage, die abhängig von den Ausgangswerten der beteiligten Aussagen sowohl wahr als auch falsch sein kann, wird *Kontingenz* genannt. In diesem Fall enthält die letzte Spalte der Wahrheitswert-Tabelle sowohl 1-en als auch 0-en.

Der Satz *Es regnet oder es regnet nicht* ist tautologisch. Wenn wir den Satz *Es regnet* mit p bezeichnen, so lässt sich der komplexe Satz in die folgende Formel übersetzen: $p \lor \neg p$. Wie wir aus der Tabelle ersehen können, enthält die letzte Spalte nur 1-en, und die Formel ist nach (1)(i) eine Tautologie:

(2)

p	$\neg p$	$p \lor \neg p$
1	0	1
0	1	1

Der Satz *Es regnet und es regnet nicht* ist hingegen kontradiktorisch. Dieser Satz wird mit dem Konnektor '$\wedge$' übersetzt: $p \wedge \neg p$. Aus der letzten Spalte der Wahrheitswert-Tabelle lässt sich nach (1)(ii) ablesen, dass es sich um eine Kontradiktion handelt. Die beiden mit '$\wedge$' verknüpften Sätzen können nicht gleichzeitig wahr sein:

(3)

p	$\neg$p	p $\wedge$ $\neg$p
1	0	0
0	1	0

Der Satz *Es regnet und die Sonne scheint* ist kontingent. Denn wenn wir den Satz *Es regnet* mit p bezeichnen und den Satz *Die Sonne scheint* mit q, so erhalten wir die folgende Wahrheitswert-Tabelle für den komplexen Satz:

(4)

p	q	p $\wedge$ q
1	1	1
1	0	0
0	1	0
0	0	0

Nach (1)(iii) ist dieser Satz eine Kontingenz, da in der letzten Spalte sowohl 1-en als auch 0-en auftreten. Die Wahrheit dieses Satzes hängt also von den anfänglichen Wahrheitswerten von p und q ab.

4.4. Logische Äquivalenz und logische Konsequenz

Wir erörtern nun noch die Begriffe *logische Äquivalenz* und *logische Konsequenz.*

(1) Zwei (komplexe) Aussagen P und Q heißen *logisch äquivalent*, gdw. die Formel $(P \leftrightarrow Q)$ eine Tautologie ist.

Um zu prüfen, ob zwei Aussagen logisch äquivalent sind, betrachtet man die Wahrheitswert-Tabelle für das Bikonditional. Wenn dabei in der letzten Spalte nur 1-en auftreten, ist das Bikonditional dieser beiden Aussagen eine Tautologie, und die beiden Aussagen sind logisch äquivalent. Ersetzt man in einer Formel einen Teilausdruck durch einen logisch äquivalenten Ausdruck, so bleibt sowohl die Wahrheit als auch die Falschheit der Gesamtaussage unverändert:

(2) Wenn zwei Aussagen P und Q *logisch äquivalent* sind, so schreiben wir: $P \Leftrightarrow Q$.

Betrachten wir etwa die beiden logischen Formeln in (3):

(3) (i) $P := (\neg(p \wedge q) \rightarrow q)$
(ii) $Q := \neg((p \vee q) \rightarrow \neg q)$

Sind P und Q logisch äquivalent? Um diese Frage zu beantworten, müssen wir die Wahrheitswert-Tabelle sowohl für P als auch für Q angeben und sodann prüfen, ob das Bikonditional der beiden letzten Spalten eine Tautologie ist:

(4)

p	q	$p \wedge q$	$\neg(p \wedge q)$	P	$p \vee q$	$\neg q$	$(p \vee q) \rightarrow \neg q$	Q	$P \leftrightarrow Q$
1	1	1	0	1	1	0	0	1	1
1	0	0	1	0	1	1	1	0	1
0	1	0	1	1	1	0	0	1	1
0	0	0	1	0	0	1	1	0	1

Dies ist in der Tat der Fall, so dass wir in einer beliebigen Formel, in der P auftritt, anstelle von P auch Q einsetzen können, ohne dass sich der Wahrheitswert für den Gesamtausdruck ändert. Es gilt also: $P \Leftrightarrow Q$.

(5) Eine Aussage Q ist eine *logische Konsequenz* (oder: *logische Folgerung*) einer Aussage P, gdw. $(P \rightarrow Q)$ eine Tautologie ist.
Wenn Q eine logische Konsequenz von P (oder: Q eine logische Folgerung aus P) ist, so schreiben wir: $P \Rightarrow Q$.

Um festzustellen, ob Q eine logische Konsequenz von P ist, betrachtet man die Wahrheitswert-Tabelle des Konditionals. Treten dabei in der letzten Spalte nur 1-en auf, so ist Q eine logische Konsequenz von P. Sehen wir uns zur Illustration die beiden Formeln in (6) mit den zugehörigen Tabellen in (7) an:

(6) (i) $P := (\neg(p \wedge q) \rightarrow q)$
(ii) $Q := ((p \vee q) \rightarrow q)$

(7)

p	q	$p \wedge q$	$\neg(p \wedge q)$	P	$p \vee q$	Q	$P \rightarrow Q$	$P \leftrightarrow Q$
1	1	1	0	1	1	1	1	1
1	0	0	1	0	1	0	1	1
0	1	0	1	1	1	1	1	1
0	0	0	1	0	0	1	1	0

Wie die unterste Zeile der rechten Tabelle zeigt, sind P und Q nicht logisch äquivalent. Hingegen ist aus der dritten Tabelle ersichtlich, dass Q die logische Konsequenz von P ist.

Wenn man in einer Formel einen Teilausdruck durch eine logische Konsequenz dieses Teilausdrucks ersetzt, so bleibt zwar die Wahrheit der Gesamtaussage unverändert, aber - im Gegensatz zur logischen Äquivalenz - nicht notwendigerweise deren Falschheit. Dies liegt daran, dass das Konditional $P \rightarrow Q$ bei falschem P immer wahr ist, unabhängig davon, ob Q wahr oder falsch ist. Wenn nämlich die Formel P aus (6) in einem komplexeren Ausdruck als Teilformel auftritt wie in (8)(i), so bleibt die Gesamtaussage wahr, wenn wir Q anstelle von P einsetzen. Die Gesamtaussage bleibt aber nicht falsch, wenn wir diese Ersetzung vornehmen. Dies zeigen die ersten drei Reihen der Tabelle in (8)(ii):

(8) (i) $p \vee P$

(ii)

p	P	Q	$p \vee P$	$p \vee Q$
1	1	1	1	1
1	0	0	1	1
0	1	1	1	1
0	0	1	0	1

Wie aus der Tabelle in (8)(ii) zu ersehen ist, ist die Formel $p \vee Q$ dann wahr, wenn auch die Formel $p \vee P$ wahr ist. Q kann also für P ersetzt werden, und die Wahrheit der Gesamtformel bleibt erhalten. Wenn die Formel $p \vee P$ allerdings falsch ist, wie in der untersten Zeile, so verändert die Ersetzung von P durch Q den Wahrheitswert der Gesamtformel, wie in der untersten Zeile der beiden letzten Spalten zu sehen ist. Da P und Q nicht logisch äquivalent sind, bleibt die *Falschheit* der Gesamtaussage nicht erhalten, wenn P durch Q ersetzt wird. Da Q aber eine logische Konsequenz von P ist, bleibt die *Wahrheit* der Gesamtaussage erhalten.

Wir wollen nun einige Äquivalenzen erörtern, die in der Aussagenlogik generell gelten. Beginnen wir mit dem Gesetz der *doppelten Negation*, welches besagt, dass eine zweifach negierte Aussage denselben Wahrheitswert hat wie die Aussage selbst:

(9) doppelte Negation:

$\neg(\neg p) \quad \Leftrightarrow \quad p$

Eine andere Klasse von Äquivalenzen wird durch die *Distributivgesetze* festgelegt, die eine Beziehung zwischen der Disjunktion in Verbindung mit der Konjunktion herstellen:

(10) Distributivgesetze:
(i) $p \vee (q \wedge r) \Leftrightarrow (p \vee q) \wedge (p \vee r)$
(ii) $p \wedge (q \vee r) \Leftrightarrow (p \wedge q) \vee (p \wedge r)$

Einen Zusammenhang zwischen der Negation einerseits und der Disjunktion und Konjunktion andererseits stiften die Gesetze von de Morgan. Die Negation einer Disjunktion zweier Aussagen ist äquivalent zu der Konjunktion der beiden negierten Aussagen, und die Negation einer Konjunktion zweier Aussagen ist äquivalent zu der Disjunktion der beiden negierten Aussagen:

(11) De Morgans Gesetze:
(i) $\neg(p \vee q) \Leftrightarrow \neg p \wedge \neg q$
(ii) $\neg(p \wedge q) \Leftrightarrow \neg p \vee \neg q$

Auch die konditionale Beziehung zwischen zwei Aussagen lässt sich äquivalent auf eine Formel beziehen, die die Negation und die Disjunktion verwendet, wie (12)(i) ausdrückt. (12)(ii) ist das Gesetz der *Kontraposition*, welches die Äquivalenz zwischen einer konditionalen Verknüpfung zweier Aussagen und deren jeweiliger Negation ausdrückt, indem die Reihenfolge der negierten Aussagen vertauscht wird:

(12) Gesetze für das Konditional:
(i) $p \rightarrow q \Leftrightarrow \neg p \vee q$
(ii) $p \rightarrow q \Leftrightarrow \neg q \rightarrow \neg p$
(iii) $p \rightarrow q \Leftrightarrow \neg(p \wedge \neg q)$

Das Bikonditional lässt sich als Konjunktion zweier Konditionale ausdrücken, die jeweils in die entgegengesetzte Richtung weisen, wie (13)(i) darstellt. Es lässt sich aber auch leicht verstehen, dass (13)(ii) gilt, denn bei bikonditionaler Verknüpfung müssen entweder beide Aussagen wahr oder beide Aussagen falsch sein, damit das Bikonditional wahr ist.:

(13) Gesetze für das Bikonditional:
(i) $p \leftrightarrow q \Leftrightarrow (p \rightarrow q) \wedge (q \rightarrow p)$
(ii) $p \leftrightarrow q \Leftrightarrow (\neg p \wedge \neg q) \vee (p \wedge q)$

Zum Abschluss dieser Betrachtungen wollen wir uns noch klarmachen, dass verschiedene Zusammenhänge zwischen den Konnektoren bestehen. Es ist nämlich nicht unbedingt nötig, die vier Konnektoren $\wedge$, $\vee$, $\rightarrow$, $\leftrightarrow$ und die Negation $\neg$ zu verwenden, da einige dieser Konnektoren durch die Kombinatorik von anderen Konnektoren erzeugt werden können. Strikt gesprochen reichen die Negation und das Konditional aus, um auch die anderen Konnektoren zu bestimmen. Dies wird aus den folgenden Formeln ersichtlich, deren Richtigkeit der Leser selbst überprüfen kann, indem er jeweils die letzten Spalten der Wahrheitswert-Tabellen für die Konjunktion '$\wedge$', die Disjunktion '$\vee$' und das Bikonditional '$\leftrightarrow$' mit den letzten Spalten der Wahrheitswert-Tabellen der Formeln auf der rechten Seite des Äquivalenzzeichens vergleicht. Auf der rechten Seite wird nur die Negation und das Konditional verwendet:

(14) (i) $p \wedge q \quad \Leftrightarrow \quad \neg(p \rightarrow \neg q)$
(ii) $p \vee q \quad \Leftrightarrow \quad \neg p \rightarrow q$
(iii) $p \leftrightarrow q \quad \Leftrightarrow \quad \neg((p \rightarrow q) \rightarrow \neg(q \rightarrow p))$

4.5. Deduktionsverfahren

Wir wollen nun auf den eigentlichen Gegenstand der formalen Logik als einer *Theorie des Schließens* zu sprechen kommen. Ein *Schluss* besteht aus einer Menge von *Prämissen* und einer *Konklusion*. Eine solche Konstruktion nennt man auch ein *logisches Argument*. Da es keineswegs so ist, dass aus beliebigen Prämissen beliebige Schlüsse gezogen werden können, stellt sich die Frage: *Was ist ein gültiger Schluss?* bzw. *Was ist ein gültiges (valides) Argument?*

Betrachten wir etwa das folgende gültige Argument, das aus den Prämissen P_1, P_2 und der Konklusion Q besteht. Das Zeichen $\therefore$ ist zu lesen als: *daher gilt*.

(1) gültiges Argument:

P_1: Wenn Franz Petra küsst, dann ist Petra glücklich.
P_2: Franz küsst Petra.

$\therefore$ Q: Petra ist glücklich.

Die Gültigkeit liegt offensichtlich nicht an dem Inhalt der einzelnen Prämissen, sondern nur an der Form des Arguments, so dass wir eine rein formale Schreibweise wählen können. Wenn die Aussage p = *Max küsst Petra* und die Aussage q = *Petra ist glücklich* ist, so ergibt sich (2):

(2) gültiges Argument:

$$\begin{array}{lcl} P_1 & = & p \rightarrow q \\ P_2 & = & p \\ \hline \therefore Q = q & & \end{array}$$

Und immer, wenn ein Argument diese Form hat, ist es gültig. Argumente, die nicht diese Form aufweisen, können ungültig sein, wie etwa das folgende Argument in (3) zeigt.

(3) ungültiges Argument:

P_1: Wenn Franz Petra küsst, dann ist Petra glücklich.
P_2: Petra ist glücklich.

∴ Q: Franz küsst Petra.

Dieses Argument sieht ähnlich aus, ist aber nicht gültig, denn Petra könnte aus irgendeinem anderen Grund als einem Kuss von Franz glücklich sein. Wie sieht nun die formale Struktur dieses Arguments aus? Die Prämisse P_1 ist die gleiche, wie in dem vorangegangenen Beispiel, aber die Prämisse P_2 ist in diesem Fall q, und die Konklusion ist p. Wir haben also eine formale Struktur wie die in (4), von der wir intuitiv wissen, dass sie nicht unter allen Bedingungen gültig ist. Ein solches Argument bezeichnen wir als ungültig:

(4) ungültiges Argument:

$$\begin{array}{lcl} P_1 & = & p \rightarrow q \\ P_2 & = & q \\ \hline \therefore Q & = & p \end{array}$$

Wir wollen nun Formen für gültige Argumente betrachten. Dazu definieren wir zunächst, was überhaupt ein Argument ist:

(5) Ein *logisches Argument* besteht aus
   (i) einer Anzahl von Aussagen, sog. *Prämissen*, für die wir voraussetzen, dass sie wahr sind,
   (ii) einer Aussage, sog. *Konklusion*, deren Wahrheit aus der Wahrheit der Prämissen notwendig folgt.

Jedes Argument besteht also aus einer oder mehreren Prämissen und einer Konklusion. Ein Argument ist *gültig*, wenn unter der Voraussetzung, dass die Prämissen wahr sind, auch die Konklusion wahr ist:

(6) Ein Argument ist *gültig* (*valide*), gdw. es keine Wahrheitswert-Belegung gibt, die alle Prämissen wahr, die Konklusion aber falsch macht, d.h. wenn P_1, P_2, ..., P_n Prämissen sind, und Q die Konklusion ist, dann muss der Ausdruck: $((P_1 \wedge P_2 \wedge ... \wedge P_n) \rightarrow Q)$ eine Tautologie sein.

Die Gültigkeit eines Arguments hat also nur indirekt etwas mit der Wahrheit der Konklusion zu tun. Ein gültiges Argument hat keinen Wahrheitswert, nur Aussagen haben einen Wahrheitswert. Was behauptet wird, wenn ein Argument gültig ist, ist, dass bei wahren Prämissen auch die Konklusion wahr sein muss. Wenn die Konklusion hingegen falsch ist, so muss auch mindestens eine der Prämissen falsch sein.

Wir können mit den Mitteln der Aussagenlogik zu einer Menge von Prämissen und einer Konklusion entscheiden, ob ein Argument gültig ist oder nicht, indem wir die Konjunktion der Prämissen als erstes Argument des Konditionals einsetzen und die Konklusion als zweites Argument. Wenn der Konditional-Ausdruck dann eine Tautologie ist, liegt ein gültiges Argument vor.

Ein bekannter Fall ist das in (1) genannte Beispiel, bei dem es sich um den sog. *Modus Ponens* handelt. Dieses Argument hat die Struktur in (7):

(7)
$P \rightarrow Q$
P

$\therefore$ Q

Wenn sowohl der Konditionalausdruck als auch dessen Vordersatz wahr ist, so muss auch der Nachsatz wahr sein.

Ein weiteres gültiges Argument ist der sog. *Modus Tollens*, der die Negation gemeinsam mit dem Konditional verwendet:

(8)
P_1: Wenn Franz am Computer sitzt, dann lernt Petra Italienisch.
P_2: Petra lernt nicht Italienisch.

$\therefore$ Q: Franz sitzt nicht am Computer.

Die formale Struktur des Modus Tollens ist die folgende:

(9)
$P \rightarrow Q$
$\neg Q$

$\therefore$ $\neg P$

Wenn der Konditionalausdruck wahr ist, die Negation von dessen Nachsatz hingegen falsch, so muss der Vordersatz des Konditionalausdrucks falsch sein, seine Negation hingegen wahr. Im Gegensatz zum Modus Ponens tritt Q in der zweiten Prämisse auf und P in der Konklusion, allerdings sind beide negiert.

Beim *hypothetischen Syllogismus* – einem weiteren gültigen Argument – enthalten beide Prämissen ein Konditional, und der Schluss geht von dem ersten Satz des ersten Konditionals auf den zweiten Satz des zweiten Konditionals:

(10) P_1: Wenn Max Maria küsst, dann betrinkt sich Peter.
P_2: Wenn sich Peter betrinkt, dann ist Monika sauer.

∴ Q: Wenn Max Maria küsst, dann ist Monika sauer.

Der hypothetische Syllogismus hat die allgemeine Form:

(11) $P \rightarrow Q$
$Q \rightarrow R$

∴ $P \rightarrow R$

Ein anderer Syllogismus ist der *disjunktive Syllogismus*. Diese Figur enthält als Prämisse einen Satz mit Disjunktion, während die zweite Prämisse einen Teil dieser Disjunktion negiert. Damit die Disjunktion wahr ist, was vorausgesetzt wird, muss also der andere Teil der Disjunktion wahr sein:

(12) P_1: Max küsst Maria oder Max küsst Petra.
P_2: Max küsst Maria nicht.

∴ Q: Max küsst Petra.

Dieser einfache Sachverhalt beruht auf der Struktur in (13):

(13) $P \vee Q$
$\neg P$

∴ Q

Die drei nächsten Argumente sind von ihrer Struktur her sehr einfach. Wenn man die Wahrheitswert-Tabellen der Konjunktion und der Disjunktion kennt, erscheinen sie schon fast trivial. Nichtsdestoweniger werden wir sie kurz angeben, da zum Beweisen logischer Sätze oft von ihnen Gebrauch gemacht wird.

Bei der *Konjunktionsreduktion* wird ausgenutzt, dass die Prämisse eine Konjunktion ist, die natürlich nur dann wahr ist, wenn beide Sätze wahr sind. Ist dies der Fall, so ist insbesondere einer dieser beiden Sätze wahr:

(14) P_1: Max küsst Maria und Peter trinkt Bier.

∴ Q: Max küsst Maria.

(15) $P \wedge Q$

∴ P

Bei der sog. *Konjunktion* nutzt man denselben Sachverhalt in umgekehrter Richtung. Man formuliert die Prämissen P_1 und P_2, die nach Voraussetzung ja wahr sind, und schließt, dass die Konjunktion ebenfalls wahr ist:

(16) $P_{1:}$ Max küsst Maria
$P_{2:}$ Peter trinkt Bier

∴ Q: Max küsst Petra und Peter trinkt Bier.

(17) P
Q

∴ $P \wedge Q$

Bei der *Addition* verwendet man die Eigenschaft der Disjunktion. Diese ist wahr, wenn mindestens ein Teilsatz wahr ist. Setzt man mit der Prämisse also voraus, dass P wahr ist, so ist die Konklusion, die aus P und einem per Disjunktion verknüpften anderen Satz besteht, ebenfalls wahr. Insbesondere lässt sich also eine ganz beliebige andere Aussage, wie etwa *Peter trinkt Bier*, mittels der Disjunktion mit der Prämisse verbinden:

(18) P_1: Max küsst Maria.

∴ Q: Max küsst Maria oder Peter trinkt Bier.

(19) P

$\therefore\ P \vee Q$

4.6. Übungsaufgaben

1. Übersetze die folgenden Sätze in aussagenlogische Formeln. Wähle die Variablen p, q, r für die jeweiligen Aussagen in nicht negierter Form:
   (i) Maria kommt.
   (ii) Clara kommt und Peter geht.
   (iii) Wenn Maria kommt, dann geht Peter.
   (iv) Wenn Maria kommt und Peter geht, dann bleibt Clara.
   (v) Wenn Peter nicht kommt und wenn Otto nicht kommt, dann kommt Clara nicht.
   (vi) Wenn Peter nicht kommt, dann kommt Clara nicht, und wenn Clara nicht kommt, dann kommt Peter nicht.

2. Überprüfe die Richtigkeit der folgenden Beispiele.
   (i) Tautologien: $(p \vee \neg p)$, $(p \rightarrow p)$, $(p \rightarrow (q \rightarrow p))$, $\neg(p \wedge \neg p)$
   (ii) Kontradiktionen: $\neg(p \vee \neg p)$, $(p \wedge \neg p)$, $\neg((p \vee q) \leftrightarrow (q \vee p))$
   (iii) Kontingenzen: p, $(p \vee p)$, $((p \vee q) \rightarrow q)$, $((p \rightarrow q) \leftrightarrow (q \rightarrow p))$

3. (i) Prüfe anhand einer Wahrheitswert-Tabelle, ob die folgende Aussage kontingent, tautologisch oder kontradiktorisch ist:
   $((p \wedge q) \wedge r) \rightarrow (r \vee \neg(p \wedge q))$
   (ii) Gib den Strukturbaum zu der Formel in (i) an.

4. Zeige die Gültigkeit der folgenden Argumente durch eine formale Ableitung der Konklusion aus den Prämissen:

(i)
p
$\neg r$
$(p \wedge \neg r) \rightarrow q$

$\therefore\ q$

(ii)
$p \vee q$
$\neg q$
$r \rightarrow \neg p$

$\therefore\ \neg r$

(iii)
$\neg p \vee q$
$\neg q \wedge r$
$\neg(p \vee q) \rightarrow s$

$\therefore\ r \wedge s$

5. Prädikatenlogik

5.1. Prädikate und Valenz

Wir haben bisher betrachtet, wie vollständige Aussagen verknüpft werden können und wie sich der Wahrheitswert von komplexen Aussagen mittels der Wahrheitswert-Tabellen der verknüpfenden Konnektoren ermitteln lässt. Nun wissen wir aber auch, dass Aussagen bzw. vollständige Sätze nicht die kleinsten sprachlichen Einheiten sind, sondern dass diese durch Kombination von kleineren Einheiten aufgebaut werden. Solche kleineren Einheiten sind etwa die Wörter. Wenn wir z. B. den Satz (1) betrachten, so können wir feststellen, dass dieser Satz aus sieben Wörtern besteht, die auf eine ganz bestimmte Art geordnet sind:

(1) Ein blauer VW steht an der Straßenecke.

Wir stellen auch fest, dass das Wort *Straßenecke* aus zwei Wörtern besteht, die wir aber als zusammengehörig betrachten. Offensichtlich lassen sich in natürlichen Sprachen Wörter zu neuen Wörtern verbinden. Das soll uns aber im weiteren nicht interessieren. Wir fragen vielmehr danach, ob es zwischen den Einheiten der Wörter und der Sätze noch andere Einheiten gibt, die wir so ohne weiteres nicht sehen. Die Antwort auf die Frage, ob es diese Einheiten gibt, lautet: Ja. Welche Einheiten sind dies? Nun, wir können mit dem Satz anfangen zu spielen, indem wir versuchen, Wörter oder Wortgruppen umzustellen. Dabei fällt uns zuerst auf, dass durch eine bestimmte Umordnung auch wieder ein Satz entsteht:

(2) An der Straßenecke steht ein blauer VW.

Dieser Satz bedeutet in etwa dasselbe wie der erste Satz. Wenn wir nun versuchen, weitere Umstellungen vorzunehmen, so bemerken wir, dass dies nicht mehr funktioniert. Die folgenden Umstellungen führen nicht wieder zu deutschen Sätzen:

(3) (i) Der Straßenecke steht ein blauer VW an.
(ii) VW steht an ein blauer der Straßenecke.
(iii) An VW blauer Straßenecke der steht ein.

Offensichtlich erlauben nur ganz bestimmte Wortgruppen oder Wörter, dass man sie umstellt, so dass immer noch ein richtiger Satz entsteht. Diese Wortgruppen nennt man auch *Konstituenten*. In dem angegebenen Satz sind offensichtlich die Wortgruppen *ein blauer VW* und *an der Straßenecke* Konstituenten. Wir haben also festgestellt, dass zwischen der Wort- und der Satzebene weitere Einheiten existieren, obwohl unsere Schrift- und Lautsprache dies nicht direkt sichtbar werden lässt.

Wir fragen nun danach, welche Verbindung zwischen den verschiedenen Konstituenten eines Satzes besteht und wodurch diese Verbindung hergestellt wird. In unserem Beispielsatz ist außer den beiden Konstituenten noch ein Verb enthalten. Dieses Verb heißt *stehen* und bezeichnet den Zustand, dass irgendetwas irgendwo steht. Das irgendetwas ist in unserem Satz *ein blauer VW* und das irgendwo ist *an der Straßenecke*. Der Ausdruck *ein blauer VW* bezeichnet ein Objekt, und der Ausdruck *an der Straßenecke* bezeichnet eine Lokalität, und offensichtlich stellt das Verb *stehen* einen Bezug zwischen dem Objekt und der Lokalität dar, so dass der ganze Satz oder die Aussage einen Zustand beschreibt. Wir wollen sagen, dass das Verb *stehen* eine *Relation* zwischen einem Objekt und einer Lokalität darstellt und dass diese Relation die Relation des *Stehens* ist. Wenn wir in dem Beispielsatz das Verb *stehen* durch das Verb *parken* ersetzen, so bedeutet der Satz fast wieder das gleiche, allerdings ist es jetzt die Relation des *Parkens*, die zwischen *einem blauen VW* und *der Straßenecke* ausgedrückt wird.

Wir kennen nun eine ganze Menge deutscher Verben, und alle stellen Relationen zwischen unterschiedlichsten Objekten, Individuen, Lokalitäten, Zeiten usw. her. Hier sind einige weitere Beispiele:

(4) (i) Der Opa streichelt seine Katze.
(ii) Die Oma schläft.
(iii) Der Fußballspieler schenkt Maria einen Luftballon.
(iv) Clara behauptet, dass Karl in Ägypten ist.

Das Verb *streicheln* stellt eine Relation zwischen dem Opa und der Katze dar; nämlich, dass der Opa die Katze streichelt und sie nicht etwa *schlägt*, *verjagt*, *tritt* oder sonst irgendetwas. All diese Verben sind *transitiv* und stellen als solche *zweistellige* Relationen zwischen zwei *Argumenten* her.

Das *intransitive* Verb *schlafen* ist *einstellig*, d.h. es benötigt nur ein Argument, in unserem Fall *die Oma*. Das *bitransitive* Verb *schenken* hingegen ist *dreistellig*. Es drückt eine Relation zwischen drei Argumenten aus, nämlich dem Fußballspieler, der schenkt, Maria, die beschenkt wird und einem Luftballon, der verschenkt wird. Eine etwas andere Relation stellt das Verb *behaupten* her. Hier handelt es sich um die Relation zwischen einem Individuum, das etwas behauptet und einer Aussage, die behauptet wird.

Offensichtlich ist es so, dass die unterschiedlichen Verben ein- oder mehrstellige Relationen ausdrücken, und dass ein Satz dann vollständig ist, wenn alle Stellen der Relation auch besetzt sind. Der Teilsatz (5) ist unvollständig, da eine Argumentstelle des Verbs *schenken* nicht besetzt ist:

(5) *Der Fußballspieler schenkt Maria

In diesem Sinne erfordert die Verwendung bestimmter Verben auch immer eine bestimmte Realisierung von Argumenten. Die Anzahl und die Art der geforderten Argumente nennt man die *Valenz* eines Verbs. Wenn von Valenz die Rede ist, so verwendet man auch den Begriff *Prädikat* und spricht von ein-, zwei- oder dreistelligen Prädikaten. Wir können feststellen, dass nicht nur Verben eine bestimmte Valenz haben, sondern auch Präpositionen, Adjektive und auch Nomina. Dazu betrachten wir die Beispiele in (6):

(6)	(i)	Das Buch (ist)	auf/unter/neben/in	dem Tisch.
	(ii)	Karl (ist)	überlegen/treu/größer als	Paul.
	(iii)	Peter (ist)	Bruder/Fan/Vater von	Clara.

Im weiteren wird uns aber vor allem die Valenz von Verben interessieren. Von ihrer Bedeutung her lassen sich dabei grob die folgenden Klassen unterscheiden:

(7)	(i)	Prozessverben:	*erblühen, gleiten, sinken, fliegen* usw.
	(ii)	Aktivitätsverben:	*laufen, tanzen, streicheln, reparieren* usw.
	(iii)	Zustandsverben:	*hassen, lieben, wissen, besitzen* usw.
	(iv)	Verursachungsverben:	*geben, wecken, entkleiden, versenken* usw.

Wir wollen im folgenden sagen, dass Verben *Prädikate* sind, die eine bestimmte Anzahl von *Argumenten* verlangen, und dass ein vollständiger Satz dann vorliegt, wenn die Argumentstellen des Prädikats gesättigt sind, d.h. wenn zu jeder Argumentstelle des Prädikats auch genau ein Argument existiert. Wenn dies der Fall ist, so liegt eine vollständige Aussage vor wie in den folgenden Sätzen:

(8) (i) Der Öltanker sinkt.
(ii) Hans repariert seinen Sportwagen.
(iii) Die Versicherung versenkt den Öltanker.
(iv) Das Telefon weckt Maria.
(v) Erwin schenkt seinem Freund drei Bücher.

Nun kann aber zu dem Verb *sinken* nicht nur die spezielle Nominalphrase *der Öltanker* als Argument fungieren, sondern auch beliebige andere Nominalphrasen, wie etwa *die Fähre, der Stein, das Schiff* usw., d.h. das Verb *sinken* lässt eine Vielzahl anderer Nominalphrasen als Argumente zu. Wollen wir nun eine Darstellungsweise für das Verb *sinken* finden, die einerseits ausdrückt, dass dieses Verb ein Argument nimmt, also ein einstelliges Prädikat ist, andererseits aber nicht festgelegt werden soll, wie dieses spezielle

Argument aussieht, so müssen wir diesem Verb einen Platzhalter für ein Argument zuweisen. Dies können wir etwa folgendermaßen darstellen:

(9) 1) x sinken
oder: 2) sinken(x)

Das *x* ist eine *Variable*, und diese hält den Platz für ein Argument frei, so dass diese Darstellung bedeutet, dass *sinken* ein einstelliges Prädikat ist und genau ein Argument verlangt. Sie bedeutet aber auch, dass dieses Argument ein beliebiges sein kann. Für x kann also irgendeine Nominalphrase eingesetzt werden. Die beiden Darstellungsarten in 1) und 2) drücken im wesentlichen dasselbe aus. Wir wollen jedoch im weiteren die zweite Art der Darstellung bevorzugen, weil sie eine hergebrachte Art ist, Funktionen zu schreiben. Wie wir im weiteren Verlauf noch sehen werden, ist dies eine sehr nützliche Darstellungsweise.

Ganz genauso kann man nun mit zweistelligen Prädikaten verfahren. Dabei müssen wir zwei Variablen als Platzhalter für die Argumente einsetzen:

(10) 1) x küssen y
oder: 2) küssen(x, y)

Für dreistellige Prädikate verfahren wir ganz ähnlich, nur setzen wir nun drei Variablen als Platzhalter ein:

(11) 1) x geben y z
oder: 2) geben(x, y, z)

Jedes Prädikat hat also eine feststehende Anzahl von Argumenten, die durch Variablen angegeben werden. Die Sequenz dieser Variablen wird gelegentlich auch als *Argumentstruktur* (oder *Valenz*) des Prädikats bezeichnet. Wir können nun sagen, dass eine vollständige Aussage vorliegt, wenn für alle Variablen Argumente eingesetzt sind.

Das Verb *singen* etwa hat eine Variable und benötigt daher ein Argument. Wenn dieses Argument z.B. *Peter* ist, so wird die Variable durch dieses Argument ersetzt, und der Ausdruck sieht aus wie in (12):

(12) singen(Peter)

Dies bedeutet so viel wie *Peter singt*.

Bei dem Verb *küssen* mit zwei Variablen müssen entsprechend zwei Argumente eingesetzt werden. Wenn also *Peter Maria* küsst, so lässt sich dies so darstellen wie in (13):

(13) küssen(Peter, Maria)

Vertauscht man die beiden Argumente hinsichtlich ihrer Reihenfolge, so erhält man (14):

(14) küssen(Maria, Peter)

Das heißt dann soviel wie *Maria küsst Peter*. Die Reihenfolge der Argumente spielt also eine wesentliche Rolle, für die Bedeutung eines Satzes. Im folgenden werden wir sehen, dass in deutschen Sätzen nicht nur die *Reihenfolge* der Argumente von Belang ist, sondern auch deren *hierarchische* Struktur.

5.2. Kompositionalität

In diesem Abschnitt wollen wir erörtern, auf welche Weise es möglich ist, dass wir als kompetente Sprecher einer natürlichen Sprache aus einer endlichen Anzahl von elementaren Bedeutungen unendlich viele komplexe Bedeutungen zusammenstellen können. Dazu betrachten wir nochmals kurz unser Vorgehen in dem Kapitel über Aussagenlogik. Dort haben wir ja einfache Aussagen als atomare Einheiten betrachtet. Die Syntax dieses Systems enthielt Regeln, die einfache Aussagen mit Hilfe von Satzkonnektoren zu komplexeren Aussagen verbindet. Die Semantik des Systems wurde durch Wahrheitswert-Tabellen angegeben, die den semantischen Wert der Konnektoren festlegten. Zu jeder syntaktischen Regel, die zwei Aussagen mit einem Konnektor verbindet, wurde eine semantische Regel (Wahrheitswert-Tabelle) angegeben, die den semantischen Wert der komplexeren Konstruktion bestimmt. Dabei entsprach jeder syntaktischen Regel genau eine semantische Regel.

Bei der Konstruktion dieser Logiksprache sind wir so vorgegangen, dass wir zunächst ein Lexikon mit Basiseinheiten (atomaren Aussagen) angelegt haben. Sodann haben wir eine Syntax formuliert, die die Struktur von komplexeren Aussagen festlegt, und schließlich haben wir die semantische Interpretation für die Konnektoren angegeben. Wir waren damit in der Lage, aufgrund der syntaktischen Regeln beliebig komplexe Aussagenverknüpfungen zu bilden, und da jeder syntaktischen Regel genau eine semantische Interpretation entsprach, konnten wir auch den semantischen Wert der komplexen Aussagen berechnen. Auf diese Art und Weise war es möglich, die Struktur und die Bedeutung komplexer Ausdrücke kompositionell herzuleiten. Dass *Kompositionalität* auch in natürlichen Sprachen gelten muss, lässt sich leicht an einem Beispiel erörtern. Betrachten wir etwa den folgenden Satz, von dem wir sicherlich annehmen können, dass wir ihn bisher noch nie gehört haben:

(1) Ein rot-weiß karierter Zwerg sitzt auf der Tragfläche eines Flugzeugs und spielt Flöte.

Dennoch versteht jeder Sprecher des Deutschen diesen Satz, insofern er das (mentale) Bild einer virtuellen Realität entwerfen kann, in dem tatsächlich ein rot-weiß karierter Zwerg flötespielend auf der Tragfläche eines Flugzeugs sitzt. Die Fähigkeit, dieses mentale Bild zu konstruieren, wollen wir so beschreiben, dass ein kompetenter Sprecher die Bedingungen kennt, die erfüllt sein müssen, damit ein Satz wahr ist. Aus der Kenntnis dieser Bedingungen kann er sowohl entscheiden, ob ein Satz in der realen Welt wahr ist, als auch eine virtuelle Welt konstruieren, in der der Sachverhalt, den dieser Satz ausdrückt, besteht. Offensichtlich lässt sich die Bedeutung eines Satzes in einer bestimmten Art und Weise aus den einzelnen Wörtern *kompositionell* zusammenfügen. Dabei spielt aber nicht nur die Bedeutung der einzelnen Wörter eine Rolle, sondern ganz wesentlich die *syntaktische Struktur* des Satzes. Diese Einsicht hat in der Geschichte der Philosophie eine längere Tradition, die wohl mit den Ideen von Gottfried Wilhelm Leibniz (1646-1716) beginnt. Leibniz hatte den für seine Zeit revolutionären Gedanken, dass es möglich sein müsse, ein Denkverfahren zu finden, das sogar unabhängig von den Bedeutungen der einzelnen Elemente die Richtigkeit einer Gedankenkette *nur aufgrund der formalen Beziehungen* zwischen den Elementen abzuleiten gestatte. Diese Idee lag annähernd drei Jahrhunderte brach, bis sie von dem Logiker und Philosoph Gottlob Frege (1848-1925) aufgegriffen und bei der Abfassung der *Begriffsschrift (1879)* konsequent zur Anwendung kam. Heute ist diese Einsicht unter dem Namen *Fregesches Kompositionalitäts-Prinzip* oder kurz: *Frege-Prinzip* bekannt. Wir formulieren es in (2):

(2) Frege-Prinzip:
Die Bedeutung eines komplexen Ausdrucks lässt sich aus der Bedeutung der Einzelausdrücke und der Struktur des Gesamtausdrucks berechnen.

Eine einfache Illustration verdeutlicht die Wirkungsweise dieses Prinzips. Die zwei folgenden Aussagen bestehen aus den gleichen Basiseinheiten 'p, q, ∨, ¬', haben aber verschiedene syntaktische Strukturen. Aufgrund dieses Unterschieds ergeben sich für die beiden Ausdrücke unterschiedliche semantische Werte:

(3) $\neg(p \vee q)$
(4) $(\neg p) \vee q$

Die Aussage in (3) ist genau dann wahr, wenn sowohl p als auch q falsch sind, während die Aussage in (4) auch dann wahr ist, wenn q wahr ist. Es genügt zur Festlegung des semantischen Werts komplexer Ausdrücke also nicht, nur die semantischen Werte der einzelnen Bestandteile zu beachten, sondern wir müssen auch die Struktur des gesamten

Ausdrucks berücksichtigen. Je nach Klammerung ergeben sich die beiden folgenden Strukturen:

(5)

Obwohl beide Ausdrücke aus den gleichen Einheiten, nämlich *p*, *q*, ¬ und ∨ aufgebaut sind, haben sie doch verschiedene Wahrheitswerte. Diese Tatsache überprüft man leicht, indem man zu den Formeln die Wahrheitswert-Tabellen angibt und die beiden letzten Spalten miteinander vergleicht:

(6)

p	q	p ∨ q	¬(p ∨ q)
1	1	1	0
1	0	1	0
0	1	1	0
0	0	0	1

p	q	¬p	(¬p) ∨ q
1	1	0	1
1	0	0	0
0	1	1	1
0	0	1	1

Wie wir sehen, unterscheiden sich die Wahrheitswerte der beiden Ausdrücke. Insofern wir aber identische Teilausdrücke verwendet haben, kann der Unterschied allein aus der jeweils voneinander abweichenden *Struktur* der Sätze resultieren.

Derartige Erscheinungen lassen sich an bestimmten Sätzen der deutschen Sprache deutlich machen, die man *strukturelle Ambiguitäten (strukturelle Mehrdeutigkeiten)* nennt. Der Satz in (7) kann auf unterschiedliche Weise interpretiert werden, wobei für jede Interpretation das syntaktische System des Deutschen eine strukturelle Option zur Verfügung stellt:

(7) Der Mörder erwürgte den Mann mit der roten Krawatte.

Zum einen kann (7) bedeuten, dass der Mann, der erwürgt wurde, eine rote Krawatte trug. Wir können (7) aber auch so verstehen, dass der Mann mit Hilfe einer roten Krawatte erwürgt wurde. Der Satz kann also auf zwei verschiedene Arten interpretiert werden, obwohl die verwendeten Wörter jeweils dieselben sind. Offensichtlich muss für die Festlegung der Bedeutung noch etwas anderes im Spiel sein als die Bedeutungen der einzelnen Wörter, und das ist eben genau die syntaktische Struktur. In der ersten Bedeutung ist die Präpositionalphrase *mit der roten Krawatte* syntaktisch ein Präpositional-Attribut zu der Nominalphrase *den Mann*. In der zweiten Bedeutung ist diese Präpositionalphrase syntaktisch ein Adverb, welches das Verb *erwürgen* modifiziert. Nun können wir feststellen, dass eine Interpretation stets von einer syntaktischen Struktur gestützt werden muss, denn nur wenn die syntaktischen Regeln einen bestimmten Bezug zwischen zwei Satzteilen herzustellen erlauben, ist auch eine entsprechende Interpretation möglich. Wird der Mörder-Satz z.B. so geäußert, dass das Objekt mit dem Präpositional-Attribut an den Satzanfang gestellt ist, so fällt eine Interpretation weg:

(8) Den Mann mit der roten Krawatte erwürgte der Mörder.

(8) können wir nur noch so verstehen, dass der Mann, der erwürgt wurde, eine rote Krawatte trug. Bei der Umstellung in (9) ist die Interpretation möglich, dass der Mörder die rote Krawatte trägt, aber auch, dass der Mann mit Hilfe einer roten Krawatte erwürgt wurde. Es entfällt jedoch gerade die Deutung von dem Mann als Träger der roten Krawatte:

(9) Den Mann erwürgte der Mörder mit der roten Krawatte.

Fügt man noch ein Element in diesen Satz ein, welches die Nominalphrase *den Mörder* von der Präpositionalphrase *mit der roten Krawatte* syntaktisch trennt, so ist nur noch die Interpretation als adverbiale Angabe möglich:

(10) Den Mann erwürgte der Mörder brutal mit der roten Krawatte.

Wie wir an diesen Beispielen sehen, spielt die syntaktische Struktur eine ganz wesentliche Rolle für die Interpretation. Eine Aufgabe der semantischen Theorie wird also darin bestehen, gerade diese syntaktischen Bezüge zwischen den verschiedenen Phrasen eines Satzes zu interpretieren. Da die Syntax kompositionell ist, muss auch die Semantik kompositionell sein.

In der Aussagenlogik haben wir als semantische Werte für die atomaren Aussagen stets alle möglichen Verteilungen von Wahrheitswerten herangezogen und konnten dann mit Hilfe der Wahrheitswert-Tabellen für die jeweiligen Konnektoren den semantischen Wert des Gesamtausdrucks berechnen. Wir haben bei diesem Verfahren nicht die Frage gestellt, wie die Wahrheitswerte für einfache Aussagen kompositionell zustandekommen, d.h. wir haben nicht danach gefragt, in welchem Verhältnis die *Teilausdrücke eines Satzes* zu den *Bausteinen von Situationen* in der Welt stehen. Wir sind ja nur davon ausgegangen, dass eine Aussage wahr sein kann oder falsch, und dabei haben wir die Prädikat-Argument-Struktur der Aussagen gänzlich ignoriert. Es ist aber klar, dass sowohl die Prädikate als auch die einzelnen Argumente für sich alleine betrachtet eine Bedeutung haben und dass diese einzelnen Bedeutungen zu komplexen Bedeutungen zusammengesetzt werden können. Weiterhin müssen wir auch darüber nachdenken, welcher *Bezug zwischen der Sprache und der Welt* besteht, da wir mit sprachlichen Ausdrücken *über* die Welt reden.

Mit einem Wort wie *Haus* bezeichnen wir eine Klasse von Objekten in der Welt mit ganz bestimmten Eigenschaften. Mit einer Nominalphrase wie *dieses Haus* bezeichnen wir ein ganz bestimmtes Objekt dieser Klasse, auf das wir auch deiktisch verweisen können, d.h. durch Hinzufügen des Demonstrativpronomens *dieses* wählen wir aus der Klasse von Objekten, die durch den Ausdruck *Haus* bezeichnet werden, ein eindeutig identifizierbares Objekt aus. Über dieses Objekt können wir weitere Angaben machen, etwa, dass es *brennt*, *auf einem Hügel steht* oder *aus Backsteinen gemauert ist.* Für jede dieser Angaben verwenden wir andere Wörter oder Wortgruppen und charakterisieren damit unterschiedliche Situationen oder Zustände in der Welt, und wir wollen verstehen, welche Bedingungen erfüllt sein müssen, damit eine Aussage wahr ist. Dazu betrachten wir den Satz (11):

(11) Das Haus steht auf dem Hügel

(11) ist genau dann wahr, wenn das Haus, auf das wir uns mit der Nominalphrase *das Haus* beziehen, tatsächlich auf dem Hügel steht, den wir mit dem Ausdruck *dem Hügel* bezeichnen. Steht dieses Haus hingegen in einem Tal, so ist der geäußerte Satz falsch. Die Wahrheit bzw. Falschheit von Aussagen charakterisiert demnach ein Verhältnis zwischen der Sprache und der Welt, und wir werden im folgenden die Bedingungen formulieren, die erfüllt sein müssen, damit eine Aussage wahr ist.

5.3. Denotation

In der Aussagenlogik haben wir die Kombinatorik und Interpretation komplexer Aussagen behandelt, die aus elementaren Aussagen und Konnektoren gebildet wurden. Als semantischen Wert einer Aussage haben wir einen Wahrheitswert (wahr oder falsch, d.h. ein Element aus der Menge {0, 1}) angenommen. Wenn nun eine Aussage aus verschiedenen Prädikaten und Argumenten zusammengesetzt ist, wird ihr Wahrheitswert gemäß dem Kompositionalitätsprinzip aus den *semantischen Werten* (die nicht notwendigerweise Wahrheitswerte sein müssen) der Teilkomponenten der Struktur errechnet.

Wie ergibt sich aber die Bedeutung eines komplexen Ausdrucks aus den Bedeutungen der Teilkomponenten? Diese Frage ist nicht leicht zu beantworten. Wir können uns dem Problem aber so nähern, dass wir uns klar machen, worin denn eigentlich die *semantische Kompetenz* von Sprechern einer Sprache besteht. Diese sind offenbar in der Lage, in Kenntnis einer gewissen Situation in der Welt zu entscheiden, ob eine Aussage über diese Welt zutreffend ist oder nicht. Und indem sie dies können, vermögen sie, eine *Aussage über die Welt* mit *der Welt selbst* zu *vergleichen*, und sie können feststellen, ob die Aussage einen Sachverhalt ausdrückt, der in der Welt tatsächlich besteht oder nicht. Was damit aber offensichtlich zur semantischen Kompetenz gehört, ist die Fähigkeit, die Wahrheit von Aussagen relativ zu den Gegebenheiten in der Welt zu bewerten. Wir wollen also davon ausgehen, dass unsere semantische Kompetenz so beschaffen ist, dass wir die Bedeutung eines Satzes auf eine Situation in der Welt beziehen können. Unter dieser Annahme ließe sich der Begriff *Bedeutung* mit Wittgenstein (1921:4.024) etwa so charakterisieren:

(1) Einen Satz verstehen, heißt, wissen was der Fall ist, wenn er wahr ist. (Man kann ihn also verstehen, ohne zu wissen, ob er wahr ist.)

Diese Annahme liegt der *wahrheitsfunktionalen Semantik* zugrunde, die von dem Logiker Alfred Tarski im Jahre 1944 zu einem systematischen Verfahren formalisiert wurde. Sie fasst den Begriff der Bedeutung als Funktion von sprachlichen Ausdrücken in Modelle von der Welt auf und verwendet die Wahrheit von Aussagen als Kriterium für die Ermittlung von deren Bedeutung. Zur Illustration betrachten wir die Aussage: *Die Schachtel ist offen* in den beiden Situationen, die die Graphik in (2) zeigt. In der linken Situation ist diese Aussage wahr, da die Welt zutreffend beschrieben wird. In der rechten Situation ist die Aussage hingegen falsch, da die Welt nicht zutreffend beschrieben wird:

(2)

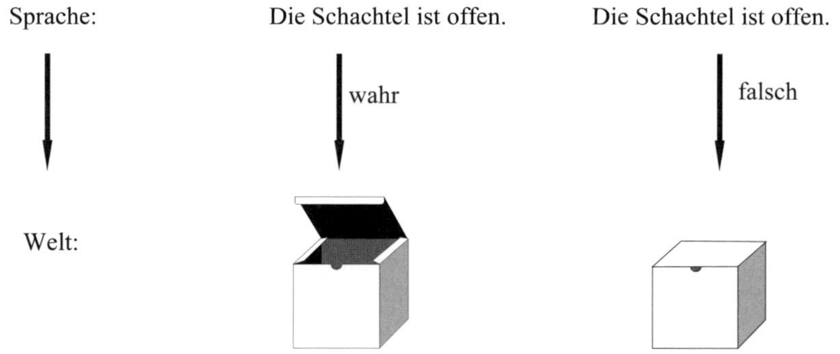

Unsere semantische Kompetenz ist scheinbar so beschaffen, dass wir (i.d.R. sehr schnell) entscheiden können, ob ein sprachlicher Ausdruck mit einer Weltgegebenheit übereinstimmt oder nicht. Es ist nun stets so, dass das Feststellen einer Übereinstimmung immer einen Vergleich voraussetzt. Wenn wir etwa feststellen wollen, ob zwei Objekte identisch sind, so müssen wir prüfen, ob die Menge der Eigenschaften des ersten Objekts in der Menge der Eigenschaften des zweiten Objekts enthalten ist und umgekehrt. Dazu fragen wir uns, ob jede einzelne Eigenschaft, die in der ersten Menge auftritt, auch in der zweiten Menge enthalten ist, und jede Eigenschaft, die wir in der zweiten Menge auffinden, auch in der ersten Menge gefunden werden kann. Wenn dies der Fall ist, so sagen wir, dass die beiden Objekte übereinstimmen, oder: Es ist wahr, dass die beiden Objekte übereinstimmen. Wenn dies nicht der Fall ist, so sagen wir, dass es falsch ist, dass die beiden Objekte übereinstimmen. In einem ähnlichen Sinne findet wohl auch ein Vergleich zwischen der mentalen Konstruktion einer Situation, die durch einen Satz ausgedrückt wird und einer Situation in der Welt statt, und wir verfügen über die Kompetenz, ein mentales Szenario mit einem real existierenden Szenario zu vergleichen. Wir sagen dann, dass ein Satz wahr ist, wenn beide Szenarien in wesentlichen Hinsichten übereinstimmen. Damit haben wir die Frage nach der *Bedeutung eines Satzes* verlagert auf die Frage nach der *Wahrheit eines Satzes*. So unklar und problematisch das Konzept von der Wahrheit eines Satzes auch sein mag, es scheint doch leichter zu fassen zu sein als das Konzept der Bedeutung eines Satzes.

Was wir unter dieser Betrachtungsweise zu untersuchen haben, sind also die Bedingungen, die erfüllt sein müssen, damit ein Satz wahr ist (Tarski 1944). Wir halten dieses Resultat in dem folgenden Satz fest:

(3) Ein Satz ist wahr genau dann, wenn die Bedingungen, die er ausdrückt, tatsächlich erfüllt sind.

Wir werden in diesem Abschnitt den Versuch unternehmen, diese *Wahrheitsbedingungen* von Sätzen anzugeben. Damit soll nicht unterstellt werden, dass die Bedeutung von Sätzen vollständig durch ihre Wahrheitsbedingungen erfasst werden kann. Es scheint aber offensichtlich zu sein, dass die Wahrheitsbedingungen eines Satzes ein ganz wesentlicher Bestandteil seiner Bedeutung sind, denn ganz ohne Kenntnis der Wahrheitsbedingungen kann das Konzept der *Bedeutung* eben auch nicht expliziert werden.

Nun stellt sich die Frage, wie diese Bedingungen zu formulieren sind. Betrachten wir dazu den einfachen Satz (4):

(4) Peter schläft.

Dieser Satz besteht aus einem Subjekt *Peter* und einem Prädikat *schlafen*. Es scheint einfach zu sein, den semantischen Wert des Ausdrucks *Peter* anzugeben, nämlich als dasjenige Individuum, welches mit dem sprachlichen Zeichen *Peter* bezeichnet wird. Wir wollen auch sagen, dass das sprachliche Zeichen *Peter* das Individuum Peter *denotiert*. Die Beziehung zwischen Sprache und Welt bezeichnen wir demzufolge als *Denotation*:

(5)

Denotation →

natürliche Sprache:	Welt:	
Peter	das Individuum	⟦Peter⟧
Clara	das Individuum	⟦Clara⟧
Luise	das Individuum	⟦Luise⟧

Wenn wir den Satz *Peter schläft* hören und wissen wollen, ob dieser Satz wahr ist, so müssen wir prüfen, ob es in der Welt ein Individuum Peter gibt und ob dieses Individuum schläft. Dazu benötigen wir eine Vorstellung vom Denotat des Prädikats *schlafen.* Wir können sagen, dass der Satz *Peter schläft*, genau dann wahr ist, wenn Peter ein Element der Menge der schlafenden Individuen ist. Diese Menge muss durch einen Ausdruck in diesem Satz denotiert werden, und dies scheint ganz offensichtlich durch das Prädikat *schlafen* zu geschehen. Somit können wir sagen, dass das Prädikat *schlafen* die Menge der Individuen denotiert, die schlafen. Im Sinne einer Wahrheitsbedingung ist dieser Ansatz nicht unplausibel, da das Prädikat *schlafen* das Diskursuniversum in zwei Klassen von Individuen zerlegt, nämlich in solche, die schlafen, und in solche, die nicht schlafen. Anders formuliert heißt dies, dass das Prädikat *schlafen* aus dem Diskursuniversum diejenigen Individuen aussondert, die schlafen. Der Satz *Peter schläft* ist also genau dann wahr, wenn *Peter* in der Menge der Individuen enthalten ist, für die gilt, dass sie schlafen. Um dies aber zu entscheiden, müssen wir wissen, welche Elemente in der Menge der schlafenden Individuen enthalten sind, denn wir müssen ja zu jedem Individuum entscheiden, ob es Peter ist oder nicht. Wir können somit sagen, dass wir in Kenntnis der Bedeutung von *schlafen* feststellen, welche Individuen in der Diskursdomäne D schlafen. Aufgrund der Bedeutung von *schlafen* können wir die Teilmenge von D bilden, die alle Individuen enthält, die schlafen. Die Bedeutung von anderen Prädikaten erlaubt uns, andere Teilmengen zu bilden. Die Graphik in (6) zeigt eine Diskursdomäne mit acht Individuen. Von diesen Individuen schlafen vier. Wenn wir die Bedeutung von *schlafen* kennen, so können wir die Diskursdomäne in zwei Klassen einteilen, nämlich solche Individuen, die schlafen, und solche, die nicht schlafen:

(6)

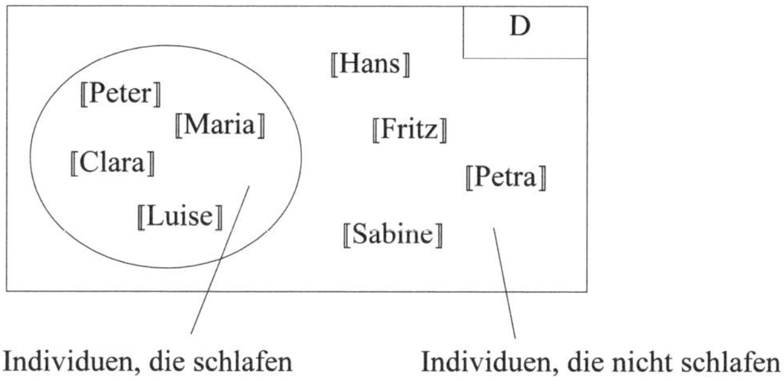

Wir können sprachliche Prädikate somit als Klassifikatoren unserer Welt auffassen, indem die Menge *aller* Individuen, in verschiedene Klassen eingeteilt werden, nämlich in solche, auf die ein Prädikat zutrifft und solche, auf die es nicht zutrifft. Da wir als native Sprecher über eine relativ große Anzahl von Prädikaten verfügen, vermögen wir unter vielen verschiedenen Perspektiven die Dinge in unserer Welt zu Klassen zusammenzufassen. Das jeweils angewendete Prädikat liefert uns dabei die Menge derjenigen Individuen, auf die dieses Prädikat zutrifft. Und da wir in der Lage sind, zu jedem Individuum speziell zu entscheiden, ob es schläft oder nicht, wollen wir sagen, dass das Prädikat *schlafen* die Menge derjenigen Individuen denotiert, die schlafen. Dieses Resultat formulieren wir in (7):

(7) Das Denotat eines einstelligen Prädikats ist die Menge derjenigen Individuen, auf die das Prädikat zutrifft.

(7) gilt nun aber nicht nur für verbale Prädikate wie *schlafen*, sondern für *alle* einstelligen Prädikate. So denotiert das einstellige Prädikat *blau* die Menge all der Individuen, die blau sind. Und das einstellige Prädikat *unten* denotiert die Menge all derjenigen Individuen, die unten sind:

(8)

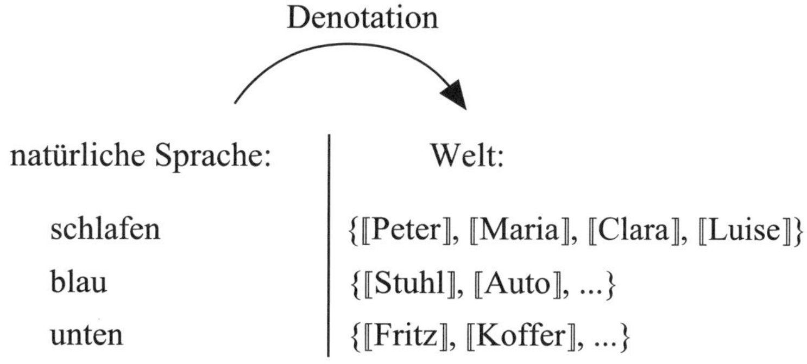

Wenn wir nun einen Satz mit einem zweistelligen Prädikat betrachten, so stellt sich natürlich die Frage, was das Denotat eines zweistelligen Prädikats ist:

(9) Peter liebt Maria.

Wir haben in der Mengenlehre bereits den Begriff des cartesischen Produkts D x D kennen gelernt. Dies ist die Menge aller möglichen Paare mit Elementen aus D. Da das Prädikat *lieben* ein zweistelliges Prädikat ist, stellt es eine Relation zwischen zwei Individuen her. Wenn verschiedene Individuen ineinander verliebt sind, so können wir diese zur Menge der Liebespaare zusammenfassen. Das Denotat eines zweistelligen Prädikats bildet damit eine Teilmenge des cartesischen Produkts, nämlich die Menge aller Paare <x,y>, für die gilt: x liebt y:

(10) Das Denotat eines zweistelligen Prädikats ist die Menge der geordneten Paare, auf die das Prädikat zutrifft.

Diese Beziehung ist in (11) graphisch dargestellt:

(11)

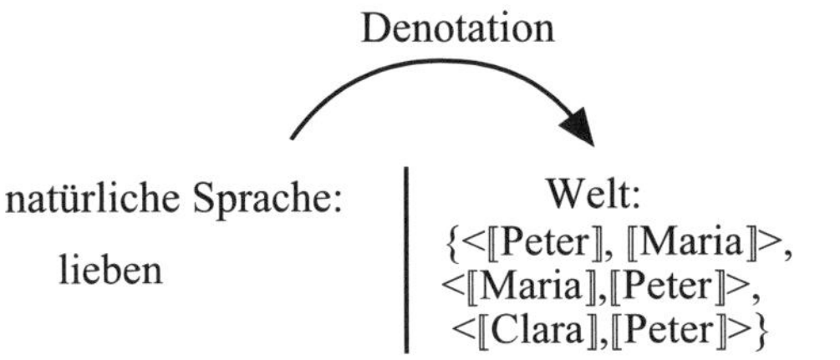

Es ist nun einfach, die Wahrheitsbedingungen für den Satz *Peter liebt Maria* anzugeben. Dieser ist nämlich genau dann wahr, wenn das Paar <Peter, Maria> ein Element der Menge der Paare ist, die von dem Prädikat *lieben* denotiert wird. Wenn also in der Diskursdomäne D die drei Individuen *Peter*, *Maria* und *Clara* auftreten, dann ist das cartesische Produkt D x D die Menge in (12):

(12) D x D = { <⟦Peter⟧, ⟦Peter⟧>,<⟦Peter⟧, ⟦Maria⟧>, <⟦Peter⟧, ⟦Clara⟧>,
<⟦Maria⟧, ⟦Peter⟧>, <⟦Maria⟧, ⟦Maria⟧>, <⟦Maria⟧,⟦Clara⟧>,
<⟦Clara⟧, ⟦Peter⟧>, <⟦Clara⟧, ⟦Maria⟧>, <⟦Clara⟧, ⟦Clara⟧> }

Wenn *Peter Maria*, *Clara Peter* und *Maria Peter* liebt, dann denotiert das Prädikat *lieben* die Menge von Paaren in (13):

(13) { <⟦Peter⟧, ⟦Maria⟧>, <⟦Maria⟧, ⟦Peter⟧>, <⟦Clara⟧, ⟦Peter⟧> }

Diese Menge ist natürlich eine Teilmenge des cartesischen Produkts D x D. Wenn wir entscheiden wollen, ob die beiden folgenden Sätze wahr sind, so müssen wir prüfen, ob die Argument-Paare im Denotat von *lieben* auftreten:

(14) (i) Clara liebt Peter.
(ii) Peter liebt Clara.

Damit (14)(i) wahr ist, muss in der Welt gelten, dass das Denotat von *lieben* das Paar <⟦Clara⟧, ⟦Peter⟧> enthält. Da dies der Fall ist, ist der erste Satz wahr. Für den zweiten Satz müssen wir prüfen, ob das Paar <⟦Peter⟧, ⟦Clara⟧> im Denotat von *lieben* enthalten ist. Dies ist *nicht* der Fall, und somit ist der Satz (14)(ii) falsch.

Wir gehen also so vor, dass wir das Denotat eines einstelligen Prädikats als die Menge derjenigen Individuen auffassen, die das Prädikat erfüllen. Das Denotat eines zweistelligen Prädikats ist diejenige Teilmenge von Paaren von Individuen des cartesischen Produkts D x D, die in der durch das Prädikat ausgedrückten Relation zueinander stehen.

Wir vermuten bereits, welches Denotat dreistellige Prädikate haben. Da wir im Kapitel über Relationen sogar das n-fache cartesische Produkt definiert haben, können wir das Denotat eines dreistelligen Prädikats folgendermaßen festlegen:

(15) Das Denotat eines dreistelligen Prädikats ist die Menge derjenigen Tripel von Individuen, auf die das dreistellige Prädikat zutrifft.

Der Satz in (16) ist also genau dann wahr, wenn das Tripel <⟦Peter⟧, ⟦Maria⟧, ⟦Geld⟧> ein Element im Denotat des Prädikats *schenken* ist:

(16) Peter schenkt Maria Geld.

Zusammenfassend halten wir fest, dass die Denotate von Prädikaten Mengen sind, die die Objekte in (17) enthalten:

(17) (i) Individuen
(ii) 2-Tupel von Individuen
(iii) 3-Tupel von Individuen

Es ist leicht zu sehen, dass die Denotate von n-stelligen Prädikatsausdrücken stets Teilmengen des n-fachen cartesischen Produkts darstellen, wobei wir für n = 1, also für das Denotat von einstelligen Prädikaten, sagen können, dass sie eine Teilmenge des 1-

fachen cartesischen Produkts bilden. Ein Individuum ist sozusagen der Spezialfall eines n-Tupels, wobei n = 1 ist, d.h ein Tupel mit nur einem Element.

Wir kommen noch einmal auf die Struktur von Nominalphrasen und ihre Denotate zurück. Bisher haben wir aus Einfachheitsgründen hauptsächlich Eigennamen betrachtet, und wir haben gesagt, dass ein Eigenname dasjenige Individuum denotiert, das diesen Eigennamen trägt. Dieser Bezug zwischen Sprache und Welt ist allerdings nicht immer so einfach herzustellen. Problematischer wird es schon, wenn die NP etwas Abstraktes bezeichnet wie etwa in dem folgenden Satz:

(18) *Die Güte Gottes* ist unendlich.

Die NP *die Güte Gottes* existiert in dieser Welt nicht in der Weise, dass wir etwa deiktisch darauf verweisen könnten, und es scheint kaum möglich, ein entsprechendes Denotat anzugeben. Aber wir müssen nicht unbedingt abstrakte NP-Bedeutungen bemühen, um zu zeigen, dass der Begriff *Denotation* problematischer ist, als es auf den ersten Blick erscheinen mag. So können wir z.B. auch über Individuen reden, die es in unserer Welt gar nicht gibt:

(19) *Ein Ork* wandert durch Mordor.

Wiewohl wir wissen, dass es in unserer Welt keine Orks gibt, würden wir doch sagen, dass dieser Satz und auch die NP *ein Ork* eine Bedeutung hat. Es gilt hier offensichtlich zwischen solchen NP-Bedeutungen zu unterscheiden, für die dasjenige, was die NP bezeichnet, in unserer Welt existiert, und solchen, für die das Bezeichnete in dieser Welt nicht existiert, wohl aber in einer anderen Welt existieren könnte, etwa in der Erzählwelt von J.R.R. Tolkien. Was wir unter der NP *ein Ork* verstehen, kann ja nicht ein spezieller Ork sein, der durch Mordor wandert, sondern muss so etwas sein, wie das Konzept eines Orks oder die Eigenschaft ein Ork zu sein.

Ähnlich verhalten sich NPn, deren Denotat nicht für alle Zeiten und Orte das gleiche ist. Betrachten wir dazu den folgenden Satz:

(20) *Der Bundeskanzler von Deutschland* ist dick.

Wenn der Satz im Jahr 1995, geäußert wird, denotiert die NP *der Bundeskanzler von Deutschland* das Individuum Helmut Kohl, und der Satz ist wahr. Sofern der Satz aber im Jahr 1981 geäußert wurde, denotiert die NP das Individuum Helmut Schmidt, und der Satz ist zu dieser Zeit falsch. Offensichtlich denotieren derartige NPn die Eigenschaft *Bundeskanzler von Deutschland zu sein*. Auf diese semantischen Konstruktionen werden wir in einem späteren Kapitel zurückkommen.

Es gibt weitere NPn, denen nicht ohne weiteres ein Individuum als Denotat zugewiesen werden kann. Dabei handelt es sich vor allem um Massennomina oder Kollektiva, wie in den folgenden Sätzen:

(21) (i) *Eis* ist kalt.
(ii) *Sand* ist gelb.
(iii) *Silber* glänzt.

Mit der NP *Eis* etwa bezeichnen wir nicht ein spezielles Eis, sondern wir meinen damit Eis im allgemeinen, bzw. die Eigenschaften von gefrorenem Wasser.

Neben all diesen Problemfällen gibt es darüber hinaus NPn, in denen sog. *Quantoren* auftreten:

(22) (i) *Einige Besucher des Museums* sind gelangweilt.
(ii) *Kein Computer* kann diese Aufgabe berechnen.
(iii) *Alle Frauen von Manta-Fahrern* sind blond.

Die kursiv gesetzten Satzteile sind *quantifizierende* NPn, weil in ihnen Ausdrücke wie *kein, einige, alle* auftreten. Es scheint schwierig zu sein, das Denotat des Ausdrucks *Kein Computer* anzugeben. Ein erster Versuch könnte auf der Annahme beruhen, dass die NP *Kein Computer* die leere Menge denotiert. Doch dann wäre man zu der Folgeannahme gezwungen, dass andere NPn, wie etwa *Kein Schwein*, ebenfalls die leere Menge denotieren, und folglich die Denotate von *Kein Computer* und *Kein Schwein* identisch sind. Dies ist natürlich ein recht widersinniges Ergebnis, denn intuitiv ist klar, dass ein Unterschied zwischen den Bedeutungen dieser beiden NPn bestehen muss.

Auch diese Fragen wollen wir zunächst zurückstellen. In einem späteren Kapitel werden wir sie wieder aufgreifen. Wir sollten im Auge behalten, dass der Begriff *Denotat* problematischer ist, als es zunächst den Anschein hat. Für die folgenden Überlegungen und die NPn, über die wir reden, genügt es aber anzunehmen, dass ihr Denotat Individuen sind, die in unserer Welt existieren.

Was ist nun das Denotat von Aussagen? Auf der Hand zu liegen scheint, dass dies die Menge derjenigen Situationen ist, die die Ausssage beschreibt. Nun interessiert uns aber gerade die *Wahrheit* von Sätzen. Wenn wir die beiden Sätze in (23) betrachten und feststellen, dass beide Sätze wahr sind, so haben sie mit ihrem Wahrsein etwas gemeinsam:

(23) (i) Peter streichelt den Hund.
(ii) Rom liegt auf dem 42-ten Breitengrad.

Die Sachverhalte, die beschrieben werden, sind jedoch völlig verschieden. Wenn wir sagen, dass das Denotat einer Aussage die Menge der Situationen ist, die durch die Aussage beschrieben werden, so finden wir zwischen diesen beiden Sätzen keine Gemeinsamkeit. Die Gemeinsamkeit, die wir feststellen können, ist ihr Wahrheitswert. Aber auch wenn die beiden Sätze nicht den gleichen Wahrheitswert haben, so weisen sie doch insofern eine Ähnlichkeit auf, als sie beide überhaupt einen Wahrheitswert haben können, wie auch immer dieser bestimmt sein mag. Wir wollen daher annehmen, dass das Denotat einer Aussage ihr Wahrheitswert ist. In einem folgenden Kapitel werden wir aber darüber hinaus auch der Intuition Rechnung tragen, dass ein Satz die Menge derjenigen Situationen denotiert, in denen er wahr ist.

5.4. Die Sprache L_1

Das Ziel dieses Abschnitts wird darin bestehen, eine Theorie-Sprache zu formulieren, mit deren Hilfe wir die Denotate von komplexen Ausdrücken als Denotate der einfachen Ausdrücke kompositionell berechnen können. Diese Sprache nennen wir L_1. Der Name soll uns daran erinnern, dass wir es mit einer Sprache der Prädikatenlogik erster Stufe zu tun haben. Was dies genau bedeutet, werden wir später etwas besser verstehen. Hier genügt die Anmerkung, dass wir mit einer Sprache erster Stufe nur über Individuen quantifizieren können, aber auch das soll uns eingangs noch nicht interessieren.

Wir betrachten L_1 als eine Theoriesprache, in der wir die Semantik der möglichen Ausdrücke genau angeben können. Darüber hinaus existiert das von Tarski entwickelte Verfahren, um die (komplexen) Ausdrücke dieser Sprache relativ zu einem Modell (von der Welt) zu interpretieren. Natürlich weicht diese Sprache in ganz erheblichem Maße von Deutsch, Französisch oder Englisch ab, aber verschiedene Eigenschaften von L_1 finden wir auch in diesen Sprachen, und genau auf diese Eigenschaften kommt es uns an. Wir werden sehen, dass nicht alle Ausdrücke des Deutschen in die auf der Prädikatenlogik aufgebauten Sprache L_1 übersetzt werden können. Aus diesem Grund werden wir die Sprache L_1 in den späteren Kapiteln schrittweise erweitern, um damit eine immer größere Annäherung zu erreichen.

Wir werden dazu in ähnlicher Weise vorgehen, wie wir es bereits in der Aussagenlogik getan haben. Dort haben wir zunächst die elementaren Dinge bestimmt, über die wir reden wollen, die sog. atomaren Einheiten. Diese bilden das *Lexikon* bzw. das *Vokabular* der Theoriesprache. Sodann geben wir Regeln an, die die Kombinatorik der Einheiten festlegen, so dass wir auch über komplexe Sachverhalte und Zustände sprechen können. Diese Kombinationsregeln formulieren wir in der *Syntax*. Schließlich benötigen wir Prinzipien, nach denen die syntaktisch geformten Ausdrücke interpretiert werden. Dazu entwerfen wir semantische Regeln, mit deren Hilfe wir bewerten können, ob Aussagen wahr sind. Wir verfahren also im Prinzip genauso, wie wir es aus der Aussagenlogik schon kennen, nur dass unser Vokabular aus kleineren Einheiten als den Aussagen besteht und dass die syntaktischen und semantischen Regeln inhaltlich anders formuliert sind.

5.4.1. Das Vokabular von L_1

Wenn man eine Fremdsprache erlernen will, so besteht eine Hauptaufgabe darin, den Wortschatz dieser Sprache zu erwerben, bzw. ihr Vokabular kennen zu lernen und *Übersetzungsäquivalente* zu den Begriffen der eigenen Sprache zu finden. Wenn wir den englischen Satz *Dogs bark* ins Deutsche übersetzen wollen, so schlagen wir in einem Wörterbuch die beiden Wörter *dogs* und *bark* nach, entnehmen die zugehörigen deutschen Wörter *Hunde* und *bellen* und können diese – mit einigen weiteren Operationen, die uns hier aber nicht interessieren sollen – in den deutschen Satz *Hunde bellen* übersetzen. Wenn wir uns nun vorstellen, dass wir eine neue Sprache entwickeln, in die wir deutsche Sätze übersetzen können, so müssen wir das Wörterbuch und die darin enthaltenen Übersetzungen erst selbst schreiben. Einen solchen Versuch wollen wir jetzt unternehmen.

Dazu müssen wir zunächst festlegen, welche Wörter diese Sprache haben soll, d.h. wir entwerfen das Vokabular von L_1. Das ist recht einfach zu bestimmen, denn wir wollen in L_1 im Prinzip über all das reden können, über das wir auch im Deutschen reden: über *Tiere, Menschen, Kinofilme, das Wetter, Möbel, Häuser, Theorien, Gebirgsformationen, Bücher*, aber auch über *Otto, Clara, Maria, unsere Nachbarn, den Bundeskanzler* oder *J.W. Goethe* usw. Diesen Dingen können wir Eigenschaften zuweisen, indem wir etwa Adjektive verwenden: *langweilige Kinofilme*, *blonde Menschen*, *blöde Theorien* usw. Darüber hinaus können wir zwischen diesen Dingen Bezüge herstellen. Wir sagen etwa, dass *Menschen Theorien aufstellen* oder dass *Otto kleine Tiere mag* oder dass *die meisten Bücher spannender sind als Kinofilme* oder dass *Otto in Clara verliebt ist* oder dass *Möbel auf der Straße stehen*. Um solche sprachlichen Komplexe zu bilden, müssen wir natürlich wissen, aus welchen Einheiten sich diese zusammensetzen und welche Eigenschaften sie haben, damit sie so und nicht anders zusammengesetzt werden können. Ohne nun einen Exkurs in die Syntax natürlicher Sprachen zu unternehmen, wollen wir ganz einfach sagen, dass *Prädikate* eine Klasse von Ausdrücken in L_1 bilden. Wir wissen, dass dies zwar sehr allgemein ist und von vielen Eigenschaften, die sprachliche Ausdrücke sonst noch haben, absieht, aber für unsere Zwecke mag dies genügen.

Wenn wir den Satz *Paul klaut ein Buch* betrachten, so stellt das Verb *klauen* eine Relation zwischen *Paul* und *einem Buch* dar, denn *klauen* ist ein *zweistelliges Prädikat*. Da nicht nur Paul Bücher klaut, sondern auch Otto Autoradios, ist es sinnvoll, die beiden Argumente des Verbs *klauen* durch Variablen x und y darzustellen, also in der Art: *x klauen y*. Wenn wir nun für die Variable x *Paul* und für die Variable y *ein Buch* einsetzen, so erhalten wir den Satz *Paul klauen ein Buch*; und wenn wir für x Otto und für y Autoradios einsetzen, so ergibt sich der Satz *Otto klauen Autoradios*. Dabei sehen wir davon ab, zu welcher Zeit dieser Vorgang stattfindet, dass die Kongruenz zwischen Subjekt und finitem Verb nicht gewahrt ist, dass wir nicht ein bestimmtes, designiertes Buch meinen, dass die Genuskongruenz in der Nominalphrase eingehalten wird, dass der Satz Verbzweit-Stellung aufweist usw. usf. Uns interessiert nur, dass *klauen* ein zweistelliges Prädikat ist.

Nun können auch andere syntaktische Kategorien als Prädikate charakterisiert werden, wie wir bereits gesehen haben. Präpositionen spezifizieren z.B. lokale oder temporale Relationen zwischen Individuen (oder Objekten): *x in/auf/über/unter/neben y*. Andere Präpositionen sind einstellig: *x ist unten/oben/hinten*. Adjektive wie *blau*, *tief*, *lang*, *breit*, *schön* sind ebenfalls einstellige Prädikate, *x ist blau/tief/breit*, und Nomina wie *Fan*, *Bruder*, *Bürgermeister*, wie man an Beispielen wie *Jürgen Roters ist Bürgermeister von Köln*, *Karl ist der Bruder von Otto* sieht, können als zweistellige Prädikate charakterisiert werden.

Kurzum, wir benötigen für unser Grundvokabular einerseits Ausdrücke, die *Individuen* (und Objekte) denotieren und andererseits *Prädikate*, die Relationen zwischen Individuen denotieren.

Diese Ausdrücke müssen wir in die Sprache L_1 übersetzen. Das ist sehr einfach, denn ein Ausdruck von L_1 soll genauso aussehen, wie ein Ausdruck des Deutschen, außer dass er durch ein Apostroph als Vokabel von L_1 gekennzeichnet ist. Das Verb *lieben* des Deutschen wird also mit dem Ausdruck *lieben'* in L_1 übersetzt. Darüber hinaus ist festzulegen, dass der neue Ausdruck in L_1 ein zweistelliges Prädikat bezeichnet. Dies ist aber ebenfalls sehr einsichtig, da das Wort *lieben* im Deutschen ein transitives Verb ist und als solches ebenfalls zwei Argumente benötigt. Die Übersetzung der deutschen Ausdrücke in L_1 geschieht in der folgenden Weise:

(1) übersetzen →

natürliche Sprache: (Deutsch)	Prädikatenlogik: (L_1)
lieben	lieben'
Paul	Paul'
schlafen	schlafen'

Die Ausdrücke in der linken Spalte sind Elemente der *Objektsprache*, d.h. Wörter des Deutschen. Die Ausdrücke in der rechten Spalte sind Wörter der *Metasprache*, d.h Ausdrücke der Sprache L_1.

Wörter des Deutschen wie *Peter*, *Maria* usw. werden in Individuenkonstanten übersetzt. Verben wie *schlafen*, *lieben*, *schenken*, usw. werden in ein-, zwei- bzw. dreistellige Pädikate übersetzt, d.h. für jedes Verb, welches in L_1 übersetzt wird, gilt es zu bestimmen, welche Anzahl von Argumenten das übersetzte Prädikat hat. Die *Übersetzungsprozedur* muss also festlegen, dass 0-stellige Verben in 0-stellige Prädikate, 1-stellige Verben in 1-stellige Prädikate, 2-stellige Verben in 2-stellige Prädikate usw. übersetzt werden:

(2)

regnen, schneien, donnern,...	→	regnen', schneien', donnern',...	PRED(0)
schlafen, schwimmen, tanzen,...	→	schlafen', schwimmen', tanzen',...	PRED(1)
lieben, streicheln, verprügeln,...	→	lieben', streicheln', verprügeln',...	PRED(2)
geben, schenken, leihen,...	→	geben', schenken', leihen',...	PRED(3)

Unterschiedliche Wortformen wie *geben*, *gebt*, *gab*, *gibst* unterscheiden wir nicht, sondern all diese Varianten sollen in der Infinitivform als geben' übersetzt werden, da uns nur die Prädikat-Argument-Struktur dieser Ausdrücke interessiert. Individuen-Konstanten und Prädikate nennen wir im folgenden *nicht-logische Konstanten.*

Die Frage ist nun, warum wir diesen Aufwand der Übersetzung betreiben, wenn die übersetzten Ausdrücke ohnehin fast identisch mit den Ausdrücken des Deutschen sind. Der Grund dafür ist der folgende: Wir wissen nicht, wie wir die Bedeutung von Sätzen des Deutschen angeben sollen. Natürlich, allein die Übersetzung in die Prädikatenlogik bringt uns dabei nicht weiter, da wir nur Symbol-Konfigurationen des Deutschen durch Symbol-Konfigurationen der Prädikatenlogik ersetzen. Der entscheidende Punkt liegt jedoch darin, *dass es ein formales Verfahren gibt*, mit dessen Hilfe wir die Beziehung zwischen Ausdrücken von L_1 und Zuständen und Prozessen in der Welt so aufeinander beziehen können, dass sich die Wahrheit der L_1-Ausdrücke formal überprüfen lässt. Da es nicht einfach ist, die Bedeutung sprachlicher Ausdrücke zu ermitteln, ist es umso wichtiger, dass wir uns stets auf eine explizite Theorie stützen können, die es erlaubt, die komplexen Annahmen über Bedeutungen aufeinander zu beziehen und ihre Kohärenz zu überprüfen.

Nun wollen wir aber nicht nur über Individuen wie *Paul*, *Maria* und *Clara* reden, sondern auch über irgendwelche unbestimmten Individuen wie in den folgenden Sätzen: *Irgend jemand liebt Maria*, *Kein Mensch wohnt freiwillig in Wanne-Eickel*, *Alle Schwäne sind weiß*, *Mindestens drei Antworten sind richtig* usw. Dabei legen wir uns mit den Wörtern *alle, kein, mindestens drei usw.* nicht auf spezielle Individuen fest, sondern auf eine unbestimmte Menge von Individuen. Von dieser Menge können wir nur sagen, dass alle Elemente, kein Element oder mindestens drei Elemente in ihr enthalten sind, etwa alle *Schwäne*, kein *Mensch*, mindestens drei *Antworten.* Wir können aber nicht genau sagen, um welche Elemente genau es sich dabei handelt. Wiederum benötigen wir Variablen für Individuen oder Objekte.

Wir haben damit zwei Klassen von Ausdrücken für Individuen: (Individuen-) Konstanten und (Individuen-) Variablen. Wir fassen *Individuenkonstanten* wie (Paul, Clara usw.) und *Individuenvariablen* (x, y, z, ...) unter den Oberbegriff *Terme* zusammen. Da in der Sprache L_1 alle komplexen Ausdrücke der Aussagenlogik enthalten sein sollen, nehmen wir ebenfalls die Konnektoren der Aussagenlogik mit in unser Vokabular auf, so dass auch $\neg$, $\wedge$, $\vee$, $\rightarrow$, $\leftrightarrow$ mit zum Vokabular gehören. Damit können wir nun die folgenden Sätze ausdrücken:

(3) (i) Otto schläft und Clara wandert.
schlafen'(Otto') $\wedge$ wandern'(Clara')
(ii) Wenn Peter Maria liebt, dann liebt Maria Peter.
lieben'(Peter',Maria') $\rightarrow$ lieben'(Maria',Peter')
(iii) Hans schläft nicht.
$\neg$(schlafen'(Hans'))

Um auch Aussagen behandeln zu können, wie *Einige Fischer trinken Schnaps* oder *Alle Tiere schlafen*, müssen wir besondere Vorkehrungen treffen, denn bei solchen Sätzen *quantifizieren* wir über bestimmte Mengen (etwa:die Menge der Fischer). Dazu verwenden wir zwei Quantoren: $\forall$ und $\exists$. Der Quantor $\forall$ besagt, dass wir uns auf *alle* Individuen beziehen, die in der Diskursdomäne auftreten, und der Quantor $\exists$ besagt, dass wir uns auf *mindestens ein* Individuum in der Diskursdomäne beziehen.

Damit wollen wir das Vokabular der *Sprache L_1* abschließen. Wir fassen die einzelnen Elemente nochmals zusammen:

(4) Das Vokabular von L_1:
(i) Individuenkonstanten: Peter', Clara', Otto', Luise', ...
(ii) Individuenvariablen: x, y, z, ...
(Individuenkonstanten und -variablen werden *Terme* genannt.)
(iii) Prädikate: schlafen', lieben', geben',... Zu jedem Prädikat ist die Anzahl der Argumente festgelegt.
(iv) die fünf Konnektoren der Aussagenlogik: $\neg$, $\wedge$, $\vee$, $\rightarrow$, $\leftrightarrow$
(v) zwei Quantoren: $\forall$, $\exists$

Dieses Vokabular scheint zunächst recht klein zu sein. Es gilt aber zu bedenken, dass wir alle möglichen Bezeichnungen für Individuen und Objekte in unser Lexikon aufnehmen können, d. h. Bezeichnungen für alle Personen, für alle Möbel, für alle Tiere, für alle Autos, kurzum für alle Entitäten, die wir überhaupt kennen. Weiterhin können wir auch alle Wörter des Deutschen in das Vokabular von L_1 übernehmen, d.h. alle Nomina,

Verben, Präpositionen und Adjektive, um Beziehungen unterschiedlichster Art zwischen Individuen und Objekten auszudrücken.

5.4.2. Der Begriff *Modell für die Prädikatenlogik*

Um die Wahrheit bzw. Falschheit von Aussagen bezüglich einer Welt beurteilen zu können, benötigen wir konkrete Vorstellungen von dieser Welt. Da es mitunter schwierig ist, sich auf die gesamte aktuelle Welt zu beziehen, in der wir leben, konstruieren wir uns ein *Modell von der Welt*, in dem wir übersehen können, was in dieser Welt der Fall ist und was nicht. Natürlich konstruieren wir kein Modell für die gesamte Welt – das wäre nämlich viel zu kompliziert –, sondern nur für einen kleinen Weltausschnitt. In einem solchen Modell treten Individuen auf, zwischen denen verschiedene Relationen bestehen können. Wir betrachten sodann Aussagen über diese Modellwelt und zeigen an dem Bezug zwischen sprachlichen Ausdrücken (über die Welt) und dem Modell (von der Welt), welche *Interpretation* sprachliche Äußerungen in dem Modell erhalten und wie diese Interpretation gefunden werden kann. Indem wir zeigen, auf welche Art und Weise sprachliche Ausdrücke in Bezug zu unserer Modellwelt gesetzt werden, mag es uns gelingen, besser zu verstehen, was wir in allen Kommunikationssituationen stets tun, nämlich über die Welt zu reden und Urteile darüber abzugeben, ob die Welt nun so oder so beschaffen ist. Wenn wir dieses Ziel erreicht haben, können wir gewissermaßen formal nachspielen, wie unsere semantische Kompetenz beschaffen sein muss, um die Wahrheit bzw. Falschheit sprachlicher Aussagen relativ zur (Modell-) Welt zu bestimmen.

Dazu gehen wir so vor, dass wir zwischen Ausdrücken des Deutschen, der *Objektsprache*, und solchen der *Metasprache* unterscheiden. Dies haben wir bereits im vorhergehenden Kapitel durch die *Übersetzungsfunktion* vorgenommen. Darüber hinaus muss unsere Schreibweise aber auch unterscheiden, welche Ausdrücke logische Ausdrücke sind und mit welchen Ausdrücken wir Individuen, Entitäten und Relationen im Modell bezeichnen, d.h. wir müssen auch die *metasprachlichen Ausdrücke* in L_1 von ihren *Denotaten* im Modell unterscheiden, so dass wir drei Klassen von Ausdrücken erhalten: Ausdrücke der Objektsprache Deutsch, die Übersetzung dieser Ausdrücke in der Metasprache L_1 und die Bezeichnung für die Denotate. Dies ist in der Graphik (5) dargestellt:

(5)

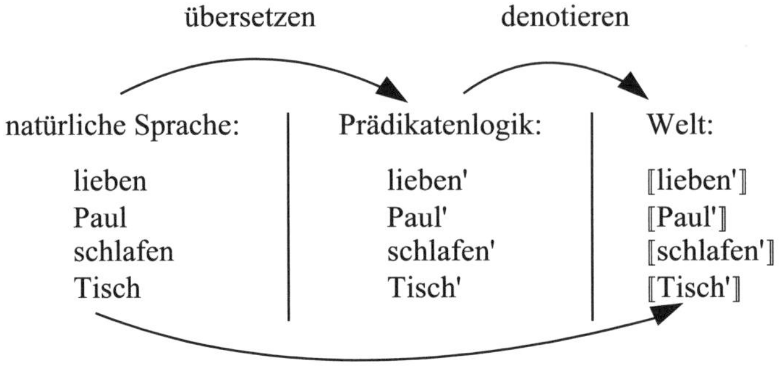

Da wir den direkten Bezug zwischen den Sätzen einer natürlichen Sprache und der Welt gerne verstehen möchten (unterer Pfeil), darüber aber keine Kenntnisse haben, gehen wir so vor, dass wir die Sätze der *Objektsprache* (Deutsch oder auch eine andere natürliche Sprache) zunächst in die *Metasprache* L_1 übersetzen. Wir verwenden dann das Tarski-Verfahren, um zu bestimmen, in welchem Verhältnis die metasprachlichen Übersetzungen zu einem Modell von der Welt stehen. Das deutsche Wort *Tisch* wird also in die Metasprache als *Tisch'* übersetzt, und es denotiert in der Welt ⟦Tisch'⟧, die Menge derjenigen Objekte, die Tische sind.

Da wir nach wie vor an den Wahrheitsbedingungen von Aussagen in unserer Logiksprache interessiert sind, müssen wir sicherstellen, dass jeder aus der Objekt- in die Logiksprache übersetzte Ausdruck auch ein Denotat hat, denn Ausdrücke, die kein Denotat in der Welt haben, sind auch nicht zu interpretieren. Wir müssen also im Modell einerseits festlegen, über welche Individuen und Prädikate wir reden, und andererseits, wie die Umstände in der Welt bezüglich unserer Individuen und Prädikate beschaffen sind. Wenn wir in L_1 das Prädikat *lieben'* verwenden, so müssen wir auch im Modell festlegen, welches Individuum welches andere Individuum oder Objekt liebt. Verwenden wir den Ausdruck *Peter'*, so gilt es zu wissen, was das Denotat von *Peter'* in der Welt ist. Wenn wir dies für alle nicht-logischen Konstanten vollständig spezifiziert haben, wollen wir sagen, dass wir ein *Modell M für die Sprache* L_1 haben. Modelle können ganz unterschiedliche Strukturen aufweisen, denn sie sollen jeweils bestimmte Umstände darstellen, die bestehen können. So ist es z.B. möglich, dass in einem Modell M_1 festgelegt ist, dass Otto schläft, während in einem Modell M_2 gelten könnte, dass Otto wach ist. Relativ zu dem Modell M_1 ist dann der Satz *Otto schläft* wahr, relativ zu dem Modell M_2 ist er hingegen falsch.

Da die Denotate der einzelnen Ausdrücke speziell für ein bestimmtes Modell definiert sind, wollen wir auch in der Notation für das Denotat markieren, für welches Modell es gilt. Das Denotat ⟦α⟧ des L_1-Ausdrucks α wird relativ zu einem Modell M angegeben und durch das Superskript ^{M} gekennzeichnet:

(6) $[\![\alpha]\!]^M$ ist das Denotat von α bzgl. des Modells M.

Ein Modell M besteht aus zwei Komponenten D und F. Es bildet damit ein Zwei-Tupel <D, F>, wobei D eine nicht-leere Menge von Individuen ist: die Diskursdomäne. In D befinden sich alle Individuen, Objekte, Gegenstände usw. F ist eine Funktion, die jeder nicht-logischen Konstanten von L_1 ein Denotat zuweist. F legt also fest, welche Interpretation die nicht-logischen Konstanten in L_1 haben. F bestimmt die Denotate wie folgt:

(7) (i) zu jeder Individuenkonstante ein Element aus D
(ii) zu jedem einstelligen Prädikat eine Teilmenge von D
(iii) zu jedem zweistelligen Prädikat eine Teilmenge von D x D
(iv) zu jedem n-stelligen Prädikat eine Teilmenge von $\underbrace{D \times D \times \ldots \times D}_{\text{n-mal}}$.

Wenn wir in L_1 die Ausdrücke *Peter'* und *Maria'* verwenden, so weist die Funktion F dem Ausdruck Peter' das Individuum $[\![\mathit{Peter'}]\!]^M$ zu und dem Ausdruck *Maria'* das Individuum $[\![\mathit{Maria'}]\!]^M$. Es gilt also:

(8) (i) F(Peter') $= [\![\text{Peter'}]\!]^M$
(ii) F(Maria') $= [\![\text{Maria'}]\!]^M$

Wenn wir in L_1 das zweistellige Prädikat *lieben'* verwenden, und wenn es im Modell der Fall ist, dass $[\![\text{Peter}]\!]^M$ $[\![\text{Maria}]\!]^M$ liebt, und sonst niemand jemand anderes liebt, so gilt:

(9) $\text{F(lieben')} = [\![\text{lieben'}]\!]^M = \{\langle [\![\text{Peter}]\!]^M, [\![\text{Maria}]\!]^M \rangle\}$

Wenn wir keine weiteren nicht-logischen Konstanten in L_1 haben, so hat mit dieser Festlegung jeder nicht-logische Ausdruck von L_1 ein Denotat in M, und damit haben wir ein Modell definiert. Es besteht aus der Menge D = {Peter, Maria} und der Funktion F, wie sie in (8) und (9) angegeben ist.

5.4.3. Die Syntax von L_1

Nachdem wir das Grundvokabular von L_1 festgelegt und für jede nicht-logische Konstante ein Denotat im Modell spezifiziert haben, wollen wir die syntaktischen Regeln für die Sprache L_1 formulieren. Mit diesen Regeln spezifizieren wir, auf welche Art und Weise die Elemente des Vokabulars zu komplexeren Ausdrücken verbunden werden können. Wir machen uns zunächst klar, dass wir die Strukturen von unendlich vielen Ausdrücken festlegen. Wir müssen also wieder – wie in der Aussagenlogik – rekursive Regeln angeben, die die Menge der prädikatenlogischen Formeln definiert:

(10) Syntaktische Regeln der Prädikatenlogik:

(1) Wenn P ein n-stelliges Prädikat ist und $t_1, t_2, ..., t_n$ Terme sind, dann ist $P(t_1, t_2, ..., t_n)$ eine Formel.

(2) Wenn φ und Ψ Formeln sind, dann sind auch $\neg\varphi$, $(\varphi \wedge \Psi)$, $(\varphi \vee \Psi)$, $(\varphi \rightarrow \Psi)$, $(\varphi \leftrightarrow \Psi)$ Formeln.

(3) Wenn φ eine Formel und x eine Individuenvariable ist, dann ist auch $\forall x[\varphi]$ eine Formel.

(4) Wenn φ eine Formel und x eine Individuenvariable ist, dann ist auch $\exists x[\varphi]$ eine Formel.

(5) Nichts sonst ist eine Formel.

Da wir vermeiden wollen, dass unendlich komplexe Formeln gebildet werden können, legen wir darüber hinaus fest, dass nur endlich viele Regelanwendungen von (1)-(4) zur Erzeugung einer Formel erlaubt sind:

(11) Die Formeln von L_1 können nur aus einer endlichen Anzahl von Applikationen dieser Regeln erzeugt werden.

Mit Hilfe der Regel (1) können Prädikate mit Argumenten zu einer Formel verbunden werden. Das einstellige Prädikat *schlafen'* und der Term *Paul'* können zu der Formel *schlafen'(Paul')* kombiniert werden. Im Deutschen entspricht dieser Formel der Satz *Paul schläft.* Aber auch ein zweistelliges Prädikat wie *lieben'* kann nach Regel (1) mit den zwei Argumenten *Paul'* und *Maria'* zu einer Formel verbunden werden: *lieben'(Paul', Maria')*. Dieser Ausdruck ist die Übersetzung des Satzes *Paul liebt Maria.*

Mit Regel (2) können einfache Formeln zu komplexen Formeln verknüpft werden, so dass die Ausdrücke, die mit Hilfe der Aussagenlogik gebildet werden, auch in der Prädikatenlogik formulierbar sind. Da *schlafen'(Paul')* nach Regel (1) eine Formel ist, ist ¬*(schlafen'(Paul')* nach Regel (2) ebenfalls eine Formel. Da weiterhin nach Regel (1) der Ausdruck *lieben'(Paul',Maria')* eine Formel ist, ist nach Regel (2) der Ausdruck ¬*(schlafen'(Paul')* → *lieben'(Paul',Maria')* ebenfalls eine Formel, und sie übersetzt den deutschen Satz: *Wenn Paul nicht schläft, dann liebt Paul Maria.* In der gleichen Weise gilt dies für die anderen Konnektoren der Aussagenlogik.

Die Regeln (3) und (4) behandeln die beiden Quantoren ∃ und ∀. Regel (4) besagt das Folgende: Wenn φ(x) eine Formel ist, dann kann der *Operator* ∃x vor diese Formel geschrieben werden, wobei das Resultat wieder eine Formel ist. Was besagt aber eine solche *quantifizierte Formel*? Der *Existenzoperator* ∃x lässt sich paraphrasieren als: *es gibt (mindestens) ein x.* Verbunden mit einer Formel φ(x) kann die Formel ∃xφ(x) durch die Paraphrase wiedergegeben werden: *Es gibt (mindestens) ein x, für das φ(x) gilt.* Dabei ist es möglich, dass die Variable x in der Formel φ auftritt oder auch nicht. Wenn x nicht auftritt, so ist die Quantifikation leer.

Wir haben bei der Festlegung des Vokabulars Individuen-*Konstanten* und Individuen-*Variablen* unter dem Begriff *Terme* zusammengefasst. Die Argumente von Prädikaten müssen daher nicht notwendigerweise (Individuen-) Konstanten sein, sondern auch (Individuen-) Variablen können nach Regel (1) als Argumente auftreten, da auch sie in die Klasse der Terme fallen. So ergibt etwa die Kombination des einstelligen Prädikats *schlafen'* mit der Individuenvariablen x die Formel *schlafen'(x)*. Nach Regel (4) ist der Ausdruck *∃x[schlafen'(x)]* ebenfalls eine Formel. Diese Formel wird paraphrasiert als: *Es gibt (mindestens) ein x, so dass gilt: x schläft.*

Genauso verhält es sich mit dem Quantor ∀x. Wenn der Ausdruck ∀x vor eine Formel φ(x) geschrieben wird, so wird diese – nach Regel (3) gebildete – Formel paraphrasiert als: *Für alle x gilt: φ(x)*. Wenden wir die Regel (3) auf die Formel *schlafen'(x)* an, so erhalten wir die Formel *∀x[schlafen'(x)]*, die besagt: *für alle x gilt: x schläft*, oder kurz: *Alle schlafen.*

Mit dem Existenzquantor wird also ausgedrückt, dass die Formel φ für *mindestens ein* x in der Diskursdomäne erfüllt sein muss, und mit dem Allquantor wird ausgedrückt, dass die Formel φ für *alle* x in der Diskursdomäne erfüllt sein muss. Hinter einem Quantor steht immer eine Variable, auf die sich der Quantor bezieht, und nur für diese Variable ist er relevant.

Die Formel *∃x[∀y[lieben'(x,y)]]* besagt: *Es gibt ein x, so dass für alle y gilt: x liebt y*. In diesem Fall gibt es also mindestens ein Individuum x, das alle Individuen y liebt. Der Existenzquantor bezieht sich auf die Variable x und der Allquantor auf die Variable y. Auf die Formel *lieben'(x,y)* wurde zuerst die Regel (3) und dann die Regel (4) angewendet.

Betrachten wir nun die Formel *∀y[∃x[lieben'(x,y)]]*, bei der zuerst die Regel (4) auf die Formel *lieben'(x,y)* angewendet wurde und dann die Regel (3) auf die Formel *∃x[lieben'(x,y)]*. Diese Formel besagt nun nicht das gleiche wie die vorhergehende, denn sie wird paraphrasiert als: *Für alle y gibt es ein x, so dass gilt: x liebt y*. Das bedeutet aber, dass es zu jedem y irgendein x gibt, so dass x y liebt, d.h. jedes y wird von irgendeinem x geliebt; oder kurz: Jeder wird geliebt.

Wir wollen uns nun mit einigen Termini und Redeweisen vertraut machen, die im Zusammenhang mit Quantoren und Variablen wichtig sind. Jeder Quantor mit einer Variablen kann im Prinzip vor jede Formel geschrieben werden, unabhängig davon, ob die Variable in der Formel auftritt oder nicht: Der Ausdruck *∀x[φ(y)]* ist daher eine zulässige Formel. Man spricht bei derartigen Formeln auch von *leerer Quantifikation*, denn der Quantor bezieht sich nicht auf eine Variable, die in φ enthalten ist.

Wenn x eine Variable und φ eine Formel ist, vor die ein Quantor geschrieben wird, um einen Ausdruck der Form ∀x[φ] oder ∃x[φ] zu bilden, dann nennt man φ den *Skopus des Quantors*.

Eine Variable x ist *gebunden*, wenn sie im Skopus von ∀x oder ∃x liegt. Eine Variable ist *frei*, wenn sie nicht gebunden ist. Eine Variable kann daher entweder gebunden oder frei sein. Aber es gilt, dass jede Variable höchstens einmal gebunden sein darf. Ein Ausdruck der folgenden Art ist also unzulässig: $\exists x[\forall x[\varphi(x)]]$.

In der folgenden Formel ist die Variable x frei und die Variable y gebunden:

(12) $$\forall y \underbrace{[\text{schlafen}'(y) \rightarrow \neg(\text{singen}'(x))]}_{\text{Skopus von } \forall y}$$

Der Quantor ∀y bindet nur y in seinem Skopus, nicht aber x. In der folgenden Formel sind sowohl x als auch y gebunden:

(13) $$\forall x \overbrace{[\exists y \underbrace{[\text{lieben}'(x,y)]}_{\text{Skopus von } \exists y}\ ]}^{\text{Skopus von } \forall x}$$

Der Skopus des Allquantors $\forall x$ ist der Ausdruck: $\exists y[lieben'(x,y)]$, der Skopus des Existenzoperators dagegen: $lieben'(x,y)$.

Wir betrachten abschließend noch ein Beispiel für eine etwas komplexere Formel. Diese Formel übersetzt den Satz: *Für alle x gilt: Wenn x singt, dann gibt es einen Menschen y, und y hört x*:

(14) $$\forall x \overbrace{[\ \text{singen}'(x) \rightarrow \exists y \underbrace{[\ \text{Mensch}'(y) \wedge \text{hören}'(y,x)\ ]}_{\text{Skopus von } \exists y}\ ]}^{\text{Skopus von } \forall x}$$

In dieser Formel ist der Skopus des Allquantors $\forall x$ der Ausdruck:

$$[singen'(x) \rightarrow \exists y\ [Mensch(y) \wedge hören'(y,x)]],$$

und der Skopus des Existenzquantors $\exists y$ ist der Teil der Formel: $[Mensch(y) \wedge hören'(y,x)]$.

Eine Formel der Prädikatenlogik, in der alle Variablen gebunden sind, bezeichnet man als *geschlossene Formel*. Eine Formel mit mindestens einer freien Variablen ist eine *offene Formel*. Offene Formeln lassen sich nicht ohne weiteres interpretieren, da den freien Variablen kein Denotat zugewiesen werden kann. Freie Variablen müssen i.d.R. durch Bedingungen, die der Kontext liefert, interpretiert werden. Für uns wird diese Art der Interpretation zunächst aber keine Rolle spielen, da wir nur an geschlossenen Formeln interessiert sind. Später werden wir ein Verfahren kennen lernen, welches auch freien Variablen ein Denotat zuweist.

5.4.4. Die Semantik von L_1

Im letzten Abschnitt haben wir die Kombinationsregeln für die Elemente des Lexikons betrachtet. Mit diesen Regeln ist es möglich, beliebig komplexe L_1-Formeln zu bilden. In diesem Abschnitt wollen wir erörtern, wie die so gebildeten Formeln in einem Modell interpretiert werden können. Dabei gehen wir so vor, dass wir zu jeder syntaktischen Regel genau eine semantische Regel formulieren, die uns die Interpretation des Ausdrucks liefert, den die syntaktische Regel konstruiert hat. Diese Interpretation geschieht relativ zu einem vorgegebenen Modell M. Wir haben bereits erörtert, dass ein Modell M aus dem Individuenbereich D und der Denotatsfunktion F besteht. Wir fragen also danach, welche Interpretation eine Formel in einem Modell erhält, und dabei interessiert uns insbesondere, unter welchen Bedingungen eine Formel bzgl. eines Modells wahr ist.

5.4.4.1. Wahrheitsbedingungen für Prädikatsausdrücke

Nach der syntaktischen Regel (1) kann aus einem einstelligen Prädikat P und einem Term t die Formel P(t) gebildet werden. Das Denotat des Prädikatsausdrucks P ist die Menge derjenigen Individuen in dem Modell, auf die das Prädikat P zutrifft. Das Denotat des Terms t ist das Individuum $[\![t]\!]^M$. Wir sagen, dass die Formel P(t) im Modell M wahr ist, wenn das Individuum $[\![t]\!]^M$ ein Element des Denotats $[\![P]\!]^M$ von P ist. Wenn P das Prädikat *schnarchen'* ist, das verbunden mit dem Term *Peter'* die Formel P(t) (= schnarchen'(Peter')) bildet, so ist diese Formel im Modell M genau dann wahr, wenn das Individuum $[\![\text{Peter'}]\!]^M$ ein Element derjenigen Menge ist, die das Prädikat *schnarchen'* denotiert. Diese Menge ist die Menge aller Individuen, die schnarchen, also: $[\![\text{schnarchen'}]\!]^M$. Die Formel *schnarchen'(Peter')* ist im Modell M genau dann wahr, wenn gilt:

(15) $[\![\text{Peter'}]\!]^M \in [\![\text{schnarchen'}]\!]^M$

Und die Formel ist genau dann falsch, wenn in M gilt:

(16) $[\![\text{Peter'}]\!]^M \notin [\![\text{schnarchen'}]\!]^M$

bzw. wenn $[\![\text{Peter'}]\!]^M$ im Komplement von $[\![\text{schnarchen'}]\!]^M$ bzgl. D liegt. In dem Modell in (17) sind $[\![\text{Clara'}]\!]^M$ und $[\![\text{Peter'}]\!]^M$ Elemente des Denotats von *schnarchen'*:

(17)

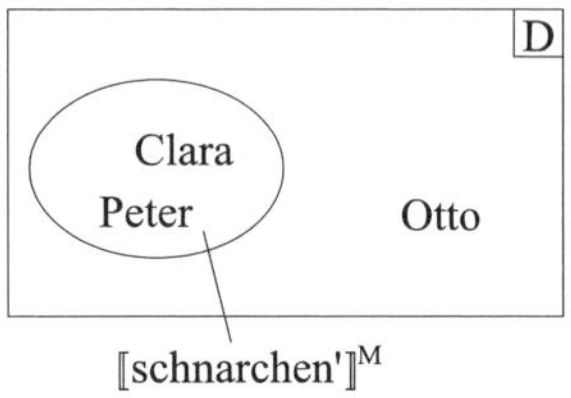

Bezüglich M ist sowohl der Satz *Peter schnarcht* als auch der Satz *Clara schnarcht* wahr. Der Satz *Otto schnarcht* ist in dem Modell M falsch, da $[\![\text{Otto'}]\!]^M$ kein Element in der Menge $[\![\text{schnarchen'}]\!]^M$ ist.

Für alle Formeln, die sich aus einem einstelligen Prädikat und einem Term zusammensetzen, formulieren wir jetzt eine allgemeine Bedingung, die angibt, wann eine Formel, die aus einem einstelligen Prädikat und einem Term besteht, wahr ist:

(18) Für jedes einstellige Prädikat und jeden beliebigen Term t gilt:
$P(t) = 1 \Leftrightarrow [\![t]\!]^M \in [\![P]\!]^M$.

Das Denotat eines zweistelligen Prädikats ist die Menge der geordneten Paare $<x,y>$, wobei x und y in der durch das Prädikat ausgedrückten Relation zueinander stehen. Nach der syntaktischen Regel (1) gilt, dass ein zweistelliges Prädikat P verbunden mit zwei Termen t_1 und t_2 eine Formel ist. Wann ist eine solche Formel wahr? Zur Beantwortung dieser Frage erinnern wir uns an die Konstruktion des cartesischen Produkts D x D. Dieses war definiert als die Menge aller Paare von Elementen aus D. Ein zweistelliges Prädikat denotiert eine Menge von Paaren, und ganz offensichtlich bildet diese Menge eine Teilmenge des cartesischen Produkts, in dem alle möglichen Paare enthalten sind. Wenn wir nun – ganz analog zu der Wahrheitsbedingung für einstellige Prädikate – feststellen wollen, ob t_1 und t_2 in der durch das Prädikat ausgedrückten Relation zueinander stehen, so müssen wir in M prüfen, ob das Paar $<t_1,t_2>$ ein Element in der Menge der Paare ist, die von P denotiert wird. Wenn die Diskursdomäne D von M die folgende Menge darstellt: {Peter, Clara, Otto}, so ist das cartesische Produkt D x D die Menge aller Paare von Individuen aus D. Wenn Peter Clara liebt, und wenn sonst niemand irgend jemanden liebt, so bildet dieses Paar eine Teilmenge von D x D. Diese Teilmenge ist das Denotat $[\![\text{lieben'}]\!]^M$ des Prädikats *lieben'*:

(19)

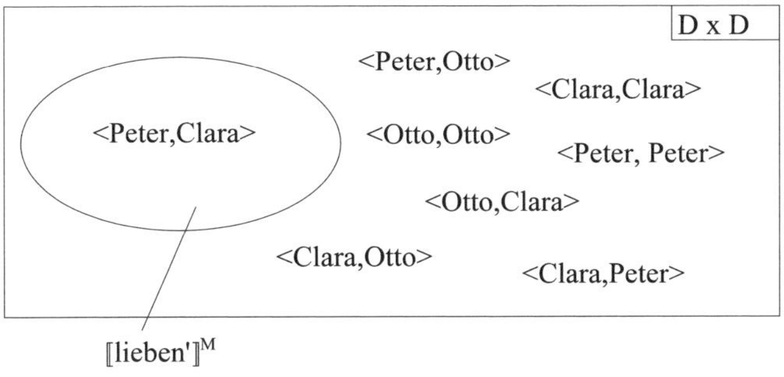

Möchten wir nun wissen, ob der Satz *Peter liebt Clara* im Modell M wahr ist, so müssen wir prüfen, ob das geordnete Paar $\langle \llbracket \text{Peter}' \rrbracket^M, \llbracket \text{Clara}' \rrbracket^M \rangle$ in der Menge der geordneten Paare $\langle x,y \rangle$ enthalten ist, für die gilt, dass x y liebt, oder anders formuliert, ob gilt: $\langle \llbracket \text{Peter}' \rrbracket^M, \llbracket \text{Clara}' \rrbracket^M \rangle \in \llbracket \text{lieben}' \rrbracket^M$. In unserem Modell ist diese Aussage wahr, da $\langle \llbracket \text{Peter}' \rrbracket^M, \llbracket \text{Clara} \rrbracket^M \rangle$ ein Element in der Menge $\llbracket \text{lieben}' \rrbracket^M$ ist. Der Satz *Clara liebt Otto* ist in unserem Modell hingegen falsch, da das Paar $\langle \llbracket \text{Clara}' \rrbracket^M, \llbracket \text{Otto}' \rrbracket^M \rangle$ kein Element von $\llbracket \text{lieben}' \rrbracket^M$ darstellt.

Wir halten die folgende Wahrheitsbedingung für zweistellige Prädikate fest:

(20) Wenn P ein zweistelliges Prädikat ist, und t_1 und t_2 Terme sind, dann gilt:
$P(t_1,t_2) = 1 \Leftrightarrow \langle \llbracket t_1 \rrbracket^M, \llbracket t_2 \rrbracket^M \rangle \in \llbracket P \rrbracket^M$.

Es sollte nicht mehr schwerfallen, dieses Ergebnis für Formeln mit n-stelligen Prädikaten zu verallgemeinern. Ein n-stelliges Prädikat denotiert die Menge derjenigen n-Tupel von Individuen, auf die das Prädikat zutrifft. Wenn das n-Tupel in dieser Menge enthalten ist, so ist der Satz wahr. Die folgende Wahrheitsbedingung gilt für Formeln mit n-stelligen Prädikaten mit n Termen:

(21) Semantische Regel (1') für n-stellige Prädikate:
Für jedes n-stellige Prädikat P und beliebige Terme $t_1, t_2, ..., t_n$ gilt:
$P(t_1, t_2, ..., t_n) = 1 \Leftrightarrow \langle \llbracket t_1 \rrbracket^M, \llbracket t_2 \rrbracket^M, ..., \llbracket t_n \rrbracket^M \rangle \in \llbracket P \rrbracket^M$.

Diese Regel ist das semantische Korrelat zu der syntaktischen Regel (1), d.h. Formeln, die nach der syntaktischen Regel (1) gebildet werden, werden nach der semantischen Regel (1') interpretiert.

5.4.4.2. Wahrheitsbedingungen für die Konnektoren

Wie werden die semantischen Werte der anderen Elemente des Basisvokabulars bestimmt? Die Konnektoren der Aussagenlogik '¬', '∧', '∨', '→', '↔', die wir in die Prädikatenlogik übernommen haben, behalten genau die gleiche semantische Interpretation, die wir in den Wahrheitswert-Tabellen festgelegt haben. Der Satz *Peter schläft und Maria wandert* kann in die beiden Teilformeln *schlafen'(Peter')* und *wandern'(Maria')* zerlegt, mit dem Konnektor ∧ verbunden und in die Formel (22) übersetzt werden. Diese ergibt sich nach Anwendung der syntaktischen Regel (2):

(22) schlafen'(Peter') ∧ wandern'(Maria')

Wenn in M einerseits gilt: $[\![Peter']\!]^M \in [\![schlafen]\!]^M$, d.h. dass das Individuum $[\![Peter']\!]^M$ in der Menge der schlafenden Individuen enthalten ist, dann ist die Formel *schlafen'(Peter')* wahr. Wenn aber andererseits im Modell M *nicht* gilt, dass $[\![Maria']\!]^M \in [\![wandern']\!]^M$, d.h. dass Maria nicht wandert, dann ist die Formel *wandern'(Maria')* in M falsch. Nun sagt uns die Wahrheitswert-Tabelle, dass eine komplexe Formel, die zwei Aussagen mittels der Konjunktion verbindet, genau dann wahr ist, wenn beide Aussagen wahr sind. Die erste Formel ist im Modell wahr, die zweite hingegen falsch. Die mittels der Konjunktion gebildete komplexe Formel ist also falsch, da nicht beide Konjunkte wahr sind. Bevor wir den Wahrheitswert einer Konjunktion berechnen können, müssen wir jeweils die Wahrheitsbedingungen der beiden Teilformeln im Modell überprüfen. Dabei können folgende vier Fälle auftreten:

(23) 1. Die erste Formel ist wahr, und die zweite Formel ist wahr.
2. Die erste Formel ist wahr, und die zweite Formel ist falsch.
3. Die erste Formel ist falsch, und die zweite Formel ist wahr.
4. Die erste Formel ist falsch, und die zweite Formel ist falsch.

Dies sind aber genau die vier Fälle, die die Wahrheitswert-Tabelle erfasst, die wir im Abschnitt über Aussagenlogik behandelt haben, so dass wir jetzt in der Lage sind, die semantischen Werte der Teilformeln kompositionell zu berechnen. Ganz ähnlich verhält es sich mit den anderen Konnektoren. Auch dabei müssen wir zunächst die Wahrheitsbedingungen der Teilformeln im Modell überprüfen und können dann erst feststellen, ob die gesamte Formel wahr oder falsch ist.

Eine negierte Formel wie etwa *¬(schlafen'(Peter'))* besagt, dass Peter nicht schläft. Wie überprüfen wir, ob diese Formel in einem Modell wahr ist? Nun, wir bestimmen zunächst, ob das Individuum $[\![Peter']\!]^M$ ein Element des Denotats $[\![schlafen']\!]^M$ ist. Trifft dies zu, so ist die Formel wahr und es gilt:

(24) $[\![\text{schlafen'(Peter')}]\!]^M = 1.$

Wendet man jetzt die Negation an, so verkehrt sich der Wahrheitswert in sein Gegenteil. Wenn also *schlafen'(Peter')* in M wahr ist, so ist die Formel *¬(schlafen'(Peter'))* in M falsch, und es gilt:

(25) $[\![\neg(\text{schlafen'(Peter')})]\!]^M = 0.$

Wir formulieren die semantische Regel (2') in genauer Übereinstimmung mit den semantischen Regeln der Aussagenlogik. Wenn p und q Formeln sind, so gelten für die Konnektoren '¬, ∨, ∧, →, ↔' die Wahrheitswert-Tabellen der Aussagenlogik. Allerdings müssen wir jetzt Prinzipien der Komposition formulieren, denn in der Aussagenlogik haben wir ja *alle* Verteilungen der Wahrheitswerte in die Tabellen aufgenommen. Da wir mit der Prädikatenlogik in der Lage sind, die Wahrheitswerte von Aussagen direkt zu berechnen, müssen wir angeben, wie sich diese bei einer Kombination von Aussagen mit den Konnektoren ergeben. Wir müssen also spezifizieren, wie sich das Denotat einer komplexen Formel aus den Denotaten der einfachen Formeln ergibt:

(26) Semantische Regel (2') für die Konnektoren der Aussagenlogik:
Wenn φ und ψ Formeln sind, die jeweils das Denotat $[\![\varphi]\!]^M$ und $[\![\psi]\!]^M$ haben, dann gilt:

$$[\![\neg\varphi]\!]^M = \neg[\![\varphi]\!]^M$$
$$[\![\varphi \wedge \psi]\!]^M = [\![\varphi]\!]^M \wedge [\![\psi]\!]^M$$
$$[\![\varphi \vee \psi]\!]^M = [\![\varphi]\!]^M \vee [\![\psi]\!]^M$$
$$[\![\varphi \rightarrow \psi]\!]^M = [\![\varphi]\!]^M \rightarrow [\![\psi]\!]^M$$
$$[\![\varphi \leftrightarrow \psi]\!]^M = [\![\varphi]\!]^M \leftrightarrow [\![\psi]\!]^M$$

Wenn p := *schlafen'(Peter')* und q := *trinken'(Maria',Schnaps')*, dann lassen sich die semantischen Werte von Formeln, die p und q mit einem Konnektor verbinden, nach den Wahrheitswert-Tabellen der Aussagenlogik berechnen, wobei jetzt allerdings nicht mehr alle möglichen Wahrheitswerte für p und q einzusetzen sind, sondern nur noch diejenigen, über die die Formeln p und q jeweils relativ zum Modell M verfügen. Wenn also in M gilt, dass Peter schläft und dass Maria Limonade trinkt (und nicht Schnaps), dann ist die Formel p wahr und die Formel q falsch. In diesem Falle gilt (27):

(27) (i) $[\![\neg p]\!]^M = \neg[\![p]\!]^M = \neg 1 = 0$
(ii) $[\![p \wedge q]\!]^M = [\![p]\!]^M \wedge [\![q]\!]^M = 1 \wedge 0 = 0$
(iii) $[\![p \vee q]\!]^M = [\![p]\!]^M \vee [\![q]\!]^M = 1 \vee 0 = 1$
(iv) $[\![p \rightarrow q]\!]^M = [\![p]\!]^M \rightarrow [\![q]\!]^M = 1 \rightarrow 0 = 0$
(v) $[\![p \leftrightarrow q]\!]^M = [\![p]\!]^M \leftrightarrow [\![q]\!]^M = 1 \leftrightarrow 0 = 0$

Die Denotate der komplexen Formeln werden also aus den Denotaten der einfachen Formeln berechnet, gerade so, wie wir es in der Aussagenlogik kennen gelernt haben.

5.4.4.3. Wahrheitsbedingungen für ∃ und ∀

Wir fragen nun nach den Bedingungen, die erfüllt sein müssen, damit quantifizierte Formeln wahr sind. Die Formel *φ(x)* kann nach Regel (3) mit dem Allquantor kombiniert werden, woraus die Formel *∀x[φ(x)]* entsteht. Wenn φ = schlafen' ist, so ergibt sich die Formel in (28)(i) mit der Paraphrase in (28)(ii), die dem Satz (28)(iii) entspricht:

(28) (i) ∀x[schlafen'(x)]
(ii) Für alle x gilt: x schläft.
(iii) Alle schlafen.

Wie sich aus der Paraphrase in (28)(ii) ersehen lässt, wird über alle Individuen in der Diskursdomäne quantifiziert. Damit die Formel (28)(i) wahr ist, muss also für alle Individuen x in D gelten, dass sie schlafen. Wenn es ein Individuum in D gibt, welches nicht schläft, so ist die Formel falsch. Um die Wahrheit der allquantifizierten Formel zu überprüfen, müssen wir also zu jedem Individuum x in D entscheiden, ob die Formel *schlafen'(x)* für dieses Individuum wahr ist. Sofern dies für alle Individuen gilt, wollen wir sagen, dass auch die Gesamtformel wahr ist. Dies ist in (29) als Wahrheitsbedingung für allquantifizierte Formeln formuliert:

(29) Semantische Regel (3') für den Allquantor ∀:
Wenn x eine Variable und φ(x) eine Formel ist, dann ist die Formel ∀x[φ(x)] genau dann wahr, wenn die Formel φ(x) für *alle* Individuen in D wahr ist.

Wendet man auf die Formel *schlafen'(x)* die syntaktische Regel (4) für den Existenzquantor an, so ergibt sich der Ausdruck in (30) mit der semilogischen Paraphrase (30)(i) zu dem Satz (30)(ii):

(30) ∃x[schlafen'(x)]
(i) Für mindestens ein x gilt: x schläft.
(ii) (Mindestens) eine(r) schläft.

Damit die Formel (30) wahr ist, muss – wie man leicht anhand der Paraphrase in (30)(i) sieht – für mindestens ein Individuum in D gelten, dass es schläft. Wenn ein solches Individuum in D existiert, so ist die Formel (30) wahr, anderenfalls falsch. Wir können also die semantische Regel (4') für den Existenzquantor formulieren wie in (31):

(31) Semantische Regel (4') für den Existenzquantor ∃:
Wenn x eine Variable und φ(x) eine Formel ist, dann ist die Formel ∃x[φ(x)] genau dann wahr, wenn die Formel φ(x) für *mindestens ein* Individuum in D wahr ist.

Bisher haben wir hauptsächlich solche Ausdrücke betrachtet, bei denen φ ein einstelliges Prädikat ist, so dass sich eine quantifizierte Formel entweder auf alle Individuen oder nur auf irgendein Individuum bezieht, ohne dass wir über die Individuen selbst etwas ausgesagt hätten. Wir betrachten nun einige Formeln, bei denen φ selbst komplex ist, z.B. die Übersetzung des Satzes *Alle Hühner schlafen.* Eine erste intuitive Annäherung könnte dabei das Folgende annehmen:

(32) Alle Hühner schlafen.
(i) ∀x[Huhn'(x) ∧ schlafen'(x)] (falsche Übersetzung)
(ii) Für alle x gilt: x ist ein Huhn und x schläft.

Die Formel (32)(i) drückt aber sicherlich nicht die Bedeutung des Satzes (32) aus, wie man an der Paraphrase in (32)(ii) leicht sieht. (32)(i) besagt nämlich, dass jedes Individuum in D ein schlafendes Huhn ist. Wir müssen überlegen, auf welche Art und Weise wir die Bedeutung von (32) angemessen darstellen können. Dies wäre etwa möglich, wenn wir anstelle der Konjunktion das Konditional verwenden, so dass wir die Formel in (33)(i) mit der Paraphrase in (33)(ii) erhalten:

(33) Alle Hühner schlafen.
(i) ∀x[Huhn'(x) → schlafen'(x)] (richtige Übersetzung)
(ii) Für alle x gilt: Wenn x ein Huhn ist, dann schläft x.

Diese Übersetzung ist nun in mehrfacher Hinsicht sinnvoll. Um dies deutlich zu machen, wollen wir erst einmal die folgende abkürzende Schreibweise festlegen: H := Huhn' und S := schlafen'.

Damit die Formel (33)(i) wahr ist, muss nach der semantischen Regel (3') die Formel H(x) → S(x) für jedes Individuum in D wahr sein. Aus der Wahrheitswert-Tabelle für das Konditional wissen wir bereits, dass dieses genau dann falsch ist, wenn der Vordersatz wahr, der Nachsatz aber falsch ist. In D seien nun sowohl solche Individuen, die Hühner sind, als auch solche, die keine Hühner sind, als auch solche, die schlafen, und solche, die nicht schlafen. Die Formel H(x) → S(x) ist für alle Individuen wahr, für die H(x) falsch ist, da für einen falschen Vordersatz das Konditional stets wahr ist. Die Formel ist natürlich auch für alle x wahr, für die sowohl H(x) als auch S(x) wahr ist, und sie ist nur für diejenigen Individuen falsch, für die H(x) wahr, S(x) aber falsch ist. Das bedeutet, dass die Formel für alle Individuen, die keine Hühner sind, wahr ist, und es bedeutet weiterhin, dass die Formel für alle Individuen, die schlafende Hühner sind, ebenfalls wahr ist, und zu guter Letzt, dass die Formel nur für solche Individuen falsch ist, die Hühner sind, aber nicht schlafen. Wenn es solche Individuen in M nicht gibt, so ist die Formel $H(x) \rightarrow S(x)$ für alle Individuen in M wahr. Gibt es dagegen solche Individuen, so ist die Formel in M falsch.

Jetzt können wir verstehen, dass unsere Übersetzung sinnvoll war, denn das soeben erörterte Bedingungsgefüge des Konditionals entspricht genau der Wahrheitsbedingung, die mit der semantischen Regel (3') ausgedrückt wird. Bezüglich unseres Beispiels ergibt sich die Bedingung, dass für alle Individuen in M die Formel $H(x) \rightarrow S(x)$ wahr sein muss, und dies ist genau dann der Fall, wenn es in M keine Hühner gibt, die nicht schlafen. Wir halten dieses Resultat in einem gesonderten Satz fest:

(34) Für (komplexe) allquantifizierte Formeln wird das Konditional verwendet.

Damit haben wir eine intuitiv adäquate Bedingung für die Verwendung des Allquantors formuliert, die wesentlich auf der Verwendung des Konditionals beruht. Es zeigt sich zugleich, dass die Festlegung der Wahrheitswert-Tabellen für das Konditional sinnvoll war, indem wir bei falschem Vordersatz stets den Wert *wahr* für den Konditionalausdruck angenommen haben.

Betrachten wir nun eine Formel mit dem Existenzquantor. Man könnte zunächst versucht sein, auch diesen in Kombination mit dem Konditional zu verwenden. Damit erhielten wir die folgende Übersetzung:

(35) (Mindestens) ein Huhn schläft.
(i) $\exists x[\text{Huhn}'(x) \rightarrow \text{schlafen}'(x)]$ (falsche Übersetzung)
(ii) Für (mindestens) ein x gilt: Wenn x ein Huhn ist, dann schläft x.

Diese Übersetzung wäre dann angemessen, wenn es in M ein Individuum gibt, welches ein Huhn ist, das schläft, denn dann wäre die Formel $H(x) \rightarrow S(x)$ für irgendein Individuum wahr, und nach der semantischen Regel (4') wäre dies für die Wahrheit der Formel (35)(i) hinreichend. Damit haben wir den Fall abgedeckt, dass sowohl H(x) als auch S(x) wahr sind. Die Formel (35)(i) wird aber auch dann wahr, wenn es in M überhaupt keine Hühner gibt, da der Vordersatz des Konditionals in diesem Falle für alle Individuen in M falsch wäre, so dass das Konditional für alle Individuen in D wahr würde. In einer Situation, in der es keine Hühner gibt, ist der Satz *(Mindestens) ein Huhn schläft* aber falsch. Die Übersetzung mit dem Konditional liefert uns also ungenügende Ergebnisse. Wiederum sollten wir ausprobieren, ob nicht ein anderer Konnektor unsere semantische Intuition besser ausdrückt. Wir versuchen es diesmal mit der Konjunktion:

(36) (Mindestens) ein Huhn schläft.
(i) $\exists x[\text{Huhn}'(x) \wedge \text{schlafen}'(x)]$ (richtige Übersetzung)
(ii) Für (mindestens) ein x gilt: x ist ein Huhn, und x schläft.

Die Formel (36)(i) ist nach der semantischen Regel (4') genau dann wahr, wenn sie für irgendein Individuum in M wahr ist. Nun wird die Konjunktion aber nur dann wahr, wenn beide Konjunkte wahr sind. Insbesondere muss also gelten, dass für irgendein Individuum in M sowohl H(x) als auch S(x) wahr ist. Wenn es ein solches Individuum in M gibt, so ist (36)(i) wahr, anderenfalls falsch. Diese Bedingung entspricht genau der Interpretation von (36). Unsere semantische Intuition sagt uns also:

(37) Für existenzquantifizierte Formeln wird die Konjunktion verwendet.

Im nächsten Abschnitt wollen wir ein Verfahren kennen lernen, welches uns erlaubt, die Interpretation von quantifizierten Formeln in einem Modell formal nachzuspielen.

5.4.4.4. Interpretation der Quantoren: ∃ und ∀

Bevor wir das formale Verfahren der Tarski-Semantik betrachten, mit Hilfe dessen wir Quantorenausdrücke interpretieren können, wollen wir uns an einem Beispiel klar machen, wie wir überprüfen können, ob der Satz *Alle Seminarteilnehmer sind blond* wahr ist. Stellen wir uns dazu ein Modell M vor, das die folgende Situation darstellt: Wir befinden uns in einem Seminarraum, in dem zehn Seminarteilnehmer sitzen: Peter, Maria, Otto, Clara, Hans, Jens, Petra, Susanne, Katja und Luise. Diese zehn Individuen bilden die Diskursdomäne D. Wenn wir in dieser Situation bestimmen wollen, ob der Satz in (38)(i), bzw. dessen Übersetzung in (38)(ii) wahr ist, so müssen wir jedes einzelne Individuum anschauen und prüfen, ob es blond ist oder nicht, bzw. wir müssen für jedes Individuum prüfen, ob der Skopus des Allquantors für dieses Individuum wahr ist:

(38) (i) Alle Seminarteilnehmer sind blond.
(ii) $\forall x[\text{Seminarteilnehmer}'(x) \rightarrow \text{blond}'(x)]$

Wir könnten dabei bei Peter anfangen, und wenn Peter blond ist, können wir sagen, dass der Satz bis jetzt nicht falsch ist. Wenn wir für *Peter* festgestellt haben, dass er blond ist, können wir aber noch nicht behaupten, dass der allquantifizierte Satz (38)(ii) wahr ist, weil wir ja für *alle* Individuen prüfen müssen, ob sie blond sind. Wir betrachten also als nächstes Maria, und wenn auch Maria blond ist, wissen wir, dass die Chance besteht, dass der Satz wahr sein kann, wiewohl wir auch jetzt noch nicht sagen können, ob er wahr bleibt, denn wir haben ja noch andere Individuen zu überprüfen. In dieser Art verfahren wir weiter, bis wir die ersten neun Individuen hinsichtlich ihrer Haarfarbe bestimmt haben. Wir nehmen an, dass bisher alle blond sind. Wir überprüfen jetzt die Haarfarbe von Luise. Wenn auch Luise blonde Haare hat, so ist der allquantifizierte Satz wahr. Wenn Luise aber schwarze Haare hat, so ist der Satz falsch, da nicht alle Individuen blond sind.

Dieses Beispiel zeigt folgendes: Um festzustellen, ob die allquantifizierte Aussage in (38)(i) wahr ist, muss zu jedem einzelnen Individuum in der Diskursdomäne entschieden werden, ob es blond ist oder nicht. Das bedeutet, dass die gesamte Diskursdomäne durchlaufen werden muss, um die *Wahrheit eines allquantifizierten Satzes* zu ermitteln. Die *Falschheit* dieses Satzes hätte sich – abhängig von den Gegebenheiten – möglicherweise schneller ermitteln lassen. Wenn wir nämlich schon beim dritten Seminarteilnehmer *Otto* festgestellt hätten, dass dieser schwarze Haare hat, so wäre bereits an dieser Stelle klar gewesen, dass der allquantifizierte Satz falsch ist, und es wäre nicht mehr nötig gewesen, auch die restlichen Seminarteilnehmer zu betrachten.

In ähnlicher Weise müssen wir vorgehen, wenn wir die Wahrheit des Satzes (39)(i) mit der Übersetzung (39)(ii) ermitteln wollen:

(39) (i) (Mindestens) ein Seminarteilnehmer ist blond.
(ii) $\exists$x[Seminarteilnehmer'(x) $\wedge$ blond'(x)]

Wiederum gilt es die Individuen in der Diskursdomäne zu betrachten. Wenn das erste Individuum (Peter) blond ist, so ist die Formel (39)(ii) wahr, und es ist nicht mehr nötig, die restlichen Individuen zu betrachten. Nehmen wir nun aber an, dass das Modell die folgende Struktur hat: Fünf Seminarteilnehmer haben schwarze und fünf haben blonde Haare. Wenn wir zuerst diejenigen Individuen mit den schwarzen Haaren betrachten, können wir noch nicht schließen, dass der Satz falsch ist, denn es könnte ja immer noch sein, dass einer der folgenden Teilnehmer blond ist. Wir müssen also weitersuchen, bis wir einen blonden Seminarteilnehmer gefunden haben. Wenn das sechste Individuum (Petra) nun tatsächlich blond ist, können wir an dieser Stelle sagen, dass der Satz wahr ist. Wären wir von einem Modell ausgegangen, in dem alle zehn Individuen schwarze Haare haben, müssten wir dagegen bis zum letzten Seminarteilnehmer weitergehen, um feststellen zu können, dass der Satz falsch ist. Für die Wahrheitswert-Ermittlung quantifizierter Formeln gilt (40)(i):

(40) (i) Um die *Wahrheit eines existenzquantifizierten Satzes* nachzuweisen, genügt es, *ein Individuum* zu finden, welches die im Skopus des Quantors ausgedrückte Bedingung *erfüllt*.
(ii) Um die *Falschheit eines allquantifizierten Satzes* nachzuweisen, genügt es, *ein Individuum* zu finden, welches die im Skopus des Quantors ausgedrückte Bedingung *nicht erfüllt*.

(iii) Um die *Wahrheit eines allquantifizierten Satzes* nachzuweisen, müssen *alle Individuen* die im Skopus des Quantors ausgedrückte Bedingung *erfüllen.*
(iv) Um die *Falschheit eines existenzquantifizierten Satzes* nachzuweisen, muss für *alle Individuen* gezeigt werden, dass sie die im Skopus des Quantors ausgedrückte Bedingung *nicht erfüllen.*

Diese Vorgehensweise drückt die Idee aus, die der Tarski-Semantik zugrunde liegt, und wir wollen diese Idee nun formal präzisieren.

Dabei ergibt sich eine Schwierigkeit: Um nämlich die Wahrheit der einfachen Formel *blond'(x)* zu berechnen, müssen wir das Denotat der Individuenvariablen x kennen, und wir haben bisher nicht angegeben, was das Denotat einer solchen Variablen ist. Für eine Variable kann jedes beliebige Individuum eingesetzt werden, und es scheint, als habe eine Variable gar kein festgelegtes Denotat. Nun wissen wir aber, dass ein Ausdruck, der kein Denotat hat, nicht interpretiert werden kann, so dass wir uns fragen sollten, wie wir diesem Dilemma entrinnen können. Ein Ausweg besteht darin, der Variablen x zunächst irgendein Individuum als Denotat zuzuweisen, etwa $[\![\text{Peter'}]\!]^M$. Wir könnten dann zu der Formel *blond'(Peter')* prüfen, ob diese Formel wahr ist. In einem zweiten Schritt könnten wir der Variablen x den Wert $[\![\text{Maria'}]\!]^M$ zuweisen und feststellen, ob die Formel *blond'(Maria')* wahr ist usw. Wenn wir diesen Prozess zehnmal wiederholen, so haben wir die Variable x nacheinander mit zehn verschiedenen Werten belegt, nämlich genau den zehn Individuen aus M. Für alle zehn Belegungen gilt es jeweils festzustellen, ob die Formel *blond(x)* wahr ist. Da wir *alle* Individuen aus M einsetzen, spielt es keine Rolle, mit welchem Individuum wir anfangen und in welcher Reihenfolge wir vorgehen.

Die Frage ist nun, wie sich diese intuitive Vorgehensweise in ein formales Verfahren übertragen lässt. Dazu wollen wir annehmen, dass wir drei Variablen, *x*, *y* und *z* verwenden, denen jeweils ein Denotat zugewiesen werden soll. (Eigentlich benötigen wir nur eine Variable, um die Formel *blond'(x)* zu berechnen, da in ihr nur eine Variable auftritt. Aber wir können uns vorstellen, dass in einer anderen Formel, die wir ebenfalls berechnen möchten, mehrere Variablen auftreten, etwa, wenn diese Formel das Prädikat *geben'* enthält.) Eine Belegung von Variablen mit Individuen lässt sich mittels einer Funktion vornehmen:

(41)
$$g : \begin{bmatrix} \text{x} \rightarrow \textbf{Peter} \\ \text{y} \rightarrow \textbf{Maria} \\ \text{z} \rightarrow \textbf{Otto} \end{bmatrix}$$

Die Funktion g weist jeder Variablen ein Individuum aus M als Denotat zu. Wir nennen g daher eine *Variablenbelegung.* Wenn g der Variablen x wie in (41) das Individuum $[\![\text{Peter'}]\!]^M$ zuweist, so haben wir damit *willkürlich* festgelegt, dass das Denotat der Variablen x mittels der Funktion g gerade dieses Individuum ist. Das Denotat ist somit nicht mehr nur von M abhängig, sondern auch von g. Diese Abhängigkeit notieren wir durch das Superskript 'g' an dem Denotatsausdruck wie in (42):

(42) $g(x) = [\![\text{Peter}']\!]^{M,g}$

Das Denotat von *blond'(x)* ist dann ebenfalls relativ zu M und g zu bestimmen, so dass für x = Peter' (34) gilt:

(43) $[\![\text{blond}'(x)]\!]^{M,g} = [\![\text{blond}'(\text{Peter}')]\!]^{M,g}$

Wir legen daher fest, dass Denotate abhängig von M und g bestimmt werden müssen:

(44) $[\![\alpha]\!]^{M,g}$ bezeichnet das Denotat von α relativ zum Modell M und der Variablenbelegung g.

Eine Formel der Prädikatenlogik ist also wahr oder falsch *relativ zu einem Modell M und einer Variablenbelegung g*. Natürlich soll die Funktion g die Variable x auch mit anderen Individuen belegen. Dazu muss g leicht abgeändert werden, nämlich derart, dass g an allen Variablen gleich bleibt außer an x. Wir konstruieren die Funktion g', die genauso definiert ist wie g, außer bei der Variablen x. Diese Variable belegen wir jetzt mit dem Individuum *Maria*:

(45) $$g' : \begin{bmatrix} x \rightarrow \text{Maria} \\ y \rightarrow \text{Maria} \\ z \rightarrow \text{Otto} \end{bmatrix}$$

Da wir erreichen wollen, dass die Variable x nacheinander mit allen zehn Individuen belegt wird, müssen neben g neun verschiedene Funktionen g' definiert werden, die sich jeweils nur im Wert der Variablen x unterscheiden wie in (46):

(46) $$g' : \begin{bmatrix} x \rightarrow \text{Otto} \\ y \rightarrow \text{Maria} \\ z \rightarrow \text{Otto} \end{bmatrix} \quad g' : \begin{bmatrix} x \rightarrow \text{Clara} \\ y \rightarrow \text{Maria} \\ z \rightarrow \text{Otto} \end{bmatrix} \quad g' : \begin{bmatrix} x \rightarrow \text{Hans} \\ y \rightarrow \text{Maria} \\ z \rightarrow \text{Otto} \end{bmatrix}$$

Um die jeweiligen Belegungen notationell zu unterscheiden, legen wir in (47) eine Notation fest, die zu jedem g kennzeichnet, welche Variable mit welchem Individuum belegt wird:

(47) g^x_α ist diejenige Variablenbelegung, die genauso definiert ist wie g, außer dass sie die Variable x mit dem Individuum α belegt.

Wenn die Funktion g anfänglich so definiert ist wie in (48)(i), so schreiben wir die Funktion g', die an der Stelle x den Wert Luise annimmt, jetzt so wie in (48)(ii).

(48) (i) $g : \begin{bmatrix} x \rightarrow \text{Peter} \\ y \rightarrow \text{Maria} \\ z \rightarrow \text{Otto} \end{bmatrix}$ (ii) $g^x_{\text{Luise}} : \begin{bmatrix} x \rightarrow \text{Luise} \\ y \rightarrow \text{Maria} \\ z \rightarrow \text{Otto} \end{bmatrix}$

Hat x den Wert Otto, so schreiben wir:

(49) $g^x_{\text{Otto}} : \begin{bmatrix} x \rightarrow \text{Otto} \\ y \rightarrow \text{Maria} \\ z \rightarrow \text{Otto} \end{bmatrix}$

Es ist offensichtlich, dass die Ausgangsbelegung g ebenfalls in dieser Weise geschrieben werden kann:

(50) $g = g^x_{\text{Peter}} : \begin{bmatrix} x \rightarrow \text{Peter} \\ y \rightarrow \text{Maria} \\ z \rightarrow \text{Otto} \end{bmatrix}$

Ganz ähnlich können wir natürlich auch die anderen Variablen in ihren Werten alternieren lassen. Wir ändern dann etwa nur den Wert von y und lassen die Werte für x und z unverändert. Wichtig ist, dass sich die Anfangsbelegung g stets nur in einer Variablen ändert:

(51) $g^y_{\text{Peter}} : \begin{bmatrix} x \rightarrow \text{Peter} \\ y \rightarrow \text{Peter} \\ z \rightarrow \text{Otto} \end{bmatrix}$ $g^y_{\text{Susanne}} : \begin{bmatrix} x \rightarrow \text{Peter} \\ y \rightarrow \text{Susanne} \\ z \rightarrow \text{Otto} \end{bmatrix}$

Wir müssen uns klarmachen, dass die Willkür, mit der wir die *anfängliche* Variablenbelegung definieren, keine Auswirkungen auf das Resultat unserer Berechnungen hat. Bei Formeln, in denen nur gebundene Variablen auftreten, werden ja alle Individuen nacheinander für die gebundenen Variablen eingesetzt, d.h. die Variable x erhält zwar in erster Instanz eine willkürliche Belegung, doch da für x auch alle anderen Individuen eingesetzt werden, spielt die anfängliche Belegung keine Rolle. Solange wir den Wahrheitswert für alle jeweils möglichen Belegungen bestimmen, ist die Reihenfolge, in der wir die Variablen alternieren lassen, unwichtig.

Enthält aber eine Formel außer gebundenen auch freie Variablen, dann wird deren Belegung nicht variiert, da sie von keinem Quantor gebunden sind. Damit solch eine Formel mit freien Variablen interpretiert werden kann, muss auch diesen von der Funktion g ein Wert zugewiesen werden. Dieser Wert ist dann aber abhängig von der Willkür, mit der g anfänglich definiert wurde. Wenn eine Formel keine freien Variablen enthält, dann ist die Interpretation unabhängig von der Anfangsbelegung g. Dieses Resultat halten wir in dem folgenden Satz fest:

(52) Wenn φ eine quantifizierte Formel ist, die keine freien Variablen enthält, dann ist $[\![\varphi]\!]^{M,g} = [\![\varphi]\!]^{M}$.

Wir sind im folgenden stets an Formeln interessiert, die keine freien Variablen enthalten. Dennoch benötigen wir die Abhängigkeit von g, da wir Formeln von unten nach oben – gemäß ihrer syntaktischen Struktur – interpretieren. Dabei tritt bei quantifizierten Formeln natürlich stets der Fall auf, dass bestimmte Teile Variablen enthalten, die noch nicht gebunden sind, sondern erst durch spätere syntaktische Prozesse gebunden werden. Um dies zu verdeutlichen, betrachten wir die Formel in (53) mit der zugehörigen Struktur:

(53)
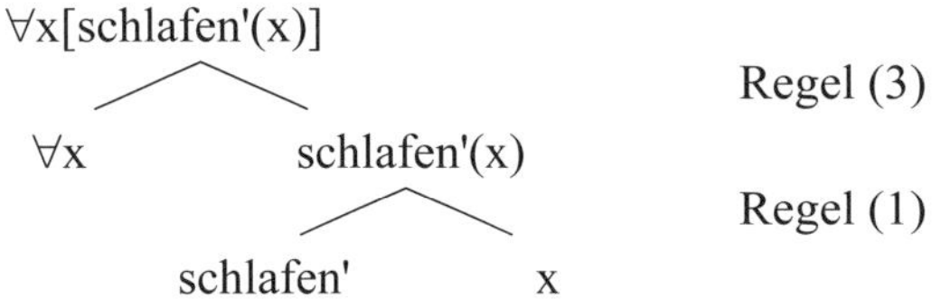

Damit wir den Wahrheitswert kompositionell aus den einzelnen Bestandteilen und der syntaktischen Struktur berechnen können, müssen wir den Baum von unten nach oben evaluieren. Dazu betrachten wir zunächst die Ausdrücke *schlafen'* und *x*. *schlafen'* ist ein einstelliges Prädikat, und *x* ist eine Individuenvariable. Nach der syntaktischen Regel (1) bilden diese beiden Ausdrücke die Formel *schlafen'(x)*. Diese Formel müssen wir nun berechnen, bemerken aber, dass die Variable x, obwohl in dem Gesamtausdruck gebunden, bei der Interpretation des Teilausdrucks *schlafen'(x)* zunächst frei ist. Wir könnten nun eine anfängliche Variablenbelegung g definieren und die Teilformel bzgl. eines Modells ausrechnen, um sodann den Wahrheitswert der gesamten Formel zu bestimmen. Bevor wir dies allerdings durchführen, müssen wir die semantischen Regeln für die Interpretation quantifizierter Formeln noch so definieren, dass sie die Variablenbelegungen mit berücksichtigt.

5.4.4.5. Die semantischen Regeln der Prädikatenlogik

Wir haben in den vorangegangenen Abschnitten bereits alle relevanten Mechanismen kennen gelernt, um die Formeln, die mittels der syntaktischen Regeln (1) bis (4) gebildet werden, bzgl. eines Modells M zu interpretieren. In diesem Abschnitt wollen wir die neuen Mechanismen mit den bereits bekannten zusammenfassen. Jede Interpretation geschieht relativ zu einem Modell M = <D,F>. D ist die Diskursdomäne und F die Denotatsfunktion, die jeder nicht-logischen Konstanten ein Denotat zuweist. Demgemäß werden Individuen-Konstanten und Prädikate mittels F interpretiert:

(54) (i) Wenn α eine Individuen-Konstante oder ein n-stelliges Prädikat ist, dann ist: $[\![\alpha]\!]^{M,g} = F(\alpha)$.
(ii) Wenn x eine Variable ist, dann ist: $[\![x]\!]^{M,g} = g(x)$

Damit ist das Denotat der nicht-logischen Konstanten und der Variablen festgelegt. Die semantischen Regeln (1') - (4') formulieren wir in Abhängigkeit von der Variablenbelegung g und ihren Alternanten g'. Wir fassen die Regeln in (55) zusammen:

(55) Reformulierung der semantischen Regeln:
(1") Wenn P ein n-stelliges Prädikat und $t_1,t_2,...,t_n$ Terme sind, dann ist: $[\![P(t_1,t_2,...,t_n)]\!]^{M,g} = 1$, gdw. $<[\![t_1]\!]^{M,g},[\![t_2]\!]^{M,g},...,[\![t_n]\!]^{M,g}> \in [\![P]\!]^{M,g}$.
(2") Wenn φ und ψ Formeln sind, so werden die Formeln
$\neg\varphi,\ \varphi \wedge \psi,\ \varphi \vee \psi,\ \varphi \rightarrow \psi,\ \varphi \leftrightarrow \psi$
gemäß der Wahrheitswert-Tabellen der Aussagenlogik interpretiert.
(3") Wenn φ eine Formel und x eine Variable ist, dann ist $[\![\forall x\varphi]\!]^{M,g} = 1$, gdw. für alle Variablenbelegungen g', die genauso definiert sind wie g, aber an der Stelle x alternieren dürfen, gilt: $[\![\varphi]\!]^{M,g'} = 1$.
(4") Wenn φ eine Formel und x eine Variable ist, dann ist $[\![\exists x\varphi]\!]^{M,g} = 1$, gdw. für mindestens eine Variablenbelegung g', die genauso definiert ist wie g, aber an der Stelle x alternieren darf, gilt: $[\![\varphi]\!]^{M,g'} = 1$.

Der Hauptunterschied bei der Reformulierung der semantischen Regeln (3') bzw. (4') liegt darin, dass wir anstelle der Überprüfung der Formel φ für alle Individuen bzw. (mindestens) ein Individuum in M die Alternanten g' der Funktion g verwenden. Die Regel (3") besagt, dass eine allquantifizierte Formel genau dann wahr ist, wenn sie für alle Alternanten g' von g wahr ist. Da die Alternanten von g aber alle Individuen für x einsetzen, ist dies gleichbedeutend mit der Definition (3'). Lediglich das Verfahren der Überprüfung hat sich geändert, während inhaltlich natürlich alles beim Alten bleibt. Der gleiche Unterschied besteht zwischen (4") und (4'). (4') wurde so formuliert, dass die

Bedingung φ für mindestens ein Individuum in D erfüllt sein muss, während die Bedingung (4") besagt, dass die Bedingung φ für mindestens ein g' zu gelten hat.

5.5. Beispiele für die Interpretation in einem Modell

Wir legen zuerst die Struktur eines einfachen und überschaubaren Modells $M = \langle D,F \rangle$ fest. Dazu benötigen wir einen Individuenbereich D und die Denotatsfunktion F. Unser Individuenbereich soll festgelegt sein wie in (1):

(1) $D = \{ \text{Peter, Maria, Otto, Clara} \}$

Wir übersetzen das deutsche Verb *schlafen* in das einstellige Prädikat *schlafen'* und das Verb *lieben* in das zweistellige Prädikat *lieben'*. Die deutschen Nomina *Mann* und *Frau* korrespondieren jeweils den einstelligen Prädikaten *Mann'* und *Frau'* und denotieren jeweils die Menge der Männer und die Menge der Frauen. Wir könnten natürlich noch beliebig viele andere Prädikate übersetzen, aber das würde die Modellstruktur nur unnötig komplizieren. Die Denotatsfunktion F soll definiert sein wie in (2):

(2)
$$
\begin{array}{lcl}
F(\text{Peter'}) & = & [\![\text{Peter'}]\!]^{M,g} \\
F(\text{Maria'}) & = & [\![\text{Maria'}]\!]^{M,g} \\
F(\text{Otto'}) & = & [\![\text{Otto'}]\!]^{M,g} \\
F(\text{Clara'}) & = & [\![\text{Clara'}]\!]^{M,g} \\
F(\text{Mann'}) & = & [\![\text{Mann'}]\!]^{M,g} = \{[\![\text{Peter'}]\!]^{M,g},[\![\text{Otto'}]\!]^{M,g}\} \\
F(\text{Frau'}) & = & [\![\text{Frau'}]\!]^{M,g} = \{[\![\text{Maria'}]\!]^{M,g},[\![\text{Clara'}]\!]^{M,g}\} \\
F(\text{schlafen'}) & = & [\![\text{schlafen'}]\!]^{M,g} = \{[\![\text{Peter'}]\!]^{M,g},[\![\text{Maria'}]\!]^{M,g}, [\![\text{Otto'}]\!]^{M,g},[\![\text{Clara'}]\!]^{M,g}\} \\
F(\text{lieben'}) & = & [\![\text{lieben'}]\!]^{M,g} = \{\langle[\![\text{Peter'}]\!]^{M,g},[\![\text{Otto'}]\!]^{M,g}\rangle,\langle[\![\text{Maria'}]\!]^{M,g},[\![\text{Otto'}]\!]^{M,g}\rangle, \\
 & & \langle[\![\text{Otto'}]\!]^{M,g},[\![\text{Maria'}]\!]^{M,g}\rangle,\langle[\![\text{Peter'}]\!]^{M,g},[\![\text{Clara'}]\!]^{M,g}\rangle, \\
 & & \langle[\![\text{Maria'}]\!]^{M,g},[\![\text{Peter'}]\!]^{M,g}\rangle\}
\end{array}
$$

Damit haben wir für alle Individuen-Konstanten und die Prädikate die Denotate bestimmt, so dass unser Modell vollständig definiert ist. Die Modellstruktur ist in (3) graphisch veranschaulicht:

(3)

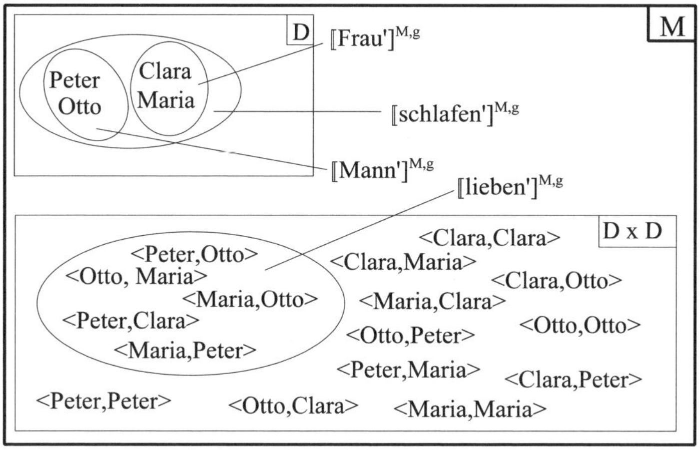

Wir verwenden drei Variablen x, y und z und legen die anfängliche Variablenbelegung g willkürlich wie in (4) fest:

(4)
$$g : \begin{bmatrix} x \rightarrow \textbf{Peter} \\ y \rightarrow \textbf{Maria} \\ z \rightarrow \textbf{Otto} \end{bmatrix}$$

Es spielt dabei keine Rolle, ob die Anzahl der Variablen mit der Anzahl der Individuen in D übereinstimmt, da nur *jede Variable* mit einem Individuum belegt werden muss.

Wir übersetzen zunächst den Satz (5)(i) in die L_1-Formel (5)(ii) mit der zugehörigen Struktur :

(5) (i) (Mindestens) eine(r) schläft.

(ii) ∃x[schlafen'(x)]

∃x schlafen'(x)

schlafen' x

Wir beginnen mit der Berechnung des Ausdrucks *schlafen'(x)*, der mittels der syntaktischen Regel (1) gebildet wurde. Da das Denotat der Variablen x durch die Funktion g bestimmt wird, und g(x) = $[\![\text{Peter'}]\!]^{M,g}$ ist, müssen wir die Formel $[\![\text{schlafen'(Peter')}]\!]^{M,g}$ berechnen. Dazu sagt uns die semantische Regel (1"), dass diese Formel genau dann wahr ist, wenn $[\![\text{Peter'}]\!]^{M,g} \in [\![\text{schlafen'}]\!]^{M,g}$. Dies ist in unserem Modell der Fall. Damit gilt für den untersten verzweigenden Knoten relativ zu M und g:

(6) $[\![\text{schlafen'(x)}]\!]^{M,g} = 1$

Wir können nun zum nächst höheren Knoten weitergehen. Gemäß der semantischen Regel (4") ist die Formel *∃x[schlafen'(x)]* genau dann wahr, wenn es (mindestens) eine Variablenbelegung g' gibt, so dass gilt:

(7) $[\![\text{schlafen'(x)}]\!]^{M,g'} = 1$

Im ungünstigsten Fall müssen wir daher alle möglichen g-Alternanten für die Variable x betrachten, die in (8) angegeben sind:

(8)
$$g = g_x^{Peter} : \begin{bmatrix} x \rightarrow \text{Peter} \\ y \rightarrow \text{Maria} \\ z \rightarrow \text{Otto} \end{bmatrix} \qquad g_x^{Maria} : \begin{bmatrix} x \rightarrow \text{Maria} \\ y \rightarrow \text{Maria} \\ z \rightarrow \text{Otto} \end{bmatrix}$$

$$g_x^{Otto} : \begin{bmatrix} x \rightarrow \text{Otto} \\ y \rightarrow \text{Maria} \\ z \rightarrow \text{Otto} \end{bmatrix} \qquad g_x^{Clara} : \begin{bmatrix} x \rightarrow \text{Clara} \\ y \rightarrow \text{Maria} \\ z \rightarrow \text{Otto} \end{bmatrix}$$

Da die Formel bereits bei der Ausgangsbelegung g wahr ist, können wir feststellen, dass es (mindestens) ein g' gibt, so dass gilt:

(9) $[\![\text{schlafen'(x)}]\!]^{M,g'} = [\![\text{schlafen'(Peter')}]\!]^{M,g'} = 1.$

Damit ist die Gesamtformel (5)(ii) wahr.

Betrachten wir nun die allquantifizierte Formel (10)(ii), die den Satz (10)(i) mit der zugehörigen Struktur:

(10) (i) Alle schlafen.
(ii) ∀x[schlafen'(x)]

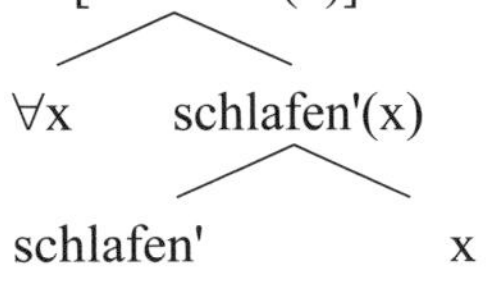

Wie im Modell M in (3) leicht zu sehen ist, ist diese Formel natürlich wahr, denn alle Individuen sind Elemente im Denotat von *schlafen'*. Wir wollen zeigen, dass unsere semantischen Regeln dieses Resultat auch richtig zu berechnen erlauben.

Zunächst evaluieren wir wieder die Formel *schlafen'(x)*. Dies geschieht wie im vorherigen Beispiel, so dass *schlafen'(x)* unter der Variablenbelegung g wahr ist. Um nun den semantischen Wert des obersten Knotens zu berechnen, wenden wir die semantische Regel (3") an. Diese besagt, dass die Formel *∀x[schlafen'(x)]* genau dann wahr ist, wenn für *jede* Variablenbelegung g', die genauso definiert ist wie g, aber an der Stelle x alternieren darf, der Ausdruck $[\![\text{schlafen'(x)}]\!]^{M,g'}$ das Wahre ist. Wir müssen also *alle* x-Alternanten g' von g betrachten:

(11)

$$g = g_x^{Peter} : \begin{bmatrix} x \to \text{Peter} \\ y \to \text{Maria} \\ z \to \text{Otto} \end{bmatrix} \qquad g_x^{Maria} : \begin{bmatrix} x \to \text{Maria} \\ y \to \text{Maria} \\ z \to \text{Otto} \end{bmatrix}$$

$$g_x^{Otto} : \begin{bmatrix} x \to \text{Otto} \\ y \to \text{Maria} \\ z \to \text{Otto} \end{bmatrix} \qquad g_x^{Clara} : \begin{bmatrix} x \to \text{Clara} \\ y \to \text{Maria} \\ z \to \text{Otto} \end{bmatrix}$$

Um zu prüfen, ob die Formel für unsere Ausgangsbelegung g wahr ist, ermitteln wir, ob die Formel $[\![\text{schlafen'(x)}]\!]^{M,g'} = [\![\text{schlafen'(Peter')}]\!]^{M,g'}$ wahr ist. Dies ist der Fall, da gilt, dass $[\![\text{Peter'}]\!]^{M,g'} \in [\![\text{schlafen'}]\!]^{M,g'}$. Wir prüfen das zweite g'. In diesem Fall wird die Variable x mit dem Individuum *Maria* belegt, und also fragen wir, ob $[\![\text{Maria'}]\!]^{M,g'} \in [\![\text{schlafen'}]\!]^{M,g'}$. Auch dies ist der Fall. Und da auch $[\![\text{Clara'}]\!]^{M,g} \in [\![\text{schlafen'}]\!]^{M,g}$ und $[\![\text{Otto'}]\!]^{M,g'} \in [\![\text{schlafen'}]\!]^{M,g'}$, haben wir gezeigt, dass (12) gilt:

(12) $[\![\text{schlafen'(x)}]\!]^{M,g'} = 1$, für alle g'.

Nach der semantischen Regel (4") ist die Gesamtformel (10)(ii) wahr.

Nachdem wir die Prinzipien der Interpretation an einem einfachen Fall geübt haben, wollen wir jetzt ein komplizierteres Beispiel betrachten. Der Satz in (13) hat zwei verschiedene Lesarten:

(13) Jeder Mann liebt eine Frau.

In der einen Lesart bedeutet der Satz, dass es zu jedem Mann eine Frau gibt, die er liebt. In der anderen (Marilyn Monroe-) Lesart bedeutet er, dass es eine ganz bestimmte Frau gibt, die jeder Mann liebt. In dem Satz treten zwei quantifizierende Ausdrücke auf, nämlich *jeder Mann* und *eine Frau*. Diese Bedeutungsunterschiede in den beiden Lesarten werden nun darauf zurückgeführt, dass in der ersten Lesart der Existenzquantor im Skopus des Allquantors liegt, in der zweiten Lesart aber genau umgekehrt der Allquantor im Skopus des Existenzquantors. Die erste Lesart wird übersetzt in (14)(ii), mit der formalen Paraphrase (14)(iii), der natürlich-sprachlichen Paraphrase (14)(i) und der semantischen Struktur (14)(iv). Die zweite Lesart findet ihre Übersetzung in (15)(ii), mit der formalen Paraphrase (15)(iii), der natürlich-sprachlichen Paraphrase in (15)(i) und der semantischen Struktur in (15)(iv):

(14) (i) Zu jedem Mann gibt es (irgend-) eine Frau, die er liebt.

(ii) $\forall x[\text{Mann}'(x) \rightarrow \exists y[\text{Frau}'(y) \wedge \text{lieben}'(x,y)]]$

(iii) Für alle x gilt: Wenn x ein Mann ist, dann gibt es (irgend-) ein y, y ist eine Frau, und x liebt y.

(iv)

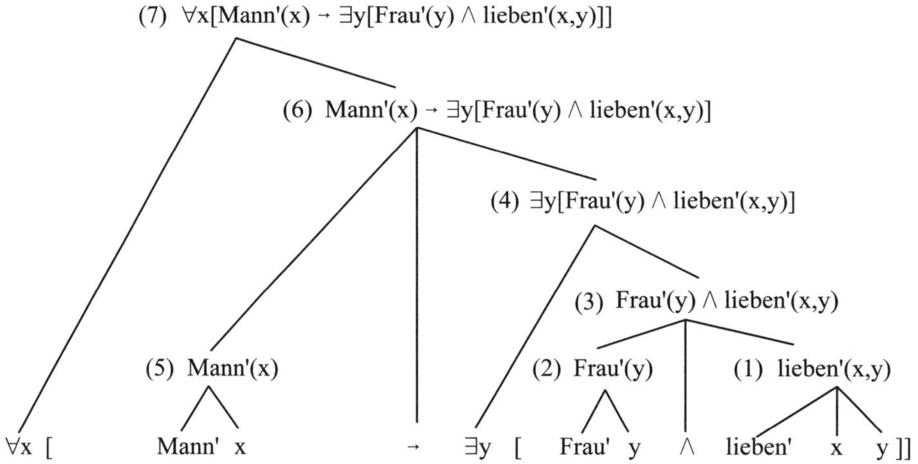

(15) (i) Es gibt eine Frau, die jeder Mann liebt.

(ii) ∃y[Frau'(y) ∧ ∀x[Mann'(x) → lieben'(x,y)]]

(iii) Es gibt ein y, y ist eine Frau und für alle x gilt: Wenn x ein Mann ist, dann liebt x y.

(iv)

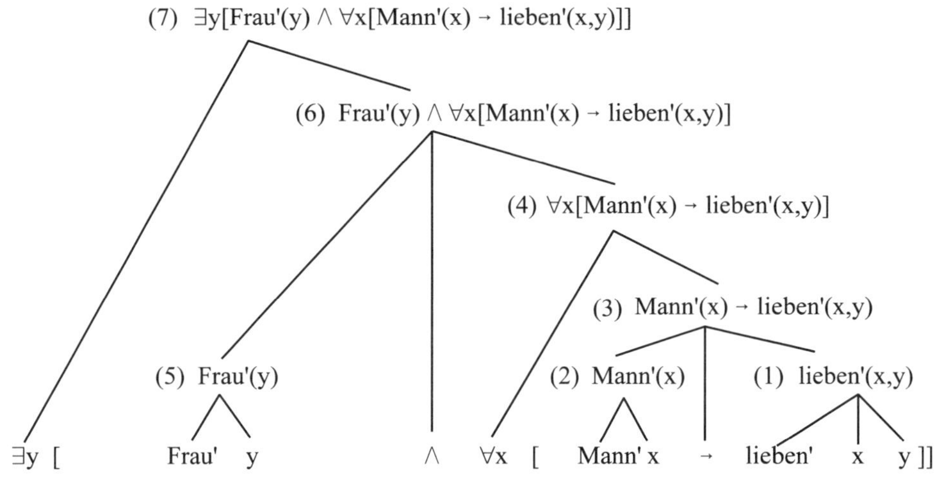

Wie man an den Sätzen in (14)(i) und (15)(i) sieht, haben die beiden Formeln ganz unterschiedliche Interpretationen. Und wie wir uns an dem Modell in (3) leicht klar machen können, ist die erste Formel relativ zu M wahr, da Peter Clara liebt und Otto Maria. Zu jedem Mann in M gibt es also (irgend-) eine Frau, die dieser Mann liebt. Der Satz (15)(i), der in die Formel (15)(ii) übersetzt wird, ist in M hingegen falsch, da weder Maria noch Clara von allen Männern geliebt wird. Wir wollen jetzt wieder zeigen, dass die Interpretationsregeln (1") bis (4") genau diese Ergebnisse liefern.

Wir beginnen mit der Formel (14)(ii). In der Struktur (14)(iv) ist an jeder Verzweigung eine Zahl notiert, die der Reihenfolge der Regelanwendung entspricht, um die komplexe Formel abzuleiten. In dieser Reihenfolge werden wir jetzt die semantischen Werte der (Teil-) Formeln (1) bis (7) berechnen. Dabei lösen wir uns vollständig von unseren intuitiven Bewertungen und verwenden nur die semantischen Regeln (1") bis (4").

Wir beginnen beim Knoten (1). Unter der Variablenbelegung g gilt: x = Peter' und y = Maria'. Nach Regel (1") gilt:

(16) $[\![\text{lieben'(Peter',Maria')}]\!]^{M,g} = 1$, gdw. $<[\![\text{Peter'}]\!]^{M,g},[\![\text{Maria}]\!]^{M,g}> \in [\![\text{lieben'}]\!]^{M,g}$.

Da dies in M nicht der Fall ist, ist der semantische Wert am Knoten (1) gleich 0.

Wir berechnen den Knoten (2). Unter g ist y = Maria', und nach Regel (1") gilt:

(17) $[\![\text{Frau'(Maria')}]\!]^{M,g} = 1$ gdw. $[\![\text{Maria'}]\!]^{M,g} \in [\![\text{Frau'}]\!]^{M,g}$.

Dies ist der Fall, so dass der Knoten (2) den semantischen Wert 1 hat.

Am Knoten (3) werden die Knoten (2) und (1) über die Konjunktion verbunden. Knoten (1) hat den Wert 0 und Knoten (2) den Wert 1. Nach Regel (2") sagt uns die Wahrheitswert-Tabelle für die Konjunktion, dass der Knoten (3) den Wert 0 hat. Der Knoten (4) ist durch Anwendung von Regel (4) gebildet. Die semantische Regel (4") besagt:

(18) $[\![\exists y\varphi(y)]\!]^{M,g} = 1$ (wir setzen $\varphi(y) :=$ Frau'(y) $\wedge$ lieben'(x,y)), gdw. für ein g' gilt: $[\![\varphi(y)]\!]^{M,g'} = 1$.

Wir betrachten also die y-Alternanten g' von g:

(19)
$$g = g_y^{Maria} : \begin{bmatrix} x \rightarrow \text{Peter} \\ y \rightarrow \text{Maria} \\ z \rightarrow \text{Otto} \end{bmatrix} \qquad g_y^{Otto} : \begin{bmatrix} x \rightarrow \text{Peter} \\ y \rightarrow \text{Otto} \\ z \rightarrow \text{Otto} \end{bmatrix}$$

$$g_y^{Clara} : \begin{bmatrix} x \rightarrow \text{Peter} \\ y \rightarrow \text{Clara} \\ z \rightarrow \text{Otto} \end{bmatrix} \qquad g_y^{Peter} : \begin{bmatrix} x \rightarrow \text{Peter} \\ y \rightarrow \text{Peter} \\ z \rightarrow \text{Otto} \end{bmatrix}$$

Weder $g = g_y^{Maria}$ noch g_y^{Otto} erfüllen die Bedingung, da weder $<[\![\text{Peter}]\!]^{M,g}, [\![\text{Maria}]\!]^{M,g}>$ noch $<[\![\text{Peter}]\!]^{M,g}, [\![\text{Otto}]\!]^{M,g}> \in [\![\text{lieben'}]\!]^{M,g}$. Aber die Belegung $g' = g_y^{Clara}$ erfüllt sie, denn es gelten sowohl (20)(i) als auch (20)(ii):

(20) (i) $[\![\text{Clara'}]\!]^{M,g'} \in [\![\text{Frau'}]\!]^{M,g'}$
(ii) $<[\![\text{Peter'}]\!]^{M,g'}, [\![\text{Clara'}]\!]^{M,g'}> \in [\![\text{lieben'}]\!]^{M,g'}$

Der Knoten (4) hat also den semantischen Wert 1.

Der Knoten (5) ist sehr einfach zu berechnen. Er ist nach der syntaktischen Regel (1) gebildet, und hat nach der semantischen Regel (1") unter g den Wert wahr, wenn $[\![\text{Peter'}]\!]^{M,g} \in [\![\text{Mann'}]\!]^{M,g}$. Dies ist der Fall, und somit hat der Knoten (5) den Wert 1.

Der Knoten (6) ist die konditionale Verbindung des Knotens (5) mit dem Knoten (4). Da beide den Wert 1 haben, hat auch das Konditional und damit der Knoten (6) den Wert 1, so dass wir jetzt zu der vollständigen Formel übergehen können.

Bevor wir den Knoten (7) berechnen, machen wir uns klar, wie wir im einzelnen vorgehen. Die Gesamtformel besagt, dass für jedes Individuum x gilt: Wenn x ein Mann ist, dann gibt es eine Frau y, so dass x y liebt. Um die Wahrheit dieser Formel aufzuzeigen, müssen wir von Individuum zu Individuum gehen und jeweils prüfen, ob wir es mit einem Mann zu tun haben, und wenn ja, ob es zu diesem Mann eine Frau gibt, die er liebt. D.h. wir müssen nicht nur alle Individuen daraufhin befragen, ob sie jeweils männlich sind, sondern darüber hinaus gilt es, für *jeden* so ermittelten Mann (im schlechtesten Fall) *alle* übrigen Individuen daraufhin zu untersuchen, ob sie erstens weiblich sind und ob sie zweitens von dem besagten Mann geliebt werden. Wir müssen also zu jedem Individuum alle anderen Individuen hinsichtlich der relevanten Eigenschaften überprüfen. Damit beginnen wir jetzt. Nach Regel (3") gilt:

(21) $[\![\forall x \varphi(x)]\!]^{M,g} = 1$ (wir setzen $\varphi(x) := [\text{Mann'}(x) \rightarrow \exists y[\text{Frau'}(y) \wedge \text{lieben'}(x,y)]]$), gdw. für alle x-Alternanten g' gilt: $[\![\varphi(x)]\!]^{M,g'} = 1$.

Wir betrachten die x-Alternanten in (22):

(22) 1' $g = g_x^{Peter}: \begin{bmatrix} x \rightarrow \text{Peter} \\ y \rightarrow \text{Maria} \\ z \rightarrow \text{Otto} \end{bmatrix}$ 2' $g_x^{Otto}: \begin{bmatrix} x \rightarrow \text{Otto} \\ y \rightarrow \text{Maria} \\ z \rightarrow \text{Otto} \end{bmatrix}$

3' $g_x^{Clara}: \begin{bmatrix} x \rightarrow \text{Clara} \\ y \rightarrow \text{Maria} \\ z \rightarrow \text{Otto} \end{bmatrix}$ 4' $g_x^{Maria}: \begin{bmatrix} x \rightarrow \text{Maria} \\ y \rightarrow \text{Maria} \\ z \rightarrow \text{Otto} \end{bmatrix}$

Prüfen wir zunächst (22)1'. Damit die Formel $[\![\varphi(x)]\!]^{M,g'} = 1$ für $g' = g_x^{Peter}$ wahr ist, muss nach Regel (2") für die Wahrheitwert-Tabelle des Konditionals gelten, dass entweder

(23) (i) $[\![\text{Mann'}(x)]\!]^{M,g'} = 1$ und $[\![\exists y[\text{Frau'}(y) \wedge \text{lieben'}(x,y)]]\!]^{M,g'} = 1$ oder
(ii) $[\![\text{Mann'}(x)]\!]^{M,g'} = 0$ und $[\![\exists y[\text{Frau'}(y) \wedge \text{lieben'}(x,y)]]\!]^{M,g'} = 1$ oder
(iii) $[\![\text{Mann'}(x)]\!]^{M,g'} = 0$ und $[\![\exists y[\text{Frau'}(y) \wedge \text{lieben'}(x,y)]]\!]^{M,g'} = 0$.

Beginnen wir mit dem Vordersatz von (23)(i). Dieser ist für g'(x) = Peter' wahr. Wann wird der Nachsatz wahr? Nach Regel (4") gilt:

(24) $[\![\exists y[\text{Frau'}(y) \wedge \text{lieben'}(x,y)]]\!]^{M,(g_x^{Peter})'} = 1$, gdw. für irgendeine y-Alternante von g_x^{Peter} gilt: $[\![\text{Frau'}(y) \wedge \text{lieben'}(x,y)]\!]^{M,(g_x^{Peter})'} = 1$.

Wir versuchen also ein solches g' unter den folgenden zu finden:

(25) 1' $\left[g_x^{Peter}\right]_y^{Peter}: \begin{bmatrix} x \rightarrow \text{Peter} \\ y \rightarrow \text{Peter} \\ z \rightarrow \text{Otto} \end{bmatrix}$ 2' $\left[g_x^{Peter}\right]_y^{Maria}: \begin{bmatrix} x \rightarrow \text{Peter} \\ y \rightarrow \text{Maria} \\ z \rightarrow \text{Otto} \end{bmatrix}$

$$3' \quad \left[g_x^{Peter}\right]_y^{Otto} : \begin{bmatrix} x \rightarrow Peter \\ y \rightarrow Otto \\ z \rightarrow Otto \end{bmatrix} \qquad 4' \quad \left[g_x^{Peter}\right]_y^{Clara} : \begin{bmatrix} x \rightarrow Peter \\ y \rightarrow Clara \\ z \rightarrow Otto \end{bmatrix}$$

Wenn wir nun ganz strikt vorgehen würden, müssten wir ein g' nach dem anderen untersuchen. Wir wollen den Prozess aber etwas abkürzen, indem wir uns direkt (25)4' zuwenden. Offenbar haben wir hier ein g' unter dem die Formel wahr ist, denn es gilt:

(26) $[\![Clara']\!]^{M,(g_x^{Peter})'} \in [\![Frau']\!]^{M,(g_x^{Peter})'}$,

d.h. das erste Konjunkt hat den Wert 1. Außerdem gilt:

(27) $<[\![Peter']\!]^{M,(g_x^{Peter})'},[\![Clara']\!]^{M,(g_x^{Peter})'}> \in [\![lieben']\!]^{M,(g_x^{Peter})'}$,

so dass auch das zweite Konjunkt den Wert 1 hat. Nach der semantischen Regel (2") und der Wahrheitswert-Tabelle für die Konjunktion ergibt sich:

(28) $[\![Frau'(y) \wedge lieben'(x,y)]\!]^{M,(g_x^{Peter})'} = 1$.

Damit gilt für die Belegung (22)1', dass der Fall (23)(i) zu dem Wert 1 führt. Das ist unser Glück, denn hätten wir den Wahrheitswert 0 evaluiert, hätten wir auch (23)(ii) und gegebenfalls auch noch (23)(iii) prüfen müssen. Wenn dann für keinen dieser Fälle die erste Belegung (22)1' wahr geworden wäre, hätten wir aufhören können, da mit dem negativen Ergebnis der Skopus der allquantifizierten Formel nicht für alle Belegungen g' den semantischen Wert 1 hat.

Wir müssen jetzt die gleichen Überlegungen für die Belegung (22)2' anstellen, die in (29) wiederholt ist:

(29) $$g_x^{Otto} : \begin{bmatrix} x \rightarrow Otto \\ y \rightarrow Maria \\ z \rightarrow Otto \end{bmatrix}$$

Ist der semantische Wert der Formel [Mann'(x) → ∃y[Frau'(y) ∧ lieben'(x,y)]] auch für diese Belegungen gleich 1? Wieder müssen wir die Fälle in (23) unterscheiden. Wir beginnen mit (23)(i). Der Vordersatz des Konditionals wird nach Regel (1") für g'(x) = Otto' wahr, weil $[\![Otto']\!]^{M,g'} \in [\![Mann']\!]^{M,g'}$. Wird für die Belegung in (29) auch der Nachsatz ∃y[Frau'(y) ∧ lieben'(x,y)] wahr? Wenn dies der Fall ist, so können wir direkt zu (22)3' übergehen. Nach Regel (4") gilt:

(30) $[\![\exists y[\text{Frau}'(y) \wedge \text{lieben}'(x,y)]]\!]^{M,g'} = 1$, gdw. für eine y-Alternante von g_x^{Otto} gilt:

$[\![[\text{Frau}'(y) \wedge \text{lieben}'(x,y)]]\!]^{M,(g_x^{\text{Otto}})'} = 1.$

Die y-Alternanten von g_x^{Otto} sind die in (31):

(31) 1' $[g_x^{\text{Otto}}]_y^{\text{Peter}} : \begin{bmatrix} x \rightarrow \text{Otto} \\ y \rightarrow \text{Peter} \\ z \rightarrow \text{Otto} \end{bmatrix}$ 2' $[g_x^{\text{Otto}}]_y^{\text{Maria}} : \begin{bmatrix} x \rightarrow \text{Otto} \\ y \rightarrow \text{Maria} \\ z \rightarrow \text{Otto} \end{bmatrix}$

3' $[g_x^{\text{Otto}}]_y^{\text{Otto}} : \begin{bmatrix} x \rightarrow \text{Otto} \\ y \rightarrow \text{Otto} \\ z \rightarrow \text{Otto} \end{bmatrix}$ 4' $[g_x^{\text{Otto}}]_y^{\text{Clara}} : \begin{bmatrix} x \rightarrow \text{Otto} \\ y \rightarrow \text{Clara} \\ z \rightarrow \text{Otto} \end{bmatrix}$

Wir beginnen mit (31)1'. Insofern $[g_x^{\text{Otto}}]_y^{\text{Peter}}(y) = [\![\text{Peter}']\!]^{M,(g_x^{\text{Otto}})'}$, ist das erste Konjunkt falsch, so dass die gesamte Konjunktion falsch ist. Wir probieren es mit (31)2'. Da sowohl (32)(i) als auch (32)(ii) gelten, ist das erste Konjunkt wahr:

(32) (i) $[g_x^{\text{Otto}}]_y^{\text{Maria}}(y) = [\![\text{Maria}']\!]^{M,(g_x^{\text{Otto}})'}$

(ii) $[\![\text{Maria}']\!]^{M,(g_x^{\text{Otto}})'} \in [\![\text{Frau}']\!]^{M,(g_x^{\text{Otto}})'}$

Und weil nicht nur (33)(i), sondern auch (33)(ii) gelten, ist auch das zweite Konjunkt wahr:

(33) (i) $[g_x^{\text{Otto}}]_y^{\text{Maria}}(x) = [\![\text{Otto}']\!]^{M,(g_x^{\text{Otto}})'}$

(ii) $< [\![\text{Otto}']\!]^{M,(g_x^{\text{Otto}})'}, [\![\text{Maria}']\!]^{M,(g_x^{\text{Otto}})'} > \in [\![\text{lieben}']\!]^{M,(g_x^{\text{Otto}})'}$

Damit ist aber auch die übergeordnete Konjunktion wahr, und wir haben eine y-Alternante gefunden, die den Skopus der existenzquantifizierten Formel wahr macht. Zu dem wahren Vordersatz des Konditionals haben wir also auch einen wahren Nachsatz gefunden, so dass das Konditional in (23)(i) den semantischen Wert 1 hat. Insgesamt wird derart der Skopus der allquantifizierten Formel auch für (22)2' wahr, und wir können zur Belegung (22)3', hier wiederholt als (34), weitergehen:

(34) $g_x^{\text{Clara}} : \begin{bmatrix} x \rightarrow \text{Clara} \\ y \rightarrow \text{Maria} \\ z \rightarrow \text{Otto} \end{bmatrix}$

Erneut gilt es zu ermitteln, ob die Formel (35) für die Alternanten g' wahr ist:

(35) $[\text{Mann}'(x) \rightarrow \exists y[\text{Frau}'(y) \wedge \text{lieben}'(x,y)]]$

Wiederum müssen wir die Fälle in (23) für das Konditional unterscheiden. Da sowohl (36)(i) als auch (36)(ii) gelten, ist der Vordersatz des Konditionals falsch:

(36) (i) $g_x^{Clara}(x) = [\![\text{Clara}']\!]^{M,g_x^{Clara}}$

(ii) $[\![\text{Clara}']\!]^{M,g_x^{Clara}} \notin [\![\text{Mann}']\!]^{M,g_x^{Clara}}$

Das Ergebnis erspart uns weitere Überprüfung, denn da wir wissen, dass das Konditional bei falschem Vordersatz – unabhängig vom Wahrheitswert des Nachsatzes – stets wahr ist, kann diese Formel nur wahr sein. Daraus ergibt sich, dass der Skopus des Allquantors auch für die Belegung in (22)3' wahr ist.

Wir müssen nun noch die Belegung (22)4' prüfen, die hier als (37) wiederholt ist:

(37) $g_x^{Maria}: \begin{bmatrix} x \rightarrow \text{Maria} \\ y \rightarrow \text{Maria} \\ z \rightarrow \text{Otto} \end{bmatrix}$

Ein letztes Mal fragen wir, ob die bereits vertraute Formel –hier wiederholt als (38) – wahr ist:

(38) $[\text{Mann}'(x) \rightarrow \exists y[\text{Frau}'(y) \wedge \text{lieben}'(x,y)]]$

Wieder sind die Fälle in (23) für das Konditional zu unterscheiden. Da sowohl (39)(i) als auch (39)(ii) gelten, ist der Vordersatz des Konditionals falsch:

(39) (i) $g_x^{Maria}(x) = [\![\text{Maria}']\!]^{M,g_x^{Maria}}$

(ii) $[\![\text{Maria}']\!]^{M,g_x^{Maria}} \notin [\![\text{Mann}']\!]^{M,g_x^{Maria}}$

Das Konditional wird ein zweites Mal unabhängig vom semantischen Wert des Nachsatzes wahr, so dass der ganze Konditionalausdruck den semantischen Wert 1 hat. Damit haben wir auch für die letzte Belegung (22)4' gezeigt, dass der Skopus des Allquantors im Knoten (7) den semantischen Wert 1 ergibt.

Insofern für *alle* g' in (22) der Skopus des Allquantors wahr ist, dürfen wir mit Regel (3") auf die Wahrheit der Gesamtformel schließen. q.e.d.

5.6. Gesetze für quantifizierte Formeln

Wie wir bei der Interpretation in einem Modell gesehen haben, kann der Berechnungsaufwand für mehrfach quantifizierte Formeln sehr groß werden. Manchmal lassen sich Formeln aber geschickt umformen, so dass etwa zwei Quantoren durch einen ausgedrückt oder alle Quantoren an die linke Peripherie einer Formel verschoben werden können. Wenn wir überlegen, wie die Formel in (1)(i) berechnet wird, so fällt auf, dass für deren Konjunktion viermal die Diskursdomäne durchlaufen werden muss, nämlich für alle vier Wahrheitswert-Verteilungen:

(1) (i) $\exists x[\text{Mann}'(x) \wedge \forall y[\text{Frau}'(y) \rightarrow \text{lieben}'(x,y)]]$
    (ii) (Es gibt einen Mann, der alle Frauen liebt.)

Es lässt sich nun zeigen, dass (1)(i) in die *äquivalente* Formel in (2) umgeformt werden kann:

(2) $\exists x[\forall y[\text{Mann}'(x) \wedge [\text{Frau}'(y) \rightarrow \text{lieben}'(x,y)]]]$

In dieser Variante muss zur Berechnung der Konjunktion die Diskursdomäne nur einmal durchlaufen werden, wobei der gesamte Konjunktionsausdruck in einem Schritt berechnet wird. Bei großen Diskursdomänen ist die damit verbundene Minimierung des Berechnungsaufwands nicht unerheblich. Genauer gesagt, ergeben sich bei einer Diskursdomäne mit 20 Individuen für die Formel in (2) im schlechtesten Fall (d.h. wenn erst der letzte betrachtete Mann alle Frauen liebt) 20 x 20 Berechnungsschritte, d.h. die Formel muss für 400 Belegungsfunktionen berechnet werden. Zur Berechnung der Formel in (1)(i) sind hingegen 20 x 4 x 20 Schritte erforderlich, d.h. sie ist für 1600 Belegungsfunktionen zu berechnen, da für die Konjunktion die 4 Wahrheitswert-Verteilungen für alle 20 Individuen geprüft werden müssen, und dies im schlechtesten Fall 20 Mal. Diese rein formale Überlegung zeigt, dass die Umformung einer Formel deutliche Erleichterungen für ihre Berechnung mit sich bringen kann.

Wir betrachten daher im folgenden einige Äquivalenzen, die für mehrfach quantifizierte Formeln gelten, insbesondere die Formeln in (3), die angeben, unter welchen Bedingungen die Position von Quantoren verändert werden darf:

(3) (i) $\forall x[\varphi(x) \wedge \psi(x)] \Leftrightarrow \forall x[\varphi(x)] \wedge \forall x[\psi(x)]$
    (ii) $\exists x[\varphi(x) \vee \psi(x)] \Leftrightarrow \exists x[\varphi(x)] \vee \exists x[\psi(x)]$
    (iii) $\forall x[\varphi(x)] \vee \forall x[\psi(x)] \Rightarrow \forall x[\varphi(x) \vee \psi(x)]$
    (iv) $\exists x[\varphi(x) \wedge \psi(x)] \Rightarrow \exists x[\varphi(x)] \wedge \exists x[\psi(x)]$

Die Ausdrücke in (3)(i) und (3)(ii) sind Äquivalenzen, die in (3)(iii) und (3)(iv) hingegen nur Konsequenzen. Wie wir soeben gesehen haben, erfordert die rechte Seite der Äquivalenz in (3)(i), dass alle möglichen Belegungsfunktionen zweimal berechnet werden müssen. Nutzt man hingegen die Äquivalenz aus und arbeitet statt dessen mit der linken Seite von (3)(i), so ist der Wahrheitswert der Konjunktion für alle Belegungsfunktionen nur einmal zu bestimmen.

Die Sätze in (4) sind nach der Bedingung (3)(ii) äquivalent:

(4) (i) Es gibt (mindestens) ein Individuum, das isst oder trinkt.
(ii) Es gibt (mindestens) ein Individuum, das isst oder es gibt (mindestens) ein Individuum, das trinkt.

Um die Bedeutungsidentität nachzuweisen, müssen wir erstens zeigen: Wenn (4)(i) wahr ist, dann ist auch (4)(ii) wahr. Damit (4)(i) wahr ist, muss es in D ein Individuum geben, das isst oder trinkt. Wenn es dieses Individuum gibt, dann ist es natürlich auch der Fall, dass es ein Individuum gibt, das isst, oder dass es ein Individuum gibt, das trinkt. Zweitens müssen wir zeigen: Wenn (4)(i) falsch ist, dann ist auch (4)(ii) falsch. (4)(i) ist falsch, wenn es in D kein Individuum gibt, das isst oder trinkt (etwa weil alle Individuen gerade satt sind). In dieser Situation gibt es aber auch kein Individuum, das isst, und genauso wenig eines, das trinkt. Wir sehen, dass die Umformung also sowohl die Wahrheit als auch die Falschheit der Aussage erhält und (3)(ii) folglich eine Äquivalenz ist.

Bei der Ersetzung von Teilformeln, die nur Konsequenzen dieser Teilformeln sind, bleibt zwar die Wahrheit, nicht aber die Falschheit der Gesamtformel erhalten. Wir machen uns dies anhand der Formel (3)(iii) klar und betrachten dazu die beiden Aussagen in (5):

(5) (i) Alle essen oder alle trinken.
(ii) Alle essen oder trinken.

Um nachzuweisen, dass (5)(ii) eine Konsequenz von (5)(i) ist, müssen wir zeigen: Wenn (5)(i) wahr ist, dann ist auch (5)(ii) wahr. (5)(i) ist wahr, wenn jedes Individuum aus M isst, oder wenn jedes Individuum aus M trinkt. Ist dies der Fall, so gilt natürlich auch, dass jedes Individuum isst oder trinkt. Um zu zeigen, dass (5)(i) und (5)(ii) nicht äquivalent sind, haben wir zwei Möglichkeiten:

(6) Wir können zeigen:
(i) Wenn (5)(i) falsch ist, dann ist (5)(ii) wahr.
(ii) Wenn (5)(ii) wahr ist, dann ist (5)(i) falsch.

Zu Illustrationszwecken wollen wir beide Alternativen betrachten.

Um nach der Methode (6)(i) zu verfahren, nehmen wir an, dass (5)(i) falsch ist. Dann gibt es (mindestens) ein Individuum, das nicht isst, und es gibt (mindestens) ein Individuum, das nicht trinkt, denn die Disjunktion wird genau dann falsch, wenn beide Teile falsch sind. Wenn es nun eine Situation gibt, in der (5)(ii) wahr ist, so sind die beiden Sätze nicht äquivalent. Eine solche Situation ist aber gegeben, wenn das Individuum, das nicht isst (erster Teil der Disjunktion), trinkt und das Individuum, das nicht trinkt (zweiter Teil der Disjunktion), isst. Wir sehen, dass die Konsequenz einer falschen Formel durchaus wahr sein kann. Dies liegt natürlich gerade an der Definition der Konsequenz, die das Konditional verwendet, die – wie wir wissen – bei falschem Vordersatz stets wahre Aussagen liefert.

Über die Methode (6)(ii) erfassen wir den Zusammenhang intuitiv noch schneller. Wir nehmen an, dass jedes Individuum aus M isst oder trinkt. Daraus folgt natürlich nicht, dass alle Individuen essen, oder dass alle Individuen trinken.

In den unter (3) formulierten Bedingungen variieren die Positionen der Quantoren, aber es treten keine unterschiedlichen Quantoren auf, die ihre jeweilige Reihenfolge zueinander verändern könnten. Solche Fälle wollen wir jetzt betrachten. An den Beispielsätzen in dem Abschnitt über die Interpretation in einem Modell haben wir bereits gesehen, dass bei der Verwendung unterschiedlicher Quantoren eine Variation der Reihenfolge zu Bedeutungsunterschieden führt. In (7) sind die Bedingungen angegeben, unter denen die Reihenfolge der Quantoren vertauscht werden darf, ohne dass die Bedeutung differiert:

(7) (i) $\forall x[\forall y[\varphi(x,y)]] \Leftrightarrow \forall y[\forall x[\varphi(x,y)]]$
(ii) $\exists x[\exists y[\varphi(x,y)]] \Leftrightarrow \exists y[\exists x[\varphi(x,y)]]$
(iii) $\exists x[\forall y[\varphi(x,y)]] \Rightarrow \forall y[\exists x[\varphi(x,y)]]$

In (7)(i) und (7)(ii) treten gleiche Quantoren auf, deren Vertauschung zu äquivalenten Ergebnissen führt. Werden wie in (7)(iii) aber verschiedene Quantoren verwendet, so dürfen diese nicht einfach vertauscht werden. Es gilt aber die in (7)(iii) ausgedrückte Konsequenz. Wenn es nämlich ein Individuum x in M gibt, welches alle Individuen y aus M liebt, so gilt natürlich auch, dass zu jedem y aus M ein x aus M existiert, welches y liebt. In diesem Fall ist dieses Individuum stets das gleiche. Umgekehrt folgt aus der Aussage, dass zu jedem y aus M ein x aus M existiert, so dass x y liebt, nicht, dass ein x in M existiert, das alle y aus M liebt. Diese Sachlage ist graphisch in (8) dargestellt:

(8)

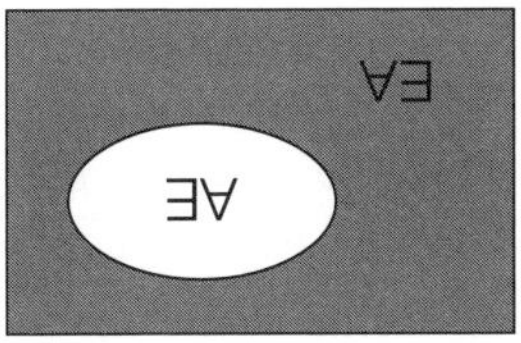

Verschiedentlich ist es sinnvoll, dass alle Quantoren *in* einer Formel *links vor* dieser Formel auftreten. Auch damit lassen sich die Berechnungen der semantischen Werte vereinfachen, weil die Anzahl der Berechnungschritte reduziert werden kann:

(9) (i) $\psi \rightarrow \forall x[\varphi(x)] \Leftrightarrow \forall x[\psi \rightarrow \varphi(x)]$
(ii) $\psi \rightarrow \exists x[\varphi(x)] \Leftrightarrow \exists x[\psi \rightarrow \varphi(x)]$
(iii) $\forall x[\varphi(x)] \rightarrow \psi \Leftrightarrow \exists x[\varphi(x) \rightarrow \psi]$
(iv) $\exists x[\varphi(x)] \rightarrow \psi \Leftrightarrow \forall x[\varphi(x) \rightarrow \psi]$

Die Regeln in (9) sind jedoch mit Vorsicht anzuwenden. Wenn ein Quantor die Variable x bindet, so bindet er sie in seinem Skopus. Wenn ein Quantor bewegt wird, d.h. wenn der Quantor vor die Formel geschrieben wird, so verändert sich sein Skopus, und es könnte dabei der Fall auftreten, dass eine zufällig gleichnamige Variable x, die sich vor der Bewegung außerhalb des Skopus befand, jetzt in den erweiterten Skopus gerät, da dieser nach der Bewegung die gesamte Formel umfasst. Dann wird die Variable x aber von dem bewegten Quantor gebunden, was entweder zu einer Mehrfach-Bindung führt, oder – wenn es sich um eine freie Variable handelt – überhaupt zu einer Bindung. Im ersten Fall entsteht ein unzulässiger Ausdruck, und im zweiten Fall ergibt sich eine andere Interpretation. Bevor man also die Gesetze in (9) anwendet, ist sicherzustellen, dass in dem Teil der Formel, der neu zum Skopus hinzukommt, die Variable x nicht auftritt. In (9) ist daher darauf zu achten, dass die Variable x in ψ nicht auftritt.

Wir zeigen an einem Beispiel die Anwendung von Regel (9)(ii). Der Beispielsatz (10)(i) kann übersetzt werden wie (10)(ii), wobei dem ψ in (9)(ii) der Ausdruck $\forall x[B(x)]$ entspricht. Nun heißt die Variable, die im Skopus des Existenzquantors auftritt, ebenfalls x. Sie wäre also doppelt gebunden, wenn der Existenzquantor links vor die Fomel geschrieben wird. Daher geben wir der Variablen x in dem Teil ψ den Namen y, wie in (10)(iii). Diese Maßnahme stellt nur eine *notationelle Variante* der Ausgangsformel dar, da die Variable x, die im Skopus des Allquantors gebunden ist, ohnehin anders interpretiert wird als die Variable x, die im Skopus des Existenzquantors liegt. Nach dieser Umbenennung kommt die Variable x in ψ nicht mehr vor, und wir dürfen Regel (9)(ii) anwenden. Das Resultat ist (10)(iv):

(10) (i) Wenn alle betrunken sind, dann fängt einer Streit an.
(ii) $\forall x[B(x)] \rightarrow \exists x[S(x)]$ — hier setzen wir $\psi := \forall x[B(x)]$
(iii) $\forall y[B(y)] \rightarrow \exists x[S(x)]$ — Variablen-Umbenennung in ψ
(iv) $\exists x[\forall y[B(y)] \rightarrow S(x)]$ — Anwendung von Regel (9)(ii)

Wir haben also den Existenzquantor nach vorne bewegt, womit sein Skopus die gesamte Formel umfasst. Der Skopus des Allquantors ist nach wie vor nur B(y). Wir wollen aber erreichen, dass auch der Allquantor Skopus über die Gesamtformel hat. Dazu betrachten wir den Teilausdruck *[∀y[B(y)] → S(x)]* von (10)(iv), also gerade den Skopus des Existenzquantors, und bringen nach Regel (9)(iii) den Quantor an die linke Peripherie dieser Formel. Dabei wird der Allquantor durch den Existenzquantor ersetzt:

(11) (i) $\forall y[B(y)] \rightarrow S(x)$ hier setzen wir ψ := [S(x)]
(ii) $\exists y[B(y) \rightarrow S(x)]$ Anwendung von Regel (9)(iii)

Da (11)(i) nach Regel (9)(iii) mit (11)(ii) äquivalent ist, dürfen wir (11)(ii) für den Skopus des Existenzquantors einsetzen. Dies liefert uns die Formel in (12)(i), bei der alle Quantoren an der linken Peripherie auftreten und die paraphasiert wird wie in (12)(ii):

(12) (i) $\exists x[\exists y[B(y) \rightarrow S(x)]]$
(ii) Es gibt ein x, und es gibt ein y: Wenn y betrunken ist, dann fängt x Streit an.

Um nachzuvollziehen, dass die Formeln in (12)(i) und (10)(ii), die in (13) nochmals zusammengestellt werden, äquivalent sind, erinnern wir uns erneut, dass das Konditional stets wahr ist, wenn der Vordersatz falsch ist:

(13) (i) $\forall y[B(y)] \quad \rightarrow \exists x[S(x)]$
(ii) $\exists x[\exists y[B(y) \quad \rightarrow S(x)]]$

Wenn alle betrunken sind, und einer Streit anfängt, dann ist (13)(i) wahr. (13)(ii) ist in diesem Falle ebenso wahr, da sowohl ein Betrunkener als auch ein Streitanfänger existiert. Wenn in besagter Situation von allgemeiner Trunkenheit keiner Streit anfängt, dann ist der Vordersatz des Konditionals in (13)(i) wahr, der Nachsatz falsch, und damit ist der gesamte Konditional-Ausdruck falsch. Für (13)(ii) bedeutet dies, dass für alle Individuen der Vordersatz des Konditionals wahr ist, der Nachsatz falsch, so dass auch (13)(ii) falsch ist. In einer Situation, in der nicht alle, sondern nur einige betrunken sind, und einer Streit anfängt, ist die Formel (13)(i) wiederum wahr, der Vordersatz des Konditionals ist falsch. Gleichfalls wird in dieser Situation (13)(ii) wahr, da es zwei Individuen x und y gibt, für die das Konditional wahr ist. Allerdings muss das Individuum x hier die Bedingung erfüllen, dass es nicht betrunken ist. Wenn keiner betrunken ist, und einer Streit anfängt, dann ist (13)(i) wahr, insofern der Vordersatz des Konditionals falsch ist. Aber auch (13)(ii) ist in dieser Situation kollektiver Enthaltsamkeit wahr, da es ein Individuum gibt, welches nicht betrunken ist, so dass das Konditional wahr wird. Und wenn zu guter Letzt keiner betrunken ist, und keiner Streit anfängt, auch dann wird (13)(i) wahr. Dann gibt es aber auch zwei Individuen x und y, so dass das Konditional in (13)(ii) wahr ist, was für jedes nicht betrunkene Individuum gilt.

q.e.d.

Wir erörtern nun noch einige Zusammenhänge zwischen Existenzquantor, Allquantor und der Negation und zeigen, dass man den einen Quantor stets auch durch Verwendung der Negation und des anderen Quantors ausdrücken kann. Dazu betrachten wir die Formeln in (14):

(14) (i) $\exists x[\neg\varphi(x)]$
(ii) $\neg(\forall x[\varphi(x)])$

Die Fomel in (14)(i) besagt, dass es mindestens ein Individuum x gibt, für das $\neg\varphi(x)$ wahr ist. Für dieses Individuum ist damit die Formel $\varphi(x)$ falsch, so dass sicherlich nicht gilt, dass $\varphi(x)$ für alle Individuen wahr ist. Das bedeutet aber nichts anderes, als dass die Formel $\forall x[\varphi(x)]$ falsch bzw. die Formel $\neg(\forall x[\varphi(x)])$ wahr ist. Dieser Zusammenhang wird in (15)(i) ausgedrückt. Die Formel in (14)(ii) besagt, dass es nicht der Fall ist, dass $\varphi(x)$ für alle Individuen wahr ist. Es gibt also mindestens ein Individuum, für das $\varphi(x)$ falsch und also $\neg\varphi(x)$ wahr wird, so dass die Formel $\exists x[\neg\varphi(x)]$ nur wahr sein kann. Dieser Zusammenhang ist in (15)(ii) ausgedrückt. Aus den Konsequenzen in (15)(i) und (15)(ii) ergibt sich die Äquivalenz in (15)(iii):

(15) (i) $\exists x[\neg\varphi(x)] \Rightarrow \neg(\forall x[\varphi(x)])$
(ii) $\neg(\forall x[\varphi(x)]) \Rightarrow \exists x[\neg\varphi(x)]$
(iii) $\exists x[\neg\varphi(x)] \Leftrightarrow \neg(\forall x[\varphi(x)])$

Beachtet man nun noch das Gesetz der doppelten Negation in (16):

(16) $\neg(\neg\varphi(x)) \Leftrightarrow \varphi(x)$,

so lassen sich daraus die Äquivalenzen in (17)(i) ableiten, die besagen, dass der Allquantor vollständig durch den Existenzquantor und die Negation spezifiziert werden kann und umgekehrt:

(17) (i) $\forall x[\varphi(x)] \Leftrightarrow \neg(\exists x[\neg\varphi(x)]])$
(ii) $\neg(\forall x[\neg\varphi(x)]) \Leftrightarrow \exists x[\varphi(x)]$
(iii) $\forall x[\neg\varphi(x)] \Leftrightarrow \neg(\exists x[\varphi(x)])$

Die Äquivalenz in (17)(i) lässt sich wie folgt erläutern: Wenn für alle Individuen x in M die Formel $\varphi(x)$ wahr ist, so ist es nicht der Fall, dass es ein Individuum x in M gibt, für das φ nicht gilt. Ganz ähnlich kann man die Äquivalenz in (17)(ii) beschreiben. Genau dann, wenn nicht für alle Individuen in M gilt, dass die Formel $\varphi(x)$ nicht wahr ist, gibt es (mindestens) ein Individuum x in D, für das die Formel $\varphi(x)$ wahr ist. (17)(iii) sagt, dass genau dann, wenn für alle Individuen x in M nicht gilt, dass $\varphi(x)$ wahr ist, es nicht der Fall ist, dass es ein Individuum gibt, für welches φ(x) wahr ist. Diese Bezüge zwischen Existenz- und Allquantor und der Negation können durch ein sog. *Dualitätsdiagramm* in (18) graphisch veranschaulicht werden:

(18)

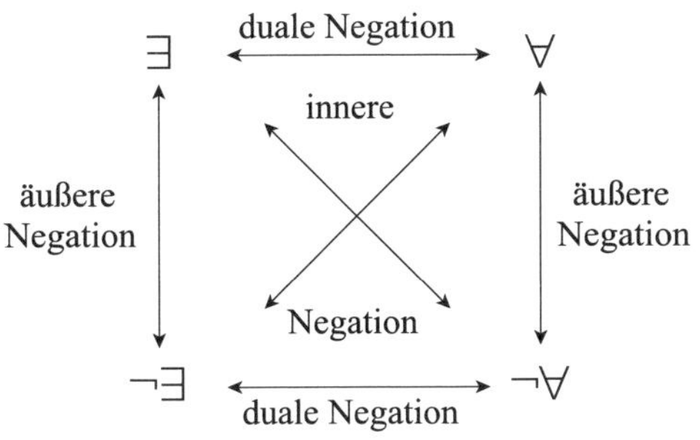

Die Doppelpfeile sind als Äquivalenzen zu lesen, wobei jedoch bei den vertikalen Pfeilen eine äußere Negation, d.h. Negation über die gesamte quantifizierte Formel, und bei den horizontalen Pfeilen eine duale, d.h. sowohl innere als auch äußere Negation angewendet wird. In der dualen Variante wird die Gesamtformel (außen) und der Skopus des Quantors (innen) verneint. Die duale Negation der Formel *∃x[lachen'(x)]* (Jemand lacht.) ergibt die Formel *¬(∃x[¬(lachen'(x))])* (Es ist nicht der Fall, dass es jemanden gibt, der nicht lacht.). Die Verbindungsrichtungen, die durch die gekreuzten Pfeile in der Mitte des Diagramms angezeigt werden, bezeichnen nur die innere Negation.

Wir können das Beispiel *lachen'(x)* dazu verwenden, die Bedeutungen der einzelnen Pfeile nachzuvollziehen. Beginnen wir mit dem Übergang entlang des linken vertikalen Pfeils, der uns – hier dargestellt in (19)(ii) – von der Formel (19) zu der Formel (19)(i) führt und umgekehrt:

(19) ∃x[lachen'(x)]

(i) ⇄ ¬(∃x[lachen'(x)])
↑
äußere Negation

(ii) ∃x[lachen'(x)] ⇀ ¬(¬(∃x[lachen'(x)])) ≡ ∃x[lachen'(x)]
↑
äußere Negation

Der Satz *Jemand lacht* ist unter äußerer Negation äquivalent zu dem Satz *Keiner lacht*, denn wenn jemand lacht, ist es nicht der Fall, dass keiner lacht.

Von der linken unteren Ecke des Diagramms gehen wir mittels dualer Negation in die rechte untere Ecke, also von (20)(i) zu (20)(ii) wie in (20)(iii):

(20) (i) $\neg(\exists x[\text{lachen}'(x)])$

(ii) $\rightleftarrows$ $\neg(\forall x[\text{lachen}'(x)])$

↑ duale Negation

(iii) $\neg(\exists x[\text{lachen}'(x)]) \rightharpoondown \neg(\neg(\forall x[\neg(\text{lachen}'(x))])) \equiv \forall x[\neg(\text{lachen}'(x))]$

↑ duale Negation

Der Satz *Keiner lacht* kann unter dualer Negation auf den Satz *Nicht alle lachen* bezogen werden, denn wenn es nicht der Fall ist, dass nicht alle nicht lachen, dann ist es nicht der Fall, dass einige lachen, und das heißt, dass keiner lacht.

Wenn wir nun von der unteren zur oberen rechten Ecke gehen, so beziehen wir die Formel (21)(i) mittels äußerer Negation auf die Formel in (21)(ii) wie in (21)(iii):

(21) (i) $\neg(\forall x[\text{lachen}'(x)])$

(ii) $\rightleftarrows$ $\forall x[\text{lachen}'(x)]$

↑ äußere Negation

(iii) $\neg(\forall x[\text{lachen}'(x)]) \rightharpoondown \neg(\neg(\forall x[\text{lachen}'(x)])) \equiv \forall x[\text{lachen}'(x)]$

↑ äußere Negation

Der Satz *Nicht alle lachen* wird durch äußere Negation auf den Satz *Alle lachen* bezogen, denn wenn es nicht der Fall ist, dass nicht alle lachen, dann lachen alle.

Gehen wir von der rechten oberen Ecke mittels dualer Negation in die linke obere Ecke, so finden wir die Beziehung in (22)(i):

(22) (i) $\forall x[\text{lachen}'(x)]$

(ii) $\rightleftarrows$ $\exists x[\text{lachen}'(x)]$

↑ duale Negation

(iii) $\forall x[\text{lachen}'(x)] \rightharpoondown \neg(\exists x[\neg(\text{lachen}'(x))])$

↑ duale Negation

Wenn alle lachen, dann bedeutet dies, dass es niemanden gibt, der nicht lacht.

Die Wege entlang der inneren Pfeile ergeben die folgenden Resultate. Von oben links nach unten rechts wenden wir innere Negation an wie in (23)(i):

(23) (i) $\exists x[\text{lachen}'(x)]$

(ii) $\rightleftarrows$ $\neg(\forall x[\text{lachen}'(x)])$

↑ innere Negation

(iii) $\exists x[\text{lachen}'(x)] \quad \rightarrow \quad \neg(\forall x[\neg(\text{lachen}'(x))])$

↑ innere Negation

Wenn jemand lacht, dann ist es nicht der Fall, dass alle nicht lachen. Der Weg von oben rechts nach unten links führt zu den Formeln in (24)(i):

(24) (i) $\forall x[\text{lachen}'(x)]$

(ii) $\rightleftarrows \quad \neg(\exists x[\text{lachen}'(x)])$

↑ innere Negation

(iii) $\forall x[\text{lachen}'(x)] \quad \rightarrow \quad \neg(\exists x[\neg(\text{lachen}'(x))])$

↑ innere Negation

Wenn alle lachen, dann gibt es keinen, der nicht lacht.

5.6.1. Tautologien, Kontradiktionen und Kontingenzen

Eine (komplexe) Formel der Aussagenlogik haben wir eine *Tautologie*, eine *Kontradiktion* bzw. eine *Kontingenz* genannt, genau dann, wenn die rechte Spalte der Wahrheitswert-Tabelle nur 1-en, nur 0-en bzw. 1-en und 0-en enthielt. Die wesentliche Eigenschaft von Tautologien und Kontradiktionen bestand also darin, dass ihr Wahrheitswert – unabhängig von den Wahrheitswerten der atomaren Aussagen – stets der gleiche war. Die semantischen Werte von Formeln der Prädikatenlogik haben wir relativ zu einem Modell M berechnet. Kontingente Formeln sind modellabhängig wahr oder falsch. Diejenigen Formeln, die in allen Modellen wahr sind, nennen wir Tautologien, und diejenigen Formeln, die in allen Modellen falsch sind, nennen wir Kontradiktionen. Daraus ergibt sich die folgende Charakterisierung für die modelltheoretische Interpretation prädikatenlogischer Formeln:

(25) (i) Eine Formel ist genau dann eine *Tautologie*, wenn sie in jedem Modell wahr ist, d.h. wenn sie logisch wahr ist.

(ii) Eine Formel ist genau dann eine *Kontradiktion*, wenn sie in jedem Modell falsch ist, d.h. wenn sie logisch falsch ist.

(iii) Eine Formel ist genau dann eine *Kontingenz*, wenn sie modellabhängig wahr oder falsch ist.

Die prädikatenlogische Formel in (26)(i) ist eine Tautologie, da unabhängig von der Struktur des Modells stets gilt, dass der Skopus des Allquantors wahr ist. Die Formel in

(26)(ii) ist hingegen eine Kontradiktion, da der Skopus des Existenzquantors in jedem Modell für alle Individuen falsch ist:

(26) (i) $\forall x[\varphi(x) \vee \neg\varphi(x)]$ (Tautologie)
(ii) $\exists x[\varphi(x) \wedge \neg\varphi(x)]$ (Kontradiktion)

Da der Skopus des Allquantors in (26)(i) bereits eine Tautologie ist, ist auch die gesamte Formel eine Tautologie, denn wenn φ etwa das Prädikat *schlafen'* ist, so besagt der Skopus, dass x schläft oder, dass x nicht schläft. Diese Bedingung erfüllt natürlich jedes x, unabhängig von der Struktur des Modells. (26)(ii) ist eine Kontradiktion, da es in keinem Modell ein Individuum gibt, welches sowohl φ als auch dessen Negation erfüllt.

5.6.2. Deduktionsverfahren

Wir wenden uns zum Abschluss der Behandlung der Prädikatenlogik nochmals der Theorie des formalen Schließens zu, die wir bereits in der Aussagenlogik behandelt haben. Da die Struktur der prädikatenlogischen Formeln anders ist als die der aussagenlogischen Formeln, müssen wir uns klar machen, für welche prädikatenlogischen Formeln die Schlussverfahren gelten und für welche Formeln sie nicht gelten. Dazu betrachten wir die syntaktischen Regeln (1) bis (4) der Prädikatenlogik im einzelnen.

Die Regel (1) verbindet ein n-stelliges Prädikat mit n Termen und ergibt gerade eine Formel, die einer atomaren Aussage der Aussagenlogik entspricht. Da – bis auf die kompositionelle Struktur – kein Unterschied zwischen den beiden Arten von Ausdrücken besteht, können wir für die nach Regel (1) gebildeten Formeln die gleichen Deduktionsverfahren verwenden wie in der Aussagenlogik.

Die Ausdrücke, die mittels der syntaktischen Regel (2) gebildet werden, sind die komplexen aussagenlogischen Formeln, und auch dafür gibt es keine Probleme, denn diese waren gerade der Gegenstand der Deduktionsverfahren in der Aussagenlogik.

Problematisch sind aber die quantifizierten Formeln, die nach den Regeln (3) und (4) gebildet werden, denn die quantifizierten Ausdrücke, die mit diesen Regeln eingeführt werden, sind weder im Vokabular der Aussagenlogik enthalten noch sind sie durch deren Syntax zu erzeugen. Wir müssen uns daher mit quantifizierten Ausdrücken beschäftigen.

5.6.3. Deduktionsverfahren für quantifizierte Formeln

Um sicherzustellen, dass keine unerwünschten Effekte für die in der Aussagenlogik gültigen Deduktionsprinzipien entstehen, wollen wir Prinzipien formulieren, die es erlauben, die Quantoren vor den Formeln wegzulassen, um im Anschluss daran die

Deduktionsprinzipien anzuwenden wie bisher. Nachdem eine Deduktion durchgeführt wurde, setzen wir die Quantorenausdrücke wieder ein. Wir benötigen also sowohl für den Existenzquantor als auch für den Allquantor jeweils ein Prinzip, um sie wegzulassen, und je ein Prinzip, um sie wieder einzusetzen.

Wir beginnen mit der Frage, unter welchen Bedingungen die Quantorenpräfixe $\forall x$ und $\exists x$ weggelassen werden können. Dazu formulieren wir ein Prinzip für den Allquantor, das wir *Universelle Instantiierung (U.I.)* nennen sowie ein Prinzip für den Existenzquantor, welches wir als *Existenzielle Instantiierung (E.I.)* bezeichnen. Um Klarheit für die weitere Argumentation zu schaffen, wollen wir vermerken, dass in den quantifizierten Formeln $\forall x[\varphi(x)]$ und $\exists x[\varphi(x)]$ der Ausdruck φ für eine beliebig komplexe Formel steht, in der die Variable x frei auftritt. Für Formeln, bei denen dies nicht der Fall ist, gelten die Prinzipien nicht.

Wir zeigen zunächst, dass es zulässig ist, aus der Wahrheit der allquantifizierten Formel $\forall x[\varphi(x)]$ auf die Wahrheit der Formel $\varphi(a)$ zu schließen, wobei a irgendein Individuum aus M ist. Die Formel $\forall x[\varphi(x)]$ ist genau dann wahr, wenn sie für alle Individuen x in der Diskursdomäne M wahr ist. Da M (nach Voraussetzung) nicht leer ist, gibt es also insbesondere (irgend-) ein Individuum x, für das $\varphi(x)$ wahr ist. Dieser Schluss von der Wahrheit einer allquantifizierten Formel auf die Wahrheit des Skopus dieser Formel für mindestens ein Individuum ist die *Universelle Instantiierung*. Sie kann wie in (27) dargestellt werden:

(27) $\forall x[\varphi(x)]$

―――――――

$\therefore$ $\varphi(a)$

Das Argument in (28)(i) illustriert diesen Schluss, und in (28)(ii) sind die formalen Schritte, die zu diesem Schluss ausgeführt werden müssen, sequentiell dargestellt. Eine solche Sequenz von Sätzen nennt man einen *Beweis*. Das Zeichen *p* steht für die Individuen-Konstante *Peter'*:

(28) (i)

Alle Studenten sind intelligent.	Prämisse 1
Peter ist ein Student.	Prämisse 2
∴ Peter ist intelligent.	Konklusion

(ii)

1:	$\forall x[S(x) \rightarrow I(x)]$	Prämisse 1
2:	$S(p)$	Prämisse 2
3:	$S(p) \rightarrow I(p)$	Universelle Instantiierung
4:	$I(p)$	Modus Ponens: Zeile 3

Die ersten beiden Zeilen des Beweises in (28)(ii) sind die prädikatenlogischen Übersetzungen der Prämissen. Die Zeile 1 wird in Zeile 3 universell instantiiert, indem der Quantor weggelassen und für die Variable x die Individuen-Konstante p eingesetzt wird. Dieser Schritt ist nach dem Prinzip der Universellen Instantiierung gültig, denn für alle x gilt: Wenn x ein Student ist, dann ist x intelligent, und da Peter ein Student ist, wie aus Prämisse 2 hervorgeht, so gilt dies insbesondere für p. Zeile 3 ist damit eine einfache aussagenlogische Formel, ein Konditional, auf das der Modus Ponens angewendet werden darf, so wie dies in Zeile 4 geschieht. Wir haben in diesem Beweis von dem Prinzip der Universellen Instantiierung Gebrauch gemacht, bevor wir den Modus Ponens angewendet haben.

Wenn die Aussage $\exists x[\varphi(x)]$ wahr ist, dann heißt dies, dass es mindestens ein Individuum a gibt, für das die Formel $\varphi(a)$ wahr ist. Wir können also wiederum den Quantor weglassen, und die Formel φ auf dasjenige Individuum anwenden, für das $\exists x[\varphi(x)]$ wahr sein muss. Dieses Schlussprinzip ist die *Existentielle Instantiierung* mit der formalen Gestalt in (29):

(29) $\exists x[\varphi(x)]$

$\therefore$ $\varphi(a)$

In dem folgenden Argument schließen wir von einer komplexen existenzquantifizierten Formel auf die Existenz eines Individuums, für welches sowohl das erste als auch das zweite Prädikat wahr ist:

(30) (i) (Mindestens) ein Student trinkt Bier. — Prämisse

$\therefore$ Es gibt ein Individuum, das ein Student ist. — Konklusion
$\therefore$ Es gibt ein Individuum, das Bier trinkt. — Konklusion

(ii)

1:	$\exists x[S(x) \wedge B(x)]$	Prämisse
2:	$S(a) \wedge B(a)$	Existentielle Instantiierung: Zeile 1
3:	$S(a)$	Konjunktionsreduktion: Zeile 2
4:	$B(a)$	Konjunktionsreduktion: Zeile 2

Zeile 1 in (30)(ii) übersetzt wieder die Prämisse. Wenn es also ein Individuum a gibt, welches die Bedingung im Skopus des Existenzquantors erfüllt, so können wir Zeile 1 existentiell mit dem Individuum a instantiieren und erhalten die Zeile 2. Mittels Konjunktionsreduktion des zweiten Konjunkts in der zweiten Zeile erhalten wir die Zeile 3, und wenn wir das erste Konjunkt in Zeile 2 reduzieren, erhalten wir die Zeile 4. Auch in diesem Beispiel mussten wir zuerst die Existentielle Instantiierung anwenden, bevor wir die Konjunktionsreduktion durchführen konnten.

Da wir nicht nur von quantifizierten Formeln auf instantiierte Formeln schließen wollen, sondern auch von quantifizierten Formeln auf quantifizierte Formeln, benötigen wir, wie oben angekündigt, außer den Instantiierungsprinzipien auch Generalisierungsprinzipien, mit denen wir die Quantorenpräfixe wieder einsetzen können. Um zu zeigen, dass eine Formel für alle Individuen einer Diskursdomäne wahr ist, genügt es, die Wahrheit dieser Formel für ein *beliebiges* Individuum dieser Domäne zu zeigen. Wenn keine anderen Eigenschaften relevant sind, außer dass dieses Individuum zu der Domäne gehört, dann kann geschlossen werden, dass die Formel für alle Elemente dieser Domäne gilt. Wenn a eine Individuenkonstante für ein *beliebiges* Individuum einer Domäne ist, so kann von φ(a) auf ∀x[φ(x)] geschlossen werden. Dieser Schluss heißt *Universelle Generalisierung* und hat die Struktur in (31):

(31) φ(a)

―――――

∴ ∀x[φ(x)]

In dem Beispiel (32)(i) mit dem Beweis in (32)(ii) schließen wir von zwei allquantifizierten Prämissen auf eine allquantifizierte Konklusion. Dabei wird im Verlauf des Beweises die Variable x mit dem Individuum a instantiiert. Nach dem Prinzip der Universellen Instantiierung gilt die Bedingung φ für jedes x ∈ D, also insbesondere für ein bestimmtes a ∈ D. Da a aber keine spezifischen anderen Eigenschaften hat, als zu M zu gehören, darf a auch wieder zur Universellen Generalisierung verwendet werden:

(32) (i) Alle Studenten sind intellektuell.
Alle Intellektuellen trinken Bier.

―――――

∴ Alle Studenten trinken Bier.

(ii)

1:	∀x[S(x) → I(x)]	Prämisse 1
2:	∀x[I(x) → T(x,B)]	Prämisse 2
3:	S(a) → I(a)	Universelle Instantiierung: Zeile 1
4:	I(a) → T(a,B)	Universelle Instantiierung: Zeile 2
5:	S(a) → T(a,B)	Hypothetischer Syllogismus: Zeilen 3 und 4
6:	∀x[S(x) → T(x,B)]	Universelle Generalisierung: Zeile 5

Wiederum übersetzen die beiden ersten Zeilen von (32)(ii) die beiden Prämissen. Die Zeilen 3 und 4 sind die Universellen Instantiierungen der Variablen x durch ein Individuum a. Da in den Zeilen 1 und 2 über alle Individuen aus M quantifiziert wird, gelten die durch den Skopus der beiden Formeln ausgedrückten Bedingungen insbesondere für irgendein Individuum a. Zeile 5 verwendet den Hypothetischen Syllogismus in Verknüpfung der Zeilen 3 und 4. Diese beiden Zeilen enthalten einfache Aussagen, so dass der Hypothetische Syllogismus hier angewendet werden darf. Wenn sowohl gilt, dass $p \rightarrow q$ wahr ist, als auch, dass $q \rightarrow r$ wahr ist, dann ist auch $p \rightarrow r$ wahr. Da die Variable a universell instantiiert wurde, darf sie jetzt auch wieder universell generalisiert werden. Dies geschieht in Zeile 6. Wir haben in diesem Beweis zunächst die Universelle Instantiierung auf die beiden Prämissen angewendet, haben dann den Hypothetischen Syllogismus mit den instantiierten Formeln durchgeführt und haben schließlich die Variable a wieder universell generalisiert.

Wenn a ein beliebiges Individuum einer bestimmten Domäne ist und wenn die Formel $\varphi(a)$ wahr ist, dann lässt sich daraus auf die Existenz eines Individuums schließen, das die Bedingung $\varphi(x)$ erfüllt. Dieser Schluss ist die *Existentielle Generalisierung*, deren Struktur in (33) dargestellt ist:

(33) $\varphi(a)$

$$\frac{\varphi(a)}{\therefore\ \exists x[\varphi(x)]}$$

In dem Beispiel (34)(i) schließen wir von einer gewöhnlichen und einer allquantifizierten Prämisse auf eine existenzquantifizierte Konklusion. Dabei wird das Prinzip der Existentiellen Generalisierung verwendet:

(34) (i) Anton ist ein Bettler.
Alle Bettler sind arm.

∴ Es gibt (mindestens) ein Individuum, das arm ist.

(ii)

1:	$B(a)$	Prämisse 1
2:	$\forall x[B(x) \rightarrow A(x)]$	Prämisse 2
3:	$B(a) \rightarrow A(a)$	Universelle Instantiierung: Zeile 2
4:	$A(a)$	Modus Ponens: Zeile 1 und 3
5:	$\exists x[A(x)]$	Existentielle Generalisierung: Zeile 4

Die ersten beiden Zeilen von (34)(ii) übersetzen die Prämissen. Zeile 3 ist die universelle Instantiierung von Zeile 2. Damit ist Zeile 3 eine einfache aussagenlogische Formel, auf die der Modus Ponens angewendet werden darf. Daraus ergibt sich die Zeile 4. Da a durch universelle Instantiierung eingesetzt wurde, darf nun existentiell generalisiert werden, und wir erhalten die Zeile 5.

Damit haben wir alle Prinzipien kennen gelernt, die für die Verwendung von quantifizierten Formeln in Deduktionsverfahren notwendig sind. Abschließend ist darauf hinzuweisen, dass nicht alle instantiierten Ausdrücke auch wieder beliebig generalisiert werden dürfen. Der Schluss in (35)(i) ist z. B. *nicht* gültig, obwohl der Beweis in (35)(ii) formal richtig zu sein scheint. Tatsächlich ist er natürlich falsch:

(35) falscher Schluss:

(i) Anton ist ein Bettler.
Es gibt (mindestens) einen Bettler, der arm ist.

∴ Anton ist arm.

(ii)

1:	$B(a)$	Prämisse 1
2:	$\exists x[B(x) \wedge A(x)]$	Prämisse 2
3:	$B(a) \wedge A(a)$	Existentielle Instantiierung: Zeile 2
4:	$A(a)$	Konjunktionsreduktion: Zeile 3

An welcher Stelle liegt in (35)(ii) der Fehler? Nun, wir haben in Zeile 1 Anton als Individuum a verwendet. Sodann haben wir in Zeile 3 die Zeile 2 ebenfalls mit der Individuenkonstanten a instantiiert. Dieser Schritt war unzulässig, denn wir können aus der Existenz eines armen Bettlers nicht schließen, dass besagter Bettler auch zugleich Anton ist. An dieser Stelle müssen wir irgendein Individuum auswählen, welches unabhängig von anderen Bedingungen ist. Da das Individuum a bereits anderen Bedingungen genügt, nämlich Anton zu sein, müssen wir also in Zeile 3 ein anderes Instantiierungselement, etwa b, wählen. Dann aber lässt sich mit den beiden Prämissen kein Schluss mehr ziehen.

Wie wir gesehen haben, erlauben die vier Prinzipien dieses Abschnitts, die aus der Aussagenlogik bekannten Deduktionsschritte auch für quantifizierte Formeln anzuwenden, indem wir die Quantoren temporär ausklammern, die Deduktionsverfahren, die wir in der Aussagenlogik kennen gelernt haben, anwenden und die Quantoren anschließend wieder einsetzen.

Damit wollen wir das Kapitel über die klassische Prädikatenlogik abschließen und uns einer neuen Betrachtungsweise zuwenden, die es gestattet, prädikatenlogische Ausdrücke als Funktionen darzustellen.

5.7. Übungsaufgaben

1. Übersetzen Sie die folgenden Sätze in L_1-Formeln:

   (i) Peter schnarcht.
   (ii) Otto schläft und Peter liebt Maria.
   (iii) Otto schnarcht nicht.
   (iv) Wenn Peter Maria liebt, dann hasst Otto Peter.
   (v) Jemand schnarcht.
   (vi) Niemand schläft.
   (vii) Alle lieben Peter.
   (viii) Peter liebt jeden.
   (ix) Wenn Peter schnarcht, dann hasst Maria Peter.
   (x) Keiner liebt Maria.
   (xi) Keiner liebt jeden.
   (xii) Wenn jeder jeden liebt, dann liebt jeder sich selbst.

2. Gib an, welchen Skopus die jeweiligen Quantoren in den folgenden Formeln haben. Wie lassen sich diese Formeln im Deutschen paraphrasieren?
   (i) $\forall x[\text{schlafen}'(x)]$
   (ii) $\exists x[\text{Kind}'(x) \wedge \text{schlafen}'(x)]$
   (iii) $\forall y[\exists x[\text{Mann}'(x) \wedge [\text{Frau}'(y) \rightarrow \text{lieben}'(x,y)]]]$
   (iv) $\forall y[\text{Mann}'(y) \rightarrow \exists x[\text{Frau}'(x) \wedge \text{lieben}'(x,y)]]$
   (v) $\exists x[\text{Frau}'(x) \wedge \forall y[\text{Mann}'(y) \rightarrow \text{lieben}'(y,x)]]$

3. Zeige anhand der semantischen Regeln (1") bis (4"), dass die Formel in (15)(ii): $\exists y[\text{Frau}'(y) \wedge \forall x[\text{Mann}'(x) \rightarrow \text{lieben}'(x,y)]]$ bzgl. des Modells M falsch ist.

4. Verändere das Modell in (3) so, dass die Formel (15)(ii): $\exists y[\text{Frau}'(y) \wedge \forall x[\text{Mann}'(x) \rightarrow \text{lieben}'(x,y)]]$ wahr ist.

5. Übersetze die folgenden Sätze in L_1-Formeln:
   (i) a. (Mindestens) ein Professor ist nicht intelligent.
   b. Alle Studenten sind intelligent.
   c. (Mindestens) ein Professor ist kein Student.

   (ii) Zeige, dass das folgende Argument gültig ist. Verwende die Instantiierungs- und Generalisierungs-Prinzipien sowie die Regeln und Schlussmethoden der Aussagenlogik:

$\exists x[P(x) \wedge \neg I(x)]$
$\forall x[S(x) \rightarrow I(x)]$

$\therefore \exists x[P(x) \wedge \neg S(x)]$

6. Übersetze die folgenden Sätze in L_1-Formeln:
   (i) a. (Mindestens) ein Student raucht.
   b. Alle Studenten sind intelligent.
   c. (Mindestens) ein Raucher ist intelligent.

   (ii) wie 5(ii):

$\exists x[S(x) \wedge R(x)]$
$\forall x[S(x) \rightarrow I(x)]$

$\therefore \exists x[R(x) \wedge I(x)]$

7. Übersetze die folgenden Sätze in L_1-Formeln:
   (i) a. Alle Studenten sind intelligent.
   b. Nicht alle Studenten rauchen.
   c. (Mindestens) ein Intelligenter raucht nicht.
   (ii) wie 5(ii):

$\forall x[S(x) \rightarrow I(x)]$
$\neg(\forall x[S(x) \rightarrow R(x)])$

$\therefore \exists x[I(x) \wedge \neg R(x)]$

6. Typentheorie

Nachdem wir kennen gelernt haben, wie Ausdrücke der natürlichen Sprache in Formeln der Prädikatenlogik übersetzt und anschließend in einem Modell interpretiert werden können, wollen wir uns in diesem Kapitel näher mit der Frage der Kategorisierung semantischer Ausdrücke beschäftigen. Dabei werden wir u. a. den Aspekt der *Kompositionalität* dieser Ausdrücke ausführlicher erörtern. Wir gehen so vor, dass wir den semantischen Ausdrücken *Typen* zuweisen, ganz ähnlich zu dem Verfahren in der syntaktischen Theorie. Dort unterteilt man die für die Syntax atomaren Einheiten – etwas verkürzt gesagt die Wörter des Lexikons – in die Kategorien N(omen), V(erb), (A)djektiv, (P)räposition, (D)eterminator (Artikel), (Adv)erb, (C)omplementierer usw. Eine vergleichbare Kategorisierung wollen wir auch für die semantischen Ausdrücke vornehmen, indem wir ihnen einen *semantischen Typ* zuweisen. Dabei ist zunächst nicht offensichtlich, welche Typen für diese Ausdrücke anzunehmen sind. Wir wissen aber bereits aus der Prädikatenlogik, dass die Prädikat-Argument-Struktur sprachlicher Ausdrücke in der semantischen Beschreibung charakterisiert werden muss, so dass die Idee naheliegt, die *Valenzeigenschaften* von *Prädikaten* zur Typenzuweisung auszunutzen.

Mit Hilfe der nun zu entwickelnden Typentheorie wollen wir aber noch mehr erreichen. Aus der Kombination eines Prädikats von einem bestimmten Typ mit einem Argument von einem anderen Typ soll sich kompositionell der Typ ergeben, den der komplexe Ausdruck hat. Die Typen legen gewissermaßen selbst fest, mit welchen anderen Typen sie sich verbinden können und von welchem Typ der komplexe Ausdruck sein wird, der durch die Verbindung entsteht. In diesem Sinne wird die Komposition der semantischen Ausdrücke bereits durch die Art der beteiligten Typen bestimmt. Darüber hinaus wollen wir aber auch noch erreichen, dass die Hierarchie der semantischen Strukturen parallel zur Hierarchie der syntaktischen Strukturen konstituiert ist. Am Ende dieses Kapitels werden wir diese Ziele erreicht haben.

Wir machen uns zunächst klar, dass die semantischen Strukturen, die die Syntax der Prädikatenlogik für Formeln festlegt, nicht mit der syntaktischen Struktur eines deutschen Satzes übereinstimmt. Eine einfache Formel haben wir in der Syntax der Pädikatenlogik mittels der syntaktischen Regel (1) gebildet, die ein n-stelliges Prädikat mit n Termen zu einer Aussage verbindet. Dreistellige Prädikate wie *schenken'*, *geben'* oder *verkaufen'* verbinden sich jeweils mit drei Termen zu einer Aussage, deren Struktur in (1) dargestellt ist:

(1) (i) L_1-Struktur:

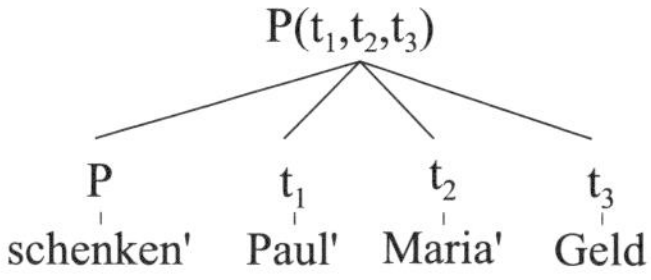

(ii) syntaktische Struktur:

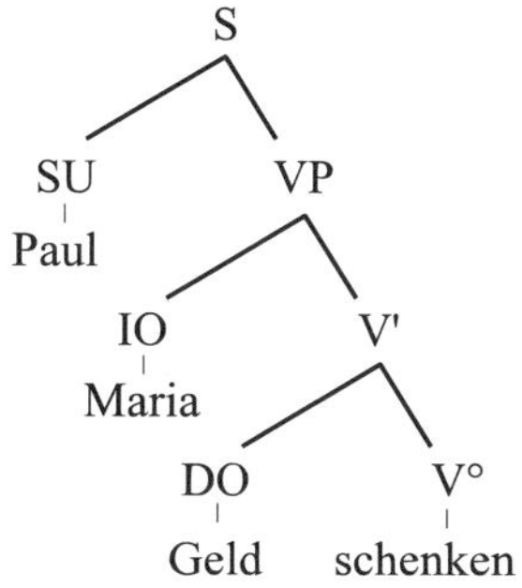

Die Struktur in (1)(i) ist flach, d.h. sie unterscheidet die Argumente nicht strukturell, vielmehr stehen alle mit dem Prädikat auf einer Ebene. Da wir aber aus der Syntaxtheorie wissen, dass sich Subjekte (SU) von Objekten und direkte Objekte (DO) von indirekten Objekten (IO) in verschiedenen Hinsichten unterscheiden, nimmt man dort an, dass derartige Unterschiede durch unterschiedliche Hierarchien für Subjekt- und Objekt-Argumente ausgedrückt werden müssen, so wie es in (1)(ii) dargestellt ist. Subjekt- und Objekt-Argumente sollten daher in der entsprechenden semantischen Repräsentation ebenfalls hierarchisch unterscheidbar sein. Eine Struktur, in der die Argumente hinsichtlich ihrer grammatischen Funktionen als Subjekt, indirektes Objekt und direktes Objekt des natürlichsprachlichen bitransitiven Verbs angeordnet sind, können wir mit der syntaktischen Regel (1) der Prädikatenlogik aber nicht erzeugen. Obwohl die Prädikatenlogik die Struktur natürlich-sprachlicher Sätze schon wesentlich differenzierter darstellen kann als die primitiven Formeln der Aussagenlogik, genügt sie noch nicht einer Darstellung der komplexen Strukturzusammenhänge, die in der Syntax natürlicher Sprachen auftreten.

Zudem besteht ein mathematisch motivierter Grund für die Entwicklung der Typentheorie darin, dass ohne diese Theorie Mengen ausgedrückt werden können, die zu paradoxen Situationen führen. Wir wollen uns dies an einem Beispiel verdeutlichen.

Wie wir bereits in der Mengenlehre gesehen haben, können Mengen durch definierende Eigenschaften beschrieben werden, wie dies etwa mit Hilfe der Prädikatsnotation geschieht. Die Menge aller Autos lässt sich wie in (2) notieren:

(2) (i) { x / x ist ein Auto },
(ii) Die Menge aller x, für die gilt: x ist ein Auto.

Wenn Mengen durch die Eigenschaften ihrer Elemente definiert werden, können paradoxe Situationen entstehen. So hat der Philosoph und Logiker Bertrand Russell (1872-1970) festgestellt, dass eine uneingeschränkte Konstruktion von Mengen nach der Mengenlehre des Mathematikers Georg Cantor (1845-1918) zu Paradoxien führt. Eine solche Paradoxie beschreibt das Beispiel in (3):

(3) Russells Paradox:
Bei der Konstruktion von Mengen kann nach der Cantorschen Mengentheorie der Fall auftreten, dass eine Menge sich selbst enthält, und es kann genausogut der Fall auftreten, dass eine Menge sich selbst nicht enthält.

Die Menge aller Mengen etwa wäre eine Menge, die sich selbst enthält. Hingegen ist die Menge aller Autos kein Auto. Sie kann sich also nicht selbst enthalten.

Da wir Mengen durch definierende Eigenschaften charakterisieren können, wäre es vorstellbar, dass die Eigenschaft *ist in sich selbst enthalten* ($M \in M$) bzw. *ist nicht in sich selbst enthalten* ($M \notin M$) die definierende Eigenschaft einer Menge ist. Wir könnten daher eine Menge P definieren, die aus allen Mengen M besteht, die sich nicht selbst enthalten. P wäre dann folgendermaßen gegeben: $P = \{M / M \notin M\}$. Bezüglich P könnten wir nun fragen, ob P sich selbst enthält oder nicht. Diese Frage führt zu den beiden folgenden Überlegungen:

(i) Wenn P sich selbst nicht enthält, so erfüllt P die definierende Eigenschaft $P \notin P$ und müsste damit in P enthalten sein.
(ii) Wenn P sich selbst enthält, so erfüllt P die definierende Eigenschaft $P \notin P$ nicht und dürfte daher nicht in P liegen.

In beiden Fällen entsteht hier offensichtlich eine Paradoxie, und wir möchten gerne eine Theorie, die derartige Mengenkonstruktionen ausschließt. Wir werden sehen, dass die *Typentheorie* auch dazu geeignet ist.

6.1. Typen: Sätze, Prädikate, Terme

Betrachten wir zunächst einige Beispiele. Das transitive Verb *küssen* wird als zweistelliges Prädikat *küssen'* in die Sprache L_1 übersetzt. Die syntaktische Regel (1) der Prädikatenlogik sagt uns, dass dieses Prädikat mit zwei Individuen-Termen zu einer Formel kombiniert werden kann wie in (1):

(1) (i) küssen'(Peter,Maria)
(ii) küssen'(x,y)

In der Formel (1)(i) sind die Argumente des Prädikats zwei Individuen-Konstanten, und in (1)(ii) handelt es sich um Individuen-Variablen. Wir wollen nun sagen, dass Ausdrücke, die Individuen denotieren, den Typ *e* haben. *e* ist die Abkürzung für *entity*

(= *Entität*). Den Termen *Peter*, *Maria*, *x* und *y* ordnen wir also den Typ e zu. Wir sagen dann, dass sich das Prädikat *küssen'* mit zwei Argumenten vom Typ e zu einer Formel verbindet:

(2) (i) küssen'(Peter' , Maria')
Typ: e , e
TYP(Peter') = e
TYP(Maria') = e

(ii) küssen'(x, y)
Typ: e, e
TYP(x) = e
TYP(y) = e

Nun ist der Satz *Peter küsst Maria* eine Aussage, und für Aussagen gilt, dass sie wahr oder falsch sein können. Da Aussagen also Wahrheitswerte denotieren, wollen wir sagen, dass die Formel *küssen'(Peter',Maria')* dem Typ *t* zugeordnet wird. *t* ist die Abkürzung für *truth value* (= *Wahrheitswert*):

(3) TYP(küssen'(Peter', Maria')) = t

Damit haben wir für Terme den Typ e und für Formeln den Typ t festgelegt. Wir wissen aber noch nicht, von welchem Typ das Prädikat *küssen'* ist. Offensichtlich kann es weder vom Typ e noch vom Typ t sein, da *küssen'* weder ein Individuum denotiert noch eine vollständige Aussage. Wir benötigen also weitere Typen. Es bestünde nun die Möglichkeit, einen Typ p_1 für das einstellige Prädikat *schlafen'* anzunehmen, einen Typ p_2 für das zweistellige Prädikat *küssen'* und für jeden weiteren Ausdruck, der uns begegnet, irgendeinen anderen Typ. In dieser Weise wollen wir aber nicht vorgehen, da die Typen ja *kompositionell* aufgebaut sein sollen.

Wir nehmen vielmehr an, dass *küssen'* eine Formel vom Typ t ist, der zwei Argumente vom Typ e fehlen, so dass *küssen'* etwa dem Typ in (4) zuzuordnen ist, der zu lesen wäre als t minus e minus e:

(4) TYP(küssen') = t - e - e

Wenn dann *Maria* mit *küssen* verbunden wird, so entsteht der Ausdruck *küssen'(Maria')*, dem nur noch ein Argument fehlt, so dass *küssen'(Maria)* den Typ t - e hat. Und wenn *küssen'(Maria')* mit dem Argument *Peter'* verknüpft wird, dann fehlt diesem Ausdruck kein Argument mehr, und er ist vom Typ t, d.h. eine vollständige Aussage:

(5) (i) TYP(küssen'(Maria')) = t - e
(ii) TYP(küssen'(Peter', Maria')) = t

Wir konstruieren die Typen von Prädikaten so, dass der Typ selbst ausdrückt, erstens von welchem Typ die Argumente sein müssen, und zweitens welcher Typ entsteht, wenn die Argumente mit dem Prädikat verbunden werden.

Das Prädikat *behaupten'* ist zweistellig und benötigt zwei Argumente: Erstens ein Individuum x, welches irgendetwas behauptet, und zweitens eine Aussage p, die behauptet wird:

(6) behaupten'(x, p)

Die Variable x steht für das Individuum, welches die Behauptung aufstellt, etwa *Peter*, und die Variable p steht für eine Aussage, z. B. *dass Oslo die Hauptstadt von Norwegen ist.* Nun sehen wir leicht, dass die Variablen x und p zwei verschiedenen Typen zuzuordnen sind. x denotiert ein Individuum und muss daher vom Typ e sein. p ist eine Aussage, denotiert einen Wahrheitswert und ist somit vom Typ t. Wir können sagen, dass das Prädikat *behaupten'* ein Argument vom Typ e und ein Argument vom Typ t benötigt und dass der Satz *Peter behauptet, dass Oslo die Hauptstadt von Norwegen ist* selbst wieder eine Aussage vom Typ t ist. Das Prädikat *behaupten* wäre demzufolge eine Aussage vom Typ t, der ein Argument vom Typ e und ein Argument vom Typ t fehlt:

(7) (i) TYP(behaupten') = t - e - t
(ii) TYP(behaupten'([dass Oslo die Hauptstadt von Norwegen ist]') = t - e
(iii) TYP(behaupten'(Peter',[dass Oslo die Hauptstadt von Norwegen ist]') = t

Nach dieser informellen Klärung unserer Vorgehensweise wollen wir nun systematisch die Menge aller möglichen Typen definieren.

6.2. Syntax der Typentheorie: Der Typengenerator

Grundsätzlich müssen wir uns fragen, welche und wie viele Typen wir neben den beiden Basistypen *e* und *t* noch benötigen. Da wir im Moment nicht übersehen können, welche Typen wir im weiteren brauchen werden, wollen wir eine unendliche Menge von Typen definieren. Wir gehen dabei von den zwei Basistypen *e* und *t* aus und definieren rekursiv die Menge aller möglichen Typen in (1):

(1) (i) e ist ein Typ.
(ii) t ist ein Typ.

(iii) Wenn a und b Typen sind, dann ist <a, b> ein Typ.
(iv) Nichts sonst ist ein Typ.

Wir verwenden in dieser Notation nicht mehr das Minuszeichen, sondern schreiben einen komplexen Typ als ein Paar von zwei (möglicherweise ebenfalls komplexen) Typen und setzen es in spitze Klammern. Dies erinnert uns an geordnete Paare, und gerade so können wir einen komplexen Typ auch auffassen. Wir werden gleich sehen, dass dies eine ganz spezielle Bewandnis hat.

Die rekursive Regel in (1) besagt zunächst, dass <e,t> ein Typ ist, aber auch <e,e>, <t,t>, <t,e>. Da die neu entstandenen Elemente wieder Typen sind, können sie selbst in der Regel verwendet werden, so dass auch <<e,t>,t> ein Typ ist usw. Wir können also beliebige Typen erzeugen:

(2) (i) <e,t>; <e,<e,t>>; <e,<e,<e,t>>>; <t,t>; <<e,t>,t>;
<<e,t>,<<e,t>,t>>; <<e,t>,<e,t>>; <<<e,t>,<e,t>>,<<e,t>,<e,t>>>, usw.
(ii) <<e,<<e,t>,<t,e>>>,e>; <<t,<e,<<e,t>,<t,e>>>>,<e,t>>, usw.

Die Typen in (2)(i) sind tatsächlich für die semantische Beschreibung natürlich-sprachlicher Ausdrücke notwendig, während für die Typen in (2)(ii) sehr wahrscheinlich keine sinnvollen sprachlichen Ausdrücke existieren. Wir haben mit der Menge in (1) aber auf jeden Fall ausreichend viele Typen definiert, und wir werden uns ihrer bedienen, sobald wir Bedarf dazu haben.

Ein wesentliches Merkmal der Typen ist, dass sie *binär* sind, d.h. jeder (komplexe) Typ besteht im Prinzip aus zwei Komponenten, die ihrerseits aber wieder komplex sein können. Diejenigen Prädikate, die Terme als Argumente nehmen und Übersetzungen von natürlich-sprachlichen Verben sind, zeigt (3):

(3) (i) <e,t>: einstellige Prädikate
(ii) <e,<e,t>>: zweistellige Prädikate
(iii) <e,<e,<e,t>>>: dreistellige Prädikate

Was bedeuten diese Typen nun im einzelnen? Beginnen wir mit dem einfachen Typ <e,t>. Dies ist der Typ für einstellige Prädikate, die demzufolge ein Argument vom Typ e fordern. Wenn ein solches Prädikat mit einem entsprechenden Argument verbunden wird, so entsteht eine Aussage vom Typ t. Es ist bei den folgenden Darstellungen unerheblich, in welcher Reihenfolge der Funktionsausdruck zu dem Argument steht. Wesentlich ist die *hierarchische* Struktur, die durch die jeweilige Kombination zustandekommt:

(4) (i) <e,t> + e → t

(ii)

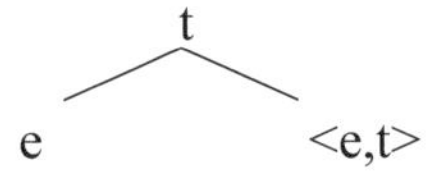

Für zweistellige Prädikate ergeben sich zwei einander nachgeordnete Verknüpfungsschritte. In einem ersten Schritt wird die Argumentstelle für das direkte Objekt besetzt, und es entsteht ein Ausdruck vom Typ <e,t>, also ein einstelliges Prädikat wie in (5)(ii) mit der Struktur in (5)(ii)a:

(5) (i) küssen + Maria' → küssen'(Maria')

(ii) <e,<e,t>> + e → <e,t>

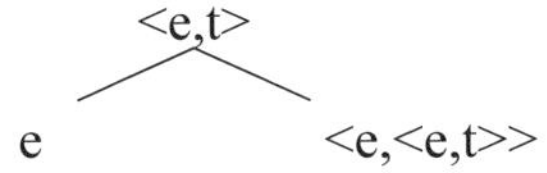

In einem zweiten Schritt wird das Argument für das Subjekt des einstelligen Prädikats *küssen'(Maria')* mit dem Argument *Peter'* besetzt wie in (6):

(6) (i) küssen'(Maria') + Peter' → küssen'(Peter',Maria')

(ii) <e,t> + e → t

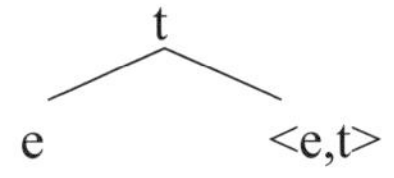

Wir sehen, dass die Prädikate sukzessiv mit Argumenten aufgefüllt werden, und dass sich nach jedem Verbindungsprozess mit einem Argument die Stelligkeit des Prädikats um eins reduziert, bis eine vollständige Formel vorliegt.

Da die Typen binär strukturiert sind, haben wir die eingangs anvisierte Hierarchie in der semantischen Beschreibung erreicht. Betrachten wir z. B. das dreistellige Prädikat *geben'*, das dem Typ <e,<e,<e,t>>> zuzuordnen ist. Nach jeder Verbindung mit einem Argument vom Typ e reduziert sich der Typ des neu entstehenden Ausdrucks um den Typ des eingesetzten Arguments. Auf diese Art und Weise erhalten wir für die Syntax und die Semantik parallele Strukturen, wie (7) zeigt:

(7) (i)

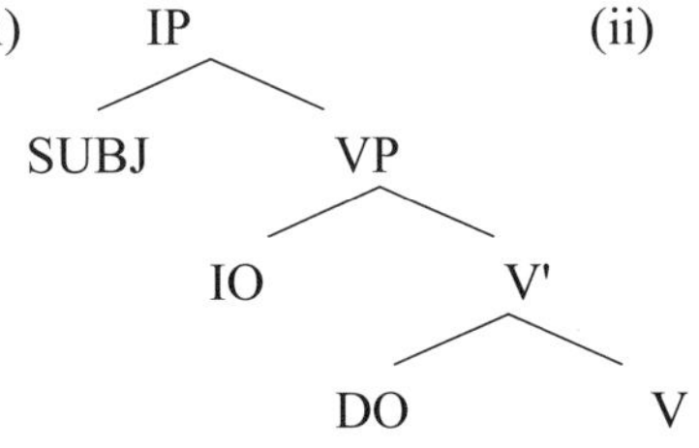

(ii)

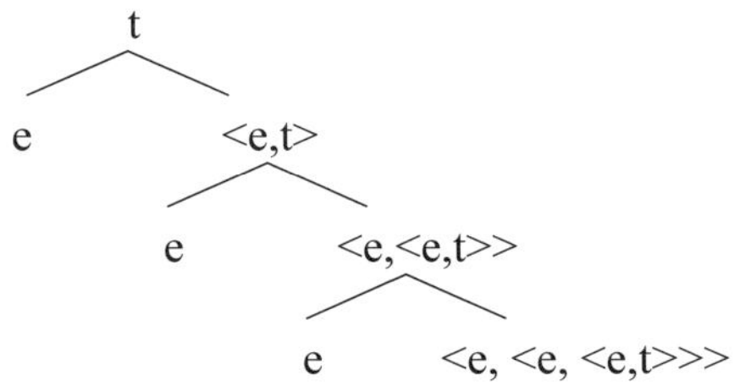

In dem Typ <e,<e,<e,t>>> entspricht das am weitesten links stehende e dem direkten Objekt DO, das folgende e entspricht dem indirekten Objekt IO und das innerste e dem Subjekt SU.

Wir haben jetzt eine klare Definition von Typen und eine informelle Vorstellung von deren Kombinatorik. Im nächsten Abschnitt wollen wir auch die Kombinationsprinzipien für Typen mittels einer Definition formal festlegen.

6.3. Typen, Mengen, Funktionen und Argumente

Wir müssen dazu präzisieren, wie die Verbindung zwischen Typen hergestellt wird, bzw. nach welchen Prinzipien sie funktioniert. Um eine Vorstellung von der Art dieser Verbindung zu bekommen, vergegenwärtigen wir uns das Konzept der *Funktion*, welches wir in einem früheren Kapitel schon kennen gelernt haben.

Eine Funktion bildet ein Argument auf einen Wert ab. Die Funktion $f(x) = x^2$ bildet etwa die Zahl 3 auf die Zahl 9 ab. Dabei ist die Zahl 3 das Argument und die Zahl 9 der Wert der Funktion, und wenn Zahlen Entitäten sind, dann sind sowohl 3 als auch 9 Ausdrücke vom Typ e. Die Funktion $f(x) = x^2$ bildet einen Ausdruck vom Typ e auf einen anderen Ausdruck vom Typ e ab. f selbst ist daher ein Ausdruck vom Typ e, dem ein Ausdruck vom Typ e fehlt, so dass f vom Typ <e,e> ist. Diese Überlegung ist ganz ähnlich zu der Überlegung, dass *schnarchen'* ein Ausdruck vom Typ t ist, dem ein Ausdruck vom Typ e fehlt, so dass *schnarchen'* selbst vom Typ <e,t> ist. Wir sehen eine enge Verwandtschaft zwischen dem Begriff *Funktion* und dem Begriff *Prädikat*, und wir wollen nun dahin gelangen, dass wir Prädikate als Funktionen auffassen können.

Wenn wir das einstellige Prädikat *schnarchen'* als Funktion verstehen, so benötigt diese ein Argument, etwa *Peter'*. Da *schnarchen'* den Typ <e,t> hat, muss das Argument vom Typ e sein. Der Ausdruck *Peter'* ist vom Typ e, so dass wir die Funktion *schnarchen'* auf das Argument *Peter'* anwenden können, womit wir den Ausdruck *schnarchen'(Peter')* erhalten. Der Wert dieser Funktion ist vom Typ t, d.h. ein Wahrheitswert. Wir erhalten die Funktion in (1), die das Argument Peter auf den (Wahrheits-) Wert 1 abbildet, falls Peter in M schnarcht, bzw. auf den Wert 0, falls Peter in M nicht schnarcht:

(1) $$\textbf{schnarchen'(Peter')} = \begin{cases} \textbf{1, falls Peter in M schnarcht.} \\ \textbf{0, falls Peter in M nicht schnarcht.} \end{cases}$$

Diese Funktion erinnert uns nun gerade an die *charakteristische Funktion* von Mengen. Nehmen wir an, dass in einem Modell M in der Diskursdomäne D die Individuen *Peter*, *Paula*, *Clara*, *Maria*, *Fritz*, *Luise*, und *Otto* enthalten sind, und nehmen wir weiterhin an, dass *Peter*, *Paula* und *Maria* schnarchen und dass alle anderen Individuen nicht schnarchen. Dann entspricht dieses Modell der Abbildung in (2), wobei die Menge aller Schnarcher eine Teilmenge von D ist:

(2) Mengennotation:

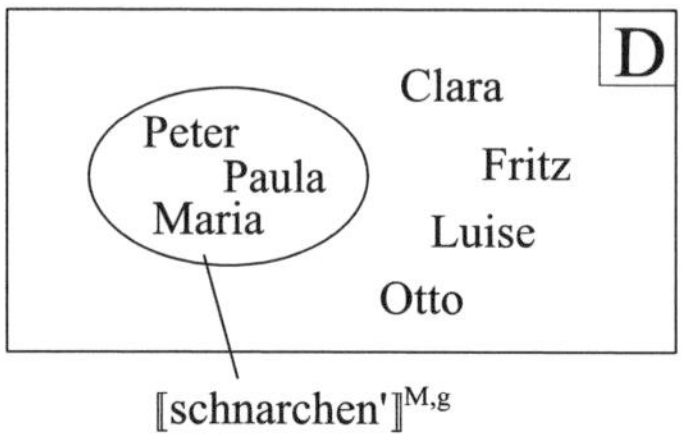

Nun wissen wir aber, dass eine Menge auch durch ihre *charakteristische Funktion* beschrieben werden kann, die jedes Element der Menge auf den Wert 1 abbildet, und alle anderen auf den Wert 0. Wenn wir nun die (charakteristische) Funktion *schnarchen'* nacheinander auf alle Individuen in D anwenden, so liefert sie zu jedem Element aus der Menge der schnarchenden Individuen den Wert 1 und zu allen anderen Individuen aus D den Wert 0:

(3) Funktionsnotation:

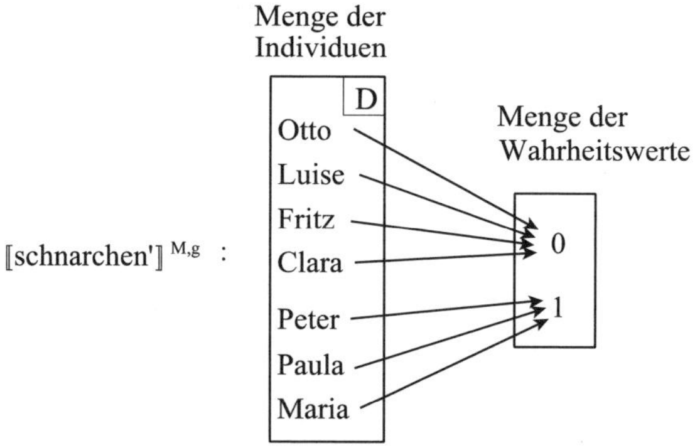

Wenn wir dieses Resultat für alle Ausdrücke vom Typ <e,t> generalisieren, so können wir diese Ausdrücke generell als Funktionen von Ausdrücken vom Typ e in Ausdrücke vom Typ t interpretieren:

(4) < e , t>

e → t

Wir sehen jetzt, wie suggestiv die *Notation der Typen* ist. Da ein Typ eine Funktion darstellt, die ein Argument von einem bestimmten Typ nimmt und auf einen Wert von einem bestimmten Typ abbildet, sind sowohl der Argumenttyp als auch der Wertetyp bereits in dem Typ der Funktion selbst enthalten. Insofern Typen prinzipiell binär sind, gilt, dass der Teil links vom Komma der Typ des Arguments ist und der Teil rechts vom Komma der Typ des Funktionswertes, auf den das Argument abgebildet wird. Wir können einen komplexen Typ stets in die zwei folgenden Komponenten zerlegen:

(5) <a, b>: <Argument-Typ , Wert-Typ>

Dies ist der Grund für den *binären* Aufbau komplexer Typen, denn in jedem Typ ist die Information über den Typ des Arguments und den Typ des Funktionswertes enthalten.

Wir wollen diese Eigenschaft von Typen als Repräsentanten von Funktionen nun als eine Regel definieren, die genau festlegt, welche Funktionen auf welche Argumente angewendet werden dürfen, und welche Ergebnisse dabei jeweils entstehen. Die Anwendung einer Funktion auf ein Argument wird *Funktionale Applikation* genannt und definiert wie in (6):

(6) Regel der Funktionalen Applikation (FA):
Wenn f ein Ausdruck vom Typ <a, b> und α ein Ausdruck vom Typ a ist, dann ist f(α) ein Ausdruck vom Typ b.

Zu beachten ist dabei, dass der Typ des Arguments genau dem linken Teil des Funktionstyps entsprechen muss. Funktionale Applikation kann in diesem Sinne nicht auf die beiden Typen <e,t> und t angewendet werden, da der Argumenttyp e von dem Typ t verschieden ist. Es gilt also nicht: <e,t>(t) = e. (7) gilt ganz allgemein für beliebige Typen a und b:

(7) (i) <a, b>(a) = b (richtige Anwendung der Regel FA)
(ii) *<a, b>(b) = a (falsche Anwendung der Regel FA)

Wir haben mit dem Prinzip FA genau gesagt, unter welchen Bedingungen zwei Typen kombiniert werden dürfen, und wir haben uns dabei nicht auf bestimmte Typen festgelegt, sondern eine ganz allgemeine Formulierung gewählt. Tatsächlich gilt das Prinzip FA für *alle* Funktionen, und wir werden in Kürze sehen, wie nützlich das Konzept der Funktion für unsere Theorie sein wird. Bevor wir nun weitere Beispiele besprechen, wollen wir die Interpretation der Typen als Funktionen ebenfalls in einer ganz allgemeinen Form definieren. Dazu definieren wir zu den syntaktischen Regeln in (1) parallele semantische Regeln.

6.4. Semantik der Typentheorie

Während wir die Denotate von Prädikaten bisher als Mengen beschrieben haben, wollen wir nun dazu übergehen, sie als Funktionen aufzufassen. Für einstellige Prädikate haben wir dies bereits mit Hilfe der charakteristischen Funktion durchgeführt. Jetzt wollen wir für alle möglichen Ausdrücke vom Typ a festlegen, was ein *mögliches Denotat vom Typ a* ist. Dazu treffen wir die folgenden terminologischen Vereinbarungen:

(1) (i) Wenn α ein Ausdruck vom Typ a ist, dann ist D_a die Menge der möglichen Denotate vom Typ a.
(ii) Wenn a und b Typen mit den möglichen Denotaten D_a und D_b sind, so ist die Menge der Funktionen von D_a nach D_b ein mögliches Denotat vom Typ <a,b>. Diese Funktionenmenge bezeichnen wir mit $\mathbf{D_b^{D_a}}$.

Ein Ausdruck vom Typ <a,b> denotiert eine Funktion von der Menge D_a in die Menge D_b, wobei D_a die Menge der möglichen Denotate von Ausdrücken vom Typ a und D_b die Menge der möglichen Denotate von Ausdrücken vom Typ b ist:

(2) (i) <a,b>:
(ii) $\mathbf{D_b^{D_a}}$:

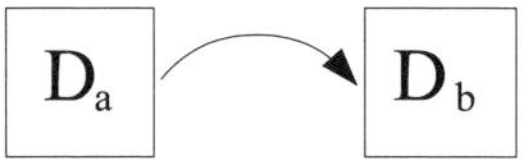

Wir gehen hier in genau der gleichen Weise vor, wie wir es für die Syntax und die Semantik der bisher behandelten Logiksprachen getan haben. In (3) geben wir in diesem Sinne parallel zu den Regeln zur Erzeugung der Typen in (1) mögliche Denotate für die erzeugten Typen an:

(3) (i) $D_e = D$ = die Diskursdomäne
(ii) $D_t = \{0, 1\}$ = die Menge der Wahrheitswerte
(iii) Für beliebige Typen a und b ist $D_{<a,b>} = \mathbf{D_b^{D_a}}$ die Menge der Funktionen von D_a nach D_b, und jedes Element dieser Menge ist ein mögliches Denotat für einen Ausdruck vom Typ <a,b>.
(iv) Nichts sonst ist ein mögliches Denotat.

(3)(i) ist die Menge der Individuen in D. Jedes Individuum ist ein mögliches Denotat für einen Ausdruck vom Typ e. (3)(ii) gibt die Menge der möglichen Denotate von Ausdrücken vom Typ t an. Jeder Wahrheitswert ist ein solches Denotat. (3)(iii) spezifiziert die Menge aller anderen möglichen Denotate von Ausdrücken vom Typ <a,b>. Jede Funktion von D_a nach D_b ist ein mögliches Denotat für einen Ausdruck vom Typ <a,b>.

(3)(iv) besagt, dass es keine anderen möglichen Denotate gibt als die durch (3)(i) bis (3)(iii) definierten.

6.5. Beispiele für komplexe Typen

6.5.1. Typen von Prädikaten

Wir betrachten jetzt die Denotate von ein- bis dreistelligen Prädikaten als Funktionen. Das Denotat eines einstelligen Prädikats kann als charakteristische Funktion derjenigen Menge von Individuen aufgefasst werden, auf die das Prädikat zutrifft:

(1) Wenn P ein einstelliges Prädikat und a ein Individuenterm ist, dann wird P dem Typ <e,t> zugeordnet. Das Denotat von P ist ein Element aus der Menge der Funktionen von Individuen in Wahrheitswerte $(\{0,1\}^{D})$. Es gilt:
$[\![P(a)]\!]^{M,g} = [\![P]\!]^{M,g}([\![a]\!]^{M,g})$.

(1) besagt, dass das Denotat der Formel P(a) den gleichen Wert hat wie die Funktionsanwendung der charakteristischen Funktion auf das Argument a. Wenn wir z.B. das Prädikat *schlafen'* betrachten, so ist dessen Denotat die Menge derjenigen Individuen, die schlafen:

(2) (i) D = {Peter, Maria, Otto}
(ii)

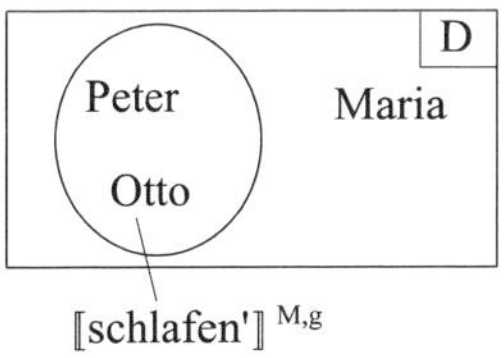

Die Formel *schlafen'(Peter')* ist wahr, wenn gilt: $[\![Peter']\!]^{M,g} \in [\![schlafen']\!]^{M,g}$. Als Funktion aufgefasst bildet $[\![schlafen']\!]^{M,g}$ Individuen auf Wahrheitswerte ab:

(3) TYP(schlafen') = <e,t>
(i) <e,t>: e → t
(ii) <e,t>(e) = t (Funktionale Applikation)
(iii) $D_t^{D_e}$:

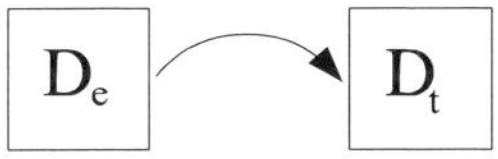

Die charakteristische Funktion dieser Menge bildet jedes schlafende Individuum auf 1 ab und alle anderen auf 0, wie dies in (4) gezeigt ist:

(4) ⟦schlafen'⟧^{M,g}

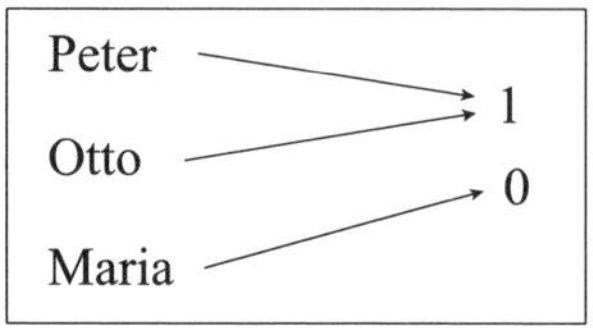

Indem wir die Werte der charakteristischen Funktion {0, 1} als Wahrheitswerte auffassen, können wir ein einstelliges Prädikat mit der charakteristischen Funktion derjenigen Menge identifizieren, auf die das Prädikat zutrifft. Die charakteristische Funktion ist vom Typ <e,t>, da sie Individuen auf Wahrheitswerte abbildet.

Wie lässt sich ein zweistelliges Prädikat als Funktion auffassen? Das Denotat von zweistelligen Prädikaten haben wir bisher als Teilmenge des cartesischen Produkts D x D angegeben. Das cartesische Produkt D x D über einer Menge D besteht aus allen möglichen Paaren, die aus Elementen von D gebildet werden können. Wenn D die Individuen *Peter*, *Maria* und *Otto* enthält, dann ist D die Menge in (5)(i), und das cartesische Produkt D x D die Menge in (5)(ii), die in (5)(iii) graphisch dargestellt ist:

(5) (i) D = {Peter, Maria, Otto}
(ii) D x D = { <Peter,Peter>,<Peter,Maria>,<Peter,Otto>
<Maria,Peter>,<Maria,Maria>,<Maria,Otto>
<Otto,Peter>,<Otto,Maria>,<Otto,Otto> }

(iii)

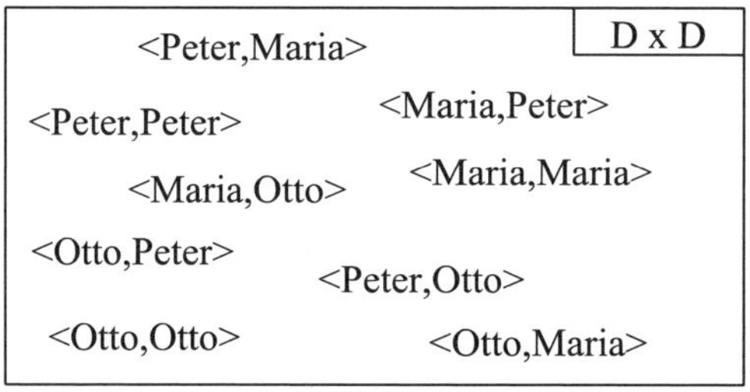

Wenn nun gilt, dass *Maria Peter* und *Otto* liebt und dass *Otto Maria* liebt, dann ist die Menge der Liebespaare in (6)(i) eine Teilmenge des cartesischen Produkts D x D; die graphische Darstellungsweise in (6)(ii) mag dies veranschaulichen:

(6) (i) ⟦lieben'⟧^{M,g} = {<Maria,Peter>,<Maria,Otto>,<Otto,Maria>}

(ii)

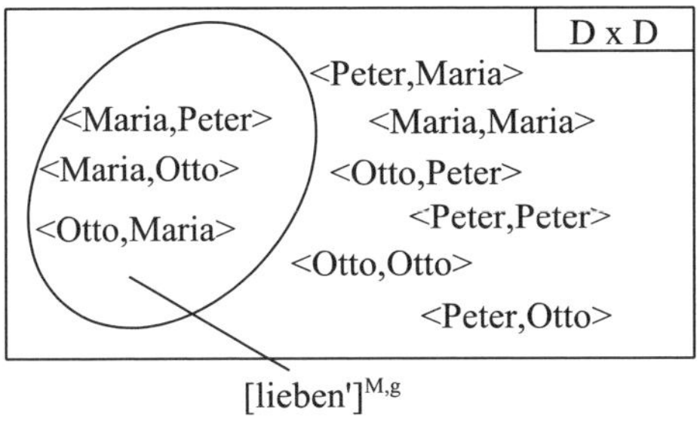

Um die Wahrheit des Satzes *Otto liebt Maria* zu ermitteln, haben wir den Satz in die prädikatenlogische Formel *lieben'(Otto',Maria')* übersetzt und geprüft, ob das Paar <⟦Otto'⟧^{M,g},⟦Maria'⟧^{M,g}> ein Element der Menge ⟦lieben'⟧^{M,g} ist. Die semantische Regel (1) sagte uns, dass ⟦lieben'(Otto',Maria')⟧^{M,g} = 1 gdw. <⟦Otto'⟧^{M,g},⟦Maria'⟧^{M,g}> ∈ ⟦lieben'⟧^{M,g} ist.

Wir fragen jetzt, wie diese Interpretation durch Funktionen vorgenommen werden kann. Das zweistellige Prädikat *lieben'* ist dem Typ <e,<e,t>> zugeordnet. Dieser Typ ist eine Funktion von Ausdrücken des Typs e in Ausdrücke des Typs <e,t>, d.h. die Funktion nimmt einen Ausdruck vom Typ e als Argument und ergibt einen Wert vom Typ <e,t>. Wir sehen dies in (7)(ii). Die relevante formale Operation ist die in (7)(iii) aufgeführte funktionale Applikation. In (7)(iv) und (7)(v) finden wir eine schematische Darstellung dieser Abbildung von Individuen auf charakteristische Funktionen. Dabei ist (7)(v) eine differenziertere Darstellung von (7)(iii):

(7) (i) <e,<e,t>>:

(ii) <e,<e,t>>: e → <e,t>

(iii) <e,<e,t>>(e) = <e,t> (Funktionale Applikation)

(iv) $\mathbf{D}_{\langle e,t\rangle}^{\mathbf{D}_e}$:

(v) $\mathbf{D}_t^{\mathbf{D}_e^{\mathbf{D}_e}}$:

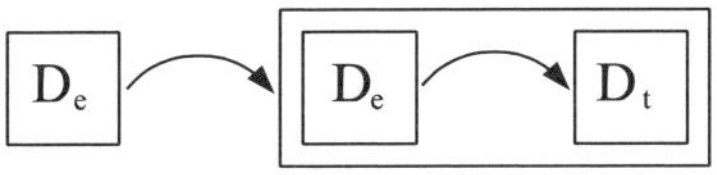

Das Resultat dieser Funktionsanwendung ist ein einstelliges Prädikat vom Typ <e,t>, dem syntaktisch eine VP-Konstituente wie z.B. *[$_{VP}$ Maria lieben]* entspricht. Die Funktionale Applikation findet zunächst mit dem direkten Objekt statt. Jedes Individuum aus D wird also auf eine charakteristische Funktion abgebildet. Da charakteristische Funktionen äquivalent zu Mengen von Individuen sind, gibt es zu jedem Individuum y eine Menge von Individuen x, für die gilt, dass x y liebt. Das Denotat von *lieben'(Maria')* ist die Menge in (8)(i), da Otto Maria liebt. Da Maria Peter liebt, ist das Denotat von *lieben'(Peter')* die Menge in (8)(ii). Und das Denotat von *lieben'(Otto')* ist die Menge in (8)(iii), da Maria Otto liebt:

(8) (i) $[\![\text{lieben'(Maria')}]\!]^{M,g} = \{\text{Otto}\}$
(ii) $[\![\text{lieben'(Peter')}]\!]^{M,g} = \{\text{Maria}\}$
(iii) $[\![\text{lieben'(Otto')}]\!]^{M,g} = \{\text{Maria}\}$

Es treten drei verschiedene Mengen auf, zu jedem Individuum eine. Das Prädikat *lieben'* – angewendet auf alle Individuen – liefert uns eine Menge mit drei verschiedenen Mengen von Individuen.

Wenn wir diese Mengen nun durch charakteristische Funktionen ersetzen, so sehen diese folgendermaßen aus:

(9) (i)

$[\![\text{lieben'(Otto')}]\!]^{M,g}$

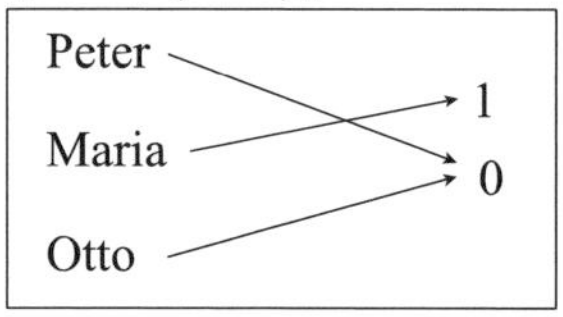

(ii)

$[\![\text{lieben'(Maria')}]\!]^{M,g}$

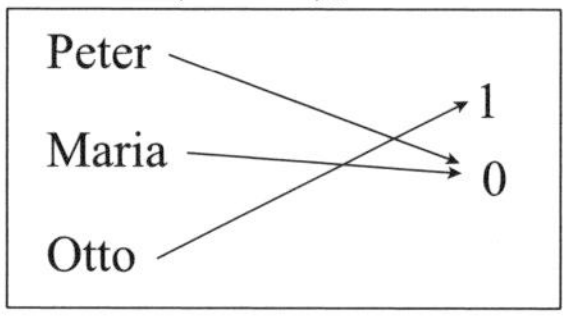

(iii)

$[\![\text{lieben'(Peter')}]\!]^{M,g}$

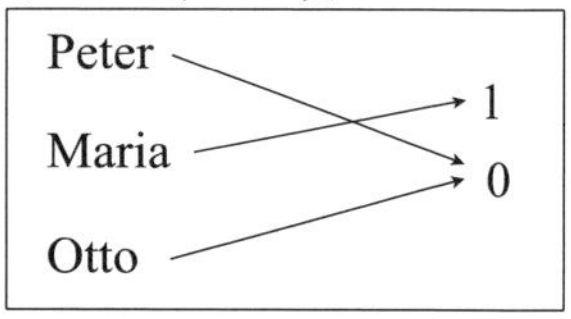

Das Individuum $[\![\text{Otto'}]\!]^{M,g}$ wird von $[\![\text{lieben'}]\!]^{M,g}$ auf die charakteristische Funktion abgebildet, die ihrerseits $[\![\text{Maria'}]\!]^{M,g}$ auf 1 abbildet, da Maria Otto liebt. Für das Individuum $[\![\text{Maria'}]\!]^{M,g}$ ergibt sich entsprechend die charakteristische Funktion, die $[\![\text{Otto'}]\!]^{M,g}$ auf 1 abbildet, da Otto Maria liebt. Und weil Maria außer Otto auch Peter liebt, ermitteln wir für das Individuum $[\![\text{Peter'}]\!]^{M,g}$ die charakteristische Funktion, die $[\![\text{Maria'}]\!]^{M,g}$ auf 1 abbildet. Jedes Individuum wird also von der Funktion $[\![\textit{lieben'}]\!]^{M,g}$ auf eine charakteristische Funktion abgebildet, die das dem Subjekt entsprechende Denotat auf 1 oder 0 abbilden muss. Fasst man die jeweiligen Abbildungen der Funktion $[\![\textit{lieben'}]\!]^{M,g}$ wie in (10)(i) zu einem einzigen Funktions-Schema zusammen, so ergibt sich die Graphik in (10)(ii):

(10) (i)

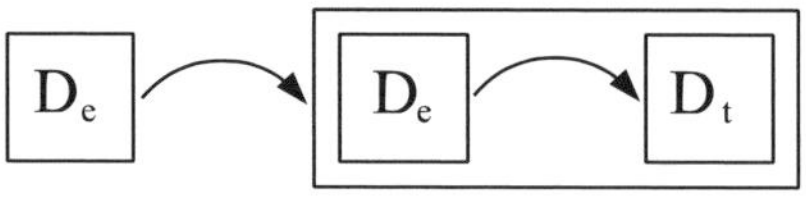

(ii)

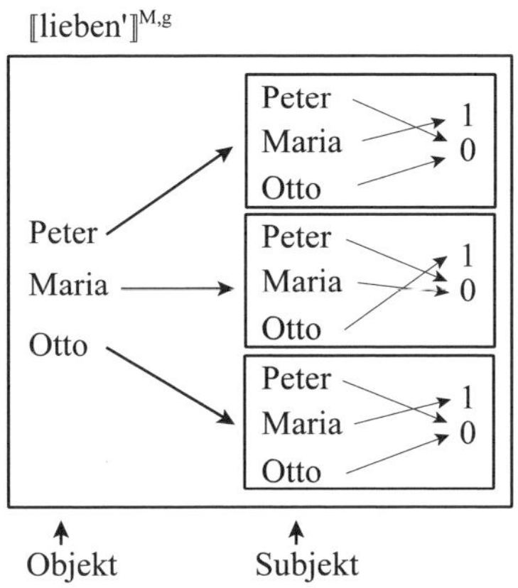

Es ist zu beachten, dass die Reihenfolge der Funktionsanwendungen stets von außen nach innen geschieht, d.h. für den Typ <e,<e,t>> ist das linksstehende e das syntaktische Objekt, welches zuerst funktional appliziert wird. Das innere e entspricht dem syntaktischen Subjekt, das wir zuletzt applizieren. Nach funktionaler Applikation des syntaktischen Objekts verbleibt als resultierender Ausdruck ein einstelliges Prädikat, welches syntaktisch der Konstituente VP entspricht. Diese VP ist ein einstelliges Prädikat, das in einem zweiten Schritt funktional auf das dem Subjekt entsprechende Argument appliziert wird. Da syntaktische VPn Ausdrücke vom Typ <e,t> sind, bilden sie das Subjekt-Argument auf den Wahrheitswert desjenigen Satzes ab, der sich aus der Verbindung zwischen Subjekt und VP ergibt. Wir halten die Interpretation eines zweistelligen Prädikats in (11) fest:

(11) Wenn P ein zweistelliges Prädikat ist, und a und b Individuenterme sind, dann wird P dem Typ <e,<e,t>> zugeordnet. Das Denotat von P ist ein Element aus der Menge $(\{0,1\}^D)^D$ der Funktionen von Individuen in Funktionen von Individuen in Wahrheitswerte. Es gilt: $[\![P(a,b)]\!]^{M,g} = ([\![P]\!]^{M,g}([\![b]\!]^{M,g}))([\![a]\!]^{M,g})$.

Wir betrachten zur weiteren Illustration das dreistellige Prädikat *geben'*. Grundsätzlich haben wir das Denotat eines dreistelligen Prädikats als Teilmenge des dreifachen cartesischen Produkts D x D x D aufgefasst. Am Beispiel *geben'* wollen wir es jetzt ebenfalls als Funktion darstellen. Als Konsequenz zu dem bereits Gesagten ergibt sich, dass das Prädikat *geben'*, indem es drei Argumente fordert, dem Typ in (12)(i) zugeordnet werden muss und daher der Abbildung in (12)(ii) entspricht:

(12) (i) TYP(geben') = <e,<e,<e,t>>>

(ii) <e,<e,<e,t>>>:

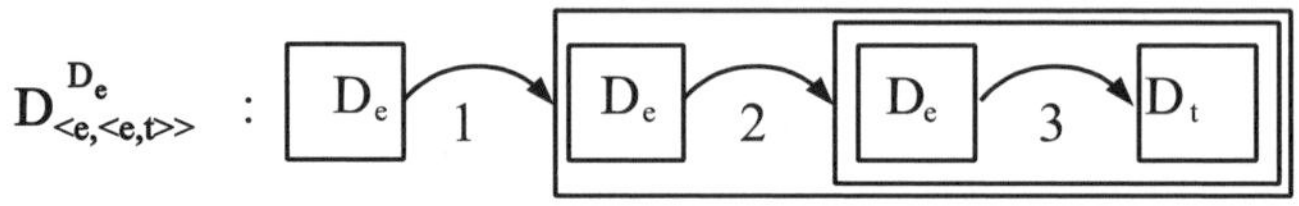

Wir haben es mit einer Funktion zu tun, die Individuen vom Typ e auf komplexe Funktionen vom Typ <e,<e,t>> abbildet. Auch diese Funktionen bilden ihrerseits Individuen e in komplexe Funktionen <e,t> ab, und letztere wiederum Individuen auf Wahrheitswerte. Wir können somit sagen, dass es sich um Funktionen von Individuen in (Funktionen von Individuen in (Funktionen von Individuen in Wahrheitswerte)) handelt. Zwar mag diese Art der Formulierung durch ihre Wortschleife etwas verwirren, hat man sich die Grundidee jedoch einmal klar gemacht, so ist die Notation der Typen sehr hilfreich, um die Struktur der komplexen Funktionen zu erkennen.

Damit das Prädikat *geben'* zu einer Formel wird, muss es mit drei Argumenten verbunden werden. Daher ist die Regel der Funktionalen Applikation dreimal anzuwenden. Wir können dies in einem Baumdiagramm wie in (13)(i) darstellen, wobei sich der Ausdruck in (13)(iii) ergibt. Jede Anwendung der Regel führt zu einer Funktion, die um den Typ des angewendeten Arguments reduziert ist. In dem Baumdiagramm in (13)(i) sind die jeweiligen Funktionsanwendungen in der Reihenfolge direktes Objekt, indirektes Objekt, Subjekt dargestellt. Die *funktionale* Darstellung in (13)(iii) unterscheidet sich von der uns bekannten *relationalen* Darstellung in (13)(iv) durch die Reihenfolge und die Art der Verbindung der Argumente. Beide Darstellungen sind aber äquivalent. (13)(iii) ist die Schönfinkel-Darstellung des Ausdrucks in (13)(iv). Moses Schönfinkel war ein deutscher Mathematiker, der 1924 entsprechende Darstellungen aufeinander bezogen hat:

(13) (i)

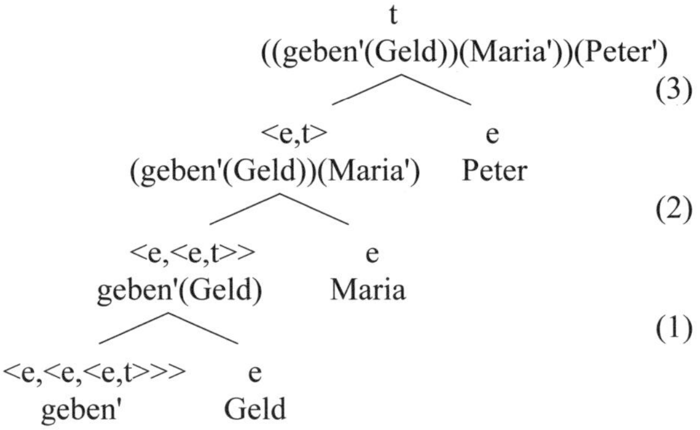

(ii) ((geben'(direktes Objekt))(indirektes Objekt))(Subjekt)

(iii) ((geben'(Geld'))(Maria'))(Peter')

(iv) geben(Peter, Maria, Geld)

Wenn wir uns unsere Vorgehensweise bei ein- und zweistelligen Prädikaten vergegenwärtigen, sollte es an dieser Stelle nicht mehr schwerfallen zu ersehen, wie die Festlegung der Menge der möglichen Denotate für dreistellige Prädikate formuliert werden muss. Dies geschieht in (14):

(14) Wenn P ein dreistelliges Prädikat und t_1, t_2, t_3 Individuenterme sind, dann ist P dem Typ <e,<e,<e,t>>> zugeordnet. Das Denotat von P ist ein Element aus der Menge $((\{0,1\}^D)^D)^D$ der Funktionen von Individuen in (Funktionen von Individuen in (Funktionen von Individuen)) in Wahrheitswerte. Es gilt:
$[\![p(t_1, t_2, t_3)]\!]^{M,g} = (([\![P]\!]^{M,g}([\![t_3]\!]^{M,g}))([\![t_2]\!]^{M,g}))([\![t_1]\!]^{M,g})$.

Wir haben damit das Ziel dieses Kapitels erreicht, indem wir den komplexen syntaktischen Kategorien eine hierarchisch gleiche semantische Repräsentation zuordnen können, die sich im wesentlichen daraus ergibt, dass die Typen binär aufgebaut sind. Darüber hinaus sind wir so weit gelangt, dass Prädikate als Funktionen aufgefasst werden können und dass diese Auffassungsweise zu den gleichen Resultaten führt wie unsere bisherige Charakterisierung der Denotate als Mengen. In den nächsten beiden Abschnitten betrachten wir zwei weitere Klassen von sprachlichen Ausdrücken, die wir bisher noch nicht behandelt haben, und zeigen, dass die Typentheorie ein universelles Instrumentarium zur Verfügung stellt, um semantische Ausdrücke zu kategorisieren.

6.5.2. Typen von Adverbien

Wir beginnen mit der Behandlung von Adverbien. Dazu wollen wir den Satz *Peter schnarcht laut* verwenden. Betrachten wir etwa das Modell in (15), in dem *Peter*, *Maria*, *Clara*, *Luise*, *Otto* und *Petra* Elemente der Diskursdomäne sind. Dabei gilt, dass *Peter*, *Maria* und *Clara* schnarchen und *Maria* und *Clara* sogar laut schnarchen. *Luise*, *Otto* und *Petra* hingegen schnarchen nicht:

(15)

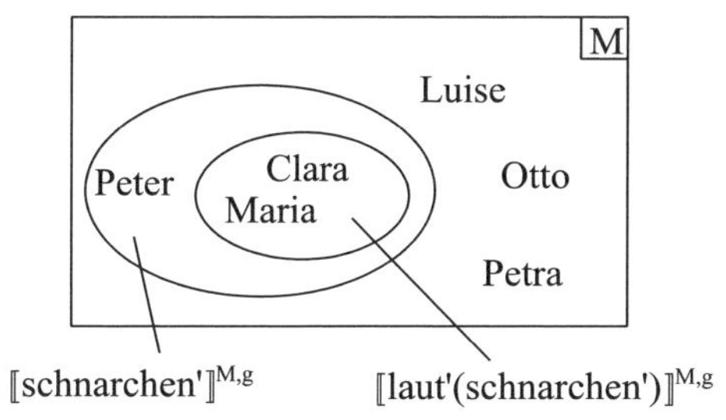

Das Prädikat *schnarchen'* legt die Menge der Schnarchenden fest. Innerhalb dieser Menge gibt es zwei Individuen, *Clara* und *Maria*, die laut schnarchen. Diese bilden eine Teilmenge der schnarchenden Individuen. Das Adverb *laut* modifiziert das Prädikat *schnarchen'*, indem es die Art und Weise des Schnarchens näher charakterisiert. Das Prädikat *schnarchen'* ist einstellig und daher vom Typ <e,t>. Das (komplexe) Prädikat *(laut (schnarchen))'* ist aber ebenfalls einstellig und daher auch vom Typ <e,t>. Das Adverb *laut* nimmt also einen Ausdruck vom Typ <e,t> als Argument, nämlich das Prädikat *schnarchen'*, und ergibt insgesamt wieder einen Ausdruck vom Typ <e,t>, nämlich *(laut (schnarchen))'*. Von welchem Typ muss das Adverb sein? Insofern es einen Ausdruck vom Typ <e,t> als Argument nimmt und als Wert einen Ausdruck vom Typ <e,t> ergibt, kann der Typ des Adverbs nur der in (16)(i) sein, der der Funktion in (16)(ii) entspricht:

(16) (i) TYP(Adverb) = <<e,t>,<e,t>>

(ii) $\mathbf{D}_{<e,t>}^{D_{<e,t>}}$:

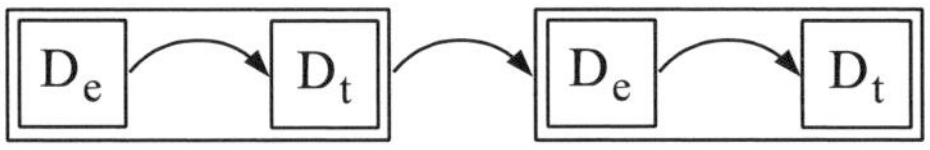

Dieser Typ besteht aus zwei Komponenten <e,t>, die jeweils Funktionen von Individuen in Wahrheitswerte denotieren, die also jeweils charakteristische Funktionen sind. Ein Adverb denotiert damit eine Funktion, die charakteristische Funktionen in charakteristische Funktionen abbildet, oder anders ausgedrückt: Adverbien denotieren Funktionen von (Funktionen von Individuen in Wahrheitswerte) in (Funktionen von Individuen in Wahrheitswerte).

Wenn wir die semantische Struktur in (17)(i) mit der syntaktischen Struktur in (17)(ii) vergleichen, so sehen wir auch hier, dass beide Strukturen die gleichen hierarchischen Verhältnisse aufweisen:

(17) (i)

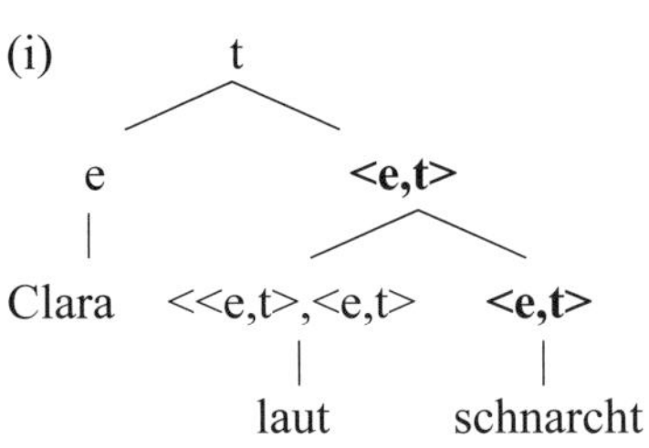

(ii)

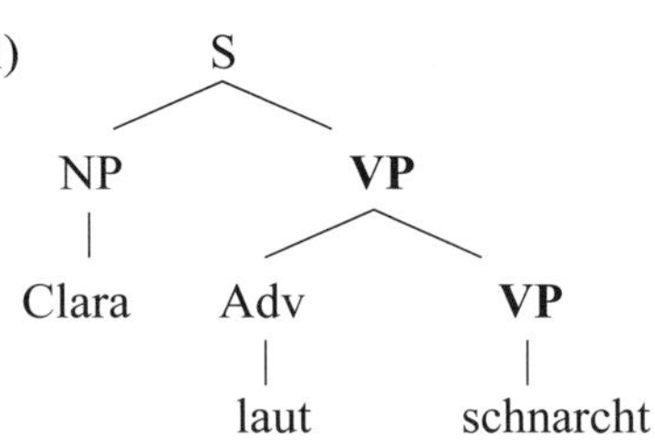

Die eingekreisten Typen in (17)(i) entsprechen den eingekreisten syntaktischen Kategorien in (17)(ii), was zeigt, dass die jeweiligen Knoten in der syntaktischen Struktur direkte Entsprechungen in der semantischen Struktur haben. Zu jeder syntaktischen Konstituente lässt sich damit ein Denotat angeben.

6.5.3. Typen von Gradpartikeln

Um zu sehen, dass die Typen, die wir zur Beschreibung natürlich-sprachlicher Ausdrücke benötigen, noch komplexer werden können, betrachten wir Modifikatoren von Adverbien. In dem Satz (18) modifiziert die Gradpartikel *sehr* das Adverb *laut.*

(18) Peter schnarcht sehr laut.

Da sowohl das Adverb als auch das modifizierte Adverb *(sehr'(laut'))* vom Typ <<e,t>,<e,t>> sind, müssen wir annehmen, dass die Gradpartikel *sehr* das Adverb als Argument nimmt und auf ein Adverb als Wert abbildet. Die Partikel *sehr* graduiert ja gerade die Lautstärke des Schnarchens. Der Typ der Gradpartikel ist daher: <<<e,t>,<e,t>>,<<e,t>,<e,t>>>, so dass ein mögliches Denotat für *sehr* eine Funktion von Funktionen von (Funktionen von Individuen in Wahrheitswerte) in (Funktionen von Individuen in Wahrheitswerte) in Funktionen von (Funktionen von Individuen in Wahrheitswerte) in (Funktionen von Individuen in Wahrheitswerte) ist. Die Dinge klingen kompliziert, jedoch ist das zugrundeliegende Schema stets das gleiche, und wir werden uns im weiteren auch nicht mehr mit derart komplizierten Sätzen verständigen. An dieser Stelle geht es aber darum, dass wir sehen, wie komplex die Typen werden können und mit welchen Funktionen wir rechnen müssen. Etwas übersichtlicher ist die Funktion für eine Gradpartikel in (19) dargestellt:

(19)

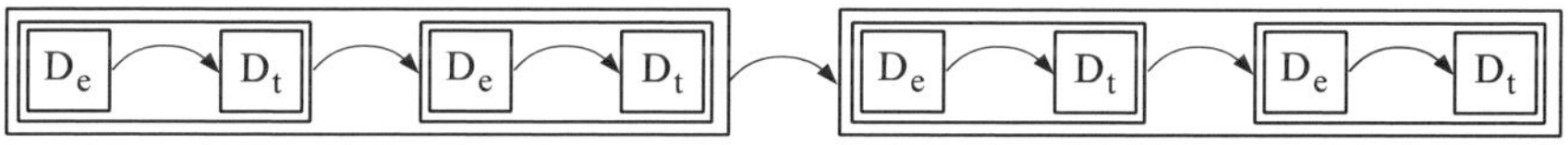

Schließlich zeigt auch die Konstruktion des Typs der Gradpartikel, dass zwischen der syntaktischen und semantischen Struktur in (20)(i) und (20)(ii) ein Parallelismus besteht, so dass jeder Knoten in (20)(ii) in der Struktur in (20)(i) interpretiert werden kann:

(20) (i)

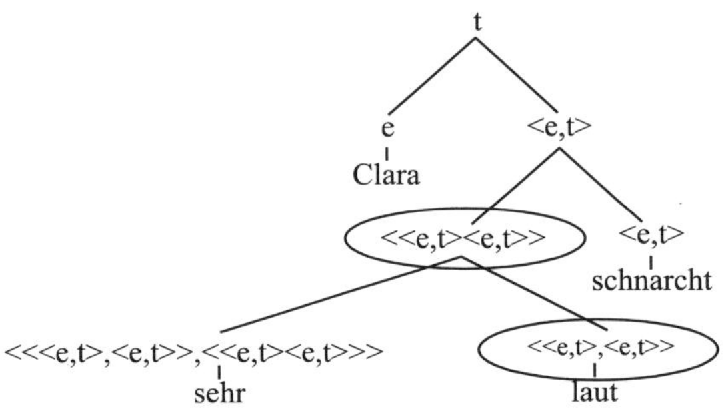

(ii)

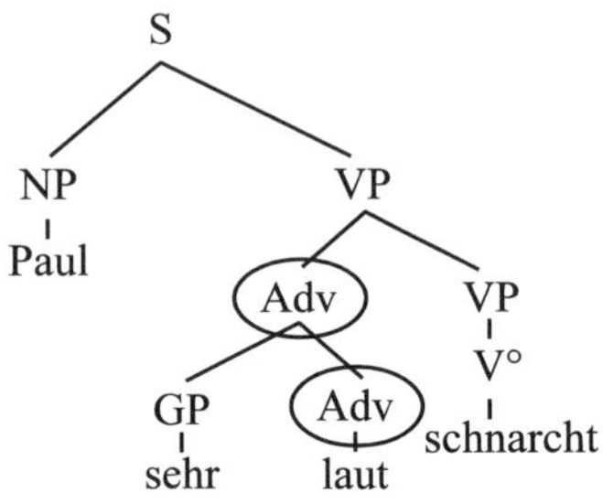

6.6. Die Auflösung von Russells Paradox

Zum Abschluss dieses Kapitels wollen wir die Typentheorie anwenden, um Russells Paradox nicht entstehen zu lassen. Dort trat die Situation auf, dass für Mengen, die über die Eigenschaft ihrer Elemente definiert sind, die Möglichkeit besteht, dass sich diese Mengen selbst enthalten. Überlegen wir nun, von welchem Typ Mengen sein können. Wenn in einer Menge Individuen enthalten sind, so können wir sie als charakteristische Funktion von Individuen in Wahrheitswerte auffassen, so dass eine solche Menge einer Funktion vom Typ <e,t> entspricht. Wenn die Elemente einer Menge Mengen sind – und dieser Fall interessiert uns hier –, so können wir die Elemente selbst als charakteristische Funktion von Individuen in Wahrheitswerte verstehen. Sind die Elemente vom Typ <e,t>, so ist die Gesamtmenge vom Typ <<e,t>,t>, d.h. eine charakteristische Funktion von Mengen von Individuen in Wahrheitswerte. Sind die Elemente der Gesamtmenge Mengen von Mengen von Individuen, so wird die Gesamtmenge vom Typ <<<e,t>,t>,t> sein und so weiter und so fort. In jedem Fall entspricht einer Menge eine Funktion von Elementen vom Typ a in Wahrheitswerte, so dass wir für die Gesamtmenge M den Typ <a,t> annehmen können. Wenn sich M nun selbst enthält, dann müsste außer den Elementen vom Typ a auch noch ein Element vom Typ <a,t> in M enthalten sein, nämlich M selbst. Die charakteristische Funktion, die der Menge M entspricht, bildet Ausdrücke vom Typ a auf einen Wahrheitswert ab, vermag dies aber nicht für den Typ <a,t>, denn dazu müsste Funktionale Applikation wie in (1) stattfinden können. Dies ist aber – wie wir wissen – nicht definiert. Gerade dies sollte aber möglich sein, wenn Mengen existieren, die sich selbst enthalten:

(1) Funktionale Applikation:

(i) undefiniert: ? → <a,t> <a,t>

(ii) ok: t → <a,t> a

Da die funktionale Applikation in (1)(i) nicht definiert ist, verbietet die Russell'sche Typentheorie, dass es Mengen gibt, die sich selbst enthalten, und sie begründet dies wie folgt: Eine Funktion muss immer einen höheren Typ haben als ihr Argument (wie in (1)(ii)).

Überschauen wir dieses letzte Kapitel, so stellen wir fest, dass wir eine Art der Kategorisierung für die semantischen Ausdrücke gefunden haben, die erstens alle Ausdrücke nach ihrer Prädikat-Argument-Struktur einteilt, die zweitens die Komposition der zu verbindenden Ausdrücke festlegt, die drittens zu den syntaktischen Strukturen parallele semantische Strukturen abzuleiten gestattet, und die viertens Russells Paradox auflöst.

Im Zentrum des Kapitels stand der Begriff *Funktion*. Da dieser Begriff für die weitere Theorie von ganz zentraler Bedeutung sein wird, werden wir – nach einem Ausflug in die Kategorialgrammatik im nächsten Kapitel – im übernächsten Kapitel ein systematisches Verfahren kennen lernen, das es ermöglicht, aus beliebigen Ausdrücken Funktionen zu konstruieren.

6.7. Übungsaufgaben

1. Welchem Typ müssen die kursiv gesetzten Wörter in den folgenden Sätzen zugeordnet werden:
   (i) Peter *singt.*
   (ii) Clara *glaubt*, dass Maria im Kino ist.
   (iii) Otto *gibt* Maria einen Schnaps.
   (iv) Maria läuft *hastig.*
   (v) *Wahrscheinlich* ist Clara besoffen.

2. Welche Funktionen sind die möglichen Denotate für Ausdrücke der folgenden Typen?
   (i) <e,t>
   (ii) <e,<e,t>>
   (iii) <t,t>
   (iv) <<e,t>,<e,t>>
   (v) <<e,t>,t>
   (vi) <<e,t>,<<e,t>,t>>

3. Nimm an, dass NEG' ein L_1-Ausdruck ist, der die Eigenschaften der Negation $\neg$ hat. Von welchem Typ müsste NEG' sein?

4. Nimm an, dass die Wörter des Satzes *Ein großer Hund bellt sehr laut* den folgenden Typen zugeordnet sind. Wende funktionale Applikation an, um die Typen zu kombinieren.
   (i) TYP(ein') = <<e,t>,<<e,t>,t>>
   (ii) TYP(groß') = <<e,t>,<e,t>>
   (iii) TYP(Hund') = <e,t>
   (iv) TYP(bellen') = <e,t>
   (v) TYP(laut') = <<e,t>,<e,t>>
   (vi) TYP(sehr') = <<<e,t>,<e,t>>,<<e,t>,<e,t>>>

7. Kategorialgrammatik

7.1. Klassische Kategorialgrammatik

Die Russellsche Typentheorie erlaubt es, *Funktionen* bestimmte logische Typen zuzuweisen. Die Typen sind – so haben wir im letzten Kapitel gesehen – hinsichtlich ihrer Argument- und Werteigenschaften als zweigeteilte Ausdrücke aufgebaut, wobei der erste Teil den logischen Typ des Arguments und der zweite Teil den logischen Typ des aus der Funktionsanwendung resultierenden Wertes bildet. Wir haben dabei gesehen, dass die Prinzipien der kombinatorischen Komposition dieser Funktionen auf eine sehr elegante Weise von den jeweils beteiligten Typen selbst gesteuert ist. Eine damit eng zusammenhängende, aber dennoch andere Frage besteht darin, *sprachlichen Ausdrücken* (nicht mathematischen Funktionen) Bedeutungskategorien derart zuzuordnen, dass sich „die einzelnen Worte und zusammengesetzten Ausdrücke einer Sprache in solche Klassen einteilen lassen, dass zwei zu derselben Klasse gehörende Worte bzw. Ausdrücke einander in einem Kontext, welcher einen einheitlichen Sinn besitzt, vertreten können, ohne dass dadurch der geänderte Ausdruck zu einem zusammenhanglosen Wortgefüge wird und überhaupt einen einheitlichen Sinn verliert, während zwei zu verschiedenen Klassen gehörende Worte bzw. Ausdrücke diese Eigenschaft nicht besitzen.", wie der deutsche Philosoph Edmund Husserl (1913:305) die Problemstellung umrissen hat. Eine Antwort auf diese Frage gibt die Kategorialgrammatik, deren Grundzüge von dem polnischen Mathematiker und Logiker Kazimierz Ajdukiewicz in dem berühmt gewordenen Aufsatz von 1935 über *Die syntaktische Konnexität* dargestellt sind. Wir wollen uns die grundlegenden Konzepte der Kategorialgrammatik in diesem Kapitel verdeutlichen. Dabei können wir die wesentlichen Eigenschaften der Typentheorie verwenden, denn es besteht eine strukturelle Symmetrie zwischen den beiden Konzeptionen.

So wie in der Typentheorie zwei Basistypen *e* (entity) und *t* (truth value) angenommen werden, so nimmt die Kategorialgrammatik zwei Basiskategorien *n* (Namen) und *s* (Satz) an. Und geradeso wie in der Typentheorie aus den Basistypen *e* und *t* komplexe Typen mit Hilfe des Typengenerators neu gebildet werden können, erlaubt auch die Kategorialgrammatik, neue Kategorien auf der Grundlage der Basiskategorien *n* und *s* abzuleiten. Dies geschieht – wie stets – über eine rekursive Definition:

(1) (i) s und n sind Kategorien.
(ii) Wenn α und β Kategorien sind, so ist α/β eine Kategorie.
(iii) Nichts sonst ist eine Kategorie.

Ausgehend vom Status von s und n als Kategorien, sagt uns (1)(ii), dass s/n eine Kategorie ist, und dann auch s/n/s oder s/n/n usw. Der Raum möglicher Kategorien ist also prinzipiell ebenso unbeschränkt wie die Komplexität der Kategorien selbst.

In der Typentheorie sind die Typen *e* und *t* nicht komplex, d. h. es sind Ausdrücke, die nicht mit Argumenten verbunden werden können, da nur komplexe Typen als Funktionen zu deuten sind. Dies ist in der Kategorialgrammatik bzgl. der Kategorien *s* und *n* ähnlich. Beide werden als gesättigte Kategorien gedeutet, d. h. sie stellen Ausdrücke dar, die nicht mehr mit Argumenten angereichert werden können. Nur die komplexen Funktorkategorien verbinden sich mit Ausdrücken einer anderen Kategorie.

Funktorkategorien werden – in der Ausdrucksweise von Ajdukiewicz – mit *gebrochenen Indizes* versehen. Ein gebrochener Index lässt sich formal als ein Bruch auffassen, in dessen Nenner die Indizes der Argumente und in dessen Zähler der Index der Kategorie des gesamten Ausdrucks steht. Wir sehen an diesen Eigenschaften, wie eng die Kategorialgrammatik an der Typentheorie orientiert ist, denn die Kategorien sind den logischen Typen in der Hinsicht ähnlich, dass sowohl die Indizes der Argumentstellen als auch die nach Kombination mit den Argumenten entstehenden Resultatsindizes in der Notation eines Index enthalten sind. Die Tabelle in (2) zeigt in der linken Spalte einfache und komplexe Kategorien der Kategorialgrammatik und in der rechten Spalte entsprechende logische Typen der Russellschen Typentheorie:

(2)

Kategorien:	**logische Typen:**
n	e
s	t
s/n	<e,t>
s/n/n	<e,<e,t>>
s/n/n/n	<e,<e,<e,t>>>
s/n/s/n	<<e,t>,<e,t>>

Die Notationen unterscheiden sich in der Serialisierung der beteiligten Komponenten. Während die *Kategorien* so notiert werden, dass die erforderlichen Argumente im Nenner und damit den rechten Teil des Kategorienindex bilden, stellen sie in der Notation der *logischen Typen* den linken Teil dar. Beide Notationen sind suggestiv, denn die logischen Typen kategorisieren Funktionen, die Argumente auf Werte abbilden: <a,b>: a → b, die Notation der Funktorkategorien beruht darauf, dass Ajdukiewicz eine formale Bruchrechnung verwendet, um die Kombinatorik von Funktorkategorien mit Argumentkategorien festzulegen. So trägt etwa ein intransitives Verb den Kategorienindex s/n. Es muss sich also mit einem nominalen Ausdruck (der Kategorie n) verbinden, so dass ein Ausdruck der Kategorie s (Satz) resultiert. Mit Hilfe der formalen Bruchrechnung geschieht dies nun so wie in (3)(i) dargestellt. Dies ist eine überdifferenzierte Darstellung der einfachen und verkürzten Baumdiagramm-Schreibweise in (3)(ii):

(3) (i) s/n · n — Funktorkategorie mit Argumentkategorie multiplizieren,
→ s · n / n — dazu die Argumentkategorie in den Zähler schreiben,
→ $s \cdot \not{n} \, / \not{n}$ — n im Zähler und Nenner kürzen.
→ s — Das Ergebnis ist s.

(ii)
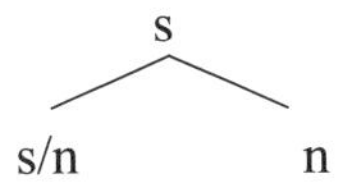

s/n/n ist eine zweistellige Funktorkategorie, die zwei nominale Ausdrücke als Argument nimmt, also etwa ein zweistelliges Verb, das sich mit zwei nominalen Ausdrücken verbindet, und s/n/n/n ist eine dreistellige Funktorkategorie, die drei nominale Ausdrücke als Argumente nimmt. Die Kategorie s/s/n ist eine Funktorkategorie, die sich mit einem einstelligen Ausdruck mit Index s/n als Argument verbindet usw. Die Argumente der Funktorkategorien müssen also nicht notwendigerweise Grundkategorien sein, sondern können auch eine *höhere Stufe* haben, denn sie können selbst Funktorkategorien sein.

Wendet man diese Notation auf die Ausdrücke des natürlich-sprachlichen Satzes in (4)(i) an, so ergeben sich die Kategorien-Zuordnungen in (4)(ii):

(4) (i) Der Flieder duftet sehr stark und die Rose blüht.

(ii)

Ausdruck	**Index**	**Kategorie**
der	n/n	Artikel
Flieder	n	Name
duftet	s/n	einstelliges Prädikat
sehr	s/n/s/n/s/n/s/n	Gradpartikel
stark	s/n/s/n	Adverb
und	s/ss	Satzkonjunktion
die	n/n	Artikel
Rose	n	Name
blüht	s/n	einstelliges Prädikat

Folgt man Ajdukiewicz, so findet die Kombinatorik dieser Kategorien folgendermaßen statt: Zunächst müssen die Kategorien so geordnet werden, dass jede Funktorkategorie links von ihren Argumenten steht. Die ist die sog. *polnische Notation*. In dem Satz in (4)(i) ist die Konjunktion *und* der höchste Funktor, der die beiden Sätze als Argumente miteinander verbindet. Innerhalb des ersten Argumentsatzes ist *der* Funktor und *Flieder*

Argument. Daher steht *der* vor *Flieder*. *Der Flieder* ist seinerseits Argument von *duftet*, weshalb *duftet* vor *der Flieder* steht. *Stark* ist das Adverbial, welches den (VP-) Ausdruck *duftet der Flieder* als Argument nimmt, doch bevor dies stattfinden kann, muss die Gradpartikel *sehr*, die *stark* als Argument nimmt, behandelt werden, so dass zunächst der Funktor-Argument-Komplex *sehr stark* gebildet wird, der dann *duftet der Flieder* als Argument nimmt und – gemäß polnischer Notation – vor diesem Ausdruck stehen muss. Für den zweiten Argumentsatz funktioniert die Festlegung der Reihenfolge nach analogen Überlegungen. Es ergibt sich daraus die Serialisierung in (5):

(5) und (sehr stark duftet der Flieder)(blüht die Rose)

Jetzt sucht man in der Kette der Kategorien eine solche Indexfolge, die an erster Stelle einen gebrochenen Index hat und darauffolgend aus Indizes besteht, die im Nenner des gebrochenen Index stehen. Die Kombinatorik der Funktorkategorie mit der Argumentkategorie wird nun über die Indizes bestimmt, indem die formale Multiplikation vorgenommen wird, so dass die Argumentkategorie gekürzt werden kann und nur noch der im Zähler befindliche Resultatsindex übrig bleibt. Wenn sich auf diese Weise ein zusammengesetzter Ausdruck in einen Hauptfunktor und seine Argumente zerlegen lässt, so wird er *gut gegliedert* genannt. In Abbildung (6) lässt sich die Kombinatorik der verschiedenen Kategorienindizes recht deutlich sehen. Diejenigen, die miteinander kombiniert werden können, sind jeweils unterstrichen, und zentriert unter dieser Unterstreichung befindet sich der resultierende Kategorienindex (der Zähler der jeweiligen Funktorkategorie):

(6)	und (	sehr	stark	duftet	der	Flieder)	(blüht	die	Rose)
	s/ss	s/n/s/n/s/n/s/n	s/n/s/n	s/n	n/n	n	s/n	n/n	n
			s/n/s/n	s/n		n	s/n		n
			s/n			n		s	
	s/ss			s				s	
				s					

Es zeigt sich, dass bei jedem einzelnen Ableitungsschritt die Möglichkeit besteht, die unterstrichenen Indexfolgen so zu kürzen, dass nach der letzten Ableitung ein einzelner Kategorienindex (hier: s) übrig bleibt. Dieser wird *Exponent* genannt.

Nach diesen Vorbemerkungen lässt sich bestimmen, unter welchen Bedingungen ein Ausdruck *syntaktisch konnex* (wohlgeformt) ist. Dazu muss er gut gegliedert sein und einen Exponenten besitzen, der nur aus einem Buchstaben besteht, wie es etwa in Beispiel (6) der Fall ist:

(7) Ein Ausdruck ist dann und nur dann *syntaktisch konnex*, wenn er
  (i) durchgehend gut gegliedert ist,
  (ii) jedem in diesem Ausdrucke in der Rolle eines Hauptfunktors irgendeiner Stufe auftretenden Funktor genau so viel Argumente zugeordnet sind, als der Nenner seines Index Buchstaben enthält, und
  (iii) er einen Exponenten besitzt, welcher aus einem einzigen Index besteht.

Diese Rekonstruktion syntaktisch wohlgeformter Strukturen lässt sich nun in direkter Weise auf die semantischen Funktionen beziehen, die wir in der Typentheorie kennen gelernt haben, denn aus dem parallelen Aufbau der Kategorienindizes und der logischen Typen sowie der Parallelität zwischen formaler Kürzung und funktionaler Applikation lassen sich die syntaktischen Strukturen isomorph auf die semantischen Funktionen abbilden. Die folgende – etwas vereinfachte – Darstellung macht diese prinzipielle Isomorphie zwischen syntaktischen und semantischen Strukturen deutlich, auch wenn die Kategorien und logischen Typen tatsächlich komplexer konzipiert sein müssen:

(8) Syntaktische Kategorien: Semantische Funktionen:

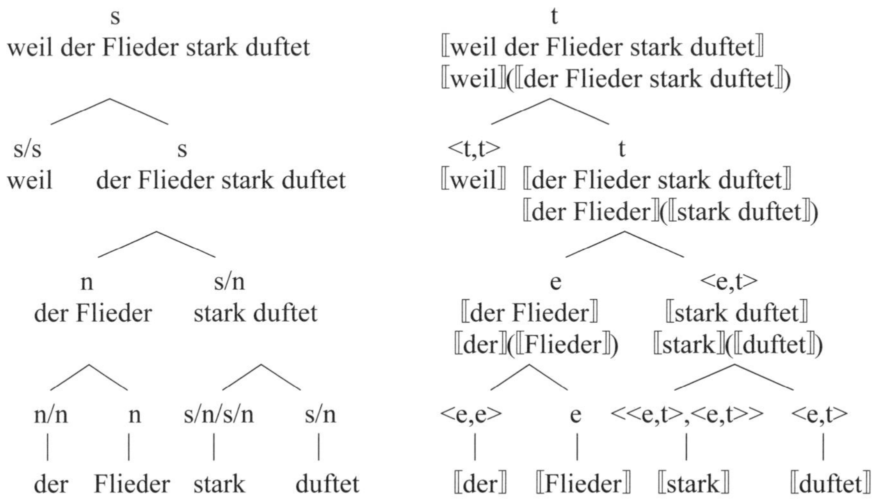

Jedem einfachen und komplexen Ausdruck in der syntaktischen Struktur lässt sich damit eine semantische Funktion zuordnen, so dass wir hier einen Weg sehen, jede elementare oder komplexe Konstitutente in der syntaktischen Struktur auf eine Funktion in der semantischen Struktur zu beziehen, so dass sich eine 1:1-Zuordnung von syntaktischen Strukturen zu semantischen Funktionen herstellen lässt.

Da die klassische Kategorialgrammatik für die Serialisierung der Funktoren und ihrer Argumente die polnische Notation erfordert, bei der die Funktoren den Argumenten vorausgehen, die Wortstellung in natürlichen Sprachen aber nicht durchgängig dieser logischen Notation folgt, gibt es Versuche, die Kategorienindizes bzgl. der Anbindung von Argumenten, die links stehen, von der Anbindung von Argumenten, die rechts stehen, zu unterscheiden. Um dies auszudrücken, benutzt man zusätzlich zu dem Bruchstrich / seine gespiegelte Variante \ und erweitert die Bedeutung dieser beiden Zeichen derart, dass bei Verwendung von / die Argumente rechts von der Funktorkategorie stehen, während die Verwendung von \ anzeigt, dass die Argumente links von der Funktorkategorie auftreten. Damit soll erreicht werden, dass die Kategorialgrammatik auch die Linearisierungsbedingungen in natürlich-sprachlichen Sätzen abzubilden gestattet. Um also etwa in dem Beispielsatz in (8) die Richtung der jeweiligen Funktor-Argument-Verbindung explizit zu machen, kann der Kategorienindex von *stark* weiterhin notiert werden als s/n/s/n, weil *stark* als Funktor sein Argument *duftet* rechts von sich erwartet, wie dies auch in der in der polnischen Notation vorgesehen ist. Der Kategorienindex s/n von *duftet*, das sein Argument *der Flieder* im Deutschen links von sich stehen hat, da Deutsch eine SOV-Sprache ist, müsste den Kategorienindex n\s erhalten, um diesen Linearisierungseffekt abzubilden. Diese Variante in der Notation der Kategorienindizes erlaubt es also, die Richtung, in der eine Funktorkategorie ihre Argumente erwartet, im Kategorienindex selbst zu repräsentieren.

7.2. Übungsaufgaben

1. Geben Sie zu dem folgenden (Neben-) Satz eine Ableitung in
   (i) polnischer Notation,
   (ii) umgekehrt polnischer Notation,
   (iii) entsprechend der Wortstellung im Deutschen:

   weil Fritz sehr langsam schwimmt.

2. Ordnen Sie den folgenden Verben ihre Kategorie zu:
   (i) schlafen
   (ii) streicheln
   (iii) glauben
   (iv) entnehmen
   (v) verführen

8. λ-Kalkül

8.1. Funktionen und Funktionswerte

Im letzten Kapitel haben wir mit der Typentheorie eine Sichtweise eingeführt, die die Verbindung semantischer Kategorien als eine Beziehung zwischen einer Funktion und einem Argument begreift. Dabei haben wir Prädikatsausdrücke einem bestimmten Typ zugewiesen, den wir als Funktion interpretieren konnten. In diesem Kapitel wollen wir aus den Prädikatsausdrücken selbst Funktionen *konstruieren*. Diese Konstruktion soll durch ein systematisches Verfahren geschehen, welches erlaubt, aus beliebigen L_1-Ausdrücken Funktionen eindeutig zu bestimmen.

Wenn wir von einer mathematischen Funktion $f(x)$ oder $x^3 + 1$ sprechen, so ist i.d.R. nicht klar, ob damit die *gesamte Funktion* oder nur der *Funktionswert an einer Stelle x* gemeint ist:

(1) (i) $f(x) = x^3 - 1$

(ii)

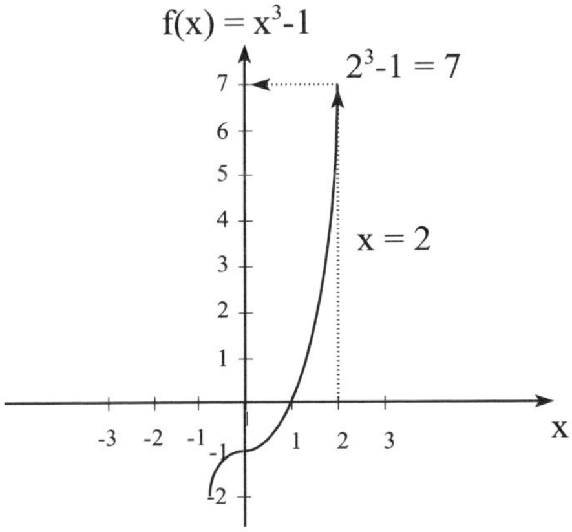

Der Ausdruck in (1)(i) könnte einerseits die gesamte Funktion bezeichnen, andererseits aber auch den Funktionswert an der Stelle x, etwa für x = 2. Im ersten Fall bedeutet die Darstellung in (1)(i) die gesamte Kurve in der Abbildung (1)(ii) und im zweiten Fall nur den Funktionswert an der Stelle x, also für x = 2 die Zahl 7.

Diese Ambiguität können wir auflösen, indem wir für die beiden Verwendungsweisen jeweils verschiedene Darstellungen wählen. Dies war eine Motivation für Alonzo

Church, im Jahr 1941 den sog. *λ-Kalkül* zu entwickeln. (λ [= Lambda] ist die Entsprechung des kleinen l im griechischen Alphabet).

Für eine Differenzierung in zwei Darstellungen benötigen wir eine Notation, die den Unterschied zwischen beiden Bedeutungen auszudrücken vermag. Die Notation in (2)(i) wird verwendet, um den Funktionswert an der Stelle x anzugeben, und die Notation in (2)(ii), um die gesamte Funktion zu bezeichnen. Der Unterschied zwischen den beiden Darstellungen besteht lediglich darin, dass in (2)(ii) der λ-Operator λx vor den Ausdruck $x^3 - 1$ geschrieben wird:

(2) Notation für den Funktionswert und die gesamte Funktion:
  (i) $x^3 - 1$ Funktionswert an der Stelle x
  (ii) $\lambda x[x^3 - 1]$ gesamte Funktion

In der Abbildung (1)(ii) sehen wir, dass die Funktion $f(x) = x^3\text{-}1$ (in λ-Notation geschrieben als: $\lambda x[x^3\text{-}1]$) eine Zahl x (das Argument) auf eine andere Zahl (den Funktionswert) abbildet. Wenn Zahlen den Typ e haben, so ist der Typ dieser Funktion <e,e>, denn er nimmt eine Zahl als Argument und bildet diese auf eine andere Zahl ab:

(3) TYP($\lambda x[x^3 - 1]$) = <e,e>

Es interessiert uns aber nicht immer nur die gesamte Funktion, sondern natürlich auch der Wert der Funktion an einer ganz bestimmten Stelle, d.h. der Wert der Funktion für ein ganz bestimmtes Argument x, etwa x = 2. Diesen Wert ermitteln wir, indem wir für x den Wert 2 einsetzen und das Ergebnis des Ausdrucks $2^3 - 1$ ausrechnen. Man schreibt dies üblicherweise wie in (4)(i):

(4) Der Funktionswert an der Stelle x = 2:
  (i) $f(2) = 2^3 - 1 = 7$
  (ii) $\mathbf{\lambda x[x^3 - 1](2)} \equiv 2^3 - 1 = 7$
  ↑ **äquivalent** ↑ **ausrechnen**

Ganz ähnlich geht man auch bei der Darstellung in (4)(ii) vor. Man gibt der Funktion $\lambda x[x^3 - 1]$ ein Argument, das den gleichen Typ hat wie die Variable x und wendet die Funktion auf das Argument an. Den Funktionswert erhält man, indem man die Funktion $\lambda x[x^3 - 1]$ auf das Argument 2 funktional appliziert. Dabei wird das Argument 2 für x eingesetzt, und der λ-Operator fällt weg, so dass der Ausdruck jetzt tatsächlich nur noch den Funktionswert an der Stelle 2 bezeichnet. Dieser lässt sich einfach ausrechnen.

Im folgenden Abschnitt werden wir sehen, wie wir die hier explizierte Art der Funktionskonstruktion und der Berechnung der Funktionswerte auch für die Beschreibung der semantischen Struktur von sprachlichen Ausdrücken verwenden können.

8.2. Der λ-Operator und L_1-Ausdrücke

Zu Beginn dieses Kapitels haben wir davon gesprochen, dass wir eine Darstellung für Funktionsausdrücke suchen, die eindeutig ist. Dies ist uns mit Hilfe des λ-Operators gelungen. Während $x^3 - 1$ den Funktionswert an der Stelle x bezeichnet, steht der Ausdruck $\lambda x[x^3 - 1]$ für die gesamte Funktion, die vom Typ <e,e> ist.

Wir wollen nun genau diese Art der Funktionskonstruktion auf L_1-Ausdrücke übertragen, um sie als Funktionen darstellen zu können. Dazu betrachten wir das Prädikat *schnarchen'*. In L_1 kann es mit einem Term (etwa einer Individuenvariable) verbunden werden, so dass sich die Formel *schnarchen'(x)* ergibt, die vom Typ t ist. Diesen Ausdruck können wir parallel zu der mathematischen Funktion als den Wert der Funktion *schlafen'* an der Stelle x auffassen. Um nun zu der gesamten Funktion überzugehen, wollen wir auch hier den λ-Operator verwenden, so dass wir ganz parallel zu der mathematischen Funktion den Ausdruck *λx[schlafen'(x)]* erhalten. Welche Funktion haben wir darunter zu verstehen? Wir wissen einerseits, dass das Denotat des Prädikats *schlafen'* die Menge derjenigen Individuen ist, die schlafen. Dies haben wir in der Prädikatsnotation wie in (1)(i) ausgedrückt:

(1) (i) {x / x schnarcht}
 (ii) Die Menge aller x, für die gilt: x schnarcht.

Zugleich wissen wir, dass diese Menge auch als charakteristische Funktion aufgefasst werden kann, die jedes Individuum, das schläft, auf den Wert 1 abbildet und jedes andere auf 0. Wenn wir nun diese Werte 1 (bzw. 0) als die Wahrheitswerte eines Satzes interpretieren, so sagt uns die charakteristische Funktion, dass der Satz für jedes Individuum in der Menge wahr ist und für alle anderen falsch. Die Funktion *λx[schlafen'(x)]* ist nun genau die charakteristische Funktion, die der Menge der schlafenden Individuen entspricht. Dabei stellt sich die Frage, wie diese Funktion mit dem Typ <e,t> zusammenhängt, bzw. wie wir den Typ aus den Einzelbestandteilen des Funktionsausdrucks ableiten können. Mit der Typentheorie und speziell mit der Regel der funktionalen Applikation haben wir schon die Grundlagen dafür geschaffen, sprachliche Ausdrücke als Funktionen aufzufassen, indem sie einem bestimmten Typ zugewiesen werden. Der Typ einer Funktion legt fest, von welchem Typ das *Argument* der Funktion ist, und er legt auch fest, von welchem Typ deren *Wert* ist. Nun haben wir dem Prädikat *schnarchen'* den Typ <e,t> zugewiesen. *schnarchen'* ist zunächst aber nur ein *Prädikat*, es ist noch keine *Funktion*. Wenn wir es mit einer Individuenvariable x verbinden, so entsteht die *L_1-Formel*: *schnarchen'(x)*, die den Typ t hat. Wie (2) zeigt, erhalten wir aus der Verbindung zwischen einem einstelligen Prädikat und einer Individuenvariablen zunächst eine Formel, bzw. den *Funktionswert an der Stelle x*:

(2)

t
schnarchen'(x) — Funktionswert an der Stelle x

<e,t> e
schnarchen' x

Um aus diesem Funktionswert die gesamte Funktion herzustellen, verwenden wir den λ-Operator und schreiben ihn vor die Formel. Wir haben also ganz analog zu unserem mathematischen Beispiel in (1) die beiden Schreibweisen in (3):

(3) Notation für den Funktionswert und die gesamte Funktion:

(i) schnarchen'(x)	Funktionswert an der Stelle x (etwa x = Peter)
(ii) λx[schnarchen'(x)]	gesamte Funktion (= charakteristische Funktion)

Insofern der Ausdruck *schnarchen'(x)* in (3)(i) vom Typ t ist, kommt es darauf an, die Variable x aus dem Ausdruck zu abstrahieren, so dass die gesamte Funktion *λx[schnarchen'(x)]* vom Typ <e,t> ist, also eine Funktion von der Menge der Individuen in die Menge der Wahrheitswerte. In (4)(ii) sehen wir die kompositonale Struktur des Ausdrucks in (4)(i), der eine Funktion von der Menge der Individuen (= D_e) in die Menge der Wahrheitswerte (= D_t) ist, wie dies (4)(iii) veranschaulicht:

(4) (i) λx[schnarchen'(x)]

(ii)

<e,t>
λx[schnarchen'(x)] — gesamte Funktion, λ-Abstraktion

λx t
schnarchen'(x) — Funktionswert an der Stelle x, Verbindung von Prädikat und Variable

<e,t> e
schnarchen' x — Prädikat und Variable

(iii) $D_t^{D_e}$:

Es scheint, als würden wir in der Struktur (4)(ii) zuerst eine Funktion mit einer Variablen verbinden, um diese dann wieder zu abstrahieren. Wir müssen uns aber klarmachen, dass der Ausdruck *schnarchen'* ein *Prädikat* ist, das zwar dem Typ <e,t> zugewiesen werden kann, aber deshalb noch keine Funktion darstellt. Eine Funktion stellt stets den Bezug zwischen einem Argument und einem Wert her, in dem Ausdruck *schnarchen'* ist aber die leere Stelle für das Argument gar nicht sichtbar. Erst wenn *schnarchen'* mit einer Variablen verbunden wird, wissen wir, wo ein Argument eingesetzt werden kann. Verbinden wir aber das Prädikat mit einer Variablen, so ist der dabei entstehende Ausdruck vom Typ t, also eine Formel und keine Funktion. Um tatsächlich eine Funktion zu erhalten, verwenden wir den λ-Operator und abstrahieren die Variable, ganz parallel zu unserer Vorgehensweise bei der mathematischen Funktion.

Wir fassen die bisherigen Ergebnisse kurz zusammen. Wir hatten die Absicht, prädikatenlogische Ausdrücke als Funktionen in dem gleichen Sinne aufzufassen, wie wir dies im Beispiel (1) gesehen haben. Diese Funktionen können mit Hilfe von Typen in solcher Weise charakterisiert werden, dass ein (komplexer) Typ gerade aus dem Argumenttyp und dem Wertetyp der Funktion besteht. Das Denotat des einstelligen Prädikats *schnarchen'* haben wir bisher als die Menge der Individuen charakterisiert, die schnarchen. Eine solche Menge lässt sich (in äquivalenter Weise) als charakteristische Funktion auffassen, die Individuen auf Wahrheitswerte abbildet. Da *schnarchen'* ein einstelliges Prädikat ist, hat es den Typ <e,t>, ist aber als solches nur ein *Prädikat* und keine Funktion. Wenn wir das Prädikat *schnarchen'* mit einer Individuen-Variablen x vom Typ e mittels funktionaler Applikation verbinden, so entsteht ein Ausdruck vom Typ t (der Funktionswert an der Stelle x). Um aus diesem Ausdruck eine *Funktion* zu konstruieren, abstrahieren wir die Variable x mit Hilfe des λ-Operators gerade so, wie wir es in (2) für die mathematische Funktion durchgeführt haben. Dabei ist, was den Aufbau der Funktion anbelangt, zu bemerken, dass die Funktion gerade so gebaut ist, dass sie genau der Interpretation der Typen entspricht. Dieses Ergebnis wollen wir mit dem einfachen Prinzip in (5) festhalten:

(5) λ-Abstraktion:
Wenn x eine Variable vom Typ a und φ ein Ausdruck vom Typ b ist, in dem die Variable x frei vorkommt, dann ist der Ausdruck λx[φ] vom Typ <a,b>.

λ-Abstraktion besagt, dass ein Ausdruck vom Typ b, in dem eine (freie) Variable vom Typ a auftritt, durch Voranstellung eines λ-Operators zu einem Ausdruck vom Typ <a,b> wird. Mittels λ-Abstraktion wird der Ausdruck zu einer Funktion. Gemäß der Interpretation der Typen handelt es sich um eine Funktion von der Menge D_a (der Ausdrücke vom Typ a) in die Menge D_b (der Ausdrücke vom Typ b). Zu beachten ist hierbei, dass λ-Abstraktion für *beliebige* Typen a und b definiert wird, was es ermöglicht, Variablen mit beliebigem Typ a aus Ausdrücken von beliebigem Typ b zu abstrahieren. Dies geschieht nach einem *ganz allgemeinen* Verfahren. In (6)(i) ist dieses Verfahren für Ausdrücke mit beliebig komplexem Typ dargestellt:

(6) (i) λx[φ(x)]

(ii)

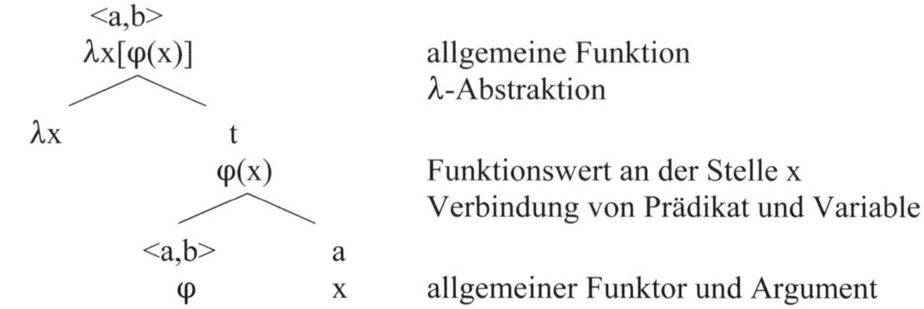

(iii) $D_b^{D_a}$:

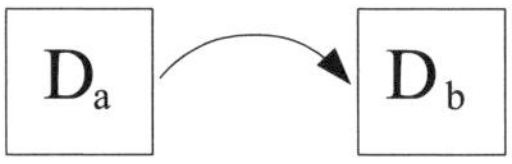

Verdeutlichen wir uns, was (6)(i) besagt. Wir wollen eine kompositionelle Herleitung des Ausdrucks in (6)(i) erreichen. Dazu verwenden wir einen Ausdruck φ vom Typ <a,b> und eine Variable vom Typ a. Funktionale Applikation ergibt den Ausdruck φ(x) vom Typ b, der dem Funktionswert an der Stelle x entspricht. Um von diesem Funktionswert zu der gesamten Funktion zu gelangen, abstrahieren wir die Variable x mittels λ-Abstraktion, so dass wir den Ausdruck *λx[φ(x)]* erhalten, der wieder vom Typ <a,b> ist.

Da die interessante Eigenschaft von Funktionen darin besteht, Argumente auf Werte abzubilden, haben wir bisher nur die erste Hälfte unseres Programms erledigt. Offengeblieben ist die Frage, wie eine Funktion auf ein Argument angewendet wird und wie sich der Funktionswert ergibt. Dies haben wir für die Typen zwar schon durchgespielt, müssen es aber für die λ-Ausdrücke noch anpassen. Die Funktion *λx[schnarchen'(x)]* wollen wir auf das Argument *Peter'* in der gleichen Weise anwenden, wie wir es bereits bei der mathematischen Funktion in (4) gesehen haben. Unsere Vorgehensweise wiederholen wir in (7):

(7) Der Funktionswert an der Stelle x = 2:

(i) $f(2) = 2^3 - 1 = 7$

(ii) $\boldsymbol{\lambda x[x^3 - 1](2)} \underset{\uparrow \atop \textbf{äquivalent}}{\equiv} \mathbf{2^3 - 1} \underset{\uparrow \atop \textbf{ausrechnen}}{=} \mathbf{7}$

Der Wert der Funktion *λx[schnarchen'(x)]* für das Argument *Peter'* lässt sich nun völlig parallel berechnen, wie aus (8) ersichtlich wird:

(8) Der Funktionswert an der Stelle x = Peter':

(i) λx[schnarchen'(x)](Peter')

(ii) $\equiv$ schnarchen'(Peter')
↑
äquivalent

(iii) $\equiv$ $\begin{cases} \text{1, falls Peter schnarcht.} \\ \text{0, falls Peter nicht schnarcht.} \end{cases}$
↑
ausrechnen

In (8)(i) wird die Funktion *λx[schnarchen'(x)]* auf das Argument *Peter'* angewendet. Dies ist äquivalent mit dem Ausdruck in (8)(ii), in dem der λ-Operator weggefallen ist und an der Stelle x das Argument *Peter'* eingesetzt wurde. Der gesamte Ausdruck entspricht dem Funktionswert an der Stelle Peter, der wie in (8)(iii) ausgerechnet werden kann. Die Funktion liefert den Wert 1, falls Peter in M schnarcht, sowie den Wert 0, falls Peter in M nicht schnarcht.

Der Übergang, der in (8) durch das Äquivalenzzeichen '≡' dargestellt ist, wird *λ-Konversion* genannt und gilt ebenso wie die λ-Abstraktion für Variablen beliebigen Typs. Während λ-Abstraktion eine Argumentstelle öffnet, kann diese mittels λ-Konversion besetzt werden; beide Operationen sind gewissermaßen Umkehrungen voneinander. Wir definieren λ-Konversion in (9):

(9) λ-Konversion:
Wenn φ ein Ausdruck vom Typ b und x eine Variable vom Typ a ist, dann gilt: φ(α) ist vom Typ b, und λx[φ(x)](α) ist äquivalent zu dem Ausdruck φ(α), oder:
λx [φ(x)] (α) $\equiv$ **φ(α).**
↑
äquivalent

Das Prinzip besagt, dass die Variable x im Skopus φ des λ-Operators durch α ersetzt wird. Es kann auch eine *mehrmalige* Ersetzung stattfinden, wenn die Variable x *mehrmals* im Skopus des λ-Operators auftritt. Wird von dem komplexen Ausdruck in (10)(i) die Variable x (vom Typ e) abstrahiert, so ergibt sich die Funktion vom Typ <e,t> in (10)(ii), in der die Variable x zweimal im Skopus des λ-Operators auftaucht:

(10) Wenn x schläft, dann schnarcht x.
(i) schlafen'(x) → schnarchen'(x)
(ii) λx[schlafen'(x) → schnarchen'(x)]
(iii) λx[schlafen'(x) → schnarchen'(x)] (Peter')
$\equiv$ **schlafen'(Peter') → schnarchen'(Peter')**
↑
λ-Konversion

Wendet man -wie in (10)(iii)- die Funktion auf das Argument *Peter'* an, und führt anschließend λ-Konversion durch, so muss x an beiden Stellen durch *Peter'* ersetzt werden und der λ-Operator fällt weg.

8.3. Anwendungen des λ-Operators

Wir wollen den Gebrauch des λ-Operators noch ein wenig einüben und betrachten daher, wie aus dem zweistelligen Prädikat *streicheln'* eine Funktion vom Typ <e,<e,t>> konstruiert wird. Zunächst müssen wir das Prädikat *streicheln'* mit den Variablen x und y verbinden. Dies geschieht durch zweifache funktionale Applikation, aus der ein Ausdruck vom Typ t entsteht:

(1)

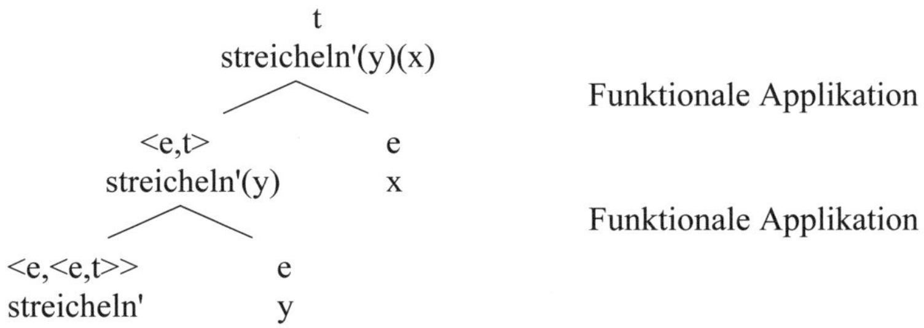

Nun müssen wir zweimal λ-Abstraktion anwenden. Dabei haben wir allerdings darauf zu achten, dass das erste e in dem Typ <e,<e,t>> für das direkte Objekt steht und das zweite e für das Subjekt. Obwohl die Reihenfolge, in der die λ-Abstraktionen durchgeführt werden, nicht durch logische Prinzipien festgelegt ist, wollen wir uns darauf einigen, dass zuerst die Variable, die syntaktisch dem Subjekt entspricht, abstrahiert wird und dann erst die Variablen, die den Objekten entsprechen. Diese Maßnahme ist durch die syntaktische Konstituenten-Struktur von Sätzen motiviert, derzufolge wir erreichen wollen, dass zunächst die Objekte mit dem Verb zu der Konstituente verbunden werden; erst anschließend kann die Verknüpfung von VP und Subjekt den vollständigen Satz zu ergeben. Die analoge hierarchische Ordnung erreichen wir hier genau dann, wenn wir die Subjekt-Variable *zuerst* abstrahieren, denn in diesem Falle wird sie entsprechend als *letzte* λ-konvertiert.

Die Regel der λ-Abstraktion sagt uns, dass wir wir aus einem Ausdruck vom Typ t, in dem die Variable x vom Typ e (frei) auftritt, die Variable x abstrahieren dürfen und einen Ausdruck vom Typ <e,t> erhalten.

(2) Abstraktion der Subjekt-Variablen:

<e,t>
λx[streicheln'(y)(x)] λ-Abstraktion von x
λx t
streicheln'(y)(x)

In dem resultierenden Ausdruck verbleibt die freie Variable y (für das Objekt), die wir ebenfalls mittels der Regel der λ-Abstraktion abstrahieren dürfen. Insofern wir jetzt von einem Ausdruck des Types <e,t> ausgehen, aus dem wir eine Variable vom Typ e abstrahieren, sagt uns die Regel der λ-Abstraktion, dass der neu entstehende Typ <e,<e,t>> sein wird. Dabei ist der Typ b des Ausdrucks φ gleich <e,t>, und der Typ a der zu abstrahierenden Variablen ist e. Wenn wir in den Resultatstyp der λ-Abstraktion <a,b> für a den Typ e einsetzen und für b den Typ <e,t>, so erhalten wir den Typ <e,<e,t>>:

(3) Abstraktion der Objekt-Variablen:

<e,<e,t>>
λy λx[streicheln'(y)(x)] λ-Abstraktion von y
λy <e,t>
λx[streicheln'(y)(x)]

Wie wir an dem obersten Knoten des Baumes ablesen können, resultiert die zweifache λ-Abstraktion in einer Funktion, die den Typ des ursprünglichen Prädikats aufweist. Die beiden λ-Abstraktionen in (2) und (3) stellt der Baum in (4) zusammen dar. λ-Abstraktion ist also iterativ anwendbar:

(4)
<e,<e,t>>
λy λx[streicheln'(y)(x)] λ-Abstraktion von y
λy <e,t>
λx[streicheln'(y)(x)] λ-Abstraktion von x
λx t
streicheln'(y)(x)

Das Denotat dieses Ausdrucks ist eine Funktion von Individuen in Funktionen (von Individuen in Wahrheitswerte) und damit ein Ausdruck vom Typ <e,<e,t>>. Mittels λ-Konversion können wir die Funktion auf ein Argument vom Typ e funktional applizieren und erhalten einen Ausdruck vom Typ <e,t>:

(5) (i) **λy[λx[(streicheln'(y))(x)]] (Maria')** $\equiv$ **λx[(streicheln'(Maria'))(x)]**

↑ λ-Konversion

(ii) $D_{<e,t>}^{D_e}$:

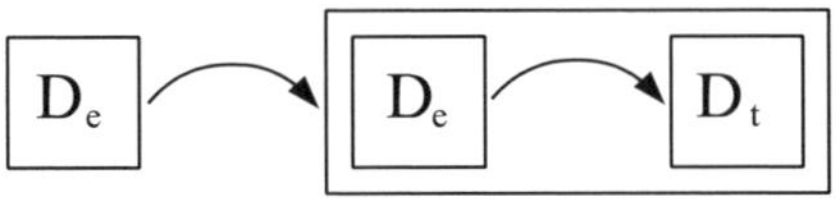

(iii)

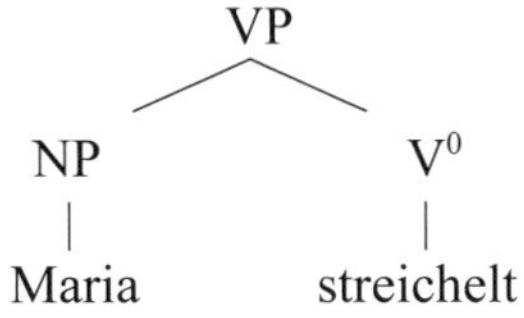

Die Funktion in (5)(i) nimmt als Argument einen Ausdruck vom Typ e und bildet diesen in die Menge der Funktionen von Individuen in Wahrheitswerte ($D_e \rightarrow D_t$) ab, wie in (5)(ii) zu sehen ist. Der Wert der Funktion ist also selbst wieder eine Funktion. Diese neue Funktion bildet einen Ausdruck vom Typ e auf einen Wahrheitswert ab. Sie entspricht der syntaktischen Konstituente VP in (5)(iii). Wenn die Funktion auf ein Argument vom Typ e angewendet wird, so ergibt sich ein Wahrheitswert:

(6) **λx[(streicheln'(Maria'))(x)] (Peter')** $\equiv$ **(streicheln' (Maria')) (Peter')**

↑ λ-Konversion

(i) $D_t^{D_e}$:

(ii)

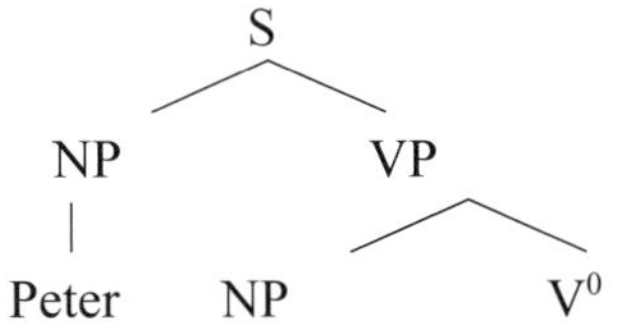

In (6)(i) sehen wir, dass die Funktion aus (6) ein Individuum auf einen Wahrheitswert abbildet, der das Denotat einer Aussage ist. Der rechte Teil der Äquivalenz in (6) ist eine Aussage, deren Denotat relativ zu einem Modell der Wert *wahr* oder *falsch* ist. Die entsprechende syntaktische Struktur zeigt (6)(ii).

Wir sehen, dass auch λ-Konversion iterativ angewendet werden kann, wobei der am weitesten links stehende λ-Operator gegen das am weitesten links stehende Argument konvertiert wird. Eine vollständige Ableitung zeigt das Baumdiagramm in (7)(ii).

(7) (i) Peter streichelt Maria.

(ii)

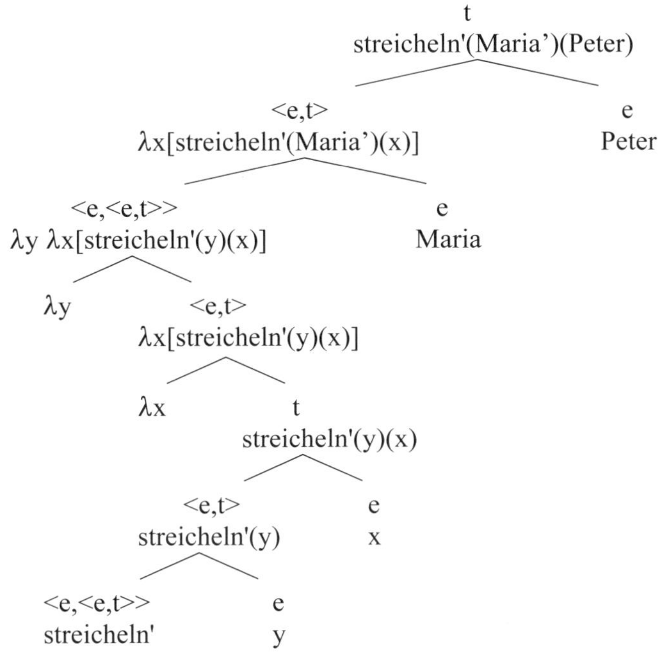

In der untersten Reihe dieser Struktur stehen die Basiseinheiten, also λ-Operatoren, Prädikate, Individuen-Konstanten und -Variablen. In der Reihe darüber findet sich der den Ausdrücken der unteren Reihe zugeordnete Typ. Die λ-Operatoren selbst haben keinen Typ, da wir den Typ des komplexen Ausdrucks, der mittels λ-Abstraktion entsteht, in der Regel der *λ-Abstraktion* formuliert haben.

Die Regel der λ-Abstraktion haben wir so formuliert, dass eine Variable von beliebigem Typ abstrahiert werden kann, so dass wir uns nicht auf die Abstraktion von Individuen-Variablen (Typ e) beschränken müssen. Dies machen wir uns an dem deutschen Verb *behaupten* klar, das eine Relation zwischen einem Individuum x, das etwas behauptet, und einer Behauptung (etwa dass Rom die Hauptstadt Italiens ist) darstellt. Wenn wir das Prädikat *behaupten'* mittels λ-Abstraktion zu einer Funktion machen wollen, so müssen wir an zweiter Stelle eine Variable vom Typ t abstrahieren, denn *behaupten'* ist ein Prädikat, welches einerseits ein Individuum (vom Typ e), andererseits aber eine Aussage (vom Typ t) fordert, selbst also vom Typ <t,<e,t>> ist:

(8) t
behaupten'(p)(x)
Funktionale Applikation

e <e,t>
x behaupten'(p)
Funktionale Applikation

t <t,<e,t>>
p behaupten'

Die Abstraktion der beiden Variablen p und x geschieht in der gleichen Weise wie oben. Wir abstrahieren zuerst die Variable x für das Subjekt:

(9) <e,t>
λx[behaupten'(p)(x)]
λ-Abstraktion

λx t
behaupten'(p)(x)

Im zweiten Schritt abstrahieren wir die Variable p (vom Typ t). Der Typ des Ausdrucks, in dem die Variable p auftritt, ist <e,t>, so dass nach λ-Abstraktion von p der Typ <t,<e,t>> entsteht:

(10) <t,<e,t>>
λpλx[behaupten'(p)(x)]
λ-Abstraktion

λp <e,t>
λx[behaupten'(p)(x)]

Auf diese Weise haben wir nach zweifacher λ-Abstraktion wiederum den Typ des zugrundeliegenden Prädikats abgeleitet.

Bei den soeben erörterten Beispielen haben wir Variablen unterschiedlichen Typs abstrahiert, jedoch handelte es sich dabei in jedem Fall um einfache Typen, d.h. e oder t. Die Regel der λ-Abstraktion erlaubt aber auch, Variablen von beliebig komplexem Typ zu abstrahieren. Dies wollen wir uns am Beispiel von Adverbien verdeutlichen.
Adverbien wie *schnell*, *innig* usw. modifizieren die Bedeutung von Verbalphrasen:

(11) (i) Peter läuft schnell.
(ii) Otto liebt Maria innig.

Den Sätzen in (11) entsprechen demnach die syntaktischen Strukturen in (12). In beiden Fällen wird ein Adverb an eine VP adjungiert, woraus sich mittels Adjunktion wieder ein VP-Knoten ergibt:

(12) (i)

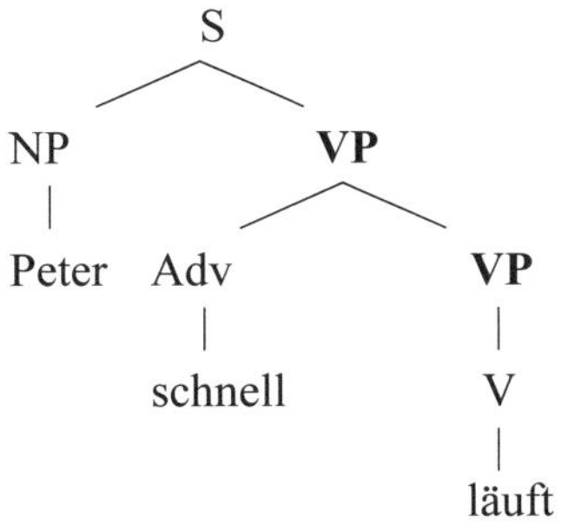

(ii)

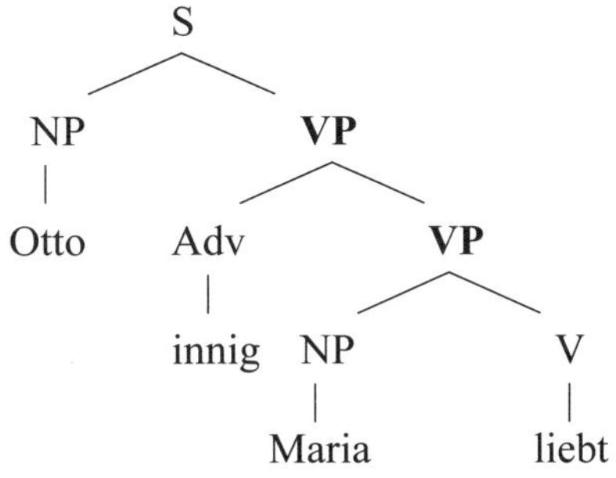

Wie lassen sich diese syntaktischen Strukturen semantisch deuten? Das Adverb *schnell* muss als Funktion konstruiert werden, die ein VP-Denotat als Argument nimmt und dieses auf ein VP-Denotat als Wert abbildet. Da VP-Denotate vom Typ <e,t> sind, muss das Adverb-Denotat eine Funktion vom Typ <<e,t>,<e,t>> sein:

(13) (i) TYP(Adverb') = <<e,t>,<e,t>>

(ii) $\mathbf{D}_{<e,t>}^{\mathbf{D}_{<e,t>}}$:

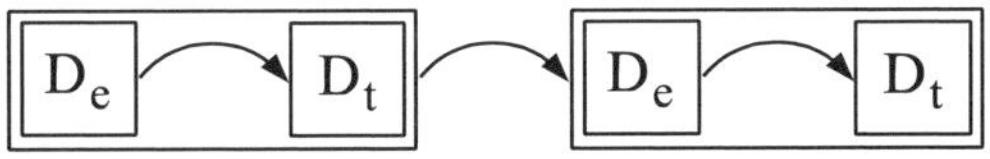

Damit erhalten wir die Typenbäume in (14), die parallel zu den syntaktischen Strukturen in (12) aufgebaut sind, was die eingekreisten syntaktischen und semantischen Kategorien zeigen:

(14)(i)

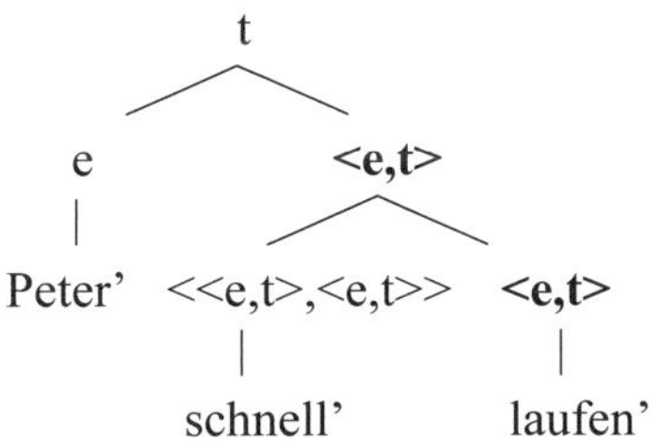

(ii)

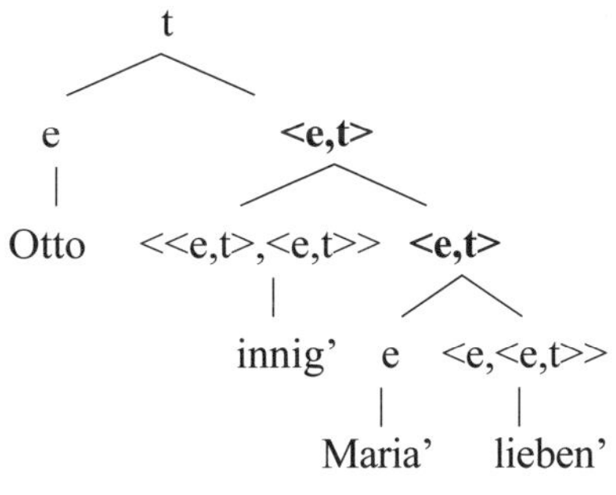

Die Frage ist nun, wie die *Funktion* für das Adverb konstruiert werden muss, damit sie ein VP-Denotat auf ein VP-Denotat abbildet. Um eine Vorstellung davon zu erhalten, was die Funktion leisten soll, betrachten wir das Modell in (15). In der Diskursdomäne befinden sich die fünf Individuen *Peter*, *Fritz*, *Maria*, *Clara* und *Otto*. *Peter* und *Fritz laufen*, *Maria*, *Clara* und *Otto schwimmen*. Darüber hinaus *läuft Peter schnell* und *Maria schwimmt schnell*:

(15)

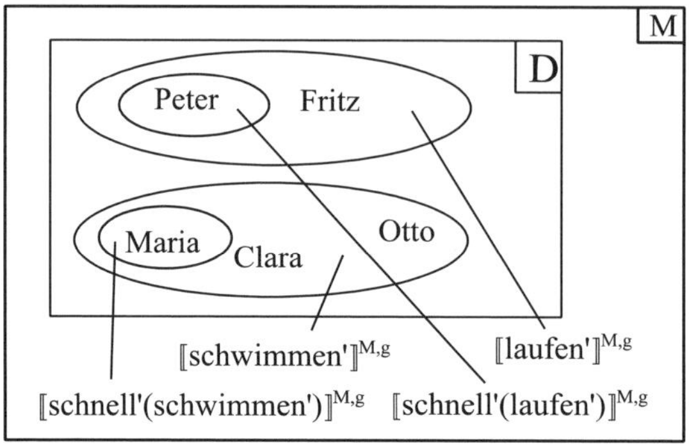

Das Adverb soll als Argument das VP-Denotat $[\![\text{laufen'}]\!]^{M,g}$ = {Peter, Fritz} nehmen und auf das Denotat $[\![\text{schnell'(laufen')}]\!]^{M,g}$ = {Peter} abbilden, und es soll das Denotat $[\![\text{schwimmen'}]\!]^{M,g}$ = {Maria, Clara, Otto} auf das Denotat $[\![\text{schnell'(schwimmen')}]\!]^{M,g}$ = {Maria} abbilden. Die Denotate $[\![\text{laufen'}]\!]^{M,g}$ und $[\![\text{schwimmen'}]\!]^{M,g}$ sind in (16) als charakteristische Funktionen dargestellt:

(16)(i) λx[laufen'(x)] :

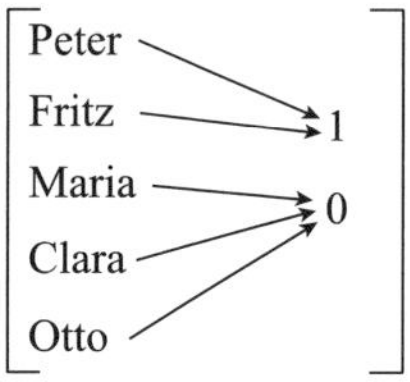

(ii) λx[schwimmen'(x)] :

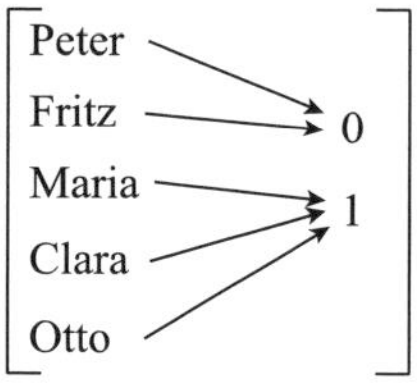

Diese beiden Funktionen sind die möglichen Argumente der Adverb-Funktion. Wir wissen, dass letztere vom Typ <<e,t>,<e,t>> sein muss, und rechnen daher damit, dass eine Variable vom Typ <e,t> abstrahiert ist. Diese Variable, nennen wir sie P, steht für das VP-Denotat, welches die Funktion als Argument nimmt. Die Variable P ist vom Typ <e,t>. Weiterhin erwarten wir eine abstrahierte Variable vom Typ e, für die später das Subjekt konvertiert werden soll. Nennen wir diese Variable z. Und schließlich wissen wir, dass das VP-Denotat vor dem Subjekt-Denotat λ-konvertiert wird. Für das Adverb *schnell* ergibt sich insgesamt die Übersetzung in (17)(i), mit der internen Struktur in (17)(ii):

(17) (i) λP[λz[schnell'(P(z))]]

(ii)

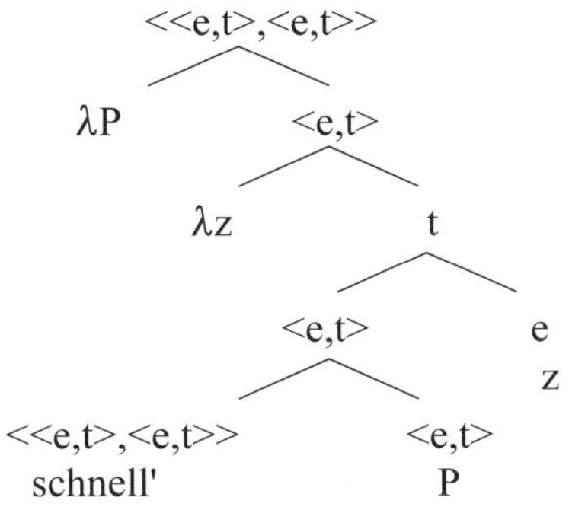

Soll diese Funktion etwa auf das Argument *λx[laufen'(x)]* funktional appliziert werden, so sind dazu die folgenden Schritte auszuführen:

(18) λP[λz[schnell'(P(z))]] (*λx[laufen'(x)]*)

(i) ≡ λz[schnell'(λx[laufen'(x)](z))]
↑
λ-K von P

(ii) ≡ λz[schnell'(laufen'(z))]
↑
λ-K von x

Beim Übergang von (18) nach (18)(i) wird die Variable P gegen das Argument *λx[laufen'(x)]* λ-konvertiert. Dieses Argument ist selbst eine Funktion mit der Argumentstelle x. Es wird an die Stelle von P gesetzt, und der λ-Operator *λP* fällt weg. Da das Argument eine charakteristische Funktion ist, die als Argument einen Ausdruck vom Typ e haben muss, kann die Variable x gegen die Variable z konvertiert werden, was beim Übergang von (18)(i) nach (18)(ii) geschieht. Der resultierende Ausdruck ist eine Funktion, die Individuen in Wahrheitswerte abbildet, also gerade ein VP-Denotat, wie gewünscht. Von dieser neuen Funktion werden alle Individuen, die schnell laufen, auf 1 abgebildet und alle anderen auf 0. In der gleichen Weise gehen wir vor, wenn wir die Adverb-Funktion auf die Funktion *λx[schwimmen'(x)]* anwenden wollen, so dass sich die beiden Funktionen in (19) als Denotate von *λz[(schnell'(laufen'))(z)]* und *λz[(schnell'(schwimmen'))(z)]* ergeben:

(19) (i)

λz[schnell'(laufen'(z))] : 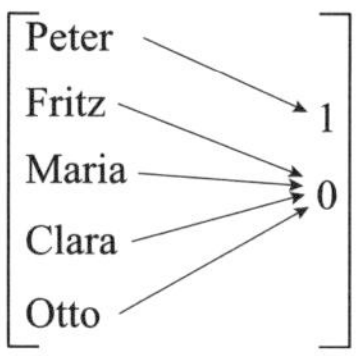

(ii)

λz[schnell'(schwimmen'(z))] : 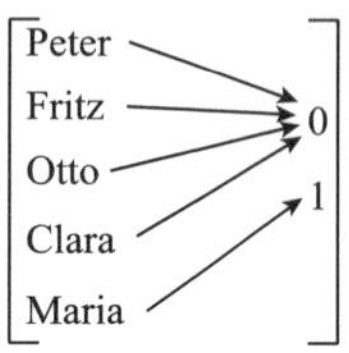

Wenn wir diese beiden Funktionsanwendungen zusammenfassen, so sieht die Funktion *λP[λz[schnell'(P(z))]]* relativ zu dem Modell in (15) aus wie in (20)(i) und ist graphisch dargestellt wie in (20)(ii):

(20) (i)

λP [λz [schnell'(P(z))]] : { **λx [laufen'(x)] → λz [schnell'(laufen'(z))]**
λx [schwimmen'(x)] → λz [schnell'(schwimmen'(z))]

(ii)

λP[λz[schnell'(P(z)]] : 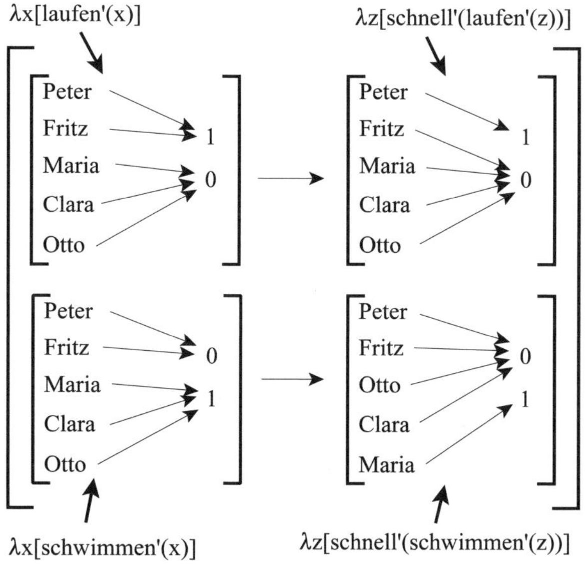

Wenn wir Adverbien so übersetzen, wie wir es in (17) getan haben, so ergibt sich aus ihrer internen Struktur nicht nur der angemessene Typ, sondern nach funktionaler Applikation mit einem VP-Denotat wieder ein VP-Denotat.

Als weiteres Beispiel für die Abstraktion von Variablen, die einen komplexen Typ haben, betrachten wir das einstellige Prädikat *trinken'* mit dem Typ <e,t> in der Übersetzung (21)(ii) des Satzes (21)(i). Wenn das Individuum *Peter'* auf den Wahrheitswert 1 abgebildet wird, so besagt dies, dass Peter trinkt:

(21) (i) Peter trinkt.
(ii) trinken'(Peter')

Nun mag es aber sein, dass Peter auch noch andere Dinge tut, etwa dass er isst oder raucht oder redet oder Maria liebt oder irgendetwas anderes. Wenn wir all die Tätigkeiten, Prozesse und Zustände, die Peter gerade ausführt oder in denen er sich gerade befindet, gemeinsam ausdrücken wollen, so müssen wir von der speziellen Tätigkeit des Trinkens abstrahieren. Genau dies können wir ebenfalls mit dem λ-Operator ausdrücken, indem wir für *trinken'* eine Variable einsetzen. Diese Variable, wir wollen sie P nennen, steht nun für ein beliebiges, aber feststehendes VP-Denotat:

(22) P(Peter')

Der Ausdruck in (22) ist keine Funktion, sondern ein Funktionswert an der Stelle P. Erst wenn wir die Variable P λ-abstrahieren, wird daraus eine Funktion, die jedes VP-Denotat, das auf Peter zutrifft, auf 1 abbildet und jedes andere auf 0:

(23) (i) λP[P(Peter')]
(ii) $D_t^{D_{<e,t>}}$:

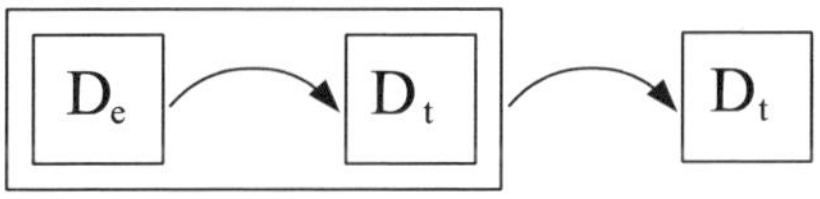

Da P den Typ <e,t> hat, ist die Funktion in (23)(i) vom Typ <<e,t>,t>, d.h. sie ist eine Funktion von Funktionen von Individuen in Wahrheitswerte in Wahrheitswerte, wie dies in (23)(ii) graphisch dargestellt ist. Sie nimmt einen Ausdruck vom Typ <e,t> als Argument, d.h. ein VP-Denotat, und bildet es auf einen Wahrheitswert ab. Mögliche Argumente dieser Funktion sind daher VP-Denotate wie *schlafen'*, *(die Katze streicheln)'*, *trinken'*, *rauchen'*, *(Maria lieben)'* usw. Indem VP-Denotate Mengen von Individuen sind, bildet ein Subjekt-Denotat Mengen von Individuen auf Wahrheitswerte ab. Da das Denotat von *schlafen'* die Menge der Individuen ist, die schlafen, bildet die Funktion in (23)(i) diese Menge auf den Wert 1 ab, wenn Peter in ihr enthalten ist. Ist Peter in der Menge nicht enthalten ist, so wird sie auf 0 abgebildet.

Diese Art von Funktionen werden uns im nächsten Kapitel über die Semantik von Nominalphrasen wieder begegnen, und wir werden sehen, dass sie die Grundlage für eine kompositionelle Theorie der Quantifikation bilden.

8.4. Syntax und Semantik des λ-Operators

Nachdem wir einige Anwendungen mit dem λ-Operator betrachtet und ein Verständnis für seine Wirkungsweise entwickelt haben, wollen wir seine Verwendung formal definieren. Dazu schreiben wir zunächst eine syntaktische Regel, die festlegt, welche Ausdrücke mit einem λ-Operator wohlgeformt sind. Diese Regel ist im wesentlichen eine Definition für die λ-Abstraktion, die wir bereits kennengelernt haben.

(1) Syntaktische Regel für den λ-Operator: (λ-Abstraktion)
Wenn x eine Variable vom Typ a und φ(x) ein wohlgeformter Ausdruck vom Typ b ist, in dem x frei vorkommt, dann ist λx[φ(x)] ein wohlgeformter Ausdruck vom Typ <a,b>.

Da wir unserer Tradition treu bleiben wollen, dass jeder syntaktischen Regel eine semantische Regel zuzuordnen ist, müssen wir uns überlegen, in welcher Weise λ-Ausdrücke in einem Modell interpretiert werden. Wir machen uns dies an dem einfachsten Fall einer Funktion vom Typ <e,t> klar, den wir anschließend für beliebige Funktionen vom Typ <a,b> verallgemeinern. Wir wissen bereits, dass eine Funktion vom Typ <e,t> eine charakteristische Funktion ist und dass eine solche Funktion alle Individuen auf einen Wahrheitswert abbildet. Im folgenden soll sie darüber hinaus in *jedem* Modell die semantischen Werte liefern, die der Modellstruktur jeweils entsprechen. Wir müssen also fragen, wie Funktionen, die mit Hilfe des λ-Operators konstruiert sind, relativ zu einem gegebenen Modell aussehen. Der Ausdruck in (2)(i) ist eine *allgemeine* Funktion, die wir als Übersetzung des Verbs *schlafen* annehmen. Relativ zu verschiedenen Modellen bildet diese Funktion i.d. R. nicht stets die gleichen Individuen auf die gleichen Wahrheitswerte ab, denn die Modelle können ganz unterschiedlich strukturiert sein. Um eine semantische Regel zu formulieren, die uns zu jedem Modell die *konkrete* Abbildung zu der *allgemeinen* Funktion in (2)(i) angibt, müssen wir festlegen, wie die allgemeine Funktion relativ zu einem Modell aussieht. Dies wird durch die Funktion h in (2)(ii) ausgedrückt:

(2) (i) $\lambda x[\text{schlafen}'(x)]$
(ii) $h = [\![\lambda x[\text{schlafen}'(x)]]\!]^{M,g}$
(iii) $h: D_e \rightarrow D_t$

Die Variable x in Ausdrücken der Art *schlafen'(x)* haben wir in der Prädikatenlogik mittels der Variablen-Belegungsfunktion g und ihren Alternanten interpretiert. Wir versuchen jetzt, die Funktion h mit Hilfe von Variablen-Belegungen anzugeben. Dazu überlegen wir uns, dass für ein beliebiges Individuum u ∈ D (3) gilt:

(3) $[\![\text{schlafen}'(x)]\!]^{M,g_x^u} = [\![\text{schlafen}'(u)]\!]^{M}$.

Das Denotat dieses Ausdrucks ist ein Wahrheitswert. Die Funktion h soll nun jedes Element von D_e auf einen Wahrheitswert abbilden, so dass für sie (4) gelten muss:

(4) $h(u) = [\![schlafen'(x)]\!]^{M,g_x^u}$, für alle $u \in D$.

Dies bedeutet, dass die Funktion h jedem Individuum aus D gerade den Wahrheitswert zuordnet, den das Individuum als Argument des Prädikats *schlafen'* in M hat. Das ist aber genau die charakteristische Funktion *λx[schlafen'(x)]*, mit dem Unterschied, dass wir deren Werte mit Hilfe der Variablen-Belegungen g festgelegt haben.

Die Regel in (1) behandelte speziell den Typ <e,t>. Wir formulieren nun in (5) eine korrespondierende semantische Regel für einen λ-Ausdruck mit dem allgemeinen Typ <a,b>:

(5) Semantische Regel für den λ-Operator:
Wenn x eine Variable vom Typ a und φ(x) ein Ausdruck vom Typ b, in dem x frei vorkommt, dann ist $[\![\lambda x[\varphi(x)]]\!]^{M,g}$ diejenige Funktion h von D_a nach D_b, für die gilt: $h(u) = [\![\varphi(x)]\!]^{M,g_x^u}$, für alle $u \in D_a$.

Die Regel scheint kompliziert, ist es aber nicht. Ewas verkürzt gesagt, legt sie als Funktionswerte eines λ-Ausdrucks gerade dessen Denotat bzgl. eines bestimmten Modells fest.

Betrachten wir zur Klärung dieser Prinzipien ein weiteres Beispiel mit einer Funktion vom Typ <<e,t>,t>. Den Ausdruck in (6)(i) übersetzt die Funktion in (6)(ii). Die Variable P ist vom Typ <e,t> und steht für ein VP-Denotat:

(6) (i) $[_{NP}$ Alle Kinder]
(ii) $h = \lambda P[\forall x[Kind'(x) \rightarrow P(x)]]$
(iii) $h: D_{<e,t>} \rightarrow D_t$

Wir überlegen uns, wie die Funktion h aussieht. In dem Modell in (7) gilt, dass Peter und Luise Kinder sind und sonst niemand. Beide Kinder schlafen, aber nur Luise schnarcht. Maria und Clara sind Erwachsene; beide wandern, aber nur Clara raucht:

(7)

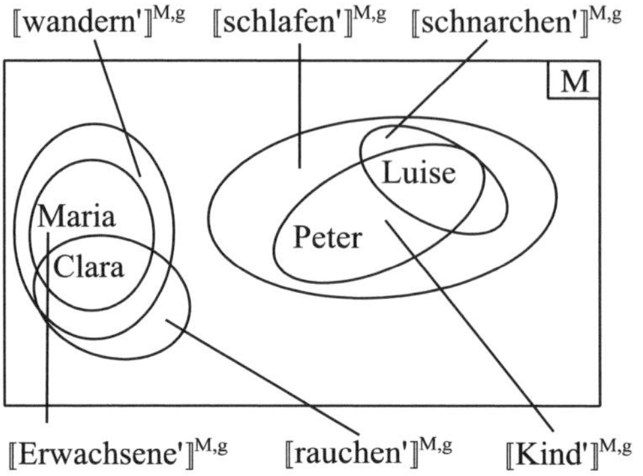

Da die Funktion h in (6)(ii) vom Typ <<e,t>,t> ist, bildet sie Mengen von Individuen (charakteristische Funktionen) auf Wahrheitswerte ab. Diejenigen Mengen, in denen alle Kinder enthalten sind, werden auf 1 abgebildet, die anderen Mengen auf 0. Wenn wir diesen Sachverhalt nun im Sinne von (5) mittels der Variablen-Belegungen g' ausdrücken, so muss die Funktion g der Variablen P nacheinander jede charakteristische Funktion zuweisen. Da in M das Denotat von vier einstelligen Prädikaten festgelegt ist, erhalten wir vier Variablen-Belegungen g'. Wenn wir von drei Variablen P, Q, R für einstellige Prädikate ausgehen, dann lassen sich die P-Alternanten von g folgendermaßen definieren:

(8)

$$g = g_P^{schlafen} : \begin{bmatrix} P \rightarrow schlafen \\ Q \rightarrow schnarchen \\ R \rightarrow wandern \end{bmatrix} \qquad g_P^{schnarchen} : \begin{bmatrix} P \rightarrow schnarchen \\ Q \rightarrow schnarchen \\ R \rightarrow wandern \end{bmatrix}$$

$$g_P^{wandern} : \begin{bmatrix} P \rightarrow wandern \\ Q \rightarrow schnarchen \\ R \rightarrow wandern \end{bmatrix} \qquad g_P^{rauchen} : \begin{bmatrix} P \rightarrow rauchen \\ Q \rightarrow schnarchen \\ R \rightarrow wandern \end{bmatrix}$$

Die Regel für den λ-Operator besagt, dass der Ausdruck *λP[∀x[Kind'(x) → P(x)]]* gerade diejenige Funktion von $D_{<e,t>}$ nach D_t ist, für die gilt:

(9) $h(u) = [\![\forall x[Kind'(x) \rightarrow P(x)]]\!]^{M,g_P^u}$, für alle u aus $D_{<e,t>}$

Wir müssen daher die Funktion h für alle u $\in D_{<e,t>}$ betrachten. Die Argumente u sind jeweils charakteristische Funktionen. Die Funktion h bildet diese auf einen (Wahrheits-) Wert aus D_t ab, und da h über der gesamten Menge $D_{<e,t>}$ definiert ist, tut sie dies für jede charakteristische Funktion:

(10) (i) h(schlafen') $= [\![\forall x[\text{Kind}'(x) \rightarrow P(x)]]\!]^{M,g_P^{\text{schlafen}}}$
$= [\![\forall x[\text{Kind}'(x) \rightarrow \text{schlafen}'(x)]]\!]^{M} = 1$

(ii) h(schnarchen') $= [\![\forall x[\text{Kind}'(x) \rightarrow P(x)]]\!]^{M,g_P^{\text{schnarchen}}}$
$= [\![\forall x[\text{Kind}'(x) \rightarrow \text{schnarchen}'(x)]]\!]^{M} = 0$

(iii) h(wandern') $= [\![\forall x[\text{Kind}'(x) \rightarrow P(x)]]\!]^{M,g_P^{\text{wandern}}}$
$= [\![\forall x[\text{Kind}'(x) \rightarrow \text{wandern}'(x)]]\!]^{M} = 0$

(iv) h(rauchen') $= [\![\forall x[\text{Kind}'(x) \rightarrow P(x)]]\!]^{M,g_P^{\text{rauchen}}}$
$= [\![\forall x[\text{Kind}'(x) \rightarrow \text{rauchen}'(x)]]\!]^{M} = 0$

In dem Modell M gilt, dass alle Kinder schlafen. Nach der Definition von h wird das Denotat von *schlafen'* auf den Wert 1 abgebildet. Da nicht alle Kinder schnarchen (sondern nur Luise), bildet h das Denotat von *schnarchen'* auf 0 ab, und da in den Denotaten von *wandern'* und *rauchen'* überhaupt kein Kind enthalten ist, werden auch diese beiden Mengen auf 0 abgebildet. Die Funktion h ist gerade so beschaffen, dass sie alle Mengen von Individuen in D, in denen alle Kinder enthalten sind, auf 1 und alle anderen Mengen auf 0 abbildet. Sie drückt also genau das aus, was im Modell der Fall ist.

Wir sind eben etwas salopp vorgegangen, um die doch recht komplizierte Konzeption der Funktion h deutlich zu machen. Strikt gesprochen müssten wir auch die Denotate von *Kind'* und *Erwachsene'* mit betrachten, da auch sie Mengen von Individuen und damit Funktionen vom Typ <e,t> sind. Was dabei herauskommt, ist, dass für alle Individuen x gilt, wenn x ein Kind ist, dann ist x ein Kind, was trivialerweise wahr ist, wie (11)(i) zeigt. Genauso erhalten wir in (11)(ii) das richtige Resultat für den offensichtlich falschen Satz: Für alle Individuen x gilt, wenn x ein Kind ist, dann ist x ein Erwachsener:

(11) (i) h(Kind') $= [\![\forall x[\text{Kind}'(x) \rightarrow P(x)]]\!]^{M,g_P^{\text{Kind}}}$
$= [\![\forall x[\text{Kind}'(x) \rightarrow \text{Kind}'(x)]]\!]^{M} = 1$

(ii) h(Erwachsene') $= [\![\forall x[\text{Kind}'(x) \rightarrow P(x)]]\!]^{M,g_P^{\text{Erwachsene}}}$
$= [\![\forall x[\text{Kind}'(x) \rightarrow \text{Erwachsene}'(x)]]\!]^{M} = 0$

Nachdem wir uns ausgiebig mit der Typentheorie, dem λ-Operator und Funktionen beschäftigt haben, wollen wir die dabei vertraut gewordenen formalen Methoden und Prinzipien zusammen mit den Regeln der Prädikatenlogik zu einer neuen Sprache zusammenfassen, die wir $L_{\lambda,t}$ nennen.

8.5. Die Sprache $L_{\lambda,t}$

Bevor wir beginnen, wollen wir uns verdeutlichen, dass $L_{\lambda,t}$ eine wesentlich ausdrucksstärkere Sprache ist als L_1. In L_1 hatten wir die Quantoren so definiert, dass wir über *Individuen*-Variablen (bzw. über Variablen vom Typ e) quantifizieren konnten. Eine Sprache, in der genau dies möglich ist, nennt man eine *Sprache erster Ordnung*. In diesem Sinne ist die 1 in dem Namen L_1 zu verstehen. Eine Sprache, in der Quantifikation über *Funktionen von Individuen* möglich ist, nennt man eine *Sprache zweiter Ordnung*, und eine Sprache, in der Quantifikation über *Funktionen von Funktionen von Individuen* möglich wird, heißt eine *Sprache dritter Ordnung* usw. Die Sprache $L_{\lambda,t}$ ist eine *Sprache n-ter Ordnung* für beliebig wählbares n. Dies beruht im wesentlichen darauf, dass wir mit dem λ-Operator Variablen beliebigen Typs abstrahieren können, so dass *Funktionen beliebigen Grades* konstruierbar sind. In diesem Sinne werden auch die Quantoren ∃ und ∀ der Prädikatenlogik für Variablen beliebigen Typs definiert.

Wir überlegen uns nun, welche Ausdrücke in der Sprache $L_{\lambda,t}$ auftreten sollen. Eine erste Zusammenstellung findet sich in (1)(i):

(1) (i) alle Ausdrücke, die mit der Prädikatenlogik gebildet werden können
(ii) alle Typen
(iii) alle Ausdrücke, die mit dem λ-Operator gebildet werden können

Analog zu unserer Vorgehensweise in L_1 werden wir zunächst das Vokabular unserer neuen Sprache festlegen. Sodann formulieren wir die syntaktischen Regeln, und schließlich geben wir die Denotate für die einzelnen Ausdrücke relativ zu einem Modell M an.

8.5.1. Die Basiseinheiten von $L_{\lambda,t}$

Zu $L_{\lambda,t}$ soll die Menge der Typen gehören, so dass jeder Ausdruck einem Typ zugewiesen werden kann:

(2) Die Menge T der Typen definieren wir rekursiv, wie gehabt:
(i) e, t ∈ T.
(ii) Wenn a, b ∈ T, dann ist $\langle a,b \rangle \in$ T.
(iii) Nichts sonst ist in T.

Darüber hinaus legen wir fest, dass die Ausdrücke in (3) zum Vokablar gehören:

(3) andere elementare Ausdrücke:
  (i) zu jedem Typ a eine Menge $KONST_a$ von Konstanten vom Typ a
  (ii) zu jedem Typ a eine Menge VAR_a von Variablen vom Typ a
  (iii) die Konnektoren der Aussagenlogik: $\neg, \wedge, \vee, \rightarrow, \leftrightarrow$
  (iv) die Quantoren der Prädikatenlogik: $\forall, \exists$
  (v) der Lambda-Operator: λ

Mit (2) gehören alle Typen zum Vokabular. Mit (3)(i) können wir Ausdrücke wie Adverbien vom Typ $<<e,t>,<e,t>>$ in $L_{\lambda,t}$ aufnehmen, was in der Prädikatenlogik nicht möglich war. Dort konnten Prädikate nur mit Termen, also Individuen-Konstanten oder -Variablen, kombiniert werden. In $L_{\lambda,t}$ dürfen Ausdrücke vom Typ $<a,b>$ mit Ausdrücken vom Typ a kombiniert werden, wobei a und b aber jeweils beliebig komplex sein können. Da Adverbien keine Terme, sondern Funktionen über Individuen als Argumente nehmen, war diese Art der Kombinatorik in der Prädikatenlogik überhaupt nicht definiert. Mit (3)(ii) haben wir die Möglichkeit, Variablen beliebigen Typs in $L_{\lambda,t}$ aufzunehmen. In der Sprache L_1 standen uns nur Variablen für Individuen zur Verfügung. Die Elemente in (3)(iii) bis (3)(v) sind uns inzwischen hinreichend bekannt und müssen nicht mehr erörtert werden. Wir können uns somit den syntaktischen Regeln zuwenden.

8.5.2. Die Syntax von $L_{\lambda,t}$

Um alle komplexen Ausdrücke von $L_{\lambda,t}$ festzulegen, definieren wir rekursiv die Menge ME_a (:= meaningful expressions of type a) der *bedeutungstragenden Ausdrücke vom Typ a*, gerade so, wie wir es mit der Menge der wohlgeformten Formeln der Aussagenlogik und der Menge der Formeln der Prädikatenlogik getan haben. Wir definieren die Menge ME_a rekursiv in (4):

(4) Syntaktische Regeln von $L_{\lambda,t}$:
  Für alle Typen a und b gilt:
  (i) Jede Konstante und jede Variable vom Typ a ist Element von ME_a.
  (ii) Wenn $\varphi \in ME_b$ und $x \in VAR_a$, dann ist $\lambda x[\varphi] \in ME_{<a,b>}$.
  (iii) Wenn $\varphi \in ME_{<a,b>}$ und $x \in ME_a$, dann ist $\varphi(x) \in ME_b$.
  (iv) Wenn $\varphi,\psi \in ME_t$ Formeln sind, dann sind die folgenden Ausdrücke Elemente von ME_t: $\neg\varphi$, $\varphi \wedge \psi$, $\varphi \vee \psi$, $\varphi \rightarrow \psi$, $\varphi \leftrightarrow \psi$.
  (v) Wenn $\varphi \in ME_t$ und $x \in VAR_a$ ist, dann sind
    a. $\forall x\varphi$
    b. $\exists x\varphi$
    Elemente von ME_t
  (vi) Nichts sonst ist in ME_a.

(4)(i) sagt uns, dass alle Konstanten und Variablen von beliebigem Typ a bedeutungstragende Ausdrücke sind. (4)(ii) entspricht der Regel der λ-Abstraktion und erlaubt uns, Variablen beliebigen Typs von Ausdrücken beliebigen Typs zu abstrahieren. Die dabei entstehenden Funktionen sind wieder bedeutungstragende Ausdrücke mit entsprechendem Typ. (4)(iii) entspricht der Regel der Funktionalen Applikation. Eine Funktion vom Typ <a,b> darf auf ein Argument vom Typ a angewendet werden, und der Funktionswert ist ein bedeutungstragender Ausdruck vom Typ b. Mit (4)(iv) nehmen wir die Konnektoren der Aussagenlogik in die Sprache $L_{\lambda,t}$ auf und mit (4)(v) die Quantoren der Prädikatenlogik. Für letztere ist zu beachten, dass die Variablen, über die quantifiziert wird, nicht mehr Individuen-Variablen sein müssen, sondern ebenfalls einen beliebigen Typ haben dürfen. Damit wird $L_{\lambda,t}$ zu einer Sprache höherer Ordnung. (4)(vi) besagt schließlich, dass in ME_a nur Ausdrücke enthalten sein dürfen, die in (4)(i) bis (4)(v) definiert sind. Wir sehen, dass $L_{\lambda,t}$ wesentlich mehr Ausdrücke enthalten kann als die Sprache L_1. Im folgenden Abschnitt stehen wir erneut vor der Aufgabe, zu den syntaktischen Regeln die semantischen Interpretationsregeln anzugeben.

8.5.3. Die Semantik von $L_{\lambda,t}$

Dazu behandeln wir zunächst die möglichen Denotate für Ausdrücke eines bestimmten Typs. Auch hierbei gehen wir rekursiv, gemäß der syntaktischen Definition der Typen in (2) vor. Wenn D die (nicht-leere) Diskursdomäne und a der Typ eines beliebigen Ausdrucks von $L_{\lambda,t}$ ist, dann nennen wir D_a *die Menge der möglichen Denotate von Ausdrücken vom Typ a*. Auch diese Menge definieren wir rekursiv, wobei T die Menge aller semantischen Typen ist:

(5) (i) $D_e = D$
(ii) $D_t = \{0,1\}$
(iii) Für alle a, b $\in$ T ist $D_{<a,b>} = \mathbf{D_b}^{\mathbf{D_a}}$, d.h. die Menge der Funktionen von D_a nach D_b.

Ein mögliches Denotat für einen Ausdruck vom Typ e ist ein Element der Diskursdomäne. Die Menge der möglichen Denotate eines Ausdrucks vom Typ e ist folglich die Menge aller Individuen, also D. Die Menge der möglichen Denotate für einen Ausdruck vom Typ t ist die Menge der Wahrheitswerte, also $\{0,1\}$. Damit haben wir für die beiden elementaren Ausdrücke e und t die Menge der möglichen Denotate festgelegt. Für jeden beliebigen Typ <a,b> ist die Menge der Funktionen von D_a nach D_b ein mögliches Denotat.

Wir wissen jetzt zu jedem Ausdruck eines bestimmten Typs, was dessen *mögliches* Denotat ist. Mit Hilfe der nun zu formulierenden semantischen Regeln legen wir fest, was gewissermaßen ein *wirkliches* Denotat eines Ausdrucks ist, indem wir für ein Modell M = <D,F> bestimmen, was der in Frage stehende Ausdruck in M denotiert:

(6) Semantische Regeln von $L_{\lambda,t}$:
 (i) Wenn α eine nicht-logische Konstante ist, dann ist $[\![\alpha]\!]^{M,g} = F(\alpha)$.
 Wenn x eine Variable ist, dann ist $[\![x]\!]^{M,g} = g(x)$.
 (ii) Wenn x eine Variable vom Typ a ist und $\varphi(x)$ ein Ausdruck vom Typ b, in dem x frei vorkommt, dann ist $[\![\lambda x[\varphi(x)]]\!]^{M,g}$ diejenige Funktion h von D_a nach D_b, für die gilt:
 $$h(u) = [\![\varphi(x)]\!]^{M,g_x^u}, \text{ für alle } u \in D_a.$$
 (iii) Wenn $\varphi \in ME_{<a,b>}$ und $x \in ME_a$, dann ist: $[\![\varphi(x)]\!]^{M,g} = [\![\varphi]\!]^{M,g}([\![x]\!]^{M,g})$.
 (iv) Wenn $\varphi,\psi \in ME_t$, dann ist:
 $$[\![\neg\varphi]\!]^{M,g} = \neg[\![\varphi]\!]^{M,g}$$
 $$[\![\varphi \wedge \psi]\!]^{M,g} = [\![\varphi]\!]^{M,g} \wedge [\![\psi]\!]^{M,g}$$
 $$[\![\varphi \vee \psi]\!]^{M,g} = [\![\varphi]\!]^{M,g} \vee [\![\psi]\!]^{M,g}$$
 $$[\![\varphi \rightarrow \psi]\!]^{M,g} = [\![\varphi]\!]^{M,g} \rightarrow [\![\psi]\!]^{M,g}$$
 $$[\![\varphi \leftrightarrow \psi]\!]^{M,g} = [\![\varphi]\!]^{M,g} \leftrightarrow [\![\psi]\!]^{M,g}$$
 wobei die Wahrheitswert-Tabellen der Aussagenlogik gelten.
 (v) Wenn $\varphi \in ME_t$ und x eine Variable vom Typ a ist, dann gilt:
 a. $[\![\forall x\varphi]\!]^{M,g} = 1$, gdw. für alle Variablen-Belegungen g', die genauso definiert sind wie g, außer dass sie an der Stelle x alternieren dürfen, gilt: $[\![\varphi]\!]^{M,g'} = 1$.
 b. $[\![\exists x\varphi]\!]^{M,g} = 1$, gdw. für (mindestens) eine Variablen-Belegung g', die genauso definiert sind wie g, außer dass sie an der Stelle x alternieren darf, gilt: $[\![\varphi]\!]^{M,g'} = 1$.

Die Funktion F weist den nicht-logischen Konstanten ihr jeweiliges Denotat gemäß der Regel (6)(i) zu. Die Denotate der Variablen, die jetzt von beliebigem Typ sein dürfen, werden wieder mit Hilfe der Variablenbelegung g festgelegt. λ-Abstraktion in (6)(ii) wird genauso interpretiert, wie wir es bereits im letzten Kapitel kennen gelernt haben, nämlich als diejenige Funktion h, die jedem Ausdruck vom Typ a genau denjenigen Ausdruck vom Typ b zuordnet, den der Ausdruck in M hat. Funktionale Applikation wird gemäß (6)(iii) so interpretiert, dass sich das Denotat einer Funktionsanwendung aus dem Denotat der Funktion und dem Denotat des Arguments ergibt. Die Regeln (6)(iv) und (6)(v) sind uns bekannt. Die Denotate der aussagenlogischen Konnektoren ergeben sich ebenfalls kompositionell aus den Denotaten der Ausdrücke vom Typ t, verbunden mit dem jeweiligen Konnektor. Die Quantoren der Prädikatenlogik quantifizieren über Variablen beliebigen Typs in Ausdrücken vom Typ t, also Formeln. Die Variablen-Belegungen g', die wie g definiert sind, aber in u alternieren dürfen, weisen den Variablen vom Typ a jetzt Konstanten vom Typ a zu.

Ein Resümee und ein Ausblick auf das Kommende scheint an dieser Stelle angebracht. Wir haben im Kapitel über Mengenlehre kennen gelernt, welche formalen Mittel zur Beschreibung von Welt-Modellen verfügbar sind, und haben Individuen-Mengen und die Beziehungen, die zwischen Individuen und Mengen bestehen können, mengentheoretisch erfasst. Mit den Mitteln der Aussagenlogik und der Prädikatenlogik waren wir in der Lage, *einfache* Sätze des Deutschen in eine formale Sprache zu übersetzen und die formalisierten Ausdrücke relativ zu Modellen von der Welt zu interpretieren. Mit der Einführung der Typentheorie haben wir schließlich die Kombinatorik von Ausdrücken durch Funktionen und Argumente festgelegt, und mit Hilfe des λ-Kalküls ist es uns darüber hinaus gelungen, zu jedem Ausdruck eine Funktion zu konstruieren. Grundsätzlich konnten wir erreichen, dass die semantischen Strukturen stets parallel zu den syntaktischen Strukturen des Deutschen konstruiert wurden. Zu guter Letzt haben wir all diese Ergebnisse in der Sprache $L_{\lambda,t}$ zusammengefasst.

In den vorherigen Kapiteln standen die semantischen Strukturen von *verbalen* Ausdrücken im Zentrum unserer Betrachtungen, und die *nominalen* Ausdrücke sind im Verhältnis dazu relativ vernachlässigt geblieben. In dem nächsten Kapitel werden wir daher die Struktur von Nominalphrasen eingehend untersuchen und bis zu einer *kompositionellen Theorie der Quantifikation* vordringen. Damit wird es möglich sein, auch die Quantifikation mittels funktionaler Applikation zu behandeln. Im Anschluss daran werden wir den Faktor *Zeit* in unsere Theorie integrieren, um auch Sätze mit einem anderen Tempus als dem *Präsens* zu interpretieren. Wir benötigen dazu Konzepte, die es uns erlauben, über unsere Welt zu anderen Zeiten zu reden. Hierbei gilt es zu beachten, dass wir in jeder natürlichen Sprache nicht nur über unsere Welt, wie sie war, ist und sein wird, reden können, sondern auch darüber, wie die Welt hätte anders sein können, aber nicht ist. Die damit verbundenen Fragen erörtern wir in den Kapiteln Temporalsemantik und Modallogik. In dem darauffolgenden und letzten Kapitel über intensionale Logik werden wir ein formales Konstrukt angeben, welches alle Eigenschaften einer *Bedeutung* hat, wie wir sie intuitiv verstehen. Wenn wir in diesem Sinne davon ausgehen, dass wir wissen, was ein Satz bedeutet, wenn wir wissen, wie die Welt beschaffen sein muss, damit er wahr ist, so benötigen wir ein Konstrukt, das uns zu einem Satz in jeder Situation sagt, ob er wahr ist oder nicht. Dieses Konstrukt ist – wie nicht anders zu erwarten – eine komplexe Funktion. Wir werden sie im letzten Kapitel kennen lernen.

8.6. Übungsaufgaben

1. λ-abstrahiere in den folgenden Ausdrücken die Variablen x, y, z und p in der Reihenfolge, so dass die späteren λ-Konversionen der Abfolge

   direktes Objekt < indirektes Objekt < Subjekt entsprechen:

(i) $\text{schlafen}'(x)$
(ii) $(\text{streicheln}'(y))(x)$
(iii) $(\text{glauben}'(p))(x)$
(iv) $((\text{entnehmen}'(z))(y))(x)$
(v) $(\text{verführen}'(x))(y)$

2. Von welchem Typ sind die Funktionen in (i)-(vi), wenn x, y jeweils vom Typ e, p vom Typ t und P, Q jeweils vom Typ <e,t> sind:

(i) $\lambda x[\text{schlafen}'(x)]$
(ii) $\lambda y[\lambda x[(\text{streicheln}'(y))(x)]]$
(iii) $\lambda p[\lambda x[(\text{glauben}'(p))(x)]]$
(iv) $\lambda Q[\lambda y[\text{klein}'(y) \wedge Q(y)]]$
(v) $\lambda Q[\exists x[\text{Hund}'(x) \wedge Q(x)]]$
(vi) $\lambda P[P(\text{Peter}')]$

3. Wende λ-Konversion bei den folgenden Ausdrücken an:

(i) $\lambda x[\text{schlafen}'(x)]\ (\text{Peter}')$
(ii) $\lambda y[\lambda x[(\text{streicheln}'(y))(x)]]\ (\text{Katze}')\ (\text{Maria}')$
(iii) $\lambda p[\lambda x[(\text{glauben}'(p))(x)]]\ ([\text{dass Schnee weiß ist}]')\ (\text{Clara}')$
(iv) $\lambda Q[\lambda y[\text{klein}'(y) \wedge Q(y)]]\ (\lambda x[\text{Hund}'(x)])$
(v) $\lambda Q[\exists x[\text{Hund}'(x) \wedge Q(x)]]\ (\lambda z[\text{bellen}'(z)])$
(vi) $\lambda P[P(\text{Peter}')]\ (\lambda Q[\lambda x[\text{schnell}'(Q(x))]]\ (\lambda z[\text{trinken}'(z)]))$

9. Semantik der Nominalphrasen

Bisher haben wir zur Bezeichnung von Individuen in unseren Modellen stets Eigennamen wie *Peter'*, *Maria'*, *Otto'* usw. verwendet. Diesen Ausdrücken haben wir den Typ e zugewiesen, so dass eine VP-Übersetzung vom Typ <e,t> auf einen solchen Ausdruck funktional appliziert werden kann und zu einem Ausdruck vom Typ t führt. Wir wiederholen diesen Zusammenhang in (1)(i). Syntaktisch gesehen entspricht er der Verbindung einer Subjekt-NP mit einer VP zu einem Satz, wie dies in (1)(ii) dargestellt ist:

(1) (i)

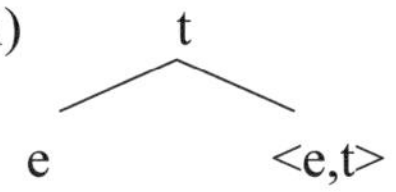

(ii)

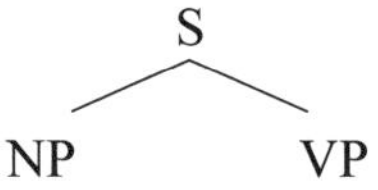

Nun gibt es in natürlichen Sprachen und insbesondere im Deutschen auch ganz andere Typen von Nominalphrasen, etwa solche wie in (2):

(2) (i) der Hund
(ii) der braune Hund
(iii) der schwarze Hund von Baskerville
(iv) der Hund, der die Katze gejagt hat

In diesem Kapitel wollen wir die Semantik solcher Nominalphrasen genauer betrachten. Wir gehen so vor, dass wir zunächst die Determinatoren (Artikelwörter) ignorieren und uns nur die nominalen Ausdrücke mit den zugehörigen Modifikatoren ansehen. Im Anschluss daran werden wir die Semantik der Determinatoren behandeln, um auch die Interpretation komplexer Nominalphrasen *kompositionell* herzuleiten. Wir beschränken uns zu Beginn auf Subjekt-Nominalphrasen, um die relevanten Überlegungen deutlich zu machen. In den letzten beiden Abschnitten dieses Kapitels wenden wir uns dann der Behandlung von Objekt-Nominalphrasen zu.

9.1. Modifikatoren in Nominalphrasen

Wir fragen zunächst, welches Denotat die nominalen Ausdrücke in (1) haben, in denen kein Determinator auftritt:

(1) (i) Hund
(ii) brauner Hund
(iii) schwarzer Hund von Baskerville
(iv) Hund, der die Katze gejagt hat

Der Ausdruck *Hund'* denotiert die Menge aller Individuen x, für die gilt, dass x ein Hund ist. So gesehen ist *Hund'* also ein *Prädikatsausdruck*, der für genau diejenigen Individuen gilt, die Hunde sind. Diese Individuen bilden die Menge in (2)(i), die in (2)(iii) graphisch dargestellt wird. Die entsprechende charakteristische Funktion dieser Menge, die wir jetzt mit Hilfe des λ-Operators formulieren können, ist eine Funktion von Individuen in Wahrheitswerte und damit vom Typ <e,t> wie in (2)(ii), so dass die Denotate gewöhnlicher Nomina wie *Hund*, *Katze*, *Auto*, *Tisch* usw. Mengen von Individuen bzw. charakteristische Funktionen denotieren:

(2) (i) $[\![\text{Hund'}]\!]^{M,g} = \{x/\ x \text{ ist ein Hund}\}$
(ii) $\lambda x[\text{Hund'}(x)]$
(iii)

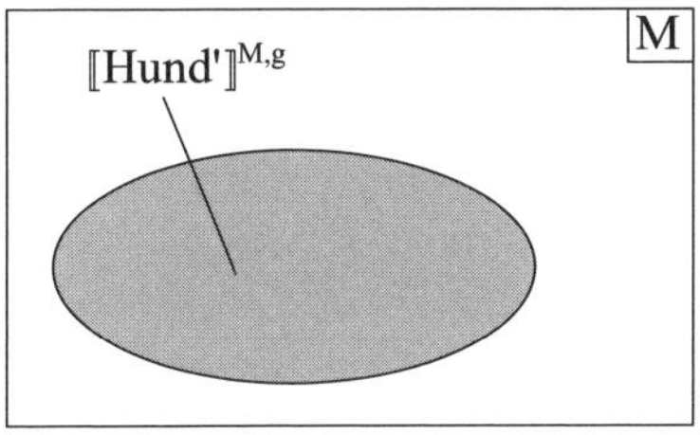

Jedes Individuum, das von dieser Funktion auf 1 abgebildet wird, hat die Eigenschaft, ein Hund zu sein, und jedes auf 0 abgebildete Individuum hat diese Eigenschaft nicht.

Wenn wir den nominalen Ausdruck in (1)(ii) *(brauner Hund)'* betrachten, so können wir dessen Denotat als den Durchschnitt der Menge $[\![\text{Hund'}]\!]^{M,g}$ mit der Menge all derjenigen Individuen auffassen, die braun sind. Diese Menge ist in (3)(i) dargestellt und kann entsprechend mit der charakteristischen Funktion in (3)(ii) ausgedrückt werden. In dem Mengendurchschnitt in (3)(iii) befinden sich alle braunen Hunde:

(3) (i) $[\![\text{(brauner Hund)'}]\!]^{M,g} = [\![\text{Hund'}]\!]^{M,g} \cap [\![\text{braun'}]\!]^{M,g}$
$= \{x/\ x \text{ ist ein Hund } \textit{und } x \text{ ist braun}\}$
(ii) $\lambda x[\text{Hund'}(x) \wedge \text{braun'}(x)]$

(iii)

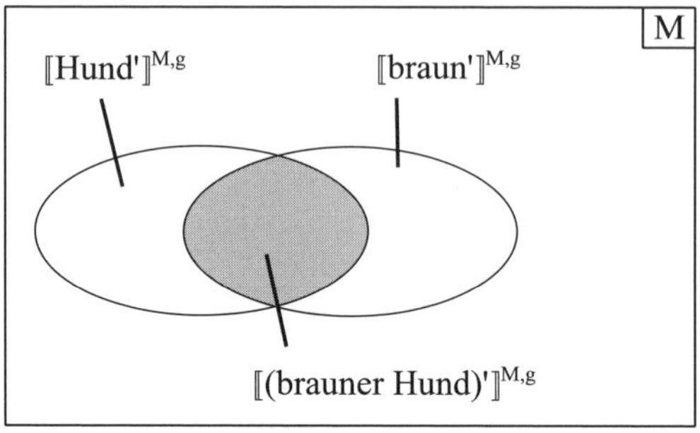

Die mit Hilfe des λ-Operators dargestellte Funktion in (3)(ii) bildet jedes Individuum auf den Wert 1 ab, das sowohl die Eigenschaft, ein Hund zu sein, als auch die Eigenschaft, braun zu sein, aufweist. Alle Individuen, die nicht beide Bedingungen gemeinsam erfüllen, werden auf 0 abgebildet.

Das Denotat des nominalen Ausdrucks in (1)(iii) *(schwarzer Hund von Baskerville)'* ist der Durchschnitt aus den drei Mengen ⟦Hund'⟧^{M,g}, ⟦schwarz'⟧^{M,g} und der Menge aller Individuen, die auf Baskerville leben. Die entsprechende charakteristische Funktion sowie eine graphische Darstellung findet sich in (4)(ii) und (4)(iii):

(4) (i) ⟦(schwarzer Hund von Baskerville)'⟧^{M,g}
= ⟦schwarz'⟧^{M,g} ∩ ⟦Hund'⟧^{M,g} ∩ ⟦(von Baskerville)'⟧^{M,g}
= {x/ x ist schwarz *und* x ist ein Hund *und* x von (= lebt auf) Baskerville}
(ii) λx[schwarz'(x) ∧ Hund'(x) ∧ (von Baskerville)'(x)]
(iii)

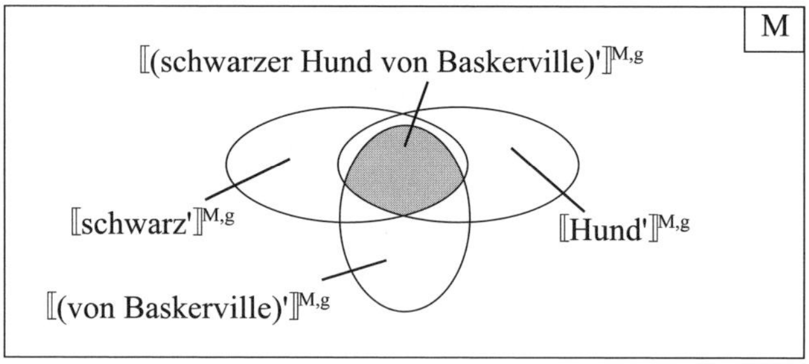

In dem nominalen Ausdruck in (1)(iv) *(Hund, der die Katze gejagt hat)'*, tritt ein Relativsatz-Modifikator auf. Dabei denotiert der Ausdruck den Durchschnitt der Menge ⟦Hund'⟧^{M,g} mit der Menge aller Individuen, die die Katze gejagt haben. (5) zeigt die relevanten Darstellungen für das Denotat:

(5) (i) ⟦(Hund, der die Katze gejagt hat)'⟧^{M,g}
= ⟦Hund'⟧^{M,g} $\cap$ ⟦(hat die Katze gejagt)'⟧^{M,g}
= {x/ x ist ein Hund *und* x hat die Katze gejagt}

(ii) λx[Hund'(x) $\wedge$ (hat die Katze gejagt)'(x)]

(iii)

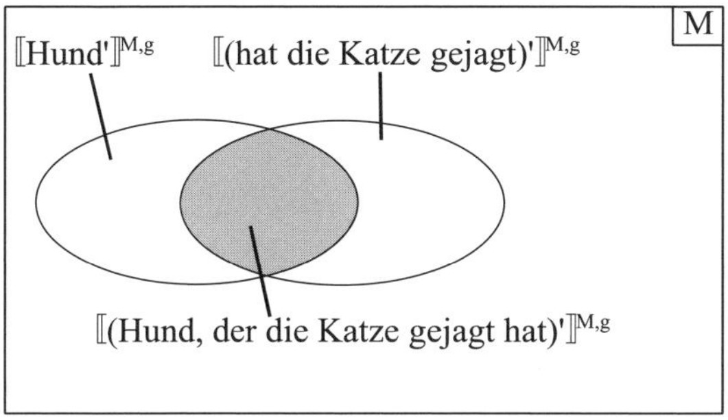

Wie wir an den Graphiken leicht sehen können, bilden die Denotate der Modifikatoren Schnittmengen mit dem Denotat des Hauptnomens in der NP, so dass auch die komplexen Ausdrücke wieder Mengen von Individuen denotieren. Die mengentheoretische Durchschnittsbildung entspricht der logischen Verknüpfung mit der Konjunktion.

Bei den Modifikatoren handelt es sich jeweils um ein attributives Adjektiv, ein Präpositional-Attribut und einen Relativsatz. Diesen Modifikationsarten entsprechen – syntaktisch gesehen – die Strukturen in (6):

(6)

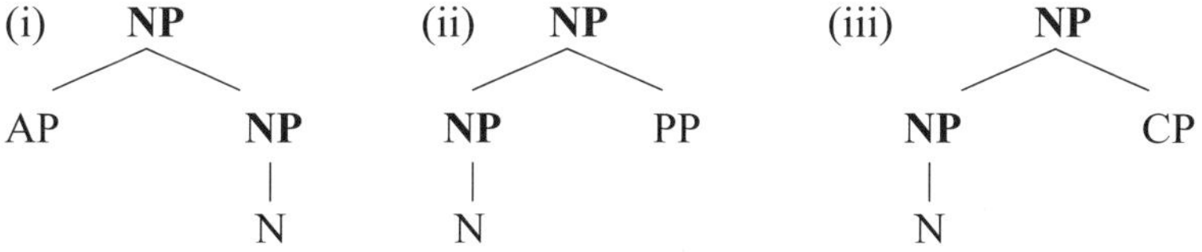

In allen drei Fällen sind die Modifikatoren an die untere NP adjungiert. Mit Hilfe der Typentheorie können wir zu diesen syntaktischen Strukturen die parallelen semantischen Strukturen in (7) angeben:

(7)

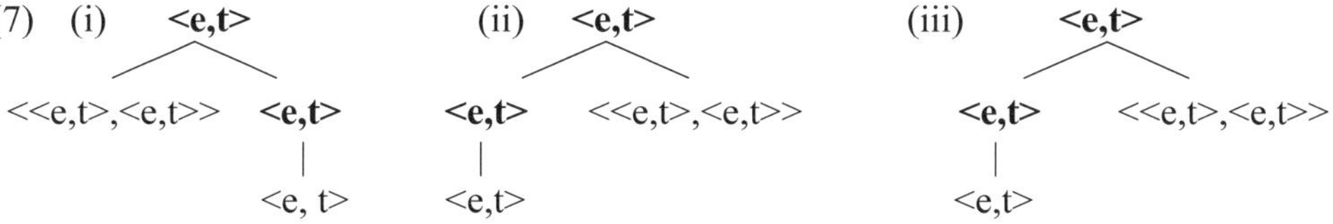

Da die fett gedruckten unteren NPn in (6) jeweils eine Menge von Individuen denotieren und damit vom Typ <e,t> sind, die oberen NPn aber ebenfalls Mengen von Individuen denotieren und demselben Typ <e,t> zugeordnet werden, müssen die adjungierten

Modifikatoren *AP*, *PP*, *CP* den Typ <<e,t>,<e,t>> haben. Dies wird anhand der korrespondierenden Fettdrucke in (7) deutlich. NP-Modifikatoren sind in diesem Sinne Funktionen von NP-Denotaten in NP-Denotate. Attributive Adjektive, Präpositional-Attribute und (restriktive) Relativsätze müssen wir daher als Funktionen von Mengen von Individuen in Mengen von Individuen auffassen.

Wir betrachten erneut die charakteristische Funktion des nominalen Ausdrucks *(brauner Hund)'*, hier wiederholt als (8)(i). Wollen wir eine unabhängige Übersetzung für das attributive Adjektiv *braun* erhalten, so drängt sich die Überlegung auf, dass wir in dem Gesamt-Ausdruck (8)(i) von dem N-Ausdruck *Hund'* abstrahieren müssen. Nun haben wir in der Sprache $L_{\lambda,t}$ Variablen von beliebigem Typ vorgesehen, also insbesondere Variablen vom Typ <e,t>. Um die Intuition von der Abstraktion des N-Ausdrucks *Hund'* zu formalisieren, ersetzen wir diesen Ausdruck durch eine Variable P vom Typ <e,t> und führen an P λ-Abstraktion durch wie in (8)(ii) und (8)(iii):

(8) (i) $\lambda x[\text{braun}'(x) \wedge \text{Hund}'(x)]$ — Typ: <e,t>
(ii) $\lambda x[\text{braun}'(x) \wedge P(x)]$ — Typ: <e,t>
(iii) $\lambda P[\lambda x[\text{braun}'(x) \wedge P(x)]]$ — Typ: <<e,t>,<e,t>>

Mit der Abstraktion der Variablen P vom Typ <e,t> erhalten wir eine Funktion vom Typ <<e,t>,<e,t>> als Denotat des *attributiven* Adjektivs *braun*. Diese Funktion nimmt als Argument ein N-Denotat (vom Typ <e,t>) und bildet es wieder auf ein N-Denotat (vom Typ <e,t>) ab.

Wie uns die λ-Konversionen in (9) zeigen, erhalten wir durch funktionale Applikation wieder den Anfangsausdruck in (8)(i). Wir λ-konvertieren in einem ersten Schritt die kursiv gesetzte Variable *P* gegen den Ausdruck *λy[Hund'(y)]*, was beim Übergang von (9)(i) nach (9)(ii) zu sehen ist, und in einem zweiten Schritt λ-konvertieren wir die kursiv gesetzte Variable *y* gegen die Variable *x*; dies zeigt der Übergang von (9)(ii) nach (9)(iii):

(9) (i) $\lambda P[\lambda x[\text{braun}'(x) \wedge \mathit{P}(x)]]\ (\lambda y[\mathit{Hund}'(y)])$
(ii) $\equiv$ $\lambda x[\text{braun}'(x) \wedge (\lambda y[\text{Hund}'(\mathit{y})])(\mathit{x})]$
↑ **λ-K von P**
(iii) $\equiv$ $\lambda x[\text{braun}'(x) \wedge \text{Hund}'(x)]$
↑ **λ-K von y**

Indem wir das attributiv verwendete Adjektiv *braun* übersetzen wie in (8)(iii), handeln wir uns nun aber ein Problem mit dem *prädikativ* verwendeten Adjektiv *braun* ein. Der Satz in (10)(i) muss übersetzt werden wie in (10)(ii), und er ist genau dann wahr, wenn alle Hunde in der Menge der braunen Individuen enthalten sind:

(10) (i) Alle Hunde sind braun.
(ii) $\forall x[Hund'(x) \rightarrow braun'(x)]$

Das prädikativ verwendete Adjektiv *braun* denotiert eine Menge von Individuen und ist daher vom Typ <e,t>, wie unser Ausgangstyp. Um den Bezug zwischen der attributiven und der prädikativen Verwendung herzustellen, formulieren wir den folgenden Zusammenhang:

(11) (i) Wenn A ein *prädikativ* verwendetes Adjektiv ist, dann wird A übersetzt als $\lambda x[A(x)]$.
(ii) Wenn A ein *attributiv* verwendetes Adjektiv ist, dann wird A übersetzt als $\lambda P[\lambda x[A(x) \wedge P(x)]]$.

Die Übersetzung in (11)(ii) enthält die Konjunktion, so dass die Durchschnittsmenge mit dem NP-Denotat gebildet werden muss, während dies bei prädikativ verwendeten Adjektiven nicht erforderlich ist. Wie wir uns leicht klar machen können, müssen Präpositional-Attribute und Relativsätze eine ähnliche Bedingung erfüllen. Tatsächlich sind mit diesen Konstruktionen aber weitere Probleme verbunden, die wir an dieser Stelle nicht erörtern wollen. Wir wenden uns im nächsten Abschnitt denjenigen nominalen Phrasen zu, in denen Determinatoren (Artikelwörter) auftreten.

9.2. Generalisierte Quantoren

9.2.1. Quantifikation in L_1 vs. Quantifikation im Deutschen

Die Sprachen L_1 und $L_{\lambda,t}$ verfügen über die zwei Quantoren $\exists$ und $\forall$, mit deren Hilfe sich die natürlich-sprachlichen Determinatoren *(mindestens) ein* und *alle* übersetzen lassen. Ein Blick auf die Daten in (1) zeigt uns allerdings, dass im Deutschen weitaus mehr Möglichkeiten der Quantifikation bestehen. Wir wollen in diesem Abschnitt nach einem Weg suchen, wie eine *kompositionelle* Analyse dieser Nominalphrasen vorge-nommen werden kann und wie die Wahrheitsbedingungen von Sätzen, in denen entsprechende NPn auftreten, zu formulieren sind:

(1) (i) $[_{NP}$ (Mindestens) ein Student] raucht.
(ii) $[_{NP}$ Jeder Student] raucht.
(iii) $[_{NP}$ Kein Student] raucht.
(iv) $[_{NP}$ Zwei Studenten] rauchen.
(v) $[_{NP}$ Mehr als die Hälfte der Studenten] rauchen.
(vi) $[_{NP}$ Die meisten Studenten] rauchen.

(vii) [$_{NP}$ Viele Studenten] rauchen.
(viii) [$_{NP}$ Wenige Studenten] rauchen.
(ix) [$_{NP}$ Der Student] raucht.

Wie sich aus den Wahrheitsbedingungen des Allquantors ergibt, muss der Satz (2)(i) wie in (2)(ii) übersetzt werden und der Satz (2)(iii) wie in (2)(iv):

(2) (i) Alle Kinder lachen.
(ii) $\forall x[\text{Kind}'(x) \rightarrow \text{lachen}'(x)]$
(iii) Ein Kind lacht.
(iv) $\exists x[\text{Kind}'(x) \wedge \text{lachen}'(x)]$

Um die Struktur dieser L_1-Formeln herzuleiten, schreiben wir den Quantor vor den Ausdruck, in dem die Variable auftritt, über die quantifiziert wird. Wir können uns überlegen, ob es möglich ist, einfach einige weitere Quantoren zu definieren, um die Wahrheitsbedingungen der Sätze in (1) auszudrücken. Ein Versuch könnte etwa sein, die Sätze in (3) derart zu übersetzen, dass wir einen Quantor MEIST für den Ausdruck *die meisten* und einen anderen Quantor MADH für den Ausdruck *mehr als die Hälfte* definieren und diese beiden neu definierten Ausdrücke vor eine Formel schreiben, in der die Variable auftritt, über die quantifiziert wird:

(3) (i) Die meisten Kinder lachen.
(ii) Mehr als die Hälfte der Kinder lachen.

(4) (i) MEIST x $[\text{Kind}'(x) \wedge \text{lachen}'(x)]$
(ii) MADH x $[\text{Kind}'(x) \wedge \text{lachen}'(x)]$

Diese Vorgehensweise führt aber nicht zu den gewünschten Resultaten, denn die beiden Übersetzungen wären zu paraphrasieren wie in (5):

(5) (i) Die meisten Individuen sind lachende Kinder.
(ii) Mehr als die Hälfte der Individuen sind lachende Kinder.

Natürlich entsprechen diese Paraphrasen nicht der Bedeutung der beiden Sätze in (3), so dass die Übersetzungen in (4) nicht angemessen sind. Auch die Ersetzung des Konnektors '$\wedge$' durch die Implikation hilft nicht weiter, denn diese würde zu den Paraphrasen in (6) führen:

(6) (i) Für die meisten Individuen x gilt: Wenn x ein Kind ist, dann lacht x.
(ii) Für mehr als die Hälfte der Individuen x gilt: Wenn x ein Kind ist, dann lacht x.

Der Grund, warum diese Art der Quantifikation nicht zu den gewünschten Ergebnissen führt, liegt darin, dass die neu definierten Quantoren -geradeso wie $\exists$ und $\forall$- über die gesamte Diskursdomäne und nicht nur über die Menge der Kinder quantifizieren. Bisher haben wir keine Möglichkeit kennengelernt, eine solche *restringierte Quantifikation* auszudrücken. Um die richtige Quantifikation für die Sätze in (3) vorzunehmen, müssen wir zuerst die Menge der Kinder aus der Diskursdomäne aussondern, um dann zu entscheiden, ob die meisten bzw. mehr als die Hälfte der Individuen *dieser* Menge lachen. Da wir mit den Quantoren von L_1 nur in der Lage sind, über die gesamte Diskursdomäne zu quantifizieren, können wir derartige Quantifikationen nicht ausdrücken.

Ein weiterer Faktor, der eine andere Behandlung der Quantifikation wünschenswert erscheinen lässt, besteht darin, dass in den syntaktischen Strukturen in (7)(i) und (7)(iii) die quantifizierenden Ausdrücke *alle* und *ein* jeweils eine Konstituente mit einem Nomen bilden. Diese Konstituenz wird in den semantischen Strukturen in (7)(ii) und (7)(iv) aber nicht ausgedrückt, denn der für die angemessene Interpretation des Quantorenausdrucks wichtige Konnektor steht an einer anderen Stelle als der Quantor selbst:

(7)

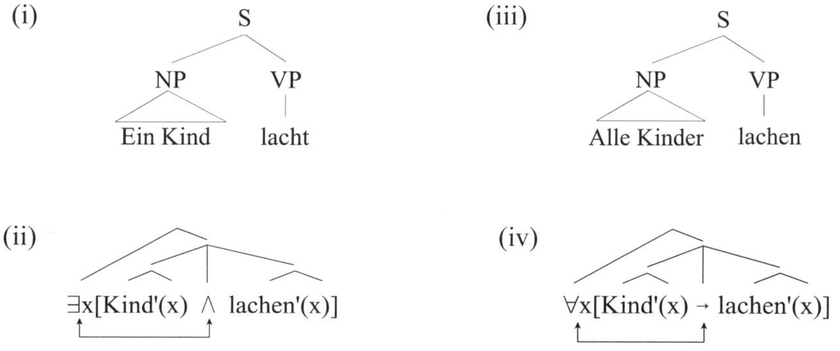

Da wir bestrebt sind, die semantischen Ausdrücke nach Möglichkeit strukturidentisch mit den syntaktischen Ausdrücken zu formulieren, müssen wir uns überlegen, wie wir unsere semantischen Strukturen modifizieren können. Dabei wollen wir einen Weg beschreiten, der auch die eingangs genannten anderen Nominalphrasen adäquat behandelt. Wir halten die Hauptkritikpunkte an der Quantifikation in L_1 gegenüber der Quantifikation in natürlichen Sprachen nochmals gesondert fest:

(8) (i) Es gibt Sätze, die nicht mit Hilfe der Quantoren $\exists$ und $\forall$ übersetzt werden können.
(ii) Eine Erweiterung des Quantoren-Vokabulars führt mit den herkömmlichen Methoden nicht zu angemessenen Interpretationen.
(iii) Die syntaktische Struktur von Sätzen mit quantifizierten NPn in natürlichen Sprachen ist verschieden von der Syntax der semantischen Struktur quantifizierter Formeln in L_1.

Wir wollen nun von den Ausdrucksmöglichkeiten von $L_{\lambda,t}$ Gebrauch machen und betrachten dazu nochmals die Sätze in (7). Wenn wir uns vorstellen, dass wir nichts Spezielles über alle Kinder aussagen möchten, sondern vielmehr all die Tätigkeiten, Prozesse und Zustände, die *alle Kinder* gerade ausführen oder in denen sie sich befinden, so müssen wir von der speziellen Tätigkeit des Lachens abstrahieren. Um dies formal nachzubilden, ersetzen wir das Prädikat *lachen'* (vom Typ <e,t>) durch eine Variable gleichen Typs wie in (9)(ii). Nennen wir diese Variable P. Wenn wir die Variable P λ-abstrahieren, so erhalten wir den Ausdruck in (9)(iii):

(9) (i) $\forall x[Kind'(x) \rightarrow lachen'(x)]$
(ii) $\forall x[Kind'(x) \rightarrow P(x)]$
(iii) $\lambda P[\forall x[Kind'(x) \rightarrow P(x)]]$
(iv) $D_t^{D_{<e,t>}}$:

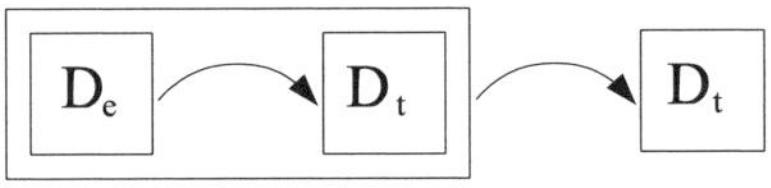

Da die Variable P vom Typ <e,t> und die Formel in (9)(i) vom Typ t ist, hat der Ausdruck in (9)(iii) also den Typ <<e,t>,t>, d.h. er denotiert eine Funktion, die als Argument einen Ausdruck vom Typ <e,t> nimmt und diesen auf einen Ausdruck vom Typ t abbildet. Die Funktion bildet diejenigen VP-Denotate, in denen alle Kinder enthalten sind, auf 1 und diejenigen VP-Denotate, in denen nicht alle Kinder enthalten sind, auf 0 ab. Sie ist also eine charakteristische Funktion, die Mengen von Individuen (VP-Denotate) auf 0 oder 1 abbildet. Wenn es in einem Modell M der Fall ist, dass die Menge aller Kinder in der Menge der lachenden Individuen enthalten ist, so ist der Wert der Funktion $\lambda P[\forall x[Kind'(x) \rightarrow P(x)]]$ für das Argument *lachen'* gleich 1. Wenn nicht alle Kinder in der Menge der lachenden Individuen enthalten sind, so ist ihr Wert 0.

Dies lässt sich mittels der Regel der λ-Konversion formal nachspielen. Die Funktion $\lambda P[\forall x[Kind'(x) \rightarrow P(x)]]$ benötigt ein VP-Denotat als Argument. Wenn wir nun $\lambda z[lachen'(z)]$ einsetzen und zweimal λ-Konversion durchführen, erhalten wir wieder die Ausgangsformel (9)(i), wie uns die Äquivalenzen in (10) zeigen:

(10) (i) $\lambda P[\forall x[Kind'(x) \rightarrow P(x)]]$ (*$\lambda z[lachen'(z)]$*)

(ii) $\equiv$ $\forall x[Kind'(x) \rightarrow \lambda z[lachen'(z)](x)]$

↑ λ-K von P

(iii) $\equiv$ $\forall x[Kind'(x) \rightarrow lachen'(x)]$

↑ λ-K von z

Die Funktion *$\lambda P[\forall x[Kind'(x) \rightarrow P(x)]]$* ist das Denotat der NP *alle Kinder* und wir sehen, dass sowohl der Quantor als auch der Konnektor in dem NP-Denotat enthalten sind. Damit haben wir das Ziel erreicht, dass sich diese beiden Elemente parallel zur syntaktischen Struktur in einer semantischen Konstituente befinden.

Diese Vorgehensweise bedeutet aber gleichermaßen, dass wir das Denotat einer Subjekt-NP (vom Typ <<e,t>,t>) als Funktion auffassen, die ein VP-Denotat (vom Typ <e,t>) als Argument nimmt und auf einen Wahrheitswert (vom Typ t) abbildet. Bisher sind wir stets von einer umgekehrten Funktionsanwendung ausgegangen, dass nämlich ein VP-Denotat (vom Typ <e,t>) ein NP-Denotat (vom Typ e) als Argument fordert und auf einen Wahrheitswert (vom Typ t) abbildet. Wir haben also zwei Möglichkeiten, die Kombinatorik zwischen Subjekt und VP zu erfassen. Entweder die VP ist ein Argument des Subjekts oder das Subjekt ist ein Argument der VP. Diese zwei recht verschiedenen Vorgehensweisen illustrieren die Darstellungen in (11)(i) und (11)(ii):

(11) (i) $<<e,t>,t>(<e,t>) = t$ (ii) $<e,t>(e) = t$

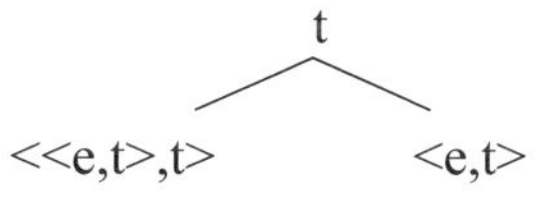

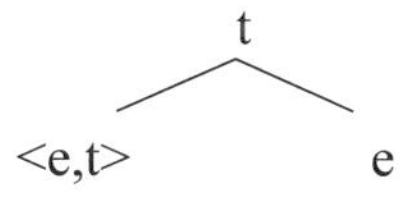

Obwohl sich jeweils der Typ t ergibt, geschieht die Funktionale Applikation in beiden Fällen doch auf ganz unterschiedliche Weise. Im folgenden werden wir der Auffassung folgen, dass das Denotat einer Subjekt-NP ein VP-Denotat als Argument nimmt, und wir werden sehen, dass diese Betrachtungsweise zu interessanten Ergebnissen über die Eigenschaften von NP-Denotaten führt. NP-Denotate dieser Art werden *Generalisierte Quantoren* genannt:

(12) Generalisierte Quantoren:

(i) NP-Denotate sind Funktionen von charakteristischen Funktionen in Wahrheitswerte. Sie denotieren Mengen von Mengen von Individuen in D.

(ii) $D_{<<e,t>,t>} = D_t^{D_{<e,t>}} = \{0,1\}^{(\{0,1\}^D)}$

(iii) $D_t^{D_{<e,t>}}$:

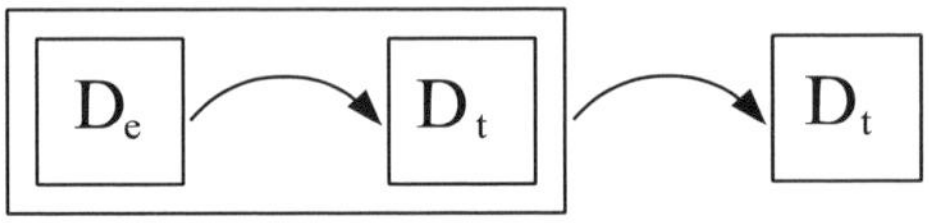

Mit der Vorgehensweise in (11)(i) haben wir erstens erreicht, dass das Denotat einer quantifizierenden NP in Übereinstimmung mit der syntaktischen Konstituentenstruktur angegeben werden kann:

(13) (i)

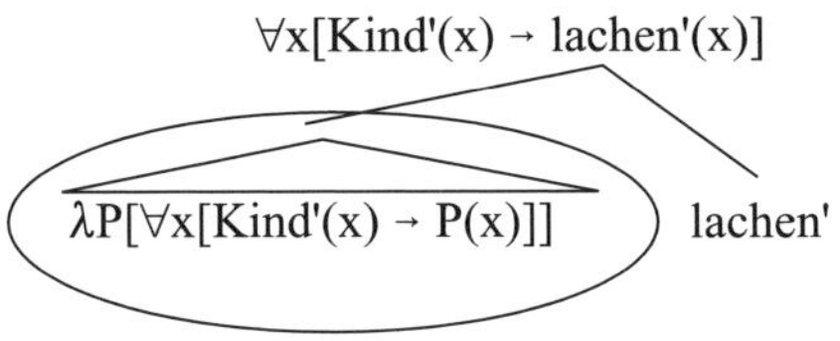

(ii)

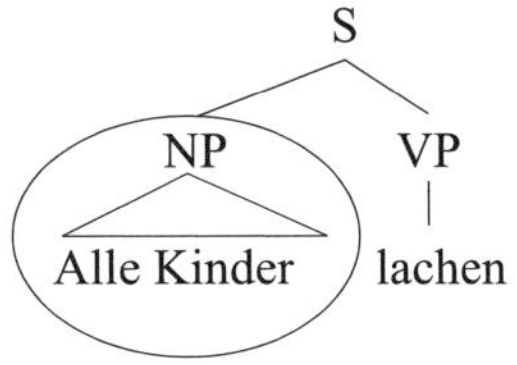

Wir haben zweitens erreicht, dass die Diskontinuität zwischen dem Quantor *vor* der Satzformel und dem Konnektor *in* dieser Formel nicht mehr besteht, denn nun befinden sich beide Elemente innerhalb des NP-Denotats. Wir werden drittens in den folgenden Abschnitten sehen, dass sich andere Quantoren-Ausdrücke – insbesondere auch MADH und MEIST aus (4) – unter der gleichen Betrachtungsweise sehr gut analysieren lassen.

9.2.2. L_1-definierbare Quantoren

In den folgenden Abschnitten werden wir Quantoren-Ausdrücke, die sich mit den syntaktischen Mitteln von L_1 ausdrücken lassen, als generalisierte Quantoren analysieren. Dazu betrachten wir zunächst nominale Proformen wie *jemand, niemand, jedermann*. Sodann weiten wir deren Analyse auf komplexe Nominalphrasen, wie *ein Kind, kein Kind, jedes Kind* aus, und schließlich analysieren wir auch andere Quantorenausdrücke in der gleichen Weise. Zu guter Letzt verwenden wir die gleiche Analysestrategie, um auch Denotate für die Quantoren selbst anzugeben. Nachdem wir diese Aufgaben erledigt haben, sind wir in der Lage, eine *kompositionelle* Analyse quantifizierter Formeln anzugeben. Um auch Skopusambiguitäten *kompositionell* herzuleiten, bedarf es später noch einiger Zusatzüberlegungen.

9.2.2.1. Denotate für quantifizierende Pronomina

Um uns klar zu machen, welche semantischen Objekte für NP-Bedeutungen anzusetzen sind, betrachten wir zunächst die drei Proformen: *jemand, niemand, jedermann*. Dabei interessiert uns zu diesem Zeitpunkt nur die Verbindung zwischen einer pronominalisierten Subjekt-NP und einer VP. Der Satz in (14)(i), semilogisch paraphrasiert in (14)(ii), erhält die Übersetzung in (14)(iii):

(14) (i) Jemand liebt Maria.
(ii) Es gibt ein x, für das gilt, x liebt Maria.
(iii) $\exists x[(lieben'(Maria'))(x)]$

Die Variable x entspricht dem Argument für das Subjekt, und der Ausdruck *(lieben'(Maria'))* entspricht der VP. Wenn wir in der Formel in (14)(iii) den Ausdruck *(lieben'(Maria'))* durch eine Variable P des gleichen Typs ersetzen, so erhalten wir die Formel (15)(i), (15)(i). Da λ-Abstraktion für Variablen von beliebigem Typ gilt, können wir die Variable P abstrahieren und erhalten den Ausdruck in (15)(ii), der wegen des Typs von P (= $<e,t>$) vom Typ $<<e,t>,t>$ ist. Diese Funktion fassen wir nun als Denotat des Pronomens *jemand* auf. Das Pronomen denotiert eine Funktion, die VP-Denotate auf Wahrheitswerte abbildet. Wie sich mittels λ-Konversion mit dem VP-Denotat *(lieben'(Maria'))* leicht prüfen lässt, ergibt sich mit (15)(iii) der gleiche Gesamtausdruck wie in (14)(iii):

(15) (i) $\exists x[P(x)]$ Typ: t
(ii) $\lambda P[\exists x[P(x)]]$ Typ: $<<e,t>,t>$
(iii) $\lambda P[\exists x[P(x)]]\ (lieben'(Maria')) \underset{\lambda\text{-K von P}}{\equiv} \exists x[(lieben'(Maria'))(x)]$

Da VP-Denotate Mengen von Individuen sind, werden diejenigen Mengen auf 1 abgebildet, die mindestens ein Individuum als Element enthalten. Diese Bedingung wird durch den Existenzquantor ausgedrückt. Die Mengen dürfen demzufolge nicht leer sein. Der Ausdruck in (15)(ii) denotiert also eine Menge von nicht-leeren Mengen, so dass wir sagen können, dass der Ausdruck $\lambda P[\exists x[P(x)]]$ äquivalent zu der Menge aller Teilmengen von D ist, die nicht leer sind. Wir erhalten als Denotat für *jemand'* (16):

(16) $[\![jemand']\!]^{M,g}$: $\lambda P[\exists x[P(x)]] \equiv \{X \subseteq D \,/\, X \neq \varnothing\}$

Ganz genauso gehen wir vor, um das Denotat der Proform *niemand* zu ermitteln. Wir betrachten den Satz (17)(i) mit der Paraphrase (17)(ii) und der Übersetzung (17)(iii):

(17) (i) Niemand liebt Maria.
(ii) Es ist nicht der Fall, dass es ein x gibt, für das gilt, x liebt Maria.
(iii) $\neg(\exists x[(lieben'(Maria'))(x)])$

Wenn wir das Pronomen *niemand* analog zu *jemand* behandeln, d.h. wenn wir das Prädikat *(lieben'(Maria'))* durch eine Variable P von gleichem Typ ersetzen, wie in

(18)(i), und diese dann λ-abstrahieren, so erhalten wir den Ausdruck in (18)(ii). Diese Funktion ist natürlich auch vom Typ <<e,t>,t>, und wenn man sie auf das Argument *(lieben'(Maria'))* anwendet, so ergibt sich wieder die Ausgangsformel in (17)(iii), wie die rechte Seite der Äquivalenz in (18)(iii) zeigt:

(18) (i) $\neg(\exists x[P(x)])$ Typ: t
(ii) $\lambda P[\neg(\exists x[P(x)])]$ Typ: <<e,t>,t>
(iii) $\lambda P[\neg(\exists x[P(x)])]$ *(lieben'(Maria'))* $\equiv$ $\neg(\exists x[(\text{lieben'(Maria')})(x)])$
↑
λ-K von P

Die Funktion in (18)(ii) enthält eine negierte Existenzquantifikation. Jede Menge, in der kein Individuum existiert, die also leer ist, wird auf 1 abgebildet, jede andere Menge auf 0. Wir können in diesem Sinne das Denotat von *niemand'* als die Menge aller Teilmengen von D interpretieren, die leer sind:

(19) $[\![\text{niemand'}]\!]^{M,g}$: $\lambda P[\neg(\exists x[P(x)])] \equiv \{X \subseteq D \,/\, X = \emptyset\}$

Auf die gleiche Weise können wir nun auch die Proform *jedermann* behandeln. Der Satz (20)(i) mit der Paraphrase (20)(ii) wird übersetzt wie in (20)(iii):

(20) (i) Jedermann liebt Maria.
(ii) Für alle x gilt, x liebt Maria.
(iii) $\forall x[(\text{lieben'(Maria')})(x)]$

Wenn wir wiederum das Prädikat *(lieben'(Maria'))* durch eine Variable P von gleichem Typ ersetzen und diese λ-abstrahieren, erhalten wir ein ganz ähnliches Ergebnis, nur dass diesmal anstelle des Existenzquantors der Allquantor auftritt:

(21) (i) $\forall x[P(x)]$
(ii) $\lambda P(\forall x[P(x)])$
(iii) $\lambda P[\forall x[P(x)]]$ *(lieben'(Maria'))* $\equiv$ $\forall x[(\text{lieben'(Maria')})(x)]$
↑
λ-K von P

Das Pronomen *jedermann'* ist ebenfalls vom Typ <<e,t>,t> und denotiert eine Funktion von Mengen von Individuen in Wahrheitswerte. Auf ein VP-Denotat angewendet liefert die Funktion den Wert 1 genau dann, wenn die durch das VP-Denotat spezifizierte Menge gleich D ist, d.h. wenn diese Menge die gesamte Diskursdomäne umfasst, und der Funktionswert ist 0 genau dann, wenn es Elemente in D gibt, die nicht in dieser Menge enthalten sind. Wir können daher das Denotat von *jedermann'* als die Menge aller Teilmengen von D interpretieren, die gleich D sind:

(22) $[\![\text{jedermann'}]\!]^{M,g}$: $\lambda P[\forall x[P(x)]] \equiv \{X \subseteq D \,/\, X = D\}$

9.2.2.2. Denotate für komplexe Nominalphrasen

Wir wollen im folgenden die etwas komplexer quantifizierenden Ausdrücke: *jeder Student, einige Studenten, kein Student* betrachten. Obwohl diese aus einem Determinator und einem Nomen zusammengesetzt sind, sollen die entsprechenden NP-Denotate - genau wie die Denotate der Proformen - Mengen von Mengen von Individuen sein, d.h. den Typ <<e,t>,t> haben, denn syntaktisch gesehen sind beide Typen von Nominalphrasen gleich verteilt. Der Unterschied zwischen nominalen Proformen und komplexen NPn besteht ledigich darin, dass die einen eine interne syntaktische Struktur haben ((23)(i)), die anderen hingegen nicht ((23)(ii)):

(23) (i)

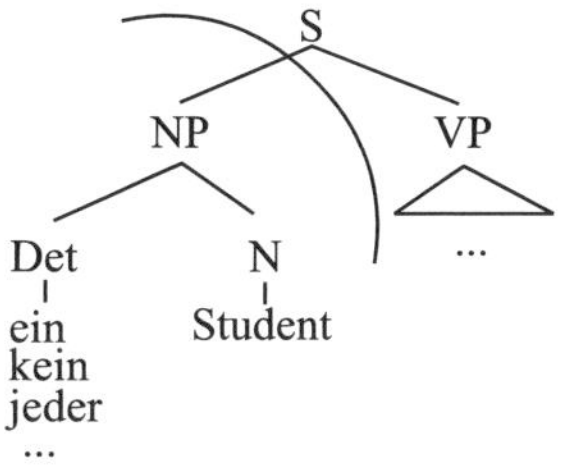

(ii)

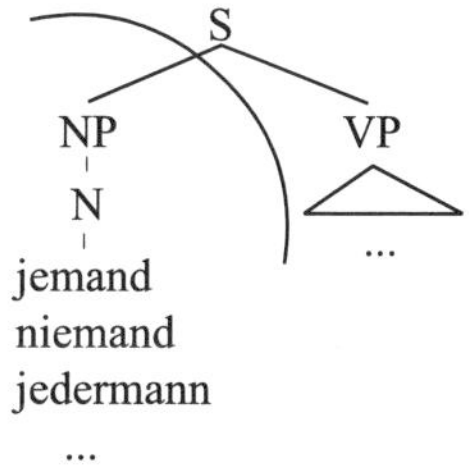

Das Verhältnis zu den VPn ist allerdings identisch. In diesem Sinne werden wir die Denotate der komplexen NPn so bestimmen, dass sich deren Verbindung mit einer VP analog zu den Proformen behandeln lässt. Dazu betrachten wir die Sätze in (24), deren Übersetzungen uns inzwischen geläufig sind:

(24) (i) $[_{NP}$ Ein Student] schnarcht.
(ii) $\exists x[Student'(x) \wedge schnarchen'(x)]$
(iii) $[_{NP}$ Kein Student] raucht.
(iv) $\neg(\exists x[Student'(x) \wedge rauchen'(x)])$
(v) $[_{NP}$ Jeder Student] schläft.
(vi) $\forall x[Student'(x) \rightarrow schlafen'(x)]$

Wir ersetzen in diesen Formeln das VP-Denotat durch eine Variable P von gleichem Typ, so dass wir damit die Denotate der Nominalphrasen *Ein Student*, *Kein Student* und *Jeder Student* erhalten:

(25) (i) Ein Student: $\lambda P[\exists x[Student'(x) \wedge P(x)]]$
(ii) Kein Student: $\lambda P[\neg(\exists x[Student'(x) \wedge P(x)])]$
(iii) Jeder Student: $\lambda P[\forall x[Student'(x) \rightarrow P(x)]]$

Dass diese Ableitung richtig ist, sehen wir, wenn wir λ-Konversion mit den jeweiligen Prädikaten ausführen. Wie die rechten Seiten der Äquivalenzen in (26) zeigen, ergeben sich wieder die Ausgangsformeln in (24):

(26) (i) $\lambda P[\exists x[\text{Student}'(x) \land P(x)]](\textit{schnarchen}') \equiv \exists x[\text{Student}'(x) \land \text{schnarchen}'(x)]$

(ii) $\lambda P[\neg(\exists x[\text{Student}'(x) \land P(x)])](\textit{rauchen}') \equiv \neg(\exists x[\text{Student}'(x) \land \text{rauchen}'(x)])$

(iii) $\lambda P[\forall x[\text{Student}'(x) \rightarrow P(x)]](\textit{schlafen}') \equiv \forall x[\text{Student}'(x) \rightarrow \text{schlafen}'(x)]$

Wie sind diese Ausdrücke zu deuten? Der Ausdruck *Student'* denotiert die Menge aller x, für die gilt, dass x ein Student ist. Das NP-Denotat von *[Ein Student]'* ist aber eine Funktion, die VP-Denotate in Wahrheitswerte abbildet. Da VP-Denotate Mengen von Individuen sind, bildet die Funktion in (25)(i) jede Menge, in der mindestens ein Student enthalten ist, auf 1 ab, und jede Menge, in der kein Student enthalten ist, auf 0. Wir können somit sagen, dass das Denotat des Ausdrucks *[ein Student]'* eine Funktion ist, die zu jedem VP-Denotat entscheidet, ob *mindestens ein* Student in diesem Denotat enthalten ist oder nicht. Da die bevorstehenden Überlegungen recht kompliziert erscheinen und die Begriffe *NP-Denotat*, *VP-Denotat* usw. relativ abstrakte Mengen charakterisieren, verwenden wir im folgenden den Begriff *Eigenschaft*. Obwohl dieser Begriff ein Terminus der intensionalen Logik ist, wollen wir ihn hier in seiner normalsprachlichen Bedeutung verwenden, müssen ihn aber noch etwas präzisieren. Unter einer Eigenschaft wollen wir das Denotat eines einstelligen Prädikats verstehen. Wenn der Satz *Ein Student schläft* wahr ist, dann gibt es ein Individuum, das die Eigenschaften hat, Student zu sein und zu schlafen; und wenn der Satz *Ein Student liebt Maria* wahr ist, dann gibt es ein Individuum, das die Eigenschaften hat, Student zu sein und Maria zu lieben. Das Denotat der NP *ein Student* ist in dieser Terminologie die Menge aller Eigenschaften, von denen gilt, dass mindestens ein Student eine dieser Eigenschaften hat. Anders formuliert: Das Denotat der NP *ein Student* ist diejenige Funktion, die jede Eigenschaft, die mindestens ein Student hat, auf 1 abbildet und alle Eigenschaften, die kein Student hat, auf 0. Wir erinnern uns kurz: Eigenschaften sind VP-Denotate und damit Mengen von Individuen, so dass wir jetzt sagen können, dass die Menge aller Eigenschaften, von denen gilt, dass mindestens ein Student eine dieser Eigenschaften hat, identisch ist mit der Menge von Mengen von Individuen, deren Durchschnitt mit der Menge $[\![\text{Student}']\!]^{M,g}$ nicht leer ist. Zur Illustration dieser Überlegungen betrachten wir ein Beispiel. Nehmen wir an, dass *trinken'*, *lieben'(Maria')*, *arbeiten'*, *Student'*, *schlafen'* mögliche Eigenschaften (VP-Denotate) sind. Das Denotat der NP *ein Student* ist die folgende Funktion:

(27)

$\lambda P[\exists x[Student'(x) \wedge P(x)]]$:

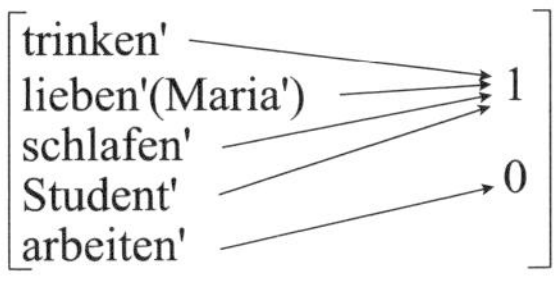

Die Funktion liefert den Wert 1,

(28) (i) wenn es mindestens ein Individuum gibt, das Student ist und trinkt,
(ii) wenn es mindestens ein Individuum gibt, das Student ist und Maria liebt,
(iii) wenn es mindestens ein Individuum gibt, das Student ist und schläft,
(iv) wenn es mindestens ein Individuum gibt, das Student ist und Student ist.

Die Funktion liefert den Wert 0, wenn es kein Individuum gibt, das Student ist und arbeitet. Das Denotat von *arbeiten'* ist die Menge all derjenigen Individuen, die arbeiten. Das Denotat von *Student'* ist die Menge all derjenigen Individuen, die Studenten sind. Wenn es kein Individuum gibt, welches zugleich Student ist und arbeitet, dann bildet die Funktion in (27), die Menge der Arbeiter auf 0 ab, da ihr Durchschnitt mit der Menge der Studenten leer ist. Wir müssen dazu von einem Modell ausgehen, in dem die Menge der Arbeiter keinen Studenten enthält, und dass deshalb die Anwendung der Funktion in (27) angewendet auf das Prädikat *arbeiten'* zu einer falschen Aussage führt.

Die Funktion entspricht damit einer Menge, in der all diejenigen Mengen enthalten sind, für die gilt, dass ihr Durchschnitt mit dem Denotat von *Student'* nicht leer ist. Dies können wir wie in (29) darstellen:

(29) (i) $\lambda P[\exists x[Student'(x) \wedge P(x)] \equiv \{X \subseteq D \,/\, [\![Student']\!]^{M,g} \cap X \neq \varnothing\}$
(ii)

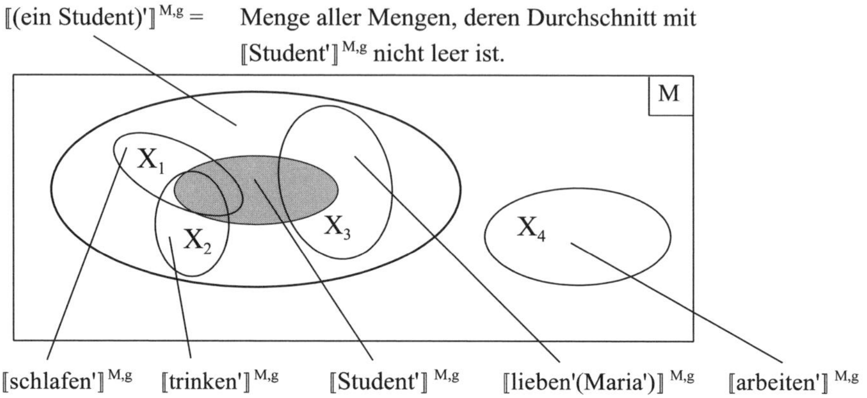

Diese Konstruktion nennt man die *Existenzielle Sublimierung* des Ausdrucks *Student'*.

Ganz analog zu diesem Vorgehen können wir mit den beiden anderen Quantoren-Phrasen verfahren. Für den Ausdruck *[Kein Student]'* ergibt sich die *Negative Sublimierung* als die Menge derjenigen Teilmengen von D, deren Durchschnitt mit dem Denotat von *Student'* leer ist. Das Denotat von *[Kein Student]'* bildet alle Teilmengen von D, in denen kein Student ist, auf 1 ab und alle anderen auf 0. Die *Negative Sublimierung* des Ausdrucks *[Kein Student]'* ist somit die Menge aller Eigenschaften, die kein Student hat:

(30) (i) $\lambda P[\neg(\exists x[Student'(x) \wedge P(x)])] \equiv \{X \subseteq D \,/\, [\![Student']\!]^{M,g} \cap X = \varnothing\}$
(ii)

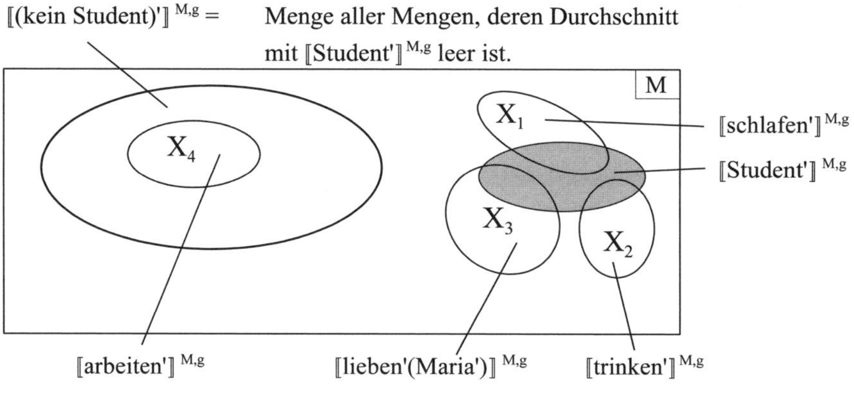

Das Denotat von *(jeder Student)'* ist eine Funktion, die jede Teilmenge von D, in der die Menge aller Studenten enthalten ist, auf 1 abbildet und jede andere Teilmenge auf 0, d.h. das Denotat von *[Jeder Student]'* ist die Menge aller Obermengen von $[\![\text{Student'}]\!]^{M,g}$, oder anders ausgedrückt, die Menge aller Eigenschaften, die jeder Student hat:

(31) (i) $\lambda P[\forall x[\text{Student'}(x) \rightarrow P(x)]] \equiv \{X \subseteq D \,/\, [\![\text{Student'}]\!]^{M,g} \subseteq X\}$
(ii)

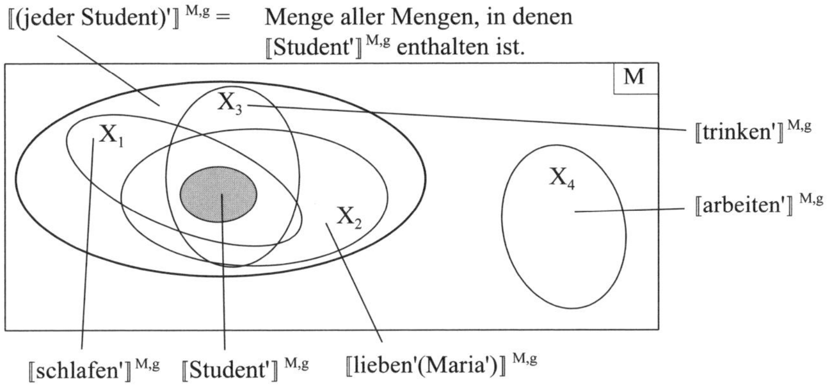

Diese Konstruktion, die Menge aller Teilmengen von D, in denen alle Studenten enthalten sind, wird die *Universelle Sublimierung* des Ausdrucks *Student'* genannt.

9.2.3. Andere Quantoren

Wir wollen uns nun überlegen, wie sich die Auffassung eines NP-Denotats als Menge von Mengen von Individuen auf andere NP-Denotate übertragen lässt, und dazu die Sätze in (32) betrachten:

(32) (i) $[_{NP}$ Zwei Studenten] rauchen.
(ii) $[_{NP}$ Mehr als die Hälfte der Studenten] rauchen.
(iii) $[_{NP}$ Die meisten Studenten] rauchen.
(iv) $[_{NP}$ Mehr Studenten als Dozenten] rauchen.
(v) $[_{NP}$ Viele Studenten] rauchen.
(vi) $[_{NP}$ Wenige Studenten] rauchen.
(vii) $[_{NP}$ Der Student] raucht.

Die NP in (32)(i) würde nach unserem jetzigen Verständnis die Menge aller Teilmengen von D denotieren, deren jeweilige Schnittmengen mit dem Denotat von *Student'* genau zwei Elemente enthält. Um dies auszudrücken, benötigen wir den Begriff der *Kardinalität einer Menge*, den wir bereits im Kapitel über Mengenlehre kennengelernt haben. Wir wiederholen die Definition hier kurz in (33):

(33) Die Kardinalität $|M|$ einer Menge M ist die Anzahl der Elemente von M.

Die NP *zwei Studenten* kann bedeuten, dass genau zwei Studenten gemeint sind oder dass mindestens zwei Studenten gemeint sind. Im ersten Fall muss die Schnittmenge eines VP-Denotats mit dem Denotat von *Student'* genau zwei Elemente enthalten, während im zweiten Fall auch mehr Elemente in der Schnittmenge auftreten dürfen. Die formale Übersetzung für die erste Interpretation finden wir in (34)(i), die der zweiten in (34)(ii):

(34) (i) $[\![((\text{genau) zwei Studenten)'}]\!]^{M,g}$: $\{X \subseteq D / |[\![\text{Student'}]\!]^{M,g} \cap X| = 2\}$
(ii) $[\![((\text{mindestens) zwei Studenten)'}]\!]^{M,g}$: $\{X \subseteq D / |[\![\text{Student'}]\!]^{M,g} \cap X| \geq 2\}$

Der Unterschied zwischen den beiden Mengenkonstruktionen besteht darin, dass bei genauer Gleichheit die Kardinalitität der jeweiligen Schnittmenge gleich ('=') zwei ist, während für das Denotat von *[mindestens zwei Studenten]'* die Relation größer gleich ('≥') verwendet wird, so dass hier die Schnittmenge auch mehr als zwei Studenten enthalten darf.

Die NP *mehr als die Hälfte der Studenten* denotiert die Menge derjenigen Teilmengen von D, in deren Durchschnitt mit dem Denotat von *Student'* mehr als die Hälfte aller Studenten enthalten sind:

(35) $[\![(\text{mehr als die Hälfte der Studenten)'}]\!]^{M,g}$:
$\{X \subseteq D / |[\![\text{Student'}]\!]^{M,g} \cap X| > 0.5 * |[\![\text{Student'}]\!]^{M,g}|\}$

Ähnliche Überlegungen führen zu dem Denotat von *die meisten Studenten*:

(36) $[\![(\text{die meisten Studenten)'}]\!]^{M,g}$:
$\{X \subseteq D / |[\![\text{Student'}]\!]^{M,g} \cap X| \geq 0.6 * |[\![\text{Student'}]\!]^{M,g}|\}$

Je nachdem, wie diese NP verstanden wird, bedeutet *die meisten Studenten* zum einen deutlich mehr als die Hälfte der Studenten, so dass wir deren Anzahl mit einer Zahl größer 0.6 multiplizieren müssen. Wird die NP hingegen so verstanden, dass nur mehr als die Hälfte der Studenten damit gemeint sind, so sind die Sätze in (32)(ii) und (32)(iii) synonym, und in beiden Fällen muss mit dem Wert 0.5 multipliziert werden.

Für die Sätze (32)(v) und (32)(vi) benötigen wir eine kontextuell zu spezifizierende Größe, um festzulegen, was viele bzw. wenige Studenten sind, die rauchen. Wenn es – wie etwa derzeit in den USA – der Fall ist, dass Nicht-Rauchen das Standardverhalten der

Studenten ist, so kann der Satz (32)(v) in den USA wahr sein, wenn von hundert Studenten zehn rauchen. In der Bundesrepublik Deutschland hingegen, in der es noch zum Standardverhalten von Studenten gehört, dass sie rauchen, kann der Satz falsch sein, wenn von hundert Studenten zwanzig rauchen. Wir müssen daher eine Variable c einführen, deren Wert durch den Kontext festgelegt ist und mit dem die Anzahl der Studenten multipliziert wird. Die Variable c steht für einen Standardwert, den ein gegebener Kontext jeweils spezifiziert und relativ zu dem sich bewerten lässt, wie die Ausdrücke *viel* bzw. *wenig* gedeutet werden. In (37) finden wir die entsprechenden Denotate für viele bzw. wenige Studenten:

(37) (i) $[\![(\text{viele Studenten})']\!]^{M,g}$: $\{X \subseteq D / |[\![\text{Student}']\!]^{M,g} \cap X| > c * |[\![\text{Student}']\!]^{M,g}|\}$
(ii) $[\![(\text{wenige Studenten})']\!]^{M,g}$: $\{X \subseteq D / |[\![\text{Student}']\!]^{M,g} \cap X| < c * |[\![\text{Student}']\!]^{M,g}|\}$

Die beiden Denotate ähneln einander, variieren aber in der Bestimmung der Relation von c und der Schnittmengen-Kardinalität. In (37)(i) müssen die Schnittmengen mehr Elemente enthalten als die kontextuelle Festlegung von c multipliziert mit der Anzahl der Studenten, und in (37)(ii) weniger.

9.2.3.1. Der bestimmte Artikel

Etwas ausführlicher wollen wir jetzt den definiten Artikel betrachten und die NP $[_{NP}$ der Student] aus (32)(vii) behandeln. Wir hatten bereits festgestellt, dass *[der Student]'* ein eindeutig bestimmtes Element aus der Menge der Studenten denotiert. Wie lässt sich dieses Individuum formal spezifizieren? Eine Analyse wurde 1905 von dem Mathematiker Bertrand Russell vorgeschlagen. Sie beruht darauf, dass ein Ausdruck wie *der König von Frankreich* höchstens und mindestens ein Individuum denotiert, und das bedeutet genau ein Individuum. Wir können diese *Existenz- und Einzigkeits-Bedingung* formal ausdrücken, indem wir sagen, dass ein Individuum x aus D genau dann der eindeutig bestimmte König von Frankreich ist, wenn x existiert, und wenn für alle Individuen y aus D gilt, wenn y König von Frankreich ist, dann ist x = y:

(38) Existenz- und Einzigkeitsbedingung:
(i) $\exists x[\text{K.v.F}'(x) \wedge \forall y[\text{K.v.F.}'(y) \rightarrow x = y]]$
(ii) Es gibt ein x, das König von Frankreich ist und für alle y gilt: wenn y der König von Frankreich ist, dann ist x = y.

(38) drückt einerseits die Existenz durch den Existenzquantor aus und andererseits, mittels des Allquantors, dass alle Individuen y, die ebenfalls die Bedingung für x erfüllen,

nur dieses x selbst sein können. Als Übersetzung des Satzes (39)(i) können wir daher (39)(ii) annehmen, mit der entsprechenden Paraphrase in (39)(iii):

(39) (i) Der König von Frankreich schnarcht.
(ii) $\exists x[K.v.F'(x) \wedge \forall y[K.v.F.'(y) \rightarrow x = y]] \wedge schnarchen'(x)]$
(iii) Es gibt ein x, das König von Frankreich ist und für alle y gilt: wenn y der König von Frankreich ist, dann ist x = y, und x schnarcht.

Abstrahieren wir nun aber in der bewährten Weise von der speziellen Eigenschaft *schnarchen'*, und ersetzen wir diese wieder durch die Variable P, so erhalten wir den Ausdruck in (40) für eine definite NP:

(40) $[\![(\text{der König von Frankreich})']\!]^{M,g}$:
$\lambda P[\exists x[K.v.F'(x) \wedge \forall y[K.v.F.'(y) \rightarrow x = y] \wedge P(x)]]$

Der Ausdruck stellt diejenige Funktion von charakteristischen Funktionen in Wahrheitswerte dar, die jede Menge, in der es genau einen König von Frankreich gibt, auf 1 abbildet und jede andere Menge auf 0.

Aus dieser Analyse ergibt sich allerdings ein Problem, welches darin besteht, dass in M mindestens und höchstens ein Individuum existieren darf, welches sowohl im N-Denotat als auch im VP-Denotat enthalten ist. Der Satz (41) kann aber durchaus wahr sein, auch wenn es in M mehrere rauchende Studenten gibt:

(41) Der Student raucht.

Wenn in dieser Situation der Allquantor über alle Studenten quantifiziert, so ist der Satz (41) falsch, da es keinen anderen Studenten auf der Welt geben dürfte, der raucht. Dies scheint zunächst eine recht widersinnige Annahme zu sein. Wir können uns aber klarmachen, dass der Effekt nicht speziell auf der Verwendung des definiten Artikels beruht, sondern auch bei anderen quantifizierten Ausdrücken vorkommt. Wenn wir den folgenden Kontext K betrachten, so zeigt sich, dass auch die Quantoren in den Sätzen in (42)(i)-(42)(iii) nicht über alle Messer, Tabletts oder Gabeln auf dieser Welt, sondern über eine (wie auch immer) durch den Kontext beschränkte Menge quantifizieren:

(42) K: A und B sind in der Mensa der Universität zu Köln.
A sagt zu B:
(i) Kein Messer ist scharf.
(ii) Alle Tabletts sind beschädigt.
(iii) Mehr als die Hälfte der Gabeln sind verbogen.

Offensichtlich handelt es sich bei dieser beschränkten Menge um die Messer, Gabeln bzw. Tabletts in der Mensa der Universität zu Köln, so dass pragmatische Faktoren für die Restriktion der Diskursdomäne auf eine bestimmte Untermenge verantwortlich sind. Ganz ähnlich lässt sich nun auch für den bestimmten Artikel argumentieren. Um diesen angemessen zu gebrauchen, muss der Kontext die Menge, über die gerade geredet wird, so einschränken, dass das bezeichnete Individuum eindeutig bestimmbar ist. Treten in der von dem Kontext bereitgestellten Menge mehrere bzw. kein Individuum auf, auf welche das NP-Denotat zutrifft, so sind diese Sätze nicht sinnvoll zu verwenden, wie man an den Beispielen in (43) sieht:

(43) (i) *Das Märchen der Brüder Grimm* beginnt mit: "Es war einmal...".
(ii) Karl besucht *den Kaiser von Amerika.*

Ohne spezifizierten Kontext kann der definite Artikel in dem Satz (43)(i) nicht interpretiert werden, da es mehr als ein Märchen der Brüder gibt. Ist hingegen kontextuell festgelegt, über welches Märchen geredet wird, so ist der Satz (43)(i), etwa als Antwort auf die Frage: "Wie beginnt das Märchen vom Aschenputtel?", ein durchaus sinnvoller Satz. Dies liegt allein daran, dass aus dem Fragekontext klar erkennbar wird, dass ein eindeutig zu bestimmendes Märchen gemeint ist.

Das Beispiel in (43)(ii) ist eine unangemessene Äußerung, insofern es in der Jetzt-Zeit, in der dieses Buch geschrieben wird, keinen Kaiser von Amerika gibt, den Karl besuchen könnte. Man spricht in diesem Fall von *leeren Kennzeichnungen*; eine Kennzeichnung – wie etwa *Kaiser von Amerika* – ist leer, wenn es kein Individuum gibt, auf das die Kennzeichnung zutrifft.

9.2.3.2. Eigennamen

Wir sind bei der Behandlung quantifizierter Subjekt-NPn davon ausgegangen, dass diese vom Typ <<e,t>,t> sind. Damit haben wir die Sichtweise verfolgt, dass ein NP-Denotat eine Funktion ist, die ein VP-Denotat als Argument nimmt. In diesem Zusammenhang stellt sich erneut die Frage, welches Denotat Eigennamen haben. Wir haben bisher angenommen, dass ein Eigenname dasjenige Individuum denotiert, welches diesen Namen hat. Da wir den Ausdrücken *Peter'*, *Maria'*, *Clara'* usw. den Typ e zugewiesen haben, befinden wir uns in der ungünstigen Situation, dass wir einerseits für komplexe NPn annehmen, dass es sich um Funktionen handelt, die ein VP-Denotat als Argument nehmen, und andererseits, dass Eigennamen Argumente von VP-Denotaten sind. Damit stecken wir allerdings in einem Dilemma: Entweder ist die Verbindung Subjekt-NP und VP immer gleich, aber dann passen die Eigennamen nicht in das Konzept, oder wir müssen verschiedene Arten der Verbindung zwischen Subjekt-Denotaten und VP-Denotaten annehmen, was der einheitlichen syntaktischen Verbindung zwischen diesen Ausdrücken nicht entspricht. Da einheitliche Regeln vorzuziehen sind, wollen wir das Denotat von Eigennamen so verändern, dass es ebenfalls eine Funktion darstellt, die ein VP-Denotat als Argument nehmen kann. Dazu müssen wir den Typ e der Eigennamen zu dem Typ <<e,t>,t> der komplexen Nominalphrasen anheben.

Nichts hindert uns daran, auch in der Formel (44)(ii) das Prädikat *schlafen'* durch eine Variable P gleichen Typs zu ersetzen und zu abstrahieren, geradeso, wie wir es bei den anderen NPn auch getan haben.

(44) (i) Clara schläft.
(ii) schlafen'(Clara')
(iii) P(Clara')
(iv) λP[P(Clara')]

Die Funktion in (44)(iv) hat damit ebenfalls den Typ <<e,t>,t> und bildet jede Eigenschaft, die Clara hat, auf 1 ab und jede Eigenschaft, die Clara nicht hat, auf 0. Wir können daher sagen, dass *Clara'* nicht direkt das Individuum $[\![\text{Clara'}]\!]^{M,g}$ denotiert, sondern die Menge der Eigenschaften, die Clara hat. Allerdings könnte bei dieser Form der Analyse der Fall auftreten, dass relativ zu einem bestimmten Modell Clara und Maria in allen Mengen gleichzeitig auftreten. Dann wäre die Menge aller Eigenschaften, die Clara hat, die gleiche Menge von Eigenschaften, die Maria hat, und beide Individuen wären nicht mehr zu unterscheiden, so dass das Denotat von *Maria'* identisch mit dem Denotat von *Clara'* wäre. Nun gibt es aber eine Eigenschaft, die für jedes Indiviuum in typischer Weise nur für jeweils dieses Individuum gilt, und diese besteht darin, *mit sich selbst identisch zu sein.* Wenn wir annehmen, dass diese Eigenschaft für jedes Individuum in eindeutiger Weise gilt, so können wir Individuen anhand der Menge aller Eigenschaften, die auf das Individuum zutreffen, stets eindeutig identifizieren, so dass uns nichts mehr daran hindert, ein Individuum mit der Menge aller Eigenschaften dieses Individuums zu identifizieren. Dies führt aber gerade zu genau der gleichen Mengenkonstruktion, die wir für die komplexen NPn bereits angegeben haben: einer Menge von Teilmengen von D. Angewendet auf *Clara'* ergibt sich die *Individuelle Sublimierung* von *Clara'* als die Menge aller Teilmengen von D, von denen Clara ein Element ist.

(45) (i) $\lambda P[P(Clara')] \equiv \{X \subseteq D \,/\, [\![Clara']\!]^{M,g} \in X\}$

(ii)

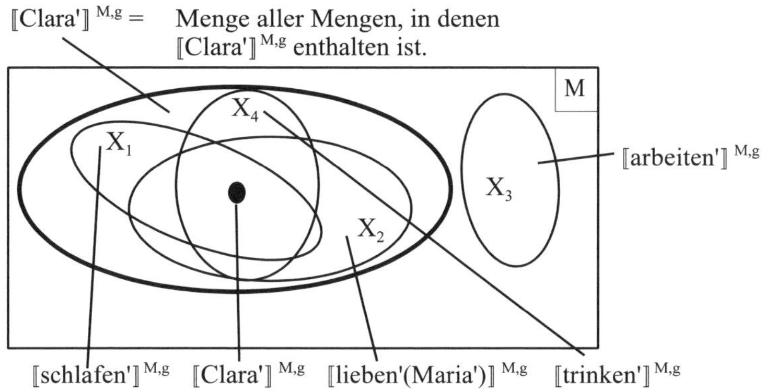

Wir haben damit erreicht, dass wir Subjekt-NPn durchgängig als Funktionen vom Typ <<e,t>,t> behandeln können, die Mengen von Mengen von Individuen denotieren und VP-Denotate auf Wahrheitswerte abbilden.

9.3. Determinatoren

Nun haben wir zwar verschiedene Typen von NPn als generalisierte Quantoren analysiert, wir haben aber noch keine kompositionelle Analyse komplexer NPn selbst angegeben. Insbesondere wissen wir noch nicht, von welchem Typ die Determinatoren sind und welche Funktion ihnen entspricht. Um dies zu ermitteln, machen wir uns klar, dass ein Determinator eine Funktion sein muss, die das Denotat eines Nomens als Argument nimmt und auf einen generalisierten Quantor abbildet.

In der Syntaxtheorie werden komplexe Nominalphrasen nicht mehr einfach als NPn analysiert, sondern als Determinatorphrasen (DPn). Der Grund dafür liegt in der Einsicht, dass der Determinator der Kopf der entsprechenden Phrase ist. Die syntaktische Struktur einer DP ist in (1) dargestellt:

(1)

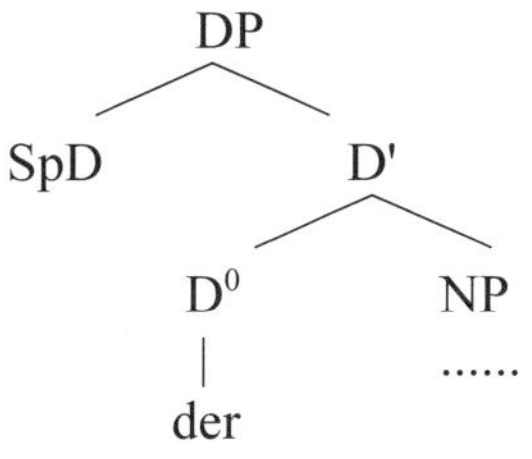

Wir wollen uns nun überlegen, wie die strukturelle Entsprechung dieser Phrase in der semantischen Theorie aussieht und wie wir sie *kompositionell* herleiten können. Wir wissen, dass ein NP-Denotat (früher N-Denotat) ein einstelliges Prädikat vom Typ $\langle e,t \rangle$ ist. Wir wissen weiterhin, dass eine DP ein generalisierter Quantor vom Typ $\langle\langle e,t \rangle,t \rangle$ sein soll. Von welchem Typ muss also ein Determinator sein, wenn er ein NP-Denotat als Argument nimmt und auf einen generalisierten Quantor abbildet?

(2)

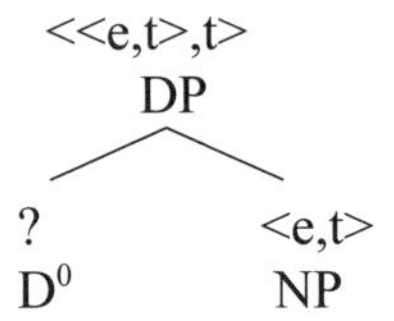

Die Frage ist für uns inzwischen leicht zu beantworten, denn der Determinator muss natürlich vom Typ $\langle\langle e,t \rangle,\langle\langle e,t \rangle,t \rangle\rangle$ sein. Wie aber sieht dessen interne Struktur aus, so dass sich besagter Typ auch kompositionell aus den Elementen ergibt, die in dem Determinator auftreten? Dazu betrachten wir nochmals die generalisierten Quantoren in (3), die wir jetzt als DP-Denotate auffassen:

(3) (i) $[_{DP}$ ein Student]: $\lambda P[\exists x[\text{Student}'(x) \wedge P(x)]]$
(ii) $[_{DP}$ kein Student]: $\lambda P[\neg(\exists x[\text{Student}'(x) \wedge P(x)])]$
(iii) $[_{DP}$ jeder Student]: $\lambda P[\forall x[\text{Student}'(x) \rightarrow P(x)]]$
(iv) $[_{DP}$ der Student]: $\lambda P[\exists x[\forall y[\text{Student}'(y) \leftrightarrow (x = y)] \wedge P(x)]]$

Wir haben in den vollständigen Formeln das VP-Denotat durch eine Variable P ersetzt und diese λ-abstrahiert. Wir gehen einen Schritt weiter und abstrahieren auch von dem spezifischen NP-Denotat *Student'*, indem wir es durch eine Variable Q vom Typ $\langle e,t \rangle$ ersetzen und λ-abstrahieren. Daraus ergeben sich die Denotate der jeweiligen Determinatoren. Für den Ausdruck *(mindestens) ein N* erhalten wir die Darstellung in (4):

(4) $[\![\text{ein}']\!]^{M,g}$: $\lambda Q[\lambda P[\exists x[Q(x) \wedge P(x)]]] \equiv \{X \subseteq D \,/\, [\![NP]\!]^{M,g} \cap X \neq \emptyset\}$

Das Denotat des Determinators *ein'* wird damit zu einer Funktion vom Typ $\langle\langle e,t \rangle,\langle\langle e,t \rangle,t \rangle\rangle$, und das Denotat dieses Ausdrucks ist die Menge all derjenigen Teilmengen von D, deren Durchschnitt mit dem NP-Denotat nicht leer ist. Die Funktion nimmt also als Argument ein NP-Denotat (vom Typ $\langle e,t \rangle$) und bildet es auf einen generalisierten Quantor (vom Typ $\langle\langle e,t \rangle,t \rangle$) ab. Genauso verfahren wir jetzt mit dem Ausdruck in (3)(ii). Wir abstrahieren wieder das spezifische NP-Denotat von *Student'* und erhalten das Denotat für den Determinator *kein'*:

(5) $[\![\text{kein}']\!]^{M,g}$: $\lambda Q[\lambda P[\neg(\exists x[Q(x) \wedge P(x)])]] \equiv \{X \subseteq D \,/\, [\![NP]\!]^{M,g} \cap X = \emptyset\}$

Dies ist die Menge aller Teilmengen von D, deren Durchschnitt mit einem beliebigen NP-Denotat leer ist. Analoges gilt für die Behandlung von *jeder'* und *der'*:

(6) $[\![\text{jeder'}]\!]^{M,g}$: $\lambda Q[\lambda P[\forall x[Q(x) \rightarrow P(x)]]] \equiv \{X \subseteq D \,/\, [\![NP]\!]^{M,g} \subseteq X\}$
$[\![\text{der'}]\!]^{M,g}$: $\lambda Q[\lambda P[\exists x[Q(x) \wedge \forall y[Q(y) \rightarrow x = y] \wedge P(x)]]] \equiv$
$\equiv \{X \subseteq D/ |[\![NP]\!]^{M,g} \cap X| = 1\}$

Wir können uns stets vergewissern, ob die Umformungen, die wir mit Hilfe der λ-Abstraktion durchgeführt haben, äquivalent zu den Ausgangsformeln sind. Und da die Formeln inzwischen vergleichsweise komplex geworden sind, wollen wir exemplarisch eine kompositionelle Ableitung für die Formel in (7)(ii), die den Satz (7)(i) übersetzt, graphisch darstellen. Dies mag uns dabei helfen, eine Vorstellung von den relevanten Konstruktionen zu erhalten.

Die Struktur für den Quantor *jeder'* ist klar. Die erste funktionale Applikation (FA) betrifft das Argument *Student*, d.h. die Funktion $\lambda Q[\lambda P[\forall x[Q(x) \rightarrow P(x)]]]$ wird auf das Argument $\lambda z[Student'(z)]$ angewendet. Mittels λ-Konversion wird das Argument für die Variable Q eingesetzt, so dass wir den Ausdruck $\lambda P[\forall x[\lambda z[Student'(z)](x) \rightarrow P(x)]]$ erhalten. In diesem Ausdruck kann wiederum λ-Konversion für die Variable z stattfinden, was zu dem generalisierten Quantor $\lambda P[\forall x[Student'(x) \rightarrow P(x)]]$ führt. Der Quantor wird nun funktional auf das VP-Denotat $\lambda y[schlafen'(y)]$ appliziert und mittels λ-Konversion für die Variable P eingesetzt, so dass wir den Ausdruck $\forall x[Student'(x) \rightarrow \lambda y[schlafen'(y)](x)]$ erhalten. In diesem Ausdruck wird die Variable y gegen die Variable x konvertiert. Das Resultat ist der Ausdruck $\forall x[Student'(x) \rightarrow schlafen'(x)]$ in (7)(ii) vom Typ t:

(7) (i) Jeder Student schläft.
(ii) $\forall x[Student'(x) \rightarrow schlafen'(x)]$

(iii)

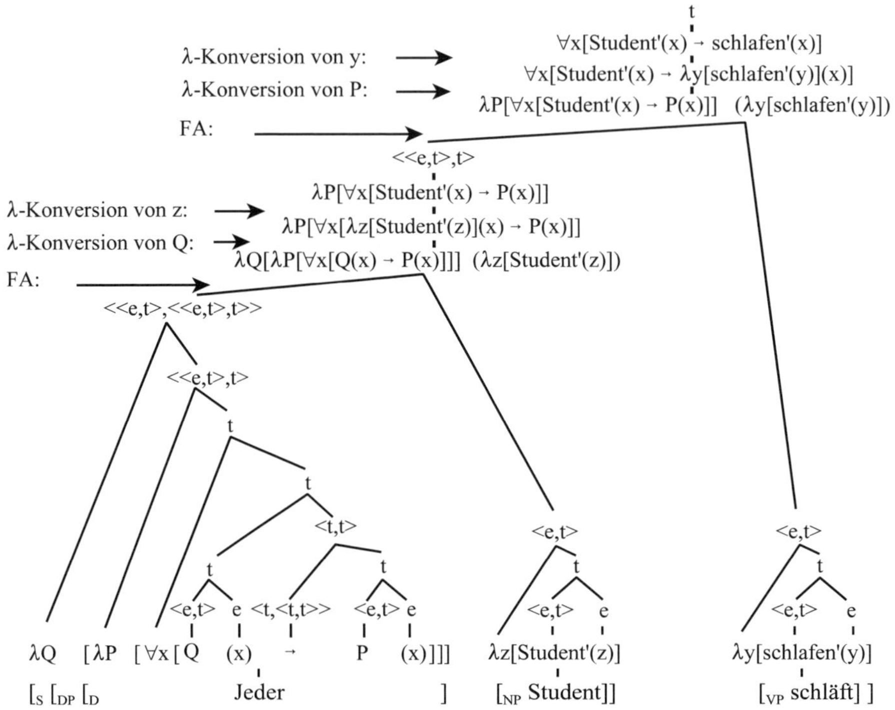

9.3.1. Eigenschaften von Determinatoren

Die Analyse der Determinatoren hat uns zu der Annahme geführt, dass ein Determinator eine spezifische Relation zwischen einem NP-Denotat und einem VP-Denotat herstellt. Die beiden Denotate sind jeweils vom Typ <e,t> und charakterisieren Mengen von Individuen. Die verschiedenen Determinatoren spezifizieren jeweils unterschiedliche Relationen zwischen diesen beiden Mengen. Der Determinator *(mindestens) ein* legt fest, dass die Schnittmenge in (8)(i) nicht leer sein darf, während der Determinator *der* festlegt, dass in dieser Schnittmenge genau ein Element sein muss. Und auch syntaktisch gesehen stellt ein Determinator als Kopf einer DP (vgl. die Struktur (8)(ii)) gerade eine Beziehung zwischen der Subjekt-NP und der VP her, wobei der Determinator selbst zusammen mit der NP eine Konstituente bildet und erst über den Satzknoten S mit der VP verbunden ist:

(8) (i)

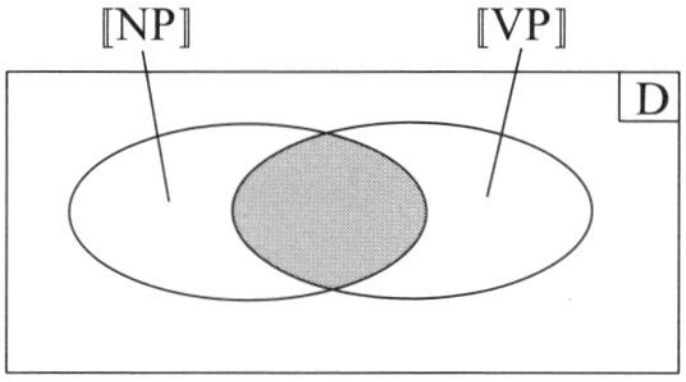

(ii)

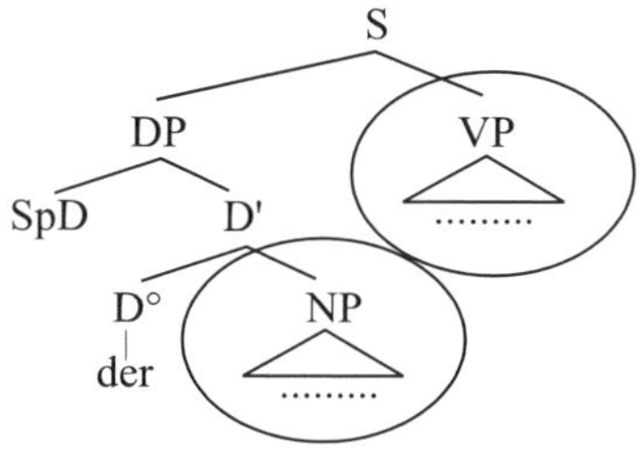

In der Theorie der Generalisierten Quantoren, die bis ca. 1970 ein Zweig der mathematischen Logik war, untersuchte man unter rein logischen Fragestellungen, welche Arten von Quantoren neben den prädikatenlogischen Quantoren ∃ und ∀ möglich sind und welche Eigenschaften diese Quantoren haben. Da aber auch natürliche Sprachen eine sehr große Vielfalt an Quantifikationsmöglichkeiten aufweisen, wendeten Jon Barwise und Robin Cooper 1981 diese *logische* Theorie konsequent auf quantifizierende Ausdrücke in *natürlichen* Sprachen an, wobei sich zeigte, dass natürlich-sprachliche Determinatoren viele Eigenschaften mit den Quantorenausdrücken, die man aus der Logik kennt, gemeinsam haben.

Wir wollen nun einige dieser Eigenschaften betrachten, um uns klarzumachen, welche spezifischen Relationen Determinatoren zwischen NP-Denotaten und VP-Denotaten herstellen können, so dass wir anhand dieser Eigenschaften in der Lage sind, Generalisierungen über zulässige Denotate von Determinatoren in natürlichen Sprachen zu finden. Für den folgenden Abschnitt wollen wir vereinbaren, dass unter dem Begriff *Determinator* ein natürlich-sprachliches Element der Kategorie D^0 zu verstehen ist, während unter dem Begriff *Quantor* alle logisch möglichen Quantoren subsumiert werden. Der Begriff *Quantor* ist in diesem Sinne ein Oberbegriff zu *Determinator*. Wir wollen nun anhand bestimmter Eigenschaften, die Quantoren haben können, aus der Menge der logisch möglichen Quantoren die Menge der natürlich-sprachlich gegebenen Determinatoren aussondern. Wir werden sehen, dass nur Quantoren mit bestimmten Eigenschaften Determinatoren in natürlichen Sprachen sein können.

9.3.1.1. Konservativität

Eine erste Eigenschaft, die Quantoren haben können, ist die *Konservativität*:

(9) Konservativität:
Seien N und V Teilmengen der Diskursdomäne D, und sei ⟦Q⟧ das Denotat eines Quantors. Ein Quantor ist konservativ, gdw. für alle N und V gilt:
$[\![Q]\!](N, V) \Leftrightarrow [\![Q]\!](N, N \cap V)$

Diese Eigenschaft besagt, dass die Relation, die der Quantor zwischen dem NP- und dem VP-Denotat herstellt zwischen das NP-Denotat gewissermaßen der Träger des Determinators ist, oder etwas metaphorisch ausgedrückt, dass das NP-Denotat die Bühne ist, auf der der Determinator spielt:

(10)	$[\![Q]\!](N, V)$	$\Leftrightarrow$	$[\![Q]\!](N, N \cap V)$
(i)	Jeder Schwan ist weiß.	$\Leftrightarrow$	Jeder Schwan ist ein weißer Schwan.
(ii)	Die meisten Schwäne sind weiß	$\Leftrightarrow$	Die meisten Schwäne sind weiße Schwäne.
(iii)	Einige Schwäne sind weiß	$\Leftrightarrow$	Einige Schwäne sind weiße Schwäne.
(iv)	Wenige Schwäne sind weiß	$\Leftrightarrow$	Wenige Schwäne sind weiße Schwäne.
(v)	Kein Schwan ist weiß	$\Leftrightarrow$	Kein Schwan ist ein weißer Schwan.

Wir können jetzt die Beziehung eines konservativen Quantors zu der syntaktischen Struktur in (8)(ii) erkennen, in der der Determinator D^0 mit der NP eine syntaktische Konstituente bildet. Die Eigenschaft der Konservativität hat zur Folge, dass das Denotat einer DP nur vom Denotat der in ihr enthaltenen NP abhängt. Das Denotat von *(Alle Schwäne)'* kann in diesem Sinne unabhängig von allen anderen Individuen berechnet werden, die nicht die Eigenschaft haben, Schwan zu sein. Es kann also unabhängig davon, ob es in D Hunde, Säugetiere oder Tische gibt, bestimmt werden. Insbesondere heißt dies, dass für die Deutung allquantifizierter Formeln nur diejenigen Individuen aus D zu betrachten sind, die im Denotat des nominalen Ausdrucks enthalten sind. Bisher haben wir uns die Eigenschaft des Konditionals (bei falschem Vordersatz wahr zu sein) zunutze gemacht, um die Wahrheit *für alle* Individuen in der Diskursdomäne nachzuweisen. Wir werden in einem folgenden Abschnitt über *restringierte Quantifikation* sehen, dass die Konservativität zu einem anderen Konzept der Quantifikation führt, so dass nur die Elemente des NP-Denotats konsultiert werden müssen, alle anderen Individuen der Diskursdomäne hingegen nicht.

Konservativität scheint eine Eigenschaft von natürlich-sprachlichen Quantoren zu sein, die *universell* gilt. Diese Hypothese halten wir in dem Satz (11) fest:

(11) Konservativitäts-Hypothese:
Jeder Quantor in natürlichen Sprachen ist konservativ.

Um diese Hypothese plausibel zu machen, betrachten wir einen logisch möglichen Quantor, der nicht konservativ ist und demnach (11) zufolge auch kein Determinator sein kann. Ein solcher Quantor könnte etwa zu einem gegebenen NP-Denotat gerade das Komplement dieses Denotats denotieren. Für den Quantor würde dann gelten, dass $V \in Q(N) \leftrightarrow D - N \in Q(N)$, was bedeutet, dass alle Individuen, die nicht zum NP-Denotat N gehören, die Eigenschaft V haben:

(12) $\{ X \subseteq D / D - [\![NP]\!]^{M,g} \subseteq X \}$

Angewendet auf das NP-Denotat von *Student'* und das VP-Denotat von *lügen'* ergibt sich der Ausdruck *(Q(Student'))(lügen')*, der zu interpretieren wäre: *Alle Individuen außer den Studenten lügen*, bzw. als *Alle Nicht-Ns V-en.* Allerdings gibt es im Deutschen keinen Ausdruck mit der Bedeutung *Alle-Nicht.* Der in (12) definierte Quantor ist kein Determinator des Deutschen, da ein D^0-Element mit einem solchen Denotat nicht zur Verfügung steht. Und nach der Hypothese (11) kann es einen solchen Determinator auch gar nicht geben, auch nicht in irgendeiner anderen natürlichen Sprache, eben weil der Quantor in (12) nicht konservativ ist:

(13) (i) *$[_{DP}$ $[_{D}$ Alle-Nicht] $[_{NP}$ Studenten]]
(ii) $[_{DP}$ $[_{D}$ Alle] $[_{NP}$ Nicht-Studenten]]

Wie die Struktur in (13)(ii) zeigt, liegt dies aber nicht daran, dass ein solches Denotat nicht ausgedrückt werden könnte, sondern nur, dass es nicht durch einen Determinator ausgedrückt werden kann. Die Konservativitäts-Bedingung macht also eine scharfe Voraussage über die Struktur und das Denotat von möglichen Determinatoren in natürlichen Sprachen.

9.3.1.2. Monotonie

Eine weitere Eigenschaft von natürlich-sprachlichen Determinatoren ist die *Monotonie.* Betrachten wir dazu die Interpretation der Sätze in (14) in einem Modell:

(14) (i) Alle Politiker lügen.
(ii) Einige Politiker lügen.

Wir wissen, dass der Satz (14)(i) genau dann wahr ist, wenn die Menge aller Politiker in der Menge der Lügner enthalten ist. Verallgemeinert man diese Situation, so lässt sich sagen, dass ein allquantifizierter Satz genau dann wahr ist, wenn das NP-Denotat des Subjekts in dem VP-Denotat vollständig enthalten ist. Wir fragen nun, was mit dem Wahrheitswert eines solchen Satzes geschieht, wenn wir das NP-Denotat verkleinern, indem wir etwa nur über *alle klugen Politiker* reden. Die Menge der klugen Politiker bildet eine Teilmenge aller Politiker, und wir sehen, dass der Satz (14)(i) bei Verkleinerung des NP-Denotats notwendigerweise wahr bleibt.

Erweitert man hingegen das NP-Denotat, indem man von der Menge aller Staatsdiener redet, dann ist die Menge der Politiker eine Teilmenge der Staatsdiener. In diesem Fall können wir nicht mehr notwendigerweise davon ausgehen, dass der allquantifizierte

Satz wahr bleibt, da es durchaus Staatsdiener geben kann, die nicht lügen. Wir wollen sagen, dass ein Quantor *links-monoton fallend* (oder: *subjekt-monoton fallend*) ist, wenn die Einschränkung des Subjekt-Denotats nicht zu einer Veränderung des Wahrheitswertes des Satzes führt.

Für den Satz (14)(ii) gilt gerade die Umkehrung dieser Überlegung. Wenn wir das NP-Denotat verkleinern, so kann der Fall auftreten, dass gerade die klugen Politiker nicht mehr zum Denotat von *lügen'* gehören, so dass nicht gilt, dass der Satz notwendigerweise wahr bleibt. Erweitert man hingegen das NP-Denotat wieder zur Menge der Staatsdiener, so verändert sich der Wahrheitswert des Satzes in (14)(ii) nicht. In diesem Fall nennen wir einen Quantor *links-monoton steigend* (oder: *subjekt-monoton steigend*), da eine Vergrößerung des NP-Denotats nicht zu einer Veränderung des Wahrheitswertes führen kann.

Nun können wir auch fragen, was geschieht, wenn wir das *VP-Denotat* erweitern oder verkleinern. Damit fragen wir nach der *Rechts-Monotonie.* Wie wir uns leicht klarmachen, ist der Quantor *alle* rechtsmonoton steigend, denn eine Erweiterung des VP-Denotats enthält immer noch alle Politiker, so dass diese im VP-Denotat enthalten bleiben. In dem Satz *Alle Politiker lügen oder sind betrunken* ist das VP-Denotat gegenüber dem Satz (14)(i) erweitert, aber dennoch enthält es nach wie vor alle Politiker. Verkleinert man hingegen das VP-Denotat durch Verwendung des Adverbs *schamlos*, so kann es sein, dass einige Politiker nicht mehr im relevanten VP-Denotat enthalten sind und die Wahrheit des Satzes (14)(i) nicht erhalten bleibt. Der Satz *Alle Politiker lügen schamlos* muss nicht die gleichen Wahrheitsbedingungen haben.

Es ist nicht immer so, dass ein links-monoton fallender Quantor rechts-monoton steigend ist bzw. umgekehrt, wie wir an dem Quantor *einige'* sehen. Dieser Quantor ist links-monoton steigend, er ist aber zugleich auch rechts-monoton steigend. Wenn wir nämlich das VP-Denotat erweitern, so bleiben *einige Politiker* immer noch im VP-Denotat. Verkleinern wir hingegen das VP-Denotat, so kann es möglicherweise sein, dass der Durchschnitt zwischen der Menge der Politiker und der Menge der Lügner leer ist; in einem solchen Fall bliebe der Wahrheitswert von (14)(ii) unter Verkleinerung des VP-Denotats nicht erhalten.

Mit Hilfe eines einfachen Implikationstests lässt sich leicht prüfen, welche Monotonie-Eigenschaft ein Determinator hat. In dem Satz (15)(i) verwenden wir den Quantor *einige'*, der rechts-monoton steigend ist. Die Kardinalität des Denotats der komplexen VP auf der linken Seite ist sicherlich kleiner oder gleich der Kardinalität des einfachen VP-Denotats auf der rechten Seite der Implikation, denn die Anzahl der Studenten, die rauchen und blond sind, ist sicherlich kleiner oder gleich der Anzahl der Studenten, die blond sind:

(15) rechts-monoton steigend: $(Q(N))(V \cap W) \rightarrow (Q(N))(V)$
(i) Einige Studenten rauchen und sind blond. → Einige Studenten sind blond.
(ii) Kein Student raucht und ist blond. ↛ Kein Student ist blond.
(N = Student', V = rauchen', W = blond')

Verwendet man hingegen den Quantor *kein'*, so zeigt sich, dass diese Implikation nicht gilt, wie (15)(ii) zeigt. Die Tatsache, dass es keinen blonden Studenten gibt, der raucht, impliziert nicht, dass es keinen Studenten gibt, der blond ist.

Der Verwendung des rechts-monoton fallenden Quantors *wenige'* in (16)(i) erhält die Wahrheit der Implikation, wenn das VP-Denotat verkleinert wird, der Quantor *jeder'* hingegen nicht:

(16) rechts-monoton fallend: $(Q(N))(V) \rightarrow (Q(N))(V \cap W)$
(i) Wenige Studenten sind intelligent. → Wenige Studenten sind intelligent und rauchen.
(ii) Jeder Student ist intelligent. ↛ Jeder Student raucht und ist intelligent
(N = Student', V = intelligent', W = rauchen')

Gleiche Erwägungen zeigen, dass entsprechende Implikations-Verhältnisse auch für links-monotone Quantoren gelten, wie (17) und (18) deutlich machen:

(17) links-monoton steigend: $(Q(N \cap W))(V) \rightarrow (Q(N))(V)$
(i) Einige intelligente Studenten rauchen. → Einige Studenten rauchen.
(ii) Alle intelligenten Studenten rauchen. ↛ Alle Studenten rauchen.
(N = Student', W = intelligent', V = rauchen')

(18) links-monoton fallend: $(Q(N))(V) \rightarrow (Q(N \cap W))(V)$
(i) Alle Studenten rauchen. → Alle intelligenten Studenten rauchen.
(ii) Einige Studenten rauchen. ↛ Einige intelligente Studenten rauchen.
(N = Student', W = intelligent', V = rauchen')

Die Implikationstests ermöglichen die Klassifikation verschiedener Determinatoren des Deutschen in vier Monotonieklassen. Die Tabelle in (19) unterteilt einige Determinatoren in diese Klassen.

(19) Monotonieklassen:

	links	rechts
steigend	einige mindestens n ein zwei drei	einige mindestens n ein alle viele die meisten
fallend	kein alle höchstens n weniger als n	kein wenige höchstens n weniger als n

Es gibt nun eine empirische Beobachtung, die auf den Daten in (20) beruht und die die Koordination von quantifizierten NPn betrifft:

(20) (i) Kein Jäger und alle Angler rauchen.
(ii) Alle Erwachsenen und mindestens fünf Kinder lachen.
(iii) ?*Clara und höchstens drei Studenten rauchen.
(iv) ?*Drei Studenten und kein Professor rauchen.
(v) ?*Ein Auto und alle Motorräder stehen am Straßenrand.

Die Beispiele in (20)(iii) bis (20)(v) sind hinsichtlich ihrer Grammatikalität anders zu bewerten als die koordinierten Strukturen in (20)(i) und (20)(ii). Der Grund dafür scheint in den unterschiedlichen Monotonie-Richtungen der beteiligten Determinatoren zu liegen. Während die beiden Determinatoren in (20)(i) und (20)(ii) jeweils die gleiche Monotonie-Richtung haben, ist dies in den Beispielen (20)(iii) bis (20)(v) nicht der Fall; hier ist der erste Determinator jeweils monoton steigend, der zweite aber monoton fallend. Diese Beobachtung läßt sich zu der *Koordinationsbeschränkung* in (21) generalisieren:

(21) Koordinationsbeschränkung:
Zwei NPn können nur dann mit *und* oder *oder* koordiniert werden, wenn ihre Determinatoren jeweils die gleiche Monotonie-Richtung haben.

9.4. Nominalphrasen als Objekte

Mit der Betrachtung der Determinatoren sind wir aber noch nicht am Ende unserer Überlegungen angekommen, denn wir müssen noch dafür Sorge tragen, dass auch Objekt-DPn richtig behandelt werden können. Insofern aus syntaktischer Sicht die interne Struktur von DPn in allen Satzpositionen gleich ist, sollten wir auch annehmen, dass eine DP in Subjekt-Position von dem gleichen Typ ist wie eine DP in Objekt-Position. Wenn wir jedoch eine Objekt-DP vom Typ <<e,t>,t> mit einem zweistelligen Prädikat verbinden wollen, dessen Typ wir bisher mit <e,<e,t>> angegeben haben, so müssen wir leider feststellen, dass weder der Typ <<e,t>,t> (des DP-Denotats) auf den Typ <e,<e,t>> (des V-Denotats) noch der Typ <e,<e,t>> (des V-Denotats) auf den Typ <<e,t>,t> (des DP-Denotats) funktional angewendet werden kann.

Es scheint nicht möglich zu sein, die Überlegungen, die wir für Subjekt-DPn angestellt haben, in der gleichen Weise auf Objekt-DPn zu übertragen. Es sei denn, das Prädikat hätte tatsächlich einen anderen Typ. D.h. wenn wir daran festhalten wollen, dass sowohl Subjekt- als auch Objekt-DPn vom Typ <<e,t>,t> sind, dann sollten wir davon ausgehen, dass ein zweistelliges Prädikat, welches zunächst mit dem Objekt verbunden wird, um ein VP-Denotat vom Typ <e,t> zu ergeben, einem anderen Typ als <e,<e,t>> zuzuordnen ist. Von welchem Typ müsste ein zweistelliges Prädikat demnach sein? Wir machen uns dies an der folgenden Grafik klar:

(1)

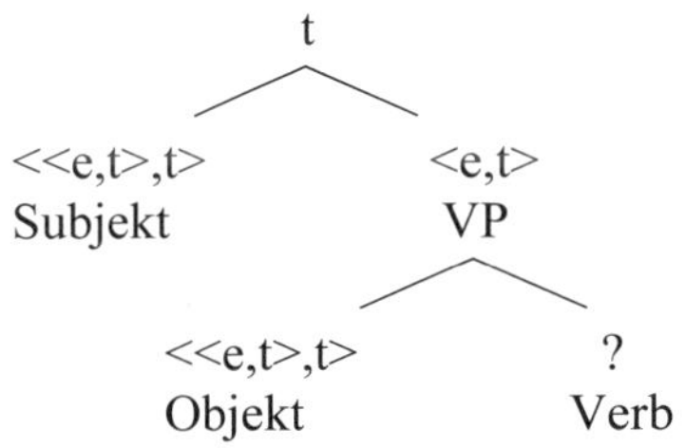

Die Verbindung des Objekts mit dem Verb führt zu einem VP-Denotat vom Typ <e,t>, so dass wir für die Beziehung zwischen dem Subjekt und der VP keine weiteren Änderungen vornehmen müssen. Fragen wir daher nach dem Typ der Verbübersetzung. Damit das Verb sein Objekt als Argument nehmen und eine VP ergeben kann, ist es als eine Funktion zu übersetzen, die einen Ausdruck vom Typ <<e,t>,t> als Argument nimmt. Da die VP vom Typ <e,t> ist, müsste ein zweistelliges Prädikat daher den Typ <<<e,t>,t>,<e,t>> haben. Wir müssen also den bisher angenommenen Typ <e,<e,t>> eines zweistelligen Prädikats an diesen Typ anpassen. Eine solche Typenanpassung ergibt die Struktur in (2):

(2)

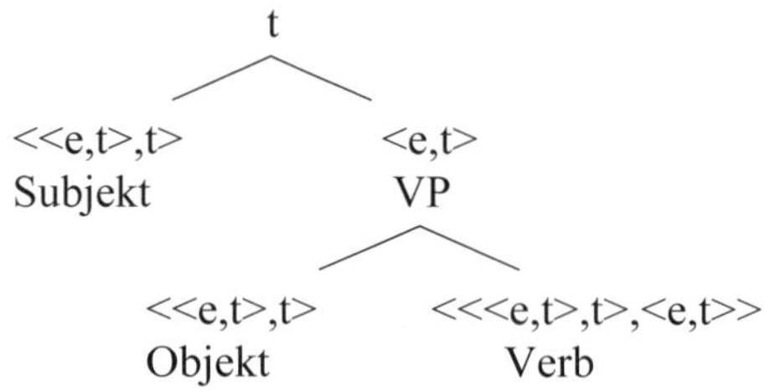

Damit wäre die Übersetzung eines transitiven Verbs eine Funktion, die einen generalisierten Quantor als Argument nimmt und das uns bekannte VP-Denotat ergibt. Es wäre möglich, alle transitiven Verben nicht dem Typ <e,<e,t>>, sondern direkt dem Typ <<<e,t>,t>,<e,t>> zuzuordnen. Wenn wir so vorgehen, müssen wir uns aber auch fragen, welche interne Struktur diese Funktion hat, und ob sie die Wahrheitsbedingung für den resultierenden Satz in der richtigen Weise abzuleiten erlaubt. Dies ist mit der folgenden Übersetzung nicht möglich:

(3) $\text{TYP}(\lambda y[\lambda x[\text{bewundern}'(y))(x)]]) = \langle e,\langle e,t\rangle\rangle$

Wir müssen nach einer Möglichkeit suchen, transitive Verben so zu übersetzen, dass sich der Typ aufgrund der internen Struktur der Verbübersetzung auch kompositionell ergibt. Betrachten wir dazu den folgenden Satz (4)(i) mit der Paraphrase (4)(ii) und der prädikatenlogischen Übersetzung (4)(iii):

(4) (i) Alle Bürger bewundern einen Politiker.
(ii) Für alle x gilt: Wenn x ein Bürger ist, dann gibt es ein y, so dass gilt, y ist ein Politiker und x bewundert y.
(iii) $\forall x[\text{Bürger}'(x) \rightarrow \exists y[\text{Politiker}'(y) \wedge (\text{bewundern}'(y))(x)]]$

Wir wissen, dass die beiden DP-Ausdrücke wie in (5)(i) und (5)(ii) übersetzt werden:

(5) (i) [alle Bürger]': $\lambda P[\forall y[\text{Bürger}'(x) \rightarrow P(x)]]$ Typ: $\langle\langle e,t\rangle,t\rangle$
(ii) [ein Politiker]': $\lambda Q[\exists y[\text{Politiker}'(y) \wedge Q(y)]$ Typ: $\langle\langle e,t\rangle,t\rangle$

Die Variablen P und Q sind jeweils vom Typ <e,t>, denn sie stehen für VP-Denotate. Die Variable P in (5)(i) steht in etwa für das VP-Denotat in (6), jedoch ist dies noch nicht die endgültige Form:

(6) $\exists y[\text{Politiker}'(y) \wedge (\text{bewundern}'(y))(z)]$ Typ: t

In diesem Ausdruck ist die Variable y durch den Existenzquantor gebunden, die Variable z hingegen ist frei. Dabei ist der Ausdruck in (6) vom Typ t. Um ein angemessenes

VP-Denotat zu sein, muss er jedoch vom Typ <e,t> sein, da das Subjekt *alle Bürger* noch fehlt. Wir λ-abstrahieren daher die Subjekt-Variable z, womit der Ausdruck den Typ <e,t> erhält, so dass (7) eine Funktion von Individuen in Wahrheitswerte und damit ein angemessenes VP-Denotat ist, welches der VP *bewundern einen Politiker* entspricht:

(7) $\lambda z[\exists y[\text{Politiker}'(y) \wedge (\text{bewundern}'(y))(z)]]$ Typ: $\langle e,t \rangle$

Wir vergewissern uns, dass wir keinen Fehler gemacht haben, und prüfen kurz mittels λ-Konversion, ob wir richtig vorgegangen sind, indem wir das DP-Denotat in (5)(i) funktional auf das VP-Denotat in (7) applizieren und die λ-Konversion beim Übergang von (8)(i) nach (8)(ii) durchführen:

(8) (i) $\lambda P[\forall x[\text{Bürger}'(x) \rightarrow P(x)]]$ $(\lambda z[\exists y[\mathit{Politiker}'(y) \wedge (\mathit{bewundern}'(y))(z)]])$

(ii) $\equiv$ $\forall x[\text{Bürger}'(x) \rightarrow \lambda z[\exists y[\text{Politiker}'(y) \wedge (\text{bewundern}'(y))(z)]]\ (x)]$
↑
λ-K von P

(iii) $\equiv$ $\forall x[\text{Bürger}'(x) \rightarrow [\exists y[\text{Politiker}'(y) \wedge (\text{bewundern}'(y))(x)]]]$
↑
λ-K von z

Die kursiv gedruckte Variable *P* wird in (8)(ii) gegen das kursiv gedruckte Argument konvertiert und die Variable z in (8)(iii) gegen x. Wir müssen nun klären, welcher Ausdruck an die Stelle des Fragezeichens in (9) gesetzt werden muss:

(9)

$\langle e,t \rangle$
$\lambda z[\exists y[\text{Politiker}'(y) \wedge (\text{bewundern}'(y))(z)]]$

$\langle\langle e,t \rangle,t \rangle$ — $\langle\langle\langle e,t \rangle,t \rangle,\langle e,t \rangle\rangle$
$\lambda Q[\exists y[\text{Politiker}'(y) \wedge Q(y)]$ — **?**

Da der Ausdruck eine Funktion sein muss, die einen generalisierten Quantor als Argument nimmt, erwarten wir einen λ-Ausdruck, der ein Argument vom Typ <<e,t>,t> fordert. Damit erhalten wir den richtigen Typ <e,t> für das VP-Denotat. Als ungefähren Ausdruck rechnen wir also mit der V-Übersetzung $\lambda R[\ldots R \ldots (\mathit{bewundern}'(x))(z) \ldots]$, wobei die Variable R irgendwo in dieser Übersetzung auftritt.

Wenn wir diese vorläufige V-Übersetzung auf die Objekt-DP in (5)(ii) anwenden, erhalten wir den Ausdruck in (10), in dem sich nun der generalisierte Quantor befindet:

(10) (i) $\lambda R[\ldots R \ldots (\text{bewundern}'(x))(z) \ldots]$ $(\lambda Q[\exists y[\mathit{Politiker}'(y) \wedge Q(y)])$

(ii) $\equiv$ $[\ldots \lambda Q[\exists y[\text{Politiker}'(y) \wedge Q(y)] \ldots (\text{bewundern}'(x))(z) \ldots]$
↑
λ-K von R

Dieser generalisierte Quantor ist aber seinerseits eine Funktion, die einen Ausdruck vom Typ <e,t> als Argument benötigt (wie jeder andere generalisierte Quantor auch). Die Variable Q kann nur gegen einen Ausdruck mit diesem Typ konvertiert werden. Wir müssen daher eine weitere Modifikation an der V-Übersetzung vornehmen, damit der generalisierte Quantor auch wirklich eine Funktion vom Typ <e,t> als Argument erhält. Dafür setzen wir nochmals wie in (11) an, wobei jetzt die Variable R als Argument die Funktion $\lambda x[(bewundern'(x))(z)]$ nimmt. Dann führen wir in (11) alle λ-Konversionen durch, die möglich sind:

(11) (i) $\lambda R[\ldots R(\lambda x[(bewundern'(x))(z)])]\ (\lambda Q[\exists y[Politiker'(y) \wedge Q(y)])$

(ii) $\underset{\lambda\text{-K von R}}{\equiv}\ [\ldots \lambda Q[\exists y[Politiker'(y) \wedge Q(y)]\ (\lambda x[(bewundern'(x))(z)])]$

(iii) $\underset{\lambda\text{-K von Q}}{\equiv}\ [\ldots \exists y[Politiker'(y) \wedge \lambda x[(bewundern'(x))(z)](y)]$

(iv) $\underset{\lambda\text{-K von x}}{\equiv}\ [\ldots \exists y[Politiker'(y) \wedge (bewundern'(y))(z)]$

Im ersten Schritt von (11)(i) nach (11)(ii) wird die Variable R gegen das Objekt-Denotat konvertiert. Diesen Schritt haben wir in (10) schon einmal durchgeführt. Damit wenden wir das V-Denotat funktional auf das Objekt-Denotat an. Unser Ansatz in (11) erlaubt jetzt aber, dass wir auch das Objekt-Denotat auf ein Argument vom Typ <e,t> anwenden, indem wir im zweiten Schritt von (11)(ii) nach (11)(iii) λ-Konversion mit der Variablen Q ausführen. Mit diesen beiden Schritten haben wir also zunächst das V-Denotat auf das DP-Denotat angewendet und dann das DP-Denotat auf ein VP-Denotat, gerade so, wie es sich für einen generalisierten Quantor gehört. Damit sind wir in (11)(iii) angekommen. Dort stellen wir fest, dass die λ-abstrahierte Variable x gegen das Argument z konvertiert werden kann, und diese Konversion führen wir in (11)(iv) durch. Wir sind jetzt fast am Ziel angelangt, denn (11)(iv) unterscheidet sich nur noch unwesentlich von dem anvisierten VP-Denotat $\lambda z[\exists y[Politiker'(y) \wedge (bewundern'(y))(z)]]$. Der einzige Unterschied besteht darin, dass (11)(iv) vom Typ t ist, aber vom Typ <e,t> sein muss. Um das richtige VP-Denotat zu ergeben, steht noch die λ-Abstraktion der Variablen z für das Subjekt aus. Anstelle der drei Pünktchen in (11)(iv) setzen wir also den λ-Operator λz. Damit haben wir unser Ziel erreicht und können als V-Übersetzung den Ausdruck in (12)(i) annehmen, der die interne Struktur in (12)(ii) hat. Wie wir sehen, ist die Funktion hinsichtlich ihrer internen Struktur gerade so konstruiert, dass sie *kompositionell* den gewünschten Typ ergibt:

(12) (i) $\lambda R[\lambda z[R(\lambda x[(bewundern'(x))(z)])]]$

(ii)

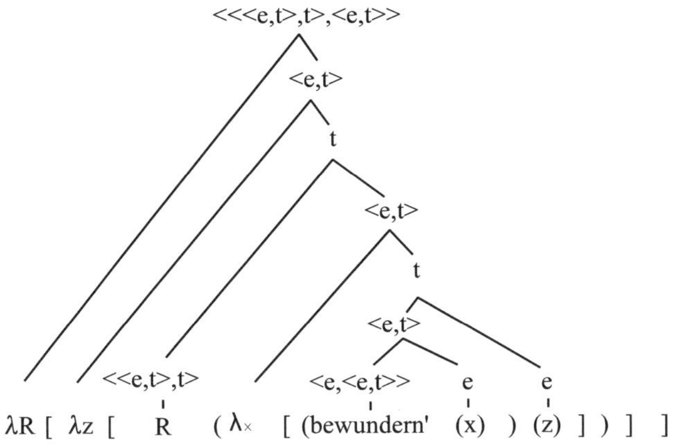

Das Baumdiagramm in (13)(ii) zeigt, dass wir eine angemessene Verb-Übersetzung konstruiert haben, die mit den rechts angegebenen Schritten *kompositionell* zu der Ausgangsformel in (13)(i) führt:

(13) (i) $\forall x[Bürger'(x) \rightarrow \exists y[Politiker'(y) \wedge (bewundern'(y))(x)]]$

(ii)

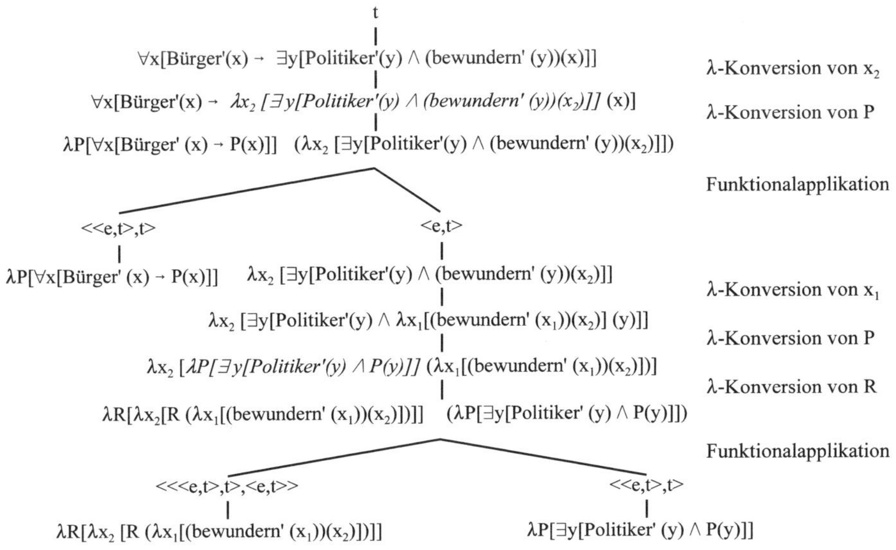

9.5. Kompositionelle Behandlung der Quantifikation

Obwohl diese Herleitung recht kompliziert war und einiges an Konzentration erforderte, müssen wir noch einen Schritt weiter gehen, wenn wir sehen wollen, dass unsere Theorie über generalisierte Quantoren richtige Ergebnisse liefert. Wir wissen nämlich, dass ein Satz, in dem zwei Quantorenphrasen auftreten, mehrdeutig sein kann, und wir haben für die sich ergebenden Lesarten im Kapitel über Prädikatenlogik die unterschiedliche Reihenfolge der syntaktischen Regeln (3') und (4') verantwortlich gemacht. Da wir aber mit unserer Theorie der generalisierten Quantoren die prädikatenlogischen Quantoren bereits in die DP-Bedeutungen aufgenommen haben, müssen wir eine Strategie entwerfen, um auch Skopusambiguitäten kompositionell abzuleiten.

Natürlich wollen wir die Grundidee der Skopusambiguität, wie wir sie bisher behandelt haben, beibehalten. Diese basierte darauf, dass in der einen Lesart der Existenzquantor Skopus über den Allquantor hat und in der anderen Lesart umgekehrt. Wir betrachten dazu nochmals den Satz des letzten Abschnitts:

(1) (i) Alle Bürger bewundern einen Politiker.
(ii) Für alle x, wenn x ein Bürger ist, dann gibt es ein y, so dass gilt, y ist ein Politiker und x bewundert y.
(iii) $\forall x[\text{Bürger}'(x) \rightarrow \exists y[\text{Politiker}'(y) \wedge (\text{bewundern}'(y))(x)]]$

Um diese Lesart, die wir im letzten Abschnitt kompositionell hergeleitet haben, etwas zu verdeutlichen, können wir den Satz (1)(i) wie in (2) fortsetzen:

(2) ... der Bürger Meier bewundert Helmut Kohl, der Bürger Schulze bewundert Rita Süssmuth, der Bürger Müller bewundert Richard von Weizsäcker usw.

In der anderen Lesart muss der Satz in (1)(i) jedoch wie in (3)(i) paraphrasiert werden, und er erhält dann die Übersetzung in (3)(ii):

(3) (i) Es gibt ein y, y ist ein Politiker und für alle x gilt, wenn x ein Bürger ist, dann bewundert x y.
(ii) $\exists y[\text{Politiker}'(y) \wedge \forall x\, [\text{Bürger}'(x) \rightarrow (\text{bewundern}'(y))(x)]]$

Um diese Lesart deutlich zu machen, können wir den Satz fortsetzen wie in (4):

(4) ... und dieser Politiker heißt Johannes Rau.

Wir betrachten nun, wie Skopusambiguitäten herzuleiten sind. Bevor wir die entsprechende formale Regel entwerfen, machen wir uns klar, was eine solche Regel eigentlich leisten soll. Wir haben bereits gesehen, dass eine Skopusambiguität immer dann vorliegt, wenn ein Satz mit *einer* Lautstruktur *verschiedene* Interpretationen hat. Eine Regel, die diese verschiedenen Interpretationen ableitet, muss daher prinzipiell die Möglichkeit eröffnen, *einen* Satz auf *mindestens zwei* Weisen zu übersetzen. Nun gibt es sogar Sätze, die in mehrfacher Hinsicht Skopusalternativen zulassen, wie etwa das Beispiel in (5). Dieser Satz erlaubt die Übersetzungen (5)(i) bis (5)(vi); die multiple Mehrdeutigkeit beruht auf dem Auftreten von *drei* quantifizierenden Ausdrücken, die relativ zueinander ambig sind. Da die Anordnung von drei Elementen zu 3! = 6 Möglichkeiten führt, erwarten wir sechs verschiedene Übersetzungen:

(5) Jeder Politiker kennt eine Antwort auf alle Fragen.
(i) $\forall x[\text{Politiker}'(x) \rightarrow \exists y[\text{Antwort}'(y) \wedge \forall z[\text{Frage}'(z) \rightarrow ((\text{kennen}'(x))(y))(z)]]]$
(ii) $\forall x[\text{Politiker}'(x) \rightarrow \forall z[\text{Frage}'(z) \rightarrow \exists y[\text{Antwort}'(y) \wedge ((\text{kennen}'(x))(y))(z)]]]$
(iii) $\forall z[\text{Frage}'(z) \rightarrow \forall x[\text{Politiker}'(x) \rightarrow \exists y[\text{Antwort}'(y) \wedge ((\text{kennen}'(x))(y))(z)]]]$
(iv) $\forall z[\text{Frage}'(z) \rightarrow \exists y[\text{Antwort}'(y) \wedge \forall x[\text{Politiker}'(x) \rightarrow ((\text{kennen}'(x))(y))(z)]]]$
(v) $\exists y[\text{Antwort}'(y) \wedge \forall z[\text{Frage}'(z) \rightarrow \forall x[\text{Politiker}'(x) \rightarrow ((\text{kennen}'(x))(y))(z)]]]$
(vi) $\exists y[\text{Antwort}'(y) \wedge \forall y[\text{Politiker}'(x) \rightarrow \forall z[\text{Frage}'(z) \rightarrow ((\text{kennen}'(x))(y))(z)]]]$

Die jeweiligen Paraphrasen, die z.T. synonym sind, möge der Leser selbst konstruieren. Wichtig für unsere Zwecke ist nur die Frage, auf welche Weise diese sechs Übersetzungen *kompositionell* hergeleitet werden können. Die Übersetzungsregel in (6) des *Hineinquantifizierens* (Quantifying in) erlaubt es, aus einer Formel mit *einem* generalisierten Quantor *zwei* Übersetzungen zu konstruieren. Da dies für jeden auftretenden Quantor gilt, können wir mir dieser Regel *alle* Lesarten für den Satz (5) ableiten:

(6) Regel des Hineinquantifizierens
Wenn der Satz S durch eine Formel φ übersetzt wird, die einen Ausdruck α vom Typ $<<e,t>,t>$ enthält, dann kann S auch als $\alpha(\lambda x(\varphi'))$ übersetzt werden, wobei φ' genauso ist wie φ, außer dass α durch den Ausdruck $\lambda P[P(x)]$ ersetzt wird, wobei x eine in φ' freie Variable vom Typ e ist.

Der Effekt dieser Regel besteht nun darin, dass eine Formel φ, in der ein generalisierter Quantor α auftritt, zum einen so übersetzt werden kann, dass sich α an seiner ursprünglichen Position befindet. Dies entspricht einer direkten Funktionsanwendung, wie wir sie im letzten Abschnitt hergeleitet haben. Zum anderen sieht diese Regel aber auch vor, dass an die Stelle von α die *individuelle Sublimierung* $\lambda P[P(x)]$ einer Variablen x eingesetzt wird. Anschließend werden alle DP-Denotate außer α in die Struktur integriert. Sodann wird die Variable x von dem Gesamtausdruck λ-abstrahiert, so dass α schließlich funktional auf diesen Gesamtausdruck appliziert werden kann.

Die Regel scheint kompliziert, ist es aber bei etwas genauerer Prüfung nicht. Um ihre Anwendung zu verdeutlichen, leiten wir die zweite Lesart des Satzes (1)(i) ab. Dabei ist α die Objekt-DP *einen Politiker*. In einem ersten Schritt muss die Übersetzung von *bewundern* auf die individuelle Sublimierung $\lambda P[P(x)]$ einer Variablen x angewendet werden. Dies ergibt uns nach drei Vereinfachungen mittels λ-Konversion die VP-Übersetzung in (7)(iv):

(7) (i) $\lambda R[\lambda x_2[R(\lambda x_1[(\text{bewundern}'(x_1))(x_2)])]]\ (\lambda P[P(z)])$

(ii) $\underset{\lambda\text{-K von R}}{\equiv}\ \lambda x_2[\lambda P[P(z)]\ (\lambda x_1[(\text{bewundern}'(x_1))(x_2)])]$

(iii) $\underset{\lambda\text{-K von P}}{\equiv}\ \lambda x_2[\lambda x_1[(\text{bewundern}'(x_1))(x_2)](z)]$

(iv) $\underset{\lambda\text{-K von } x_1}{\equiv}\ \lambda x_2[(\text{bewundern}'(z))(x_2)]$

Auf diesen Ausdruck wenden wir den generalisierten Quantor an, der die Übersetzung der Subjekt-DP ist. Damit appliziert der Quantor vor dem eigentlichen Objekt-Denotat, da dieses zunächst nur als Variable x in dem VP-Denotat auftritt:

(8) (i) $\lambda P[\forall x[\text{Bürger}'(x) \rightarrow P(x)]]\ (\lambda x_2[(\text{bewundern}'(z))(x_2)])$

(ii) $\underset{\lambda\text{-K von P}}{\equiv}\ \forall x[\text{Bürger}'(x) \rightarrow (\lambda x_2[(\text{bewundern}'(z))(x_2)])(x)]$

(iii) $\underset{\lambda\text{-K von } x_2}{\equiv}\ \forall x[\text{Bürger}'(x) \rightarrow (\text{bewundern}'(z))(x)]$

Nach der Regel des Hineinquantifizierens müssen wir jetzt die Variable z in (8)(iii) λ-abstrahieren. Wir erhalten (9):

(9) $\lambda z[\forall x[\text{Bürger}'(x) \rightarrow (\text{bewundern}'(z))(x)]]$

Nun sind alle DP-Denotate (wobei hier nur eines auftritt) - bis auf α - integriert, so dass im nächsten Schritt α funktional auf den Ausdruck angewendet werden kann:

(10) (i) $\lambda Q[\exists y[\text{Politiker}'(y) \wedge Q(y)]]\ (\lambda z[\forall x[\text{Bürger}'(x) \rightarrow (\text{bewundern}'(z))(x)]])$

(ii) $\underset{\lambda\text{-K von Q}}{\equiv}\ \exists y[\text{Politiker}'(y) \wedge \lambda z[\forall x[\text{Bürger}'(x) \rightarrow (\text{bewundern}'(z))(x)]](y)]$

(iii) $\underset{\lambda\text{-K von z}}{\equiv}\ \exists y[\text{Politiker}'(y) \wedge \forall x[\text{Bürger}'(x) \rightarrow (\text{bewundern}'(y))(x)]$

Wie uns die Zeile (10)(iii) zeigt, haben wir mit Hilfe der Regel des Hineinquantifizierens genau die zweite Lesart aus (3) abgeleitet. Um die Regel auch wirklich zu verstehen, wollen wir den gesamten Vorgang noch einmal mittels des Strukturbaums in (11) darstellen:

(11)

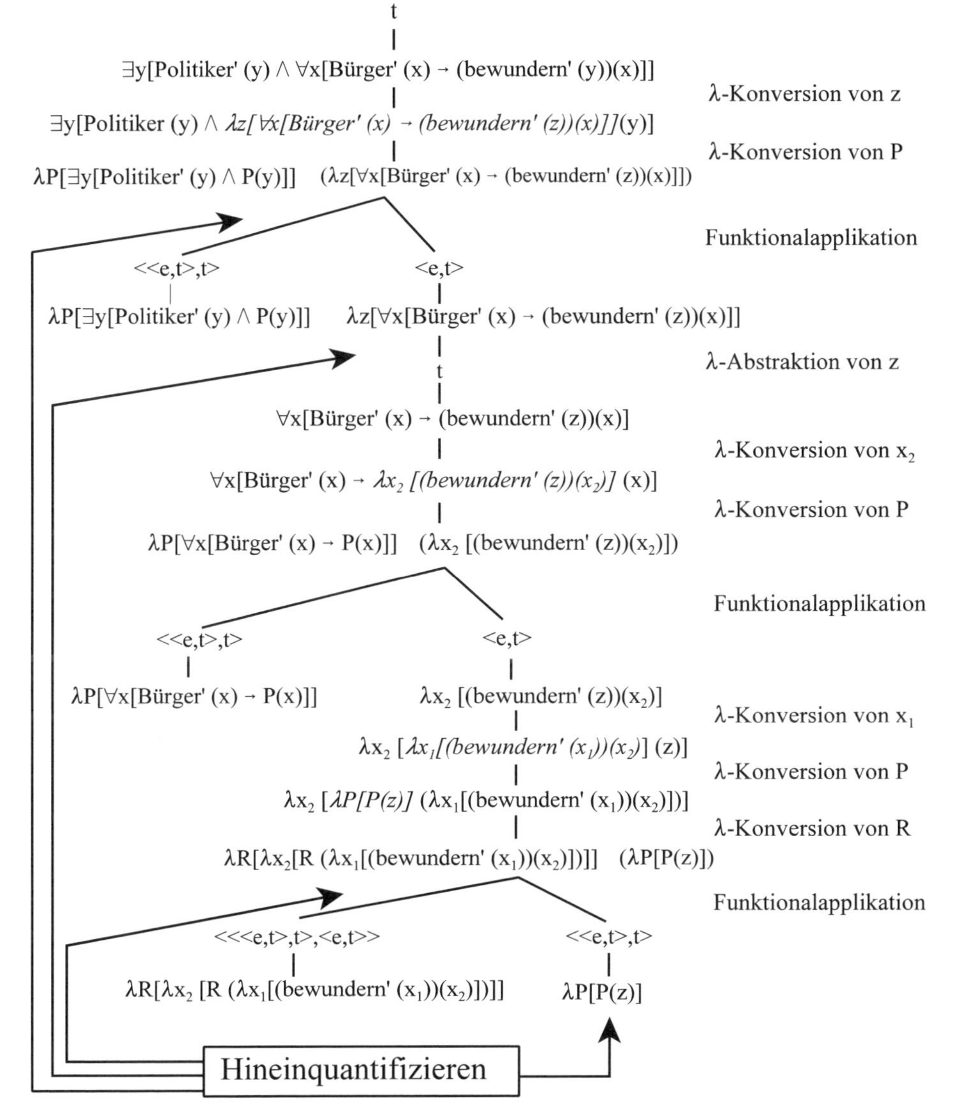

Es lässt sich feststellen, dass die Regel des Hineinquantifizierens für jeden Satz, in dem Quantorenausdrücke auftreten, beliebig häufig angewendet werden kann, so dass zu einem solchen Satz eigentlich unendlich viele Ableitungen möglich sind. Das ist deshalb der Fall, weil auf eine mit der Regel des Hineinquantifizierens abgeleitete Formel diese Regel erneut, jetzt auf den 'hineinquantifizierenden' Ausdruck, angewendet werden kann. Die dabei entstehenden Varianten unterscheiden sich aber hinsichtlich ihrer Wahrheitsbedingungen nur dann, wenn sich relative Skopusunterschiede zwischen verschiedenen Quantorenausdrücken ergeben.

Wir wollen zum Abschluss unserer Diskussion der kompositionellen Quantifikationstheorie einen kurzen Vergleich zwischen der *semantischen* Beschreibung von Quantorenausdrücken und ihrer *syntaktischen* Behandlung anstellen.

Der Logiker Richard Montague hat 1973 die Regel des Hineinquantifizierens in dem Aufsatz *The Proper Treatment of Quantification in Ordinary English* (kurz: PTQ) formuliert. In diesem Aufsatz, der übrigens nur 23 Seiten umfasst, entwirft Montague aber weitaus mehr, denn er formuliert dort die formalen Grundlagen für eine logische Behandlung natürlicher Sprachen. In der von Noam Chomsky (1981) entwickelten Prinzipien- und Parameter-Theorie werden syntaktische Repräsentationen auf verschiedenen Ebenen dargestellt, die in systematischer Weise aufeinander bezogen sind. Das Grammatikmodell unterscheidet die vier Ebenen D-Struktur, S-Struktur, Phonologische Form (PF) und Logische Form (LF), die so aufeinander bezogen sind, wie es in (12) dargestellt ist:

(12)

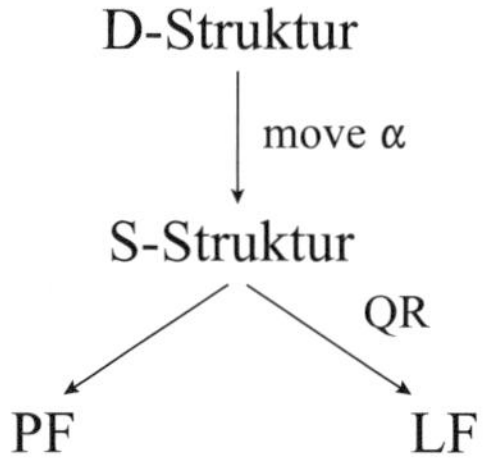

Die Ebene der D-Struktur repräsentiert neben Linearisierungs- und Hierarchie-Aspekten auch die Prädikat-Argument-Relationen, die in der Syntax unter dem Begriff *Θ-Theorie* behandelt werden. Die Θ-Theorie besagt, dass jede Argumentstelle eines Prädikats mit genau einem syntaktischen Argument besetzt werden und dass umgekehrt jedes syntaktische Argument genau eine Θ-Rolle erhalten muss, damit die D-Struktur wohlgeformt ist. Dies erinnert uns natürlich sofort an die Regel 1 der Prädikatenlogik, die besagte, dass ein n-stelliges Prädikat mit n Argumenten eine Aussage ist. D-Struktur und S-Struktur sind durch eine Bewegungsregel, die move α genannt wird, aufeinander bezogen. Diese Regel erlaubt die Verschiebung von Konstituenten unter gewissen Bedingungen. Auf der Ebene der S-Struktur werden im wesentlichen diejenigen formalen Aspekte dargestellt, die für die interne syntaktische Struktur eines Satzes relevant sind. So spielen hier etwa die

Realisierung von Kasus, die Subjekt-Verb-Kongruenz usw. eine Rolle. Nach der S-Struktur gabeln sich die Ableitungswege in Richtung phonologische Form (PF) und logische Form (LF). Auf der Ebene PF werden die phonologisch/phonetischen Merkmale spezifiziert, die ein grammatischer Satz aufweist. Die Beziehung zwischen S-Struktur und LF wird ebenfalls durch eine Bewegungsregel hergestellt, die *Quantoren-Anhebung* (Quantifier Raising QR) genannt wird und die in der Theorie der Logischen Form von Robert May (1985) als eine Instanz von move α aufgefasst wird. Eine wesentliche Eigenschaft dieses Grammatik-Modells besteht darin, dass ein Satz, sobald er die Ebene der S-Struktur verlassen hat, gewissermaßen in zwei Komponenten zerfällt: eine phonologische und eine logische. Beide Komponenten sind relativ unabhängig voneinander. Evidenz hierfür erhalten wir aus der Beobachtung, dass *ein und dieselbe* Lautkette *verschiedene* Interpretationen erhalten kann. Wenn also ein Satz *eine* Lautstruktur, aber *verschiedene* Interpretationen hat, so ist dies ein Indiz dafür, dass die verschiedenen Interpretationen erst nach der Ebene der S-Struktur auf dem Weg zu LF herzuleiten sind. Die Ebene PF erfährt davon nichts mehr. Es wird daher angenommen, dass die Anhebung von Quantoren zwischen S-Struktur und LF stattfindet, so dass die phonologische Komponente davon unbeeinflusst bleibt. Die S-Struktur des Satzes (1)(i) *Alle Bürger bewundern einen Politiker* muss, da der Satz nur *eine* Lautstruktur hat, für *beide* Lesarten zunächst identisch sein. Auf der Ebene LF hat der Satz in der ersten Lesart noch immer dieselbe Struktur, während ihm in der zweiten Lesart eine Struktur mit weitem Skopus der Objekt-DP *einen Politiker* entspricht. Diese LF-Struktur unterscheidet sich im wesentlichen dadurch von der S-Struktur, dass die Objekt-DP soweit nach oben bewegt wird, dass sie den gesamten Restsatz in ihrem Skopus hat. Die Satzstrukturen in (13) verdeutlichen den Unterschied zwischen den beiden Lesarten; in (13)(i) hat die DP *alle Bürger* weiten Skopus, während in der Struktur (13)(ii) die DP *einen Politiker* weiten Skopus (über die Subjekt-DP) erhält:

(13) (i)

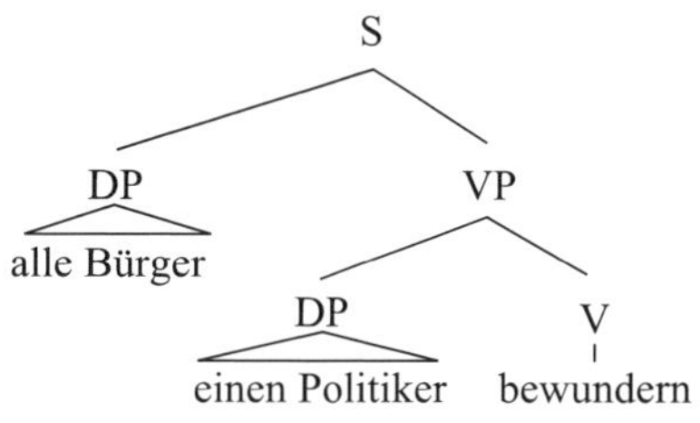

(ii)

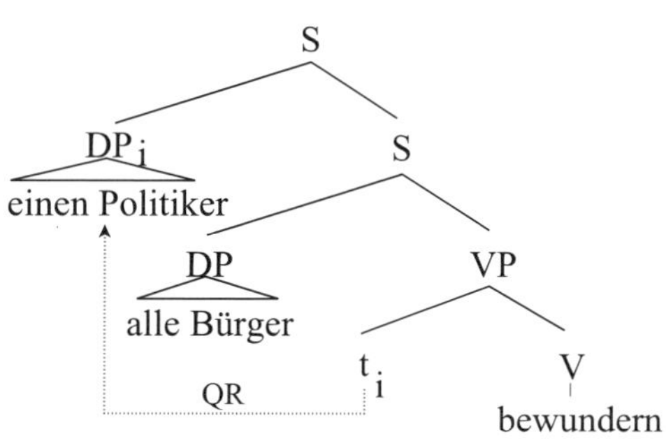

Die Skopusverhältnisse in der Struktur (13)(i) entsprechen derjenigen Lesart, bei der das Objekt in seiner VP-Position verbleibt, während die Struktur in (13)(ii) derjenigen Lesart entspricht, bei der die Objekt-DP in eine Position bewegt wird, in der sie Skopus über den Rest-Satz hat. Der Bewegungsprozess – so wird angenommen – hinterlässt eine Spur (= trace) t_i in der Ausgangsposition, in der sich die Objekt-DP ursprünglich befand. Die Ebene LF gilt nun als rein syntaktische Ebene, obwohl, wie wir sehen, die relevanten Skopusverhältnisse dargestellt sind und insofern die verschiedenen Lesarten bereits in der Syntax abgeleitet werden. Der Grund für eine *syntaktische* Behandlung der Skopusambiguitäten besteht darin, dass für die Bewegung von Quantorenphrasen ähnliche Bedingungen gelten, wie für die Bewegung zwischen D-Struktur und S-Struktur, so dass die Eigenschaften der Quantorenanhebung weitgehend identisch sind mit klar zu identifizierenden syntaktischen Bewegungen. Wenn Quantorenanhebung aber syntaktische Eigenschaften hat, so muss sie auch syntaktisch beschrieben werden.

Welcher Zusammenhang besteht nun zwischen der *semantischen* Regel des Hineinquantifizierens und der *syntaktischen* Quantoren-Anhebung? In der syntaktischen Struktur wird die Objekt-DP durch den Bewegungsprozess *Quantoren-Anhebung* (QR) in eine Position bewegt, von der aus sie den gesamten Rest-Satz in ihren Skopus nimmt. Genau der gleiche Effekt entsteht durch Anwendung der Regel des Hineinquantifizierens. Die syntaktische Bewegung hinterlässt eine Spur t_i in der Basisposition. Dieser Spur entspricht wiederum die individuelle Sublimierung der Variablen x. In der syntaktischen Struktur bindet die bewegte Objekt-DP die Spur, was mit dem Index i ausgedrückt wird. Nach der Regel des Hineinquantifizierens wird die Variable x durch einen λ-Operator gebunden, bevor α auf den Rest-Ausdruck appliziert wird. Die beiden Arten der Behandlung von Skopusambiguitäten weisen soviele strukturelle Ähnlichkeiten auf, dass sich die Sichtweise vertreten lässt, dass die Regel des Hineinquantifizierens gerade die semantische Interpretation für die syntaktischen Prozesse darstellt. Sowohl die Positionen der nach syntaktischen Prinzipien bewegten Phrasen lassen sich semantisch rekonstruieren, als auch die durch eine syntaktische Spur gekennzeichnete Basisposition, die in der semantischen Repräsentation als individuelle Sublimierung einer Variablen wieder auftritt. Wir finden daher erneut bestätigt, dass ein enger struktureller Parallelismus zwischen syntaktischen und semantischen Repräsentationen hergeleitet werden kann.

9.6. Restringierte Quantifikation

Im Kapitel *Prädikatenlogik* haben wir die Wahrheitsbedingungen für allquantifizierte Sätze mit dem Konditional übersetzt und uns dabei zunutze gemacht, dass das Konditional (materiale Implikation) nur genau dann falsch ist, wenn der Vordersatz (Antezedenz) wahr und der Folgesatz (Konsequenz) falsch ist. In den Fällen, in denen das Antezedenz falsch ist, ergibt die Wahrheitswerttabelle des Konditionals stets das Wahre. Übersetzt man also einen allquantifizierten Satz wie in (1)(i), so führt dies nach den Regeln der Prädikatenlogik zu der Übersetzung in (1)(ii):

(1) (i) Alle Schwäne sind weiß.
(ii) $\forall x[\text{Schwan'}(x) \rightarrow \text{weiß'}(x)]$

Die semantische Regel legt dabei fest, dass (1)(i) genau dann wahr ist, wenn für jedes Individuum a in der Diskursdomäne D der Skopus *[Schwan'(a) → weiß'(a)]* unter der Belegung g: [x = a] wahr ist. Tatsächlich sagt der Satz (1)(i) aber nur etwas über Schwäne aus und nicht etwas über alle Individuen in der Diskursdomäne. Es ist lediglich die Eigenschaft des Konditionals, dass für alle Nicht-Schwäne in D – für die Schwan'(x) ja falsch ist – das Konditional wahr ist.

Im Verlauf dieses Kapitels haben wir festgestellt, dass viele natürlich-sprachliche Determinatoren wie *einige*, *wenige*, *die meisten* usw. mit dieser Art der Übersetzung nicht angemessen dargestellt werden können. So lässt sich der Satz (2)(i) weder mit der Konjunktion in (2)(ii) noch mit dem Konditional in (2)(iii) intuitiv angemessen übersetzen:

(2) (i) Die meisten Schwäne sind weiß.
(ii) Die meisten Individuen sind so beschaffen, dass sie Schwäne sind und weiß sind.
(iii) Die meisten Individuen sind so beschaffen, dass sie weiß sind, wenn sie Schwäne sind.

(2)(ii) sagt etwas über die Eigenschaften der meisten Individuen aus. Wenn die meisten Individuen Hunde sind, so behauptet (2)(ii), dass Hunde weiße Schwäne sind. Relativ zu einem solchen Modell, kann (2)(ii) also keine angemessene Deutung sein. In dem gleichen Modell sagt (2)(iii), dass es irrelevant ist, ob die Schwäne schwarz sind, da die meisten Individuen ja Hunde sind und nur über diese meisten Individuen eine Aussage gemacht wird.

Was (2)(i) offenbar bedeutet, ist das, was (3)(i) bedeutet. Wir erinnern uns nun an die Eigenschaft der Konservativität von natürlich-sprachlichen Quantoren und daran, dass Quantoren Relationen zwischen NP- und VP-Denotaten herstellen. Und um das auszudrücken, was (3)(i) bedeutet, nutzen wir gerade diese Eigenschaft der Konservativität aus, die in (3)(ii) allgemein und in (3)(iii) für unseren speziellen Fall formuliert ist:

(3) (i) Die meisten Schwäne sind weiße Schwäne.
(ii) $[\![Q]\!](N)(V) \Leftrightarrow [\![Q]\!](N, N \cap V)$
(iii) $[\![\text{meist}]\!]([\![\text{schwan'}]\!])([\![\text{weiß'}]\!]) \Leftrightarrow [\![\text{meist}]\!]([\![\text{schwan'}]\!], [\![\text{schwan'}]\!] \cap [\![\text{weiß'}]\!])$

Dies führt uns zu einer dreigeteilten Quantifikationsstruktur wie in (4), die den Quantor, dessen Restriktion und den (Kern-)Skopus als separate Komponenten unterscheidet:

(4) Die meisten Schwäne sind weiß.

meist x:	(Schwan(x)')	(Schwan'(x) $\wedge$ weiß'(x))
Quantor	Restriktion	(Kern-)Skopus

Das erste Argument – also die NP, die hinsichtlich der syntaktischen Struktur mit dem Determinator eine DP-Konstituente bildet – liefert den Bereich, der die Individuen enthält, für die der Skopusausdruck zutreffen muss, so dass für die Quantifikation nur diejenigen Individuen in D betrachtet werden, die im NP-Denotat $[\![N]\!]$ enthalten (und damit Schwäne) sind, nicht aber die Elemente aus D - $[\![N]\!]$. Unter restringierter Quantifikation werden daher nur diejenigen Elemente betrachtet, die von dem nominalen Ausdruck in der Quantorenphrase denotiert werden, alle anderen Individuen in der Diskursdomäne sind damit wegen der Konservativität für die Berechnung der Quantifikation – in Übereinstimmung mit unserer semantischen Intuition – irrelevant.

9.7. Übungsaufgaben

1. Welchen deutschen Sätzen entsprechen die Formeln in (i)-(iii)? Abstrahiere in diesen Formeln von dem jeweiligen Prädikat, so dass sich ein Denotat für die Subjekt-DP des zugehörigen Satzes ergibt:

   (i) trinken'(Peter')
   (ii) $\exists$x[Hund'(x) $\wedge$ bellen'(x)]
   (iii) $\exists$x[$\forall$y[Hund'(y) $\leftrightarrow$ x = y] $\wedge$ bellen'(x)]

   Abstrahiere sodann in den Formeln für (ii) und (iii) von dem spezifischen Nominal-Ausdruck, so dass sich die semantischen Formen für die Determinatoren ergeben.

2. Gib die Übersetzung und die Typenstruktur für die beiden folgenden Determinatoren an:
   (i) jeder
   (ii) der

3. Gib die Denotate von *Student'* und *rauchen'* als Mengendiagramme an, so dass die Sätze in (i) bis (iii) jeweils wahr sind:

   (i) Jeder Student raucht.
   (ii) Ein Student raucht.
   (iii) Kein Student raucht.

4. Gib die syntaktischen und die semantischen Strukturen für die beiden Lesarten des folgenden Satzes an:
   Jeder Student mag ein Buch.

10. Temporalsemantik

10.1. Zeit und Tempus

Wir haben bisher die Wahrheit von Formeln relativ zu einem Modell M (und einer Variablenbelegung g) bestimmt. Dabei sind wir von einem Modell ausgegangen, in dem die semantischen Werte der nicht-logischen Konstanten mittels der Funktion F einmal festgelegt wurden und sich dann nicht mehr geändert haben. Allerdings ist die Welt, in der wir leben und über die wir reden, nicht so beschaffen, dass sie sich niemals ändert. Vielmehr ist hier das genaue Gegenteil der Fall. So verändern sich etwa unsere Beziehungen zu anderen Menschen, wenn wir neue Freunde kennen lernen oder alte Bekannte aus den Augen verlieren. Unsere Tätigkeiten variieren zeitabhängig. Am Tag arbeiten wir häufig, gehen ins Schwimmbad, fahren mit der Straßenbahn oder sitzen auf einem Stuhl, während wir nachts vorwiegend schlafen. Auch die Eigenschaften von Dingen und Lebewesen verändern sich. Neue Autos werden alt und verrosten, das Ozonloch wird größer, Kinder werden erwachsen und Seifenblasen platzen. In zyklischen Wiederholungen wird es Tag und Nacht, und manchmal regnet es, oder die Sonne scheint. Solche Veränderungen und die Dynamik unserer Lebenswelt können wir mit der einfachen Modellstruktur, die wir bisher verwendeten, nicht beschreiben, denn wir haben den Faktor *Zeit* völlig ausgeblendet. Diese einschränkende Sichtweise wollen wir jetzt erweitern, indem wir die Zeitdimension in die Struktur des (Welt-) Modells aufnehmen. Im folgenden sollen die Denotate der nicht-logischen Konstanten zeitabhängig variieren können.

Das Denotat des Ausdrucks *schlafen'* gilt nicht für alle Zeiten in der gleichen Weise, sondern es wiederholt sich zyklisch für verschiedene Individuen in unterschiedlichen Zeitabschnitten. Wenn in einer Modellstruktur festgelegt ist, dass *Peter* und *Maria* schlafen, dann gilt (1):

(1) $F(\text{schlafen'}) = [\![\text{schlafen'}]\!]^{M,g} = \{[\![\text{Peter'}]\!]^{M,g}, [\![\text{Maria'}]\!]^{M,g}\}$

Dieses Denotat ist stets gültig, und das liegt daran, dass wir in der Modellstruktur keine zeitliche Variation vorgesehen haben. Ganz offensichtlich verändern sich die Denotate von Prädikaten *zeitabhängig*, d.h. Formeln können zu einer Zeit wahr und zu einer anderen Zeit falsch sein. Der Satz *Peter schläft* ist wahr, wenn Peter zum Äußerungszeitpunkt des Satzes schläft. Wird der Satz zu einer anderen Zeit geäußert, kann er falsch sein, nämlich genau dann, wenn Peter nicht schläft. Was wir benötigen, ist die Abhängigkeit einer Interpretation relativ zu verschiedenen *Zeitpunkten*, so dass wir auch Veränderungen in der Welt beschreiben können. Dazu müssen wir die Struktur des Modells so erweitern, dass der Satz *Peter schläft* zu bestimmten Zeiten den Wert *wahr* erhält, zu anderen Zeiten aber den Wert *falsch*.

Wir wollen den Begriff des Modells so erweitern, dass nicht nur eine Domäne D und eine Interpretationsfunktion F angegeben wird, sondern auch eine (nicht-leere) Menge T von Zeitpunkten t_1, t_2, ... Das Modell kann dann so aussehen, dass etwa das Prädikat *schlafen'* zum Zeitpunkt t_1 auf *Peter'* angewendet wahr ist, zu einem anderen Zeitpunkt t_2 falsch. Da wir uns mit natürlichen Sprachen auf Ereignisse beziehen können, die in der Vergangenheit stattgefunden haben, d.h. zu einer Zeit vor der Äußerungszeit, oder die in der Zukunft stattfinden werden, d.h. zu einer Zeit nach der Äußerungszeit, müssen wir die (ungeordnete) Menge der Zeitpunkte hinsichtlich ihrer Abfolge sortieren. Dazu können wir so vorgehen, dass wir eine *Ordnungsrelation '<' über der Menge T* definieren. Damit werden die Zeitpunkte t_1, t_2, ... bzgl. ihrer linearen Abfolge sortiert, denn '<' ist die Vorgängerrelation. $t_1 < t_2$ besagt, dass der Zeitpunkt t_1 vor dem Zeitpunkt t_2 liegt, während $t_2 < t_1$ bedeutet, dass der Zeitpunkt t_1 nach t_2 liegt.

Die Frage ist nun, wie viele Zeitpunkte wir benötigen. Wenn wir uns klarmachen, zu wie viel verschiedenen Zeitpunkten wir die Welt betrachten, so stellen wir fest, dass dies unendlich viele sind, wenn wir jeden Moment beschreiben wollen. Wir müssen daher annehmen, dass die Menge der Zeitpunkte *dicht* ist, d.h. dass die Zeitachse keine Löcher enthält. Die linear geordneten Zeitpunkte lassen sich dann auf einer Zeitachse eintragen:

(2)

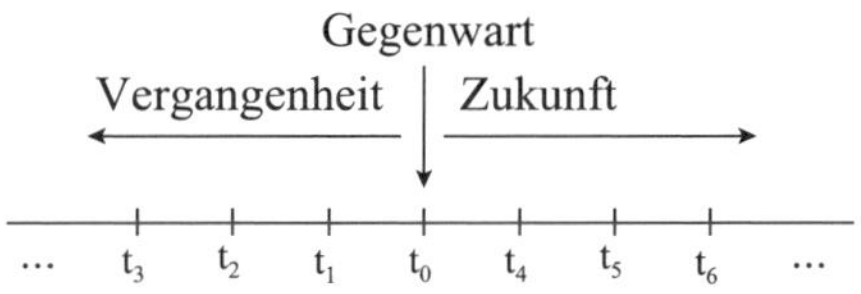

Natürlich können wir nicht alle Zeitpunkte einzeichnen, sondern wir greifen einige heraus. Wir bestimmen einen Zeitpunkt (hier t_0 genannt) als die Gegenwart. Alle Zeitpunkte, die links von t_0 liegen, gehören zur Vergangenheit, und alle Zeitpunkte, die rechts von t_0 liegen, bilden die Zukunft.

Wir stellen uns aber zugleich vor, dass zwischen zwei Zeitpunkten noch unendlich viele andere Zeitpunkte liegen können. Diese Vorstellung ähnelt ein wenig der von den reellen Zahlen, von denen es ja auch unendlich viele gibt; zwischen zwei beliebigen reellen Zahlen liegen wiederum unendlich viele reelle Zahlen. Man kann sich dies leicht an der folgenden vereinfachten Überlegung klarmachen. Betrachten wir dazu die natürlichen Zahlen. Auch diese Zahlenmenge ist unendlich groß, und dennoch lässt sich zu jeder natürlichen Zahl eine spezifische Bruchzahl finden, die bereits innerhalb des Zahlenintervalls zwischen 0 und 1 liegt. Die zugehörige Bruchzahl zu der Zahl 2 ist ½, die von 39827613 ist 1/39827613. Indem man zu jeder beliebigen natürlichen Zahl den Kehrwert bildet, erhält man eine Funktion, die diese Zahlen in das Intervall zwischen 0 und 1 abbildet. Und das heißt dann schließlich, dass zwischen 0 und 1 unendlich viele

Zahlen liegen. Etwas metaphorisch könnten wir sagen, dass es im Intervall zwischen 0 und 1 kein einziges winziges Loch gibt; mag man auch mit einer noch so feinen Nadel irgendwo in das Intervall stechen, man trifft immer eine Zahl. In dieser Weise wollen wir uns auch die *Dichte* von Zeitpunkten vorstellen.

Da in unserem bisherigen Modell die Denotatsfunktion F die Interpretation der nicht-logischen Konstanten ein für alle Male festgelegt hat, müssen wir diese nun dahingehend modifizieren, dass die Interpretation zeitabhängig geschieht. Dazu benötigt die Funktion F neben dem Argument α, dem ein Denotat zugewiesen werden soll, auch ein Argument für die Zeit, zu der das Denotat gültig ist. Der Wert von F ist das Denotat des Ausdrucks α zum Zeitpunkt t. Dies schließt nicht aus, dass bestimmte Werte für alle Zeitpunkte gleich bleiben können, etwa Eigennamen wie *Peter'*, *Maria'* usw., die zeitunabhängig immer dieselben Individuen denotieren. Für andere Ausdrücke, wie etwa die einstelligen Prädikate *schlafen'*, *schnarchen'* usw., können sich aber die Interpretationen abhängig von der Zeit verändern.

10.1.1. Temporale Modelle

Wir fragen nun, wie sich unsere Vorstellung von der Zeit in die Struktur eines Modells integrieren lässt. Unser herkömmliches Modell bestand aus zwei Komponenten, dem Individuenbereich D und der Denotatsfunktion F. Um nun die Menge T der Zeitpunkte und die auf T definierte Ordnung '<' in die Modellstruktur einzubauen, wollen wir annehmen, dass ein *temporales Modell* nicht nur aus zwei, sondern aus vier Komponenten besteht und die Struktur in (3) hat:

(3) Temporales Modell:
Ein temporales Modell M ist ein geordnetes Quadrupel <D, T, '<', F>, wobei
D die Diskursdomäne ist,
T eine (nicht-leere) Menge von Zeitpunkten,
'<' eine Ordnungsrelation auf T und
F eine Funktion, die zu jedem Paar $<t_i,\alpha>$, bestehend aus einem Zeitpunkt t_i und einer nicht-logischen Konstanten α, das Denotat von α zum Zeitpunkt t_i liefert.

Gegenüber der Modellstruktur, die wir bisher betrachtet haben, treten verschiedene Änderungen auf. Die Diskursdomäne D bleibt dieselbe, aber wir haben eine Menge T von Zeitpunkten hinzugefügt und auf dieser Menge die Ordnungsrelation '<' definiert. Da das Denotat eines Ausdrucks α zeitabhängig variieren kann, muss die Denotatsfunktion wissen, welches Denotat sie einem Ausdruck α zur Zeit t_1 zuweist und welches Denotat zu einer anderen Zeit t_2. Die Funktion F benötigt also zusätzlich ein Argument, welches den Zeitpunkt festlegt, zu dem sie ein Denotat bestimmt. Zugleich muss natürlich an dem

Ausdruck für das Denotat selbst sichtbar sein, für welchen Zeitpunkt es gilt. Wir müssen daher die bisherige Notation eines Denotats $[\![\alpha]\!]^{M,g}$ zeitrelativ notieren. Dazu verwenden wir das Superskript "t":

(4) $[\![\alpha]\!]^{M,t,g}$ ist das Denotat von α relativ zum Modell M, dem Zeitpunkt t und der Variablenbelegung g.

Wenn α das Prädikat *schlafen'* ist, und wenn zur Zeit t_1 *Otto*, *Maria* und *Clara* schlafen, dann ist:

(5) $F(t_1, \text{schlafen'}) = \{[\![\text{Otto'}]\!]^{M,t1,g},[\![\text{Maria'}]\!]^{M,t1,g},[\![\text{Clara'}]\!]^{M,t1,g}\}$.

Wenn zur Zeit t_2 nur noch Otto schläft, dann gilt:

(6) $F(t_2, \text{schlafen'}) = \{[\![\text{Otto'}]\!]^{M,t2,g}\}$.

Wir konstruieren nun ein einfaches temporales Modell $M = <D,T,'<',F>$ mit der Diskursdomäne D, der Menge der Zeitpunkte T, der Ordnungsrelation '<' und der Funktion F wie in (7):

(7) (i) $D = \{\text{Peter},\text{Maria},\text{Otto}\}$,
(ii) $T = \{t_1,t_2,t_3\}$,
(iii) $'<' = \{<t_1,t_2>,<t_2,t_3>,<t_1,t_3>\}$
(iv) $F(t_1,\text{schnarchen'}) = \{[\![\text{Peter'}]\!]^{M,t1,g},[\![\text{Otto'}]\!]^{M,t1,g}\}$
$F(t_2,\text{schnarchen'}) = \{[\![\text{Peter'}]\!]^{M,t2,g},[\![\text{Otto'}]\!]^{M,t2,g}\}$
$F(t_3,\text{schnarchen'}) = \{[\![\text{Maria'}]\!]^{M,t3,}\}$
$F(t_1,\text{schlafen'}) = \{[\![\text{Otto'}]\!]^{M,t1,g},[\![\text{Maria'}]\!]^{M,t1,g}\}$
$F(t_2,\text{schlafen'}) = \{[\![\text{Otto'}]\!]^{M,t2,g}\}$
$F(t_3,\text{schlafen'}) = \{[\![\text{Peter'}]\!]^{M,t3,g}\}$
$F(t_1,\text{lieben'}) = \{<[\![\text{Peter'}]\!]^{M,t1,g},[\![\text{Otto'}]\!]^{M,t1,g}>, <[\![\text{Maria'}]\!]^{M,t1,g},[\![\text{Peter'}]\!]^{M,t1,g}>, <[\![\text{Otto'}]\!]^{M,t1,g},[\![\text{Peter'}]\!]^{M,t1,g}>\}$
$F(t_2,\text{lieben'}) = \{<[\![\text{Peter'}]\!]^{M,t2,g},[\![\text{Otto'}]\!]^{M,t2,g}>, <[\![\text{Otto'}]\!]^{M,t2,g},[\![\text{Maria'}]\!]^{M,t2,g}>, <[\![\text{Maria'}]\!]^{M,t2,g},[\![\text{Peter'}]\!]^{M,t2,g}>\}$
$F(t_3,\text{lieben'}) = \{[\![<\text{Otto'}]\!]^{M,t3,g},[\![\text{Otto'}]\!]^{M,t3,g}>, <[\![\text{Otto'}]\!]^{M,t3,g},[\![\text{Peter'}]\!]^{M,t3,g}>, <[\![\text{Peter'}]\!]^{M,t3,g},[\![\text{Maria'}]\!]^{M,t3,g}>\}$

Für Eigennamen wollen wir annehmen, dass sie in einem Modell zu allen Zeitpunkten dasselbe Individuum denotieren. In M gilt also auch (8):

(8) $F(t_1,\text{Peter}') = [\![\text{Peter}']\!]^{M,t1,g}$
$F(t_2,\text{Peter}') = [\![\text{Peter}']\!]^{M,t2,g}$
$F(t_3,\text{Peter}') = [\![\text{Peter}']\!]^{M,t3,g}$
$F(t_1,\text{Maria}') = [\![\text{Maria}']\!]^{M,t1,g}$
$F(t_2,\text{Maria}') = [\![\text{Maria}']\!]^{M,t2,g}$
$F(t_3,\text{Maria}') = [\![\text{Maria}']\!]^{M,t3,g}$
$F(t_1,\text{Otto}') = [\![\text{Otto}']\!]^{M,t1,g}$
$F(t_2,\text{Otto}') = [\![\text{Otto}']\!]^{M,t2,g}$
$F(t_3,\text{Otto}') = [\![\text{Otto}']\!]^{M,t3,g}$

In diesem Modell ist der Satz (9) zum Zeitpunkt t_1 wahr:

(9) Otto schläft.
(i) $[\![\text{schlafen}'(\text{Otto}')]\!]^{M,t1,g} = 1$
(ii) $F(t_1,\text{Otto}') = [\![\text{Otto}']\!]^{M,t1,g} \in \{[\![\text{Otto}']\!]^{M,t1,g},[\![\text{Maria}']\!]^{M,t1,g}\} = F(t_1,\text{schlafen}')$

Der Satz (9) ist ebenfalls zum Zeitpunkt t_2 wahr, wie sich leicht nachprüfen lässt. Er ist zur Zeit t_3 hingegen falsch, denn (10)(i) gilt aufgrund von (10)(ii):

(10) (i) $[\![\text{schlafen}'(\text{Otto}')]\!]^{M,t3,g} = 0$
(ii) $F(t_3,\text{Otto}') = [\![\text{Otto}']\!]^{M,t3,g} \notin \{[\![\text{Peter}']\!]^{M,t3,g}\} = F(t_3,\text{schlafen}')$

Der Satz *Maria liebt Peter* ist wahr zu den Zeitpunkten t_1 und t_2, und er ist falsch zum Zeitpunkt t_3. Offensichtlich ist Maria nicht auf Gegenliebe gestoßen und hat sich entliebt, was dazu geführt haben mag, dass *Peter Maria* zum Zeitpunkt t_3 plötzlich liebt, ganz im Gegenteil zur Situation der beiden vorherigen Zeiten.

Die Formel $\exists x[\text{schnarchen}'(x)]$ ist wahr zu allen Zeiten t_1, t_2 und t_3, da es zu jedem Zeitpunkt ein Individuum gibt, das schnarcht. Es lässt sich leicht nachprüfen, dass die Gleichungen in (11) bezüglich M richtig sind:

(11) (i) $[\![\exists x[\text{schnarchen}'(x)]]\!]^{M,t1,g} = 1$
(ii) $[\![\exists x[\text{schnarchen}'(x)]]\!]^{M,t2,g} = 1$
(iii) $[\![\exists x[\text{schnarchen}'(x)]]\!]^{M,t3,g} = 1$

Die Formel $\forall x[\text{schnarchen}'(x)]$ ist hingegen zu allen Zeiten t_1, t_2 und t_3 falsch, da es keinen Zeitpunkt gibt, an dem alle Individuen schnarchen, so dass die Gleichungen in (12) bezüglich M gelten:

(12) (i) $[\![\forall x[\text{schnarchen}'(x)]]\!]^{M,t1,g} = 0$
(ii) $[\![\forall x[\text{schnarchen}'(x)]]\!]^{M,t2,g} = 0$
(iii) $[\![\forall x[\text{schnarchen}'(x)]]\!]^{M,t3,g} = 0$

Wir sind nun in der Lage, die Denotate der nicht-logischen Konstanten an verschiedenen Zeitpunkten anzugeben und die Wahrheit von Formeln relativ zu diesen Zeitpunkten zu berechnen. Im nächsten Abschnitt fragen wir danach, welche grammatischen Mittel natürliche Sprachen zur Verfügung stellen, um Beziehungen zwischen verschiedenen Zeitpunkten auszudrücken, und wie sich diese Beziehungen in der Sprache L_1 modellieren lassen.

10.1.2. Tempus und Zeit-Operatoren

Ein grammatisches Mittel zur Lokalisation von Situationen, Ereignissen und Zuständen in der Zeit ist das *Tempus*. Den Begriff *Tempus* müssen wir sorgfältig von dem Begriff *Zeit* unterscheiden. Während Zeit als ein (mentales) Ordnungsprinzip zu betrachten ist, welches erlaubt, Ereignisse relativ zueinander anzuordnen, ist Tempus ein grammatisches Mittel der Sprache, das es ermöglicht, temporale Beziehungen zwischen verbalisierten Ereignissen auszudrücken.

Aussagen über Situationen, die zur Sprechzeit stattfinden, drücken wir gewöhnlich im Präsens aus und beziehen uns damit auf die Gegenwart. Um über Situationen in der Vergangenheit zu reden, verwenden wir das Tempus *Präteritum* und für zukünftige Situationen das Tempus *Futur*. Daneben haben wir (komplexe) Tempora wie Perfekt, Plusquamperfekt und Futur II. Bei der Verwendung der nicht komplexen Tempora wird der Zeitpunkt, zu dem das ausgedrückte Ereignis stattfindet, in Relation zu dem Sprechzeitpunkt gesetzt. Tempora – so können wir zunächst annehmen – drücken also Relationen zwischen der Sprechzeit und der Ereigniszeit aus.

Wir beginnen mit der Betrachtung der zeitlichen Relationen zwischen der Gegenwart einerseits und Vergangenheit bzw. Zukunft andererseits. Die zeitlichen Relationen, die durch die Tempora Präteritum bzw. Futur I ausgedrückt werden, stellen einen Bezug zwischen der Gegenwart und der Vergangenheit bzw. Zukunft her. Die Wahrheit der beiden Sätze in (13) hängt ganz entscheidend davon ab, zu welcher Zeit sie geäußert werden:

(13) (i) Peter lachte.
(ii) Peter wird lachen.

Der Satz (13)(i) ist wahr, wenn Peter vor der Äußerung von (13)(i) gelacht hat, während der Satz (13)(ii) dann wahr ist, wenn Peter nach der Äußerung von (13)(ii) lachen wird.

In beiden Fällen wird jeweils ein vergangenes bzw. zukünftiges Ereignis auf das Sprechereignis selbst bezogen. Das sprachliche Mittel, welches zur Herstellung dieser Zeitbezüge verwendet wird, ist das Tempus. Im Deutschen und in vielen anderen natürlichen Sprachen findet die Tempus-Markierung am (Hilfs-) Verb statt. In dem Satz (13)(i) wird das Vollverb mittels des Präteritum-Morphems temporal flektiert, während in dem Satz (13)(ii) eine periphrastische Konstruktion aus Voll- und Hilfsverb verwendet wird, um einen Zukunftsbezug auszudrücken.

In der syntaktischen Theorie der generativen Grammatik werden die temporalen Flexionsmerkmale als inhaltliche Füllung der funktionalen Kategorie INFL aufgefasst. INFL ist die Abkürzung für das englische Wort *inflection* (Flexion). Die phrasale Struktur eines Satzes ergibt sich dieser Theorie zufolge aus der Projektion von Flexionsmerkmalen. Ganz ähnlich, wie wir dies bereits bei der Struktur von Determinator-Phrasen kennengelernt haben, werden die Flexions-Merkmale als funktionale Köpfe aufgefasst, die die syntaktische Struktur festlegen. Für einen Satz liefert diese Annahme etwa die Projektion in (14). Dabei ist INFL mit I abgekürzt:

(14)

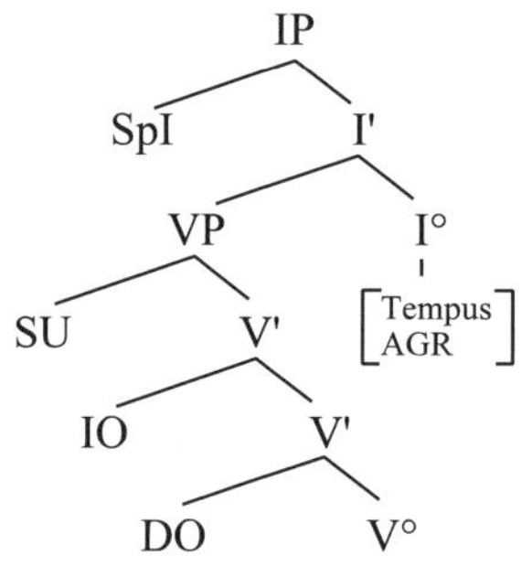

In dieser Struktur ist das Subjekt VP-intern realisiert, entgegen unserer bisherigen Darstellungsweise. Beide Möglichkeiten der Analyse werden in der Forschungsliteratur diskutiert, und wir wollen jetzt diese Variante wählen, weil damit deutlich zum Ausdruck kommt, dass sich die gesamte Prädikat-Argument-Struktur im Skopus des Tempus-Merkmals befindet. Die syntaktische Struktur der VP kommt einer vollständigen Formel gleich, deren Auswertung mittels des Tempus-Merkmals in I^0 zeitlich lokalisierbar ist. Da wir die temporalen Merkmale als *Satz-Operatoren* auffassen, entspricht diese syntaktische Analyse in ganz paralleler Weise unserem semantischen Vorgehen. Um zu erreichen, dass das Subjekt auf S-Struktur außerhalb der VP steht, wird in der syntaktischen Theorie angenommen, dass eine Bewegung des Subjekts aus der Position SU in die Position SpI stattfinden kann. Eine solche Analyse erlaubt daher auch die VP-externe Lokalisierung des Subjekts gemäß unserer früheren Darstellung.

Wir wollen nun danach fragen, auf welche Weise wir die zeitlichen Bezüge mittels der temporalen Merkmale in unsere semantische Theorie integrieren können und wie wir die Wahrheitsbedingungen für temporal spezifizierte Aussagen formulieren müssen.

Eine gute Möglichkeit besteht darin, die Wahrheit einer Aussage in der Vergangenheit derart zu prüfen, dass wir die ('zeitlose') Aussage (im Präsens) zu einem Zeitpunkt vor der Gegenwart prüfen. In einem gewissen Sinn entfernen wir also die temporale Spezifikation der Aussage und bestimmen deren Wahrheit zu einer vergangenen Zeit. Die Wahrheit der Aussage *Peter schlief*, die sich von der Gegenwart aus auf die Vergangenheit bezieht, ermitteln wir derart, dass wir die Aussage *Peter schläft*, zu einer Zeit $t_1 < t_0$ prüfen. Wir versetzen uns gedanklich in die Vergangenheit und betrachten die Zeit t_1 als die Gegenwart. Wenn zur Zeit t_1 die Aussage *Peter schläft* wahr ist, die Zeit t_1 aber vor t_0 liegt, so wissen wir, dass die Aussage *Peter schlief* – in der Gegenwart t_0 geäußert – wahr ist. Ganz ähnlich behandeln wir Sätze mit dem Tempus-Merkmal *Futur I*. Zu der Aussage *Peter wird schlafen* betrachten wir die ('zeitlose') Aussage *Peter schläft* zu einem Zeitpunkt t_2, für den gilt, dass $t_0 < t_2$. Indem wir uns gedanklich zum Zeitpunkt t_2 in der Zukunft bewegen, machen wir diesen zur Gegenwart und können feststellen, ob die Aussage *Peter schläft* wahr ist. Ist dies der Fall, so finden wir die Wahrheit der zukunftsbezogenen Aussage *Peter wird schlafen* – geäußert in der Gegenwart t_0 – bestätigt, eben dann wenn gilt, dass t_2 später ist als t_0.

Bei diesem Verfahren gehen wir also so vor, dass wir die Wahrheit einer temporal markierten Aussage überprüfen, indem wir die Aussage zu einer anderen Zeit mit dem temporalen Merkmal *Präsens* auswerten. Das *Präsens* wird damit gewissermaßen zum zeitlosen Standardfall. Obwohl in verschiedenen Arbeiten zur Temporalsemantik angenommen wird, dass es sich um ein eigenständiges Tempus handelt, wollen wir hier der klassischen Zeitlogik folgen und das Präsens als unmarkiert auffassen.

Wir überlegen uns nun, wie wir den Bezug zur Vergangenheit bzw. zur Zukunft in der Sprache L_1 der Prädikatenlogik ausdrücken können. Dass wir die Sprache L_1 verwenden, hat seinen Grund darin, dass wir nicht explizit über Zeitpunkte quantifizieren möchten. Obwohl dies gerade für die Semantik der Zeitintervalle interessant ist, gehen wir hier einen anderen Weg, denn wir wollen im letzten Kapitel eine *intensionale* Logik kennen lernen. In dieser Logik wird zwar auch über Zeitpunkte quantifiziert, aber nur implizit. Näheres zu diesem Thema werden wir im letzten Kapitel erfahren. Es sollte jedoch angemerkt werden, dass eine *extensionale* Zeitlogik wesentliche Vorzüge hat, wenn man die zeitliche Struktur von Ereignissen beschreiben will. Wir sind zwar auch an den Strukturen von Ereignissen interessiert, müssen diesen Preis aber für die Modellierung von Intensionen zahlen. Aus diesem Grund wird der Abschnitt über Zeitintervalle eher informell als formal sein.

Wir führen jetzt zwei Zeit-Operatoren ein, so dass eine Aussage sowohl in der Zukunft, d.h. nach der Äußerungszeit, als auch in der Vergangenheit, d.h. vor der Äußerungszeit, hinsichtlich ihrer Wahrheit bewertet werden kann. Den Operator für die

Zukunft nennen wir **F** (für **F**utur), und den Operator für die Vergangenheit nennen wir **P** (für **P**räteritum). Wenn wir eine beliebige Formel φ betrachten, so soll **F**φ bedeuten, dass die durch φ ausgedrückte Situation in der Zukunft, und **P**φ, dass die durch φ ausgedrückte Situation in der Vergangenheit liegt:

(15)

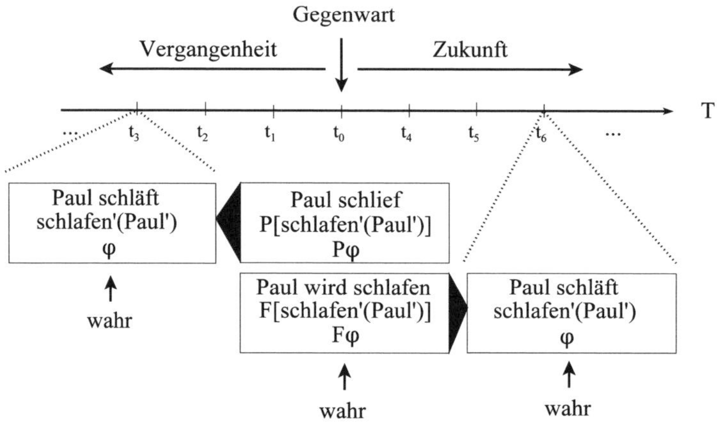

Indem wir die Operatoren **F** oder **P** vor eine Formel φ schreiben, verschieben wir den Zeitpunkt für die Bewertung der Formel φ entlang der Zeitachse entweder nach links (in die Vergangenheit) oder nach rechts (in die Zukunft). Die Formel φ selbst bleibt dabei unverändert. Nun können wir die beiden Operatoren nicht so ohne weiteres vor die Formeln schreiben, sondern wir müssen dies nach bestimmten syntaktischen Regeln tun. Diese Regeln wollen wir als Ergänzung zu den syntaktischen Regeln der Sprache L_1 formulieren:

(16) Syntaktische Regeln für Zeit-Operatoren:
- (i) Wenn φ eine Formel ist, dann ist **F**φ eine Formel.
- (ii) Wenn φ eine Formel ist, dann ist **P**φ eine Formel.

Die beiden Regeln besagen, dass ein Zeit-Operator vor eine Formel geschrieben werden kann und dass aus dieser Operation wieder eine Formel hervorgeht. Wie wir sehen, treten die Zeit-Operatoren ohne Variablen auf, d.h. sie operieren auf ganzen Formeln. Dies liegt nun gerade an unserer Vorgehensweise, die mit der Modellierung von Intensionen zusammenhängt und die wiederum motiviert, warum wir die syntaktischen Regeln in (16) als Erweiterung von L_1 und nicht von $L_{\lambda,t}$ konstruieren. In $L_{\lambda,t}$ würde uns nämlich nichts daran hindern, Variablen für Zeit-Objekte einzuführen und zu verwenden. Gerade dies wollen wir aber nicht.

Zu den beiden syntaktischen Regeln formulieren wir in (17) semantische Regeln:

(17) Semantische Regeln für Zeit-Operatoren:

(i) Wenn φ eine Formel ist, dann ist $[\![\mathbf{F}\varphi]\!]^{M,t,g} = 1$, gdw. es einen Zeitpunkt $t' \in T$ gibt, so dass $t < t'$ und $[\![\varphi]\!]^{M,t',g} = 1$; anderenfalls ist $[\![\mathbf{F}\varphi]\!]^{M,t,g} = 0$.

(ii) Wenn φ eine Formel ist, dann ist $[\![\mathbf{P}\varphi]\!]^{M,t,g} = 1$, gdw. es einen Zeitpunkt $t' \in T$ gibt, so dass $t' < t$ und $[\![\varphi]\!]^{M,t',g} = 1$; anderenfalls ist $[\![\mathbf{P}\varphi]\!]^{M,t,g} = 0$.

Der einzige Unterschied zwischen diesen beiden Regeln besteht in der Verwendung von **F** bzw. **P** und den Ausdrücken $t < t'$ bzw. $t' < t$. Die Formel $\mathbf{F}\varphi$ ist nach Regel (17)(i) genau dann wahr, wenn es einen Zeitpunkt t' gibt, der nach t liegt, so dass die Formel φ an diesem Zeitpunkt wahr ist. Die Formel $\mathbf{P}\varphi$ ist nach Regel (17)(ii) genau dann wahr, wenn es einen Zeitpunkt t' gibt, der vor t liegt, so dass die Formel φ an diesem Zeitpunkt wahr ist. Zur Interpretation der beiden Zeit-Operatoren wird also eine *implizite* Existenzquantifikation über zukünftige bzw. vergangene Zeitpunkte verwendet.

Um die Anwendung dieser Regeln deutlich zu machen, betrachten wir einige Beispiele und interpretieren sie relativ zu dem temporalen Modell in (7). Die Formel ***P****(schlafen'(Otto'))* ist zum Zeitpunkt t_2 wahr, da es einen Zeitpunkt t_1 gibt, der vor t_2 liegt, an dem die Formel *schlafen'(Otto')* wahr wird. Es gilt also (18)(i), weil (18)(ii) gilt, denn in M liegt t_1 vor t_2:

(18) (i) $[\![\mathbf{P}(\text{schlafen'(Otto')})]\!]^{M,t2,g} = 1$

(ii) $[\![\text{schlafen'(Otto')}]\!]^{M,t1,g} = 1$

Außerdem gelten in diesem Modell (19)(i) und (19)(ii) wegen (19)(iii), denn es gibt sowohl zu t_1 als auch zu t_2 den Zeitpunkt t_3, so dass sowohl $t_1 < t_3$ als auch $t_2 < t_3$ liegt, und *schnarchen'(Maria')* zu t_3 wahr ist:

(19) (i) $[\![\mathbf{F}(\text{schnarchen'(Maria')})]\!]^{M,t1,g} = 1$

(ii) $[\![\mathbf{F}(\text{schnarchen'(Maria')})]\!]^{M,t2,g} = 1$

(iii) $[\![\text{schnarchen'(Maria')}]\!]^{M,t3,g} = 1$

10.1.3. Die Interpretation der Tempora mit Zeit-Operatoren

Wir wollen in diesem Abschnitt die zeitlichen Bezüge, die durch die Tempora hergestellt werden können, in die Zeitlogik einbauen und die Wahrheitsbedingungen für die verschiedenen Tempusformen angeben. Dazu verwenden wir die beiden Zeit-Operatoren **P** und **F** und wenden diese gegebenfalls mehrfach an, um auch die komplexen Tempora zu erfassen. Der Zeitpunkt t_0 ist stets die Sprechzeit in der Gegenwart, in der ein Satz mit einer bestimmten Tempusform geäußert wird. Der Bezug zwischen der Sprechzeit und der Zeit, zu der das Ereignis, über das berichtet wird, stattfindet, wird immer relativ zu der

Sprechzeit t_0 hergestellt. Wir werden sehen, dass die Tempora Relationen zwischen der Ereignis- und der Sprechzeit ausdrücken.

10.1.3.1. Einfache Tempora

Das Präsens verwenden wir normalerweise, um die Gleichzeitigkeit zwischen Ereigniszeit und Sprechzeit auszudrücken. Wenn ich den Satz *Peter streichelt die Katze* äußere, so wird dies üblicherweise derart gedeutet, dass Peter gerade die Katze streichelt, während ich spreche. Meine Äußerung findet zum gleichen Zeitpunkt statt wie das Ereignis, über das ich rede. Sprechzeit und Ereigniszeit fallen also zusammen. Da wir das Präsens als unmarkiertes Tempus ausgezeichnet haben, ist die Wahrheitsbedingung in (20)(i) trivial, denn sie besagt, dass φ im Modell M bezüglich des Zeitpunkts t_0 genau dann wahr ist, wenn φ im Modell M bezüglich des Zeitpunkts t_0 wahr ist. Hätten wir einen zu **F** und **P** analogen Präsens-Operator definiert, so könnten wir diese Trivialität zwar umgehen, müssten dafür aber mit drei statt mit minimalen zwei Operatoren umgehen:

(20) Präsens:

(i) $[\![\varphi]\!]^{M,t0,g} = 1$ gdw. $[\![\varphi]\!]^{M,t0,g} = 1$

(ii)

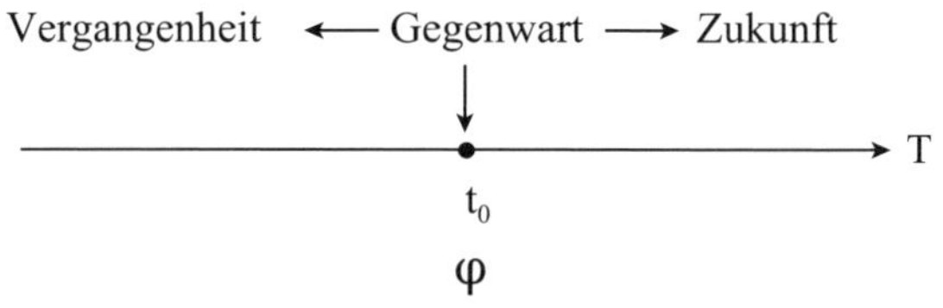

Aus der Graphik in (20)(ii) wird klar, dass eine Aussage im Präsens zur Zeit t_0, der Gegenwart, evaluiert werden muss. Eine Aussage im Präsens ist demnach genau dann wahr, wenn sie im Modell M zur Zeit t_0 wahr ist.

Für das Präteritum müssen wir eine andere Wahrheitsbedingung formulieren. Da hier eine Relation der Vorzeitigkeit ausgedrückt wird, können wir den Operator **P** zur Übersetzung verwenden. Die Formel **P**φ ist demzufolge genau dann wahr, wenn es einen relativ zu t_0 vergangenen Zeitpunkt t_1 gibt, an dem φ wahr ist:

(21) Präteritum:

(i) $\llbracket \mathbf{P}\varphi \rrbracket^{M,t0,g} = 1$, gdw. es einen Zeitpunkt t_1: $t_1 < t_0$ gibt, so dass $\llbracket \varphi \rrbracket^{M,t1,g} = 1$.

(ii)

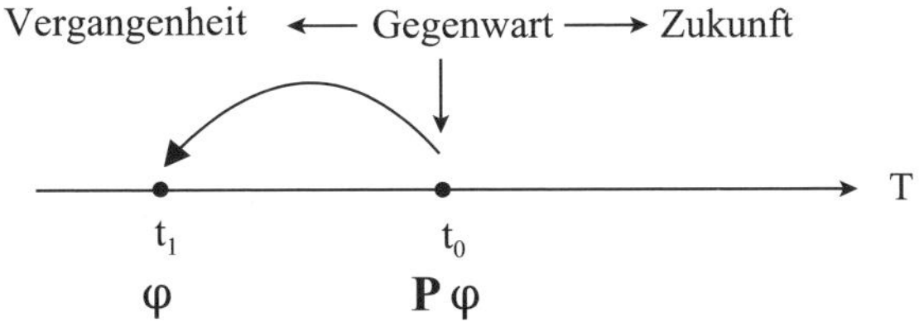

Der Satz *Peter schlief* kann in die Formel **P**[schlafen'(Peter')] übersetzt werden, und diese ist genau dann wahr, wenn es einen Zeitpunkt t_1 gibt, der vor t_0 liegt, so dass der temporal unmarkierte Ausdruck [schlafen'(Peter')] an t_1 wahr wird.

Eine ganz ähnliche aber gerade umgekehrte Situation tritt für Sätze im Futur I auf. Das Futur I wird derart gedeutet, dass eine Relation der Nachzeitigkeit zwischen Sprech- und Ereigniszeit besteht, wobei die Ereigniszeit der Sprechzeit folgt. Wir können das Futur I daher gerade mit dem Operator **F** übersetzen wie in (22):

(22) Futur I:

(i) $\llbracket \mathbf{F}\varphi \rrbracket^{M,t0,g} = 1$, gdw. es einen Zeitpunkt t_1: $t_0 < t_1$ gibt, so dass $\llbracket \varphi \rrbracket^{M,t1,g} = 1$.

(ii)

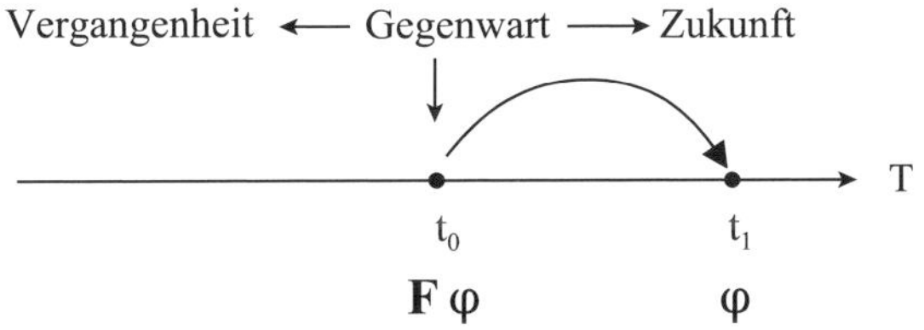

Den Satz *Peter wird schlafen* übersetzen wir demzufolge in die Formel ***F**[schlafen'(Peter')]*. Die Formel ist genau dann wahr, wenn es einen Zeitpunkt t_1 nach t_0 gibt, an dem Peter schläft. Es gilt also:

(23) $\llbracket \mathbf{F}(\text{schlafen'(Peter')}) \rrbracket^{M,t0,g} = 1 \Leftrightarrow \llbracket \text{schlafen'(Peter')} \rrbracket^{M,t1,g} = 1$

Damit haben wir zu den einfachen Tempora des Deutschen die Bedingungen formuliert, unter denen entsprechend temporal spezifizierte Sätze wahr sind. Wir betrachten nun komplexere Tempusformen.

10.1.3.2. Komplexe Tempora

Die zeitliche Relation, die in dem Satz (24) durch das Tempus Futur II ausgedrückt wird, bezieht neben der Sprech- und der Ereigniszeit einen weiteren Zeitpunkt (um 15 Uhr) ein, zu dem Peters Ankunft bereits stattgefunden hat:

(24) (Um 15 Uhr) wird Peter angekommen sein.

Um die Wahrheitsbedingung für das Futur II zu formulieren, scheint gerade eine solche Kombination der Zeit-Operatoren angemessen, denn der zeitliche Bezug, den das Futur II ausdrückt, ist eine zukünftige Nachzeitigkeit. Wie lässt sich diese Relation mit Hilfe der Operatoren **P** und **F** ausdrücken? Da die syntaktischen Regeln (16)(i) und (16)(ii) für die Zeit-Operatoren rekursiv definiert sind, hindert uns nichts daran, auf eine Formel mit einem Zeit-Operator wiederum eine der Regeln aus (16) anzuwenden. Wenn eine Formel φ mit dem Operator **P** zu der Formel **P**φ kombiniert wird, die ihrerseits mit dem Operator **F** kombiniert werden kann, so erhalten wir die Formel **FP**φ. Wenn wir in dieser Formel φ = ankommen'(Peter') setzen, so ist sie gerade dann wahr, wenn es einen zukünftigen Zeitpunkt t_1 gibt, relativ zu dem es einen vergangenen Zeitpunkt t_2 gibt, so dass φ an t_2 wahr wird. Die zeitliche Relation kann also durch die Kombination der beiden Operatoren **F** und **P** ausgedrückt werden, und wir werden das Tempus Futur II gerade so definieren. Das Diagramm in (25)(ii) veranschaulicht dies. Dabei ist t_1 ein Zeitpunkt, der bezüglich t_0 in der Zukunft liegt, so dass der Ereigniszeitpunkt t_2 relativ zu t_1 in der Vergangenheit liegt. In (25)(i) ist die Wahrheitsbedingung für das Futur II formuliert:

(25) Futur II:

(i) $[\![\mathbf{FP}\varphi]\!]^{M,t0,g} = 1$, gdw.

Es gibt einen Zeitpunkt t_1: $t_0 < t_1$, so dass $[\![\mathbf{P}\varphi]\!]^{M,t1,g} = 1$, und es gibt einen Zeitpunkt t_2: $t_2 < t_1$, so dass $[\![\varphi]\!]^{M,t2,g} = 1$.

(ii)

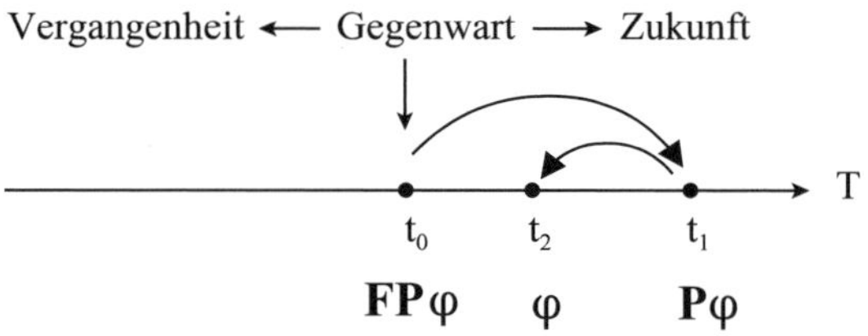

Die Formel ***F**[**P**[ankommen'(Peter')]]* ist also genau dann wahr, wenn es sowohl einen Zeitpunkt t_1 gibt, an dem die Formel ***P**[ankommen'(Peter')]* wahr, als auch einen Zeitpunkt t_2, der vor t_1 liegt, an dem die Formel *ankommen'(Peter')* wahr ist.

Ähnlich komplex ist auch die Analyse des Plusquamperfekts. Wie das Diagramm in (26)(ii) deutlich macht, wird dabei eine Relation zu einem relativ zum Sprechzeitpunkt t_0 vergangenen Zeitpunkt t_1 hergestellt, relativ zu dem wiederum der Ereigniszeitpunkt t_2 vergangen ist. Diese Relation lässt sich durch zweifache Anwendung des Vergangenheits-Operators **P** ausdrücken. Wir formulieren die Wahrheitsbedingung für das Plusquamperfekt in (26)(i):

(26) Plusquamperfekt:

(i) $[\![\mathbf{PP}\varphi]\!]^{M,t0,g} = 1$, gdw.
Es gibt einen Zeitpunkt t_1: $t_1 < t_0$, so dass $[\![\mathbf{P}\varphi]\!]^{M,t1,g} = 1$, und es gibt einen Zeitpunkt t_2: $t_2 < t_1$, so dass $[\![\varphi]\!]^{M,t2,g} = 1$.

(ii)

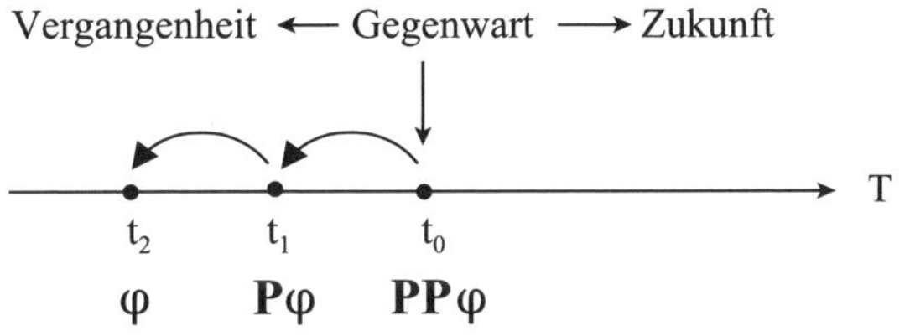

Die Formel ***P[P[schlafen'(Peter')]]*** ist die Übersetzung des Satzes *Peter hatte geschlafen*. Sie ist genau dann wahr, wenn es sowohl einen Zeitpunkt t_1 gibt, der relativ zu t_0 in der Vergangenheit liegt, so dass die Formel ***P**[schlafen'(Peter')]* an t_1 wahr wird, als auch einen Zeitpunkt t_2, der relativ zu t_1 in der Vergangenheit liegt, und an dem die Formel *schlafen'(Peter')* wahr ist.

Die entsprechende Übersetzung für den Satz *Peter hatte geschlafen* finden wir in (27)(ii) mit der zugehörigen Struktur:

(27) (i) Peter hatte geschlafen

(ii) **P**[**P**[schlafen'(Peter')]] (1)

P   **P**[schlafen'(Peter')]] (2)

P   [schlafen'(Peter')]] (3)

schlafen'   Peter'

Wir wollen nun wissen, ob der Satz (27)(i) – geäußert zum Sprechzeitpunkt t_1 – in dem Modell (7) wahr ist. Wie lässt sich der Wahrheitswert der Formel (27)(ii) berechnen, bzw. wann ist die Formel **P**[**P**[schlafen'(Peter')]] wahr? Eine Interpretation geschieht in den folgenden Schritten. Zunächst fragen wir nach dem semantischen Wert des Ausdrucks am Knoten (1):

(28) $[\![\mathbf{P}[\mathbf{P}[\text{schlafen'(Peter')}]]]\!]^{M,t1,g} = 1$

Nach der Bedingung (26) gilt (28) genau dann, wenn es einen Zeitpunkt $t_2 < t_1$ gibt, so dass (29) gilt:

(29) $[\![\mathbf{P}[\text{schlafen'(Peter')}]]\!]^{M,t2,g} = 1$

Mit (29) stellt sich die Frage nach dem semantischen Wert am Knoten (2). Damit (29) gilt, muss es einen Zeitpunkt $t_3 < t_2$ geben, so dass (30) gilt:

(30) $[\![\text{schlafen'(Peter')}]\!]^{M,t3,g} = 1$

Damit sind wir am Knoten (3) angekommen, den wir nun zum Zeitpunkt t_3 berechnen müssen. Dazu stellen wir fest, ob an diesem Zeitpunkt das Individuum $[\![\text{Peter'}]\!]^{M,t3,g}$ ein Element des Denotats $[\![\text{schlafen'}]\!]^{M,t3,g}$ ist, d.h. wir prüfen, ob (31) gilt:

(31) $[\![\text{Peter'}]\!]^{M,t3,g} \in [\![\text{schlafen'}]\!]^{M,t3,g}$

Und da dies in unserem Modell der Fall ist, wissen wir, dass (30) gilt. Und wenn (30) gilt, so gilt auch (29) und daher ist (28) wahr. Wir haben somit festgestellt, dass der Satz (27)(i) relativ zu unserem Modell wahr ist.

Soweit funktioniert die Interpretation der Tempora ganz gut. Allerdings dürfen wir nicht übersehen, dass sich verschiedene Schwierigkeiten ergeben. Die semantische Regel für die Interpretation des *Präteritums* besagt, dass es *irgendeinen* Zeitpunkt t_1 vor der Sprechzeit t_0 geben muss, an dem die Aussage φ wahr ist. Die Regel für die Interpretation des *Plusquamperfekts* besagt, dass die Aussage φ an einem Zeitpunkt t_2 vor t_1 wahr sein muss. Nun haben wir angenommen, dass die Zeit dicht ist, was bedeutet, dass in beliebiger Nähe zu einem Zeitpunkt ein anderer Zeitpunkt liegt. Wenn ein Ereignis eine zeitliche Ausdehnung hat, so existiert daher stets irgendein Zeitpunkt t_2 vor t_1, an dem φ ebenfalls wahr ist. Das bedeutet aber, dass sich die Interpretationen der beiden Tempora nicht mehr unterscheiden lassen. Ähnliche Überlegungen gelten auch für das Futur I und das Futur II. Dies liegt im wesentlichen daran, dass die in den Wahrheitsbedingungen ausgedrückten Relationen nur mittels einer Existenzquantifikation (und der Vorgänger-Relation) gedeutet werden. Derartige Deutungen der Tempora werden *indefinit* genannt, weil sie, abgesehen von der Sprechzeit, nur *irgendwelche* Zeitpunkte zueinander in Relation setzen. Um diesen Sachverhalt etwas deutlicher zu illustrieren, betrachten wir die Sätze in (32):

(32) (i) Peter lachte.
(ii) Peter lachte nicht.

Nach der indefiniten Deutung ist der Satz (32)(i) genau dann wahr, wenn es in der Vergangenheit *irgendeinen* Zeitpunkt t' gibt, an dem der Satz *Peter lacht* wahr ist. Wenn wir uns nun eine Situation vorstellen, in der Maria und Otto auf dem Heimweg von einer Party sind, und Maria zu Otto sagt: *Karl hat doch einen tollen Witz erzählt* und Otto darauf antwortet: *Peter lachte*, so heißt dies nach der indefiniten Deutung nur, dass Peter irgendwann (in seinem Leben) einmal gelacht hat. Der Bezug zu dem Ereignis, über welches Maria berichtet, wird dabei nicht ausgedrückt. Natürlich bezieht sich Otto mit seiner Äußerung auf die Situation, in der Karl den Witz erzählte, aber die indefinite Deutung drückt diesen Bezug nicht aus. Der Punkt wird noch etwas deutlicher, wenn Otto in der beschriebenen Situation sagt: *Peter lachte nicht.* Dieser Satz weist zusätzlich eine Skopusambiguität zwischen dem impliziten Existenzquantor über die Zeitpunkte und der Negation auf, so dass er nach der indefiniten Deutung die beiden Lesarten in (33) hat:

(33) (i) Es gibt einen Zeitpunkt in der Vergangenheit, an dem Peter nicht gelacht hat.
Peter hat (irgendwann) einmal nicht gelacht.
(ii) Es ist nicht der Fall, dass es einen Zeitpunkt in der Vergangenheit gibt, an dem Peter gelacht hat.
Peter hat nie gelacht.

Keine dieser beiden Lesarten drückt die tatsächliche Bedeutung des Satzes *Peter lachte nicht* aus. Während die Lesart in (33)(i) besagt, dass Peter bis auf ein Mal in seinem Leben immer gelacht hat, besagt die Lesart in (33)(ii), dass Peter in seinem Leben noch nie gelacht hat. Auch diese beiden Interpretationen beruhen auf der indefiniten Deutung der Tempora, bei denen nicht vorgesehen ist, dass sie sich auf bestimmte Zeiträume *definit* beziehen können.

Diese Missinterpretation der indefiniten Tempusdeutung wurde von Barbara Partee (1973) beobachtet. Mit dem berühmt gewordenen Beispiel in (34)(i) demonstriert sie, dass die indefinite Deutung der Tempora, die wegen der Verwendung des (unrestringierten) Existenzquantors die Wahrheit von (34)(i) nur für *irgendeinen* Zeitpunkt in der Vergangenheit verlangt. Es können dabei die beiden Lesarten in (34)(ii) und (34)(iii) abgeleitet werden, die aber beide nicht die Bedeutung von (34)(i) darstellen:

(34) Karl und Maria sind gerade zu einer Party losgefahren, als Karl (34)(i) äußert:
(i) I didn't turn off the stove.
(ii) Es gibt einen Zeitpunkt t in der Vergangenheit, zu dem ich den Ofen nicht ausgemacht habe. (= Irgendwann habe ich den Ofen nicht ausgemacht.)
(iii) Es ist nicht der Fall, dass es einen Zeitpunkt in der Vergangenheit gibt, zu dem ich den Ofen ausgemacht habe. (= Ich habe den Ofen noch nie ausgemacht.)

Der Zeitraum, auf den sich die Äußerung von Karl bezieht, muss genauer eingegrenzt werden. Dies geschieht etwa, indem man den Quantifikationsbereich für t auf diejenigen Zeitpunkte restringiert, die kurz vor dem Losfahren von Karl und Maria liegen. Derartige definite Deutungen der Tempora wurden in der Folgezeit vorgeschlagen. Die Kernidee besteht darin (ggf. unhörbare) Adverbiale anzunehmen, relativ zu denen die Tempora gedeutet werden So hat etwa Rainer Bäuerle (1979) die sog. Betrachtzeit eingeführt, die durch explizit genannte oder implizit verstandene Zeitadverbiale spezifiziert wird. Der Satz in (34)(i) wäre demzufolge so zu repräsentieren, dass ein implizites Adverbial wie etwa *before we left the house* eine Betrachtzeit spezifiziert, relativ zu der das Präteritum in dem Satz interpretiert wird:

(35)

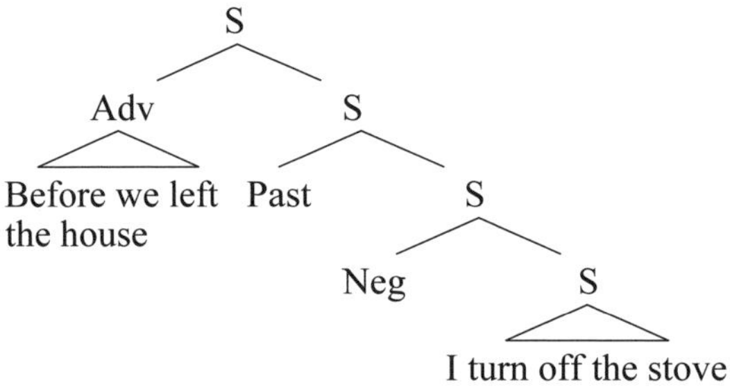

Das Präteritum (Past) wird nun derart gedeutet, dass der vergangene Zeitpunkt in dem durch den Adverbialsatz restringierten Zeitintervall liegen muss, so dass das Tempus in Abhängigkeit von dem Adverbial interpretiert wird.

Eine andere Interpretation, die wir hier aber ebenfalls nur andeuten können, schlägt Wolfgang Klein (1994) vor. Dieser Ansatz entwirft ein Konzept der zeitlichen Interpretation, das die sog. *Topic-Time* als diejenige Zeit auszeichnet, für die die mit dem Satz ausgedrückte Behauptung gilt. Damit wird der assertive Charakter von Aussagesätzen, bzw. der Satzmodus von beliebigen Satztypen direkt auf die jeweiligen temporalen Eigenschaften bezogen.

Wir wollen auf diese Ansätze hier nur hinweisen, können Sie aber nicht weiter verfolgen. Statt dessen wollen wir uns einem anderen interessanten Puzzle zuwenden, das darin besteht, die Relationen zwischen den kontextuell eingeführten Zeiten in die Interpretation temporal spezifizierter Aussagen zu integrieren.

10.1.4. Reichenbachs Tempussystem

Einen Teil dieses Puzzles hat der Logiker Hans Reichenbach (1891-1953) bereits 1947 eingepasst. Er unterscheidet nicht nur zwischen Ereignis- und Sprechzeit, sondern führt explizit eine dritte Zeit, die *Referenzzeit*, ein. Damit sind weitere Unterscheidungen zwischen den Tempora möglich, da die Relationen zwischen Zeitpunkten vielfältiger werden. Wie bei den komplexen Tempora sichtbar geworden ist, muss ein Zeitpunkt angenommen werden, relativ zu dem das Ereignis stattfindet, über das berichtet wird. Genau dieser Zeitpunkt ist der Referenzzeitpunkt. Reichenbach nimmt nun an, dass dieser Referenzzeitpunkt bei allen Tempora vorhanden ist. Damit wird es möglich, die Bezüge zwischen den unterschiedlichen Zeitpunkten weiter zu explizieren. Wir haben also für alle Tempora eine Relation zwischen den drei Zeitpunkten in (36) zu spezifizieren:

(36) S = Sprechzeitpunkt
R = Referenzzeitpunkt
E = Ereigniszeitpunkt

Reichenbach hat die Tempora durch die unterschiedlichen Anordnungen dieser drei Zeitpunkte auf der Zeitachse beschrieben, wie dies die Tabelle in (37) zeigt:

(37)

Tempora	*Beispiele*	*Reichenbachs Zeitsystem*
Plusquamperfekt	Ich hatte gegessen.	E R S
Präteritum	Ich aß.	R,E S
Perfekt	Ich habe gegessen.	E S,R
Präsens	Ich esse.	S,R,E
Futur I	Ich werde essen.	S,R E
Futur II	Ich werde gegessen haben.	S E R

Die erste Spalte enthält die wesentlichen Tempora des Deutschen, zu denen in der zweiten Spalte jeweils ein Beispiel angegeben ist. Außer dem Präsens und dem Präteritum sind alle Tempora zusammengesetzt oder *periphrastisch*, da sie durch zwei oder mehr Verben gebildet werden, von denen eins finit und die anderen infinit sind. In der dritten Spalte befinden sich die Relationen zwischen den drei Zeitpunkten hinsichtlich ihrer Anordnung auf der Zeitachse. Daraus wird nun unmittelbar ersichtlich, dass und wie sich die Tempora jeweils voneinander unterscheiden.

Das Tempus *Plusquamperfekt* stellt einen Zeitbezug zwischen der Sprechzeit S und einer Ereigniszeit E in der Vergangenheit her. Zwischen diesen beiden Zeitpunkten liegt die Referenzzeit R. Wenn also in der Gegenwart gesagt wird: *Peter hatte gegessen (als der Blitz einschlug)*, so haben wir es mit zwei Ereignissen zu tun: 1) Peters Essen (Ereigniszeit) und 2) dem Blitzeinschlag (Referenzzeit). Der erste Satz wird im Plusquamperfekt ausgedrückt, der zweite im Präteritum. Der Gesamtsatz wird intuitiv so verstanden, dass Peters Essen bereits beendet war, als der Blitz einschlug, d.h. Peters Essen wird relativ zu dem Blitzeinschlag als vergangen interpretiert. Nun können wir den Nachsatz *als der Blitz einschlug* auch weglassen. Dies ändert aber nichts daran, dass Peters Essen zu einem bestimmten Zeitpunkt in der Vergangenheit bereits vorüber war. Nur wird dieser Zeitpunkt nicht mehr explizit benannt. Die temporale Deutung des Plusquamperfekts verfährt grundsätzlich so, dass der Zeitpunkt des ausgedrückten Ereignisses relativ zu dem in der Vergangenheit liegenden Referenzzeitpunkt ebenfalls in der Vergangenheit liegt. Referenz- und Ereigniszeit fallen also nicht zusammen. Anders beim *Präteritum* – hier werden Referenz- und Ereigniszeit in einem Punkt zusammengezogen. Diese Eigenschaft unterscheidet das Präteritum vom Plusquamperfekt. Vom Perfekt unterscheidet sich das *Präteritum* andererseits dadurch, dass bei ersterem die Sprech- und Referenzzeit in einem Punkt zusammenfallen. Bei beiden liegt die Ereigniszeit relativ zur Sprechzeit in der Vergangenheit. Im *Präsens* sind alle drei Zeiten in einem Punkt zusammengezogen. Das *Futur I* ist das Spiegelbild des Perfekts. Auch hier fallen Sprech- und Referenzzeit zusammen, die Ereigniszeit liegt jedoch in der Zukunft, während beim *Futur II* zunächst auf einen Referenzzeitpunkt in der Zukunft verwiesen wird, bezüglich dessen der Ereigniszeitpunkt in der Vergangenheit liegt. In dem Satz: *Ich werde gebeichtet haben (bevor der Hahn zum drittenmal kräht)* liegt die Referenzzeit R (das dritte Krähen des Hahns) in der Zukunft, und bezüglich dieser Zeit liegt das Ereignis des Beichtens in der Vergangenheit. Die Beichte liegt im Normalfall zwischen der Referenzzeit und der Sprechzeit, aber wir könnten natürlich fragen, ob die Beichte auch schon vor der Sprechzeit stattgefunden haben kann. Tatsächlich schließt die Wahrheitsbedingung für das Futur II diese Möglichkeit nicht aus, denn in dieser Situation wird der Satz ja nicht falsch. Wenn Peter bereits vor der Sprechzeit gebeichtet hat, der Hahn aber erst fünf Stunden nach der Sprechzeit kräht, dann ist Peters Äußerung wahr. Trotz dieser theoretischen Möglichkeit scheint die Verwendung des Futur II nahezulegen, dass die Ereigniszeit zwischen Sprech- und Referenzzeit liegt, da anderenfalls der Satz eine überinformative Mitteilung macht. Ein Ereignis, das vor der Sprechzeit stattgefunden hat, wird auch in der gesamten Zeit nach der Sprechzeit stattgefunden haben. Der Verweis auf einen zukünftigen Referenzzeitpunkt für ein bereits vergangenes Ereignis liefert daher mehr Information, als für die Mitteilung erforderlich ist. Dieses Mehr an Information lässt sich sehr genau angeben, denn es entspricht gerade dem Abstand zwischen S und R, der durch die Verwendung des Futur II eingeführt wird. Obwohl der Satz also nicht falsch ist, ist er doch konversationell unangemessen; der Effekt ist in diesem Sinne nicht semantischer, sondern pragmatischer Natur. Prinzipien und Maximen für konversationelle Angemessenheit wurden 1975 von Paul Grice formuliert. Diese besprechen wir aber nicht ausführlicher, sondern bemerken nur, dass nach Grice in unserem Fall ein Verstoß gegen die Maxime der Quantität vorliegt.

Mit Hilfe der explizit eingeführten Referenzzeit sind wir nun in der Lage, die Tempora zu unterscheiden, und wir haben die Möglichkeit, die temporalen Relationen zwischen einzelnen Zeitpunkten genauer zu untersuchen.

10.1.5. Temporale Deixis

Neben den oben genannten Verwendungsweisen der Tempora gibt es im Deutschen und auch in vielen anderen Sprachen die Möglichkeit, die einzelnen Tempora auch für andere zeitliche Bezüge auszunutzen. So erlaubt das Präsens außer dem Bezug zur unmittelbaren (Sprechzeit-) Gegenwart wie in (38)(i), auch Verwendungen, bei denen die Referenzzeit verschoben wird, wie beim *futurischen Präsens* in (38)(ii) bzw. dem *historischen Präsens* in (38)(iii):

(38) (i) Clara *steht* auf dem Dach.
(ii) (In drei Wochen) *bin* ich in Spanien.
(iii) (Zehn Jahre nach der Niederlage Karthagos) *zieht* Hannibal über die Alpen.

Mit Hilfe der eingeklammerten Zeitadverbiale in (38)(ii) und (38)(iii) ist es offenbar möglich, einen Gegenwartsbezug an einem anderen Zeitpunkt herzustellen. Dabei wird die Referenzzeit kontextabhängig entweder in die Zukunft oder in die Vergangenheit verschoben, je nach Zeitadverbial. Das Verhältnis zwischen Referenz- und Ereigniszeit bleibt in beiden Fällen jedoch identisch, denn der Gegenwartsbezug wird ja gerade durch das Zusammenliegen dieser beiden Zeitpunkte hergestellt. Die Graphiken in (39) verdeutlichen die Verschiebung der Referenzzeit beim Präsens. In (39)(i) wird in die Zukunft verschoben, in (39)(ii) hingegen in die Vergangenheit:

(39) (i)

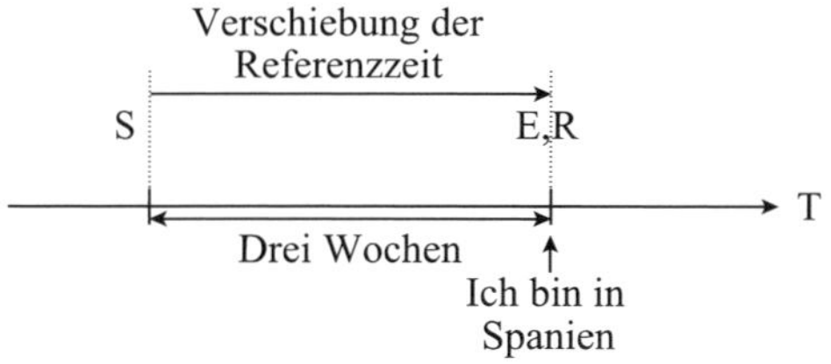

(ii)

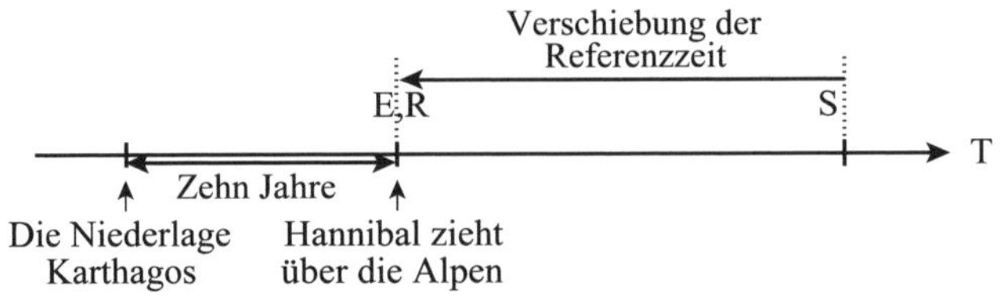

Die von Reichenbach vorgeschlagene Analyse des Präsens erfasst nur den regulären Fall, dass Referenz-, Ereignis- und Sprechzeit zusammenfallen. Bezieht man die beiden anderen Verwendungen mit ein, so zeigt sich, dass die Relation zwischen Ereignis- und Referenzzeit in allen Fällen identisch ist, denn diese beiden Zeitpunkte liegen stets zusammen. Die Variation zwischen den verschiedenen Verwendungsweisen des Präsens liegt in dem Verhältnis zwischen Sprech- und Referenzzeit, während die Gleichzeitigkeit zwischen Ereignis- und Referenzzeit invariant bleibt. Dies legt die Vermutung nahe, dass einerseits ein *intrinsischer* zeitlicher Bezug zwischen E und R, und andererseits ein *kontextuell* bestimmter Bezug zwischen S und R anzunehmen ist. Die intrinsische Zeitrelation zwischen R und E kann durch kontextuelle Information in die Zukunft oder in die Vergangenheit verschoben werden. Dieses Phänomen bezeichnet man auch als sprachliche *Deixis* (griech. deiktikós: hinweisend), ein Terminus, der von Bühler (1934) in die Sprachtheorie eingeführt wurde. Deiktische Phänomene treten in natürlichen Sprachen nicht nur bei temporalen Relationen auf, sondern immer dann, wenn die Bedeutung von Ausdrücken nicht unabhängig von den Umständen ihrer Verwendung ermittelt werden kann. Insbesondere zeigen sich diese Phänomene bei sprachlichen Zeichen wie *Ich*, *Du*, *hier*, *da*, *jetzt*, *sonst* usw., da sich ihre Interpretation stets auf einen Ausgangspunkt (die *Origo*) bezieht, von dem aus sie interpretiert werden. Wenn Peter von Köln aus mit seiner Tante in Amerika telefoniert und beide sagen *Hier ist das Wetter schön*, so bezeichnet *hier* jeweils unterschiedliche Orte, denn beide Sprecher wählen den eigenen Standort als Ausgangspunkt ihrer Äußerungen.

Wie wir soeben festgestellt haben, scheint auch in der Struktur der Tempora eine Komponente aufzutreten, die abhängig vom Kontext und den Umständen deiktisch interpretiert werden muss. Dieser Sachverhalt wurde von Veronika Ehrich (1992) analysiert und zu dem allgemeinen Interpretationsschema für Tempora in (40) zusammengefasst. Ein Tempus gliedert sich demnach in zwei Komponenten: die invariante *intrinsische Bedeutung* und die *kontextuelle Bedeutung*. Aus diesen beiden Komponenten lässt sich die *deiktische Interpretation* ableiten:

(40)

Intrinsische Bedeutung	E...R
Kontextuelle Bedeutung	R...S
Deiktische Interpretation	E...S

Wendet man das allgemeine Schema auf die Interpretation des Präsens an, so lassen sich seine verschiedenen Verwendungsweisen so analysieren, wie die Tabelle in (41) zeigt; die zur Verfügung stehenden Interpretationsmöglichkeiten ergeben sich in der unteren Zeile für die deiktische Interpretation:

(41)

PRÄSENS:	einfach	historisch	futurisch
Intrinsische Bedeutung	E,R	E,R	E,R
kontextuelle Bedeutung	S,R	R < S	S < R
deiktische Interpretation	E,R,S	E,R < S	S < E,R

Ganz ähnlich lassen sich die Verwendungsweisen des *Perfekts* analysieren. Nach Reichenbach fallen S und R in der Standardverwendung zusammen, während E in der Vergangenheit liegt. Aber auch das Perfekt erlaubt eine deiktische Verschiebung, sowohl in die Vergangenheit als auch in die Zukunft. Die Verwendung in (42)(ii) bezeichnet man als *doppeltes Perfekt*, die in (42)(iii) als *futurisches Perfekt*:

(42) (i) Clara hat den Kuchen gebacken.
(ii) Maria hat das Buch (schon) gelesen gehabt.
(iii) Peter hat die Aufgaben (bald) gelöst.

In (42)(ii) wird ein Zeitbezug ausgedrückt, bei dem die Ereigniszeit E vor der Referenzzeit R liegt, die wiederum vor der Sprechzeit S liegt. Dies entspricht der Standardinterpretation des Plusquamperfekts. In (42)(iii) liegen R und E relativ zur Sprechzeit in der Zukunft, wobei die Ereigniszeit der Referenzzeit vorausgeht. Die Verwendungsweisen lassen sich in der folgenden Tabelle zusammenfassen, der wir in Analogie zum Präsens entnehmen, dass der Bezug zwischen E und R stets invariant bleibt, während die kontextuell bestimmbare Komponente deiktische Verschiebung in die Vergangenheit bzw. in die Zukunft erlaubt:

(43)

PERFEKT:	einfach	doppelt	futurisch
Intrinsische Bedeutung	E < R	E < R	E < R
kontextuelle Bedeutung	S,R	R < S	S < R
deiktische Interpretation	E < S,R	E < R < S	S < E < R

Wie die deiktische Interpretation in der unteren Zeile zeigt, ist die Anordnung der Zeitpunkte beim doppelten Perfekt identisch mit der Standardinterpretation des Plusquamperfekts, und die deiktische Interpretation des futurischen Perfekts ist identisch mit der Standardinterpretation des Futur II.

Ein weiteres Beispiel für die obige Analyse liefert ein sprachhistorisches Phänomen im Deutschen, welches als *Präteritumschwund* in der gesprochenen Sprache bezeichnet wird. Wie der aufmerksame Hörer festgestellt haben wird, treten die Präteritum-Formen im gesprochenen Deutsch fast nicht mehr auf, statt dessen wird das Perfekt verwendet. Zwar begründet die folgende Tabelle nicht, warum ein Präteritumschwund stattfindet, aber die Zeile für die deiktische Interpretation erklärt doch, dass beide Tempora in vielen (aber keineswegs in allen) Fällen austauschbar sind:

(44)

	Präteritum	Perfekt
Intrinsische Bedeutung	E,R	E < R
kontextuelle Bedeutung	R < S	R,S
deiktische Interpretation	E < S	E < S

Betrachtet man nun die intrinsischen Bedeutungen dieser beiden Tempora, so sollten sich aus deren Unterschiedlichkeit auch Unterschiedlichkeiten in den Verwendungsbedingungen ableiten lassen. Dies ist in der Tat möglich. Das Zusammenfallen von E und R beim Präteritum erlaubt keine Interpretation als vollendete Zukunft. Für das Perfekt dagegen lassen sich durch geeignete kontextuelle Bedingungen entsprechende Lesarten erzwingen, und wir sollten erwarten, dass in diesen Kontexten das Präteritum nicht verwendet werden kann. Genau dies trifft zu, wie die Sätze in (45) zeigen:

(45) (i) Sobald Peter angerufen hat, gehen wir ins Schwimmbad.
(ii) *Sobald Peter anrief, gehen wir ins Schwimmbad.
(iii) Hilf' mir, bis wir aufgeräumt haben.
(iv) *Hilf' mir, bis wir aufräumten.

Umgekehrt sollten wir natürlich auch Verwendungen des Präteritums finden können, in denen das Perfekt zu ungrammatischen Ergebnissen führt. Man beachte diesbezüglich, dass die intrinsische Bedeutung des Perfekts verlangt, dass E vor R liegt. Wenn man sich also in der Vergangenheit auf einen späteren Zeitpunkt bezieht, so sollte das Perfekt nicht möglich sein, da dann E nicht mehr vor R liegt, wohl aber das Präteritum, welches intrinsisch eine Gleichzeitigkeit von E und R zulässt. Wir müssen Kontexte suchen, die eine Situation beschreiben, in der E nicht vor R liegen kann, so dass eine kontextuelle Verschiebung unmöglich wird, und die Zeitstruktur des Rahmensatzes mit der intrinsischen Bedeutung des Perfekts kollidiert. Die folgenden Sätze sind gerade so konstruiert, dass das Ereignis, welches der Vordersatz ausdrückt in der Vergangenheit liegt, und dass diese Zeit die Referenzzeit für den Nachsatz formuliert:

(46) (i) Peter suchte das Buch, bis er es fand.
(ii) *Peter suchte das Buch, bis er es gefunden hat.
(iii) Clara lernte Vokabeln und Grammatik, bis sie Französisch konnte.
(iv) *Clara lernte Vokabeln und Grammatik, bis sie Französisch gekonnt hat.

Die Ungrammatikalität der Sätze mit Perfekt-Nachsatz in (46)(ii) und (46)(iv) zeigt, dass die intrinsische Bedeutung des Perfekts tatsächlich nicht rekonstruiert werden kann. Damit wollen wir die Betrachtungen zur Zeitdeixis abschließen und uns wieder den Tempus-Operatoren und ihrer Interaktion mit anderen Operatoren zuwenden.

10.1.6. Interaktion zwischen Zeit-Operatoren und Negation

Da die Regeln zur Erzeugung syntaktisch wohlgeformter Ausdrücke in beliebiger Reihenfolge angewendet werden dürfen, besteht bei der Bildung von Formeln die Möglichkeit, zunächst die Negation auf eine Formel anzuwenden und in einem zweiten Schritt einen Zeitoperator oder umgekehrt. Wie wir bereits mehrfach gesehen haben, führt dies zu unterschiedlichen Interpretationen. Betrachten wir dazu die Sätze in (47):

(47) (i) Peter schläft.
schlafen'(Peter')
(ii) Peter schläft nicht.
¬(schlafen'(Peter'))

Es ist nicht der Fall, dass Peter schläft.

(iii) Peter schlief.

P[schlafen'(Peter')]

Es gibt eine Zeit in der Vergangenheit, zu der Peter schläft.

Wenn wir auf die Formel in (47)(i) die Negation anwenden, so erhalten wir die Formel in (47)(ii) für den Satz *Peter schläft nicht*. Wenden wir auf (47)(i) den Vergangenheits-Operator **P** an wie in (47)(iii), erhalten wir die Übersetzung des Satzes *Peter schlief*. Möchten wir nun, dass gleichzeitig sowohl der Operator **P** als auch die Negation wirksam werden, kann eben dies in unterschiedlicher Reihenfolge geschehen, so dass sich die beiden Formeln in (48) ergeben. Wie die zugehörigen Sätze und Paraphrasen deutlich machen, haben die beiden Formeln unterschiedliche Interpretationen:

(48) (i) Peter schlief nicht.

P[¬(schlafen'(Peter'))]

Es gibt eine Zeit in der Vergangenheit, zu der Peter nicht schläft.

(ii) Peter schlief nie.

¬(**P**[schlafen'(Peter')])

Es ist nicht der Fall, dass es eine Zeit in der Vergangenheit gibt, zu der Peter schläft.

Wenden wir zuerst die Negation an und dann den Operator **P** wie in (48)(i), so negieren wir zunächst, dass Peter schläft. Die Anwendung von **P** führt dann zu der Interpretation, dass es in der Vergangenheit einen Zeitpunkt gibt, an dem Peter nicht schläft. Wenden wir hingegen zuerst den Operator **P** und dann die Negation an, so erhalten wir die Deutung, dass es keinen Zeitpunkt in der Vergangenheit gibt, zu dem Peter schläft. Im ersten Fall hat der Operator **P** Skopus über die Negation und im zweiten Fall hat die Negation Skopus über den Operator **P**. Wir sehen, dass auch bei den Zeit-Operatoren *Skopusambiguitäten* mit der Negation auftreten können, je nach der Reihenfolge ihrer Anwendung.

Betrachten wir die entsprechende Ambiguität, die sich im Zusammenspiel mit dem Zukunfts-Operator **F** ergibt:

(49) (i) Peter wird nicht schlafen.

F[¬(schlafen'(Peter'))]

Es gibt eine Zeit in der Zukunft, zu der Peter nicht schläft.

(ii) Peter wird nie schlafen.

¬(**F**[schlafen'(Peter')])

Es ist nicht der Fall, dass es eine Zeit in der Zukunft gibt, zu der Peter schläft.

Wenn die Negation im Skopus von **F** liegt wie in (49)(i), so erhalten wir die Interpretation, dass Peter irgendwann einmal nicht schlafen wird. Liegt hingegen der Operator **F** im Skopus der Negation, so besagt dies, dass Peter nie schlafen wird. Letztere lässt sich auch mit Hilfe des Allquantors paraphrasieren, insofern nämlich für alle Zeitpunkte in der Zukunft gilt, dass Peter nicht schläft. Wir sehen, dass auch bei der Verwendung der Zeit-Operatoren gilt, dass die beiden Quantoren ∃ und ∀ mit Hilfe der Negation einander ausdrücken können. Diese duale Beziehung zeigen die beiden Sätze in (50), bei denen die Negation sowohl innen als auch außen angewendet wird:

(50) (i) Peter wird immer schlafen.
¬(**F**[¬(schlafen'(Peter')])
Es gibt keine Zeit t in der Zukunft, so dass Peter zu t nicht schläft.
(ii) Peter hat immer geschlafen.
¬(**P**[¬(schlafen'(Peter')])
Es gibt keine Zeit t in der Vergangenheit, so dass Peter zu t nicht schläft.

In beiden Fällen erhalten wir durch die duale Negation des impliziten Existenzquantors über Zeitpunkte eine Allquantifikation über Zeitpunkte, und wir könnten nun zwei Operatoren – nennen wir sie **G** und **H** – gerade so definieren, dass sie allquantifizierende Eigenschaften haben. Der Operator **G** quantifiziert über alle Zeitpunkte in der Zukunft und der Operator **H** über alle Zeitpunkte in der Vergangenheit:

(51) (i) $\mathbf{G}\varphi := \neg\mathbf{F}\neg\varphi$
Es wird immer so sein, dass φ.
= Es gibt keine Zeit in der Zukunft, so dass nicht φ.
(ii) $\mathbf{H}\varphi := \neg\mathbf{P}\neg\varphi$
Es war immer so, dass φ.
= Es gibt keine Zeit in der Vergangenheit, so dass nicht φ

Mit Hilfe dieser beiden neuen Operatoren können wir ein zweites Mal Dualitätsdiagramme konstruieren, in denen die Beziehungen der äußeren, inneren und dualen Negation gelten, geradeso wie wir es bei der Betrachtung der Quantoren ∃ und ∀ schon kennengelernt haben. Diese Beziehungen basieren auf der impliziten Existenzquantifikation in den semantischen Regeln für die Zeit-Operatoren:

(52) (i) (ii)

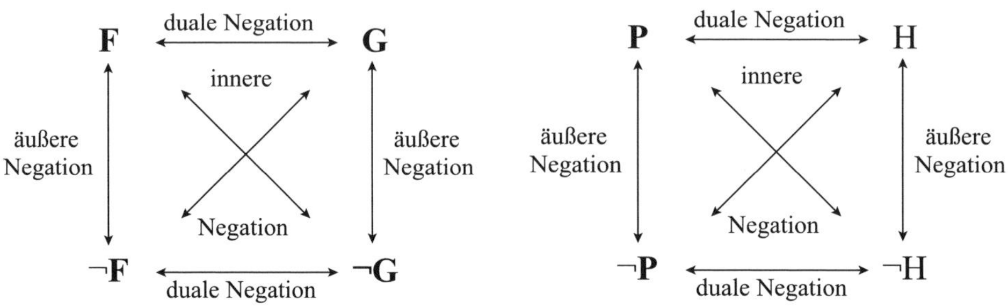

Die Pfeile können erneut als Äquivalenzen gelesen werden, wobei bei den vertikalen Pfeilen äußere Negation und bei den horizontalen Pfeilen eine duale (d.h. sowohl innere als auch äußere) Negation angewendet wird. Die Richtungen der sich kreuzenden Pfeile in dem Diagramm bedeuten nur innere Negation. Wir lesen die Äquivalenzen in der uns bereits bekannten Weise: Man startet bei irgendeinem Eckpunkt, der die linke Seite der Äquivalenz bildet, geht entlang irgendeines Pfeils zu einem anderen Eckpunkt, der die rechte Seite der Äquivalenz bildet, und führt die an dem Pfeil notierte Art der Negation am Zieleckpunkt aus. Dies führt zu den Äquivalenzen in (53), die wir aber nicht mehr im Detail erörtern wollen, denn die einführenden Bemerkungen und das Dualitätsdiagramm im Kapitel über die Prädikatenlogik dürften die verschiedenen Deutungen hinreichend klar gemacht haben:

(53) (i)

$$\mathbf{F}\varphi \equiv \neg\mathbf{G}\neg\varphi$$
$$\neg\mathbf{F}\varphi \equiv \mathbf{G}\neg\varphi$$
$$\mathbf{G}\varphi \equiv \neg\mathbf{F}\neg\varphi$$
$$\neg\mathbf{G}\varphi \equiv \mathbf{F}\neg\varphi$$

(ii)

$$\mathbf{P} \equiv \neg\mathbf{H}\neg\varphi$$
$$\neg\mathbf{P} \equiv \mathbf{H}\neg\varphi$$
$$\mathbf{H} \equiv \neg\mathbf{P}\neg\varphi$$
$$\neg\mathbf{H} \equiv \mathbf{P}\neg\varphi$$

Ganz ähnlich zu den Ambiguitäten, die sich bei der Verwendung der Negation mit dem (impliziten) Existenz- bzw. Allquantor ergeben, rechnen wir nun natürlich auch mit Ambiguitäten zwischen diesen impliziten Quantoren und Quantoren-Phrasen.

10.1.7. Skopusambiguitäten zwischen Zeit-Operatoren und Quantoren

Da auch die Reihenfolge der Anwendung von Zeit-Operatoren bzw. Quantoren auf eine Formel φ beliebig ist, sind theoretisch alle Konstellationen des Vor- bzw. Nacheinander möglich. Die Formeln in (54) enthalten jeweils zwei Existenzquantoren, so dass wir keine Ambiguität erwarten:

(54) (i) Irgendjemand wird irgendwann schlafen.
$\exists x[\mathbf{F}[\text{schlafen}'(x)]]$
Es gibt ein x, so dass in der Zukunft ein Zeitpunkt t existiert, so dass gilt, dass x zu t schläft.
(ii) Irgendwann wird irgendjemand schlafen.
$\mathbf{F}[\exists x[\text{schlafen}'(x)]]$
Es gibt in der Zukunft einen Zeitpunkt t, so dass es irgendein x gibt, das schläft.

Die Formeln (54)(i) und (54)(ii) sind äquivalent. Wie wir bereits aus den Gesetzen über die Quantoren-Reihenfolge wissen, können zwei Existenzquantoren vertauscht werden, ohne dass sich der Wahrheitswert der gesamten Formel ändert. Und da sich in den Zeit-Operatoren ein Existenzquantor über Zeitpunkte verbirgt, ist die Äquivalenz somit nicht weiter verwunderlich. Genau der gleiche Sachverhalt gilt für Formeln mit zwei Allquantoren:

(55) (i) Alle werden immer schlafen.
$\forall x[\mathbf{G}[\text{schlafen}'(x)]]$
Für alle x wird zu jedem Zeitpunkt t in der Zukunft gelten, dass x schläft.
(ii) Es wird immer so sein, dass alle schlafen.
$\mathbf{G}[\forall x[\text{schlafen}'(x)]]$
Für alle Zeitpunkte t in der Zukunft gilt für alle x, dass x schläft.

Tatsächlich müssen auch diese beiden Sätze in der gleichen Weise gedeutet werden, obwohl sie an der Oberfläche ganz unterschiedlich aussehen. Im Satz (55)(i) steht der Quantor *Alle* am Satzanfang, und das allquantifizierende Adverbial *immer* befindet sich in dessen Skopus, während im Satz (55)(ii) die Verhältnisse genau umgekehrt liegen. Dennoch formuliert (55) eine Äquivalenz.

Die interessanten Fälle, bei denen Skopusambiguitäten auftreten, finden wir nur dann, wenn ein Existenzquantor mit einem Allquantor auftritt. Da **G** und **H** jeweils über *alle* Zeitpunkte in der Zukunft bzw. der Vergangenheit quantifizieren, erwarten wir also Ambiguitäten, wenn wir diese mit einem Existenzquantor kombinieren. Betrachten wir dazu das Beispiel in (56) mit den beiden Lesarten in (56)(i) und (56)(ii):

(56) Eine(r) wird immer schlafen.
(i) Es gibt ein x, so dass in der Zukunft stets gilt, dass x schläft.
$\exists x[\mathbf{G}[\text{schlafen}'(x)]]$
(ii) Es wird immer so sein, dass es ein x gibt, so dass x schläft.
$\mathbf{G}[\exists x[\text{schlafen}'(x)]]$

In (56)(i) hat der Existenzquantor $\exists$ Skopus über den Zeitquantor **G**, d.h. dass es ein bestimmtes Individuum gibt, welches immer schläft. In (56)(ii) sind die Skopusverhältnisse umgekehrt, d.h. der Zeit-Operator **G** hat Skopus über den Existenzquantor $\exists$. In diesem Fall schläft zu jedem Zeitpunkt in der Zukunft irgendein Individuum. Wir sehen, dass die erwartete Ambiguität tatsächlich auftritt.

In den beiden folgenden Beispielen verwenden wir den Zeit-Operator **F**, der über die Menge der zukünftigen Zeitpunkte existenzquantifiziert, und kombinieren ihn mit dem Allquantor. Erneut erwarten wir eine Skopusambiguität:

(57) Alle werden (einmal) schlafen.
 (i) ∀x[**F**[schlafen'(x)]]
 Für alle x gibt es einen Zeitpunkt t in der Zukunft, so dass x schläft.
 (ii) **F**[∀x[schlafen'(x)]]
 Es gibt einen Zeitpunkt t in der Zukunft, so dass für alle x gilt, dass x schläft.

Im Beispiel (57)(i) hat der Allquantor weiten Skopus, was besagt, dass es für jedes Individuum irgendeinen Zeitpunkt gibt, zu dem dieses Individuum schläft. Im Beispiel (57)(ii) nimmt in Opposition dazu der implizite Existenzquantor weiten Skopus, und wir gelangen zu der Deutung, dass es einen zukünftigen Zeitpunkt gibt, an dem alle schlafen. Wiederum sehen wir, dass die erwartete Ambiguität auftritt.

Bei der Einführung der Zeit-Operatoren haben wir nicht besonders betont, dass sie eine Formel in ihrem Skopus haben. Dies hat aber bestimmte Konsequenzen, wenn wir die Tempora mit Hilfe der Zeit-Operatoren analysieren, denn dann können die Tempora als *Satzoperatoren* aufgefasst werden, die in ganz systematischer Weise an Operatoren-Interaktionen beteiligt sind. Dass solche Interaktionen stattfinden, haben wir soeben beobachten können. Bei natürlich-sprachlichen Sätzen sehen wir die daraus resultierenden Skopusunterschiede i.d.R. nicht an der Oberfläche der Sätze. Wir können aber aufgrund unserer Sprachkompetenz bewerten, welche Situationen ein ambiger Satz zutreffend beschreibt, d.h. wir verstehen die unterschiedlichen Bedeutungen. Wenn wir nun zu einem Satz mit einem Quantor und einem Zeit-Operator feststellen, dass zwei verschiedene Interpretationen möglich sind, und wenn wir diese Interpretationen durch Interaktion von Operatoren beschreiben können, so haben wir einen guten Grund zu der Annahme, dass die Tempusspezifikation von Sätzen tatsächlich einer Operatorstruktur entspricht. Betrachten wir dazu den Satz in (58):

(58) Jeder Hund hatte Flöhe.

Dieser Satz kann erstens so gedeutet werden, dass zu jedem einzelnen Hund eine für diesen Hund eigene Zeit existiert, so dass jeder Hund zu der für ihn spezifischen Zeit Flöhe hatte. Er kann aber zweitens so gedeutet werden, dass es eine ganz bestimmte Zeit in der Vergangenheit gibt, (etwa den Dreißigjährigen Krieg), so dass zu dieser Zeit jeder Hund Flöhe hatte. Wir finden hier also eine ähnliche Skopusambiguität wie in den Beispielen (57)(i) und (57)(ii) (hier allerdings mit dem Vergangenheits-Operator **P**), obwohl oberflächlich nur ein Satz vorliegt. Die beiden Deutungen, die der Satz zulässt, lassen sich durch die prädikatenlogischen Formeln klar separieren, sind an der Satz-Oberfläche aber nicht sichtbar.

10.2. Zeitintervall-Semantik

Im vorhergehenden Abschnitt haben wir eine Interpretation der Tempora angegeben, die von Zeit*punkten* Gebrauch macht. Zu einem bestimmten Zeitpunkt lässt sich damit bewerten, ob etwa der Satz *Peter schläft* zu diesem Zeitpunkt wahr ist. Die Punktualität entspricht im Grunde nicht dem Schlaf-Ereignis, das stets über einen längeren Zeitraum ausgedehnt ist. Will man die Bedeutung von *schlafen* ermitteln, so ist eine Theorie, deren wesentliche Ingredienzien Zeit*punkte* sind, nicht unbedingt angemessen. Es lässt sich zwar argumentieren, dass eine zeitliche Ausdehnung als eine Menge von Zeitpunkten aufgefasst werden kann, doch stellt sich trotz allem die Frage, mit welcher Grundeinheit zeitliche Verläufe vielleicht angemessener dargestellt werden könnten. Wir stoßen damit auf die Frage, ob ein Zeit*punkt* oder ein Zeit*intervall* die grundlegende Einheit ist, mit der temporale Bezüge zu deuten sind. Wenn wir das Konzept des Zeitpunktes zugrunde legen, müssen wir zeitliche Ausdehnungen als Mengen von Zeitpunkten zusätzlich definieren; wenn wir das Konzept des Zeitintervalls zugrunde legen, so müssen wir einen Zeitpunkt als ausdehnungsloses Intervall bestimmen. Nun scheint es offensichtlich, dass Ereignisse, Situationen und Zustände stets eine zeitliche Ausdehnung haben, auch wenn diese bei Verben wie *knallen*, *explodieren*, *blitzen* usw. ziemlich kurz ist. Demgegenüber lässt sich die temporale Deutung von Verben wie *rennen*, *wandern*, *malen*, *tanzen* usw. nur unter Verwendung längerer Zeiträume angemessen beschreiben. Denn *tanzen* geschieht nicht an einem Zeitpunkt, sondern an einer ganzen Reihe von Zeitpunkten, die zusammengehören, d.h. ein *Intervall* bilden. Wenn wir uns vorstellen, dass wir einen Film von einem tanzenden Menschen betrachten, so sagen wir nur dann, dass dieser Mensch tanzt, wenn wir eine ganze Sequenz von Bildern betrachten. Wenn wir hingegen das Standbild eingeschaltet haben und damit das Tanzen dieses Menschen zu *einem* Zeitpunkt betrachten, so sehen wir nur eine ganz bestimmte Körperhaltung, zu der wir aber nicht sagen würden, dass der in Frage stehende Mensch tanzt, sondern bestenfalls, dass er eine merkwürdige Körperhaltung eingenommen hat, bei der wir ihn gerade fotografiert haben. Diese Überlegung lässt sich leicht auf alle Verben ausdehnen, die Tätigkeiten, Zustände oder Prozesse bezeichnen.

Ein weiterer Grund für die Annahme von Zeitintervallen als grundlegende Einheiten ist die Existenz von *durativen Zeitadverbialen* wie *drei Tage lang*, *seit vier Wochen* usw., deren wesentliches Merkmal es gerade ist, eine zusammenhängende Zeitspanne zu charakterisieren:

(1) (i) Drei Tage lang lebte er von Wasser und Brot.
(ii) Seit mehreren Wochen atmet er ziemlich flach.

Betrachtet man weiterhin einen Satz wie (2), so lässt sich feststellen, dass seine Wahrheit an einem bestimmten Zeitpunkt t überhaupt nicht bestimmbar ist, denn an jedem Zeitpunkt t hat der Kuchen eine ganz bestimmte Temperatur, so dass der Prozess des Abkühlens überhaupt nie beschrieben wird:

(2) Der Kuchen kühlte ab.

Um das sukzessive Absinken der Temperatur zu erfassen, benötigt man ein Zeitintervall, in dem sich der Prozess vollzieht, so dass zwischen aufeinanderfolgenden Zeitpunkten stets eine Temperaturabsenkung festgestellt werden kann. An dem Zeitpunkt t allein lässt sich nicht sagen, ob der Kuchen abkühlt, sich erwärmt oder eine konstante Temperatur hat. Was zu einer richtigen Darstellung der Verhältnisse gehört, ist eine Menge von Zeitpunkten, relativ zu denen wir Temperaturunterschiede feststellen können. Es scheint daher angemessener, als Grundeinheiten *Zeitintervalle* anstelle von *Zeitpunkten* zu verwenden. Aus diesem Grund wollen wir eine Organisation der Zeitachse vornehmen, die die einfache Anordnung von Zeitpunkten als Vorgängerrelation erweitert und die es erlaubt, aufeinanderfolgende Zeitpunkte zu Mengen zusammenzufassen. Mit verschiedenen leichten Erweiterungen lassen sich die semantischen Regeln, die wir bisher für die Zeit-Operatoren formuliert haben, auch auf Zeitintervalle übertragen.

10.2.1. Zeitintervalle

Wir wollen zunächst klären, was ein Zeitintervall ist und wie es aufgebaut und strukturiert sein soll. Wir nennen die Menge aller Zeitpunkte *T* und definieren ein Zeitintervall i als Teilmenge von T wie in (3):

(3) Zeitintervall:
Eine Teilmenge i von T heißt ein Intervall, gdw. für zwei beliebige Punkte t_1 und t_2 auch alle zwischen t_1 und t_2 liegenden Punkte aus i sind.
Seien $t_1,t_2 \in i$. Dann gilt für alle t mit $t_1 < t < t_2$: $t \in i$.

Die Definition besagt, dass zu zwei beliebigen Punkten $t_1,t_2 \in i$ auch die Verbindungsstrecke zwischen t_1 und t_2 in i liegt. Der wesentliche Unterschied zwischen einer beliebigen Teilmenge von T und einem Intervall besteht darin, dass ein Intervall zusammenhängend ist, d.h. dass das Intervall keine Lücken hat. Es gilt ja, dass zu zwei beliebigen Punkten des Intervalls auch die Verbindungslinie im Intervall enthalten ist. Dies ist in der graphischen Darstellung in (4)(i) der Fall, in (4)(ii) hingegen nicht, da die Verbindungslinie zwischen den eckigen Klammern unterbrochen ist:

(4) (i) Intervall:

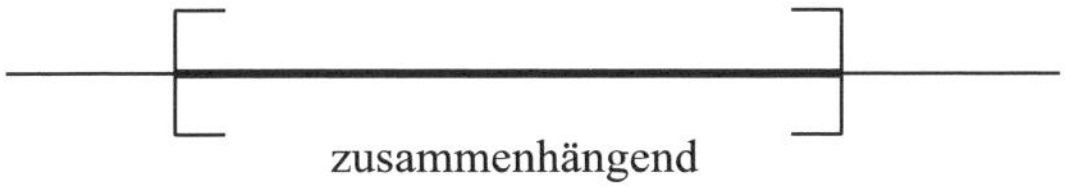

(ii) kein Intervall:

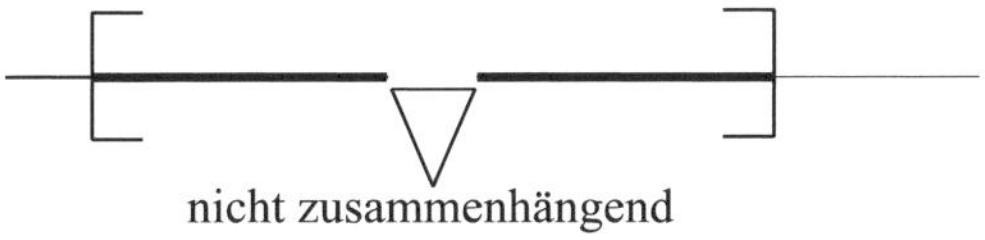

Jedes Intervall hat genau zwei Randpunkte, und wir definieren in (5), was ein Randpunkt ist:

(5) Randpunkt:
Sei $i \subseteq T$ ein Intervall von T. Dann heißt t_R ein Randpunkt von i, gdw. in jeder beliebig kleinen Umgebung von t_R sowohl Punkte von i als auch Punkte vom Komplement von i liegen.

Die Definition besagt, dass es nur genau zwei Punkte geben kann, die die Randpunkte eines Intervalls darstellen. Stellt man sich nämlich vor, dass man die Schlinge eines sehr feinen Fadens um einen beliebigen Punkt aus dem Inneren eines Intervalls legt, so mag es zunächst sein – wenn die Schlinge noch sehr groß ist –, dass sowohl Punkte von i als auch Punkte des Komplements von i in ihr enthalten sind. Zieht man die Schlinge nun enger (bzw. verkleinert man die Umgebung), so zeigt sich, dass für innere Punkte von i irgendwann keine Punkte des Komplements von i mehr in der Schlinge (bzw. der Umgebung) liegen. Die Bedingung in (5) erfüllen nur die beiden Randpunkte, da nur bei diesen in jeder beliebig kleinen Umgebung stets Punkte des Intervalls *und* des Komplements vom Intervall liegen. Dabei ist zu beachten, dass ein Randpunkt nicht unbedingt zum Intervall gehören muss. Die Definition sagt lediglich, dass der Randpunkt (unendlich) nahe am Intervall liegt, und um diese Bedingung zu erfüllen, kann er entweder zum Intervall gehören oder auch nicht.

Ein linker Randpunkt t_{lR} ist derjenige Randpunkt, für den gilt, dass alle Punkte $t \in i$ rechts von t_{lR} liegen, und beim rechten Randpunkt t_{rR} müssen alle Punkte $t \in i$ links von t_{rR} liegen:

(6) (i) linker Randpunkt:
Sei $i \subseteq T$ eine Teilmenge von T. Dann heißt t_{lR} linker Randpunkt von i, gdw.
a. t_{lR} ein Randpunkt ist, und
b. $\forall t \in i: t_{lR} < t$

(ii) rechter Randpunkt:
Sei $i \subseteq T$ eine Teilmenge von T. Dann heißt t_{rR} rechter Randpunkt von i, gdw.
a. t_{rR} ein Randpunkt ist, und
b. $\forall t \in i: t < t_{rR}$

Da Randpunkte nicht notwendigerweise zu dem Intervall gehören, wollen wir vier Klassen von Intervallen hinsichtlich ihrer Randpunkt-Eigenschaften unterscheiden:

(7) Offene, geschlossene und halboffene Intervalle:
Sei $i \subseteq T$ ein Intervall mit den Randpunkten t und t', dann nennt man:

(i) $(t,t') = \{x \mid x \in T, t < x < t'\}$ ein *offenes Intervall*

(ii) $[t,t'] = \{x \mid x \in T, t < x < t', t,t' \in i\}$ ein *abgeschlossenes Intervall*

(iii) $[t,t') = \{x \mid x \in T, t < x < t', t \in i\}$ ein *rechtsseitig halboffenes Intervall*

(iv) $(t,t'] = \{x \mid x \in T, t < x < t', t' \in i\}$ ein *linksseitig halboffenes Intervall*

mit den Randpunkten t und t'.

Gehört also ein linker bzw. rechter Randpunkt mit zum Intervall, so ist dieses Intervall links bzw. rechts geschlossen. Der Abstand t'- t zwischen zwei Randpunkten t und t' heißt *Intervallänge*. Da die Zeit dicht ist, liegen in einem Intervall mit verschiedenen Randpunkten stets unendlich viele andere Zeitpunkte. Ein abgeschlossenes Intervall, bei dem linker und rechter Randpunkt identisch sind, ist ein Intervall der Länge 0. Ein Intervall der Länge 0 entspricht einem *Zeitpunkt*.

Wir hatten auf der Zeitachse die Vorgängerrelation '<' für Zeitpunkte definiert. Derzufolge lässt sich für zwei verschiedene Zeitpunkte t_1 und t_2 stets angeben, ob $t_1 < t_2$ oder $t_2 < t_1$ liegt. Für zwei temporale Intervalle i und j können wir in bestimmten Situationen zwar auch angeben, ob $i < j$ oder $j < i$ kommt, es sind aber weitere Anordnungen möglich. So können sich Intervalle überlappen oder einander enthalten, wie die Beispiele in (8)(i) zeigen:

(8) (i) Überlappung: Maria arbeitete und bekam gute Laune.

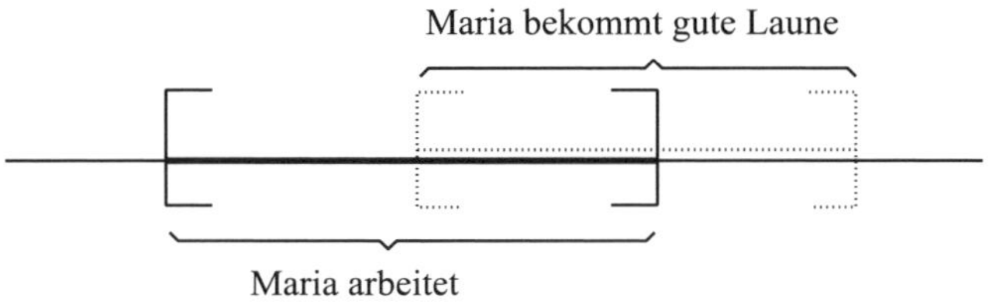

(ii) Enthaltensein: Während Paul die Suppe isst, hustet Maria.

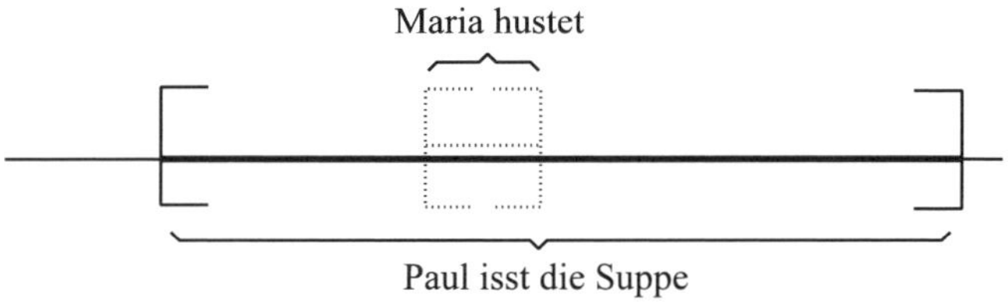

Diese Anordnungsrelationen lassen sich mittels mengentheoretischer Begriffe in der folgenden Weise definieren:

(9) Wenn i und j temporale Intervalle sind, so ist:
  (i) i von j *überlappt* ($i \circ j$), gdw. $i \cap j \neq \varnothing$
  (ii) i in j *enthalten* ($i \subseteq j$), gdw. $i \cap j = i$
  (iii) i vor j *(Präzedenz)* ($i < j$), gdw. für alle $t \in i$ und für alle $t' \in j$ gilt: $t < t'$.

Neben solchen Relationen zwischen Intervallen benötigen wir ein Konzept für die Beziehung zwischen Teilintervallen und Randpunkten. Betrachten wir etwa einen Satz wie (10), so stellen wir fest, dass er, wenn er in einem Intervall i wahr ist, auch in jedem Teilintervall von i wahr ist:

(10) Die Tür ist offen.

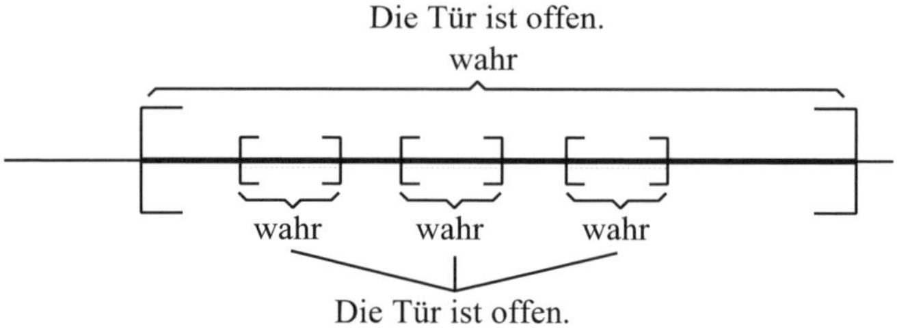

Dies gilt für den Satz (11) nicht. Das Ereignis, das dieser Satz beschreibt, hat nämlich einen Endpunkt, für den gilt, dass die Tür geschlossen ist, und nur in denjenigen Teil-Intervallen, in denen der rechte Randpunkt enthalten ist, ist der Satz (11) wahr. Dies ist für alle Teil-Intervalle der Fall, die die Graphik in (11)(i) zeigt, nicht aber für das Teil-Intervall in der Graphik (11)(ii):

(11) Peter schließt die Tür.

(i)

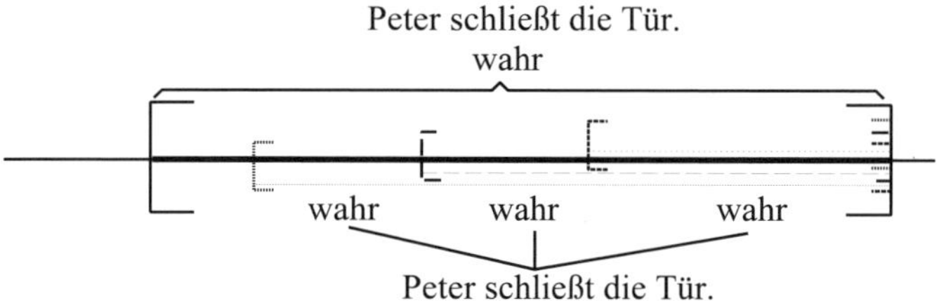

(ii)

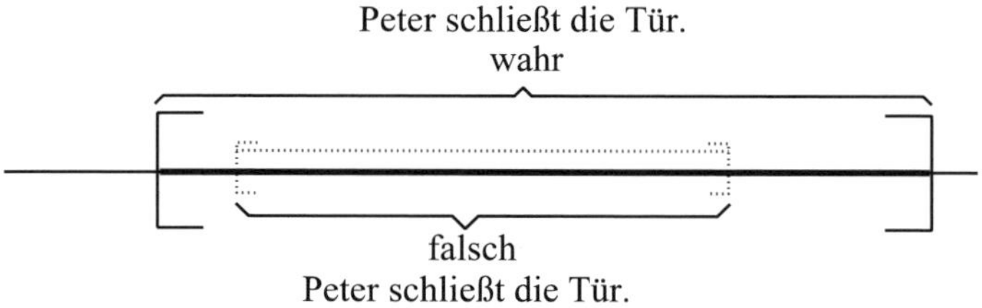

Während der Satz (10) in jedem Teilintervall wahr ist, gilt dies für den Satz (11) nur für solche Teilintervalle, die den rechten Randpunkt einschließen. Ähnliches lässt sich für den linken Randpunkt feststellen, wenn wir *schließen* durch *öffnen* ersetzen.

Wir wollen daher sagen, dass Teilintervall i' $\subseteq$ i ein *finales* Teilintervall von i ist, wenn i' den rechten Randpunkt von i umfasst (s. (12)(i)), und dass i' ein *initiales* Teilintervall von i ist, wenn i' den linken Randpunkt von i umfasst (s.(12)(ii)).

(12) i sei ein Intervall von T mit linkem Randpunkt t_{lR} und rechtem Randpunkt t_{rR}. Wenn $i' \subseteq i$ eine Teilmenge von i ist, dann nennt man:

(i) $i' = (t, t_{rR}] = \{x \,/\, x \in T,\ t < x < t_{rR}$ und $t_{rR} \cup i'$ ist ein Intervall$\}$ *finales Teilintervall von i.*

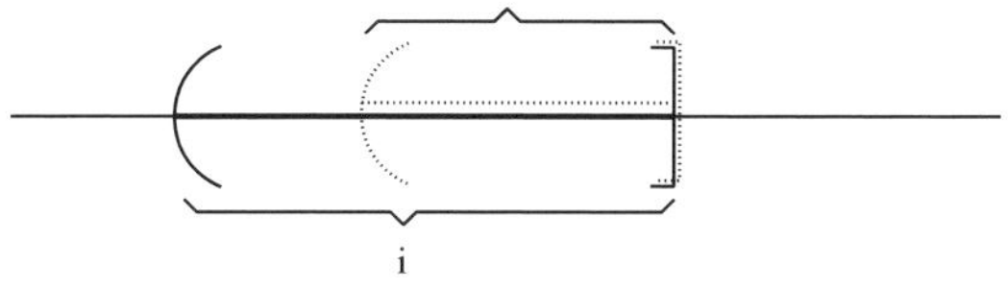

(ii) $i' = [t_{lR}, t) = \{x \,/\, x \in T,\ t_{lR} < x < t$ und $t_{lR} \cup i'$ ist ein Intervall$\}$ *initiales Teilintervall von i.*

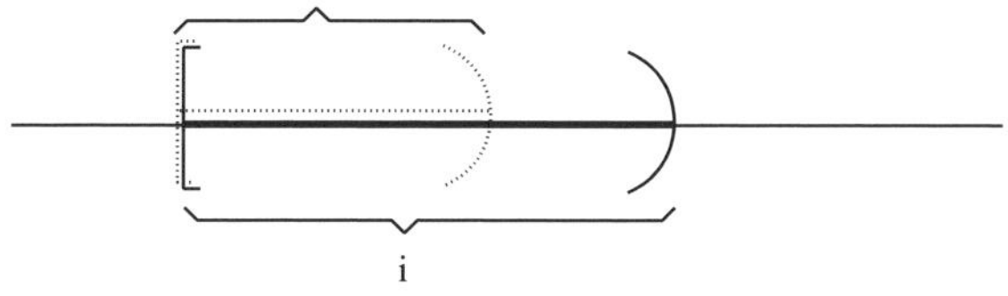

Wir interessieren uns im folgenden ganz besonders für solche Intervalle, in denen Formeln wahr sind. Derartige Intervalle nennen wir *Wahrheitsintervalle.* Wenn wir etwa die folgenden Sätze betrachten, so können Wahrheitsintervalle ganz verschieden strukturiert sein, wie an den zugehörigen Graphiken zu sehen ist.

(13) (i) Peter schläft.

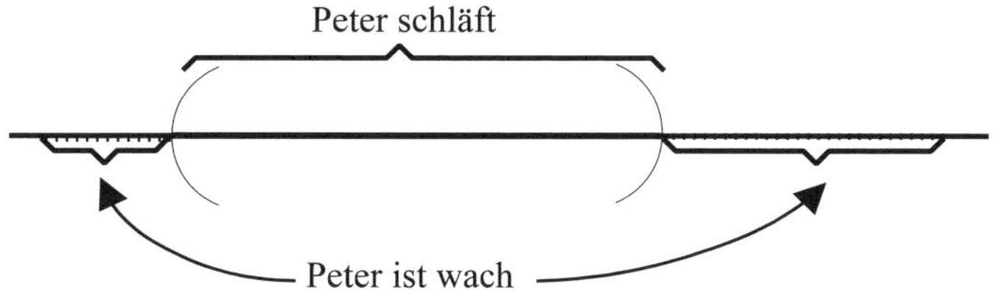

(ii) Clara schließt die Tür.

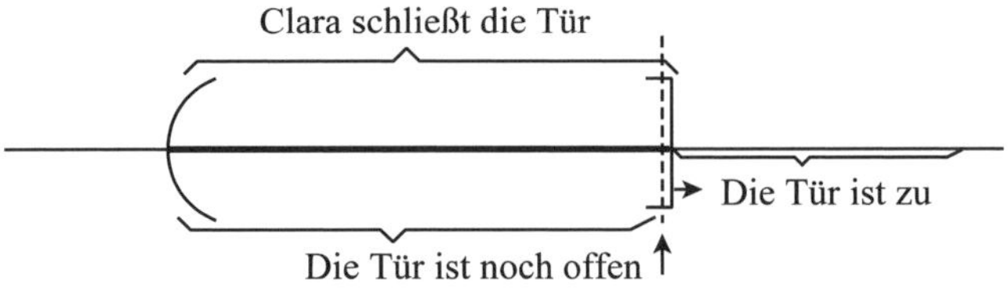

(iii) Es blitzt.

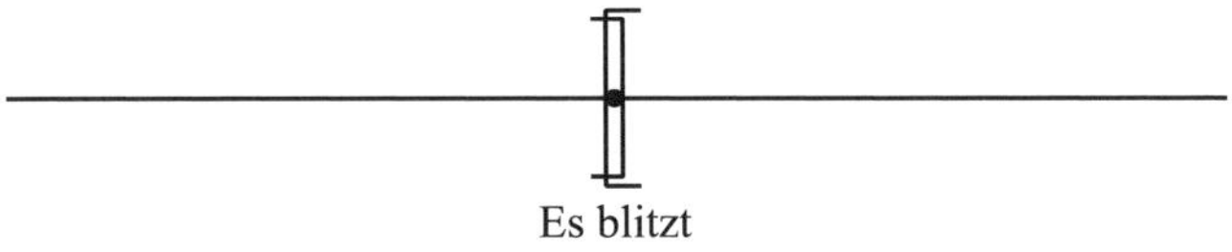

(iv) Maria liest ein Buch.

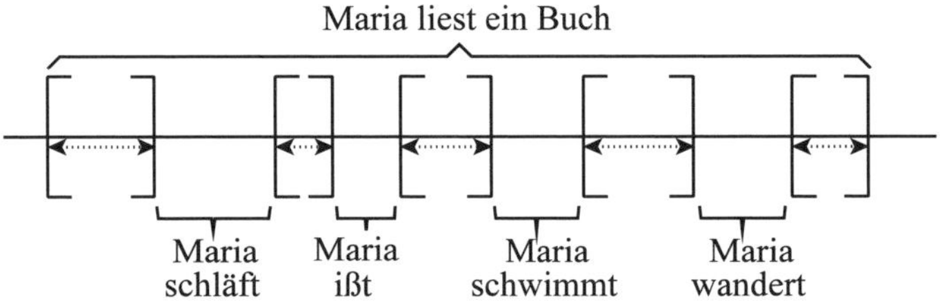

Der Satz (13)(i) ist in einem relativ ausgedehnten Intervall mit der Länge von etwa sieben Stunden wahr, wenn Peter in diesen sieben Stunden tatsächlich schläft. Und für dieses gesamte Intervall gilt, dass der Satz auch in jedem Teilintervall wahr ist. Alle Prädikate, die einen Zustand beschreiben, haben diese *Teilmengen-Eigenschaft*. Anders verhält es sich bei dem Prädikat *die Tür schließen* in (13)(ii). Hier sind nur die finalen Teilintervalle auch Wahrheitsintervalle, da das Ins-Schloss-Fallen der Tür mit zum Ereignis des Schließens gehört. Derartige Prädikate nennt man *telisch* (*terminativ*, *resultativ*, *perfektiv*), da sie einen natürlichen Endpunkt haben, zu dem hin das Ereignis kulminiert.

Das Prädikat in (13)(iii) ist *punktuell*. Obwohl auch ein Blitz eine minimale Ausdehnung im μ-Sekunden-Bereich hat. Bei einem Blitz haben wir es fast mit einem Zeitpunkt zu tun. Berücksichtigen wir aber seine minimale Zeitdauer, so benötigt auch dieses Ereignis ein kleines Zeitintervall.

Im Gegensatz zu den Beispielen (13)(i) - (13)(iii), in denen das Wahrheitsintervall zusammenhängend ist, verwenden wir einen Satz wie (13)(iv) auch dann, wenn Maria für das Lesen des Buches zwei Wochen benötigt, obwohl uns dabei klar ist, dass sie nicht ununterbrochen liest. Nichtsdestoweniger ist der Satz in dem gesamten Intervall wahr, selbst wenn Maria zwischendurch schläft, isst oder zur Uni geht, ohne zu lesen. Bei diesen Typen von Prädikaten gilt offensichtlich nicht, dass jedes (initiale oder finale) Teilintervall auch ein Wahrheitsintervall des Prädikats ist.

In dem folgenden Abschnitt betrachten wir die temporalen Eigenschaften von Prädikaten anhand der Zeitintervalle, in denen Sätze wahr sind, die mit diesen Prädikaten gebildet werden.

10.2.2. Aspekt und Aktionsarten

Die temporalen Strukturen von verbalen Prädikaten können recht unterschiedlich sein, wie wir gerade zuvor gesehen haben. Es gibt nun verschiedene sprachliche Mittel, um diese Strukturen zu modifizieren. Die Verben in (14)(i) drücken Zustände oder Aktivitäten aus, deren Dauer nicht terminiert ist. Durch den morphologischen Prozess der Präfigierung kann durch Hinzufügen verschiedener Präfixe der Beginn oder das Ende eines Zustands oder einer Aktivität ausgedrückt werden, wie (14)(ii) zeigt:

(14)	(i)	blühen,	laufen,	peilen,	klingen, ...
	(ii)	erblühen,	loslaufen,	anpeilen,	verklingen, ...

Ähnliche Effekte der Terminierung lassen sich durch das Hinzufügen eines bestimmten Komplements erreichen. Während die Zeitdauer der Ereignisse, die die Verben in (15)(i) bezeichnen, zeitlich nicht begrenzt ist, bewirkt die Komplementierung, dass die Tätigkeit in einem Endpunkt kulminiert, sobald das Gedicht gelesen, 100m gelaufen oder das Bier getrunken ist:

(15)	(i)	lesen,	laufen,	trinken, ...
	(ii)	ein Gedicht lesen,	100m laufen,	ein Bier trinken, ...

Der Effekt lässt sich wieder aufheben, indem man eine Verlaufsform verwendet, wie dies in bestimmten Dialekten des Deutschen (rheinische Verlaufsform) möglich ist:

(16) Peter ist ein Gedicht am Lesen/die 100m am Laufen/ein Bier am Trinken.

Mit der Verlaufsform lässt sich die zeitliche Erstreckung der jeweiligen Tätigkeit fokussieren. Andere Sprachen, wie etwa die slawischen, haben *grammatische* Mittel, um die Zeitstrukturen von Prädikaten zu verändern. Die temporalen Eigenschaften von Prädikaten werden unter den Termini *Aspekt* oder *Aktionsart* behandelt. Die Abgrenzung zwischen beiden Begriffen ist in der Literatur allerdings nicht sonderlich eindeutig. Unter Aspekt versteht man gewöhnlich morphosyntaktische Markierungen an Verben, während mit der Aktionsart eher die lexikalischen Eigenschaften des Verbstammes bezeichnet werden. Wir wollen die Unterscheidung an dieser Stelle nicht präzisieren, sondern allein darauf hinweisen, dass eine klare Trennung bisher nicht vorgenommen wurde. Im folgenden orientieren wir uns an der Sichtweise, dass *Aspekt* ein im wesentlichen grammatisches Phänomen ist, *Aktionsart* hingegen eine für die jeweiligen Verben lexikalisch fixierte Eigenschaft. Da Aspekt-Markierungen im Deutschen so gut wie gar nicht vorkommen, wollen wir im folgenden Abschnitt die Aktionsarten näher betrachten und untersuchen, ob wir systematische Klassen bilden können.

10.2.2.1. Verbklassifikation

Obwohl die Aktionsart eine lexikalische und damit ideosynkratische Eigenschaft ist, lässt sich feststellen, dass nicht alle Verben völlig verschieden voneinander sind, sondern dass Klassen eingeteilt werden können, die hinsichtlich der temporalen Struktur der Prädikate bestimmte Eigenschaften gemeinsam haben. Eine in der Literatur bekanntgewordene Klassifikation geht auf Zenon Vendler (1967) zurück. Er unterscheidet die vier Aktionsarten in (17), die zu den Verbklassen in (18) führen:

(17)

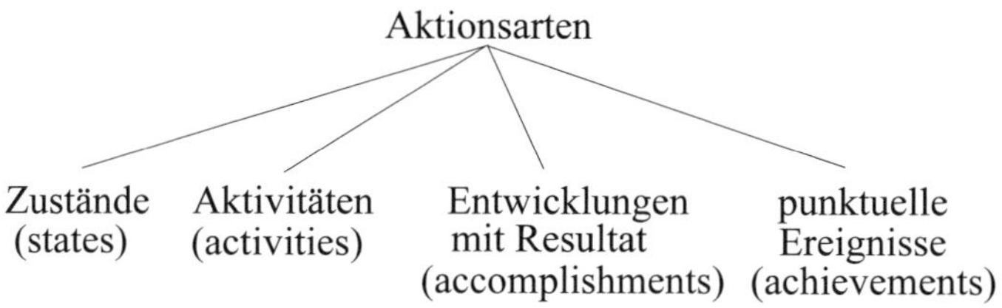

(18) Vendlers Verbklassen:

(i)	states:	wissen, lieben, hoffen, wünschen, besitzen, glauben, ...
(ii)	activities:	laufen, tanzen, schwimmen, jagen, trinken, essen, ...
(iii)	accomplishments:	verstecken, sinken, ein Bild malen, reparieren, ein Haus bauen, besteigen, verblühen, ...
(iv)	achievements:	entdecken, erreichen, explodieren, gewinnen, finden, sterben, verlieren, platzen, blitzen, ...

Zustands-Verben bezeichnen Sachverhalte, die für eine längere Zeit in konstanter Form bestehen, während Aktivitäts-Verben Handlungen bezeichnen, die inhärent nicht zielgerichtet sind. Für Zustands-Verben muss daher gelten, dass sie in jedem Teilintervall $j \subseteq i$ wahr sind, wenn sie in dem übergeordneten Intervall i wahr sind. Wenn Peter fünf Jahre lang ein Motorrad besitzt, so ist der Satz *Peter besitzt ein Motorrad* in jedem auch noch so kleinen Teilintervall (insbesondere also auch einem Zeitpunkt) innerhalb dieser fünf Jahre wahr. Wir halten diese Eigenschaft von Zustands-Prädikaten in (19) fest:

(19) Wahrheitsbedingung für Zustands-Prädikate:
Wenn P ein Zustandsprädikat ist, dann ist P(x) wahr in einem Intervall i, wenn P(x) in *jedem Teilintervall der Länge 0 (also an jedem Zeitpunkt)* wahr ist.

Damit lassen sich Zustands-Prädikate von Aktivitäts-, accomplishment- und achievement-Prädikaten abgrenzen, denn wie wir uns klargemacht haben, sind Aktivitäts-Verben wie *tanzen, laufen* usw., aber auch accomplishment-Prädikate wie *reparieren, besteigen* usw. nur in Zeitintervallen wahr, die eine gewisse Ausdehnung haben. Für achievement-Prädikate wie *explodieren, sterben* usw., die eher punktuell zu deuten sind, gilt Analoges, indem auch hier zumindest eine minimale Zeitdauer anzunehmen ist. Allein Zustandsverben wie *wissen, besitzen, glauben* sind zusätzlich an einem Zeitpunkt wahr.

Aktivitäts-Prädikate bezeichnen ungerichtete Handlungen, die sich über längere Zeiträume erstrecken. Man nennt sie daher auch *durativ*. Aber auch accomplishment-Prädikate sind durativ, und insofern ähneln sich diese beiden Verbklassen. Aktivitäts- und accomplishment-Verben können nur in Intervallen wahr sein, die größer als 0 sind:

(20) Wahrheitsbedingung für Aktivitäts- bzw. accomplishment-Prädikate:
Wenn P ein Aktivitäts- bzw. accomplishment-Prädikat ist, dann ist P(x) nur wahr in einem Intervall, dessen Länge größer als 0 ist.

Während sich Aktivitäts- und accomplishment-Verben insofern ähneln, als beide durativ sind, unterscheiden sie sich doch darin, dass accomplishment-Prädikate einen Kulminationspunkt haben, auf den die Aktivität zusteuert, und sobald dieser Punkt erreicht ist, endet das entsprechende Wahrheits-Intervall. Prädikate mit dieser Eigenschaft nennt man auch *resultativ*. Der Kulminationspunkt bildet den rechten Rand des Wahrheitsintervalls und gehört selbst zum Intervall. Um Aktivitäts- von accomplishment-Verben formal zu unterscheiden, machen wir uns klar, dass ein Aktivitäts-Verb in jedem Teilintervall $j \subseteq i$, dessen Länge größer als 0 ist, wahr ist, während accomplishment-Prädikate nur in denjenigen Teilintervallen wahr sind, die den rechten Randpunkt mit einschließen. Diese Überlegung halten wir in der Wahrheitsbedingung (21) für Aktivitäts-Prädikate fest:

(21) Wahrheitsbedingung für Aktivitäts-Prädikate:
Wenn P ein Aktivitäts-Prädikat und P(x) im Intervall i wahr ist, dann ist P(x) in jedem Teilintervall von i wahr, dessen Länge größer als 0 ist.

Nach (21) ist der Satz *Peter schwimmt* in jedem Teilintervall $j \subseteq i$ wahr, wenn er im Gesamtintervall i wahr ist, und j eine Ausdehnung hat. Diese Eigenschaft von Aktivitäts-

Prädikaten nennt man auch *Teilmengen-Eigenschaft*, weil P(x) in jedem Teilintervall $j \subseteq i$ wahr ist, wenn P(x) in i wahr ist. Man beachte, dass auch Zustands-Prädikate die Teilmengen-Eigenschaft aufweisen, denn auch sie sind in jedem Teilintervall $j \subseteq i$ wahr, wenn sie im Gesamtintervall i wahr sind. Für Zustands-Prädikate gilt aber darüber hinaus, dass sie auch in Teilintervallen der Länge 0, also an Zeitpunkten wahr sind, was Zustand und Aktivität wiederum formal differenziert. Accomplishment- und achievement-Prädikate besitzen die Teilmengen-Eigenschaft nicht, so dass diese zwei Klassen von Prädikaten zu unterscheiden erlaubt. Accomplishment-Prädikate wie *verstecken*, *besteigen*, *reparieren* usw. sind einerseits durativ, sie bewegen sich aber andererseits auf einen Kulminationspunkt zu und beziehen daher Randpunkte ihres Wahrheits-Intervalls mit ein. Wir können genau diesen Kulminationsaspekt dafür verwenden, um – jetzt von Seiten der accomplishment-Prädikate – die formale Grenze zwischen durativem accomplishment und durativer Aktivität erneut zu ziehen. Für accomplishment-Prädikate gilt, dass sie in jedem *echten* Teilintervall $j \subset i$ eines Intervalls i gerade *falsch* sind, da die Randpunkte in echten Teilintervallen nicht mehr auftreten:

(22) Wahrheitsbedingung für accomplishment/achievement-Verben:
Wenn P ein accomplishment/achievement Prädikat ist, und wenn P(x) in dem Intervall i wahr ist, dann ist P(x) falsch in allen *echten* Teilintervallen von i.

Die in (22) formulierte Eigenschaft, die Teilmengen-Eigenschaft nicht zu besitzen, gilt nicht nur für accomplishment-, sondern auch für achievement-Prädikate. Das relevante Kriterium, um ein accomplishment von einem achievement zu differenzieren, ist gerade wieder die Durativität. Achievement-Verben wie *finden*, *entdecken*, *eintreten*, *erreichen* usw. sind nicht durativ, sondern *punktuell*.

Reine Zustandsprädikate wie *blond sein* können wir als *Eigenschaften* von Entitäten auffassen, während die anderen Prädikate *Situationen* beschreiben. Überschauen wir unsere Ausführungen zu den Vendler-Klassen, so bemerken wir das Folgende: Zur Unterscheidung der verschiedenen temporalen Strukturen von Situationen haben wir zur Abgrenzung der verschiedenen Verbklassen nur zwei Kriterien verwendet: *Durativität* und *Resultativität*. Ein Prädikat kann in diesem Sinne entweder resultativ [+ RES] oder nicht-resultativ [- RES] sein, und es kann entweder durativ [+ DUR] oder nicht-durativ [- DUR] sein. Wir können also ein Prädikat mit Hilfe der beiden Merkmale [± RES] und [± DUR] kategorisieren, so dass als Alternative zu Vendlers Klassifikation auch das von Ehrich (1992:75) vorgeschlagene Klassifikationsschema der Aktionsarten in (23) angenommen werden kann:

(23)

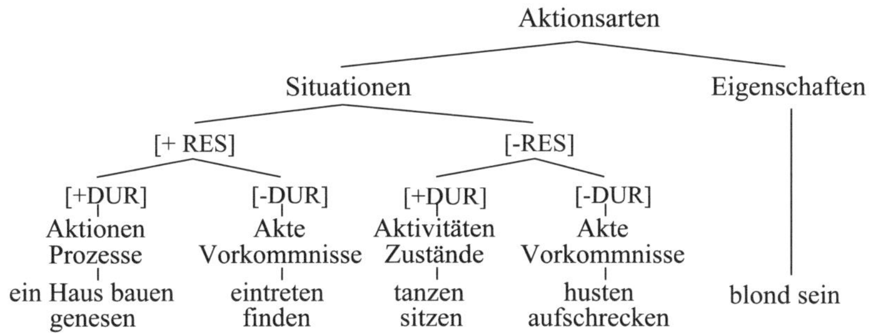

10.2.2.2. Zeitadverbiale und Aktionsarten

Es gibt verschiedene sprachliche Tests, um die Unterschiede zwischen den einzelnen Aktionsarten deutlich zu machen. Ein Verfahren besteht darin, die Verträglichkeit der jeweiligen Prädikate mit bestimmten Zeitadverbialen zu testen. Andere Möglichkeiten der Abgrenzung beziehen Kriterien wie das Tempus, den Satzmodus, die Progressivform (Verlaufsform) oder die deiktischen Eigenschaften temporaler Ausdrücke mit ein. So lässt sich der Unterschied zwischen Zustands- und Aktivitäts-Verben derart zeigen, dass Zustandsverben im Gegensatz zu Aktivitätsverben weder eine Progressivform erlauben noch den Imperativ, wie die Daten in (24) deutlich machen:

(24) (i)	Zustands-Verben:	(ii)	Aktivitäts-Verben:
	*Otto ist die Antwort am Wissen.		Peter ist am Schlafen.
	*Peter ist Maria am Lieben.		Maria ist am Tanzen.
	*Egon ist am Blond sein.		Clara ist am Lachen.
	*Wisse die Antwort!		Schlaf' jetzt!
	*Sei blond!		Lauf'!
	*Besitze ein Haus!		Fahre nach Frankfurt!

Man sollte sich aber stets vor Augen halten, dass diese Tests bestenfalls eine heuristische Aussagekraft haben und dass sie keineswegs notwendigerweise gelten, denn die Interaktion der verschiedenen Faktoren, die die zeitliche Interpretation beeinflussen, ist recht komplex. Wir erörtern aus diesem Grund nur einige einschlägige Testverfahren, um zu verdeutlichen, wie sich eine Aktionsarten-Klassifikation von Prädikaten empirisch rechtfertigen lässt.

Der Unterschied zwischen Aktivitäts- und accomplishment-Verben lässt sich testen, indem man entsprechende Verben mit einem *Zeitspannen-Adverbial* wie *in einer Stunde* verbindet:

(25) (i) In einer Stunde ...
*... tanzte Clara.
*... trank Peter.
*... aß Otto.

(ii) In einer Stunde ...
... reparierte er das Auto.
... sank das Schiff.
... malte er das Bild.

Im Präteritum vertragen sich allein die accomplishment-Verben mit dem Zeitspannen-Adverbial. Betrachtet man jedoch die gleichen Daten im Präsens, so zeigt sich, dass die Ungrammatikalität bei den Aktivitätsverben verschwindet:

(26) (i) In einer Stunde ...
... tanzt Clara.
... trinkt Peter.
... isst Otto.

(ii) In einer Stunde ...
... repariert er das Auto.
... sinkt das Schiff.
... malt er das Bild.

Allerdings haben die Sätze jetzt eine andere Interpretation. Die Sätze in (26)(i) werden nämlich *ingressiv* gedeutet, d.h. sie werden mit Hilfe der folgenden Paraphrase übersetzt: *In einer Stunde beginnt x zu V-en.* Die gleiche Deutung ist auch für die Verben in (26)(ii) möglich, diese erlauben darüber hinaus aber auch eine *egressive* Lesart, die mit Hilfe der Paraphrase: *In einer Stunde wird x ge-V-t haben* bzw. *In einer Stunde wird x ge-V-t sein* interpretiert werden kann.

Weiterhin spielt die An- bzw. Abwesenheit von Objekten mit bestimmten Eigenschaften eine wesentliche Rolle bei der temporalen Interpretation. Die Sätze in (27)(i) mit dem Tempus Präteritum erlauben sowohl eine ingressive als auch eine egressive Lesart, während die Sätze in (27)(ii) überhaupt nicht vernünftig zu interpretieren sind, obwohl es sich in beiden Beispielgruppen um Aktivitätsverben wie in (25)(i) handelt:

(27) (i) In einer Stunde ...
... tanzte Clara drei Walzer.
... trank Peter acht Schnäpse.
... aß Otto zwei Birnen.

(ii) In einer Stunde ...
*... tanzte Clara Walzer.
*... trank Peter Schnaps.
*... aß Otto Birnen.

Der Unterschied liegt darin, dass die Komplemente in (27)(i) die Eigenschaft der *gequantelten Referenz* aufweisen, während die Komplemente in (27)(ii) die Eigenschaft der *kumulativen Referenz* zeigen. Diese beiden Begriffe gehen auf Manfred Krifka (1989) zurück. Gequantelte Referenz eines Objekts bedeutet, dass das Zusammenfassen der Objekt-Denotate nicht wieder unter das gleiche Denotat fällt. So ergeben *acht Schnäpse* und *acht Schnäpse* nicht wieder *acht Schnäpse*, sondern *sechzehn Schnäpse*. Im Gegensatz dazu ergibt die Zusammenfassung der Denotate von Objekten mit kumulativer Referenz wieder das gleiche Denotat. *Birnen* und *Birnen* ergeben wieder *Birnen*, und *Schnaps* und *Schnaps* ist wieder *Schnaps*. Wenn wir in diesem Zusammenhang ein (*duratives*) *Zeitdauer-Adverbial* wie *eine Stunde lang* verwenden, so erhalten wir die Grammatikalitäts-Beurteilung in (28), die gerade umgekehrt zu den Daten in (27) verteilt ist:

(28) (i) Eine Stunde lang ...
*... tanzte Clara drei Walzer.
*... trank Peter acht Schnäpse.
*... aß Otto zwei Birnen.

(ii) Eine Stunde lang ...
... tanzte Clara Walzer.
... trank Peter Schnaps.
... aß Otto Birnenbrei.

Die Frage ist, welcher Zusammenhang zwischen resultativen verbalen und gequantelten nominalen Prädikaten auf der einen Seite und nicht-resultativen verbalen und kumulativen nominalen Prädikaten auf der anderen Seite besteht. Dabei stellen wir fest, dass auch nicht-resultative verbale Prädikate einen Kumulationseffekt zeigen, denn *trinken* und *trinken* ergibt wieder *trinken*. Resultative verbale Prädikate hingegen sind gequantelt, denn *acht Schnäpse trinken* und *acht Schnäpse trinken* fällt nicht wieder unter das Prädikat *acht Schnäpse trinken*. Offenbar spielt hier die interne Struktur der durch die Prädikate ausgedrückten Ereignisse eine Rolle. Wir können in diesem Sinne die Eigenschaft der gequantelten Referenz auf die Existenz eines Kulminationspunktes beziehen. Wenn ein solcher Punkt existiert, so ist es nicht möglich, dass es zu dem Prädikat P ein Wahrheitsintervall gibt, so dass ein echtes Teilintervall $i \subset i'$ ebenfalls ein Wahrheitsintervall für P ist:

(29)

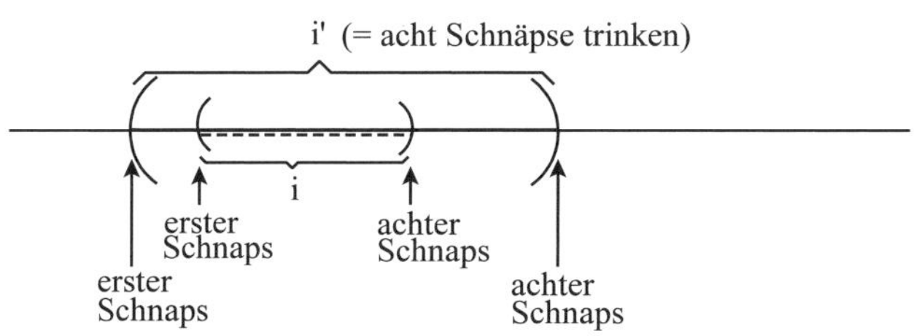

Für nicht-resultative Prädikate P ist dies im Gegenteil möglich, da alle Teilintervalle Wahrheitsintervalle von P sind:

(30)

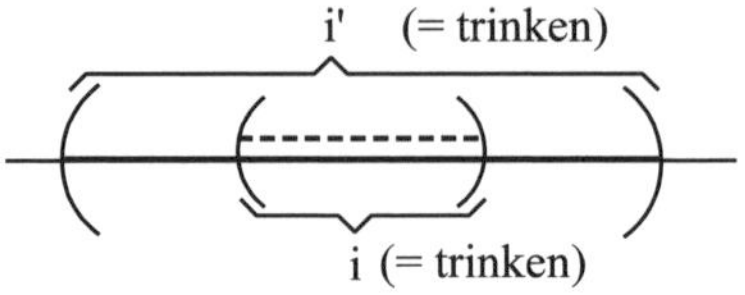

Anscheinend spielt das Merkmal [± QUANTELUNG] für die Kombinierbarkeit eines (komplexen) Prädikats mit einem Zeitdauer- bzw. Zeitspannen-Adverbial (*eine Stunde lang* bzw. *in einer Stunde*) eine ausgezeichnete Rolle. Nur (komplexe) Prädikate mit dem Merkmal [+ QUANTELUNG] erlauben die Kombination mit einem Zeitspannen-Adverbial, und nur (komplexe) Prädikate mit dem Merkmal [-QUANTELUNG] limitieren umgekehrt die Kombination mit einem Zeitdauer-Adverbial. Dabei ist es unerheblich, ob das Merkmal von dem einfachen Prädikat selbst oder dem Objekt eingeführt wird, denn es scheint möglich, dass das komplexe Prädikat von beiden Positionen aus das Merkmal [± QUANTELUNG] erben kann, wie dies die Strukturen in (31)(i) und (31)(ii) mit den jeweiligen *Perkolationen* (Vererbungen) zeigen:

(31) (i) (ii)

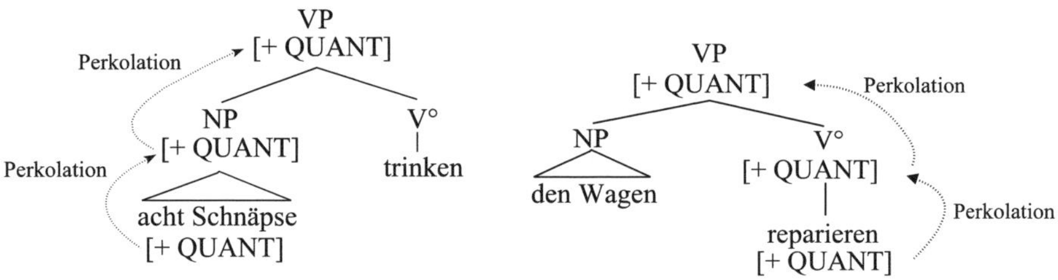

Ein ähnlicher Effekt zeigt sich unter Verwendung der (rheinischen) Verlaufsform, bei der die Präposition *an* sowohl an dem verbalen Prädikat als auch an dem nominalen Objekt auftreten kann:

(32) (i) Seit einer Woche schreibt Peter [an dem Buch].
(ii) Seit einer Woche ist Peter das Buch [am Schreiben].

Da das Zeitdauer-Adverbial *eine Stunde lang* durativ ist, sollten wir erwarten, dass es sich nicht mit den punktuellen achievement-Verben verbindet. Ein erster Blick auf die Daten in (33)(i) legt diese Vermutung nahe. Ein zweiter Blick auf die Daten in (33)(ii) zeigt, dass sie nicht generell stimmt:

(33) (i) Eine Stunde lang ...
*... platzte die Seifenblase.
*... explodierte der Kracher.
*... fand Peter eine Brieftasche.

(ii) Eine Stunde lang ...
... platzten Seifenblasen.
... explodierten Kracher.
... fand Peter Brieftaschen.

Die Verbindung eines punktuellen (komplexen) Prädikats mit einem durativen Adverbial scheint nur in einer *iterativen* Lesart möglich zu sein. Dies legen die Daten in (33)(ii) nahe, bei denen das Objekt im Plural auftritt, so dass eine Wiederholung des einschlägigen Ereignisses unterstellt werden kann. Es gibt jedoch achievement-Verben, bei denen eine solche immer notwendig iterative Interpretation ohne Plural-Objekt möglich ist, wie die Daten in (34)(i) zeigen:

(34) (i) Eine Stunde lang schlug der Blitz ein.
(ii) Ein Jahr lang traf Peter den Unbekannten.
(iii) Ein Jahr lang verlor Otto seine Brieftasche. (Danach nie wieder.)

Das Zeitdauer-Adverbial *seit einer Stunde* ist durativ und lässt sich mit Zustands-, Aktivitäts- und accomplishment-Prädikaten nicht aber mit achievement-Prädikaten verbinden:

(35) (i) Seit einer Stunde...
... scheint die Sonne.
... schwimmt Maria.
... malt Peter ein Bild.

(ii) Seit einer Stunde ...
*... kommt Maria an.
*... findet Clara ihr Kopftuch.
*... platzt der Ballon.

Dass auch die deiktische Interpretation von Ausdrücken eine Rolle spielt, sieht man an dem Datenkontrast in (36)(i). Zeitliche *Rahmenadverbiale* wie *ein Tag* oder *gestern* unterscheiden sich dadurch voneinander, dass letzteres deiktisch unter Bezug auf die Sprech- bzw. Referenzzeit interpretiert wird, während ersteres einen absoluten Zeitrahmen festlegt:

(36) (i) Seit einem Tag ...
... hat Otto Kopfschmerzen.
*... hat Peter viermal gelacht.

(ii) Seit gestern ...
... hat Otto Kopfschmerzen.
... hat Peter viermal gelacht.

Obwohl die Interaktion zwischen verschiedenen Elementen, die sich auf zeitliche Strukturen beziehen, noch weitaus komplexer ist, beenden wir hier unseren Ausflug in die Temporalsemantik. Es dürfte klar geworden sein, dass die sprachliche Realisierung zeitlicher Relationen von mehr Faktoren abhängt als nur den Tempora, die ihrerseits schon deiktische und kontextuelle Komponenten aufweisen. Diese Relationen haben wir zu Beginn des Kapitels mit Hilfe von (Relationen zwischen) Zeitpunkten beschrieben. Die

Rekonstruktion der Ereignisstrukturen, die von Prädikaten bezeichnet werden, führte uns zu einer Ausdehnung der Betrachtung auf Zeitintervalle, ihre interne Struktur und ihre relative Bezogenheit aufeinander. Da aber nicht nur Prädikate bestimmte Zeitintervalle denotieren, sondern auch temporale Abverbien, stellte sich die Frage nach der Kombinatorik zwischen beiden Abbildungformen, und wir haben dabei gesehen, dass für gewisse Kombinationen Unverträglichkeiten bei der Interpretation entstehen, da die jeweils denotierten Zeitrelationen nicht miteinander kompatibel sind. In anderen Fällen gelingt eine Interpretation, so dass eine Kompatibilität zwischen den temporalen Beziehungen der beteiligten Ausdrücke hergestellt werden kann, wobei sich die Interpretation aber möglicherweise ändert.

10.3. Übungsaufgaben

1. Übersetze die folgenden Sätze in die Sprache L_1 mit Zeit-Operatoren:
   (i) Peter singt.
   (ii) Peter wird singen.
   (iii) Peter sang.
   (iv) Peter wird gesungen haben.
   (v) Peter hatte gesungen.
   (vi) Peter singt nicht.
   (vii) Peter wird nicht singen.
   (viii) Peter wird nie singen.

2. Gib zu den folgenden Sätzen jeweils die Übersetzungen für alle Lesarten an. Drücke die Zeit-Operatoren auch durch ihre dualen Gegenstücke aus.
   (i) Einer wird immer lügen.
   (ii) Alle werden einmal lügen.
   (iii) Einer wird nie lügen.
   (vi) Keiner hat immer gelogen.

3. Klassifiziere die folgenden Verben hinsichtlich der beiden Merkmale: [± DUR] und [± RES]:
   beleuchten, niesen, glauben, explodieren, erzittern, begrenzen, erobern, bewundern, schreien, vernichten, meinen, kochen, entwaffnen, erschrecken, versinken, blühen, ankommen, erobern, verblühen, schwimmen

11. Modallogik

11.1. Möglichkeit und Notwendigkeit

Im letzten Kapitel haben wir die Möglichkeit geschaffen, die Veränderungen unserer Lebenswelt modelltheoretisch zu beschreiben, indem wir eine zeitliche Komponente in unsere Theorie integriert haben. Wir sind jetzt dazu in der Lage, Relationen zwischen vergangenen, gegenwärtigen und zukünftigen Ereignissen, Zuständen und Prozessen in unserer aktuellen Welt zu erfassen. In diesem Kapitel wollen wir untersuchen, wann Sätze wahr sind, die Sachverhalte beschreiben, die es in unserer aktuellen Lebenswelt gar nicht real gibt. Wir werden danach fragen, wie die Welt beschaffen sein müßte, damit auch solche Sätze wahr sind. Dies wird uns in Welten führen, die *mögliche Alternativen* zu unserer real existierenden Welt darstellen. Wir leben in einer *Wirklichkeit*, zu der es unendlich viele *Möglichkeiten* gibt.

Unsere aktuelle und wirkliche Welt ist nicht *notwendigerweise* so beschaffen, wie sie beschaffen ist. Es gibt unzählige andere Möglichkeiten, wie die Dinge hätten sein können, aber nicht sind. Dass es auf unserer Erde keinen real existierenden grünen Zwerg gibt, mag ein evolutionärer Zufall sein, gerade so, wie es möglicherweise ein evolutionärer Zufall ist, dass es Menschen mit einem genetisch fixierten Programm zum Spracherwerb oder Kolibris oder Bienenvölker gibt. Nichtsdestoweniger erlaubt es unsere Vorstellungskraft, Alternativen zu dieser realen Welten zu konstruieren und sie sprachlich zu beschreiben. So drückt etwa der Satz in (1) die *Möglichkeit* aus, dass Peter in Paris ist:

(1) Möglicherweise ist Peter in Paris.

Seine Wahrheit hängt sicherlich nicht davon ab, ob Peter tatsächlich in Paris ist. Es scheint überhaupt nicht relevant zu sein, wo Peter sich zum aktuellen Zeitpunkt befindet, sondern nur, ob es möglich ist, dass er sich in Paris aufhält. Unsere extensionale Wahrheitsbedingung $[\![Peter']\!]^{M,g} \in [\![(in\ Paris)']\!]^{M,g}$ scheint für den Satz (1) nicht auszureichen, und dies hängt ganz offenbar mit der Verwendung des Satzadverbials *möglicherweise* zusammen. Die Frage ist daher, ob und unter welchen Bedingungen der Satz (1) wahr ist, und diese Frage hängt mit dem Begriff der *Möglichkeit* zusammen. Als erste Annäherung können wir sagen, dass (1) dann wahr ist, wenn eine Alternative zu der aktuellen Welt denkbar ist, so dass Peter in Paris ist. Betrachten wir dazu den Satz (2), den wir im Gegenteil so verstehen, dass er in allen Alternativen zu unserer Welt stets wahr ist:

(2) Notwendigerweise ist 2 plus 2 gleich 4.

Die Aussage in (2) halten wir völlig unabhängig von der Beschaffenheit unserer Welt für wahr. Ob nun Peter in Paris ist oder anderswo, ob die Pflegeversicherung eingeführt wird oder nicht, ob der Bundeskanzler einen Handstand macht oder es sein lässt, nichts von alledem scheint die Wahrheit von (2) zu beeinflussen. Die Welt scheint in beliebiger Weise anders sein zu können, ohne dass (2) falsch ist.

Wir sehen an diesen Beispielen, dass es Sätze gibt, die notwendigerweise wahr sind, und solche, die möglicherweise wahr sind. Die beiden *Modalitäten*, in denen Aussagen auftreten können, nennen wir *Notwendigkeit* und *Möglichkeit.*

11.1.1. Modalisierte Aussagen

Wir kennen aus dem Kapitel *Aussagenlogik* die Unterscheidungen zwischen Aussagen, die tautologisch, kontradiktorisch oder kontingent sind. Wir wollen uns nun überlegen, wie sich diese Dreiteilung von Aussagen auf die beiden Modalitäten Notwendigkeit und Möglichkeit beziehen lässt. Betrachten wir dazu die Sätze in (3):

(3) (i) Es regnet oder es regnet nicht.
(ii) Schuhkartons sind aus Pappe.
(iii) Schuhkartons sind aus Titan.
(iv) Es regnet und es regnet nicht.

(3)(i) ist eine Tautologie, denn dieser Satz ist logisch wahr. Die Sätze (3)(ii) und (3)(iii) sind jeweils kontingent. So wie die Dinge in unserer Welt liegen, ist (3)(ii) wahr. Aber dies muss nicht notwendigerweise so sein, denn es wäre genauso gut denkbar, dass in unserer Welt Schuhkartons aus Holz, Plastik oder einem anderen Material gefertigt sind. Ganz ähnlich verhält es sich mit dem Satz in (3)(iii). Dieser ist in unserer Welt falsch, aber nur deshalb, weil Titan ein zu wertvolles Metall ist, um daraus Schuhkartons herzustellen. Wir können uns aber gut vorstellen, dass dies auch anders sein könnte. Der Satz (3)(iv) hingegen kann nicht wahr sein, und das gilt unabhängig davon, wie die Welt beschaffen ist; er stellt eine Kontradiktion dar und ist logisch falsch. Somit erhalten wir zwei Klassen von falschen Aussagen und zwei Klassen von wahren Aussagen, die sich jeweils in kontingente und notwendige gliedern. Dies ist in (4) dargestellt:

(4)

Es regnet, oder es regnet nicht.	wahr ←	tautologisch
Schuhkartons sind aus Pappe.	wahr ←	kontingent
Schuhkartons sind aus Titan.	falsch ←	kontingent
Es regnet, und es regnet nicht.	falsch ←	kontradiktorisch

Wie hängt diese Unterteilung nun mit den beiden Modalitäten *Möglichkeit* und *Notwendigkeit* zusammen? Wir würden sicherlich sagen, dass eine Tautologie eine notwendige Wahrheit ist, denn unabhängig von der Beschaffenheit der Welt sind Tautologien stets wahr. Ebenso würden wir wohl zustimmen, dass Kontradiktionen notwendig falsch sind. Wie verhält es sich aber mit den kontingenten Aussagen? Offensichtlich gilt für eine kontingent wahre bzw. falsche Aussage, dass sie abhängig von Weltgegebenheiten wahr oder falsch ist. Eine kontingent wahre Aussage kann daher *möglicherweise* auch falsch sein, und eine kontingent falsche Aussage kann *möglicherweise* wahr sein. Sicherlich gilt für *notwendig* wahre Aussagen auch, dass sie *möglicherweise* wahr sind, und für *notwendig* falsche Aussagen gilt natürlich, dass sie auch *möglicherweise* falsch sind. Diese Zusammenhänge führen zu der Einteilung in (5), die die beiden Modalitäten verwendet:

(5)

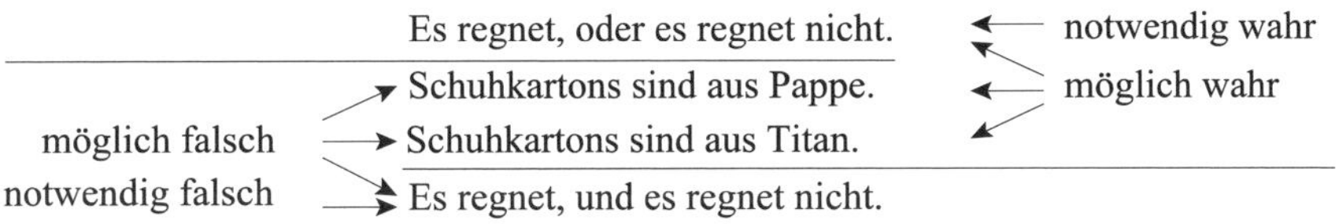

Wir können daher die Einteilung in Tautologien, Kontradiktionen und Kontingenzen auch durch die beiden Modalitäten festlegen, wobei sich allerdings eine etwas andere Klassenbildung ergibt.

11.1.2. Arten der Modalität

Wir lernen nun verschiedene weitere Arten von Modalitäten kennen, denn die bisher betrachteten *logischen* Modalitäten, die gelegentlich auch *alethische* Modalitäten (griech. alētheia: Wahrheit) genannt werden, sind keineswegs die einzigen, die es gibt. Von den *alethischen* sind die *epistemischen* (griech. epistēmē: Erkenntnis) und *deontischen* (griech. déon: Pflicht) Modalitäten zu unterscheiden. Der Unterschied zwischen logischer und epistemischer Notwendigkeit besteht darin, dass sich die epistemische Notwendigkeit nicht auf das System der Logik bezieht, sondern auf ein System von Wissensinhalten. Epistemische Notwendigkeit lässt sich in diesem Sinne umschreiben wie in (6):

(6) Hinsichtlich der Tatsachen, die wir *kennen*, ist es notwendigerweise der Fall, dass p.

Epistemische Notwendigkeit lässt sich aufgliedern in alle Bereiche, in denen wir über Wissen verfügen. Wenn sich etwa ein Apfel vom Baum löst, so ist es physikalisch notwendig, dass er nach unten fällt. Es ist hingegen biologisch/chemikalisch notwendig, dass er verfault oder zusammenschrumpft, wenn er nicht von Insekten oder anderen

Tieren gefressen wird. Die jeweilige Notwendigkeit ergibt sich daraus, dass wir feste Wissensinhalte haben, zu denen die Gesetze der Physik, Chemie und Biologie gehören, und die in unserem Alltagsverstand mehr oder weniger gleich verankert sind. Notwendigkeit lässt sich hingegen nur schlecht für Aussagen in Bereichen geltend machen, die interindividuell variieren. So findet man wohl schwerlich eine ästhetische Notwendigkeit, da die Kriterien etwa für Schönheit recht variabel ausfallen. Die internen Modelle der Individuen scheinen sich in diesem Fall offenbar ziemlich stark voneinander zu unterscheiden, denn es gelten nicht unbedingt die gleichen Prinzipien der ästhetischen Bewertung. Lassen sich hingegen Invarianten finden, wie etwa der goldene Schnitt in der darstellenden Kunst, so gelten diese als ästhetisch notwendig. Ähnliche Bedingungen beobachten wir auch für die Prinzipien der sozialen Interaktion, emotionaler Verfassungen, religiöser Glaubensüberzeugungen, moralischer Wertsetzungen usw. In all diesen Wissensbereichen sind die Kenntnisse der zugrundeliegenden Bedingungen weniger klar als etwa die der Logik oder der Naturwissenschaften.

Deontische Notwendigkeit bezieht sich auf ein System des normativen Gebotenseins und hat daher mit Erlaubnissen und Verpflichtungen zu tun. Es ist keineswegs so, dass deontische Notwendigkeit zwingend auf eine allgemeine Gesetzgebung bezogen sein muss. Vielmehr kann es sich um ganz individuelle Obligationen handeln, wie wir sogleich anhand einiger Modalverben des Deutschen deutlich machen können. Wir paraphrasieren deontische Notwendigkeit wie in (7):

(7) Hinsichtlich dessen, was *erlaubt* ist, ist es notwendigerweise der Fall, dass p.

Die verschiedenen Interpretationen, die der Satz (8) hat, zeigen, dass das Modalverb *müssen* in unterschiedlicher Hinsicht zu interpretieren ist, was durch die beiden Paraphrasen in (8)(i) und (8)(ii) ausgedrückt wird:

(8) Peter muss kommen.
  (i) Hinsichtlich dessen, was wir wissen, muss es so sein, dass Peter kommt.
  (ii) Hinsichtlich dessen, was Peter erlaubt ist, muss es so sein, dass er kommt.

(8)(i) verdeutlicht die epistemische Interpretation, dass es nämlich vor dem Hintergrund unserer Kenntnisse und der Evidenz, die wir haben, nicht anders sein kann, als dass Peter kommt. In der deontischen Version (8)(ii) hingegen bezieht sich das Modalverb auf das (normative) Gebotensein, dass Peter gezwungen ist zu kommen. Das Modalverb *können* erlaubt neben der *epistemischen* Deutung in (9)(ii) und der *deontischen* (*permissiven*) Deutung in (9)(iii) auch die *disponentielle* Lesart in (9)(iv):

(9) (i) Peter kann kommen.
(ii) Es ist möglich, dass Peter (gleich) kommt.
(iii) Peter ist es erlaubt, (jetzt) zu kommen.
(iv) Peter ist imstande, zu kommen.

Auch hierbei sehen wir, dass das Modalverb einen Bezug zu unterschiedlichen Hintergrundbereichen herstellen kann, denn in (9)(ii) bezieht es sich auf das, *was wir wissen*, in (9)(iii) auf das, *was Peter erlaubt ist*, und in (9)(iii) auf das, *wozu Peter imstande ist*. Während das Modalverb *müssen* mittels der Modalität *Notwendigkeit* gedeutet wird, geschieht die Deutung beim Modalverb *können* mittels der Modalität *Möglichkeit*. Die epistemische Lesart für *können* kann durch die Paraphrase in (10)(i), die deontische durch (10)(ii) und die disponentielle durch (10)(iii) angegeben werden.

(10) (i) Hinsichtlich der Tatsachen, die wir *kennen*, ist es möglicherweise der Fall, dass Peter kommt.
(ii) Hinsichtlich dessen, was Peter *erlaubt ist*, ist es möglicherweise der Fall, dass er kommt.
(iii) Hinsichtlich dessen, wozu Peter *imstande ist*, ist es möglicherweise der Fall, dass er kommt.

Die Lesarten der Modalverben und ihre Variantenbildung werden wir in einem späteren Kapitel genauer betrachten, weil wir dazu das Konzept der *Propositionenmengen* benötigen.

Wenn wir uns ansehen, welche syntaktische Position Modalverben in einem Satz besetzen, so stellen wir fest, dass sie – ähnlich wie die temporalen Merkmale – den gesamten Restsatz in ihrem Skopus haben:

(11)

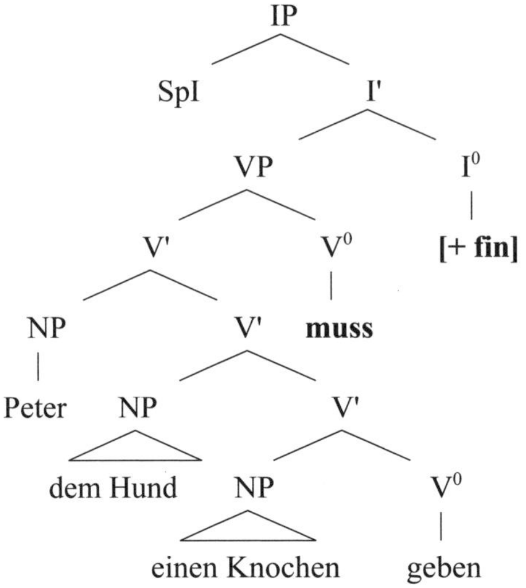

Dies lässt uns vermuten, dass auch Modalverben bzw. die modalen Komponenten in Sätzen als Satz-Operatoren zu analysieren sind. Bevor wir diese Analyse vorstellen, wollen wir im nächsten Abschnitt zunächst betrachten, wie die *alethischen* Modalitäten zu charakterisieren sind, und auf welche Art und Weise wir die mit ihnen verbundenen Konzepte und Intuitionen in unsere semantische Theorie integrieren können.

11.2. Mögliche Welten

Wie wir im letzten Abschnitt gesehen haben, müssen wir über Alternativen zu unserer aktuellen Welt reden können, um die Wahrheitsbedingungen für Aussagen über notwendige und mögliche Sachverhalte zu formulieren. Die Alternativen, die es zu unserer Welt gibt, sind *andere* Welten. Wir wollen sie *mögliche Welten* nennen. Dieser Begriff geht auf den Philosophen Leibniz zurück, der im übrigen auch die Ansicht vertrat, dass unsere tatsächliche Welt die beste aller möglichen sei. Wie immer man dazu stehen mag, ist die Idee der möglichen Welten durchaus sinnvoll, obwohl das nicht die einhellige Meinung aller Philosophen ist. Die Grundidee der möglichen Welten ist einfach, und sie erlaubt vernünftige Formalisierungen unserer semantischen Intuitionen. Wir müssen uns aber klarmachen, dass mögliche Welten nicht irgendwo im Kosmos zu entdecken sind, sondern dass sie festgesetzt (stipuliert) werden. Unter einer möglichen Welt wollen wir auch nicht eine völlig abstruse und gewissermaßen undenkbar chaotische Welt verstehen, sondern eine *realistisch mögliche Alternative* zu unserer tatsächlichen Welt. Was sind realistisch mögliche Alternativen? Vielleicht lässt sich dies am besten durch ein Beispiel von Saul Kripke (1972) deutlich machen. Stellen wir uns vor, dass wir würfeln. Die Anzahl der Möglichkeiten, dass eine bestimmte Zahl nach einem Wurf oben liegt, ist sechs. Von diesen Möglichkeiten trifft nach einem Wurf aber nur eine tatsächlich zu. Dieser tatsächliche Sachverhalt entspricht unserer aktuellen Welt. Dass eine andere Zahl oben liegt, ist eine realistisch mögliche Alternative. Für alle diese Alternativen gelten im wesentlichen die gleichen Voraussetzungen und Bedingungen, dass wir nämlich Würfel spielen, dass irgendein Spieler den Würfel wirft, dass irgendeine bestimmte Zahl oben liegt, dass Spielregeln gelten, nach denen der Wurf bewertet wird usw. Eine realistisch mögliche Alternative teilt also sehr viele Eigenschaften mit den tatsächlichen Gegebenheiten, so dass mögliche Welten gar nicht so weit von der tatsächlichen Welt abweichen, wie man zunächst meinen könnte. Wir wollen nun fragen, wie wir mögliche Welten in ein Modell integrieren können und wie sich die Wahrheitsbedingungen für modalisierte Ausdrücke formulieren lassen.

Bisher haben wir stets Modelle betrachtet, die die Beschaffenheit der Welt so beschrieben haben, wie sie ist (bzw. wir annehmen, dass sie sei). Im letzten Kapitel haben wir dieser Welt eine zeitliche Dimension gegeben, so dass sich die Denotate der verwendeten Ausdrücke in der Zeit ändern konnten. Jetzt wollen wir nicht die zeitliche Änderung in der Welt betrachten, sondern die Alternativen zu einer Welt an einem Zeitpunkt. In einem späteren Abschnitt führen wir die beiden Sichtweisen zusammen, so dass wir mögliche Welten zu verschiedenen Zeiten betrachten können.

Wie sieht ein Modell aus, in dem mögliche Welten enthalten sind? Nun, dazu müssen wir dem Modell zunächst eine Menge W von möglichen Welten w hinzufügen. Um diese Welten terminologisch zu unterscheiden, erhält jede Welt w einen Index i, ganz ähnlich, wie wir in der Zeitlogik mit Zeitpunkten verfahren sind. Dort haben wir dem Modell eine Menge T von Zeitpunkten t hinzugefügt und haben diese mit Hilfe von Indizes als t_1, t_2, t_3, ... unterschieden. Genauso gehen wir nun mit den Elementen der Menge W um, indem wir die möglichen Welten mit einem Index versehen, und gerade so, wie wir die Zeit t_0 als die Gegenwart ausgezeichnet haben, zeichnen wir die Welt w_0 als die aktuelle Welt aus:

(1)

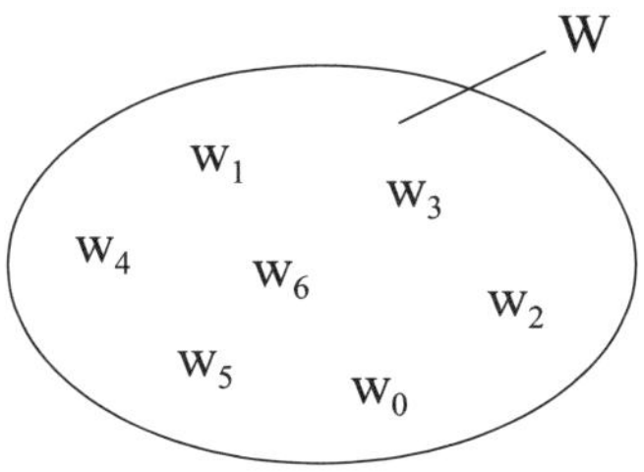

In dieser Menge sind die Welten ungeordnet. Dies ist eine ähnliche Situation wie bei den Zeitpunkten auch. Allerdings haben wir über der Menge der Zeitpunkte die Vorgängerrelation '<' als Ordnung definiert. Wir werden im Kapitel über *Propositionen und*

Propositionenmengen ein Möglichkeit kennen lernen, auch die Menge der Welten zu ordnen.

Betrachten wir aber zunächst noch einmal den Satz (2), und fragen wir, wie sich die damit ausgedrückte notwendige Wahrheit in einem Modell mit möglichen Welten erfassen lässt:

(2) Notwendigerweise ist 2 plus 2 gleich 4.

Die Idee von Leibniz bestand darin, dass eine Aussage dann notwendig wahr ist, wenn sie in allen möglichen Welten wahr ist. Wenn in der Menge W in (1) alle möglichen Welten enthalten sind und die Aussage *2 plus 2 ist gleich 4* in all diesen Welten wahr ist, so wollen auch wir sagen, dass sie notwendig wahr ist. Allerdings müssen wir eine kleine Einschränkung machen. Der Satz in (2) ist zwar ein mathematisch richtiger Satz, aber es bestünde durchaus die Möglichkeit, dass es Welten gibt, in denen die Gesetze der Arithmetik nicht oder in anderer Weise gelten, so dass in einer anderen Welt als der aktuellen der Satz *2 plus 2 ist gleich 5* wahr sein könnte und der Satz *2 plus 2 ist gleich 4* infolgedessen falsch. Der vorherige Abschnitt sollte jedoch deutlich gemacht haben, dass notwendige und mögliche Wahrheiten stets vor dem Hintergrund eines bestimmten Kenntnissystems bewertet werden, und im Falle der logischen und mathematischen Wahrheiten ist dies das Kenntnissystem, das uns erlaubt, logisch/mathematisch zu denken. Da wir uns von Welten, in denen die logischen Prinzipien nicht gelten, keine Vorstellung machen können, wollen wir diese Welten auch nicht betrachten.

Nun kennen wir nicht nur notwendige Wahrheiten im Sinne der Logik, sondern auch kontingente Wahrheiten, die davon abhängig sind, was in einer jeweiligen Welt der Fall ist. So liegt es an den Fakten in der Welt, ob Peter in Paris ist, d.h. die Wahrheit dieses Satzes ist kontingent. Bezogen auf ein Modell mit möglichen Welten können wir sagen, dass der Satz (1) genau dann wahr ist, wenn es eine mögliche Welt gibt, in der Peter in Paris ist. Dies muss nicht die aktuelle Welt, sondern kann eben auch eine andere Welt sein. Unsere semantische Intuition sagt uns aber, dass der Satz nicht nur in *irgendeiner* beliebig anderen Welt wahr sein muss, um in dieser Welt wahr zu sein. Vielmehr haben wir uns ja auf realistisch mögliche Welten geeinigt, d.h. die andere Welt muss mit unseren Annahmen über die aktuelle Welt in weiten Bereichen übereinstimmen. In einer Situation, in der Peter neben uns steht und in der wir uns in Köln befinden, ist unser Einleitungssatz (1) *Möglicherweise ist Peter in Paris* z. B. falsch, obwohl es durchaus eine Welt geben könnte, in der Peter in Paris ist. Aber diese Welt wäre in einem gewissen Sinne nicht mehr kompatibel mit den tatsächlich bestehenden Fakten in unserer aktuellen Welt. In bestimmten Hinsichten müssen daher die möglichen Welten, relativ zu denen wir notwendige und mögliche Aussagen machen, zueinander passen, und es ist eine interessante Aufgabe, die Bedingungen zu formulieren, unter denen dies der Fall ist. Der Weg zu einer möglichen Klärung könnte darin bestehen, die Eigenschaften einer Relation zu definieren, die zwischen den in

Frage stehenden Welten besteht. Eine solche Relation wird als *Zugänglichkeits-Relation R* bezeichnet. Eine Welt w' ist einer anderen Welt w zugänglich, wenn bestimmte Grundannahmen über w mit bestimmten Grundannahmen über w' übereinstimmen. Im Falle der alethischen Modalitäten sind dies die Prinzipien der Logik, und im Falle von kontingenten Wahrheiten bestimmte Ähnlichkeiten mit der aktuellen Welt. Die Schwierigkeit besteht darin, genau zu spezifizieren, um welche Ähnlichkeiten es sich dabei handeln muss. Wir wollen hier die damit verbundenen Fragen nur andeuten und widmen diesem Thema im Kapitel *Propositionen und Propositionenmengen* erneut unsere Aufmerksamkeit. Aber einige allgemeine Betrachtungen wollen wir dennoch anstellen. Zunächst ist die Zugänglichkeits-Relation R eine zweistellige Relation zwischen zwei Welten w und w', und wir wollen annehmen, dass w und w' einander ähnlich sind, wenn w und w' in der Relation R zueinander stehen. Wir können nun fragen: Welche Eigenschaften hat R? Wenn wir davon ausgehen, dass alle Welten $w_i \in W$ sich selbst zugänglich sind, so steht jede Welt w natürlich zu sich selbst in der Relation R, so dass wRw für alle $w \in W$ gilt. R wäre damit eine *reflexive* Relation. Diese Annahme ist plausibel, denn jede Welt ist sich selbst ähnlich. Wir könnten weiterhin annehmen, dass eine Welt w einer Welt w' zugänglich ist, wenn auch umgekehrt die Welt w' der Welt w zugänglich ist. Unter dieser Voraussetzung wäre die Relation R auch *symmetrisch*. Jedoch ist diese Annahme in bestimmten Hinsichten nicht mehr plausibel. Stellen wir uns zwei Welten w und w' vor, wobei es in w möglich ist, auf den Mond zu fliegen, in w' aber nicht. Wir würden vermuten, dass die Leute in der Welt w zwar die Leute in der Welt w' verstehen könnten, in der man noch nicht auf den Mond geflogen ist (und auch nicht kurz davor steht), aber wir würden nicht vermuten, dass die Leute in der Welt w' die Leute in der Welt w verstehen könnten. Die Idee ist einfach, denn wir müssen uns nur gedanklich um ca. neunzig Jahre in die Vergangenheit zurückversetzen, als die Brüder Wright ihre ersten Flugversuche unternahmen, um zu begreifen, dass in dieser Zeit die Vorstellung von einem Flug zum Mond eine pure Utopie war. Symmetrie scheint daher keine Eigenschaft zu sein, die für die Relation R unter den soeben vorgestellten Bedingungen in Frage kommt. Wenn wir aber Ähnlichkeit ausschließlich in bezug auf das den beiden Welten zugrundeliegende logische System erreichen wollen, so ist die Symmetrie sehr wohl ein Kandidat für eine Eigenschaft von R. Da wir uns in diesem Kapitel zunächst nur mit den alethischen Modalitäten beschäftigen wollen, wollen wir auch annehmen, dass R symmetrisch ist. Nun visieren wir natürlich auch die Eigenschaft der Transitivität an, damit R zu einer Äquivalenzrelation wird, denn dann müssen wir uns um Zugänglichkeit überhaupt nicht mehr kümmern, da alle relevanten Welten in einer Äquivalenzklasse liegen. Und natürlich können wir R auch als *transitive* Relation auffassen, wenn wir uns nur auf das logische System beziehen. Denn wenn für drei Welten w_1, w_2 und w_3 das gleiche logische System gilt und wenn w_1 w_2 und w_2 w_3 einander jeweils zugänglich sind, dann ist natürlich auch w_1 w_3 zugänglich. Unter den gegebenen Bedingungen resultiert R damit als Äquivalenzrelation, so dass diejenigen Welten, auf die wir uns unter diesen Bedingungen beziehen wollen, einander zugänglich sind.

11.3. Ein Modell mit möglichen Welten

Wie sieht ein Modell aus, in dem mögliche Welten vorkommen? Wir können zur Beantwortung dieser Frage einige Anleihen bei den temporalen Modellen machen. Entsprechend einer Menge T von Zeitpunkten nehmen wir eine Menge W von Welten. Um die Menge der Zeitpunkte t_i zu ordnen, hatten wir eine Ordnungsrelation auf dieser Menge definiert. Da wir soeben festgestellt haben, dass die Zugänglichkeits-Relation für Welten nicht definiert werden muss, besteht der Unterschied zwischen einem temporalen Modell und einem Modell mit möglichen Welten nur darin, dass wir die Menge der Zeitpunkte durch eine Menge von Welten ersetzen und die Ordnungsrelation weglassen. Ein Modell mit möglichen Welten ist somit ein Drei-Tupel: <D, F, W>. In einem solchen Modell betrachten wir nur Alternativen zur aktuellen Welt zu *einer* Zeit. Die Denotatsfunktion F muss jedem Ausdruck ein Denotat relativ zu einer Welt w zuweisen:

(1) Modell mit möglichen Welten:
Ein Modell M mit möglichen Welten ist ein Drei-Tupel <D, W, F>, wobei
D die Diskursdomäne ist,
W eine (nicht-leere) Menge von Welten w_i und
F eine Funktion, die jedes Paar <w_i,α>, bestehend aus einer Welt w_i und einer nicht-logischen Konstanten α, auf das Denotat von α in der Welt w_i abbildet.

Das Denotat eines Ausdrucks α muss also von der Funktion F relativ zu jeder Welt festgelegt werden. Um welche Welt es sich dabei jeweils handelt, notieren wir – gerade so wie in der Zeitlogik – durch ein Superskript 'w' für die Welt w:

(2) $[\![\alpha]\!]^{M,w,g}$ ist das Denotat von α relativ zum Modell M, der Welt w und der Variablenbelegung g.

Wenn α das Prädikat *schlafen'* ist, und wenn in der Welt w_1 *Otto*, *Maria* und *Clara* schlafen, dann gilt (3):

(3) $F(w_1, \text{schlafen'}) = \{[\![\text{Otto'}]\!]^{M,w1,g}, [\![\text{Maria'}]\!]^{M,w1,g}, [\![\text{Clara'}]\!]^{M,w1,g}\}$

Wenn in der Welt w_2 nur Otto schläft, dann gilt:

(4) $F(w_2, \text{schlafen'}) = \{[\![\text{Otto'}]\!]^{M,w2,g}\}$

Wir konstruieren nun ein einfaches Modell M = <D,W,F> mit der Diskursdomäne D, der Menge von Welten W und der Funktion F wie in (5)(i):

(5) (i) D = {Peter, Maria, Otto},

(ii) $W = \{w_1, w_2, w_3\}$,

(iii)
$$
\begin{array}{lcl}
F(w_1,\text{schnarchen'}) & = & \{[\![\text{Peter'}]\!]^{M,w1,g}, [\![\text{Otto'}]\!]^{M,w1,g}, [\![\text{Maria'}]\!]^{M,w1,g}\} \\
F(w_2,\text{schnarchen'}) & = & \{[\![\text{Peter'}]\!]^{M,w2,g}, [\![\text{Otto'}]\!]^{M,w2,g}\} \\
F(w_3,\text{schnarchen'}) & = & \{[\![\text{Maria'}]\!]^{M,w3,g}\} \\
F(w_1,\text{schlafen'}) & = & \{[\![\text{Otto'}]\!]^{M,w1,g}, [\![\text{Maria'}]\!]^{M,w1,g}\} \\
F(w_2,\text{schlafen'}) & = & \{[\![\text{Otto'}]\!]^{M,w2,g}\} \\
F(w_3,\text{schlafen'}) & = & \{[\![\text{Peter'}]\!]^{M,w3,g}\} \\
F(w_1,\text{lieben'}) & = & \{ <[\![\text{Peter'}]\!]^{M,w1,g}, [\![\text{Otto'}]\!]^{M,w1,g}>, \\
 & & <[\![\text{Maria'}]\!]^{M,w1,g}, [\![\text{Peter'}]\!]^{M,w1,g}>, \\
 & & <[\![\text{Otto'}]\!]^{M,w1,g}, [\![\text{Peter'}]\!]^{M,w1,g}> \} \\
F(w_2,\text{lieben'}) & = & \{ <[\![\text{Peter'}]\!]^{M,w2,g}, [\![\text{Otto'}]\!]^{M,w2,g}>, \\
 & & <[\![\text{Otto'}]\!]^{M,w2,g}, [\![\text{Maria'}]\!]^{M,w2,g}>, \\
 & & <[\![\text{Maria'}]\!]^{M,w2,g}, [\![\text{Peter'}]\!]^{M,w2,g}> \} \\
F(w_3,\text{lieben'}) & = & \{ <[\![\text{Otto'}]\!]^{M,w3,g}, [\![\text{Otto'}]\!]^{M,w3,g}>, \\
 & & <[\![\text{Otto'}]\!]^{M,w3,g}, [\![\text{Peter'}]\!]^{M,w3,g}>, \\
 & & <[\![\text{Peter'}]\!]^{M,w3,g}, [\![\text{Maria'}]\!]^{M,w3,g}> \}
\end{array}
$$

Für Eigennamen nehmen wir an, dass sie in allen Welten dasselbe Individuum denotieren, denn Eigennamen sind rigide Designatoren. Diese Annahme vereinfacht unser Vorgehen entschieden, denn es wäre anderenfalls nicht ohne weiteres klar, dass der Name *Peter'* in der Welt w_1 das gleiche Individuum denotiert wie in der Welt w_2. Das Problem der Quer-Welt-ein-Identität (cross world identity) wird uns daher nicht beschäftigen (vgl dazu Kripke 1972):

(6)
$$
\begin{array}{lcl}
F(w_1,\text{Peter'}) & = & [\![\text{Peter'}]\!]^{M,w1,g} \\
F(w_2,\text{Peter'}) & = & [\![\text{Peter'}]\!]^{M,w2,g} \\
F(w_3,\text{Peter'}) & = & [\![\text{Peter'}]\!]^{M,w3,g} \\
F(w_1,\text{Maria'}) & = & [\![\text{Maria'}]\!]^{M,w1,g} \\
F(w_2,\text{Maria'}) & = & [\![\text{Maria'}]\!]^{M,w2,g} \\
F(w_3,\text{Maria'}) & = & [\![\text{Maria'}]\!]^{M,w3,g} \\
F(w_1,\text{Otto'}) & = & [\![\text{Otto'}]\!]^{M,w1,g} \\
F(w_2,\text{Otto'}) & = & [\![\text{Otto'}]\!]^{M,w2,g} \\
F(w_3,\text{Otto'}) & = & [\![\text{Otto'}]\!]^{M,w3,g}
\end{array}
$$

Relativ zu dem Modell M ist der Satz *Otto schläft* in der Welt w_1 wahr, denn in M gilt (7)(ii):

(7) (i) $[\![\text{schlafen'(Otto')}]\!]^{M,w1,g} = 1$

(ii) $F(w_1,\text{Otto'}) = [\![\text{Otto'}]\!]^{M,w1,g} \in \{[\![\text{Otto'}]\!]^{M,w1,g}, [\![\text{Maria'}]\!]^{M,w1,g}\} = F(w_1, \text{schlafen'})$

Dieser Satz ist ebenfalls in der Welt w_2 wahr, wie sich leicht nachprüfen lässt. Er ist aber falsch in der Welt w_3, wie (8)(ii) zeigt:

(8) (i) $[\![\text{schlafen'(Otto')}]\!]^{M,w3,g} = 0$
(ii) $F(w_3,\text{Otto'}) = [\![\text{Otto'}]\!]^{M,w3,g} \notin \{[\![\text{Peter'}]\!]^{M,w3,g}\} = F(w_3, \text{schlafen'})$.

Die Aussage *Maria liebt Peter* ist wahr in den Welten w_1 und w_2, und sie ist falsch in der Welt w_3. Maria liebt offenbar nur Männer, die nicht ständig müde sind und schlafen, aber Peter schläft eben in w_3.

Die Formel $\forall x$[schnarchen(x)] ist wahr in der Welt w_1, falsch hingegen in den Welten w_2 und w_3, da nur in der Welt w_1 alle Individuen im Denotat von *schnarchen'* auftreten. Es gilt also (9)(i):

(9) (i) $[\![\forall x[\text{schnarchen'}(x)]]\!]^{M,w1,g} = 1$
(ii) $[\![\forall x[\text{schnarchen'}(x)]]\!]^{M,w2,g} = 0$
(iii) $[\![\forall x[\text{schnarchen'}(x)]]\!]^{M,w3,g} = 0$

Wie wir sehen, ist das Modell in (5)(i) ganz parallel zu dem temporalen Modell im vorherigen Kapitel festgelegt, nur dass wir hier die Zeitpunkte t_i gegen Welten w_i ausgetauscht und die Ordnungsrelation '<' weggelassen haben. Die Interpretation der Ausdrücke geschieht aber prinzipiell in der gleichen Weise, nur dass deren Denotate nicht zu einer anderen Zeit, sondern in einer anderen Welt festgelegt sind.

11.4. Syntax und Semantik der Modal-Operatoren

Wir werden nun für die beiden Modalitäten zwei Operatoren *Notwendigkeit*: $\Box$ und *Möglichkeit*: $\Diamond$ definieren, die mit Formeln verbunden werden können. Dafür formulieren wir syntaktische Regeln, für die wir im Anschluss auch wieder jeweils eine Interpretationsregel angeben. Da wir bereits gesehen haben, dass die beiden Modalausdrücke Satz-Operatoren sind, können wir sie ganz ähnlich wie die Zeit-Operatoren **G** und **H** behandeln. $\Box$ und $\Diamond$ werden vor Formeln geschrieben, so dass sich wieder Formeln ergeben, die notwendigerweise bzw. möglicherweise wahr sind. Die syntaktischen Regeln sind einfach zu formulieren:

(1) Syntaktische Regeln:
(i) Wenn φ eine Formel ist, dann ist $\Box\varphi$ eine Formel.
(ii) Wenn φ eine Formel ist, dann ist $\Diamond\varphi$ eine Formel.

Es lässt sich bereits aus unseren einführenden Bemerkungen erkennen, welche Interpretation diesen syntaktischen Regeln gegeben werden muss. Wir verwenden die Leibnizsche Idee, dass eine Aussage in der Welt w *notwendig wahr* ist, wenn sie in allen möglichen Welten wahr ist. Eine Aussage ist hingegen *möglicherweise wahr*, wenn es mindestens eine Welt gibt, in der sie wahr ist. Diese Einsichten halten wir in den semantischen Regeln in (2) fest:

(2) Semantische Regeln:
  (i) Wenn φ eine Formel ist, dann ist $[\![\Box\varphi]\!]^{M,w,g} = 1$, gdw. für alle $w' \in W$ gilt: $[\![\varphi]\!]^{M,w',g} = 1$.
  (ii) Wenn φ eine Formel ist, dann ist $[\![\Diamond\varphi]\!]^{M,w,g} = 1$, gdw. für mindestens ein $w' \in W$ gilt: $[\![\varphi]\!]^{M,w',g} = 1$.

Wiederum sehen wir, dass sowohl die syntaktischen wie die semantischen Regeln in strikter Analogie zu den Regeln für die Zeit-Operatoren **G** und **H** formuliert sind, und in der Tat besteht in formaler Hinsicht auch kein Unterschied zwischen den beiden Systemen. Der Notwendigkeits-Operator □ wird durch eine implizite Allquantifikation über der Menge der Welten interpretiert und der Möglichkeits-Operator ◇ durch eine implizite Existenzquantifikation über dieser Menge.

11.5. Interaktion zwischen den Modal-Operatoren und der Negation

Eine Aussage ist notwendig wahr, wenn nicht die Möglichkeit besteht, dass sie falsch ist, und eine Aussage ist notwendig falsch, wenn nicht die Möglichkeit besteht, dass sie wahr ist. Umgekehrt formuliert ist eine Aussage möglicherweise wahr, wenn sie nicht notwendig falsch ist, und eine Aussage ist möglicherweise falsch, wenn sie nicht notwendig wahr ist. Mit Hilfe der Negation lässt sich der Notwendigkeits-Operator □ durch den Möglichkeits-Operator ◇ ausdrücken und umgekehrt, so dass wir erneut ein Dualitäts-Diagramm konstruieren können:

(1)

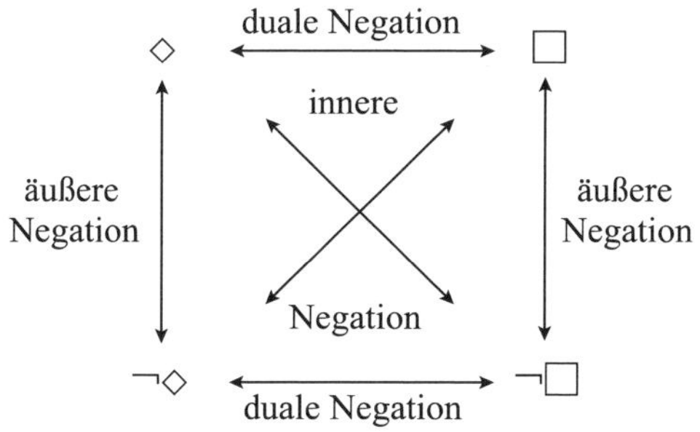

Die Interpretation dieses Diagramms geschieht in der gleichen Weise, wie wir es schon bei den Zeit-Operatoren kennen gelernt haben, und sie basiert auch hier auf dem grundlegenden Zusammenhang zwischen der Negation und dem impliziten Existenz- bzw. Allquantor, die in der Interpretationsregel des ◇- bzw. □-Operators auftreten. Die Domäne der jeweils impliziten Existenz- bzw. Allquantifikation ist die Menge der möglichen Welten.

Zur Interpretation des Diagramms betrachten wir zunächst das Verhältnis zwischen der Aussage in der linken (bzw. rechten) oberen und der linken (bzw. rechten) unteren Ecke. Die Äquivalenz zwischen den beiden Eckpunkten, die durch doppelte Negation entsteht, drückt (2) (bzw. (3)) aus, wobei die Ausdrücke in (ii) jeweils die linke Seite der Äquivalenz und die Ausdrücke in (iii) jeweils die rechte Seite der Äquivalenz paraphrasieren:

(2) $\Diamond\varphi \quad \rightleftarrows \quad \neg(\neg\Diamond\varphi)$

↑ **äußere Negation**

(i) Es ist möglich, dass φ.
(ii) Es ist nicht der Fall, dass es nicht möglich ist, dass φ.

(3) $\Box\varphi \quad \rightleftarrows \quad \neg(\neg\Box\varphi)$

↑ **äußere Negation**

(i) Notwendigerweise gilt φ.
(ii) Es ist nicht der Fall, dass es nicht notwendig ist, dass φ.

Interessanter sind die beiden Äquivalenzen, die durch duale Negation entstehen, d.h. die Beziehungen, die in der Horizontalen zwischen den linken und rechten Ecken hergestellt werden. Die duale Negation der Formel oben links führt zur Äquivalenz in (4), und die duale Negation der Formel oben rechts zu der Äquivalenz in (5):

(4) $\neg\Diamond\neg\varphi \quad \rightleftarrows \quad \Box\varphi$

↑ **duale Negation**

(i) Es ist nicht möglich, dass nicht φ.
(ii) Notwendigerweise gilt φ.

(5) $\Diamond\varphi \quad \rightleftarrows \quad \neg\Box\neg\varphi$

↑ **duale Negation**

(i) Es ist möglich, dass φ.
(ii) Es ist nicht notwendig, dass nicht φ.

Die duale Negation der Formel unten links im Diagramm (1) führt zu der Äquivalenz in (6), und die duale Negation der Formel unten rechts im Diagramm (1) führt zu der Äquivalenz in (7):

(6) $\diamond\neg\varphi \quad \rightleftarrows \quad \neg\Box\varphi$
$\uparrow$
innere Negation

(i) Es ist möglich, dass nicht φ.
(ii) Es ist nicht notwendig, dass φ.

(7) $\neg\diamond\varphi \quad \rightleftarrows \quad \Box\neg\varphi$
$\uparrow$
innere Negation

(i) Es ist nicht möglich, dass φ.
(ii) Es ist notwendig, dass nicht φ.

11.6. Skopusambiguitäten zwischen Modal-Operatoren und Quantoren

Aufgrund der impliziten Quantifikationen über Welten, die die Operatoren $\diamond$ und $\Box$ bewirken, sagen die semantischen Regeln wieder voraus, dass Skopusambiguitäten im Zusammenspiel mit den Quantoren $\exists$ und $\forall$ auftreten, wenn jeweils unterschiedliche Quantifikationen vorliegen, und dass keine Ambiguitäten auftreten, wenn die Quantifikationsart gleich ist. Ein Blick auf die Formeln in (1) und die dazugehörigen Paraphrasen zeigt, dass diese Voraussage nicht unmittelbar mit unseren Intuitionen übereinstimmt:

(1) (i) $\forall x[\Box\varphi(x)]$
Für alle Individuen x gilt, dass sie notwendigerweise schlafen.
(ii) $\Box\forall x[\varphi(x)]$
Es ist notwendigerweise so, dass alle Individuen x schlafen.

Da der Operator $\Box$ eine Allquantifikation beinhaltet, sollten die Formeln (1)(i) und (1)(ii) äquivalent sein. Was besagen die Formeln aber genau? (1)(i) bedeutet, dass für alle Individuen in der *aktuellen* Welt gilt, dass sie in *allen* Welten schlafen, und die Formel (1)(ii), dass in *allen* Welten jeweils *alle* Individuen schlafen. Um zu verstehen, dass (1)(i) und (1)(ii) nach den semantischen Regeln für die Modal-Operatoren äquivalent sind, müssen wir uns vergegenwärtigen, dass die Diskursdomäne für alle Welten identisch ist. (1)(i) ist wahr, wenn für alle Individuen in der aktuellen Welt gilt, dass sie in allen Welten (bzw. unter allen Umständen) schlafen, und das ist natürlich äquivalent dazu, dass in allen Welten (bzw. unter allen Umständen) alle Individuen schlafen.

Eine ähnliche Überlegung muss auch für die Äquivalenz der Formeln in (2) angestellt werden:

(2) (i) $\exists x[\Diamond\varphi(x)]$: Es gibt ein Individuum x, das möglicherweise schläft.
(ii) $\Diamond\exists x[\varphi(x)]$: Möglicherweise gibt es ein Individuum x, das schläft.

Die Formel (2)(i) ist wahr, wenn es in der aktuellen Welt ein Individuum gibt, das in einer Welt (bzw. unter irgendeinem Umstand) schläft. Damit (2)(ii) wahr ist, muss es eine Welt (bzw. einen Umstand) geben, in der ein Individuum schläft. Unter der Annahme, dass die Diskursdomäne für alle Welten identisch ist, sind die Formeln in (2) äquivalent. Genau wie in dem Beispiel zuvor, müssen wir uns auf die Voraussetzung der identischen Diskursdomäne besinnen, um die Formel nachzuvollziehen. Es mag genau dieser Aspekt sein, der unserer Intuition zuwiderläuft, weshalb uns die Äquivalenzen nicht unmittelbar einsichtig erscheinen. Sobald wir uns nämlich an die Märchen unserer Kindertage zurückerinnern, in denen Hexen, Riesen, Feen, Einhörner und Elfen eine Rolle gespielt haben, fällt uns die Überlegung nicht schwer, dass es in anderen Welten Individuen geben kann, die in unserer aktuellen Welt nicht existieren.

Für die Formeln in (3) und (4) sagen unsere semantischen Regeln umgekehrt Ambiguitäten voraus, und wir können feststellen, dass die Interpretationen in (3)(i) und (3)(ii) (bzw. (4)(i) und (4)(ii)) tatsächlich unterschiedlich sind:

(3) (i) $\exists x[\Box\varphi(x)]$
Es gibt ein Individuum x, für das gilt, dass x notwendigerweise schläft.
(ii) $\Box\exists x[\varphi(x)]$
Es ist notwendigerweise so, dass es ein Individuum x gibt, das schläft.

Wenn (3)(i) wahr ist, dann gibt es ein Individuum in der aktuellen Welt, für das gilt, dass es in allen Welten schläft. Dieses Individuum schläft also unter allen Umständen. (3)(ii) dagegen besagt, dass es in jeder Welt ein Individuum gibt, das schläft, was bedeutet, dass zu jedem Umstand ein Individuum existiert, welches schläft. Ähnlich verhält es sich mit dem Allquantor und dem Operator $\Diamond$, wie (4) zeigt:

(4) (i) $\forall x[\Diamond\varphi(x)]$
Für alle x gilt, dass sie möglicherweise schlafen.
(ii) $\Diamond\forall x[\varphi(x)]$
Es ist möglich, dass alle schlafen.

Während die Formel in (4)(i) genau dann wahr ist, wenn für alle Individuen in der aktuellen Welt gilt, dass sie in einer Welt schlafen, erfordert die Wahrheit von (4)(ii), dass es eine Welt gibt, in der alle schlafen. (4)(i) ist also dann wahr, wenn es zu jedem Individuum einen Umstand gibt, unter dem es schläft, während (4)(ii) dann wahr wird, wenn es einen Umstand gibt, unter dem alle Individuen schlafen.

Diese kurzen Betrachtungen sollen ausreichen, um uns klarzumachen, dass auch die Interaktion zwischen Modal-Operatoren und den Quantoren $\exists$ und $\forall$ zu Skopusambiguitäten führt.

11.7. Die Zusammenführung von Zeit- und Modallogik

Wir haben jetzt die Sprache L_1 einerseits um die Regeln für die Zeit-Operatoren ergänzt und andererseits um die Regeln für die Modal-Operatoren. Wir wollen nun daran gehen, diese beiden Erweiterungen zusammenzufassen. Dazu werden wir die Sprache L_{1tm} definieren, die an sich keine neuen Regeln hinzufügt, sondern tatsächlich allein eine Verknüpfung der uns bereits bekannten darstellt. Das Modell, relativ zu dem die Ausdrücke von L_{1tm} interpretiert werden, muss natürlich die Zeitkomponente *und* die Weltkomponente beinhalten.

Wir erinnern uns, dass sich die Zeitlogik durch zwei Operatoren **F** und **P** mit den zugehörigen syntaktischen und semantischen Regeln von der *Sprache* L_1 unterschieden hat. Das entsprechende zeitlogische *Modell* für L_1 unterschied sich von dem einfachen Modell dadurch, dass wir eine mittels der Vorgängerrelation '<' geordnete Menge T von Zeitpunkten angenommen hatten. Die Denotatsfunktion F hat das Denotat eines Ausdrucks α relativ zu einem Zeitpunkt bestimmt. Die Interpretation der Zeit-Operatoren erhielten wir, indem wir implizit über die Menge der Zeitpunkte quantifiziert haben. In ähnlicher Weise sind wir in der Modallogik vorgegangen. Dort haben wir das Modell um eine Menge W von möglichen Welten erweitert und zwei Operatoren $\Diamond$ und $\Box$ mit den zugehörigen syntaktischen und semantischen Regeln eingeführt. Die Interpretation des Notwendigkeits-Operators $\Box$ und des Möglichkeits-Operators $\Diamond$ wurde so definiert, dass wir implizit über mögliche Welten quantifiziert haben.

Wir werden nun das Denotat eines Ausdrucks α nicht mehr nur hinsichtlich einer Zeit t *oder* einer möglichen Welt w betrachten, sondern vielmehr das Denotat von α an einem Welt-Zeitpunkt <w,t>. Ein Welt-Zeitpunkt <w,t> ist ein geordnetes Paar, bestehend aus der Welt w und dem Zeitpunkt t. Da wir eine Menge W von Welten und eine (geordnete) Menge T von Zeitpunkten aufeinander beziehen, bilden wir das cartesische Produkt W x T und erhalten damit die Menge aller Paare <w,t> von Welt- und Zeitpunkten. Ein Element <w,t> $\in$ W x T nennen wir einen *Index*. Die graphische Darstellung in (1) veranschaulicht, dass ein Index als *Koordinate* eines Koordinatensystems mit der Weltkoordinate W und der Zeitkoordinate T aufgefasst werden kann:

(1)

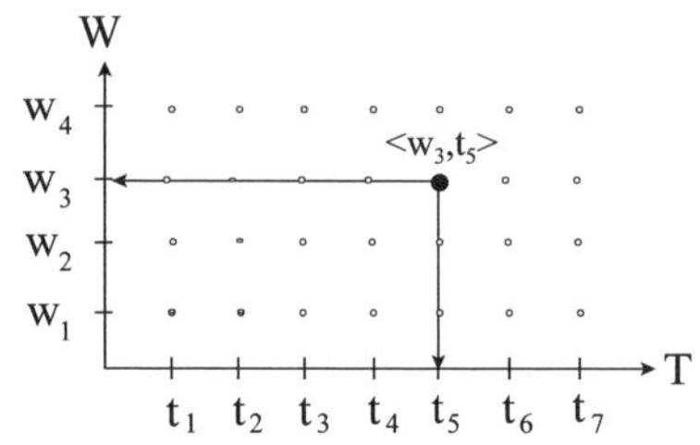

Wenn wir uns auf der horizontalen Achse bewegen, d.h. durch die Zeit wandern, so betrachten wir eine Welt zu unterschiedlichen Zeitpunkten. Laufen wir dagegen auf der vertikalen Achse, so wandern wir durch mögliche Welten zu einem bestimmten Zeitpunkt. Falls wir uns etwa auf die Welt w_3 zum Zeitpunkt t_5 beziehen wollen, dann betrachten wir die Koordinate $<w_3,t_5>$.

Wie ist in unserem kombinierten Modell der Operator $\Box$ zu interpretieren? Hier stehen die zwei Möglichkeiten in (2) zur Verfügung:

(2) (i) notwendig zur Zeit t
(ii) notwendig zu allen Zeiten

Damit der Ausdruck $\Box\varphi$ nach (2)(i) wahr ist, muss φ in allen Welten zu einem bestimmten Zeitpunkt t wahr sein, d.h. nur auf der vertikalen Achse über t, während (2)(ii) erfordert, dass φ an allen Indizes wahr ist. Da wir bei der semantischen Regel für $\Box\varphi$ die Wahrheit von φ für alle $w \in W$ festgelegt haben, wollen wir uns konsequenterweise auf (2)(ii) festlegen. Wir quantifizieren mit $\Box$ also sowohl über alle Welten als auch über alle Zeiten, oder anders formuliert: Damit $\Box\varphi$ wahr ist, muss φ an *jedem Index* wahr sein. Wir konstruieren nun ein Modell für L_{1tm}.

Ein Modell für L_{1tm} ist ein Quintupel <D, W, T, '<', F>, wobei D die Menge der Individuen, W die Menge der möglichen Welten und T die Menge der Zeitpunkte mit der linearen Ordnung '<' ist. F ist die Denotatsfunktion, die jedes Tripel $<\alpha,w,t>$, bestehend aus der nicht-logischen Konstante α, der Welt w und der Zeit t, auf das Denotat von α in der Welt w zur Zeit t abbildet. Das Denotat eines Ausdrucks α aus L_{1tm} wird also relativ zu einem Modell M, einer Welt w, einem Zeitpunkt t und der Variablenbelegung g definiert. Für das Denotat von α verwenden wir demzufolge die Notation: $[\![\alpha]\!]^{M,w,t,g}$.

Die syntaktischen Regeln sind genau identisch mit den Regeln, die wir in den jeweiligen Kapiteln bereits kennen gelernt haben. Wir wiederholen sie in (3):

(3) Syntaktische Regeln von L_{1tm}:
(i) Wenn φ eine Formel ist, dann ist **P**φ eine Formel.
(ii) Wenn φ eine Formel ist, dann ist **F**φ eine Formel.

(iii) Wenn φ eine Formel ist, dann ist $\Box\varphi$ eine Formel.
(iv) Wenn φ eine Formel ist, dann ist $\diamond\varphi$ eine Formel.

Die semantischen Regeln zu (3) müssen wir den Denotaten anpassen, die nun auch relativ zu Indizes festgelegt werden, und auch die Regel für den Operator $\Box$ muss entsprechend erweitert werden. Ansonsten bleibt alles beim alten.

(4) Semantische Regeln von L_{1tm}:
(i) Wenn φ eine Formel ist, dann ist $[\![\mathbf{P}\varphi]\!]^{M,w,t,g} = 1$, gdw. für mindestens ein $t' \in T$ und $w \in W$ gilt: $[\![\varphi]\!]^{M,w,t',g} = 1$.
(ii) Wenn φ eine Formel ist, dann ist $[\![\mathbf{F}\varphi]\!]^{M,w,t,g} = 1$, gdw. für mindestens ein $t' \in T$ und $w \in W$ gilt: $[\![\varphi]\!]^{M,w,t',g} = 1$.
(iii) Wenn φ eine Formel ist, dann ist $[\![\Box\varphi]\!]^{M,w,t,g} = 1$, gdw. für alle $w' \in W$ und für alle $t' \in T$ gilt: $[\![\varphi]\!]^{M,w',t',g} = 1$.
(iv) Wenn φ eine Formel ist, dann ist $[\![\diamond\varphi]\!]^{M,w,t,g} = 1$, gdw. für mindestens ein $w' \in W$ und für mindestens ein $t' \in T$ gilt: $[\![\varphi]\!]^{M,w',t',g} = 1$.

Wir konstruieren zur Übung wieder ein kleines Modell M = <D,W,T,'<',F> und erläutern einige Beispiele zur Illustration. Wir wollen nicht allzu viele Welten und Zeiten verwenden, da die Modellstruktur ansonsten zu groß und unüberschaubar wird. Daher betrachten wir nur zwei Welten zu drei Zeitpunkten. Die Denotate der nicht-logischen Konstanten schreiben wir in Matrixform, da dies übersichtlicher ist. Zu jeder Konstanten geben wir also das Denotat direkt für alle Indizes an. Wir definieren wie folgt:

(5) (i) D = {Peter,Clara,Maria}
(ii) $W = \{w_1,w_2\}$
(iii) $T = \{t_1,t_2,t_3\}$
(iv) $'<' = \{<t_1,t_2>,<t_1,t_3>,<t_2,t_3>\}$
(v)

$F(w_i,t_i,\text{schlafen}') =$

Welt/Zeit	t_1	t_2	t_3
w_1	{Clara, Maria, Peter}	{Clara}	{Clara}
w_2	{Peter, Clara}	{}	{Maria}

$F(w_i,t_i,\text{schnarchen'}) =$

Welt/Zeit	t_1	t_2	t_3
w_1	{Clara, Maria}	{}	{Clara}
w_2	{Peter}	{}	{Maria}

$F(w_i,t_i,\text{lieben'}) =$

Welt/Zeit	t_1	t_2	t_3
w_1	{<Clara,Peter>, <Peter,Clara>}	{<Clara,Peter>}	{}
w_2	{<Peter,Clara>}	{}	{}

$F(w_i,t_i,\text{Peter'}) =$

Welt/Zeit	t_1	t_2	t_3
w_1	Peter	Peter	Peter
w_2	Peter	Peter	Peter

$F(w_i,t_i,\text{Maria'}) =$

Welt/Zeit	t_1	t_2	t_3
w_1	Maria	Maria	Maria
w_2	Maria	Maria	Maria

$F(w_i,t_i,\text{Clara'}) =$

Welt/Zeit	t_1	t_2	t_3
w_1	Clara	Clara	Clara
w_2	Clara	Clara	Clara

Wie lassen sich Aussagen in diesem Modell interpretieren? Zur Erläuterung betrachten wir einige Beispiele. Nehmen wir an, dass am Index $<w_2,t_2>$ die Sätze in (6)(i) geäußert werden:

(6) (i) Clara schläft.
(ii) Clara schlief.
(iii) Möglicherweise schläft Clara.
(iv) Möglicherweise schlief Clara.

Diese Sätze übersetzen wir zunächst in die Sprache L_{1tm}, so dass sich die zugehörigen Formeln in (7) ergeben:

(7) (i) schlafen'(Clara')
(ii) **P**[schlafen'(Clara')]
(iii) ◇[schlafen'(Clara')]
(iv) a. ◇[**P**[schlafen'(Clara')]]
b. **P**[◇[schlafen'(Clara')]]

Die Formel (7)(i) ist an dem Index $<w_2,t_2>$ falsch, weil das Denotat von *schlafen'* an diesem Index die leere Menge ist.

Die Formel (7)(ii) ist dagegen an diesem Index wahr, denn zu der Welt w_2 gibt es einen Zeitpunkt t_1, der vor t_2 liegt und an dem (8) gilt:

(8) $[\![\text{Clara}]\!]^{M,w2,t1,g} \in [\![\text{schlafen'}]\!]^{M,w2,t1,g}$

Bei der Interpretation gehen wir so vor, dass wir in der Welt w_2 bleiben und einen Zeitpunkt vor t_2 suchen, an dem das Individuum *Clara* im Denotat von *schlafen'* enthalten ist.

Die Formel (7)(iii) ist an dem Index $<w_2,t_2>$ ebenfalls wahr, denn es gibt die zu w_2 alternative Welt w_1, in der es zur Zeit t_2 der Fall ist, dass Clara schläft, d.h. am Index $<w_1,t_2>$ gilt (9):

(9) $[\![\text{Clara}]\!]^{M,w1,t2,g} \in [\![\text{schlafen'}]\!]^{M,w1,t2,g}$

Um die Formel (7)(iv)a. zu berechnen, müssen wir eine Welt zu einer Zeit vor t_2 finden, in der *Clara* Element des Denotats von *schlafen'* ist. Da wir die Formel am Index $<w_2,t_2>$ bewerten, müssen wir also die Welten zum Zeitpunkt t_1 betrachten, und in mindestens einer Welt zu t_1 muss gelten, dass Clara schläft. In der Welt w_1 ist dies der Fall, denn es gilt (10):

(10) $[\![\text{Clara}]\!]^{M,w1,t1,g} \in [\![\text{schlafen'}]\!]^{M,w1,t1,g}$

Folglich ist die Formel (7)(iv)a. am Index $<w_2,t_2>$ wahr. Dasselbe gilt für die Formel (7)(iv)b., denn aufgrund der Verwendung von zwei (impliziten) Existenzquantoren resultieren keine Skopusambiguitäten.

11.8. Übungsaufgaben

1. Übersetze die folgenden Sätze in L_1 mit Modal-Operatoren. Verwende zur Übersetzung der Modalverben *müssen* und *können* jeweils die Operatoren $\Box$ und $\Diamond$:

   (i) Peter muss kommen.
   (ii) Peter kann kommen.
   (iii) Peter muss kommen können.
   (iv) Peter kann kommen müssen.

2. Übersetze die folgenden Sätze in L_{1tm}. Gib alle möglichen Übersetzungen an. Überlege, welche Übersetzungen auch intuitiv möglich sind:

   (i) Peter konnte kommen.
   (ii) Clara wird kommen können.
   (iii) Alle werden schlafen können.
   (iv) Einer mußte spülen.

3. Übersetze die folgenden Sätze in L_{1tm} und berechne die Wahrheitswerte der zugehörigen Formeln im Modell (5)(i) jeweils an den Indizes $<w_1,t_1>$, $<w_2,t_3>$ und $<w_2,t_2>$:

   (i) Alle schlafen.
   (ii) Möglicherweise schliefen alle.
   (iii) Möglicherweise liebt Clara Peter.

12. Intensionale Logik

Wir haben jetzt alle Vorarbeit geleistet, um die Frage nach der Bedeutung sprachlicher Ausdrücke erneut zu stellen. Zu Beginn unseres Unternehmens hatten wir den Begriff *Bedeutung* mit Wittgenstein derart charakterisiert, dass wir sagten: Die Bedeutung eines Satzes zu kennen, heißt zu wissen, wie die Welt beschaffen sein muss, damit er wahr ist, ohne wissen zu müssen, ob er wahr ist. Diese Charakterisierung wollen wir nun formal präzisieren. Die Idee besteht darin, die Wahrheit eines Satzes zu jeder beliebigen Situation angeben zu können. Wenn wir diese Idee etwas technischer ausdrücken, so besagt sie, dass wir eine Funktion konstruieren wollen, die uns zu jeder möglichen Weltsituation sagt, ob eine Aussage diese Weltsituation zutreffend beschreibt oder nicht, bzw. ob die Aussage in bezug zu irgendeiner möglichen Weltsituation wahr oder falsch ist. Mögliche Weltsituationen können wir dabei durch Indizes angeben. Wir erinnern uns, dass ein *Index* ein Paar <w,t> bestehend aus einer Welt w und einer Zeit t ist. Wenn wir nun die *Menge aller Indizes* betrachten, so stellt diese Menge gerade alle möglichen Weltzustände zu allen Zeiten dar. Um die Bedeutung einer Aussage zu ermitteln, sollte die Funktion also an jedem Index entscheiden können, ob die Aussage jeweils wahr ist oder nicht. Wenn wir auch diesen Sachverhalt etwas technischer ausdrücken, so besagt er, dass die Bedeutung einer Aussage eine Funktion von Indizes in Wahrheitswerte ist. Jeder Index, an dem die Aussage wahr ist, wird auf 1 abgebildet und jeder andere auf 0. Eine derart konstruierte Funktion leistet also gerade das, was unsere semantische Intuition auch leistet, denn sie sagt uns zu jeder Weltsituation, ob eine Aussage diese Weltsituation zutreffend beschreibt oder nicht. Wenn wir uns etwa die Aussage in (1)(i) mit der Übersetzung in (1)(ii) ansehen, so soll diese Funktion jeden Index, an dem Peter schläft, auf 1 abbilden und jeden anderen Index auf 0:

(1) (i) Peter schläft.

(ii) schlafen'(Peter')

(iii)

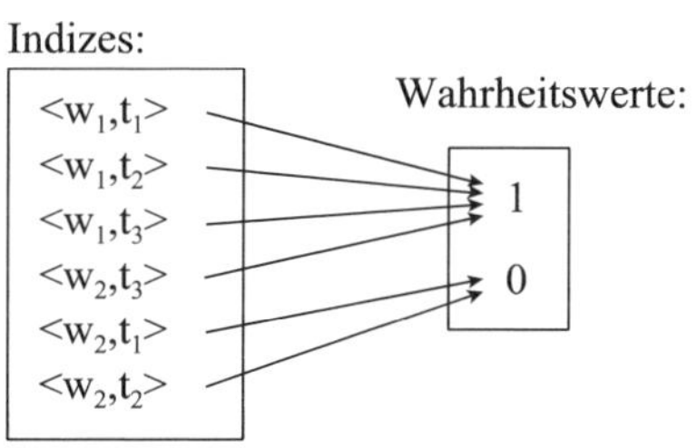

(iv) D_t^{WxT}: 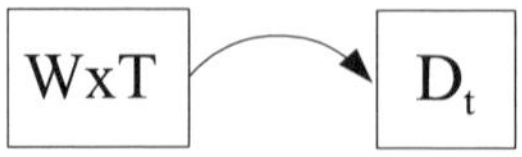

Wenn wir zwei Welten w_1 und w_2 zu den drei Zeitpunkten t_1, t_2 und t_3 betrachten und wenn Peter in w_1 an allen drei Zeitpunkten schläft, in w_2 hingegen nur zum Zeitpunkt t_3 und an t_1 und t_2 wach ist, so sagt uns die Funktion in (1)(iii) zu jedem Index, ob der Satz (1)(i) jeweils wahr oder falsch ist.

Es wird die Aufgabe dieses Kapitels sein, Funktionen von Indizes in andere Mengen zu spezifizieren, um so nicht nur die Bedeutung von Sätzen darstellen zu können, sondern die Bedeutung *aller* sprachlichen Ausdrücke. Bevor wir damit beginnen, machen wir uns die Relevanz dieses Konzepts anhand einiger philosophischer Überlegungen klar.

12.1. Sinn und Bedeutung: Intension und Extension

Der Philosoph und Logiker Gottlob Frege schrieb im Jahr 1892 den Aufsatz *Über Begriff und Gegenstand*, worin u.a. auf die folgende Überlegung Bezug genommen wird: Wenn eine Person, die nicht über besondere Kenntnisse in Astronomie verfügt, am Abend zum Himmel schaut und den hellsten Stern sieht, dann könnte sie auf die Idee kommen, diesem Planeten den Namen *Abendstern* zu geben. Die gleiche Person könnte am nächsten Morgen denselben Stern wieder sehen und ihm den Namen *Morgenstern* geben, ohne zu wissen, dass sie die beiden *Begriffe* für ein und denselben Planeten verwendet. Nun ist es tatsächlich so, dass der Stern, der am Abend wie am Morgen gesichtet werden kann, derselbe Stern ist, nämlich der Planet Venus. Die Venus leuchtet sowohl am Abend als auch am Morgen, aber davon weiß unsere Person nichts. Sie nimmt vielmehr an, dass es sich um zwei verschiedene Sterne gehandelt haben muss, und so 'bedeutet' für unsere Person die Bezeichnung *Morgenstern* etwas anderes als die Bezeichnung *Abendstern*; nichtsdestoweniger treffen beide 'Bedeutungen' tatsächlich nur auf einen Planeten, die Venus, zu. Mit diesem Beispiel versucht Frege zu verdeutlichen, dass wir verschiedene Arten der Bedeutung unterscheiden müssen. Einerseits bezeichnet der Ausdruck *Morgenstern* einen Stern, der morgens am Himmel leuchtet, und der Ausdruck *Abendstern* einen Stern, der abends am Himmel leuchtet. Diese beiden Charakterisierungen nennt Frege den *Sinn* oder die *Art des Gegebenseins*. Andererseits beziehen sich beide Charakterisierungen auf ein- und denselben Himmelskörper, so wie er *tatsächlich* im System der Planeten existiert, die Venus. Dieses außersprachliche Objekt in der Welt nennt Frege die *Bedeutung* oder den *Begriffsumfang*. Die Bezeichnungen *Morgenstern* und *Abendstern* charakterisieren die Venus also dem Sinne nach, während der real existierende Stern die Bedeutung dieser Bezeichnungen ist. Wir sehen, dass wir ab sofort den Begriff *Bedeutung* sorgfältig verwenden müssen, um ihn nicht mit dem Begriff *Sinn* zu verwechseln. Um mögliche Verwirrungen zu vermeiden, wollen wir auch in Hinsicht auf unser formales

Anliegen eine etwas andere Terminologie verwenden, die auf den Logiker Rudolf Carnap (1891-1970) zurückgeht, und im folgenden die Fregeschen Bezeichnungen *Sinn* und *Bedeutung* durch *Intension* und *Extension* ersetzen. Diese terminologische Vereinbarung betrifft nun auch den Begriff *Denotat*, denn das, was wir bisher als Denotat eines Ausdrucks α bezeichnet haben, entspricht ja gerade der Extension des Ausdrucks α, nämlich den Dingen, die tatsächlich in der Welt bezeichnet werden. Damit wird aber der Begriff *Denotat* nicht überflüssig, denn nach wie vor benötigen wir eine Bezeichnung für die Funktionen, die die semantischen Regeln einem Ausdruck zuweisen. Wir wollen den Begriff *Denotat* als Oberbegriff sowohl für Intensionen als auch für Extensionen verwenden. Das folgende Schaubild verdeutlicht die terminologische Festlegung:

(1) Denotat

Intension Extension

Da wir das Denotat eines Ausdrucks α bisher stets in geschweiften Doppelklammern mit der Angabe sowohl des Modells als auch der Variablenbelegung g angegeben haben, müssen wir jetzt zusätzlich spezifizieren, in welchem Fall es sich bei einem Denotat um eine Intension bzw. um eine Extension handelt. Wir legen dazu die folgende Notation fest:

(2) (i) Für jeden Ausdruck α, jedes Modell M und jede Variablenbelegung g bezeichnet $[\![\alpha]\!]^{M,w,t,g}$ die Extension von α bzgl. M und g in der Welt w zur Zeit t.
(ii) Für jeden Ausdruck α, jedes Modell M und jede Variablenbelegung g bezeichnet $[\![\alpha]\!]_{I}^{\mathbf{M,g}}$ die Intension von α bzgl. M und g.

Wenn es sich bei dem Denotat eines Ausdrucks α um die Intension handelt, so notieren wir ein '$_I$' als Subskript an der Doppelklammer wie in (2)(ii); an der Notation für eine Extension verändern wir nichts.

Wenn wir uns an unsere Vorgehensweise in dem Kapitel über Prädikatenlogik erinnern, so können wir leicht feststellen, dass wir dort einen extensionalen Bedeutungsbegriff verwendet haben, denn wir waren ja grundsätzlich an den Denotaten der Ausdrücke in *einer* Welt interessiert. Dem Adjektiv *rot* hätten wir die Menge aller Dinge/Objekte/Personen, die rot sind, als Denotat zugewiesen und es damit *extensional* festgelegt. Wir wollen nun aber bestimmen können, was *Röte* ist, bzw. wie wir die Eigenschaft des Rot-Seins selbst charakterisieren können, und das ist eine *intensionale* Bestimmung. Eine erste intensionale Deutung für einen Satz, als Funktion von Indizes in Wahrheitswerte, haben wir bereits zu Beginn dieses Kapitels formuliert. Um eine Intension für das Adjektiv *rot* anzugeben, müssen wir uns klarmachen, welche Eigenschaften eine solche Intension hat. Unser intuitives Wissen über Rot-Sein wäre – in Anlehnung an die Bedeutungscharakterisierung eines Satzes – so anzugeben, dass wir wissen, was Rot-Sein bedeutet, wenn wir zu jedem Individuum an jedem Index angeben können, ob es rot ist oder nicht. Wir müssten damit in der Lage sein, an jedem Index zu entscheiden, welches Individuum zur Menge der roten Individuen gehört und welches nicht. Anders formuliert heißt das, dass die Intension des einstelligen Prädikats *rot'* eine Funktion ist, die uns an jedem Index die Menge derjenigen Individuen liefert, die an diesem Index rot sind. An *einem* Index ist diese Menge gerade die *Extension* von *rot'*. Die *Intension* von *rot'* soll uns insgesamt zu *jedem* Index die Extension von *rot'* an dem jeweiligen Index liefern. (3) zeigt eine solche Funktion, die die Intension von *rot'* in einem bestimmten Modell sein könnte:

(3)

Indizes:		Extension von *rot'*:
$<w_1,t_1>$	→	{Peter, Stuhl, Fahrrad}
$<w_1,t_2>$	→	{Stuhl, Fahrrad}
$<w_1,t_3>$	→	{Fahrrad}
$<w_2,t_1>$	→	{Mao-Bibel}
$<w_2,t_2>$	→	{Mao-Bibel}
$<w_2,t_3>$	→	{Hund, Mao-Bibel}

In der Welt w_1 zur Zeit t_1 ist Peter rot, weil er sich gerade schämt, aber auch der Stuhl und das Fahrrad. Zur Zeit t_2 hat sich Peter wieder unter Kontrolle und seine Gesichtsfarbe hat sich normalisiert. Zur Zeit t_3 ist nur das Fahrrad rot, da Clara den Stuhl inzwischen blau angestrichen hat. In der Welt w_2 ist zu den Zeiten t_1, t_2 und t_3 die Mao-Bibel rot. Zur Zeit t_3 ist dann auch noch der Hund rot, weil Otto ihn anlässlich des Todestages von Mao Tse Tung mit Lack eingesprüht hat.

Auch hier – geradeso wie bei der Intension der Sätze in (1) – haben wir es mit Funktionen von Indizes in bestimmte Mengen zu tun. Welche Mengen sind das? Nun, es sind gerade die Extensionen, die die in Frage stehenden Ausdrücke an den jeweiligen Indizes haben. Die Extension eines Satzes ist sein Wahrheitswert, und die Extension eines einstelligen Prädikats (wie etwa *rot'*) ist die Menge derjenigen Individuen, auf die das Prädikat zutrifft:

(4) Die Intension eines Ausdrucks α sagt uns zu jedem Index $<w,t>$, welche Extension dieser Ausdruck am Index $<w,t>$ hat.

Wir fassen daher *eine Intension als Funktion von Indizes in die Menge der Extensionen* auf. Dieses wichtige Resultat halten wir in (5) fest:

(5) Für jedes Modell, jede Variablenbelegung g, jede Welt w und jede Zeit t gilt:
$[\![\alpha]\!]_I^{M,g}(<w,t>) = [\![\alpha]\!]^{M,w,t,g}$.

Auf der linken Seite des Gleichheitszeichens steht die Intension des Ausdrucks α bzgl. eines Modells M und einer Variablenbelegung g. Diese Intension ist eine Funktion, die auf den Index <w,t> funktional angewendet wird. Auf der rechten Seite des Gleichheitszeichens steht die Extension des Ausdrucks α relativ zum Modell M, der Welt w, der Zeit t und der Variablenbelegung g.

12.2. Ein Modell für die Intensionale Logik IL

Zur Behandlung von Intensionen benötigen wir ein Modell, welches im wesentlichen ganz ähnlich strukturiert ist wie das Modell, das wir am Ende des letzten Kapitels bei der Zusammenführung von Zeit- und Modallogik betrachtet haben. Weil wir die Modellstruktur dort nicht explizit formuliert haben, holen wir das an dieser Stelle nach:

(1) Modell mit Indizes:
Ein Modell M mit möglichen Welten ist ein Quintupel <D, W, T, '<', F>, wobei
D die Diskursdomäne ist,
W eine (nicht-leere) Menge von Welten w_i,
T eine (nicht-leere) Menge von Zeitpunkten t_i,
'<' eine lineare Ordnung auf T und
F eine Funktion, die jedes Paar $<<w_i,t_i>,\alpha>$, bestehend aus einem Index $<w_i,t_i>$ und einer nicht-logischen Konstanten α, auf das Denotat von α am Index $<w_i,t_i>$ abbildet.

Die Extension eines Ausdrucks α muss von der Funktion F relativ zu jedem Index festgelegt werden. Um welchen Index es sich dabei jeweils handelt, notieren wir – gerade so wie in der Zeit- und Modallogik – durch ein Superskript $^{'w,t'}$ für den Index <w,t>:

(2) Für jeden Ausdruck α ist $[\![\alpha]\!]^{M,w,t,g}$ das Denotat von α relativ zum Modell M, der Welt w, der Zeit t und der Variablenbelegung g.

Die Funktion F bestimmt die Extensionen der nicht-logischen Konstanten in der gleichen Weise wie für das zeit- und modallogische Modell.

12.3. Intensor und Extensor

Eine Intension ist eine Funktion von Indizes in Extensionen. Da wir zu allen möglichen Ausdrücken eine Intension angeben können wollen, müssen wir fragen, wie eine solche Funktion zu konstruieren ist. Ein naheliegender Weg könnte darin bestehen, den λ-Operator zu verwenden, um Variablen für Indizes zu abstrahieren, und schon hätten wir eine Funktion von Indizes in Extensionen. Tatsächlich ist es möglich, diesen Weg zu beschreiten, jedoch würden wir dann *explizit* über Welt- und Zeitpunkte reden, aber gerade dies wollen wir bei der *Modellierung von Intensionen* vermeiden. Der Begriff der *Bedeutung* soll in unserem formalen Modell ganz dem intuitiven Verständnis entsprechen, und daher werden wir einen anderen Weg wählen, der die Welt- und Zeitpunkte nur *implizit* verwendet. Für diese Darstellungsweise hat sich auch Montague in PTQ entschieden.

Um jedem extensional gegebenen Denotat eine Intension zuweisen zu können, wollen wir einen Operator, den sog. *Intensor*, definieren, der vor jeden Ausdruck geschrieben werden kann. Diesen Operator notieren wir mit dem Zeichen '$^\wedge$' und legen in (1) fest, welches Denotat der Ausdruck mittels des Intensors erhält:

(1) Wenn α ein Ausdruck mit dem Denotat $[\![\alpha]\!]^{M,w,t,g}$ ist, dann ist am Index <w,t> der Ausdruck $[\![{}^\wedge\alpha]\!]^{M,w,t,g}$ die Intension von α .

Die Klausel (1) besagt, dass der Ausdruck α am Index <w,t> das Denotat $[\![{}^\wedge\alpha]\!]^{M,w,t,g}$ hat, das jetzt eine Intension ist, oder anders formuliert: α denotiert am Index <w,t> die Intension von α, die eine Funktion von Indizes in die Extension von α an jedem Index ist ($= [\![\alpha]\!]_{I}^{M,g}$). Wir können dieses Denotat also in genau der Weise auffassen, wie wir es uns weiter oben schon klar gemacht haben. Der Intensor ist ein Operator, der allerdings im Gegensatz zu den Operatoren $\exists$ und $\forall$, den Zeit-Operatoren **F** und **P** und den Modal-Operatoren $\Box$ und $\Diamond$ nicht nur vor Formeln geschrieben werden darf, sondern vor jeden beliebigen Ausdruck. Zu jeder möglichen Extension eines Ausdrucks α kann mit Hilfe des Intensors auch eine Intension konstruiert werden.

Nun möchten wir nicht nur in der Lage sein, zu jedem Denotat eine Intension zu konstruieren, sondern auch zu jeder Intension eine Extension. Wir definieren daher parallel zum Intensor einen anderen Operator, den sog. *Extensor*, den wir mit dem Zeichen '$^\vee$' notieren:

(2) Wenn α ein beliebiger Ausdruck mit dem Denotat $[\![{}^\wedge\alpha]\!]^{M,w,t,g}$ ist, dann ist $[\![{}^{\vee\wedge}\alpha]\!]^{M,w,t,g} = [\![\alpha]\!]^{M,w,t,g}$ die Extension von α am Index <w,t>.

Mit Hilfe des Extensors ist es möglich, aus einer Intension eine Extension zu konstruieren. Angewendet auf einen Ausdruck α, der die Intension $[\![\alpha]\!]_{I}^{M,g}$ denotiert, liefert der Ausdruck ${}^\vee\alpha$ zu jedem Index <w,t> den Wert $[\![\alpha]\!]_{I}^{M,g}$(<w,t>), also die Extension von α am Index <w,t>. Wir haben mit Hilfe des Intensors und des Extensors eine formale Unterscheidung zwischen den beiden Arten von Denotaten – Intension und Extension – erzielt.

Wir wollen nun klar machen, wie die beiden Begriffe *Intension* und *Extension* mit Hilfe des *Intensors* und des *Extensors* aufeinander bezogen werden können und wie dies mit dem Begriff *Denotat* zusammenhängt. Wenn wir die Intension eines Ausdrucks α

kennen, kennen wir die Extension von α *an jedem Index*. Wenn wir die Extension von α kennen, so kennen wir diese nur *an einem Index*. Insofern ist der Begriff *Intension* umfassender als der Begriff *Extension*. Mit der Intension des Prädikats *rot'*, wissen wir, was *Rot-Sein* ist, denn wir kennen *an jedem Index* die Menge der roten Dinge. Mit der Extension von *rot'* kennen wir nur die roten Dinge *an einem Index*. Wir können also in Kenntnis der Intension von α die Extension von α an jedem Index berechnen, aber umgekehrt können wir aus der Extension von α, mit der wir nur von den roten Dingen an einem Index wissen, nicht die Intension von α erschließen.

Die Überlegung führt uns nun zu der Einsicht, dass wir allein den Extensor auf den Intensor anwenden können, um damit die Extension an einem Index zu erhalten. Wenn am Index <w,t> das Denotat von α die Intension $[\![{}^\wedge\alpha]\!]^{M,w,t,g}$ ist, dann ist diese Intension an jedem Index die gleiche Funktion. Wir können sie daher auch unabhängig von w und t schreiben, wie wir es weiter oben schon eingeführt haben: $[\![\alpha]\!]_{\mathbf{I}}^{\mathbf{M,g}}$.

Aus der Kenntnis der Extension an *einem* Index lässt sich nicht die Intension bestimmen, die ja die Extension an *jedem* Index angibt. Das extensionale Denotat von α am Index <w,t> muss schließlich nicht identisch sein mit dem extensionalen Denotat an einem anderen Index <w',t'>:

(3) (i) Es gilt stets: $[\![{}^{\vee\wedge}\alpha]\!]^{M,w,t,g} = [\![\alpha]\!]^{M,w,t,g}$

(ii) Es gilt nicht: $[\![{}^{\wedge\vee}\alpha]\!]^{M,w,t,g} = [\![\alpha]\!]_{\mathbf{I}}^{\mathbf{M,g}}$

Wir sind nun in der Position, die eingangs getroffene Unterscheidung zwischen den zwei Arten von Denotaten auszudrücken, die ein Ausdruck α an einem Index <w,t> haben kann:

(4) Denotat

$[\![{}^\wedge\alpha]\!]^{M,w,t,g}$ $[\![\alpha]\!]^{M,w,t,g}$

Unsere Aufgabe wird im folgenden darin bestehen, die beiden neuen Operatoren '$^\wedge$' und '$^\vee$' in eine Logiksprache zu integrieren, die wir IL, die Sprache der Intensionalen Logik nennen wollen.

12.4. Die Sprache IL der Intensionalen Logik

Die Zeit- und Modal-Operatoren haben wir bisher jeweils in die Regelmenge der Sprache L_1 aufgenommen. Andererseits haben wir aber auch schon die sehr ausdrucksstarke Sprache $L_{\lambda,t}$ formuliert, in der wir mit Hilfe des λ-Operators Funktionen konstruieren konnten, die wir jeweils bestimmten Typen zugewiesen haben. Unser Ziel in diesem

Abschnitt wird es sein, sowohl die Zeit-Operatoren als auch die Modal-Operatoren und die beiden neuen Operatoren '$^\wedge$' und '$^\vee$' mit der Sprache $L_{\lambda,t}$ zu verbinden. Die resultierende Sprache IL wird damit alle Ergebnisse, die wir bisher kennen gelernt haben, zusammenfassen. Wir beginnen – wie gewohnt – mit der Festlegung der Basiseinheiten von IL.

12.4.1. Die Basiseinheiten von IL

Betrachten wir zunächst die Menge der Typen. Bei der Formulierung der Sprache $L_{\lambda,t}$ sind wir davon ausgegangen, dass mittels einer rekursiven Regel aus den zwei Basistypen e und t alle Typen konstruiert wurden. Ganz ähnlich werden wir nun auch vorgehen. Allerdings müssen wir beachten, dass wir es jetzt nicht nur mit Extensionen, sondern auch mit Intensionen zu tun haben, und wir wollen eine Intension natürlich von einer Extension unterscheiden können. Diese Unterscheidung soll sich auch in dem Typ des jeweiligen Denotats ausdrücken. Dazu benötigen wir ein Symbol, das den Unterschied markiert. Wenn der *extensionale* Typ einer Aussage t ist, so soll der *intensionale* Typ dieser Aussage <s,t> sein. Und insofern der *extensionale* Typ für die Bezeichnung eines Individuums e ist, legen wir den entsprechenden *intensionalen* Typ <s,e> fest. Ganz ähnlich verfahren wir bei allen anderen Typen auch. Wenn a ein beliebig komplexer *extensionaler* Typ eines Ausdrucks ist, dann ist <s,a> der zugehörige *intensionale* Typ.

Das Zeichen *s* sieht aus wie ein Basistyp, muss aber anders interpretiert werden, und zwar aus dem gleichen Grund, aus dem wir es vermieden haben, eine Intension einfach mittels λ-Abstraktion einer Index-Variablen zu konstruieren. Da wir Indizes *implizit* verwenden, kann s nicht der Typ eines Ausdrucks sein. Wir *konstruieren* nämlich keine Funktion, die als Argument Indizes nimmt (etwa mittels λ-Abstraktion), sondern wir verwenden dazu den Intensor $^\wedge$. Wendet man auf einen Ausdruck vom Typ <a,b> den Intensor an, so entsteht ein Ausdruck vom Typ <s,<a,b>>, und wenn man auf einen Ausdruck vom Typ <s,<a,b>> den Extensor anwendet, so entsteht ein Ausdruck vom Typ <a,b>. Die Struktur der Typen ergibt sich also ganz parallel zur Anwendung von Intensor und Extensor. (In einem späteren Kapitel werden wir kennen lernen, s als einen Basistyp für Indizes und Intensionen als λ-Abstraktionen von Indexvariablen aufzufassen.) Nach diesen Vorbemerkungen definieren wir rekursiv die Menge der Typen von IL:

(1) Die Menge der Typen von IL:
- (i) e ist ein Typ.
- (ii) t ist ein Typ.
- (iii) Wenn a und b Typen sind, dann ist <a,b> ein Typ.
- (iv) Wenn a ein Typ ist, dann ist <s,a> ein Typ.
- (v) Nichts sonst ist ein Typ.

Weiterhin benötigen wir eine Menge von nicht-logischen Konstanten vom Typ a, die wir $KONST_a$ nennen, und eine Menge von Variablen vom Typ a, die wir als VAR_a bezeichnen, d.h. auch in IL haben wir sowohl Konstanten als auch Variablen von beliebigem Typ:

(2) (i) Zu jedem Typ a enthält IL die (abzählbar) unendliche Menge $KONST_a$ der *nicht-logischen Konstanten* $c_{n,a}$.
(ii) Zu jedem Typ a enthält IL eine (abzählbar) unendliche Menge VAR_a von *Variablen* $v_{n,a}$.

Die Bezeichnung der Konstanten c und der Variablen v in (2)(i) tragen das Subskript '$_{n,a}$', das ausdrückt, dass es sich um die n-te Konstante bzw. Variable vom Typ a handelt. Konstanten und Variablen sind also numeriert. Dies hat keine tiefere Bedeutung, sondern dient lediglich zur Unterscheidung der jeweiligen Elemente.

Weiterhin wollen wir die Konnektoren der Aussagenlogik, die Quantoren der Prädikatenlogik, den λ-Operator, die Zeit- und Modal-Operatoren sowie den Intensor und den Extensor mit in das Vokabular aufnehmen. Diese Elemente haben wir bereits kennengelernt. Darüber hinaus möchten wir auch die Identität von zwei Ausdrücken bewerten können, so dass wir zusätzlich den Identitäts-Konnektor '=' in das Vokabular einschreiben. Zusammenfassend erhalten wir damit die Symbole in (3)(i):

(3) (i) eine Menge nicht-logischer Konstanten
(ii) eine Menge von Variablen
(iii) die Konnektoren der Aussagenlogik: $\neg$, $\wedge$, $\vee$, $\rightarrow$, $\leftrightarrow$
(iv) der Identitäts-Konnektor: =
(v) die Quantoren der Prädikatenlogik: $\forall$, $\exists$
(vi) der Lambda-Operator: λ
(vii) die Zeit-Operatoren: **F** und **P**
(viii) die Modal-Operatoren: $\diamond$ und $\square$
(ix) der Intensor: $^\wedge$
(x) der Extensor: $^\vee$

Wir formulieren nun die syntaktischen Regeln, die die Kombinatorik der Basiseinheiten festlegen.

12.4.2. Die Syntax von IL

Dazu definieren wir wieder rekursiv die Menge ME_a der *bedeutungstragenden Ausdrücke vom Typ a in IL*. Der Einfachheit halber schreiben wir die Variablen aber nicht explizit als $v_{1,a}$, $v_{2,a}$, ..., sondern weiterhin als x, y, z, wie wir es gewohnt sind:

(4) Syntaktische Regeln von IL:

(i) Jede Konstante vom Typ a ist in ME_a.

(ii) Jede Variable vom Typ a ist in ME_a.

(iii) Wenn $\alpha \in ME_a$ und $x \in VAR_b$, dann ist $\lambda x[\alpha] \in ME_{<b,a>}$.

(iv) Wenn $\alpha \in ME_{<a,b>}$ und $\beta \in ME_a$, dann ist $\alpha(\beta) \in ME_b$.

(v) Wenn $\alpha,\beta \in ME_a$, dann ist $(\alpha = \beta) \in ME_t$.

(vi) Wenn φ, $\psi \in ME_t$, dann sind die folgenden Ausdrücke ebenfalls in ME_t: $\neg\varphi$, $\varphi \wedge \psi$, $\varphi \vee \psi$, $\varphi \rightarrow \psi$, $\varphi \leftrightarrow \psi$.

(vii) Wenn $\varphi \in ME_t$ und x eine Variable vom Typ a ist, dann ist $\forall x\varphi$ in ME_t.

(viii) Wenn $\varphi \in ME_t$ und x eine Variable vom Typ a ist, dann ist $\exists x\varphi$ in ME_t.

(ix) Wenn $\varphi \in ME_t$, dann ist $\Diamond\varphi \in ME_t$.

(x) Wenn $\varphi \in ME_t$, dann ist $\Box\varphi \in ME_t$.

(xi) Wenn $\varphi \in ME_t$, dann ist $\mathbf{F}\varphi \in ME_t$.

(xii) Wenn $\varphi \in ME_t$, dann ist $\mathbf{P}\varphi \in ME_t$.

(xiii) Wenn $\varphi \in ME_a$, dann ist $^\wedge\varphi \in ME_{<s,a>}$.

(xiv) Wenn $\varphi \in ME_{<s,a>}$, dann ist $^\vee\varphi \in ME_a$.

(xv) Nichts sonst ist in ME_a.

(4)(i) und (4)(ii) besagen, dass jede Konstante und jede Variable vom Typ a ein bedeutungstragender Ausdruck ist. (4)(iii) ist die Regel der λ-Abstraktion und (4)(iv) die Regel der Funktionalen Applikation. (4)(v) besagt, dass ein Ausdruck vom Typ t entsteht, wenn zwei Ausdrücke von gleichem, aber beliebigem Typ a mit dem Identitäts-Konnektor '=' verbunden werden, also eine Aussage der Art *X ist identisch mit Y.* Mit (4)(vi) nehmen wir die Konnektoren der Aussagenlogik in IL auf und mit (4)(vii) und (4)(viii) auch die Quantoren der Prädikatenlogik. (4)(ix) und (4)(x) integrieren die Modal-Operatoren und (4)(xi) und (4)(xii) die Zeit-Operatoren in IL. All dies ist uns aus den bisher formulierten Regeln bekannt. (4)(xiii) behandelt den Intensor. Wenn φ ein bedeutungstragender Ausdruck vom Typ a ist, dann ist $^\wedge\varphi$ ein bedeutungstragender Ausdruck vom Typ <s,a>, also eine Intension. Mit (4)(xiv) wird festgelegt, dass der Extensor nur auf eine Intension angewendet werden darf. Wenn φ ein bedeutungstragender Ausdruck vom Typ <s,a> ist, dann ist $^\vee\varphi$ ein bedeutungstragender Ausdruck vom Typ a. Damit haben wir alle bedeutungstragenden Ausdrücke vom Typ a definiert, die in IL auftreten können; dass dies auch die einzigen sind, sagt (4)(xv).

12.4.3. Die Semantik von IL

Wir formulieren nun wieder die zu den syntaktischen Regeln in (4) parallelen semantischen Regeln. Zunächst geben wir zu jedem Typ ein mögliches Denotat an, indem wir die Menge D_a der *möglichen Denotate vom Typ a* spezifizieren. Dabei ist a wieder ein beliebiger Typ. Beachte, dass mit s zwar eine Funktion von Indizes in Ausdrücke vom Typ a notiert wird, dass s in der hier eingeführten intensionalen Sprache aber kein Typ ist. In einer extensionalen Sprache, in der λ-Abstraktion von Zeit- oder Weltvariablen möglich ist, kann s aber durchaus ein Typ sein (siehe etwa von Stechow 2007):

(5) (i) D_e = D, die Menge der Individuen.
(ii) D_t = {0,1}, die Menge der Wahrheitswerte.
(iii) $D_{<a,b>}$ = $\mathbf{D_b}^{\mathbf{D_a}}$, die Menge der Funktionen von D_a nach D_b.

$\mathbf{D_b}^{\mathbf{D_a}}$:

(iv) $D_{<s,a>}$ = $\mathbf{D_a}^{\mathbf{WxT}}$, die Menge der Funktionen von W x T nach D_a.

$\mathbf{D_a}^{\mathbf{WxT}}$:

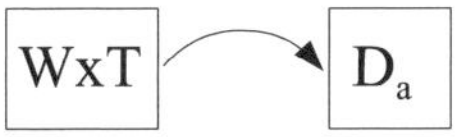

(5)(i) bis (5)(iii) legen die möglichen Denotate so fest, wie es uns bekannt ist. (5)(iv) spezifiziert das mögliche Denotat einer Intension als Funktion von Indizes in die Menge der Extensionen vom Typ a, in Entsprechung zu den Erläuterungen in diesem Kapitel. Wir können daher zu den semantischen Regeln weitergehen, von denen uns auch schon einige aus den vorhergehenden Kapiteln vertraut sein sollten:

(6) Semantische Regeln von IL:
(i) Wenn α eine nicht-logische Konstante ist, dann ist: $[\![\alpha]\!]^{M,w,t,g} = (F(\alpha))(<w,t>)$.
(ii) Wenn α eine Variable ist, dann ist: $[\![\alpha]\!]^{M,w,t,g} = g(\alpha)$.
(iii) Wenn $\alpha \in ME_a$ und $x \in Var_b$, dann ist $[\![\lambda x\alpha]\!]^{M,w,t,g}$ diejenige Funktion h von D_b nach D_a, so dass für jedes Element k in D_b, $h(k) = [\![\alpha]\!]^{M,w,t,g'}$, wobei g' genauso wie g, außer dass g'(x) = k ist.
(iv) Wenn $\alpha \in ME_{<a,b>}$ und $\beta \in ME_b$, dann ist: $[\![\alpha(\beta)]\!]^{M,w,t,g} = [\![\alpha]\!]^{M,w,t,g}([\![\beta]\!]^{M,w,t,g})$.
(v) Wenn $\alpha,\beta \in ME_a$, dann ist $[\![\alpha = \beta]\!]^{M,w,t,g} = 1$, gdw. $[\![\alpha]\!]^{M,w,t,g}$ identisch mit $[\![\beta]\!]^{M,w,t,g}$ ist.
(vi) Wenn $\varphi, \psi \in ME_t$, dann ist:
$[\![\neg\varphi]\!]^{M,w,t,g} = 1$, gdw. $[\![\varphi]\!]^{M,w,t,g} = 0$.
$[\![\varphi \wedge \psi]\!]^{M,w,t,g} = 1$, gdw. $[\![\varphi]\!]^{M,w,t,g} = 1$ und $[\![\psi]\!]^{M,w,t,g} = 1$.
$[\![\varphi \vee \psi]\!]^{M,w,t,g} = 1$, gdw. $[\![\varphi]\!]^{M,w,t,g} = 1$ oder $[\![\psi]\!]^{M,w,t,g} = 1$.
$[\![\varphi \rightarrow \psi]\!]^{M,w,t,g} = 1$, gdw. $[\![\varphi]\!]^{M,w,t,g} = 0$ oder $[\![\psi]\!]^{M,w,t,g} = 1$.
$[\![\varphi \leftrightarrow \psi]\!]^{M,w,t,g} = 1$, gdw. $[\![\varphi]\!]^{M,w,t,g} = [\![\psi]\!]^{M,w,t,g}$.
(vii) Wenn $\varphi \in ME_t$ und x eine Variable, dann ist: $[\![\forall x\varphi]\!]^{M,w,t,g} = 1$, gdw. für alle g', die genauso definiert sind wie g, aber an der Stelle x alternieren dürfen, gilt: $[\![\varphi]\!]^{M,w,t,g'} = 1$.

(viii) Wenn $\varphi \in ME_t$ und x eine Variable, dann ist $[\![\exists x\varphi]\!]^{M,w,t,g} = 1$, gdw. für mindestens ein g', das genauso definiert ist wie g, aber an der Stelle x alternieren darf: $[\![\varphi]\!]^{M,w,t,g'} = 1$.

(ix) Wenn $\varphi \in ME_t$, dann ist: $[\![\Diamond\varphi]\!]^{M,w,t,g} = 1$, gdw. $[\![\varphi]\!]^{M,w',t',g} = 1$ für mindestens ein $w' \in W$ und mindestens ein $t' \in T$.

(x) Wenn $\varphi \in ME_t$, dann ist: $[\![\Box\varphi]\!]^{M,w,t,g} = 1$, gdw. $[\![\varphi]\!]^{M,w',t',g} = 1$ für alle $w' \in W$ und für alle $t' \in T$.

(xi) Wenn $\varphi \in ME_t$, dann ist: $[\![\mathbf{F}\varphi]\!]^{M,w,t,g} = 1$, gdw. $[\![\varphi]\!]^{M,w,t',g} = 1$ für mindestens ein $t' \in T$, für das gilt: $t < t'$.

(xii) Wenn $\varphi \in ME_t$, dann ist: $[\![\mathbf{P}\varphi]\!]^{M,w,t,g} = 1$, gdw. $[\![\varphi]\!]^{M,w,t',g} = 1$ für mindestens ein $t' \in T$, für das gilt: $t' < t$.

(xiii) Wenn $\alpha \in ME_a$, dann ist: $[\![{}^\wedge\alpha]\!]^{M,w,t,g}$ diejenige Funktion h mit dem Definitionsbereich W x T, so dass für alle $<w,t> \in W \times T$ gilt: $h(<w,t>) = [\![\alpha]\!]^{M,w,t,g}$.

(xiv) Wenn $\alpha \in ME_{<s,a>}$, dann ist $[\![{}^\vee\alpha]\!]^{M,w,t,g} = [\![\alpha]\!]^{M,w,t,g}(<w,t>)$.

(6)(i) legt das extensionale Denotat der nicht-logischen Konstanten fest. Da alle diese Konstanten als Intensionen übersetzt werden, muss die Denotatsfunktion F die Extensionen eines Ausdrucks α an jedem Index festlegen. Dies geschieht derart, dass das intensionale Denotat F(α) funktional auf den Index <w,t> angewendet wird und damit das extensionale Denotat von α am Index <w,t> zu bestimmen ist. Die Extension einer Variablen am Index <w,t> ist durch die Variablenbelegung g festgelegt wie in (18)(ii). Da in jedem Modell stets nur eine Variablenbelegung g definiert ist, variiert der Wert einer Variablen nicht von Index zu Index. (6)(iii) ist die semantische Regel für die λ-Abstraktion, die genau dasjenige Denotat spezifiziert, das der Ausdruck in dem jeweiligen Modell hat. Wiederum gilt auch hier, dass der Typ der Funktion, die durch λ-Abstraktion konstruiert wird, ein *mögliches Denotat* für den sich ergebenden Ausdruck darstellt, während die Funktion h genau das *tatsächliche Denotat* im Modell festlegt. (6)(iv) ist die Interpretationsegel für funktionale Applikation, die auch in IL die wesentliche Kompositionsregel ist. (6)(v) interpretiert den Identitäts-Konnektor. Ein Ausdruck vom Typ t, der diesen Konnektor enthält, ist genau dann wahr, wenn die Denotate der beteiligten Ausdrücke identisch sind. (6)(vi) bis (6)(xii) interpretieren die Konnektoren der Aussagenlogik, die Quantoren der Prädikatenlogik, die Zeit- und Modal-Operatoren, wie wir sie in früheren Kapiteln kennengelernt haben. Die Regel (6)(xiii) gibt an, dass ein Ausdruck α, dem der Intensor vorangestellt ist, gerade diejenige Funktion h ist, die jeden Index auf die Extension von α an diesem Index abbildet. Diese Funktion h hat im wesentlichen die gleiche Aufgabe wie die Funktion h, die in der Interpretationsregel für den λ-Operator auftritt. Sie weist der Intension von α, die auf den Index <w,t> angewendet wird, gerade dasjenige Denotat zu, das α an diesem Index hat. (6)(xiv) interpretiert den auf die Intension von α angewendeten Extensor mittels funktionaler Applikation dieser Intension auf den Index <w,t>.

Da wir für Intensionen und Extensionen jeweils unterschiedliche Typen verwenden, ist funktionale Applikation sensitiv für diese Unterscheidung. Eine Funktion vom Typ <e,t> kann als Argument eine Extension vom Typ e nehmen und auf einen Wahrheitswert abbilden. Es ist hingegen nicht möglich, dass sie als Argument eine Intension vom Typ <s,e> wählt, da der Argumenttyp e im Typ der Funktion nicht mit dem Typ <s,e> des tatsächlichen Arguments übereinstimmt. Die Funktionalen Applikationen in (7)(i) und (7)(ii) sind nicht definiert, sondern nur die in (7)(iii) und (7)(iv):

(7) (i) nicht definiert: <e,t>(<s,e>)
(ii) nicht definiert: <<s,e>,t>(e)
(iii) o.k.: <e,t>(e)
(iv) o.k.: <<s,e>,t>(<s,e>)

Ausdrücke, deren Denotat intensional ist, können in diesem Sinne auch nur Argumente von Funktionen sein, deren Argument-Position intensional ist.

Die Sprache IL stellt die vollständige Integration *aller* Regeln und Konzepte dar, die wir in diesem Buch zur Konstruktion von logischen Ausdrücken kennen gelernt haben. Sie ist eine Sprache n-ter Ordnung wie $L_{\lambda,t}$. Sie erlaubt eine Interpretation der Zeit- und Modal-Operatoren, und sie modelliert Intensionen in dem intuitiven Sinn von Bedeutungen, von dem wir zu Beginn dieses Buches ausgegangen sind. Aber auch die Theorie der generalisierten Quantoren hat in dieser Sprache ihren Platz, wie wir im Anschluss an den nächsten Abschnitt sehen werden.

12.5. Intensionale Deutungen

Die Definition von IL erlaubt es, zu jedem Denotat eine Intension anzugeben, und wir wollen nun einige terminologische Vereinbarungen und konzeptuelle Deutungen der intensionalen Ausdrücke kennen lernen.

12.5.1. Individuen

Eigennamen sind vom Typ e und denotieren Individuen in D. Das zugehörige intensionale Denotat eines Eigennamens ist vom Typ <s,e>. Diesem Typ entspricht eine Funktion von Indizes in die Menge der Individuen in D. Die Funktion ist ein Element der Menge $D^{W \times T}$. Das intensionale Denotat eines Individuums nennen wir ein *Individuenkonzept.* Die intensionalen Denotate der beiden Namen in (1) sind also jeweils Funktionen von Indizes in Individuen. Zur Kennzeichnung eines intensionalen Denotats verwenden wir den Intensor '^':

(1) (i) TYP(^Clara') = <s,e>
(ii) TYP(^Mr. Universum') = <s,e>
(iii) D_e^{WxT}: WxT → D_e

Das intensionale Denotat von *Clara'* ist damit eine Funktion, die uns an jedem Index <w,t> das Individuum $[\![\text{Clara'}]\!]^{M,w,t,g}$ gibt. Eigennamen wie in (1)(i) sind *rigide Designatoren*, wie der Logiker Saul Kripke (1972) vorgeschlagen hat. Solche Ausdrücke denotieren an jedem Index das gleiche Individuum, so dass die Intension eines Eigennamens eine *konstante* Funktion darstellt. Anders verhält es sich bei dem *Titel* in (1)(ii), dessen Denotat nicht ein für allemal festgelegt ist, sondern bei jeder Wahl zum bestproportionierten Bodybuilder neu bestimmt wird. Da die Intension dieses Ausdrucks eine Funktion von Indizes in Individuen ist, bildet sie jeden Index <w,t> auf das Individuum ab, das an <w,t> Mr. Universum ist. Insofern es sich hierbei um durchaus unterschiedliche Individuen handeln kann, sprechen wir davon, dass das intensionale Denotat nicht ein Individuum, sondern vielmehr das Konzept eines Individuums festlegt.

12.5.2. Einstellige Prädikate

Das extensionale Denotat eines *einstelligen Prädikats* hat den Typ <e,t> und entspricht einer *Menge von Individuen.* Die entsprechende Funktion bildet Individuen in Wahrheitswerte ab und ist daher ein Element aus $\{0,1\}^D$. Die Intension eines solchen Prädikats hat den Typ <s,<e,t>> und ist eine Funktion von Indizes in die Menge derjenigen Individuen, die das Prädikat an dem jeweiligen Index hat, also in die Extensionen an jedem Index. Eine solche Intension wird *Eigenschaft* genannt. Sie gibt uns an jedem Index <w,t> die Extension des Prädikats an diesem Index. Wir können sie als die Eigenschaft all derjenigen Individuen auffassen, die an jedem Index im Denotat des Prädikats enthalten sind. Eine Eigenschaft ist ein Element aus $(\{0,1\}^D)^{WxT}$.

Wir haben VP- und NP-Denotate bisher als einstellige Prädikate analysiert. Wie sind nun die jeweiligen Intensionen dieser Ausdrücke zu interpretieren? Betrachten wir (2):

(2) (i) TYP(^schlafen') = <s,<e,t>>
(ii) TYP(^Hund') = <s,<e,t>>
(iii) $D_{<e,t>}^{WxT}$: WxT → $D_{<e,t>}$

Die intensionalen Denotate von *schlafen'* und *Hund'* sind ebenfalls jeweils Funktionen von Indizes in Mengen von Individuen. An jedem Index <w,t> liefert die Intension von *schlafen'* die Menge derjenigen Individuen, die an <w,t> schlafen, und die Intension von *Hund'* liefert entsprechend für jeden Index die Menge derjenigen Individuen, die an <w,t> Hunde sind.

12.5.3. Zweistellige Prädikate

Das extensionale Denotat eines zweistelligen Prädikats hat den Typ <e,<e,t>> und stellt eine Relation zwischen Individuen her. Eine solche Relation haben wir als Funktion von Individuen in (Funktionen von Individuen in) Wahrheitswerte aufgefasst, sie ist daher ein Element aus $(\{0,1\}^D)^D$. Die zugehörige Intension dieser Funktion ist vom Typ <s,<e,<e,t>>> und wird eine *intensionale Relation* (*Relation-in-Intensionen*) zwischen Individuen genannt. Sie bildet Indizes auf Funktionen von Individuen in (Funktionen von Individuen in) Wahrheitswerte ab und ist daher ein Element aus $((\{0,1\}^D)^D)^{WxT}$:

(3) (i) TYP(^finden') = <s,<e,<e,t>>>

(ii) $D_{<e,<e,t>>}^{WxT}$: $WxT \rightarrow D_{<e,<e,t>>}$

Das intensionale Denotat des Prädikats *finden'* ist in diesem Sinne eine Funktion von Indizes in Paare von Individuen in D x D. Die Funktion sagt uns zu jedem Index <w,t>, welche Individuen an <w,t> in der Relation des Findens zueinander stehen.

12.5.4. Formeln

Das extensionale Denotat einer Formel hat den Typ t und entspricht einem Wahrheitswert. Die zugehörige Intension ist vom Typ <s,t> und wird *Proposition* genannt. Eine Proposition ist eine Funktion von Indizes in Wahrheitswerte und damit eine Element aus der Menge $\{0,1\}^{WxT}$. Da Funktionen von Objekten beliebigen Typs in Wahrheitswerte auch stets als charakteristische Funktionen dargestellt werden können, denotieren sie – mengentheoretisch gesehen – gerade die Menge der Objekte eines beliebigen Typs. Wenn eine Proposition also eine Funktion von Indizes in Wahrheitswerte ist, denotiert sie die Menge derjenigen Indizes, an denen die Proposition wahr ist. Wir können somit auch sagen, dass das Denotat einer Proposition eine Menge von Indizes ist, wobei diese Menge alle auf 1 nicht aber die auf 0 abgebildeten Indizes enthält. Ein mögliches Denotat für eine Proposition ist ein Element aus der Funktionenmenge, die in (4) dargestellt ist:

(4) D_t^{WxT}:

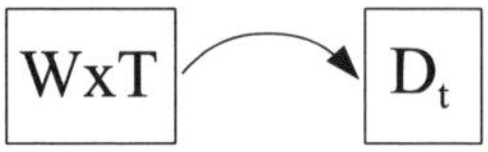

12.5.5. Generalisierte Intensionen

Wir wollen nun einige Überlegungen dazu anstellen, wie wir die Intensionen von Ausdrücken bestimmter Typen generalisieren können. Wir wissen, dass ein Ausdruck vom Typ <e,t> eine Menge von Individuen denotiert. Ein Ausdruck vom Typ <<e,t>,t> denotiert eine Menge von Mengen von Individuen, und ganz allgemein gilt, dass ein Ausdruck vom Typ <a,t> eine *Menge* von Objekten vom Typ a denotiert. Diese Objekte können Mengen, Eigenschaften, Propositionen, Mengen von Mengen, Mengen von Propositionen, Mengen von Eigenschaften von Propositionen usw. sein, je nachdem, wie der konkrete Typ von a aussieht. Wir können somit generalisieren, dass *ein Ausdruck vom Typ <a,t> die Menge derjenigen Objekte denotiert, die a denotiert.* Die Intension des Typs <a,t> hat den Typ <s,<a,t>>, und wir wollen sagen, dass die Intension eines solchen *Menge-von*-Ausdrucks, die *Eigenschaft* der Objekte vom Typ a denotiert. Ein Ausdruck vom Typ <s,<e,t>> denotiert etwa die *Eigenschaften von Individuen.* Ein Ausdruck vom Typ <s,<<s,<e,t>>,t>> denotiert *Eigenschaften von Eigenschaften von Individuen*, und ein Ausdruck vom Typ <s,<<s,t>,t>> denotiert *Eigenschaften von Propositionen.* Generell bestimmen wir also, wann immer ein beliebiger Typ a in einem Typ *<s,<a,t>>* auftritt, das Denotat als *Eigenschaften von Objekten vom Typ a.* Die Eigenschaften sind Elemente aus der Funktionenmenge, die in (5) dargestellt ist:

(5) Eigenschaften:

$D_{<a,t>}^{WxT}$:

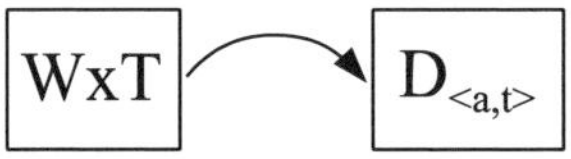

Wir haben Ausdrücke vom Typ <e,<e,t>> als *Relationen zwischen Individuen* bezeichnet. Transitive Verben wie etwa *lieben*, *streicheln*, *hassen* usw. stellen solche Relationen zwischen Individuen dar. Verben wie *glauben*, *meinen*, *behaupten* usw. stellen Relationen zwischen Individuen und Sachverhalten (bzw. Zuständen) dar, d.h. sie sind vom Typ <t,<e,t>>. Allgemein wollen wir sagen, dass ein Typ eine Relation zwischen Ausdrücken vom Typ b und Ausdrücken vom Typ a bezeichnet, wann immer zwei beliebige Typen a und b in einem Typ <a,<b,t>> auftreten. Die zugehörige Intension hat entsprechend den Typ <s,<a,<b,t>>> und heißt eine *intensionale Relation* zwischen Ausdrücken vom Typ b und Ausdrücken vom Typ a. Die Intension <s,<e,<e,t>>> einer Relation zwischen Individuen wollen wir als *intensionale Relation zwischen Individuen* bezeichnen, ein Ausdruck vom Typ <s,<<s,t>,<e,t>>> als *intensionale Relation zwischen Individuen und*

Propositionen und einen Ausdruck vom Typ <s,<<s,t>,<<e,t>,t>>> als *intensionale Relation zwischen Mengen von Individuen und Propositionen.* Das Denotat einer intensionalen Relation ist ein Element aus der in (6) dargestellten Funktionenmenge:

(6) intensionale Relationen:

$D^{WxT}_{<a,<b,t>>}$:

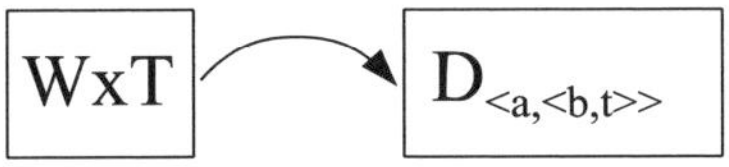

Die Tabelle in (7) stellt die Intensionen und Extensionen der in den letzten Abschnitten betrachteten Ausdrücke zusammen:

(7)

Ausdruck	Extension	Intension	
	Typ:	Name und Typ der Intension:	Beschreibung der Intension:
Individuen-Term	Individuum in D Typ: e	Individuenkonzept Typ: <s,e>	Funktion von Indizes in Individuen in D
einstelliges Prädikat	Menge von Individuen in D Typ: <e,t>	Eigenschaft von Individuen Typ: <s,<e,t>>	Funktion von Indizes in Mengen von Individuen in D
zweistelliges Prädikat	Menge von Paaren von Individuen in D Typ: <e,<e,t>>	Relation in Intensionen zwischen Individuen Typ: <s,<e,<e,t>>>	Funktion von Indizes in Funktionen von Individuen in Funktionen von Individuen in Wahrheitswerte
Formeln	Wahrheitswert Typ: t	Proposition Typ: <s,t>	Funktion von Indizes in Wahrheitswerte

12.6. Interpretation intensionaler Konstruktionen

Mit der Konstruktion von Funktionen, die uns zu jedem Welt-Zeitpunkt (Index) die Extension eines Ausdrucks angeben, haben wir eine formale Entsprechung zu dem intuitiven Begriff *Bedeutung* erarbeitet. Wir haben derartige Funktionen *Intensionen* genannt und in den vorangegangenen Abschnitten angegeben, wie solche Intensionen gedeutet werden. Im folgenden wollen wir uns der Frage widmen, inwieweit das Konzept der Intension in konkreten sprachlichen Ausdrücken relevant ist, wenn wir angemessene Interpretationen ableiten wollen. Wir werden dabei feststellen, dass wir für bestimmte Konstituenten sowohl extensionale als auch intensionale Denotate annehmen müssen.

12.6.1. Intensionale Kontexte und Leibniz' Gesetz

In einer rein extensionalen Semantik ist der Schluss in (1)(iii) aus den Prämissen (1)(i) und (1)(ii) gültig:

(1) (i) Der Morgenstern ist der Planet Venus.
(ii) Der Morgenstern ist der Abendstern.
(iii) Daher ist der Abendstern der Planet Venus.

Der Schluss funktioniert, weil – extensional betrachtet – sowohl der Morgenstern als auch der Abendstern mit dem Planeten Venus identisch ist. Solange die Denotate von zwei Bezeichnungen extensional identisch sind, ändert sich der Wahrheitswert einer extensional gedeuteten Aussage nicht, wenn man die eine Bezeichnung durch die andere Bezeichnung ersetzt. So können wir eine Substitution wie in (2)(i) vornehmen, die die formale Gestalt des Schlusses in (1) darstellt. M sei die Bezeichnung für den Morgenstern, A für den Abendstern und V für den Planeten Venus:

(2) (i) $M = V$
(ii) $M = A$

(iii) $\therefore A = V$

Dies ist der Inhalt von Leibniz' Gesetz: *Eadem sunt, quae sibi mutuo substitui possunt, salva veritate.* (Es sind (die Bezeichnungen für) dieselben (Dinge), die füreinander ersetzt werden können, ohne die Wahrheit zu verletzen.) Eine alternative Formulierung für das Gesetz finden wir in (3). Sie besagt, dass wir in dem Ausdruck φ jedes Auftreten von α durch β ersetzen können, wenn α und β extensional identisch sind, ohne dass der semantische Wert von φ verändert wird:

(3) $\alpha = \beta \rightarrow [\varphi \leftrightarrow \varphi^{\alpha}_{\beta}]$

Solange wir rein extensional vorgehen, gilt das Leibnizsche Gesetz. Erweitern wir aber die Betrachtung auf intensionale Denotate, ist dies nicht mehr generell der Fall. In den Beispielsätzen (4) verwenden wir das Satzadverb *notwendigerweise*, welches wir mit Hilfe des Operators □ übersetzen können:

(4) (i) Notwendigerweise ist der Morgenstern der Morgenstern. □[M = M]
(ii) Notwendigerweise ist der Morgenstern der Abendstern. □[M = A]

(4)(i) ist ein logisch wahrer Satz, denn jedes Ding ist stets mit sich selbst identisch. Allerdings liefert uns (4)(i) auch keinerlei neue Information, anders als der Satz (4)(ii), der informativ ist, aber keine logische Wahrheit ausdrückt, insofern es ein kontingentes Faktum unserer aktuellen Welt ist, dass der Morgenstern extensional identisch mit dem Abendstern ist. Es könnte ja genauso gut so sein, dass beide Bezeichnungen für verschiedene Sterne verwendet werden. Da den beiden Sätzen das Adverbial *notwendigerweise* vorausgeht, sind sie genau dann wahr, wenn sie auch in allen zu der aktuellen Welt alternativen Welten wahr sind. Dies ist aber für (4)(ii) nicht erfüllt, denn obwohl extensionale Gleichheit zwischen Morgenstern und Abendstern in unserer aktuellen Welt besteht (der Planet Venus), können wir nicht wissen, ob daraus die Identität in allen anderen Welten ebenfalls folgt. Offensichtlich gilt im Skopus des Notwendigkeits-Operators Leibniz' Gesetz nicht, denn wir dürfen nicht einfach eine Bezeichnung durch eine nur extensional identische Bezeichnung ersetzen. Wir stoßen hier erneut auf die von Frege getroffene Unterscheidung zwischen Sinn und Bedeutung (Intension und Extension), denn nur die Extension, nicht aber die Intension von *Morgenstern* und *Abendstern* ist identisch. Für eine intensionale Identität, müsste gelten, dass in *allen* Welten der Morgenstern extensional identisch ist mit dem *Abendstern*. Da dies nicht der Fall ist, der Notwendigkeits-Operator aber eine intensionale Deutung seines Skopus erfordert, ist der Satz (4)(ii) offensichtlich falsch, und Leibniz' Gesetz findet sich nicht bestätigt.

Konstruktionen, in denen Leibniz' Gesetz nicht gilt, werden *referenziell opak* genannt, d.h. in diesen Kontexten können wir eine Bezeichnung nicht notwendigerweise durch eine Bezeichnung mit dem gleichen extensionalen Denotat ersetzen, ohne dass die Wahrheit verletzt wird. Im Gegensatz dazu bezeichnen wir Konstruktionen, in denen Leibniz' Gesetz gilt, als *referenziell transparent.*

Einen ähnlichen Effekt zeigen die Beispielsätze in (5), bei denen ein Nebensatz unter ein Verb der *propositionalen Einstellung* eingebettet ist. In derartigen Satzkonstruktionen – so hat Frege festgestellt – können die eingebetteten Sätze als Denotat nicht ihren Wahrheitswert haben, sondern sie denotieren ihren Sinn (bzw. ihre Intension):

(5) (i) Peter glaubt, dass die beste Studentin in Mathematik blaue Augen hat.
(ii) Peter glaubt, dass Clara blaue Augen hat.

Die Sätze in (5) zeigen zweierlei: Zum einen hängt die Wahrheit des jeweiligen Gesamtsatzes nicht davon ab, ob die jeweils eingebetteten Nebensätze wahr oder falsch sind. Ob die beste Studentin in Mathematik tatsächlich blaue Augen hat, ist für die Wahrheit des Satzes (5)(i) völlig unerheblich, solange nur Peter glaubt, dass sie blauäugig ist. Zum anderen gilt für die Sätze das Folgende: Nehmen wir an, dass Clara die beste Studentin in Mathematik ist, dass Peter dies aber nicht weiß. Obwohl in dieser Situation *Clara* und *die beste Studentin in Mathematik* extensional identisch sind, gehört die entsprechende Kenntnis nicht zu Peters Glaubensüberzeugung, und wir können die beiden Bezeichnungen nicht füreinander einsetzen. Peter kann in dieser Situation glauben, dass die beste Studentin in Mathematik blaue Augen hat, ohne zugleich zu glauben, dass Clara blaue Augen hat. Der Satz (5)(i) wäre in diesem Fall wahr und der Satz (5)(ii) falsch, ohne dass ein Widerspruch entstünde. Obwohl also Clara und die beste Studentin in Mathematik extensional identisch sind, sind sie in dem opaken Kontext, den das Verb *glauben* schafft, nicht füreinander ersetzbar, ohne die Wahrheit zu verletzen. Es scheint, dass eingebettete Sätze ebenfalls intensional gedeutet werden müssen.

Der Satz (5)(i) hat darüber hinaus zwei verschiedene Lesarten. Zum einen kann Peter glauben, dass – wer auch immer die beste Studentin in Mathematik ist – diese Person blaue Augen hat. Eine solche Lesart wird die *de dicto*-Lesart genannt. Zum anderen mag Peter von einer ganz bestimmten Person, die er etwa auf einer Party neben Otto stehen sieht, vermuten, dass diese Person blaue Augen hat, ohne zu wissen, dass er die beste Studentin in Mathematik beobachtet. In diesem Fall glaubt Peter von einer ganz bestimmten, existierenden Person, dass sie blauäugig ist, ohne dass er irgendetwas anderes von derselben wissen muss. Diese Interpretation wird als *de re*-Lesart bezeichnet.

Eine Ambiguität, die ebenfalls auf dem Unterschied zwischen Intension und Extension beruht, tritt bei dem Satz (6)(i), nicht jedoch bei dem Satz (6)(ii) auf:

(6) (i) Peter sucht einen Zwerg.
(ii) Peter findet einen Zwerg.

Der Satz (6)(i) ist u.a. dann wahr, wenn es einen ganz bestimmten Zwerg in der aktuellen Welt gibt, den Peter sucht. Er kann aber auch wahr sein, wenn es in der aktuellen Welt keinen solchen Zwerg gibt. In dieser Situation würde Peter ein Individuum suchen, welches nicht existiert. In der ersten (de re-) Lesart existiert ein spezifischer Zwerg, und dieser Zwerg wird von Peter gesucht. In der zweiten (de dicto-) Lesart muss kein Zwerg existieren, und dennoch kann Peter auf der Suche danach sein. Diese Ambiguität tritt bei dem Satz (6)(ii) nicht auf. Sobald Peter einen Zwerg findet, muss dieser Zwerg existieren. Eine de dicto-Lesart scheidet für (6)(ii) aus. Wir können nun fragen, welches Objekt Peter unter der de dicto-Lesart eigentlich sucht. Da es kein existierendes Individuum ist, muss Peter in der suchen-Relation zu der Idee eines Zwerges stehen. Etwas technischer formuliert können wir auch sagen, dass Peter in der suchen-Relation zu der Intension eines Zwerges steht, so dass wir annehmen müssen, dass die Objekt-Position des Verbs *suchen* intensional ist. Da das Verb *finden* eine de dicto-Lesart nicht zulässt, können wir weiterhin schließen, dass der Unterschied zwischen beiden Verben darin besteht, dass *finden* in der Objekt-Position extensional ist. Peter kann in einer finden-Relation nur zu einem tatsächlich existierenden Zwerg stehen.

Dass nicht nur Verben in einer Argument-Position intensional sein können, zeigen die beiden Adjektive in den Beispielen (7). Obwohl beide Adjektive attributiv verwendet werden, lassen sie doch keine Interpretation mittels Durchschnittsbildung mit dem Nomen zu; sie sind nicht intersektiv zu interpretieren:

(7) (i) O.J.S. ist ein mutmaßlicher Mörder.
(ii) Richard von Weizsäcker ist ein ehemaliger Bundespräsident.

Die Nominalphrase *mutmaßlicher Mörder* lässt sich nicht als Durchschnitt der Menge derjenigen Dinge, die gemutmaßt werden, und der Menge der Mörder interpretieren, da ein mutmaßlicher Mörder gar kein Mörder sein muss. Ähnlich verhält es sich mit dem temporalen Adjektiv *ehemalig*. Auch die Nominalphrase im Satz (7)(ii) ist nicht als Durchschnitt aufzufassen zwischen der Menge der Dinge, die ehemalig sind (d.h. in der Vergangenheit liegen), und der Menge der Individuen, die (in der Gegenwart) Bundespräsident sind, denn die sich ergebende Schnittmenge ist stets leer.

Diese Beispiele zeigen, dass es Kontexte gibt, die unter einer extensionalen Sichtweise nicht adäquat interpretiert werden können. Eine Konsequenz dieser Beobachtung besteht darin, dass Leibniz' Gesetz keine generelle Gültigkeit hat, sondern wie in (8) einzuschränken ist:

(8) $\alpha = \beta \rightarrow [\varphi \leftrightarrow \varphi^{\alpha}_{\beta}]$, wobei α nicht im Skopus von $^\wedge$, $\Box$, $\Diamond$, **F** oder **P** steht.

Extensional gesehen lässt sich die Wahrheit von Formeln, in denen Elemente auftreten, die opake Kontexte schaffen, nicht berechnen; der Grund dafür liegt in dem Umstand, dass in opaken Kontexten bei einer rein extensionalen Strategie Freges Kompositionalitäts-Prinzip nicht in vollem Umfang gültig ist. Wir wollen daher einen alternativen Weg suchen, der es uns erlaubt, die Kompositionalität zu wahren. Dazu machen wir uns klar, dass zwei intensional identische Ausdrücke auch in opaken Kontexten – salva veritate – ersetzt werden können. Bei intensionaler Identität der auszutauschenden Ausdrücke lassen sich nämlich die zugehörigen Extensionen variabel an jedem Index berechnen. Es gilt daher die intensionale Variante von Leibniz' Gesetz in (9):

(9) $^\wedge\alpha = {}^\wedge\beta \rightarrow [\varphi \leftrightarrow \varphi^{\alpha}_{\beta}]$

Um zu sehen, wie die Kompositionalität einer Formel mit einem Element, das einen opaken Kontext schafft, gewahrt werden kann, betrachten wir das Beispiel in (10):

(10) (i) Jemand schlief.
(ii) **P**[∃x[schlafen'(x)]]
(iii) ?

P ∃x[schlafen'(x)]

Wenn wir die Formel *∃x[schlafen'(x)]* mit dem Operator **P** verbinden, so lässt sich das Resultat nicht kompositionell interpretieren, denn mit dem Wahrheitswert der Formel am Index $<w_0,t_0>$ wissen wir nichts über den Wahrheitswert der Formel an früheren Indizes. Aus der Verbindung mit dem Operator **P** lässt sich nicht angeben, welchen Wahrheitswert die Formel (10)(ii) hat. Dies liegt daran, dass der Operator **P** (im Gegensatz zur Negation) nicht *wahrheitsfunktional* ist. Ersetzt man hingegen die Formel *∃x[schlafen'(x)]* durch ihre Intension, so kennen wir die zugehörigen Extensionen an jedem Index und insbesondere an allen früheren Indizes, so dass auch das Denotat von (10)(ii) kompositionell berechnet werden kann. Wir müssen (10) demzufolge wie in (11)(i) übersetzen:

(11) (i) **P**[^[∃x[schlafen'(x)]]]
(ii) **P**[^∃x[schlafen'(x)]]

P ^[∃x[schlafen'(x)]]

∃x[schlafen'(x)]

Mit der Formel *^[∃x[schlafen'(x)]]* können wir die Extension an *jedem* Index bestimmen und insbesondere auch die von dem Operator **P** geforderte Extension an einem früheren Index berechnen. Bevor also ein Ausdruck mit einem Element verbunden wird, das einen opaken Kontext schafft, muss auf dieses Element der Intensor angewendet werden. Wir halten als Resultat unserer Überlegungen fest, dass in opaken Kontexten zur Wahrung des Frege-Prinzips die Intension eines Ausdrucks zur kompositionellen Berechnung verwendet werden muss.

12.6.2. Quantifikation und Zeit-Operatoren

Wir kehren an dieser Stelle zu einem bereits bekannten Beispiel aus dem Kapitel Temporalsemantik zurück. Dort hatten wir festgestellt, dass der Satz (12)(i) zwei Lesarten hat, die wir jetzt mit Hilfe der intensionalen Logik wie in (12)(ii) und (12)(iii) darstellen können:

(12) (i) Jeder Hund hatte Flöhe.
(ii) **P**[^[∀x[Hund'(x) → (Flöhe haben)'(x)]]]
(iii) ∀x[Hund'(x) → **P**[^[(Flöhe haben)'(x)]]]

Die Formel (12)(ii) besagt, dass es einen Zeitpunkt in der Vergangenheit gibt, zu dem alle Hunde Flöhe hatten. Wir haben diese Lesart als die 'Dreißigjährige-Krieg'-Lesart bezeichnet, die sich hier daraus ergibt, dass der Ausdruck *∀x[Hund'(x)]* im Skopus des Intensors (und des Zeit-Operators) steht. Die Formel (12)(iii) hingegen besagt, dass es für jeden Hund in der aktuellen Welt einen Zeitpunkt in der Vergangenheit gibt, zu dem dieser Hund Flöhe hatte. Diese Lesart resultiert, wenn der Ausdruck *∀x[Hund'(x)]* außerhalb des Skopus der Operatoren **P** und ^ steht. Er denotiert dann alle Hunde in der aktuellen Welt zur aktuellen Zeit.

Aufgrund unserer Überlegungen im letzten Abschnitt können wir davon ausgehen, dass für eine kompositionelle Analyse der Formeln in (12)(ii) und (12)(iii) der Intensor erforderlich ist, und wir wollen nun fragen, wie die Unterschiede in den beiden Lesarten abzuleiten sind. Dazu erinnern wir uns an die Regel des Hineinquantifizierens, die wir hier nochmals wiederholen:

(13) Regel des Hineinquantifizierens (Wiederholung)
Wenn der Satz S durch eine Formel φ übersetzt wird, die einen Ausdruck α vom Typ <<e,t>,t> enthält, dann kann S auch als α(λx(φ')) übersetzt werden, wobei φ' genauso ist wie φ, außer dass α durch den Ausdruck λP[P(x)] ersetzt wird, wobei x eine in φ' freie Variable vom Typ e ist.

Die Regel erlaubt es, dass ein generalisierter Quantor entweder in der Formel verbleibt, womit die Lesart in (12)(ii) abgeleitet wird. Sie erlaubt es aber auch, zunächst die individuelle Sublimierung einer Individuen-Variable in die Struktur zu integrieren, um im letzten Kompositionsschritt den generalisierten Quantor vor der Restformel einzusetzen und die Individuen-Variable zu binden.

Bevor wir die beiden Lesarten herleiten, wollen wir uns klarmachen, dass die Operatoren in IL stets durch Regeln in die Strukturen eingeführt werden. Sie werden *synkategorematisch* definiert. Ein anderer Weg besteht darin, zu einem Operator eine Konstante zu definieren, die die gleichen Wahrheitsbedingungen wie der Operator selbst hat. Wir könnten also etwa zu dem Zeit-Operator **P** eine Konstante *Past'* definieren, die gerade die Interpretation des Zeit-Operators **P** hat. Der Typ der Konstanten *Past'* ist <<s,t>,t>, denn *Past'* nimmt eine Proposition als Argument und ergibt einen Wahrheitswert. Zugleich können wir feststellen, dass *Past'* Eigenschaften von Propositionen denotiert. Wenn φ eine beliebige Formel vom Typ t ist, dann berechnen wir zunächst die Intension $^\wedge\varphi$ von φ. Dies ist eine Funktion von Indizes in Wahrheitswerte vom Typ <s,t>. Genau dann, wenn es einen Index $\langle w,t_1\rangle$ gibt, für den gilt, dass $t_1 < t_0$ liegt, und an dem die Extension von φ wahr ist, ist auch der Ausdruck *Past'[*$^\wedge$*φ]* wahr. *Past'* muss also definiert werden wie in (41):

(14) (i) TYP(Past') = <<s,t>,t>
(ii) $[\![\text{Past'}[^\wedge\varphi]]\!]^{M,w,t,g} = 1$, gdw. es einen Index $\langle w,t_1\rangle$, $t_1 < t_0$, gibt und $[\![\varphi]\!]^{M,w,t1,g} = 1$.

Der Vorteil, der mit der Verwendung einer Konstanten *Past'* verbunden ist, besteht darin, dass wir auch die flexionsmorphologischen Merkmale, die in INFL auftreten, als Lexikoneinheiten behandeln können. Mit diesen Vorüberlegungen gerüstet, leiten wir in (15) zunächst die Lesart (12)(ii) ab. Q sei eine Variable vom Typ <s,t>:

(15)

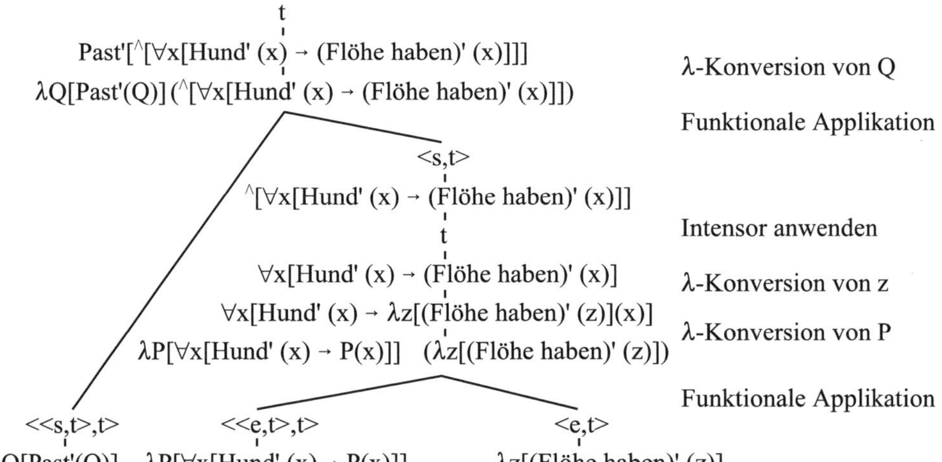

Die Lesart mit weitem Skopus des allquantifizierten generalisierten Quantors in (12)(iii) leiten wir unter Zuhilfenahme der Regel des Hineinquantifizierens in (16) ab:

(16)

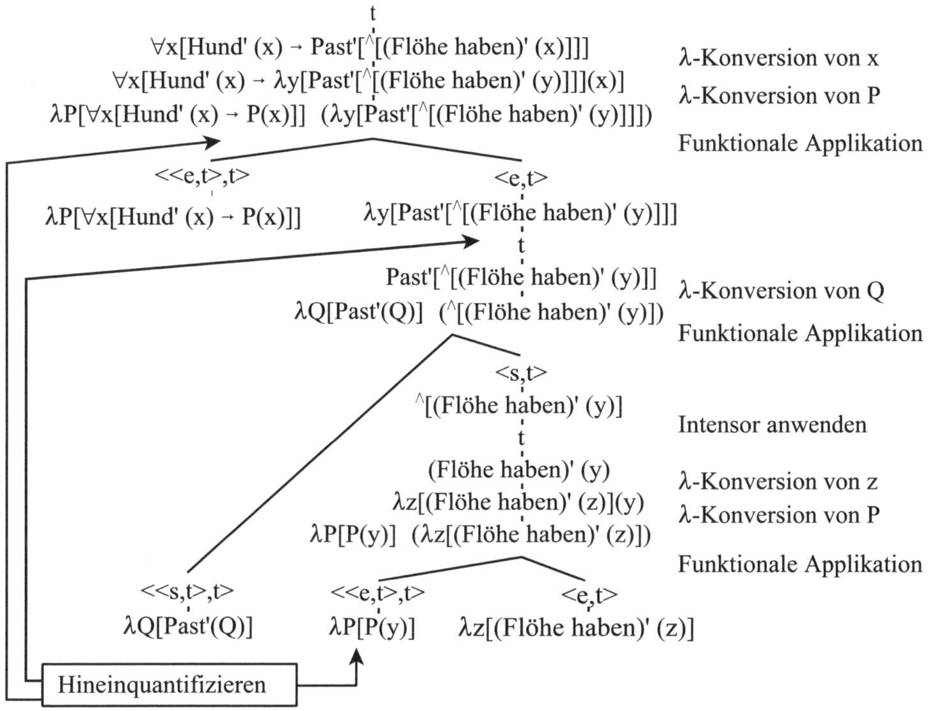

Der Unterschied zwischen den beiden Lesarten besteht also gerade in der unterschiedlichen Reihenfolge, mit der die Quantoren in die Struktur eingeführt werden. Die beiden Reihenfolgen sind aber gerade mit der Regel des Hineinquantifizierens definiert.

12.6.3. Quantifikation und Modal-Operatoren

Eine ganz analoge Ambiguität wie in (12)(i) lässt sich auch für die Modal-Operatoren feststellen. Betrachten wir dazu den Satz in (17) mit dem Modalverb *können*, das wir mit Hilfe des ◇-Operators übersetzen:

(17) Jeder Hund könnte Flöhe haben.

(i) ◇[^[∀x[Hund'(x) → (Flöhe haben)'(x)]]]

(Es gibt (mindestens) einen Umstand, so dass jeder Hund unter diesem Umstand Flöhe hat.)

(ii) $\forall x[\text{Hund}'(x) \rightarrow \Diamond[{}^\wedge[(\text{Flöhe haben})'(x)]]]$
(Zu jedem Hund gibt es einen Umstand, so dass dieser Hund unter diesem Umstand Flöhe hat.)

Die Formel in (17)(i) ist in der aktuellen Welt wahr, wenn es in einer Welt (einem bestimmten Umstand) der Fall ist, dass alle Hunde Flöhe haben. Hingegen ist die Formel in (17)(ii) genau dann wahr, wenn es für jeden Hund in der aktuellen Welt eine Welt (einen bestimmten Umstand) gibt, so dass dieser Hund in dieser Welt (unter diesem Umstand) Flöhe hat. Für den ◇-Operator wollen wir eine Konstante definieren, ganz parallel zu unserem Vorgehen mit dem Zeit-Operator **P**. Nennen wir diese Konstante *Mögl'*. Auch *Mögl'* ist vom Typ $<<s,t>,t>$ und denotiert demzufolge Mengen von Propositionen:

(18) (i) $\text{TYP}(\text{Mögl}') = <<s,t>,t>$
(ii) $[\![\text{Mögl}'[{}^\wedge\varphi]]\!]^{M,w,t,g} = 1$, gdw. es einen Index $<w_1,t>$ gibt und $[\![\varphi]\!]^{M,w1,t,g} = 1$.

Die beiden Lesarten in (17)(i) und (17)(ii) lassen sich jetzt ganz parallel zu den Strukturen in (15) und (16) ableiten, wobei *Past'* durch *Mögl'* zu ersetzen ist. Die Lesart mit weitem Skopus des generalisierten Quantors ergibt sich auch dabei durch die Anwendung der Regel des Hineinquantifizierens.

12.6.4. Propositionale Einstellungen

Wir wissen bereits, dass nicht nur Ausdrücke wie *Past'* und *Mögl'* intensionale Argumente benötigen, sondern dass auch eine bestimmte Klasse von Verben in ihrer Objekt-Position ein intensionales Argument erfordert. Verben dieser Klasse sind u.a. solche, die ein Satzkomplement einbetten, wie *glauben*, *meinen*, *vermuten* usw. So konnten wir feststellen, dass die Wahrheit des Satzes (19) völlig unabhängig davon ist, ob die beste Studentin in Mathematik tatsächlich blaue Augen hat, dass sie vielmehr allein davon abhängt, ob Peter *glaubt*, dass dies so ist:

(19) Peter glaubt, dass die beste Studentin in Mathematik blaue Augen hat.

(19) kann auf zwei Weisen interpretiert werden, nämlich zum einen in der *de re*-Lesart (20)(ii), bei der es eine ganz bestimmte Person gibt, die sich u.a. dadurch auszeichnet, die beste Studentin in Mathematik zu sein, und von der Peter glaubt, ohne von ihrer mathematischen Hochbegabung unbedingt wissen zu müssen, dass sie blaue Augen hat. Peter steht hier in der Relation des Glaubens zu der Proposition, dass eine bestimmte Person

blaue Augen hat. Er muss in der de re-Lesart nicht glauben, dass besagte Person die beste Studentin in Mathematik ist oder sonst irgendwelche anderen Eigenschaften aufweist. In der de dicto-Lesart (20)(i) steht Peter in der Relation des Glaubens zu der Proposition, dass es eine Person gibt, die die beste Studentin in Mathematik ist, und dass diese hochbegabte Person blaue Augen hat. In dieser Situation muss es gar keine beste Studentin in Mathematik mit blauen Augen geben, solange Peter nur glaubt, dass es sie gibt. Wenn wir die folgenden Abkürzungen wählen: *BSM = beste Studentin in Mathematik* und *BAH = blaue Augen haben*, so lassen sich die beiden Lesarten wie in (20) darstellen:

(20) (i) de dicto: $glauben'(Peter', {}^\wedge\exists x[\forall y[BSM'(y) \leftrightarrow (x = y)] \wedge BAH'(x)])$

(ii) de re: $\exists x[\forall y[BSM'(y) \leftrightarrow (x = y)] \wedge glauben'(Peter', {}^\wedge BAH'(x))]$

Die Struktur in (21) zeigt die Ableitung der de dicto-Lesart, bei der das Subjekt des eingebetteten Satzes direkt in seine satzinterne Position integriert wird:

(21)

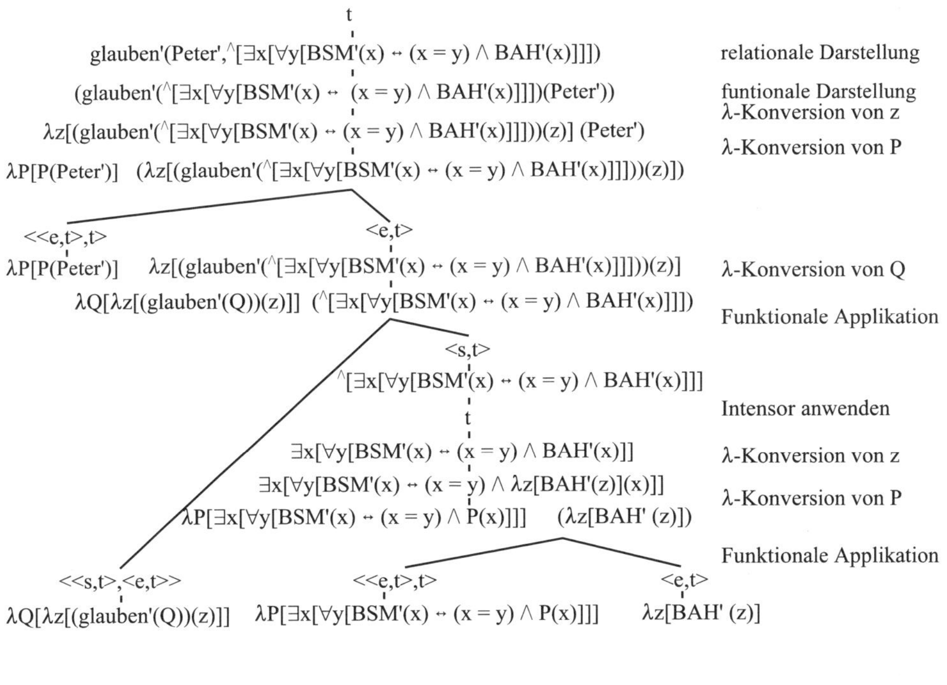

Da *glauben'* als Objekt eine Proposition verlangt, muss auch die Variable Q vom Typ $<s,t>$ einer Proposition sein. Bevor also die Übersetzung der Formel für den eingebetteten Satz mit dem Verb kombiniert werden kann, muss der Intensor angewendet werden, um die Formel vom Typ t in eine Propositon vom Typ <s,t> zu überführen, damit funktionale Applikation stattfinden kann.

Zur Herleitung der de re-Lesart verwenden wir wieder die Regel des Hineinquantifizierens. Der generalisierte Quantor $\exists x[\forall y[BSM'(x) \leftrightarrow (x = y)]]$ wird nicht direkt in die Subjekt-Position des eingebetteten Satzes integriert, sondern die individuelle Sublimierung einer Variablen, die nach allen anderen Kompositionsprozessen λ-abstrahiert wird. Der generalisierte Quantor selbst wird erst nach Abstraktion dieser Variablen mit der Rest-Formel verbunden. Die Pfeile zeigen diejenigen Schritte in der Ableitung, bei denen die Regel des Hineinquantifizierens angewendet wird:

(22)

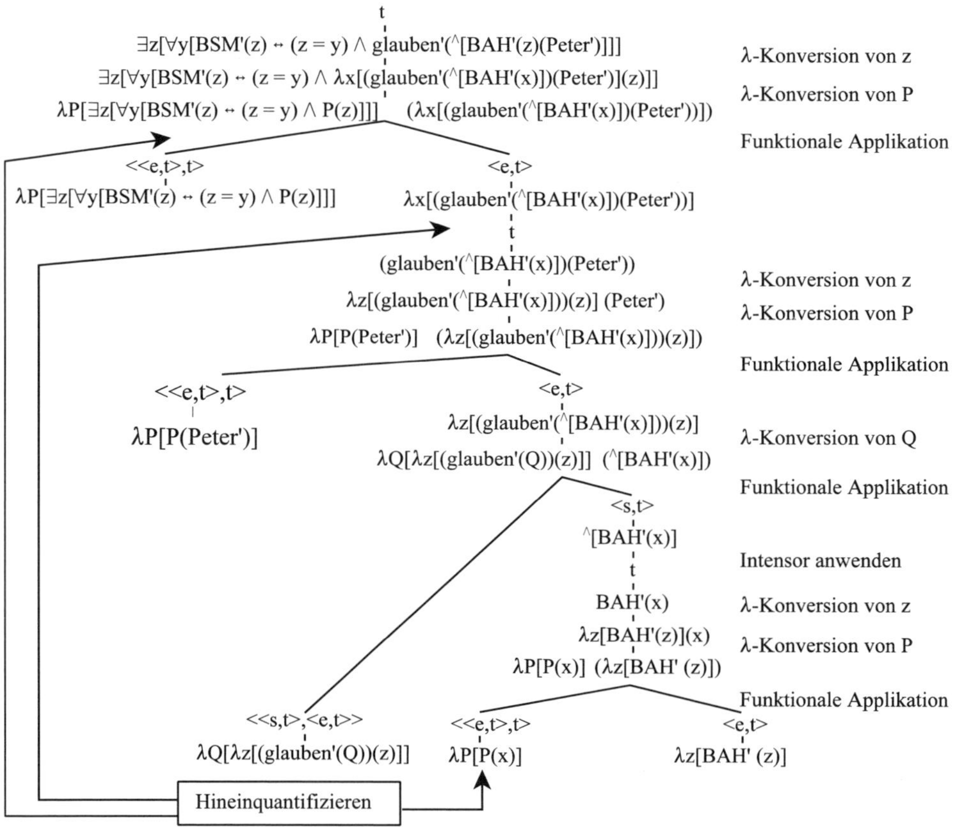

12.6.5. Intensionale Adjektive

Wir haben bereits festgestellt, dass Eigennamen rigide Designatoren sind, denn sie denotieren an jedem Index das gleiche Individuum. Ihnen gegenüber stehen die sog. *nicht-rigide Designatoren*, namens-ähnliche Bezeichnungen, die nicht an allen Indizes das gleiche Individuum denotieren:

(23) (i) Mr. Universum
(ii) Miss America

Welches Individuum zum *Mr. Universum* bzw. zur *Miss America* gewählt wird, variiert i.d.R. von Jahr zu Jahr, und derartige Ausdrücke denotieren deshalb die Intension eines Individuums, d.h. ein Individuenkonzept vom Typ <s,e>. In dieser Hinsicht unterscheiden sie sich nur geringfügig von anderen Kennzeichnungen, die einelementige Mengen denotieren, wie die in (24)(i):

(24) (i) Bundeskanzler
(ii) Weinkönigin
(iii) Karnevalsprinz

Auch diese Nomina denotieren zu unterschiedlichen Zeiten i.d.R. verschiedene Individuen, d.h. auch ihr Denotat variiert welt- und zeitabhängig. Der Unterschied zu den namens-ähnlichen Bezeichnungen in (23) besteht darin, dass die Nomina in (24) Mengen von Individuen denotieren und daher den extensionalen Typ <e,t> haben. Intensional gedeutet denotieren sie Eigenschaften von Individuen und damit Funktionen von Indizes in Mengen von Individuen vom Typ <s,<e,t>>. So ist das extensionale Denotat des Ausdrucks *der Bundeskanzler* zur Zeit *1993* in der Welt *Bundesrepublik Deutschland* die Menge mit dem Element *Helmut Kohl*, zur Zeit *1993* in der Welt *Bundesrepublik Österreich* hingegen die Menge mit dem Element *Franz Vranitzky* und zur Zeit *1982* in der Welt *Bundesrepublik Deutschland* denotiert der Ausdruck schließlich die Menge mit dem Element *Helmut Schmidt*. Das Denotat von *Bundeskanzler'* kann daher nicht extensional bestimmt werden als die Menge all derjenigen Individuen, die in der aktuellen Welt zur aktuellen Zeit Bundeskanzler sind, sondern es ist intensional aufzufassen, als Funktion von Indizes in Mengen von Individuen. Zu den Welten und Zeiten in (25) bildet die Eigenschaft $[\![\text{Bundeskanzler'}]\!]^{M,g}_{I}$ die jeweiligen Indizes auf die Mengen in (26) ab:

(25) (i) w_1 = Bundesrepublik Deutschland
(ii) w_2 = Bundesrepublik Österreich
(iii) t_1 = 1993

(26) (i) $[\![\text{Bundeskanzler'}]\!]^{M,g}_{I}(<w_1,t_1>) = [\![\text{Bundeskanzler'}]\!]^{M,w1,t1,g} = \{\text{Helmut Kohl}\}$
(ii) $[\![\text{Bundeskanzler'}]\!]^{M,g}_{I}(<w_2,t_1>) = [\![\text{Bundeskanzler'}]\!]^{M,w2,t1,g} = \{\text{Franz Vranitzky}\}$

Die Intension $[\![\text{Bundeskanzler'}]\!]^{M,g}_{I}$ liefert zu jedem Index, die Menge derjenigen Individuen, die an dem jeweiligen Index Bundeskanzler sind:

(27) (i) Helmut Kohl ist ein dicker Bundeskanzler.
(ii) Helmut Schmidt ist ein ehemaliger Bundeskanzler.

Um zu entscheiden, ob der Satz (27)(i) in der Gegenwart $t_0 = 1995$ wahr ist, genügt es, am aktuellen Index den Durchschnitt zwischen allen Individuen, die dick sind, und allen Individuen, die Bundeskanzler sind, zu bilden und zu prüfen, ob das Individuum Helmut Kohl in dieser Schnittmenge enthalten ist oder nicht. D. h. zur Berechnung des Wahrheitswertes genügt eine extensionale Behandlung, denn wir können am aktuellen Index die relevanten Mengen bilden. Um dagegen zu entscheiden, ob der Satz (27)(ii) wahr ist, reicht eine einfache Schnittmengenbildung am aktuellen Index nicht mehr aus. Es muss vielmehr einen Zeitpunkt $t_1 < t_0$ geben, an dem gilt, dass Helmut Schmidt in der Menge derjenigen Individuen enthalten ist, die am Zeitpunkt t_1 Bundeskanzler sind. Gleichzeitig steht der Satz (27)(ii) aber nicht im Präteritum, sondern im Präsens und bezieht sich auf die aktuelle Zeit t_0, d.h. nur das Nomen *Bundeskanzler* muss in der Vergangenheit interpretiert werden. Offensichtlich liegt diese Zeitverschiebung, relativ zu der das Bundeskanzler-Sein berechnet werden muss, an dem Adjektiv *ehemalig*, dessen Argumentposition infolgedessen intensional sein muss. Der Typ des Adjektivs ist <<s, <e, t>>, <e, t>> und die zugehörige Funktion ein Element der folgenden Menge:

(28) $(\{0,1\}^D)^{((\{0,1\}^D)^{W\times T})}$.

Die Übersetzung der Nominalphrase *ehemaliger Bundeskanzler* ergibt sich wie in (29)(ii). Q sei eine Variable vom Typ <s,<e,t>>:

(29) (i) $\lambda x[\text{ehemalig}'(^\wedge\text{Bundeskanzler}'(x))]$

(ii)

$\langle e,t\rangle$

$\lambda x[\text{ehemalig}'(^\wedge\text{Bundeskanzler}'(x))]$ — λ-Konversion von z

$\lambda x[\text{ehemalig}'(^\wedge\lambda z[\text{Bundeskanzler}'(z)](x))]$ — λ-Konversion von Q

$\lambda Q[\lambda x[\text{ehemalig}'(Q(x))]]\ (^\wedge\lambda z[\text{Bundeskanzler}'(z)])$

Funktionale Applikation

$\langle\langle s,\langle e,t\rangle\rangle,\langle e,t\rangle\rangle$ — $\langle s,\langle e,t\rangle\rangle$

$\lambda Q[\lambda x[\text{ehemalig}'(Q(x))]]$ — $^\wedge\lambda z[\text{Bundeskanzler}'(z)]$

$\lambda z[\text{Bundeskanzler}'(z)]$ — Intensor anwenden

Indem wir zunächst zur Intension von *Bundeskanzler'* übergehen, erhalten wir die Eigenschaft *Bundeskanzler zu sein* als Funktion, die jeden Index <w,t> auf die Extension von *Bundeskanzler'* an <w,t> abbildet. *ehemalig'* denotiert eine Funktion von Eigenschaften in Mengen von Individuen. Welche Individuen müssen in dieser Menge enthalten sein, wenn wir *ehemalig'* auf *Bundeskanzler'* anwenden? Nun, dies sind offenbar alle Individuen, die in der aktuellen Welt zur aktuellen Zeit Bundeskanzler *waren*, so dass wir als Denotat (30) erhalten wollen:

(30) $[\![\text{ehemalig}'(^\wedge\text{Bundeskanzler}')]\!]^{M,w,t0,g} =$

$= \{$Helmut Schmidt, Willy Brandt, Kurt Georg Kiesinger, ...$\}$

Um dieses Denotat kompositionell herzuleiten, müssen wir zunächst das Denotat der beiden Bestandteile angeben. Die Interpretation von *ehemalig(^NP')* ist die Menge aller Individuen x, die in der Extension von $[\![NP']\!]^{M,w,ti,g}$ für alle $t_i < t_0$ enthalten sind. Dies ergibt die Menge in (31):

(31) $[\![\text{ehemalig}'(^\wedge NP')]\!]^{M,w,t0,g} = \{x\ /\ x \in ([\![NP']\!]_I^{M,g}(\langle w,t_i\rangle)),\ \forall t_i\ [t_i < t_0]\}$

Da das intensionale Denotat von *Bundeskanzler'* an allen Indizes $\langle w,t_i\rangle$ mit $t_i < t_0$ die Menge der Bundeskanzler zu t_i ergibt, ist deren Vereinigung die Menge der ehemaligen Bundeskanzler. Wenn wir jetzt also für die NP-Übersetzung in (31) *Bundeskanzler'* einsetzen, so müssen wir zur Berechnung dieser Menge aus den Extensionen von *Bundeskanzler'* an allen Indizes $\langle w,t_i\rangle$ mit $t_i < t_0$ die Vereinigungsmenge bilden wie in (32):

(32) $[\![\text{ehemalig}'(^\wedge\text{Bundeskanzler}')]\!]^{M,w,t0,g} = \bigcup_{\forall t_i[t_i<t_0]} [\![\text{Bundeskanzler}']\!]_I^{M,g}(\langle w,t_i\rangle)$

Der Satz (27)(ii) ist damit genau dann wahr, wenn am Index $<w,t_0>$ gilt, dass das Individuum Helmut Schmidt in dieser Menge enthalten ist:

(33) $[\![(\text{Helmut Schmidt})']\!]^{M,w,t0,g} \in \bigcup_{\forall t_i[t_i<t_0]} [\![\text{Bundeskanzler}']\!]_I^{M,g}(<w,t_i>)$

12.6.6. Intensionale Verben

Für das letzte Beispiel wollen wir eine Herleitung betrachten, die etwas enger an die Analyse in Montagues Aufsatz PTQ angelehnt ist. Bei Montague denotiert jede nichtlogische Konstante eine Intension, und jede Verbindung zwischen zwei Ausdrücken wird mit einer *kategorienspezifischen* syntaktischen Regel zustande gebracht. Parallel zu diesen syntaktischen Regeln formuliert Montague weiterhin Übersetzungsregeln, die festlegen, welche Struktur ein Ausdruck hat, der aus der Anwendung einer syntaktischen Regel resultiert. Dabei werden gleiche syntaktische Kategorien in eine semantische Kategorie übersetzt. Der Grund für eine derartige Ableitung liegt darin, dass Montague eine strikte Eins-zu-eins-Beziehung zwischen syntaktischen Kategorien und deren Übersetzungen in IL vornimmt. Eine Konsequenz dieses Verfahrens ist, dass alle transitiven Verben, insbesondere auch *suchen* und *finden*, unabhängig davon, ob ihre Objekt-Position intensional oder extensional ist, zunächst kategorial in gleicher Weise übersetzt werden. Die Verbindung der Verben mit einem Objekt-Argument führt zu einer VP-Übersetzung, deren Objekt-Position intensional ist. Wenn ein transitives Verbs δ in δ' und ein generalisierter Quantor ß in ß' übersetzt wird, so ist die Übersetzung der VP: $\delta'(^\wedge ß')$. Die funktionale Applikation von δ' auf ß' führt also stets zu einem opaken Kontext in der Objekt-Position. Unsere Frage wird in diesem Zusammenhang lauten, wie das in der Objekt-Position extensionale Verb *finden* zu behandeln ist. Da bei Montague alle nichtlogischen Konstanten als Intensionen übersetzt werden, besteht also das Problem in der Behandlung der extensionalen Fälle. Aus dem Verfahrens resultiert u. a. auch, dass das Denotat von generalisierten Quantoren recht abstrakt wird, nämlich Mengen von Eigenschaften von Individuenkonzepten, die den Typ <<s,<<s,e>,t>>,t> haben. Da es nur eine kleine Klasse von NPn gibt, die ein solch abstraktes Denotat tatsächlich erfordern, wollen wir aus Einfachheitsgründen weiterhin annehmen, dass die Extension eines generalisierten Quantors eine Menge von Mengen von Individuen ist, also den Typ <<e,t>,t> hat, so dass die Intension vom Typ <s,<<e,t>,t>> eine Eigenschaft von Mengen von Individuen ist.

Betrachten wir zunächst die de dicto-de re-Ambiguität des Satzes in (34):

(34) Clara sucht ein Einhorn.

Die Bestandteile dieses Ausdrucks erhalten die Übersetzungen in (35)(i) mit den zugehörigen Typen:

(35) (i) Clara: λP[P(Clara')] <<e,t>,t>
(ii) suchen: suchen' <<s,<<e,t>,t>>,<e,t>>
(iii) ein Einhorn: λQ[∃x[Einhorn'(x) ∧ Q(x)]] <<e,t>,t>

Da *suchen'* eine intensionale Objekt-Argumentstelle besitzt, ergibt sich die VP-Übersetzung als Verbindung zwischen dem Verb *suchen'* und der Intension des generalisierten Quantors *^λQ[∃x[Einhorn'(x) ∧ Q(x)]]*. Diese VP-Übersetzung ist in (36)(i) dargestellt. Funktionale Applikation des Subjekt-Arguments auf diese VP-Übersetzung ergibt den Ausdruck in (36)(ii) durch λ-Konversion der Variablen P. Die funktionale Darstellung in (36)(ii) ist äquivalent zu der relationalen Darstellung in (36)(iii). Die vollständige Ableitung wird in (36)(iv) in einem Baumdiagramm dargestellt:

(36) de dicto-Lesart:
(i) suchen'(^λQ[∃x[Einhorn'(x) ∧ Q(x)]]) <e,t>
(ii) (suchen'(^λQ[∃x[Einhorn'(x) ∧ Q(x)]]))(Clara') t
(iii) suchen'(Clara',^λQ[∃x[Einhorn'(x) ∧ Q(x)]]) t
(iv)

t
suchen'(Clara',^λQ[∃x[Einhorn'(x) ∧ Q(x)']]) — relationale Darstellung
(suchen'(^λQ[∃x[Einhorn'(x) ∧ Q(x)']]))(Clara') — funktionale Darstellung
λ-Konversion von P
λP[P(Clara')] (suchen'(^λQ[∃x[Einhorn'(x) ∧ Q(x)']])) — funktionale Applikation

<<e,t>,t> <e,t>
λP[P(Clara')] (suchen'(^λQ[∃x[Einhorn'(x) ∧ Q(x)']])) — funktionale Applikation

<<s,<<e,t>,t>>,<e,t>> <s,<<e,t>,t>>
suchen' ^λQ[∃x[Einhorn'(x) ∧ Q(x)']]) — Intensor anwenden
λQ[∃x[Einhorn'(x) ∧ Q(x)']

Die Analyse in (36) entspricht der de dicto-Lesart, da der Existenzquantor im Skopus des Intensors steht. Sie besagt, dass es nicht der Fall sein muss, dass in der aktuellen Welt ein Einhorn existiert, zu dem Clara in der Relation des Suchens steht. Clara steht vielmehr in der Relation des Suchens zu einer Eigenschaft von Mengen von Individuen, nämlich Einhörnern.

Die de re-Lesart lässt sich nun wieder mittels Quantifikation in einen intensionalen Kontext rekonstruieren. Die Übersetzung des Objekt-Arguments wird durch die Intension der individuellen Sublimierung einer Variablen z ersetzt und mittels funktionaler Applikation mit der Verb-Übersetzung verbunden wie in (37)(i). Dieser Schritt ist verfahrens technisch identisch mit (36)(i). Auch die funktionale Applikation des Subjekt-Arguments auf die VP-Übersetzung in (37)(ii) entspricht genau dem Schritt in (36)(ii). Um dann aber die nächsten Schritte der Regel des Hineinquantifizierens vorzunehmen, muss die Variable z abstrahiert werden, so dass sich ein VP-Denotat vom Typ <e,t> ergibt wie in (37)(iii). Auf diesen Ausdruck wird das Objekt-Argument funktional appliziert wie in (37)(iv), und die λ-Konversionen von Q und z führen zu der funktionalen Darstellung in (37)(vi), die mit der relationalen Darstellung in (37)(vii) äquivalent ist. (37)(viii) zeigt die vollständige Ableitung in einem Baumdiagramm:

(37) de re-Lesart:

(i) $suchen'({}^{\wedge}\lambda P[P(z)])$

(ii) $(suchen'({}^{\wedge}\lambda P[P(z)])(Clara')$

(iii) $\lambda z[(suchen'({}^{\wedge}\lambda P[P(z)])(Clara')]$

(iv) $\lambda Q[\exists x[Einhorn'(x) \wedge Q(x)]]\ (\lambda z[(suchen'({}^{\wedge}\lambda P[P(z)])(Clara')])$

(v) $\exists x[Einhorn'(x) \wedge \lambda z[(suchen'({}^{\wedge}\lambda P[P(z)])(Clara')](x)]$

(vi) $\exists x[Einhorn'(x) \wedge (suchen'({}^{\wedge}\lambda P[P(x)])(Clara')]$

(vii) $\exists x[Einhorn'(x) \wedge suchen'(Clara', {}^{\wedge}\lambda P[P(x)])]$

(viii)

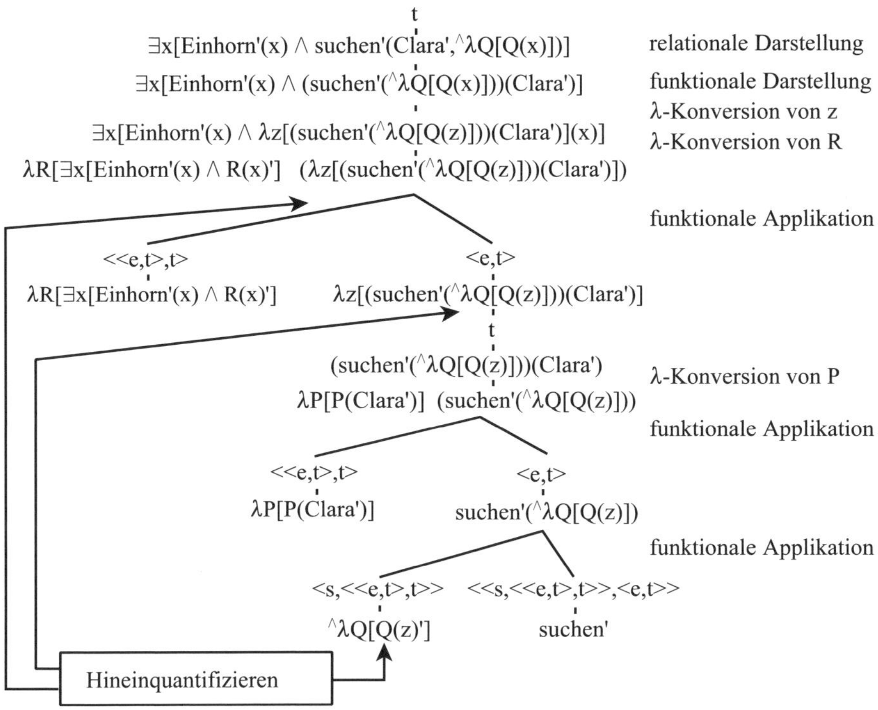

Wenn wir die beiden Lesarten von (34) gegenüberstellen, so sehen wir, dass der relative Skopus zwischen Existenzquantor und Intensor den entscheidenden Unterschied zwischen den beiden Lesarten ausdrückt. Im Gegensatz zur de dicto-Lesart in (38)(i) hat der Existenzquantor in der de re-Lesart in (38)(ii) weiten Skopus. Letzteres ist so zu deuten, dass in der aktuellen Welt ein Einhorn existiert, zu dem Clara in der suchen-Relation steht:

(38) (i) de dicto: $suchen'(Clara', {}^{\wedge}\lambda Q[\exists x[Einhorn'(x) \wedge Q(x)]]$
(ii) de re: $\exists x[Einhorn'(x) \wedge [suchen'(Clara', {}^{\wedge}\lambda P[P(x)]]]$

Da in der de re-Lesart (38)(ii) der generalisierte Quantor nicht im Skopus des Intensors steht, ist die Existenz eines Einhorns in der aktuellen Welt gesichert. Scheinbar besteht ein enger Bezug zwischen (existierenden!) Individuen und ihren Sublimierungen; wie wir bereits wissen, sind die individuellen Sublimierungen von Individuen x und y dann identisch, wenn die zwei Individuen x und y identisch sind. In diesem Falle gilt, dass die

Menge aller Eigenschaften, die x hat, identisch ist mit der Menge aller Eigenschaften, die y hat, so dass die Formel in (39) logisch wahr ist:

(39) $\forall x[\forall y[\Box[x = y \leftrightarrow \lambda P[P(x)] = \lambda P[P(y)]\ ]]]$

Da die Diskursdomäne in einem Modell für alle Indizes identisch ist, können wir aus (39) ableiten, dass auch die Intensionen der Sublimierungen identisch sind, so dass ebenfalls die Formel in (40) logisch wahr ist:

(40) $\forall x[\forall y[\Box[x = y \leftrightarrow {}^\wedge\lambda P[P(x)] = {}^\wedge\lambda P[P(y)]\ ]]]$

Mit (40) wird eine Relation zwischen Individuen und den Intensionen ihrer Sublimierungen ausgedrückt, und diesen Zusammenhang wollen wir ausnutzen, um die Darstellung der de re-Lesart etwas zu vereinfachen. Dazu definieren wir das Prädikat *suchen'*$_*$ wie in (41), das gerade eine Abkürzung für die Verbindung des Prädikats *suchen'* mit der Intension der individuellen Sublimierung einer Variablen ist:

(41) $\text{suchen}'_* = \lambda y[\lambda x[\text{suchen}'({}^\wedge\lambda P[P(y)])(x)]]$

Da diese Beziehung für alle Verben mit intensionaler Objekt-Position gilt, können wir entsprechend eine allgemeine Darstellung wählen, wobei δ die Übersetzung eines in Objekt-Position intensionalen Verbs ist:

(42) $\delta_* = \lambda y[\lambda x[\delta({}^\wedge\lambda P[P(y)])(x)]]$

Mit dieser Relation können wir die de re-Lesart aus (38)(ii) in eine einfache relationale Darstellung überführen. Wir starten dazu in (43)(i) mit der relationalen Darstellung der de re-Lesart (38)(ii) und schreiben diese in (43)(ii) in funktionaler Notation. In (43)(iii) und (43)(iv) führen wir λ-Konversion für die Subjekt- und Objekt-Variablen gewissermaßen rückwärts durch. Damit verändern wir aber lediglich die Darstellung der Funktion und der Argumente, ohne inhaltliche Veränderungen vorzunehmen, denn die Funktion und ihre Argumente bleiben identisch. Nach diesen Schritten können wir die Gleichung (41) anwenden und den kursiv gedruckten Ausdruck in (43)(iv) durch *suchen'*$_*$ ersetzen, womit wir die funktionale Darstellung erhalten, die wir in (43)(vi) relational notieren:

(43) (i) $\exists x[\text{Einhorn}'(x) \wedge \text{suchen}'(\text{Clara}', {}^\wedge\lambda P[P(x)])]$

(ii) $\exists x[\text{Einhorn}'(x) \wedge (\text{suchen}'({}^\wedge\lambda P[P(x)]))(\text{Clara}')]$

(iii) $\exists x[\text{Einhorn}'(x) \wedge \lambda z[(\text{suchen}'({}^\wedge\lambda P[P(x)]))(z)]\ (\text{Clara}')]$

(iv) $\exists x[\text{Einhorn}'(x) \wedge \lambda y[\lambda z[(suchen'(^{\wedge}\lambda P[P(y)]))(z)]]\ (x)\ (\text{Clara}')]$
(v) $\exists x[\text{Einhorn}'(x) \wedge (\text{suchen}'_*(x))(\text{Clara}')]$
(vi) $\exists x[\text{Einhorn}'(x) \wedge \text{suchen}'_*(\text{Clara}',x)]]$

Das Ergebnis zeigt, dass mit Hilfe der Stern-Notation die de re-Lesart so dargestellt werden kann, dass Clara in der suchen'$_*$-Relation zu x steht.

Wie wir zu Beginn dieses Kapitels bereits angedeutet haben, ergibt sich bei einer Analyse, die sich an der Vorgehensweise Montagues orientiert, das Problem, dass auch transitive Verben wie *finden* vom Typ <<s,<<e,t>,t>>,<e,t>> sind, d. h. obwohl entsprechende Verben in der Objekt-Position extensional sind, werden sie genauso übersetzt wie ihre intensionalen Pendants. Für den Satz (44) werden somit ebenfalls zwei Lesarten vorausgesagt, wie (44)(i) und (44)(ii) deutlich machen:

(44) Clara findet ein Einhorn
(i) de dicto: $\text{finden}(\text{Clara}', {}^{\wedge}\lambda Q[\exists x[\text{Einhorn}'(x) \wedge Q(x)]])$
(ii) de re: $\exists x[\text{Einhorn}'(x) \wedge [\text{finden}'(\text{Clara}', {}^{\wedge}\lambda P[P(x)]]]$

Intuitiv lässt sich (44) aber nicht in einer de dicto-Lesart verstehen, denn wenn Clara ein Einhorn findet, so muss dieses Einhorn in der aktuellen Welt auch existieren. Um diesen Tatbestand auszudrücken, sollte es gerade für die in der Objekt-Position extensionalen Verben möglich sein, die beiden Lesarten äquivalent aufeinander zu beziehen, so dass der Unterscheid verschwindet. Da gleichzeitig der Lesart-Unterschied für intensionale Verben bestehen bleiben soll, muss eine Vorkehrung getroffen werden, der die beiden Verbklassen zu unterscheiden erlaubt. Montague verwendet dazu sog. *Bedeutungspostulate*. Wir wollen diese Konzeption kurz erläutern, um dann die generelle Strategie Montagues an dem Verb *finden* zu verdeutlichen.

Betrachten wir dazu etwa das deutsche Wort *Rappe*, das gleichbedeutend mit der Nominalphrase *schwarzes Pferd* ist. Aus der Wahrheit des Satzes (45)(i) lässt sich formal aber nicht die Wahrheit des Satzes (45)(ii) ableiten, obwohl unser intuitives Wissen über Rappen und Pferde gerade diese Folgerung erlaubt:

(45) (i) Ein Rappe steht im Hof.
(ii) Ein schwarzes Pferd steht im Hof.

Wir benötigen eine Festlegung, die besagt, dass Rappen schwarze Pferde sind, und eine solche Vereinbarung können wir mit Hilfe eines Bedeutungspostulats wie in (46) vornehmen, wobei (46) an allen Indizes im Modell gilt:

(46) $\Box[\forall x[\text{Rappe}'(x) \rightarrow [\text{Pferd}'(x) \wedge \text{schwarz}'(x)]]]$

Mit (46) im Hintergrund dürfen wir den Schluss von (45)(i) nach (45)(ii) durchführen wie in (47), denn aus (46) folgt, dass jeder Rappe schwarz ist:

(47) (i) Ein Rappe steht im Hof. (45)(i)
(ii) Notwendigerweise ist jeder Rappe ein schwarzes Pferd. (46)

(iii) ∴ Ein schwarzes Pferd steht im Hof. (45)(ii)

Ganz ähnlich können wir vorgehen, um die beiden Lesarten der in Objekt-Position extensionalen Verben miteinander zu identifizieren. Dazu formulieren wir das Bedeutungspostulat in (48), das eine Äquivalenz zwischen den zwei möglichen Übersetzungsvarianten der relevanten transitiven Verben festlegt. Die Variable P sei vom Typ <s,<<e,t>,t>>, also die Intension eines generalisierten Quantors. Das Bedeutungspostulat besagt, dass transitive Verben, die in ihrer Objekt-Position extensional sind, als äquivalente Übersetzungen auch den Ausdruck rechts von dem Bikonditional-Symbol zulassen. Insbesondere ergibt sich damit, dass die Formel *finden'[z,P]* äquivalent zu der Formel ${}^{\vee}P(\lambda y[finden'_{*}(z,y)])$ ist:

(48) Bedeutungspostulat (meaning postulate) MP1:
$\Box[\delta(z,P) \leftrightarrow {}^{\vee}P(\lambda y[\delta_{*}(z,y)])]$, wenn δ die Übersetzung eines in Objekt-Position extensionalen, transitiven Verbs ist.

Um uns den Effekt dieses Postulats zu verdeutlichen, leiten wir in (49) in äquivalenten Schritten die de re-Lesart aus der de dicto-Lesart ab. Wir beginnen in (49)(i) mit der relationalen Darstellung der de dicto-Lesart (44)(i) und wenden beim Übergang nach (49)(ii) das Bedeutungspsotulat MP1 an. Damit haben wir gerade die Extension der Intension zu berechnen, so dass sich die beiden Operatoren in (49)(iii) aufheben. λ-Konversion der Variablen Q führt zu (49)(iv) und λ-Konversion der Variablen y zu (49)(v). Dies ist die relationale Notation, die in (49)(vi) funktional dargestellt ist:

(49) (i) $finden(Clara', {}^{\wedge}\lambda Q[\exists x[Einhorn'(x) \wedge Q(x)]])$
(ii) ${}^{\vee\wedge}\lambda Q[\exists x[Einhorn'(x) \wedge Q(x)]]\ (\lambda y[finden'_{*}(Clara',y)])$
(iii) $\lambda Q[\exists x[Einhorn'(x) \wedge Q(x)]]\ (\lambda y[finden'_{*}(Clara',y)])$
(iv) $\exists x[Einhorn'(x) \wedge \lambda y[finden'_{*}(Clara',y)]\ (x)]$
(v) $\exists x[Einhorn'(x) \wedge finden'_{*}(Clara',x)]$
(vi) $\exists x[Einhorn'(x) \wedge (finden'_{*}(x))(Clara')]$

Wir haben damit die δ_{*}-Notation hergeleitet, die wir zuvor am Beispiel des in Objekt-Position intensionalen Verbs *suchen* eingeführt haben. Die δ_{*}-Notation, angewendet auf *finden'*, führt zu der Identität in (50):

(50) $\text{finden}'_{*} = \lambda y[\lambda z[\text{finden}'({}^{\wedge}\lambda P[P(y)])(z)]]$

Wir können nun weitergehen und *finden'*$_{*}$ gegen den Ausdruck rechts vom Gleichheitszeichen in (50) ersetzen, wie dies in (51)(i) geschieht. Zweifache λ-Konversion in (51)(ii) und (51)(iii) führt zur funktionalen Notation, die in (51)(iv) relational dargestellt ist:

(51) (i) $\exists x[\text{Einhorn}'(x) \wedge (\mathit{\lambda y[\lambda z[finden({}^{\wedge}\lambda P[P(y)])(z)]]}\ (x))(\text{Clara}')]]$

(ii) $\exists x[\text{Einhorn}'(x) \wedge \lambda z[\text{finden}({}^{\wedge}\lambda P[P(x)])(z)]\ (\text{Clara}')]]$

(iii) $\exists x[\text{Einhorn}'(x) \wedge \text{finden}({}^{\wedge}\lambda P[P(x)])(\text{Clara}')]$

(iv) $\exists x[\text{Einhorn}'(x) \wedge \text{finden}'(\text{Clara}',{}^{\wedge}\lambda P[P(x)])]$

Wir haben damit die de dicto-Lesart (44)(i) in durchgängig äquivalenten Schritten in die de re-Lesart (51)(iv) bzw. (44)(ii) überführt und finden so unsere intuitive Beurteilung des Satzes (44) bestätigt, dass Clara allein ein existierendes Einhorn finden kann. Darüber hinaus haben wir eine Differenzierung zwischen in Objekt-Position intensionalen und extensionalen Verben erreicht, indem das Bedeutungspostulat MP1 nur für letztere wirksam wird und dementsprechend auch nur hier eine Äquivalenz der beiden Lesarten abgeleitet werden kann.

12.7. Übungsaufgaben

1. Gib zu den folgenden Ausdrücken den intensionalen Typ an:

   (i) Peter'
   (ii) Haus'
   (iii) schlafen'
   (iv) streicheln'
   (v) (kein Schwein)'
   (vi) vermuten'

2. Welche Funktionen sind mögliche Denotate der folgenden Typen? Gib jeweils auch die generalisierte Intension an:

   (i) $<s,e>$; (ii) $<s,t>$; (iii) $<s,<e,t>>$; (iv) $<s,<<s,t>,t>>$; (v) $<s,<e,<e,t>>>$;
   (vi) $<s,<<e,t>,t>>$; (vii) $<s,<<s,e>,<<s,e>,t>>>$; (viii) $<s,<<s,<e,t>>,<s,<e,t>>>>$

3. Die de re-Lesart für den Satz *Clara findet ein Einhorn* kann auch mit den folgenden Übersetzungen hergeleitet werden. R sei eine Variable vom Typ $<s,<<e,t>,t>>$. Gib

die einzelnen Ableitungsschritte an und überlege, warum die de dicto-Lesart auf diese Weise nicht ableitbar ist:

finden': $\lambda R[\lambda x[{}^{\vee}R(\lambda y[(finden'(y))(x)])]]$
$Typ(finden') = <<s,<<e,t>,t>>,<e,t>>$

Clara': $\lambda P[P(Clara')]$
$Typ(Clara') = <<e,t>,t>$

(ein Einhorn)': ${}^{\wedge}\lambda Q[\exists z[Einhorn'(z) \wedge Q(z)]]$
$Typ((ein\ Einhorn)') = <s,<<e,t>,t>>$

4. Gib die Ableitungen sowohl für die de re- als auch für die de dicto-Lesart des folgenden Satzes an:

Clara vermutet, dass jedes Einhorn zwei Hörner hat.

13. Propositionen und Propositionenmengen

Im Kapitel über intensionale Logik haben wir das Konzept der *Proposition* kennen gelernt. Eine Proposition wurde dort als eine Funktion von möglichen Welten in Wahrheitswerte theoretisch rekonstruiert. Dabei galt, dass jede Welt, in der der Sachverhalt, den die Proposition ausdrückt, besteht, auf das Wahre abgebildet wird und jede Welt, in der er nicht besteht, auf das Falsche. Eine Proposition ist also ein intensionales Objekt, da sie – wie andere intensionale Objekte auch – mögliche Welten auf die Extension in der jeweiligen Welt abbildet. Zu dem Beispielsatz in (1)(i) gibt (1)(ii) den propositionalen Gehalt an, dessen Wahrheitsbedingungen formuliert werden können, wie in (1)(iii):

(1) (i) (dass) ein Schornsteinfeger eine schwarze Katze sieht.
(ii) ein Schornsteinfeger eine schwarze Katze seh
(iii) $\exists x\ \exists y[\text{Schornsteinfeger}'(x) \wedge \text{Katze}'(y) \wedge \text{schwarz}'(y) \wedge \text{sehen}'(x,y)]$

Wir können uns leicht vorstellen, dass die ausgedrückte Proposition unendlich viele Situationen zutreffend beschreibt. Diese können in der Vergangenheit, der Gegenwart oder der Zukunft liegen. Sie können in Märchen- und Phantasiewelten vorkommen und die Anzahl der möglichen Welten, in denen dieser Sachverhalt bestehen kann, ist letztlich nicht begrenzt. Um diesen Tatbestand angemessen zu erfassen, ist das Konzept der Proposition geeignet. Jeder mögliche Welt-Zeit-Punkt, an dem ein Schornsteinfeger eine schwarze Katze sieht, wird auf das Wahre und jeder andere auf das Falsche abgebildet. Ein Welt-Zeit-Punkt $<w,t>$ ist ein geordnetes Paar bestehend aus einer Welt w und einer Zeit t. Einen solchen Welt-Zeit-Punkt haben wir einen *Index* genannt.

Im Kapitel *Intensionale Logik* haben wir den Intensor definiert, der zu einem Ausdruck *implizit* eine Funktion von Indizes in die Extension dieses Ausdrucks konstruiert hat. In diesem und den folgenden Kapiteln wollen diese Funktion *explizit* konstruieren, indem wir den Lambda-Operator und Variablen für Indizes verwenden. Während wir bei der intensionalen Logik eine Variable 's' zur Kennzeichnung in den logischen Typen für Indizes angenommen haben, wollen wir hier 's' als eine weiteren Basistyp für Indizes neben e und t einführen.

Das Denotat für die Proposition in (1) könnte dann etwa aussehen wie in (2)(ii):

(2) (i) $\lambda i[\exists x\ \exists y[\text{Schornsteinfeger}'(i,x) \wedge \text{Katze}'(i,y) \wedge \text{schwarz}'(i,y) \wedge \text{sehen}'(i,x,y)]]$

(ii) Typ $<s,t>$:

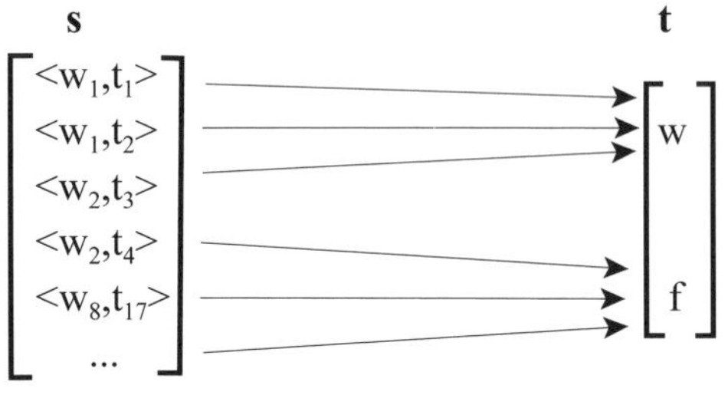

An den Indizes $<w_1,t_1>$, $<w_1,t_2>$, $<w_2,t_3>$ sieht ein Schornsteinfeger ein schwarze Katze, an den anderen hingegen nicht. Fassen wir diese Funktion als charakteristische Funktion einer Menge auf, so erhalten wir die folgende Menge von Indizes: $\{<w_1,t_1>, <w_1,t_2>, <w_2,t_3>\}$. Die Proposition teilt damit die Menge der Indizes in zwei Klassen. In beiden Klassen sind die Indizes jeweils äquivalent, denn bezüglich p werden alle Indizes der einen Klasse auf das Wahre abgebildet, alle Indizes der anderen Klasse auf das Falsche. Das Denotat einer Proposition wird üblicherweise mit der Menge derjenigen Indizes identifiziert, an denen sie wahr ist.

Wir wollen im Folgenden nicht weiter den Terminus *Index* verwenden, sondern wieder zum Begriff der *möglichen Welt* zurückkehren, dabei aber implizit Index verstehen. Der Grund dafür ist rein terminologischer Art, weil es sich eingebürgert hat, das Denotat einer Proposition mit der Menge derjenigen möglichen Welten zu identifizieren, in denen sie wahr ist. Dazu wendet man diese intensionale Funktion auf eine bestimmte Welt, etwa die aktuelle Diskurswelt w_0 funktional an und erhält einen Wahrheitswert, die Extension der Proposition bzgl. einer bestimmten Welt.

Eine Proposition wird unter dieser Konzeption zum formalen Pendant zu dem, was der deutsche Mathematiker, Logiker und Philosoph Gottlob Frege (1983^3) den *Gedanken* genannt hat. Sie entspricht dem Inhalt eines Satzes.

Die Urteilsbildung über die Wahrheit einer Proposition ist kein sprachlicher, sondern ein kognitiv konzeptueller Entscheidungsprozess, der verschiedene Komponenten umfasst. So muss für das Individuum, welches die Entscheidung trifft, zum einen gelten, dass die Proposition die in Frage stehende Welt auch zutreffend beschreibt, denn wie uns Wittgenstein (1921:4.024) gelehrt hat: "Einen Satz verstehen, heißt, wissen was der Fall ist, wenn er wahr ist. (Man kann ihn also verstehen, ohne zu wissen, ob er wahr ist.)" Aus der Proposition allein lässt sich also das Urteil nicht bilden. Vielmehr muss man wissen, wie die Welt beschaffen ist, um zu urteilen, ob sie so beschaffen ist, wie der ausgedrückte Gedanke (die Proposition) sie beschreibt. Diese Sicht entspricht der *Korrespondenztheorie* der Wahrheit, die einen Satz dann für wahr hält, wenn der Sachverhalt, den die Proposition beschreibt, in der Welt, über die geredet wird, der Fall ist.

Indem ein Individuum diese Entscheidung trifft, urteilt es über die Wahrheit des Gedankens. In einem nächsten Schritt kann das Individuum dieses Urteil bekannt geben, und damit behaupten, dass der Gedanke wahr ist, indem es ihn ausspricht. Frege (1986^3:35) hat diesen Zusammenhang zwischen dem Fassen des Gedankens, dem Urteilen und dem Behaupten klar in drei verschiedene Teilakte zerlegt, denn wir erwarten bei Satzfragen "'ja' zu hören oder 'nein'. Die Antwort 'ja' besagt dasselbe wie ein Behauptungssatz; denn durch sie wird der Gedanke als wahr hingestellt, der im Fragesatz schon vollständig enthalten ist. So kann man zu jedem Behauptungssatz eine Satzfrage bilden. [...]

das Denken - das Fassen des Gedankens
das Urteilen - die Anerkennung der Wahrheit des Gedankens
das Behaupten - die Kundgabe dieses Urteils

Indem wir eine Satzfrage bilden, haben wir die erste Tat schon vollbracht."

Um diesen Sachverhalt theoretisch zu modellieren, machen wir uns klar, dass jede Proposition (Gedanke) die Menge der möglichen Welten in eine *Bipartition* zerlegt, so dass jede Welt entweder auf das Wahre oder auf das Falsche abgebildet wird:

(3) Sei W die Menge der möglichen Welten und p eine Proposition, dann ist:
$W = [\![p]\!] \cup [\![\neg p]\!]$ und $[\![p]\!] \cap [\![\neg p]\!] = \varnothing$.

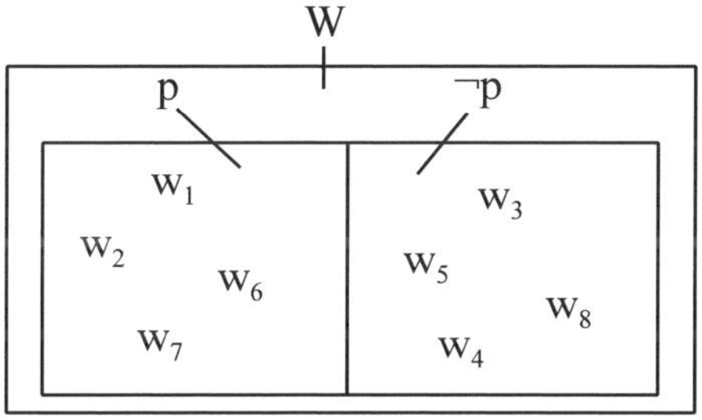

(3) besagt, dass jede Proposition die Menge der möglichen Welten in zwei disjunkte Teilklassen zerlegt, deren Vereinigung wieder die Gesamtmenge ergibt. Das Fassen des Gedankens führt damit zur Bildung einer Bipartition der möglichen Welten. Indem die Proposition funktional auf die relevante Diskurswelt appliziert und auf das Wahre abgebildet wird, wird die Wahrheit des Gedankens anerkannt, so dass das Urteil zustande kommt. Die Proposition p wird bzgl. w extensionalisiert. Die Wahrheit der Proposition p bzgl. einer Welt w ergibt sich demnach aus dem Urteil, dass $p(w) = t$ ist. In dieser Situation wird die Bipartition auf die Klasse derjenigen Welten, in denen die Proposition wahr ist, reduziert. Dies liefert als Denotat für die Proposition die Menge derjenigen Welten, in denen sie wahr ist:

(4) Eine Proposition p ist *wahr* in einer Welt $w \in W$ genau dann, wenn die Welt w ein Element in der Menge derjenigen Welten ist, in denen p wahr ist, wenn also gilt: $w \in [\![p]\!]$ oder p(w) = wahr; anderenfalls ist p *falsch* in w.

Wir wollen nun betrachten, wie sich *Mengen von Propositionen* darstellen lassen und im Anschluss daran, welche Eigenschaften sie haben.

13.1. Darstellung von Propositionenmengen

Propositionenmengen lassen sich auf unterschiedliche Weise darstellen. Im nächsten Kapitel werden wir uns genauer ansehen, dass sich etwa die Bedeutung von Fragen als die Menge ihrer möglichen Antworten charakterisieren lässt, so dass die Bedeutung einer Frage als Propositionemenge aufgefasst werden kann. Wenn wir etwa die möglichen Antworten auf die Frage *Welcher Teilnehmer ist in Köln geboren?* im Kontext eines Linguistikseminars stellen und drei Teilnehmer in Köln geboren sind, so könnte die zugehörige Antwortmenge – also die Bedeutung der Frage – aus den drei Propositionen in (1) bestehen:

(1) $[\![$Welcher Teilnehmer ist in Köln geboren?$]\!]^{w0}$ =
= {Peter ist in Köln geboren, Clara ist in Köln geboren, Fritz ist in Köln geboren}

Dies ist die aufzählende Darstellung, denn die Propositionen in der Propositionenmenge werden einzeln genannt. Bei sehr großen oder gar unendlich großen Mengen ist diese Art der Darstellung schlecht oder gar nicht möglich. Eine andere Darstellung ist (2):

(2) $[\![$Welcher Teilnehmer ist in Köln geboren?$]\!]^{w0}$ =
= $\{p \in D_{<s,t>}: \exists x[x \in \{\text{Peter, Clara, Fritz}\} \wedge p = x$ ist in Köln geboren$]\}$

Es lässt sich leicht zeigen, dass beide Notationsweisen die gleiche Propositionenmenge charakterisieren. In (2) besagt der Teil $p \in D_{<s,t>}$, dass die Proposition p ein Element der Menge der möglichen Denotate vom Typ <s,t> also eine Proposition ist, die folgendermaßen bestimmt ist: *p = x ist in Köln geboren.* Das x in diesem Ausdruck wird durch die Bedingung *x ∈ {Peter, Clara, Fritz}* restringiert. Wenn es sich aber um eine sehr große Menge von Teilnehmern handelt, ist auch diese Notation ungünstig, und wir sollten auch die Teilnehmer generell charakterisieren:

(3) Mengennotation:
$[\![$Welcher Teilnehmer ist in Köln geboren?$]\!]^{w0}$ =
$\{p \in D_{<s,t>}: \exists x[$ Teilnehmer(x) $\wedge\ p = x$ ist in Köln geboren$]\}$

Die Mengenklammer, die die Ausdrücke in (2) und (3) umschließt, gibt dabei an, dass es sich um die Menge derjenigen Propositionen handelt, die durch das Innere der Mengenklammer bestimmt sind. Diese Menge können wir aber auch durch ihre charakteristische Funktion notieren, so dass wir die Mengenklammern weglassen können und statt dessen einen λ-Operator davor schreiben, der p abstrahiert. Dies liefert uns die verbreitete Darstellung in (4):

(4) Funktionsnotation:
⟦Welcher Teilnehmer ist in Köln geboren?⟧^{w0} =
= $\lambda p \in D_{<s,t>}$. ∃x[Teilnehmer(x) ∧ p = x ist in Köln geboren]

Diese Funktionsdarstellung charakterisiert – genau wie die Mengendarstellung in (3) – die Menge derjenigen Propositionen der Form *Teilnehmer(x) ∧ p = x ist in Köln geboren* (⟦Teilnehmer⟧ = {Peter, Clara, Fritz}) denn jede Proposition, die in (3) enthalten ist, wird von der Funktion in (4) auf das Wahre und jede Proposition, die nicht in (3) enthalten ist, auf das Falsche abgebildet, da (4) die charakteristische Funktion der Menge in (3) ist.

13.2. Eigenschaften von Propositionenmengen

Wenn eine Proposition eine Menge von möglichen Welten denotiert, so bildet sie damit eine Teilmenge *aller* möglichen Welten. Propositionen lassen sich selbst wieder zu Mengen zusammenfassen, so dass eine *Menge von Propositionen* eine Menge bildet, in der Mengen von Welten enthalten sind.

Die sog. *Potenzmenge ℘(M)* einer Menge M ist die Menge aller Teilmengen von M. Bildet man die Potenzmenge zu der Menge der möglichen Welten, so erhält man die Menge aller Propositionen.

Zu einer *Menge P von Propositionen* lässt sich die zugehörige Weltmenge bestimmen, indem die Konjunktion p_K der Propositionen aus P gebildet wird:

(1) Sei P eine Menge mit n Propositionen. Dann ist das *Denotat von ⟦P⟧* die Menge derjenigen Welten, in denen die Konjunktion p_K der $p_1, ..., p_n$ wahr ist:
$p_K := \bigwedge_{0 \leq i \leq n} p_i$, $\forall p \in P$ wahr ist: ⟦P⟧ = ⟦p_K⟧ = wahr.

$\bigwedge_{0 \leq i \leq n} p_i$ steht dabei für die logische Konjunktion dzer n Propositionen.
Wenn zwei Propositionen p_1 und p_2 unter logischer Konjunktion oder Disjunktion verbunden werden, so lässt sich das Denotat des komplexen Ausdrucks homomorph in der folgenden Weise angeben:

(2) (i) $[\![p_1 \wedge p_2]\!] = [\![p_1]\!] \cap [\![p_2]\!]$
(ii) $[\![p_1 \vee p_2]\!] = [\![p_1]\!] \cup [\![p_2]\!]$

Wenn also eine Proposition p_1 in einer Menge W_1 von Welten wahr ist und eine Proposition p_2 in einer Menge W_2, so sind p_1 und p_2 genau im Durchschnitt $\cap W_i$ $(i \in \{1, 2\})$ von W_1 und W_2 wahr:

(3) Beispiel:
Wenn $P = \{p_1, p_2\}$und $[\![p_1]\!] = \{w_1, w_2, w_3\}$ und $[\![p_2]\!] = \{w_2, w_3, w_4\}$,
dann ist:
$[\![P]\!] = [\![p_K]\!] = [\![p_1 \wedge p_2]\!] = [\![p_1]\!] \cap [\![p_2]\!] = \{w_1, w_2, w_3,\} \cap \{w_2, w_3, w_4,\} = \{w_2, w_3\}$

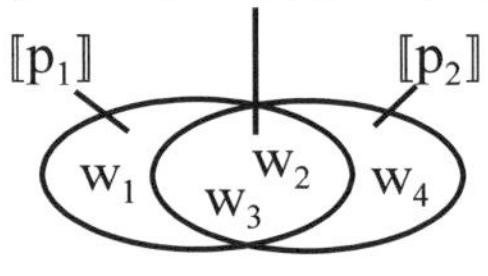

Logische Konjunktion der Propositionen führt also zur Durchschnittsbildung über den zugehörigen Denotaten dieser Propositionen, den jeweiligen Weltmengen. Fügt man einer Propositionenmenge P mit n-1 Elementen eine neue, in P noch nicht enthaltene Proposition p_n hinzu, so verkleinert sich aufgrund der Durchschnittsbildung die Menge derjenigen Welten, in denen alle n Propositionen wahr sind. Bedenkt man, dass die Anzahl der Welten, die eine Proposition denotiert, beliebig groß sein kann, so ergibt sich das Bild, dass durch die stetige Zunahme von wahren Propositionen die Menge der möglichen Welten stetig verkleinert wird, so dass eine sukzessive Reduktion möglicher Welt-Alternativen stattfindet.

Bezieht man diese Überlegung auf eine idealisierte Version des wissenschaftlichen Prozesses, so führt die Formulierung von neuen Hypothesen, die ja als Propositionen aufgefasst werden können, zu einer Reduktion der möglichen Alternativen zu den Tatbeständen in der aktuellen Welt. Der idealisierte Endzustand des wissenschaftlichen Prozesses würde dann darin bestehen, dass alle wahren Hypothesen formuliert sind und die Konjunktion dieser Hypothesen die Menge der möglichen Welten auf die aktuelle Welt reduziert. Da es in dieser Situation keine alternativen Welten mehr gäbe, wäre unsere aktuelle Welt vollständig beschrieben. Diese Konzeption wurde von Robert Stalnaker (1978) vorgeschlagen und fasst die logische Situation des Erkenntnisgewinns – in idealisierter Weise – als Alternativenreduktion auf.

Es kann bei der Durchschnittsbildung über die Weltmengen vorkommen, dass das Resultat die leere Menge ist, so dass keine Welt existiert, in der alle Propositionen der Menge wahr sind. Dies ist etwa dann der Fall, wenn die Aussagen in der Menge kontradiktorisch sind. So führt die folgende Propositionenmenge $P = \{p_1, p_2, p_3\}$ zu einer leeren Weltmenge, wenn p_1 = *dass Fritz morgen kommt*, p_2 = *dass Maria morgen kommt* und p_3 = *dass Fritz morgen nicht kommt*. Der Durchschnitt über die zugehörigen Weltmengen ist leer, da es keine Welt geben kann, in der Fritz morgen kommt und zugleich morgen nicht kommt.

Um diese Situation zu vermeiden, lässt sich an eine Menge von Propositionen die Bedingung der *Konsistenz* stellen. Wenn der Durchschnitt über die in einer Menge P enthaltenen Propositionen nicht leer ist, so wird P *konsistent* genannt, d.h. es gibt Welten, in denen alle Propositionen aus P wahr sind:

(4) (i) P ist *konsistent*, gdw. $\bigcap_{\forall p \in P} [\![p]\!] \neq \varnothing$.

(ii) Beispiel:

$P = \{p_1, p_2, p_3\}$

$[\![p_1]\!] = \{w_1, w_2\}$

$[\![p_2]\!] = \{w_2, w_4\}$

$[\![p_3]\!] = \{w_2, w_3, w_5\}$

P ist konsistent, denn im Durchschnitt über alle Propositionen aus P gibt es die Welt w_2:

$w_2 \in [\![p_1]\!] \cap [\![p_2]\!] \cap [\![p_3]\!] = [\![p_1 \wedge p_2 \wedge p_3]\!] = [\![p_K]\!] = [\![P]\!]$

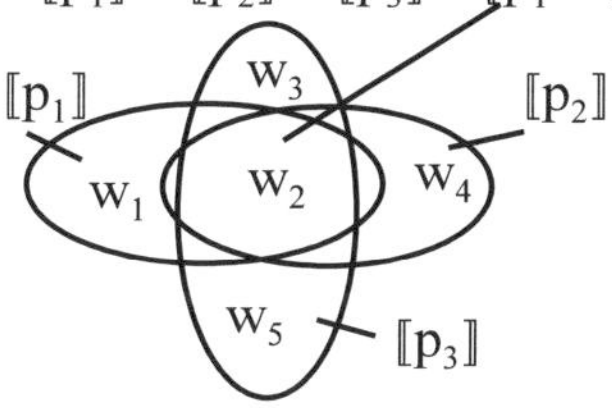

Eine Proposition p ist mit einer Menge P von Propositionen *kompatibel*, wenn die Proposition p in einigen der von P spezifizierten Welten wahr ist, d. h.:

(5) p ist *kompatibel* mit P gdw. $P \cup \{p\}$ konsistent ist.

Mit Hilfe des Konzepts der Propositionenmenge und der zugehörigen Weltmengen lässt sich nun auch der Begriff der *logischen Folgerung* auf mengentheoretischer Basis explizieren. Eine Proposition q kann aus einer Menge P von Propositionen *gefolgert* werden, wenn q in allen Welten wahr ist, in denen alle Propositionen aus P wahr sind:

(6) (i) q *folgt aus* P, gdw. $\forall w \in \bigcap_{\forall p \in P} [\![p]\!]$ gilt: q(w) = wahr, oder kurz: $[\![P]\!] \subseteq [\![q]\!]$.

(ii) Beispiel:

Wenn $P = \{p_1, p_2\}$, $[\![p_1]\!] = \{w_1, w_2, w_3\}$, $[\![p_2]\!] = \{w_2, w_3, w_4\}$ und $[\![q]\!] = \{w_2, w_3, w_4, w_5\}$, so ist q in allen Welten wahr, in denen p_1 und p_2 gemeinsam wahr sind, denn:

In den Welten $\{w_2, w_3\}$ sind p_1 und p_2 wahr. Aber auch q ist in diesen Welten wahr, so dass gilt, dass q in allen Welten wahr ist, in denen p_1 und p_2 wahr sind. Damit ist q eine logische Folgerung aus P:

$[\![P]\!] = [\![p_K]\!] = [\![p_1 \wedge p_2]\!] = [\![p_1]\!] \cap [\![p_2]\!] = \{w_2, w_3\} \subseteq \{w_2, w_3, w_4, w_5\} = [\![q]\!]$

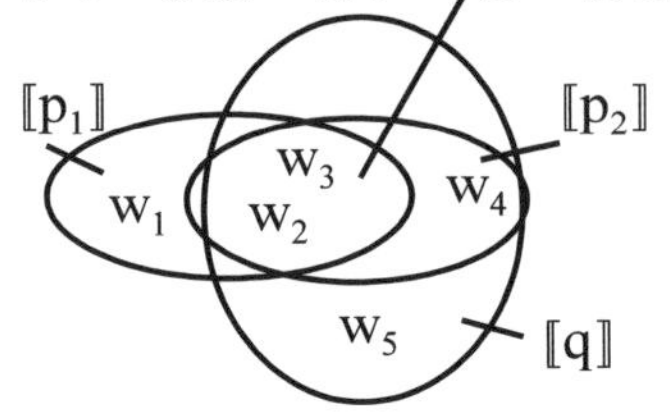

Die Welten, in denen q wahr ist, bilden also eine Obermenge zu der Menge derjenigen Welten, in denen alle Propositionen aus P wahr sind. Weiter oben haben wir die Festlegung der Wahrheit unter der Sichtweise der Korrespondenztheorie der Wahrheit behandelt. Wir finden nun mit dem Begriff *Konsistenz* ein weiteres Konzept, welches bei der Urteilsbildung ein anderes Kriterium liefert, um den Wahrheitswert einer Proposition zu beuteilen. Fasst man nämlich das Wissen eines Individuums i als eine Menge $P_{epi}(i)$ von Propositionen auf, so muss gelten, dass $P_{epi}(i) \cup \{p\}$ konsistent ist, damit i p für wahr hält. Wenn i die Proposition p = *es regnet* glaubt, so kann i nicht zugleich $\neg$p = *es regnet nicht* glauben. Wenn also p in $P_{epi}(i)$ enthalten ist, so kann i nicht gleichzeitig $\neg$p für wahr halten. Neue propositionale Inhalte müssen sich also auf kompatible Weise in ein bestehendes Wissenssystem adaptieren lassen. Allerdings kann i an einem Vormittag, an dem die Sonne scheint, $\neg$p glauben, und am Nachmittag, wenn es regnet, p glauben. Glaubens- oder Wissensinhalte eines Individuums sind damit von den jeweiligen Situationen abhängig, relativ zu denen sie bestehen. Das Verhältnis zwischen der Anzahl von Welten, die einerseits $P_{epi}(i)$ und andererseits $P_{epi}(i) \cup \{p\}$ enthalten, liefert ein Maß für die Wahrscheinlichkeit, mit der das Individuum i p für wahr hält. Diese Sicht entspricht der *Kohärenztheorie* der Wahrheit, die einen Satz dann für wahr hält, wenn er einem System von anderen Sätzen widerspruchsfrei hinzugefügt werden kann.

13.3. Relativierte Modalität

Im Abschnitt über Modallogik haben wir die Quantifikation über mögliche Welten betrachtet und einen Notwendigkeits- und Möglichkeits-Operator auf der Basis der PL1-Operatoren $\forall$ und $\exists$ definiert. Dabei haben wir auch bereites gesehen, dass natürliche Sprachen über differenziertere Möglichkeiten verfügen, um graduelle Modalisierungen auszudrücken. Mit Hilfe des Konzepts der Propositionenmenge sind wir nun in der Lage, diese Intuitionen genauer zu charakterisieren. In diesem Abschnitt wollen wir daher eine Konzeption der Modalität kennen lernen, die weitere Aspekte und Grade von Modalitäten differenziert und damit die Möglichkeiten natürlicher Sprachen wesentlich genauer beschreiben kann.

Angelika Kratzer (1978, 1981, 1991) hat auf ein Konzept der Modalität ausgearbeitet, welches die unterschiedlichen Deutungen, die bei der Interpretation von Modalverben auftreten, auf verschiedene Domänen zurückführt, so dass keine Mehrdeutigkeit bei Modalverben angenommen werden muss, sondern dass diese relativ zu je spezifischen Redehintergründen parametrisiert sind. So lässt der Satz (1) u.a. die Interpretationsvarianten in (2) zu:

(1) Peter kann/muss kommen.

(2) (i) Hinsichtlich dessen, was wir wissen, kann/muss es so sein, dass ...
(ii) Hinsichtlich dessen, was erlaubt ist, kann/muss es so sein, dass ...
(iii) Hinsichtlich dessen, wie Peter disponiert ist, kann/muss es so sein, dass ...

Die Modalverben *können* und *müssen* werden in (2)(i) epistemisch, in (2)(ii) deontisch und in (2)(iii) disponentiell interpretiert.

Man könnte einerseits annehmen, dass es verschiedene Modalverben *können/ müssen* gibt: epistemische, deontische, disponentielle usw. Dies wäre eine Annahme, die zu einer Vielzahl von Lexikoneinträgen dieser Verben führen würde, ohne die systematische Ähnlichkeit ihrer Deutungen zu erfassen. Eine andere Strategie der theoretischen Behandlung besteht darin, die verschiedenen Lesarten jeweils mit verschiedenen *Redehintergründen* variieren zu lassen, relativ zu dem die beiden Modalverben jeweils interpretiert werden. Einen Redehintergrund können wir uns als eine Menge von Propositionen vorstellen, etwa die Menge der Propositionen, die in w gewusst werden, oder die Menge derjenigen Propositionen, die in w gewünscht werden, oder die Menge derjenigen Propositionen, die im Gesetzbuch von w stehen. Die Paraphrasen in (2) deuten mögliche Redehintergründe an. Tatsächlich lässt sich aber eine Vielzahl solcher Redehintergründe unterscheiden; (3) listet einige prominente auf:

(3) (i) epistemisch: $HG_{epi}(w)$: Alles, was in w gewusst wird
(ii) deontisch: $HG_{deon}(w)$: Alles, was in w eine Pflicht ist
(iii) buletisch: $HG_{bul}(w)$: Alles, was in w gewollt wird
(iv) doxastisch: $HG_{dox}(w)$: Alles, was in w geglaubt wird
(v) elpistisch: $HG_{elp}(w)$: Alles, was in w gehofft wird
(vi) disponentiell: $HG_{disp}(w)$: Alles, was in w gekonnt wird
...

Im Falle des buletischen Redehintergrunds etwa kann man sich vorstellen, dass jeder Wunsch durch eine Proposition ausgedrückt wird. Die Menge aller Wünsche bildet dann eine Propositionenmenge, die den buletischen Hintergrund darstellt. Analoges gilt für die anderen Hintergründe.

Ein Redehintergrund HG kann als Funktion aufgefasst werden, die jeder Welt w diejenige Propositionenmenge zuweist, die in w gewusst, gewünscht, gehofft, ... wird: HG(w) = {p / p wird in w gewusst, gewünscht, gehofft, ...}. Sie lassen sich weiter relativieren, indem jedes Individuum i eigene und je spezifische Hintergründe besitzt, nämlich alle Propositionen, die i in w (von w) weiß, wünscht, hofft, ... HG(i, w) = {p / p wird in w von i gewusst, gewünscht, gehofft, ...}.

Wenn ein Redehintergrund konsistent ist, so ist der Durchschnitt über die Denotate seiner Propositionen nicht leer. Die Hintergrundsysteme eines einzelnen Individuen sind in aller Regel aber nicht konsistent, was sicherlich damit zusammen hängt, dass Individuen die zugrundeliegenden Steuerungsprinzipien ihres Handelns und Bewertens gar nicht kennen. Für viele dieser Bereiche gilt, dass die Kenntnisse darin vorbewusst oder unbewusst vorhanden sind, wie uns die Psychoanalyse genauso lehrt wie das Studium des grammatischen Systems.

Der Unterschied zwischen *können* und *müssen* ergibt sich jeweils aus ihrer *modalen Kraft*, die sich in der Art der Quantifikation widerspiegelt. Wir haben im Kapitel *Modallogik* schon gesehen, dass diese beiden Verben sich hinsichtlich ihrer Quantifikationsart unterscheiden: *können* entspricht dem Möglichkeits-Operator, der mit dem Existenzquantor und *müssen* dem Notwendigkeitsoperator, der mit dem Allquantor übersetzt wird. Möglichkeit und Notwendigkeit wurden im Kapitel *Modallogik* unrestringiert für die Menge *aller* möglichen Welten definiert. Sie beschreiben daher die alethischen (oder logischen) Modalitäten. Um die Deutung der Modalverben in den verschiedenen Lesarten zu rekonstruieren, muss ihre Quantifikationsdomäne auf bestimmte Welten so beschränkt werden, dass die jeweiligen Hintergründe diese Domäne festlegen. Modalverben benötigen daher einen weiteren freien Parameter für einen Hintergrund, relativ zu dem sie zu deuten sind. Sie verbinden sich folglich mit einer Proposition p und wählen (auf der Basis kontextueller Bedingungen) einen Redehintergrund HG, der zur Quantifikationsdomäne wird. Entsprechend muss gelten, dass bei der Verwendung von *können* (mindestens) *eine* Welt existieren muss, in der sowohl p als auch alle Propositionen aus HG wahr sind. In diesem Fall ist p mit HG *kompatibel*. Für *müssen* gilt entsprechend, dass p in *allen* Welten wahr sein muss, in denen alle Propositionen aus HG wahr sind, so dass p aus HG *gefolgert* werden kann:

(4) (i) $[\![\text{können}]\!]$: $\bigcap_{q \in HG(w)} \cap [\![p]\!] \neq \varnothing$, oder kürzer: $HG(w) \cap p \neq \varnothing$
(ii) $[\![\text{müssen}]\!]$: $\forall w \in \bigcap_{q \in HG(w)}: p(w) = \text{wahr}$, oder kürzer: $HG(w) \subseteq p$.

Modalverben werden damit zu Prädikaten, die sich mit einer Proposition p und einem Hintergrund HG verbinden. Wenn wir $hg_w = \bigwedge_{p \in HG(w)}$ als die Konjunktion aller Propositionen aus HG(w') auffassen, lassen sich die Bedeutungen folgendermaßen angeben:

(5) (i) $[\![\text{können}]\!]$: $\lambda hg_w\, \lambda p[\exists w[w \in [\![hg_w]\!] \wedge p(w)]]$
(ii) $[\![\text{müssen}]\!]$: $\lambda hg_w\, \lambda p[\forall w[w \in [\![hg_w]\!] \rightarrow p(w)]]$

Beide Modalverben wählen (in Abhängigkeit von einem situativen Kontext in w) einen Hintergrund HG(w). Die epistemische Lesart von *können* lässt sich dann wie in (6)(i) ableiten. Dabei schreiben wir der Kürze und der Übersichtlichkeit halber $w \in HG_{epi}(w_0)$ und meinen damit, dass w aus der Weltmenge ist, die von dem Durchschnitt über alle Propositionen aus HG_{epi} in w_0 gebildet wird:

(6) (i) Peter kann (in w_0) kommen. (epistemische Lesart)

(ii) $\exists w[w \in HG_{epi}(w_0) \wedge \text{kommen'}(w)(\text{Peter'})]$

$|$

$\exists w[w \in HG_{epi}(w_0) \wedge \lambda v[\text{kommen'}(v)(\text{Peter'})](w)]$

$|$

$\lambda p[\exists w[w \in HG_{epi}(w_0) \wedge p(w)]](\lambda v[\text{kommen'}(v)(\text{Peter'})])$

$\lambda v[\text{kommen'}(v)(\text{Peter'})]$ $\quad$ $\lambda p[\exists w[w \in HG_{epi}(w_0) \wedge p(w)]]$

$\lambda x \lambda v[\text{kommen'}(v)(x)](\text{Peter'})$ $\quad$ $\lambda HG\ \lambda p[\exists w[w \in HG \wedge p(w)]](HG_{epi}(w_0))$

$\lambda P[P(\text{Peter'})](\lambda x \lambda v[\text{kommen'}(v)(x)])$ $\quad$ $\lambda HG\ \lambda p[\exists w[w \in HG \wedge p(w)]]$ $\quad$ $\mathbf{HG_{epi}(w_0)}$

($\lambda P[P(\text{Peter})]$) $\quad$ ($\lambda x \lambda v[\text{kommen}(v)(x)]$) $\quad$ (können)

Die Varianz der Lesarten in (2) ergibt sich nur aus der Komponente $\mathbf{HG_{epi}(w_0)}$, was bedeutet, dass die Modalverben in ihrer Bedeutung invariant sind und nur die Wahl des Hintergrunds die jeweilige Deutung (epistemisch, deontisch, ...) bestimmt. (6)(ii) formuliert damit die Bedingung, dass Peters Kommen mit dem Wissen in w_0 verträglich ist. Um die anderen Lesarten in (2) abzuleiten, ist lediglich der Hintergrund auszuwechseln, also $HG_{epi}(w_0)$ durch $HG_{deon}(w_0)$ für die deontische oder $HG_{disp}(w_0)$ für die disponentielle Lesart, was dann zu den Deutungen führt, dass Peters Kommen in w_0 mit dem verträglich ist, was in w_0 eine Pflicht für Peter ist, bzw. wozu Peter in w_0 fähig ist.

13.4. Graduierte Modalität

Nun erlaubt das Deutsche (wie viele andere Sprachen auch) weitere Abstufungen der Modalisierung wie die folgenden Beispiele in (1) deutlich machen:

(1) (i) Es kann sein, dass Peter kommt.

(ii) Es kann gut sein, dass Peter kommt.

(iii) Es ist schlecht möglich, dass Peter kommt.

(iv) ...

Sie zeigen, dass der *Grad* der epistemischen Sicherheit, mit dem diese Sätze behauptet werden, variieren kann. Bisher haben wir auf einem (epistemischen) Hintergrund nur die Möglichkeit zu einer Unterscheidung zwischen Kompatibilität und Nicht-Kompatibilität, und es gibt zwischen diesen beiden Möglichkeiten keine weiteren Abstufungen. Kratzer (1981, 1991) hat in Anlehnung an Arbeiten von Lewis (1981) das Konzept der relativierten Modalität um den Begriff der *graduellen Modalität* erweitert. Dieser erlaubt es, unter Zuhilfenahme einer *ordnenden Menge* (*ordering source*) eine weitere Relativierung vorzunehmen, so dass sich die graduelle Abstufung, die bei den Sätzen in (1) zu beobachten ist, explizieren lässt.

Die wesentliche Idee besteht darin, die mittels eines Hintergrunds festgelegte Menge von Welten zu *ordnen*. Wir haben bereits im Kapitel über Temporalsemantik kennen gelernt, dass die Menge der Zeitpunkte bzw. -intervalle mit Hilfe von Ordnungsrelationen geordnet werden kann. Für die Ordnung auf einer Menge möglicher Welten benötigen wir ein anderes Konzept. Dieses besteht darin, eine Propositionenmenge zu wählen, die wir als *Ideal* (*Ordnungsquelle*, *ordering source*) bezeichnen wollen. Von einem Ideal kann in unterschiedlich starker Weise abgewichen werden. Es lässt sich leicht vorstellen, dass eine Welt w einem Ideal sehr genau entspricht, wenn alle Propositionen aus dem Ideal in w wahr sind. Es könnte aber auch sein, dass in einer anderen Welt w' verschiedene Propositionen aus dem Ideal nicht wahr sind, so dass w' entsprechend deutlich und in Abhängigkeit von diesen Propositionen von dem Ideal abweicht. Welten können also einem Ideal mehr oder weniger gut entsprechen und insofern sind sie näher am Ideal oder weiter von ihm entfernt. Sie lassen sich also relativ zu den Propositionen im Ideal so ordnen, dass eine Welt w dem Ideal genauer entsprechen kann als eine Welt w'. Da an das Ideal die Bedingung der Konsistenz zu stellen ist, gibt es auf jeden Fall mindestens eine Welt w, in der alle Propositionen des Ideals wahr sind. Es ist nun möglich, eine Metrik zur Messung der Abweichung einer Welt w von einer anderen Welt w' relativ zu einem Ideal A so zu formulieren, dass die Welten hinsichtlich ihrer Abweichung geordnet werden. Dabei kann man als Ideal jede Menge von Propositionen – also eine beliebige Teilmenge der Potenzmenge $\wp(W)$ aller möglichen Welten – wählen:

(2) Ordnung auf einer Weltmenge:
$\forall w, w' \in W$ und für jede Teilmenge $I \subseteq \wp(W)$ gilt:
$w \leq_I w'$ gdw. $\{p / p \in I \text{ und } w' \in p\} \subseteq \{p / p \in I \text{ und } w \in p\}$.

$w \leq_I w'$ bedeutet, dass die Welt w dem Ideal mehr entspricht als die Welt w', weil in w mehr Propositionen aus dem Ideal wahr sind als in w'. (2) besagt damit, dass eine Welt w in Bezug auf eine beliebige Propositionenmenge I vor einer Welt w' geordnet ist, genau dann wenn die Menge derjenigen Propositionen, die in w' wahr sind, eine Teilmenge derjenigen Propositionen bildet, die in w wahr sind.

Als Beispiel betrachten wir die Propositionenmenge $I = \{p_1, p_2, p_3, p_4\}$. Wenn I konsistent ist, dann gibt es eine Welt w, in der alle Propositionen aus I wahr sind. Um w bildet sich ein monotones *Sphärensystem*, in dem schrittweise immer weniger Propositionen aus I wahr sind, so dass immer mehr Welten in den nach weiter aussen gelagerten Sphären liegen:

(3) $I = \{p_1, p_2\ p_3, p_4\}$

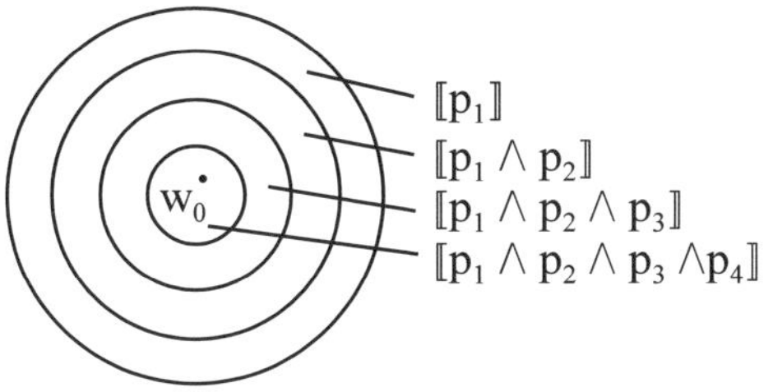

Jede Sphäre wird durch eine (komplex konjunktive) Proposition gebildet, und wir sehen nun leicht, dass es Welten geben kann, die dichter an w liegen als andere Welten. Jede Sphärenschale wird durch eine Propositionenmenge gebildet, die aus der nächstkleineren und allen darin enthaltenen Propositionenmengen folgt.

Betrachten wir zur Illustration eine Variante der Detektivgeschichte aus Kratzer (1981, 1991). Es geht um Mord. Girgl wird des Nachts auf seinem Weg nach Hause hinterrücks umgebracht. Die Polizei beginnt noch in derselben Nacht mit den Ermittlungen, steht aber zunächst vor einem Rätsel. Verschiedene Annahmen über den Hergang der Tat, das Motiv und den möglichen Täter werden in der Runde der Ermittler erörtert:

(4) (i) Michl muss der Mörder sein.
(ii) Michl ist wahrscheinlich der Mörder.
(iii) Es ist gut möglich, dass Michl der Mörder ist.
(iv) Michl könnte der Mörder sein.
(v) Es gibt eine geringe Wahrscheinlichkeit, dass Michl der Mörder ist.
(vi) Es ist wahrscheinlicher, dass Michl der Mörder ist, als dass Jackl der Mörder ist.

Der ermittelnde Kommissar kennt den genauen Tathergang nicht. Er weiß nicht in allen Details, was sich in der wirklichen Welt tatsächlich abgespielt hat. Aus der Evidenz, die er hat, zieht er Schlussfolgerungen darüber, was an jenem Abend geschehen sein musste, an dem das entsetzliche Verbrechen stattfand. Unter den Verdächtigen befindet sich niemand aus dem Nachbarort, weil Girgl ein kauziger Einzelgänger war, der sein Dorf nie verlassen hatte und mit niemandem Kontakt pflegte. Keine Person aus dem Nachbarort hätte ein Motiv gehabt. Es gibt auch keinerlei Evidenz, dass es sich um Raubmord gehandelt haben könnte, denn alles Geld – obwohl es sich um eine beträchtliche Summe gehandelt hatte – befand sich bei der Leiche. Der am Ort ansässige Gärtner, dessen Bilanzen bereits vor drei Jahren als Fälschungen entlarvt wurden, scheidet mangels eines

Motivs aus. Diese Überlegungen führen den Kommissar vor dem Hintergrund des *normalen Verlaufs der Ereignisse* dazu, den Kreis der Verdächtigen weiter einzuschränken. Dieser *stereotype Hintergrund* HG_{stereo} liefert Kriterien für die epistemischen Zustände des Kommissars im Verlauf des Ermittlungsverfahrens. Nehmen wir an, dass die folgenden Bedingungen erfüllt sein müssen, um den Mörder M zu identifizieren:

(5) (i) p_1 = M hat ein Motiv.
(ii) p_2 = M hat kein Alibi.
(iii) p_3 = M's Kleidung ist blutverschmiert.

Wenn $HG_{stereo} = \{p_1, p_2, p_3\}$ den stereotypen Hintergrund liefern, so führt dieser zu einem Sphärensystem mit der folgenden Struktur:

(6)

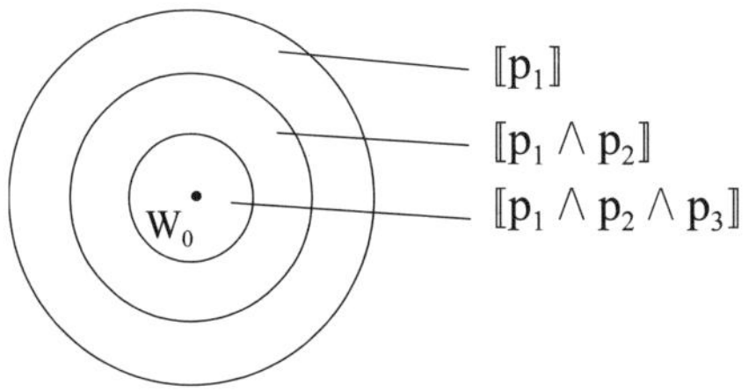

Der epistemische Hintergrund $HG_{epi}(w_0, E)$ der Ermittler ist kompatibel mit den Verhältnissen in w_0, ohne dass diese genau wüssten, was in w_0 genau geschehen ist. Ihr epistemischer Hintergrund ist also nicht leer im Hinblick auf die Möglichkeiten, die für den Tathergang in Frage kommen. Es gibt also Welten, die sowohl im epistemischen Hintergrund als auch im stereotypen Hintergrund liegen, zu denen w_0 aber (noch) nicht gehört:

(7)

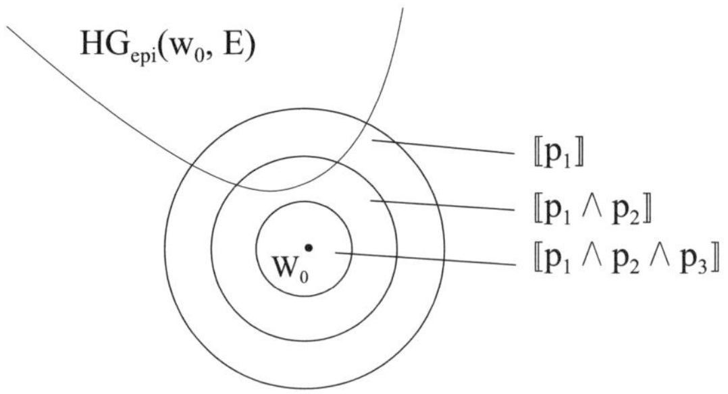

Da diese Kriminalgeschichte nur die erste Episode eines Mehrteilers ist, kehren wir hier zu den Beispielen in (4) zurück, überlassen die Auflösung des Falls einer späteren Folge. Fest steht jedoch, dass zur Lösung des Falls der epistemische Hintergrund der Ermittler so erweitert werden muss, dass p_1 bis p_3 von den Ermittlern bezüglich w_0 extensionalisiert und der Mörder dingfest gemacht werden kann:

(8)

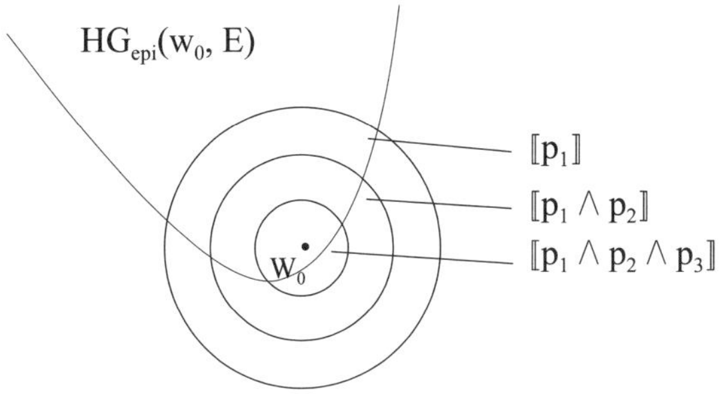

Die Beschreibung der verschiedenen Grade der Möglichkeit erfordert offenbar die Abhängigkeit der Modalitäten von *zwei* Hintergründen, nämlich dem ordnenden Hintergrund, dem Ideal, und dem epistemischen Hintergrund der Ermittler in unserem Beispiel.

Für die mit (4)(i) (*Michl muss der Mörder sein.*) ausgedrückte Modalität der Notwendigkeit muss die Wahrheitsbedingung so ausgedrückt werden, dass beide Propositionenmengen (Ideal und Hintergrund) mit einbezogen werden:

(9) Eine Proposition p gilt *notwendig* in einer Welt w relativ zu einem Hintergrund HG und einem w zugeordneten Ideal I(w) gdw. die folgende Bedingung erfüllt ist:
$\forall u \in \bigcap HG(w)[\exists v \in \bigcap HG(w)[v <_{I(w)} u \wedge \forall z \in \bigcap HG(w)[z <_{I(w)} v \rightarrow z \in p]]]$

Die Bedingung besagt, dass für alle Welten u, die HG festlegt, es eine Welt v geben muss, die der durch I induzierten Ordnung zufolge der Welt w ähnlicher ist als u, und dass für alle z, die HG festlegt und die w ähnlicher sind als v gelten muss, dass diese aus p sind. Etwas vereinfacht bedeutet dies, dass eine Proposition p genau dann relativ zu HG und I notwendigerweise gilt, wenn sie gemäß der Ordnung in *allen ähnlichsten* Welten von HG wahr ist. Die Menge der Welten, die für die Charakterisierung der *Notwendigkeit* erforderlich sind, wird also einerseits auf die Menge der Welten aus dem Hintergrund relativiert und bzgl. der Ordnung auf die ähnlichsten Welten eingeschränkt. Die Existenz solcher ähnlichsten Welten ist nicht gesichert. Von diesem Problem sehen wir hier ab, machen uns aber klar, dass es ebenso wenig eine zu einer Welt w ähnlichste Welt w' geben kann, wie es eine zu 0 ähnlichste reelle Zahl geben kann:

(10) Eine Proposition p gilt *möglicherweise* in einer Welt w relativ zu einem Hintergrund HG und einem Ideal I gdw. $\neg p$ in Bezug auf HG und I nicht notwendigerweise gilt.

Wenn $\neg p$ nicht notwendigerweise gilt, dann gibt es eine Welt, für die p gilt. Das ist die Bestimmung der Möglichkeit:

(11) Eine Proposition p ist eine *mindestens so gute Möglichkeit* wie eine Proposition q in einer Welt w relativ zu einem Hintergrund HG und einem Ideal I gdw.
$\forall u[u \in \bigcap HG(w) \wedge u \in q\,]\,[\,\exists v \in \bigcap HG(w)[v <_{I(w)} u \wedge v \in p]]$

(11) besagt, dass p eine mindestens so gute Möglichkeit ist wie q, wenn es zu jeder Welt u, die in q und HG liegt, eine mindestens genau so ähnliche Welt v gibt, die in p und HG liegt, so dass jede Welt aus q von einer Welt aus p getoppt wird.

Wenn p eine minstens so gute Möglichleit wie q ist und q eine mindestens so gute Möglichkeit wie p, so sind p und q gleich gute Möglichkeiten:

(12) Eine Proposition p ist eine *genauso gute Möglichkeit* wie eine Proposition q in einer Welt w relativ zu einem Hintergrund HG und einem Ideal I gdw. p eine mindestens so gute Möglichkeit ist wie q, und q eine mindestens so gute Möglichkeit ist wie p.

Und wenn eine Proposition p eine mindestens so gute Möglichkeit ausdrückt wie q, q aber keine so gute Möglichkeit ist wie p, so ist p eine bessere Möglichkeit als q:

(13) Eine Proposition p ist eine *bessere Möglichkeit* als eine Proposition q in einer Welt w relativ zu einem Hintergrund HG und einem Ideal I gdw. p eine mindestens so gute Möglichkeit ist wie q, aber q keine mindestens so gute Möglichkeit wie p ist.

Wir wollen mit diesen Bestimmungen den Bereich der Modalität verlassen und uns einer anderen Anwendung von Propositionenmengen zuwenden.

13.5. Kontextmengen

Der Informationszustand in einer kommunikativen Situation lässt sich ebenfalls mit Hilfe von Propositionenmengen modellieren. Wenn wir uns eine etwas idealisierte Kommunikationssituation vorstellen, so könnte diese darin bestehen, dass verschiedene Kommunikationspartner zunächst nichts voneinander wissen und sich erst im Zuge des Gesprächs auf die Wahrheit verschiedener Propositionen einigen. Diese Vorstellung ist in dem Sinne idealisiert, als dass menschliche Kommunikation nie ohne geteilte Vorkenntnisse stattfinden kann, sondern immer schon Hintergrundannahmen voraussetzt, die von den Sprechern geteilt werden. Dieser Tatbestand charakterisiert die hermeneutische Situation verstehender Wesen (siehe Gadamer 1960), auf die wir an dieser Stelle hinweisen, die wir aber nicht vertiefen möchten.

Die Menge der Propositionen, auf die sich die Gesprächpartner geeinigt haben, wollen wir mit Stalnaker (1978) den *Common Ground* (CG) nennen. Zu Beginn eines Gesprächs (Diskurses) sei CG zunächst leer. Insofern sich die Sprecher auf die Wahrheit einer Proposition p geeinigt haben, wird diese dem Common Ground hinzugefügt, so dass sich der neue Common Ground CG' = CG ∪ {p} ergibt. Der in der kommunikativen Situation sich stetig verändernde Common Ground bildet damit die Menge derjenigen Propositionen, deren Wahrheit die Gesprächsteilnehmer akzeptiert haben. Der Übergang von CG zu CG' wird von der *Kontextveränderungsfunktion* ⊕ durchgeführt:

(1) Kontextveränderung: $CG \oplus p := CG \cup \{p\}$

CG ist eine Menge von Propositionen, die die sog. *Kontextmenge* (context set) CS festlegt. In CS befinden sich diejenigen Welten, die von der Konjunktion aller Propositionen aus CG bestimmt sind, so dass sich mit (2)(i) die folgende Bedingung für die Konstitution der Kontextmenge ergibt:

(2) Kontextmenge: $CS = \bigcap_{\forall p \in CG} [\![p]\!]$

Eine (neue) Proposition p gilt im Hinblick auf einen gegebenen CG als *angemessen*, wenn sie einerseits mit CG kompatibel und andererseits bzgl. CG informativ ist:

(3) Angemessenheit einer Proposition p:
(i) Kompatibilität: $CS \cap [\![p]\!] \neq \varnothing$
(ii) Informativität: $CS \cap [\![p]\!] \neq CS$

Die Kompatibilitätsbedingung (3)(i) stellt sicher, dass nur solche Propositionen angemessen sind, die CS nicht vollständig entleeren, d.h. im Widerspruch zu den Propositionen stehen, auf die sich die Gesprächspartner bereits geeinigt haben. Die Informativitätsbedingung (3)(ii) stellt sicher, dass nur solche Propositionen angemessen sind, die die Zahl der möglichen Alternativwelten in CS reduzieren, was bedeutet, dass CG vor dem Hinzufügen von p weniger informativ sein muss als nach dem Hinzufügen von p.

Die Erweiterung von CG um eine angemessene Proposition p reduziert die Kontextmenge um diejenigen Welten w, für die p(w) falsch ist. Die Anzahl der Welten in CS liefert damit ein Maß für die Unbestimmtheit des Informationszustands. Je mehr mögliche Alternativen existieren, desto unbestimmter ist der Zustand, und je mehr Propositionen in CG sind, umso weniger Alternativen bestehen.

Im Verlauf eines Diskurses finden dynamische Veränderungen des Common Grounds statt, so dass die durch CS repräsentierten Informationszustände einem stetigen Wandel unterliegen und entsprechend zu aktualisieren sind. Diesem Zweck dient die Kontextveränderungsoperation ⊕, die dem Kontext eine im Diskurs neu auftretende

Proposition hinzufügt. Die Ausführung dieser Operation führt zur Durchschnittsbildung zwischen der Kontextmenge und der Menge der von p denotierten Welten:

(4) Kontextwechsel:
  (i) $CG' = CG \oplus p = CG \cup \{p\}$
  (ii) $CS' = CS \cap [\![p]\!] = \bigcap_{\forall q \in CG} [\![q]\!] \cap [\![p]\!]$

Da einerseits die Forderung nach Kompatibilität besteht, wird sichergestellt, dass CS nicht durch Widersprüche kollabiert und vollständig entleert wird. Andererseits garantiert die Bedingung der Informativität, dass der Informationsgehalt im Diskurs monoton steigt, da jede zu CG hinzugefügte Proposition die Alternativen in CS reduziert.

13.6. Epistemische Einstellungen

Propositionenmengen sind auch geeignete Objekte, um die Glaubens- und Wissenssysteme von Individuen zu modellieren, wie der finnische Philosoph und Logiker Jaakko Hintikka (1969) vorgeschlagen hat und wie wir es oben bereits kurz angedeutet haben. Das, was ein Individuum i in einer Welt w glaubt, kann als ein doxastischer Hintergrund modelliert werden, der auf das Individuum i eingeschränkt wird. HG(w,i) ist damit die Menge aller Propositionen, die i in w (von w) glaubt:

(1) Karl ...
  (i) ... glaubt, / ...
  (ii) ... hofft, / ...
  (iii) ... wünscht, /
  (iv) ... weiß, / ...
  (v) ... berichtet, / ..
  ... dass Otto eingeschlafen ist.

Die verschiedenen Satzvarianten in (1) deuten an, dass p (= *dass Otto eingeschlafen ist*) zu dem durch die lexikalische Bedeutung des Hautsatzverbs B(V) bestimmten Hintergrund $HG_{B(V)}(w,i)$ des Individuums i in w gehört. Diese Verben der epistemischen Einstellung (wissen, glauben, annehmen, ...) oder des Sagens und Meinens (sagen, meinen, behaupten, berichten, ...) sind zweistellige Prädikate f(x, p), die sich mit einer Proposition p und einem Individuenausdruck x verbinden, so dass ihre Argumentstruktur zwei offene Positionen besitzt. Die Argumentstelle für die Proposition ist vom logischen Typ <s,t>, die Argumentstelle für das Individuum vom Typ e, bzw. vom Typ <<e,t>,t>, wenn wir einen generalisierten Quantor annehmen. Sätze mit solchen verba putandi, sentiendi oder dicendi drücken aus, dass das propositionale Argument ein Element aus der Menge der Propositionen ist, die das Individuum x in w glaubt, hofft, wünscht, weiß, berichtet, ... Mit den Sätzen in (1) also wird gesagt, dass die Proposition p zu dem durch das Hauptsatzverb bezeichneten Hintergrund HG(w, Karl) des Individuums Karl in der Welt w gehört. Wir können auch sagen, dass p aus HG folgt, denn wenn HG = $\{p, p_1, p_2, p_3, p_4\}$, so folgt p natürlich aus $\{p, p_1, p_2, p_3, p_4\}$. Das Denotat von *glauben* genügt also der Wahrheitsbedingung in (2)(i), die zu einer Kompositionsstruktur wie in (2)(ii) führt:

(2) (i) $[\![\text{glauben'}]\!] = \lambda p \lambda x[\ \forall w[w \in HG_{dox}(w,x) \rightarrow p(w)]]$

(ii) $\forall w[w \in HG_{dox}(\text{Karl},w) \rightarrow [\text{dass Otto eingeschlafen ist}]'(w)]]$

$$\lambda x[\forall w[w \in HG_{dox}(x,w) \rightarrow [\text{dass Otto eingeschlafen ist}]'(w)]](\text{Karl}')$$

$$\lambda P[P(\text{Karl}')](\lambda x[\forall w[w \in HG_{dox}(x,w) \rightarrow [\text{dass Otto eingeschlafen ist}]'(w)]])$$

$<<e,t>,t>$ $\lambda P[P(\text{Karl}')]$

$<e,t>$ $\lambda x[\forall w[w \in HG_{dox}(x,w) \rightarrow [\text{dass Otto eingeschlafen ist}]'(w)]]$

$$\lambda x[\forall w[w \in HG_{dox}(x,w) \rightarrow \lambda v[\text{dass Otto eingeschlafen ist}]'(v)(w)]]$$

$$\lambda p \lambda x[\forall w[w \in HG_{dox}(x,w) \rightarrow p(w)]](\lambda v[\text{dass Otto eingeschlafen ist}]'(v))$$

$<<s, t>, <e, t>>$ $\lambda p \lambda x[\ \forall w[w \in HG_{dox}(x,w) \rightarrow p(w)]]$

$<s, t>$ $\lambda v[\text{dass Otto eingeschlafen ist}]'(v)$

Der Satz *Karl glaubt, dass Otto eingeschlafen ist* ist also wahr in w, gdw. die eingebettete Proposition *dass Otto (in w) eingeschlafen ist* aus dem doxastischen Hintergrund von Karl in w folgt, da p ja zu diesem Hintergrund gehört. Nichts anderes wird mit diesem Satz behauptet.

13.7. Konditionalsätze

Im Kapitel über Aussagenlogik haben wir die materiale Implikation (Konditional) '$\rightarrow$' kennen gelernt, deren Bedeutung mit der natürlich-sprachlichen Paraphrase *wenn p, dann q* charakterisiert wurde. Ein solcher Konditionalausdruck ist falsch, wenn p wahr und q falsch ist, in allen anderen Fällen – so sagt uns die Wahrheitswerttabelle – ist er wahr. Wenn wir die koordinierte Struktur in (1)(i) mit dem Konditionalsatz in (1)(ii) betrachten, so verstehen wir bei (1)(i), dass zwei voneinander unabhängige Ereignisse zu möglicherweise verschieden spezifizierten Zeiten stattfinden. Bei (1)(ii) unterstellen wir, dass ein irgendwie gearteter Zusammenhang zwischen den beiden ausgedrückten Ereignissen besteht:

(1) (i) Fritz hustet, und das Dach wackelt.
(ii) Wenn Fritz hustet, dann wackelt das Dach.

Es kann sich bei diesem Zusammenhang um eine zeitliche Relation in dem Sinne handeln, dass das Husten von Fritz dem Wackeln des Daches vorausgeht, oder um eine kausale Relation, in dem Sinne, dass das Husten von Fritz der Grund für das Wackeln des Daches ist. Diese zusätzliche Deutung kann in (1)(i) nur als konversationelle Implikatur auftreten. Verschiedene Überlegungen zur materialen Implikation und Quantifikationsstrukturen führen Kratzer (1978, 1991) aber dazu, von diesem Analyseweg abzuweichen. So ist etwa die Verwendung der materialen Implikation in allquantifizierten Sätzen – wie wir im Kapitel *Semantik der Nominalphrasen* gesehen haben – einer Sichtweise der restringierten Quantifikation gewichen, die für die Quantifikationsphänomene in natürlichen Sprachen angemessenere Deutungen liefert. Ein indikativischer Konditionalsatz ist Kratzers Analyse zufolge nicht durch die materiale Implikation zu rekonstruieren, sondern seine Wahrheitsbedingungen sind so zu formulieren, dass der Antezedenzsatz eine Restriktion für die Menge derjenigen Welten formuliert, in denen der Konsequenzsatz zu gelten hat. Der Wert des Konsequenzsatzes ist also nur für diejenigen Welten zu evaluieren, in denen der Antezedenzsatz wahr ist:

(2) Wenn Fritz hustet, wackelt das Dach.
MÜSSEN(Fritz hustet in w)[das Dach wackelt in w]
[$\underline{\forall w}$ ∈ $\underline{\{\text{husten}'(\text{Fritz}', w)\}\ ]}$ $\underline{[\text{wackeln}'([\text{das Dach}]', w)]}$
Quantor Restriktion Skopus

Damit (2) wahr ist, müssen alle Welten, in denen Fritz hustet, Welten sein, in denen das Dach wackelt. Andere Welten, als diejenigen, in denen Fritz hustet, müssen für die Bewertung nicht betrachtet werden.

Im Normalfall handelt es sich bei dieser (impliziten) Modalisierung, um eine Notwendigkeit: Alle Welten, in denen Fritz hustet, sind Welten, in denen das Dach wackelt.

Im Fall von expliziter Modalisierung sieht man dies direkt:

(3) Wenn Fritz hustet, kann das Dach wackeln.
KÖNNEN(Fritz hustet in w)[das Dach wackelt in w]
[$\underline{\exists w}$ ∈ $\underline{\{\text{husten}'(\text{Fritz}', w)\}}$] $\underline{[\text{wackeln}'([\text{das Dach}]', w)]}$
Quantor Restriktion Skopus

Wenn Fritz hustet, ist es möglich, dass das Dach wackelt, was bedeutet, dass es eine Fritz-Husten-Welt w gibt, in der das Dach wackelt.

Der Antezedenzsatz liefert damit einen Hintergrund, vor dem der Konsequenzsatz zu interpretieren ist. Der Hintergrund kann dabei auch etwa das epistemische System eines Sprechers sein. Wir können uns dies an dem folgenden Beispiel klar machen:

(4) Karl hat den Staubsauger geholt, aber Maria hat die Sicherung herausgedrückt. Letzteres hat Fritz, aber nicht Clara gesehen:
Fritz: (i) Wenn Karl den Knopf drückt, springt der Staubsauger nicht an.
Clara: (ii) Wenn Karl den Knopf drückt, springt der Staubsauger an.

Die Sätze (4)(i) und (4)(ii) scheinen nicht gleichzeitig gültig sein zu können. Tatsächlich sind sie es aber. Dies zeigt uns, dass der Konditionalsatz in (4)(i), den Fritz äußert, vor dem Hintergrund *seines* Wissens über den Sachverhalt wahr ist. Es zeigt auch, dass der Konditionalsatz (4)(ii), den Maria äußert, vor dem Hintergrund *ihres* Wissens über die Situation wahr ist. Beide Sätze sind unter dieser Deutung also wahr. Macht man die Gegenprobe, d. h. wenn Fritz (4)(ii) und Maria (4)(i) äußert, so sind die beiden Sätze falsch. Dies zeigt, dass die beiden Konditionalsätze relativ zu den je individuierten Hintergründen von Fritz und Clara gedeutet werden und – analog zu den bereits besprochenen Lesarten der Modalverben – implizit modalisiert sind. Der Antezedenzsatz liefert damit eine Restriktion für diejenigen Welten, für die der Konsequenzsatz Geltung beansprucht.

13.8. Übungsaufgaben

1. In einer Diskursdomäne D seien die Individuen Fritz, Maria und Karl. Geben Sie die Propositionenmenge zu der Frage: *Wer trinkt Bier?* in drei verschiedenen Schreibweisen an.

2. Es seien: $[\![p_1]\!] = \{w_1, w_2, w_4, w_6\}$, $[\![p_2]\!] = \{w_2, w_3, w_5, w_6\}$, $[\![p_3]\!] = \{w_1, w_3, w_5, w_6\}$.
   i) Ist p_3 mit $\{p_1, p_2\}$ kompatibel?
   ii) Folgt $(p_1 \vee p_2)$ aus p_3?
   iii) Ist p_2 mit $(p_1 \vee p_3)$ kompatibel?
   iv) Folgt $(p_1 \wedge p_3)$ aus p_1?
   v) Ist p_1 mit $(p_2 \vee p_3)$ kompatibel?
   vi) Folgt p_1 aus $(p_1 \wedge p_2)$?

3. Geben Sie eine kompositionelle Ableitung für den Satz *Karl muss lachen.* an.

14. Fragesemantik

Bisher haben wir uns stets mit Ausdrücken beschäftigt, die – über den Weg der λ-Abstraktion und λ-Konversion – auf Aussagesätze bezogen waren, für die wir je nach ihrer internen Struktur je spezifische Wahrheitsbedingungen formuliert haben. Das Deutsche (und alle anderen natürlichen Sprachen auch) verfügen aber auch über grammatische Mittel, um andere Satzmodi zu realisieren, wie etwa Fragesätze, Aufforderungssätze, Wunschsätze usw. Mit der Konstitution und Interpretation der Satzmodi im Allgemeinen wollen wir uns hier nicht beschäftigen, wohl aber mit der semantischen Rekonstruktion von Fragesätzen und ihrem engen Bezug zu den im Folgekapitel über *Informationsstruktur* zu behandelnden Alternativenbezügen bei Fokuskonstruktionen.

Fragesätze thematisieren Alternativen, für die ein Sprecher in aller Regel wünscht, dass der Adressat sie reduziert. So thematisiert etwa der Entscheidungsfragesatz in (1) die Alternativen *ob es regnet*, oder *ob es nicht regnet*:

(1) Regnet es?

Eine Person, die diese Frage hört, wird in aller Regel versuchen, die thematisierten Alternativen für den Fragenden zu reduzieren, indem sie antwortet: *Ja, es regnet* oder *Nein, es regnet nicht.* Entscheidungsfragen eröffnen damit einen binären Alternativenraum.

Ergänzungsfragen führen zu anderen Arten von Alternativen. So lässt sich etwa an den Fragen in (2) erkennen, dass unterschiedliche Klassen von Alternativen thematisiert werden. Mit (2)(i) wird nach Personen gefragt, mit (2)(ii) nach Zeitpunkten oder -intervallen und mit (2)(iii) nach Lokalitäten:

(2) (i) Wer hat gestern die Katze gefüttert?
(ii) Wann hat Fritz die Katze gefüttert?
(iii) Wo hat Fritz die Katze gefüttert?
(iv) Wer hat wann die Katze gefüttert?

Der Fragende geht bei (2)(i) offenbar davon aus, dass es eine Person gibt, die die Katze gefüttert hat. Offen ist, um welche Person es sich handelt. Thematisiert werden also die Alternativen hinsichtlich derjenigen Personen, die als Kandidaten für das Füttern der Katze in Frage kommen. Ähnlich verhält es sich bei den Fragen (2)(ii) und (2)(iii) wobei hier jeweils Mengen von Zeitintervallen oder Mengen von Orten thematisiert werden, für die der Fragende wünscht, dass ein Hörer diese Alternativenmenge so reduziert, dass die

Zeit bzw. der Ort des Katze-Füttens bestimmt ist. Wie (2)(iv) zeigt, lassen sich mehrere Frageziele gleichzeitig realisieren, so dass Paare von Alternativ-Personen und -Zeiten erfragt werden. Die Bedeutung von Fragesätzen muss also derart rekonstruiert werden, dass verschiedene Antwortmöglichkeiten darin enthalten sind.

Alternativen können aber auch in anderer Form als mit Fragesätzen präsentiert werden. In Konstruktionen mit einer Fokusauszeichnung zeigt sich, dass ein Sprecher Alternativen thematisieren kann, die er zugleich auch selbst reduziert. Im Deutschen wird Fokus mit Hilfe eines Pitch-Akzents ausgedrückt, so dass die fokussierte Konstituente hervorgehoben ist. In den folgenden Beispielen signalisiert die Großschreibung die Position des Fokus, den sog. *Fokusexponent*, und wir sehen in (3), dass sozusagen jede Konstituente intonatorisch hervorgehoben und damit ein Fokusträger sein kann:

(3) (i) KARL hat gestern drei Zigarren geraucht.
(ii) Karl hat GEStern drei Zigarren geraucht.
(iii) Karl hat gestern DREI Zigarren geraucht.
(iv) Karl hat gestern drei ZiGARren geraucht.
(v) Karl hat gestern drei Zigarren geRAUCHT.
(vi) Karl HAT gestern drei Zigarren geraucht.

Mit Beispiel (3)(i) behauptet der Sprecher, dass aus der Menge der möglichen Alternativen zu der Person mit Namen *Karl* es genau Karl war (und nicht etwa Egon, Maria oder Fritz), der gestern drei Zigarren geraucht hat. Mit (3)(ii) wird festgestellt, dass der Zeitraum, in dem Karl drei Zigarren geraucht hat, nicht vorgestern oder in der vorvorletzten Woche gelegen hat, sondern gestern war, und mit (3)(iii) wird die Anzahl der gerauchten Zigarren aus der Menge der möglichen Anzahlen von gerauchten Zigarren gerade auf drei (und nicht etwa zwei oder fünf) festgelegt. (3)(iv) thematisiert die Alternativen zu Zigarren, also etwa Zigaretten, Haschisch-Joints oder Opium-Pfeifen, und stellt fest, dass es sich um die für unseren Kulturkreis harmlose Variante der Zigarre handelt. (3)(v) wählt aus den Alternativen des Umgangs mit Zigarren aus, dass diese geraucht wurden und nicht etwa gegessen, weggeworfen oder verschenkt. (3)(vi) – ein sog. Verumfokus – legt eine Paraphrase der folgenden Art nahe: *Es ist wahr, dass Karl gestern drei Zigarren geraucht hat*, so dass eine Alternativenauswahl im Kontrast zu dem Nicht-Wahrsein der ausgedrückten Proposition zu bestehen scheint. Es zeigt sich bei der Betrachtung dieser Daten, dass Fokussierung stets etwas mit der Thematisierung von Mengen von Alternativen zu tun hat, deren Eigenschaften durch die fokussierte Konstituente festgelegt werden, also Personen, Zeiträume, Anzahlen, Objekte usw.

In den nächsten Abschnitten wollen wir uns den mit diesen Phänomenen verbundenen Fragen zuwenden und verschiedene Wege zur theoretischen Rekonstruktion der beobachteten Befunde genauer ansehen. Dabei beginnen wir mit der semantischen Analyse von Fragesätzen nach der Theorie von Hamblin (1973), in der Alternativenmengen eingeführt werden.

14.1. Fragen als Menge der möglichen Antworten

Hamblins (1973) Versuch, auch nicht-deklarative Sätze im Rahmen der Montague-Grammatik zu behandeln, besteht im Wesentlichen darin, den Denotationstyp von Fragepronomina anders anzusetzen als den Denotationstyp von Eigennamen. Der relevante Unterschied besteht nach Hamblin darin, dass Eigennamen oder Personalpronomina wie *er*, *sie*, *es* dem logischen Typ e zuzuordnen sind, also Individuen denotieren, während das Fragepronominen *wer* den logischen Typ <e,t> aufweist und damit eine Menge von Individuen denotiert. Obwohl die syntaktische Position eines Fragepronomens (bis auf wh-Bewegung) analog zu Eigennamen distribuiert ist, weisen Fragepronomina also einen anderen Denotationstyp auf. Diese Erweiterung des Denotationstyps zieht eine Erweiterung der Kompositionsprinzipien nach sich, die die Verbindung zwischen Prädikaten und Fragepronomina steuern. Bisher haben wir das Prinzip der *Funktionalen Applikation*, welches den Prozess der Anwendung einer Funktorkategorie auf ein Argument regelt, nur so angewendet, dass *eine* Funktion auf *ein* Argument angewendet wird. Wenn wir es aber mit *Mengen von Argumenten* zu tun haben und – wie wir später sehen werden – auch mit *Mengen von Funktionen* müssen wir das Prinzip der Komposition erweitern. Dabei wird aber nicht die funktionale Applikation verworfen oder redefiniert, sondern man erweitert den Anwendungsraum. Dies führt zum Konzept der *Funktionalen Applikation für Denotationsmengen*:

(1) Funktionale Applikation für Denotationsmengen
Sei A eine Menge von Funktorkategorien und B eine Menge von (passenden) Argumentkategorien, dann ist die erweiterte funktionale Applikation A(B) definiert wie folgt: $A(B) := \{ a(b) / a \in A, b \in B \}$

Das Prinzip ist einfach zu verstehen, denn es ist analog zur Bildung des Cartesischen Produkts aufgebaut: Jedes Element der Funktormenge (A) wird auf jedes Element der Argumentmenge (B) funktional appliziert, so dass die Funktionale Applikation für Denotationsmengen auf die schon bekannte Funktionale Applikation zurückgeführt ist. Für den Fall, dass A oder B Nicht-Frage-Elemente enthalten und damit einelementig sind, ist A(B) ebenfalls einelementig, und nur wenn A oder B mehrelementig sind, ist auch A(B) mehrelementig. Wenn A n Elemente enthält und B einelementig ist, dann ist A(B) n-elementig.

Wenn wir nun den Fragessatz in (2) vor einer Diskursdomäne wie (2)(i) betrachten, so wird das Denotat des Fragepronomens *wer* von der Menge der Personen in der Diskursdomäne gebildet. Es gilt also (2)(ii). Da die Funktionale Applikation von Denotationsmengen sowohl für die Funktoren als auch für die Argumente jeweils nur für Mengen definiert ist, müssen wir für die Funktion *λx[lachen'(x)]* eine Menge bilden, in der genau diese Funktion enthalten ist, so wie es in (2)(iii) dargestellt ist. Nach diesen ersten Schritten kann die Denotationsmenge wie in (2)(iv) mittels elementweiser Funktionaler Applikation berechnet werden. Als Resultat ergibt sich die Menge der möglichen Antworten in einem Modell mit der Diskursdomäne D:

(2) Wer lacht?
(i) D = {Peter, Maria, Clara}
(ii) ⟦wer'⟧ = {Peter, Maria, Clara}
(iii) ⟦lachen'⟧ = {λx[lachen'(x)]}
(iv) ⟦lachen'⟧(⟦wer'⟧) = { λx[lachen'(x)](Peter'),
λx[lachen'(x)](Maria'),
λx[lachen'(x)](Clara') }
= { lachen'(Peter'), lachen'(Maria'), lachen'(Clara')}
(v) {Peter lacht, Maria lacht, Clara lacht}

Direkte Fragen denotieren also Mengen von Propositionen, wobei jede Proposition eine mögliche Antwort auf die Frage sein kann.

Für Entscheidungsfragen wie (3) stellt die zweielementige Propositionenmenge in (3)(ii) die Menge der möglichen Antworten dar, die bei Hamblin mit Hilfe einer Regel und dem Zusatz (3)(i) konstruiert wird:

(3) Regnet es?
(i) λp[p = regnen' ∨ p = ¬regnen']
(ii) {Es regnet, Es regnet nicht}

(3)(i) spezifiziert eine Propositionenmenge, deren Elemente diejenige Proposition sein kann, die wahr ist, wenn es regnet, oder diejenige Proposition, die wahr ist, wenn es nicht regnet. (3)(ii) ist daher die Menge der möglichen Antworten auf die Entscheidungsfrage in (3).

Einen anderen Ansatz, der die Bedeutung einer Frage auf die Menge der wahren Antworten einschränkt, wurde von Karttunen (1976) vorgeschlagen. Diesen Ansatz wollen hier erwähnen, aber nur kurz vorstellen.

14.2. Fragen als Menge der wahren Antworten

Während in Hamblins Semantik die Bedeutungen von Fragen unabhängig von den Gegebenheiten in der Welt sind (alle Antworten werden verwendet), wird die Antwortmenge in Karttunens Analyse auf die wahren Antworten eingeschränkt. Die möglichen Antworten sind damit abhängig von den Weltgegebenheiten. Karttunen rechtfertigt die Einschränkung auf wahre Antworten u.a. anhand der folgenden Beobachtung. Verben wie *abhängen von* verlangen sowohl in der Subjekt- als auch in der Objekt-Position ein [+w]-Satzkomplement:

(1) Wer gewählt wird, hängt davon ab, wer beliebt ist.

Die Wahrheit der durch den Subjektsatz ausgedrückten indirekten Frage hängt ab von der Wahrheit der durch den Objektsatz ausgedrückten indirekten Frage. Wenn alle möglichen Antworten – also auch die falschen – das Denotat eines Fragesatzes bilden, so könnte (1) die Bedeutung haben, dass jemand gewählt wird, der nicht beliebt ist. Aus der Annahme, dass (indirekte) Fragesätze nur die wahren Antworten denotieren, kann das Denotat des Subjektsatzes in Abhängigkeit vom Denotat des Objektsatzes festgelegt werden, ohne dass kontraintuitive Bedeutungen abgeleitet werden.

Die von Karttunen vorgeschlagenen Propositionenmengen lassen sich folgendermaßen darstellen:

(2) (i) $\lambda p[\ {}^{\vee}p \wedge \exists x[p = {}^{\wedge}lachen'(x)]\ ]$
(ii) $\lambda p[\ {}^{\vee}p \wedge [p = {}^{\wedge}regnen' \vee p = {}^{\wedge}\neg(regnen')]\ ]$

Dabei drückt der extensionalisierte Ausdruck $^{\vee}p$ in (2) aus, dass es sich jeweils um eine wahre Proposition handelt. Eine indirekte Frage wie *(Karl sieht,) wer lacht?* denotiert demzufolge die Menge derjenigen Propositionen p in (2)(i), für die gilt: Die Extension von p ist wahr, und es gibt ein x, so dass p die Proposition ist, dass x lacht. Entsprechend denotiert ein mit *ob* eingeleiteter indirekter Entscheidungsfragesatz wie *(Karl weiß,) ob es regnet.* die Propositionen in (2)(ii). Dies ist die Menge derjenigen wahren Propositionen, für die gilt: p ist die Proposition *dass es regnet*, oder p ist die Proposition *dass es nicht regnet.*

Den Ansätzen von Hamblin und Karttunen ist gemeinsam, dass sie das Denotat einer Frage als *Menge von Propositionen* modellieren. Wir wollen im nächsten Abschnitt eine Analyse betrachten, die das Denotat einer Frage als (indexabhängige) Proposition rekonstruiert.

14.3. Fragen als indexabhängige Propositionen

Groenendijk/ Stokhof (1982, 1984, 1996) (G & S) rekonstruieren die Bedeutung von Fragen in anderer Weise als Hamblin und Karttunen. Diesem Ansatz zufolge denotiert eine Frage nicht eine Menge von Propositionen, sondern eine Proposition mit bestimmten Eigenschaften. Ausgehend von verschiedenen intuitiv validen logischen Argumenten wird eine Verbindung zwischen *ob*- und *dass*- (bzw. [+wh]- und [-wh]) Komplementsätzen hergeleitet. So sind in (1) zwei valide Argumente dargestellt, die jeweils aus zwei Prämissen bestehen, deren erste einen eingebetteten [+wh]-Komplementsatz und deren zweite Prämisse einen Deklarativsatz enthält. Die unter der Linie befindliche Konklusion enthält einen [-wh]-Komplementsatz. Prämisse P1 macht eine Aussage über den Wissenszustand des Individuums Peter, und Prämisse 2 macht eine Aussage über die (aktuelle) Welt. Aus der Wahrheit der beiden Prämissen ergibt sich die Wahrheit der Konklusion K zwingend:

(1) *ob-* und *dass*-Komplementsätze:

P1:	Peter weiß, ob Otto lacht.	Peter weiß, ob Otto lacht.
P2:	Otto lacht.	Otto lacht nicht.
K:	Peter weiß, dass Otto lacht.	Peter weiß, dass Otto nicht lacht.

In Abhängigkeit von P2 bedeutet der mit *ob* eingeleitete Komplementsatz jeweils das gleiche wie der mit *dass* eingeleitete Komplementsatz. Falls es in der Welt der Fall ist, dass Otto lacht, und wenn der Satz *Peter weiß, ob Otto lacht* wahr ist, dann ist der Satz *Peter weiß, dass Otto lacht* notwendigerweise auch wahr. Falls es in der Welt nicht der Fall ist, dass Otto lacht, und wenn der Satz *Peter weiß, ob Otto lacht* wahr ist, dann ist auch der Satz *Peter weiß, dass Otto nicht lacht* wahr. Das Denotat eines *ob*-Komplementsatzes ist also bis auf die Beschaffenheit der Welt identisch mit dem Denotat eines *dass*-Komplementsatzes, so dass sich feststellen lässt, dass das Denotat des *ob*-Satzes in Abhängigkeit von den Gegebenheiten in der Welt das Gleiche bedeutet wie der *dass*-Satz. Fasst man die Weltvariable w und die Zeit t zu einem geordneten Paar <w,t> zusammen, so bezeichnet man dieses Paar als einen *Index*. Entsprechend denotiert ein *ob*-Komplementsatz eine *indexabhängige Proposition*, weil seine Bedeutung davon abhängt, was am aktuellen Index der Fall ist.

Während das Denotat von *dass*-Komplementsätze indexunabhängig bestimmt werden kann, hängt es bei [+wh]-Komplementen von der Beschaffenheit des jeweiligen Auswertungsindex ab, d.h. das Denotat eines [+wh]-Komplementsatzes kann von Index zu Index variieren. Entsprechend denotiert der *ob*-Komplementsatz in (12) an jedem Index, an dem Otto lacht, die Proposition *dass Otto lacht* und an jedem Index, an dem Otto nicht lacht, denotiert er die Proposition *dass Otto nicht lacht*, wie uns die Validität der Argumente in (1) zeigt. Der ob-Komplementsatz hat als Bedeutung den dass-Komplementsatz, wenn Otto am Index a lacht (2)(i). Er hat als Bedeutung die Negation des dass-Komplementsatzes, wenn Otto am Index a nicht lacht (2)(ii). Das Denotat des ob-Komplementsatzes bestimmt sich also danach, ob Otto am Index a lacht oder nicht:

(2) (i) $[\![(\text{dass Otto lacht})']\!]^{a} = \lambda a[\text{lachen}'(a)(\text{Otto}')]$
(ii) $[\![(\text{dass Otto nicht lacht})']\!]^{a} = \lambda a[\neg\text{lachen}'(a)(\text{Otto}')]$

In diesem Sinne ist das Denotat des ob-Satzes indexabhängig und lässt sich darstellen wie in (3):

(3) $[\![(\text{ob Otto lacht})']\!]^{a} = \begin{cases} \lambda a[\text{lachen}'(a)(\text{Otto}')] & \text{, falls Otto an a lacht} \\ \lambda a[\neg\text{lachen}'(a)(\text{Otto}')] & \text{, falls Otto an a nicht lacht} \end{cases}$

Will man die beiden Zeilen zusammenfassen, so kann man dies vornehmen wie in (4):

(4) $[\![(\text{ob Otto lacht})']\!]^{a} = \lambda i[\text{lachen}'(i)(\text{Otto}') = \text{lachen}'(a)(\text{Otto}')]$

Die Funktion in (4) bildet jeden Index i auf das Wahre ab, an dem der Wahrheitswert des Satzes *Otto lacht* identisch ist mit dem Wahrheitswert dieses Satzes am Index a. Sie bildet alle Indizes i, an denen Otto lacht, auf das Wahre ab, wenn Otto an a lacht, und sie bildet alle Indizes i auf das Falsche ab, wenn Otto an a nicht lacht. Diese Funktion ist vom logischen Typ <s,t>, denotiert eine Menge von Indizes und ist folglich eine Proposition:

(5) (i) ⟦wissen'⟧ = λpλx[wissen(x,p)]

(ii) dass-Komplement: Karl weiß, dass Otto lacht.

a. ⟦dass'⟧ = λpλi[p(i)]

b.

t
[wissen'(Karl', lachen'(Otto')'(w)])

λ-Konversion von x:

(λx[wissen'(x, lachen'(Otto')'(w)])(Karl')

λ-Konversion von P:

λP[P(Karl')](λx[wissen'(x, lachen'(Otto')'(w)])

FA:

<<e,t>,t>
λP[P(Karl')]

<e,t>
λx[wissen'(x, lachen'(Otto')'(w)]

λx[wissen'(x, λi[lachen'(Otto')]'(i)(w)]

λ-Konversion von p:

λpλx[wissen'(x,p(w))](λi[lachen'(Otto')]'(i))

FA:

<<s, t>, <e, t>>
λpλx[wissen'(x, p(w))]

<s, t>
λi[lachen'(Otto')]'(i)

λ-Konversion von p:

λi[p(i)](lachen'(Otto'))

FA:

<t, <s,t>>
λpλi[p(i)]
dass

t
lachen'(Otto')

λ-Konversion von x:

λx[lachen'(x)](Otto')

λ-Konversion von P:

λP[P(Otto')](λx[lachen'(x)])

FA:

<<e,t>,t>
λP[P(Otto')]
Otto

<e,t>
λx[lachen'(x)]
lacht

(iii) ob-Komplement: Karl weiß, ob Otto lacht.

a. $[\![ob']\!] = \lambda p \lambda a \lambda i[p(i) = p(a)]$

b.

t

$wissen'(Karl', \lambda i[lachen'(Otto')(i) = lachen'(Otto')(w)])$

λ-Konversion von x:

$\lambda x[wissen'(x, \lambda i[lachen'(Otto')(i) = lachen'(Otto')(w)]](Karl')$

λ-Konversion von P:

$\lambda P[P(Karl')](\lambda x[wissen(x, \lambda i[lachen'(Otto')(i) = lachen'(Otto')(w)])])$

FA:

$\langle\langle e,t\rangle,t\rangle$ $\quad$ $\langle e,t\rangle$

$\lambda P[P(Karl')]$ $\quad$ $\lambda x[wissen'(x, \lambda i[lachen'(Otto')(i) = lachen'(Otto')(w)])]$

λ-Konversion von a:

$\lambda x[wissen'(x, \lambda a \lambda i[lachen'(Otto')(i) = lachen'(Otto')(a)](w))]$

λ-Konversion von p:

$\lambda p \lambda x[wissen'(x, p(w))](\lambda a \lambda i[lachen'(Otto')(i) = lachen'(Otto')(a)])$

FA:

$\langle s,\langle s,t\rangle\rangle,\langle e,t\rangle\rangle$ $\quad$ $\langle s,\langle s,t\rangle\rangle$

$\lambda p \lambda x[wissen'(x, p(w))]$ $\quad$ $\lambda a \lambda i[lachen'(Otto')(i) = lachen'(Otto')(a)]$

λ-Konversion von p:

$\lambda p \lambda a \lambda i[p(i) = p(a)](lachen'(Otto'))$

FA:

$\langle t,\langle s,\langle s,t\rangle\rangle\rangle$ $\quad$ t

$\lambda p \lambda a \lambda i[p(i) = p(a)]$ $\quad$ $lachen'(Otto')$

λ-Konversion von x:

ob $\quad$ $\lambda x[lachen'(x)](Otto')$

λ-Konversion von P:

$\lambda P[P(Otto')](\lambda x[lachen'(x)])$

FA:

$\langle\langle e,t\rangle,t\rangle$ $\quad$ $\langle e,t\rangle$

$\lambda P[P(Otto')]$ $\quad$ $\lambda x[lachen'(x)]$

Otto $\quad$ lacht

Der Unterschied zwischen beiden Ableitungen besteht darin, dass nach der Komposition des Subjekt-Ausdrucks mit dem Prädikat durch Komposition mit *dass* bzw. *ob* unterschiedliche semantische Objekte entstehen. Der *dass*-Komplementsatz in (5)(ii) bedeutet, dass Karl die indexunabhängige Proposition $\lambda i[lachen'(Otto')(w)]$ weiß, d.h.: Karl weiß, dass es in w regnet.

Bei dem *ob*-Komplementsatz in (5)(iii) weiß Karl die indexabhängige Proposition $\lambda i[lachen'(Otto')(i) = lachen'(Otto')(w)]$. Damit weiß Karl, dass Otto in w lacht, wenn Otto in w lacht, und er weiß auch, dass Otto in w nicht lacht, wenn Otto in w nicht lacht. In beiden Fällen entspricht der Komplementsatz einer Proposition, im Gegensatz zu den Analysen von Hamblin und Karttunen.

Das Konzept der *Indexabhängigkeit* liefert den relevanten Beitrag zur Fragekonstruktion. Abstrahiert man von den spezifischen Inhalten im Falle konkreter Fragen, so lässt es sich vereinfacht darstellen wie in (6), wobei α – wie wir gleich sehen werden – nicht notwendigerweise eine Proposition sein muss:

(6) $\lambda i[\alpha(i) = \alpha(a)]$

Der Ausdruck bezeichnet eine Proposition, d.h. eine Menge von Indizes, für die gilt, dass der semantische Wert von α an jedem Index i gleich dem semantischen Wert von α am Index a ist.

Die Indexabhängigkeit von ob-Komplementsätzen lässt sich nun auf einfache Weise auf indirekte Ergänzungsfragen ausdehnen. Dazu wird der propositionale Ausdruck α in (6) durch einen Prädikatsausdruck vom Typ <e,t> ersetzt. Die Indexabhängigkeit bleibt dabei erhalten. Die Denotate von α, die an beiden Indizes gleich sein müssen, variieren lediglich mit dem Typ von α.

Wenn z.B. $\alpha = \lambda x[\text{lachen}'(x)]$, so ergibt sich der propositionale Ausdruck in (7):

(7) $\lambda i[\ \lambda x[\text{lachen}'(x)(i) = \lambda x[\text{lachen}'(x)(a)]]]$

Dies ist diejenige Proposition, die alle Indizes i auf das Wahre abbildet, an denen das Denotat $[\![\lambda x[\text{lachen}'(x)]]\!]^{i}$ am Index i gleich dem Denotat $[\![\lambda x[\text{lachen}'(x)]]\!]^{a}$ am Index a ist. Wenn z.B. am Index a die Individuen {Peter, Maria, Clara, Otto} leben und Maria und Clara lachen, dann ist $[\![\lambda x[\text{lachen}'(x)]]\!]^{a} = \{\text{Maria, Clara}\}$. Alle Indizes i für die gilt, dass $[\![\lambda x[\text{lachen}'(x)]]\!]^{i} = \{\text{Maria, Clara}\}$ werden auf das Wahre abgebildet.

Eine ähnliche Beobachtung lässt sich auch bzgl. der Beziehung zwischen indirekten Ergänzungsfragen und *dass*-Komplementsätzen machen, wie die beiden validen Argumente in (8) zeigen:

(8) indirekte Ergänzungsfragen:

P1: Karl weiß, wer lacht.
P2: Otto lacht.

K: Karl weiß, dass Otto lacht.

Wenn es wahr ist, dass *Karl weiß, wer lacht*, und wenn es in der Welt der Fall ist, dass *Otto lacht*, so kann gefolgert werden, dass *Karl weiß, dass Otto lacht*. Geradeso wie bei den ob-Komplementen ist also auch bei den indirekten Ergänzungsfragen festzustellen, dass deren Beziehung zu den *dass*-Komplementen über die tatsächliche Beschaffenheit des aktuellen Index herzustellen ist.

Für die indirekte Frage in (9) ergibt sich mit dem Denotat von *lachen* in (9)(i) die indexabhängige Proposition in (9)(ii) (, die aus (7) bereits bekannt ist):

(9) Karl weiß, wer lacht.
(i) $\lambda x[\text{lachen}'(x)(a)] = [\![\text{lachen}']\!]^a = \{\text{Maria, Clara}\}$
(ii) $\lambda i[\lambda x[\text{lachen}'(x)(i)] = \lambda x[\text{lachen}'(x)(a)]]$
(iii) $\text{wissen}'(\text{Karl}', \lambda i[\lambda x[\text{lachen}'(x)(i)] = \lambda x[\text{lachen}'(x)(a)]])$

Wenn Karl die Proposition (9)(ii) weiß, und wenn Clara und Maria lachen, dann weiß er am Index a, dass Maria und Clara am Index a lachen (9)(iii).

Beim Matrixverb *wissen* in Verbindung mit einem ob-Komplementsatz ist Karl bekannt, was am aktuellen Index der Fall ist, und die Proposition hängt nur von dem einen Index a ab. Am Index a ist nur *eine* Möglichkeit im Hinblick auf Ottos Lachen realisiert: Entweder er lacht, oder er lacht nicht. Dies ist bei dem Verb *fragen* anders:

(10) Karl fragt, ob Otto lacht.

Hier ist Karl nicht in der Lage zu entscheiden, was der Fall am Index a ist. Er verfügt also über zwei Alternativen: Otto lacht oder Otto lacht nicht. Wir müssen also nach den Möglichkeiten fragen, die Karls epistemische Unsicherheit in Bezug auf das Lachen von Otto bestimmt. Wenn wir alle diese Möglichkeiten angeben wollen, reicht unsere Betrachtung an *einem* Index a nicht aus, sondern wir müssen zu *allen* Indizes a übergehen, um alle Möglichkeiten in Bezug auf Ottos Lachen zu ermitteln. Dazu betrachten wir die Proposition $\lambda i[\text{ lachen}'(i)(\text{Otto}') = \text{lachen}'(a)(\text{Otto}')]$ nicht nur an einem Index a, sondern an *allen* Indizes a, um damit *alle* und nicht nur *eine* Möglichkeit zu erfassen. Mittels λ-Abstraktion von a erhalten wir genau diejenige Funktion von Indizes in indexabhängige Propositionen, die uns zu jedem Index a diejenige Proposition liefert, die aus der Menge derjenigen Indizes i besteht, an denen lachen'(Otto') das gleiche Denotat hat wie am Index a. Dies ist das propositionale Konzept in (11) vom Typ $<s,<s, t>>$, also eine Funktion von Indizes in (indexabhängige) Propositionen:

(11) $\lambda a \lambda i[\text{lachen}'(i)(\text{Otto}') = \text{lachen}'(a)(\text{Otto}')]$

Da diese Funktion nicht nur an *einem* Index a definiert ist, sondern über *alle* Indizes a rangiert, werden *alle* möglichen Fälle von Ottos Lachen oder Nicht-Lachen erfasst. So denotiert (11) an einem Index a_1 diejenige Proposition, die an allen Indizes i denselben Wert hat wie an a_1. An einem Index a_2 denotiert sie die Proposition, die an allen Indizes i denselben Wert hat wie an a_2. Wenn etwa an den Indizes a_1, a_2, a_3 und a_4 die folgenden Situationen vorliegen:

(12) ⟦lachen'(Otto')⟧ ^{a1} = wahr (Otto lacht an a_1.)
⟦¬lachen'(Otto')⟧ ^{a2} = wahr (Otto lacht nicht an a_2.)
⟦lachen'(Otto')⟧ ^{a3} = wahr (Otto lacht an a_3.)
⟦¬lachen'(Otto')⟧ ^{a4} = wahr (Otto lacht nicht an a_4.)

Es können an allen Indizes nur die Fälle auftreten, dass entweder ⟦lachen'(Otto')⟧ oder ⟦¬lachen'(Otto')⟧ wahr ist, weitere Möglichkeiten gibt es nicht. Das propositionale Konzept in (11) führt damit zu zwei Klassen von Indizes: Solche, an denen Otto lacht, und solche, an denen Otto nicht lacht. Diese beiden Klassen stellen damit *alle* möglichen Alternativen in Karls epistemischen System dar. Im Fall von *fragen* muss also – im Gegensatz zu *wissen* – der Komplementsatz intensional, als propositionales Konzept eingebunden werden:

(13) (i) Karl fragt, ob Otto lacht.
(ii) fragen'(Karl', λaλi[lachen'(i)(Otto') = lachen'(a)(Otto')])

Die gleiche Situation stellt sich im Falle von indirekten Ergänzungsfragesätzen ein. Auch hierbei ergibt sich eine Menge von Alternativen, die allerdings wesentlich differenzierter ist. Wenn wir etwa von der Individuenmenge {Peter, Maria, Clara, Otto} ausgehen, so wird die Alternativenmenge entsprechend umfangreicher. Hinsichtlich der Frage *wer lacht* gibt es bei dieser Individuenmenge 16 logisch möglich Fälle, die an den verschiedenen Indizes auftreten können:

(14)
1. Peter, Maria, Clara und Otto lachen.
2. Peter, Maria und Clara lachen, und Otto lacht nicht.
3. Peter, Maria und Otto lachen, und Clara lacht nicht.
4. Peter, Clara und Otto lachen, und Maria lacht nicht.
5. Maria, Clara und Otto lachen, und Peter lacht nicht.
6. Peter, Maria lachen, und Clara und Otto lachen nicht.
7. Peter, Clara lachen, und Maria und Otto lachen nicht.
8. Peter, Otto lachen, und Maria und Clara lachen nicht.
9. Maria, Clara lachen, und Peter und Otto lachen nicht.
10. Maria und Otto lachen, und Peter und Clara lachen nicht.
11. Clara und Otto lachen, und Peter und Maria lachen nicht.
12. Peter lacht, und Maria, Clara und Otto lachen nicht.
13. Maria lacht, und Peter, Clara und Otto lachen nicht.
14. Clara lacht, und Peter, Maria und Otto lachen nicht.
15. Otto lacht, und Peter, Maria und Clara lachen nicht.
16. Niemand lacht.

1. - 16. sind alle möglichen Antworten auf die Frage *wer lacht* und konstituieren damit einen vollständigen Antwortraum. Die Antwort-Propositionen sind paarweise disjunkt. Vereinigt man sie, erhält man die Menge aller Indizes. Wir werden im nächsten Kapitel die Eigenschaften solcher *Partitionen* genauer kennen lernen.

Von den möglichen Alternativen in (14) könnte die 9. am Index a der Fall sein. Um also auch in diesem Fall *alle möglichen* Alternativen zu erhalten – wie wir es im Falle des ob-Komplementsatzes in (11) schon überlegt haben –, müssen wir an allen *möglichen Indizes* a nachsehen, welche von a abhängige Proposition dort denotiert wird. Wenn wir dies an allen Indizes vorgenommen haben, kennen wir *alle möglichen* Alternativen. Diese Aufgabe leistet nun wiederum ein propositionales Konzept, nämlich das aus (15), indem es – wiederum wie in (11) – zu jedem Index a diejenige Proposition liefert, für die das Denotat ⟦λx[lachen'(x)]⟧ an i und a identisch ist:

(15) λaλi[λx[lachen(x)(i)] = λx[lachen(x)(a)]]

Indem wir die Funktion nicht nur an einer Stelle a betrachten, sondern an allen Stellen a, erhalten wir alle möglichen Alternativen und damit die Menge der möglichen Antworten auf die Frage *wer lacht?*

(16) (i) Karl fragt, wer lacht.
(ii) fragen'(Karl', λaλi[λx[lachen(x)(i)] = λx[lachen(x)(a)]]])

Wir können nun die generelle Form der Indexabhängigkeit erkennen:

(17) λaλi[α(i) = α(a)]]

Dabei kann α im Falle von ob-Komplementsätzen den logischen Typ t und im Falle von einfachen Ergänzungsfragesätzen den logischen Typ <e,t> haben. Aber auch für multiple Fragen wie (18) liefert uns der Ansatz von G & S die entsprechenden Ergebnisse, denn für jede weitere [+wh]-Phrase wird α um ein weiteres λ-Abstrakt ergänzt:

(18) Karl fragt, wer wen geküsst hat.
(i) α = λyλx[küssen'(y)(x)]
(ii) λa λi[λyλx[küssen'(y)(x)](i) = λyλx[küssen'(y)(x)](a)]]
(iii) fragen'(Karl', λa λi[λyλx[küssen'(y)(x)](i) = λyλx[küssen'(y)(x)](a)])

Ein wesentliches Charakteristikum des Ansatzes von G & S liegt in der Exhaustivität der Antwort. Sie konzipieren die Antwortmenge als stark exhaustiv, um das intuitiv valide Argument in (19) zu rekonstruieren:

(19) Karl weiß, wer lacht.

———————————

Karl weiß, wer nicht lacht.

Indem Karl positiv spezifizieren kann, welche Individuen lachen, muss er auch in der Lage sein, zu allen Individuen, die dies nicht tun, zu bestimmen, dass sie es nicht tun. Diese Überlegung legt das Konzept der starken Exhaustivität in (20) nahe:

(20) starke Exhaustivität
Zu jedem Individuum, das lacht, weiß Karl, dass es lacht; und zu jedem Individuum, das nicht lacht, weiß er, dass es nicht lacht.

Der Ansatz von G & S kann auch die in dem logischen Argument in (21) auftretenden *de re/de dicto*-Lesarten rekonstruieren, was in der Analyse von Karttunen nicht möglich ist, denn dieser Ansatz erlaubt nur, die *de re*-Lesart abzuleiten:

(21) Karl weiß, welcher Student lacht.
Otto lacht.

———————————

Karl weiß, dass Otto lacht.

In der de re-Lesart muss zu Karls Wissen nicht gehören, dass Otto ein Student ist, so dass *Student* von außerhalb des Wissens-Kontexts in diesen hineinquantifiziert. Wir wollen es bei diesen Bemerkungen belassen und zu den Eigenschaften von Partitionen übergehen, die sich aus dem Ansatz von G & S ergeben. Damit wird es möglich, auf der Basis der Annahmen über Mengenpartitionierung die Begriffe der *vollständigen*, der *partiellen* und der *irrelevanten Antwort* sowie des *Präsuppositionsverstoßes* theoretisch zu explizieren.

14.4. Fragen als Partitionen

Ein Ansatz, der die Semantik von Fragen auf Partitionen bezieht, wurde von Higginbotham (1993, 1996) vorgeschlagen. Die wesentliche Idee des Partitionsansatzes basiert darauf, die Menge der möglichen Antworten in ein System paarweise disjunkter Teilmengen von äquivalenten Antworten zu zerlegen, welche unter Vereinigung wieder die Gesamtmenge ergeben. Der Antwortraum ist also nicht amorph, wie in den Theorien von Hamblin und Karttunen, sondern weist eine interne Struktur auf, die in der Zerlegung in verschiedene Klassen von äquivalenten Antworten besteht. Eine solche Zerlegung ist eine *Partition*:

(1) Eine *Partition* ist eine Kollektion K nicht-leerer Teilmengen K_i ($1 \leq i \leq n$) einer Menge A, so dass gilt:
   (i) alle paarweise verschiedenen Teilmengen K_i und K_j sind disjunkt: $K_i \cap K_j = \varnothing$, für $i \neq j$.
   (ii) die Vereinigung aller Teilmengen dieser Kollektion ist gleich A: $\forall i \cup K_i = A$.

Um dieses Konzept zu verdeutlichen, betrachten wir die folgende Situation. Beim japanischen Bogenschießen (Kyudo) ist es üblich, dass von drei Schützen in einer Gruppe jeder Schütze vier Pfeile schießt. Nachdem diese Zeremonie durchgeführt ist, stellt sich die Frage in (2):

(2) Wie viele Pfeile haben getroffen?

Es bezeichne nun a die Anzahl derjenigen Pfeile des Schützen A, die getroffen haben, b bezeichne die Anzahl derjenigen Pfeile des Schützen B, die getroffen haben und c bezeichne die Anzahl derjenigen Pfeile des Schützen C, die getroffen haben. Auf die Frage in (2) gibt es in der charakterisierten Situation dreizehn Antwortklassen, die bezüglich (2) jeweils äquivalente Antworten enthalten. Dies führt zu der Partition in (3), bei der in jeder Klasse die möglichen Verteilungen der Treffer je Schütze relativ zur Gesamttrefferzahl enthalten sind:

(3)

a+b+c=0:	a=0, b=0, c=0	0 Treffer
a+b+c=1:	$a=1 \wedge b=0 \wedge c=0$ $a=0 \wedge b=1 \wedge c=0$ $a=0 \wedge b=0 \wedge c=1$	1 Treffer
a+b+c=2:	$a=1 \wedge b=1 \wedge c=0$ $a=1 \wedge b=0 \wedge c=1$ $a=0 \wedge b=1 \wedge c=1$ $a=2 \wedge b=0 \wedge c=0$ $a=0 \wedge b=2 \wedge c=0$ $a=0 \wedge b=0 \wedge c=2$	2 Treffer
	. . .	
a+b+c=11:	$a=4 \wedge b=4 \wedge c=3$ $a=4 \wedge b=3 \wedge c=4$ $a=3 \wedge b=4 \wedge c=4$	11 Treffer
a+b+c=12:	a=4, b=4, c=4	12 Treffer

Die Menge der möglichen Antworten auf die Frage in (2) ist eine Kollektion von dreizehn paarweise disjunkten Teilmengen, deren Vereinigung den gesamten Antwortraum ergibt. Jede Klasse dieser Partition enthält bzgl. der Frage nach der Gesamtzahl der Treffer äquivalente Antworten, da diese in den jeweiligen Klassen stets die gleiche Gesamttrefferzahl angeben.

Geht man nun über die *semantischen* Antworten hinaus und betrachtet diejenigen, die in pragmatischer Hinsicht auf eine Frage gegeben werden können, so stellt man leicht fest, dass diese Klasse größer ist. Die semantisch durch die Frage selbst charakterisierten Antworten sind nur eine Teilmenge der pragmatisch möglichen. Obwohl zwar auch in pragmatischer Hinsicht nicht jede Art von Erwiderung eine Antwort auf eine Frage darstellt, lassen sich Antwortbedingungen doch soweit formulieren, dass eine größere Klasse von Antworten erfasst werden kann als die semantisch determinierten.

Damit stellt sich natürlich das Problem, angemessene von unangemessenen Antworten zu unterscheiden und Kriterien anzugeben, die diesen Unterschied deutlich machen. Zu spezifizieren ist damit, inwiefern eine (pragmatische) Antwort überhaupt geeignet ist, die gestellte Frage zu beantworten, denn nicht jede Antwort identifiziert das Frageziel eindeutig. Vielmehr ist dies ein Spezialfall der wesentlich allgemeineren Situation, in der entschieden werden muss, zu welchem Grad eine Frage durch eine bestimmte Antwort richtig und vollständig beantwortet ist.

Betrachtet man nun eine Partition – wie die in (3) – die von einer Frage – wie der in (2) – induziert wird, so bestehen etwa die Antwortmöglichkeiten in (4):

(4) (i) Sieben Pfeile haben getroffen.
(ii) Schütze B hat mit drei Pfeilen getroffen.
(iii) Es wurde noch gar nicht geschossen.
(iv) Es ist ganz schön heiß hier.

Nur (4)(i) ist eine vollständige Antwort auf (2). (4)(ii) ist eine *partielle* Antwort. (4)(iii) weist die mit (2) verbundene Präsupposition zurück, während (4)(iv) keinen relevanten Beitrag zur Beantwortung von (2) liefert.

Eine *vollständige* Antwort reduziert die Anzahl der Klassen in der Partition auf genau eine. Eine *partielle* Antwort reduziert zwar die Klassenanzahl, nicht jedoch auf genau eine, so dass mehrere Optionen offen bleiben. Bei der *Zurückweisung der Präsupposition* ist die Reduktion total, d.h. keine Klasse bleibt bestehen, während die *irrelevante* Antwort den Raum der Antworten nicht einzuschränken vermag.

Wie lassen sich diese Überlegungen nun formal modellieren? Nehmen wir dazu an, dass π eine Partition mit den Klassen p_i $(1 \leq i \leq n)$ und A eine Antwort ist. Um eine Charakterisierung möglicher Antworten vorzunehmen, lässt sich die folgende Operation verwenden:

(5) Sei $\pi = \{ p_i \}_{1 \leq i \leq n}$ eine Partition und A eine Antwort, dann ist:
$\pi + A = \{p'_i\}$, wobei $p'_i = p_i \cup \{A\}$, für $1 \leq i \leq n$.

$\pi + A$ wird also gebildet, indem die Antwort A zu jeder Klasse p_i von π hinzugefügt wird. Wenn die neu entstandene Teilmenge p'_i konsistent ist, d.h. wenn es wenigstens einen Index gibt, an dem alle Propositionen aus p_i' wahr sind, dann wird die Klasse p_i' *erfüllbar* genannt. Entsprechend heißen nicht-konsistente Klassen *nicht-erfüllbar*.

Nun besteht das Ziel darin, alle nicht-erfüllbaren Klassen aus der Partition zu entfernen, um nur die relevanten Antworten übrig zu behalten. Dazu benötigt man eine Operation, die die nicht-erfüllbaren Klassen aus der Partition entfernt. Wenn π eine Partition ist, so sei π^- diejenige Partition, die genauso ist wie π, außer dass alle nicht-erfüllbaren Klassen entfernt sind.

Das Hinzufügen einer Antwort A zu einer Partition π sowie die gleichzeitige Reduktion der nicht-erfüllbaren Klassen lässt sich zu dem einzigen Prozess der *Konditionalisierung von π bzgl. A* wie in (6) zusammenfassen:

(6) Konditionalisierung von π bzgl. A: $\pi/A = (\pi + A)^-$

Die Konditionalisierung stellt damit eine Möglichkeit zur Verfügung, die Relevanz einer Antwort zu messen. Zu einer beliebigen pragmatischen Antwort A lässt sich mittels Konditionalisierung feststellen, ob und in welchem Maße A als Antwort relevant bzw. informativ ist. Dazu fügt man A zu jeder Klasse der Partition hinzu. Lautet die Antwort auf die Frage nach der Anzahl der Treffer etwa: Die Anzahl ist sieben, so wird die damit ausgedrückte Proposition jeder Klasse der Partition in (3) hinzugefügt. Mittels Durchschnittsbildung auf der Menge der Propositionen in einer Klasse wird ermittelt, ob die Klasse konsistent und damit erfüllbar ist. Dazu ist es insbesondere erforderlich, dass die Propositionen in der erweiterten Klasse p_i' widerspruchsfrei sind. Es ist sofort ersichtlich, dass diese Antwort nur mit der Klasse verträglich ist, in der die Trefferanzahl gleich sieben ist. Alle anderen Klassen sind nicht erfüllt, so dass A die Frage vollständig beantwortet.

Die Antwort *B hat mit drei Pfeilen getroffen* ist mit allen Klassen verträglich, in denen b = 3 ist. Diese Klassen sind erfüllbar, alle anderen hingegen nicht. Da mehrere Klassen mit 'b = 3' kompatibel sind, ist die Frage nicht vollständig beantwortet, weil die Klassenzahl nicht auf genau eine reduziert werden konnte. Damit liegt eine partielle Antwort vor, die zwar informativ, nicht aber vollständig ist.

Die Antwort *Es ist ganz schön heiß hier* führt dazu, dass die mit diesem Satz ausgedrückte Proposition zu allen Klassen widerspruchsfrei hinzugefügt werden kann, so dass alle Klassen erfüllbar bleiben. Da keine Reduktion der Alternativen stattfindet, ist diese Antwort nicht informativ und damit irrelevant.

Lautet die Antwort hingegen *Es wurde nicht geschossen* und fügt man die damit ausgedrückte Proposition allen Klassen hinzu, so ergibt sich für jede Klasse ein logischer Widerspruch, d.h. keine Klasse ist erfüllbar. In diesem Fall ist es die Zurückweisung der Präsupposition, dass überhaupt geschossen wurde.

Über die Kardinalität # der Konditionalisierung, d.h. der Anzahl der in π/A befindlichen Klassen, lässt sich nun spezifizieren, ob eine Antwort vollständig, partiell oder irrelevant ist, bzw. ob sie gegen die mit der Frage verbundene Präsupposition verstößt:

(7) Sei # die Kardinalität einer Menge.
 (i) Eine Antwort ist *vollständig*, gdw. $\#(\pi/A) = 1$.
 (ii) Eine Antwort ist *partiell*, gdw. $1 < \#(\pi/A) < n$.
 (iii) Eine Antwort ist *irrelevant*, gdw. $\#(\pi/A) = n$.
 (iv) Eine Antwort ist ein *Präsuppositionsverstoß*, gdw. $\#(\pi/A) = 0$.

Diese Charakterisierung erlaubt es nun, relevante von irrelevanten Antworten zu trennen. Nur diejenigen Antworten sind relevant, die die mit einer Frage eröffneten Alternativen reduzieren:

(8) Relevanz der Antwort
Eine Antwort A auf die Frage π mit $\#(\pi) = n$ ist relevant gdw. $\#(\pi/A) < n$.

Die unterschiedliche Informativität von zwei Antworten bezüglich einer Frage lässt sich vergleichen, indem die Anzahl der reduzierten Zellen verglichen wird:

(9) Informativität der Antwort
Eine Antwort A_1 ist informativer als eine Antwort A_2 bezüglich einer Frage π, gdw. $\#(\pi/A_1) < \#(\pi/A_2)$.

Je mehr Klassen der Partition durch die Antwort A ausgeschlossen werden können, umso weniger Alternativen bleiben bestehen und umso informativer ist die Antwort. Informativität einer Antwort wird hier mit der Reduktion von Alternativen gleichgesetzt. Je mehr Alternativen ausgeschlossen werden können, desto informativer die Antwort. Ein Präsuppositionsverstoß, der die Alternativenanzahl auf Null reduziert, erfüllt zwar nicht das Frageziel, da er die offene Stelle in der Proposition nicht schließt, sondern lässt die Frage und damit die Möglichkeit der Wahl zwischen Alternativen obsolet werden.

Es lässt sich nun zeigen, dass der Ansatz der indexabhängigen Propositionen von G & S äquivalent ist zu dem soeben erörterten Partitionsansatz. Dies begründen G & S (1984:146) wie folgt:

Der Sinn einer Frage ist die Funktion in (10), die die Menge derjenigen Indizes determiniert, für die gilt, dass der semantische Wert von α am Index i der gleiche ist wie am Index a. Der logische Typ von α kann dabei beliebig gewählt werden. Es spielt also keine

Rolle, ob eine Entscheidungsfrage oder eine (multiple) Ergänzungsfrage vorliegt, da aufgrund der Gleichheitsbedingung innerhalb der Klammer stets der logische Typ t resultiert:

(10) $\lambda a \lambda i[\alpha(a) = \alpha(i)]$

(10) ist eine Funktion von Indizes in Mengen von Indizes (Propositionen). Dieser Ausdruck hat damit den logischen Typ <s,<s,t>>. Insofern stellt er eine Relation zwischen Elementen vom Typ s dar. Da Elemente vom Typ s Indizes sind, drückt (10) eine Relation zwischen Indizes aus.

Welche Indizes stehen in der derart spezifizierten Relation? Dies sind genau diejenigen Indizes i, für die der semantische Wert von α der gleiche ist wie an a., d.h. die Relation bezeichnet die Identität der semantischen Werte von α an verschiedenen Indizes. Die Identitätsrelation ist reflexiv, symmetrisch und transitiv und ist daher eine Äquivalenzrelation. Da jede auf einer Menge definierte Äquivalenzrelation eine Partition dieser Menge induziert, wird mit (10) eine Partition auf der Menge der Indizes induziert. Die durch diese Partition gebildeten Klassen enthalten für einen Index a all diejenigen Indizes, für die α den gleichen Wert hat wie an a. Die Indizes in einer Klasse sind also bzgl. ihrer Gleichheit mit a äquivalent. Damit erhalten wir eine Menge von Index-Teilmengen, von denen jede eine Proposition darstellt, die eine mögliche Antwort auf die Frage ist. Die Partition enthält damit genau die möglichen semantischen Antworten. Die Klassen sind paarweise disjunkt und ihre Vereinigung ergibt wieder den gesamten Antwortraum, so dass jede indexabhängige Proposition eine Partition des Antwortraums induziert.

14.5. Übungsaufgaben

1. Gegeben sei die Diskursdomäne D = {Peter, Maria, Clara} mit dem folgenden Denotat: ⟦schwimmen'⟧ = {Peter, Maria}.
   Geben Sie die Bedeutung der Frage *Wer schwimmt?* nach
   (i) Hamblins,
   (ii) Karttunens,
   (iii) G & Ss.
   Ansatz an.

2. Ordne die folgenden Antworten auf die Frage in Aufgabe 1. bzgl. ihrer Informativität:

   (i) A_i: Clara schwimmt nicht.
   (ii) A_{ii}: Peter schwimmt.
   (iii) A_{iii}: Peter und Maria schwimmen.

15. Informationsstruktur

In diesem Abschnitt wollen wir die semantische Rekonstruktion der informationsstrukturierenden Gliederung von Sätzen etwas genauer kennen lernen. Dabei handelt es sich um die in ihrer Begriffsgeschichte äußerst divers behandelten Konzeptionen der heutzutage so bezeichneten Fokus-Hintergrund-Gliederung (FHG) und der Topik-Kommentar-Gliederung (TKG).

Der Ursprung beider Konzeptionen geht auf Georg von der Gabelentz (1869) und Hermann Paul (1880) zurück, denen zufolge ein Satz nicht nur in ein *grammatisches Subjekt* und ein *grammatisches Prädikat* zu zerlegen ist, wie das schon von Aristoteles vorgenommen wurde, sondern auch in die folgende Unterteilung zu zerlegen ist: *psychologisches Subjekt* und *psychologisches Prädikat*. Von der Gabelentz (1891:370 f.) nimmt die Charakterisierung dieses Begriffspaars in der folgenden Weise vor: "Das Bild des Ganzen schwebt mir vor: die Theile halte ich in den Händen, um sie nachschaffend aufzubauen. Was bestimmt mich, erst diesen aufzustellen, dann den, dann jenen? Offenbar ist es dies, dass ich erst dasjenige nenne, was mein Denken anregt, worüber ich nachdenke, mein p s y c h o l o g i s c h e s S u b j e c t, und dann das, was ich darüber denke, mein p s y c h o l o g i s c h e s P r ä d i c a t, und dann wo nötig wieder Beides zum Gegenstande weiteren Denkens und Redens mache."

Paul(1880:125) greift diese Unterscheidung auf und bestimmt das psychologische Subjekt als dasjenige "worüber der Sprechende den Hörenden denken lassen, worauf er seine Aufmerksamkeit hinleiten will", das psychologische Prädikat hingegen als das, "was er darüber denken soll". Die rein grammatische Gliederung drückt diese Unterscheidung nicht immer aus. So zeigen etwa die folgenden Sätze in (1), dass das psychologische Subjekt (Fettdruck) mit dem grammatischen Subjekt (Kursivdruck) übereinstimmen, aber auch davon abweichen kann:

(1) (i) ***Paul*** fährt morgen nach Berlin.
(ii) **Morgen** fährt *Paul* nach Berlin.
(iii) **Nach Berlin** fährt *Paul* morgen.

In (1)(i) fallen grammatisches und psychologisches Subjekt zusammen. Dies ist in (1)(ii) und (1)(iii) anders, denn wie die Fragesätze in (2) zeigen, geht es nur in (1)(i) um das grammatische Subjekt *Paul*, während es in (1)(ii) um die Zeit geht, zu der Paul nach Berlin fährt, bzw. in (1)(iii) um den Ort, an den Paul morgen fährt:

(2) (i) ***Wer*** fährt morgen nach Berlin?
(ii) **Wann** fährt *Paul* nach Berlin?
(iii) **Wohin** fährt *Paul* morgen?

Ammann (1928:3) greift die Unterscheidung in psychologisches Subjekt und Prädikat erneut auf, belegt sie aber mit dem – auch heute noch im Prager Funktionalismus gängigen – Begriffspaar *Thema* vs. *Rhema*. Unter dem Thema versteht er den "Gegenstand der Mitteilung", während er das Rhema als das "Neue, das, was ich dem Hörer über das Thema zu sagen habe" auffasst. Das Thema ist unter dieser Perspektive das Bekannte, während das Rhema das Neue bezeichnet.

In ähnlicher Weise beschreibt auch Charles F. Hockett (1958:201) diese Beobachtungen, verwendet aber – die auch heute noch übliche – Bezeichnung *Topik* vs. *Kommentar*: "The most general characterization of predicative constructions is suggested by the terms 'topic' and 'comment' for their ICs: The speaker announces a topic and then says something about it."

Halliday (1967:212) bezieht die Thema-Rhema-Unterscheidung – im Gegensatz zur given-new-Unterscheidung, die auf Informationseinheiten beruht – strikt auf den Satz und charakterisiert den Unterschied zwischen gegebener Information und Thema folgendermaßen: "The difference can perhaps be best summarized by the observation that, while 'given' means 'what you were talking about' (or 'what I was talking about before'), 'theme' means 'what I am talking about (or 'what I am talking about now')'; and, as any student of rhetoric knows, the two do not necessarily coincide."

Offenbar versuchen diese Unterscheidungen eine Intuition zu erfassen, die nicht so ohne weiteres durch strikte grammatische Konzepte beschrieben werden kann. Wallace Chafe (1976) hat daher den Begriff der *Bewußtheit* (consciousness) in die Diskussion eingeführt und den Terminus *information packaging* geprägt, weil es bei den Variantenbildungen der Informationsgliederung nur darum geht, *wie* eine Information präsentiert wird, und weniger um die Information selbst, denn diese ist – etwa in den Sätzen in (1) – jeweils die gleiche Proposition: *morgen'(fahren'(Paul', (nach Berlin)'))*. Wesentlich ist, dass dieselbe Information je nach Zweck des Diskurses – als jeweilige Antwort auf die Fragen in (2) – verschieden präsentiert wird. Nach Chafe nimmt der Sprecher für gegebene Information an, dass sie im Bewusstsein des Adressaten präsent ist, während er die neue Information in das Bewusstsein des Adressaten einführen will. Um testen zu können welche Informationsteile neu bzw. gegeben sind, verwendet man häufig den Fragetest, denn in einer Frage sind verschiedene Informationsteile neu (diejenigen, die erfragt werden) und andere gegeben (diejenigen, die in der Frage genannt sind).

(3) (i) $[_{neu}$ Wann] $[_{gegeben}$ fährt Paul nach Berlin]?
(ii) $[_{neu}$ Morgen] $[_{gegeben}$ fährt Paul nach Berlin].

Dabei wird diejenige Information, die aus der Frage noch nicht bekannt ist, als *neu* bezeichnet und die bereits in der Frage enthaltene Information als *gegeben*, was zu dem Begriffspaar *gegeben* vs. *neu* (*given* vs. *new*) geführt hat. Aufgrund der Frage in (3)(i) sind in der Antwort in (3)(ii) *Paul*, *fährt* und *nach Berlin* bekannt und nur *morgen* stellt die neue Information dar.

Die erfragte Konstituente muss aber nicht – wie in (3)(ii) – vorangestellt werden, sondern kann auch – wie in (4) – intonatorisch hervorgehoben sein, ohne dass eine Voranstellung stattfinden muss:

(4) (i) PAUL fährt morgen nach Berlin.
(ii) Paul fährt MORgen nach Berlin.
(iii) Paul fährt morgen nach BerLIN.

Die neue Information wird in Sprachen wie dem Deutschen und Englischen intonatorisch durch einen sog. Pitch-Akzent gekennzeichnet, den wir im Folgenden durch Großschreibung markieren. Andere Sprachen, wie etwa das Japanische, kennzeichnen solche Konstituenten mit Hilfe morphologischer Einheiten oder durch Partikeln.

Die Antwort in (5) auf die Fragen in (6) zeigt, dass auch komplexere Konstituenten neue Information darstellen können:

(5) Paul fährt morgen nach BerLIN.

(6) (i) Was macht Paul?
(ii) Was wird geschehen?

Antwortet (6)(i) auf (5), so ist in diesem Fragekontext die Information [x fährt morgen nach Berlin], also die gesamte Verbalphrase, neue Information, im Falle von (6)(ii) sogar der gesamte Satz. Die Erweiterung der Fokusdomäne auf die gesamte VP bzw. den Satz bezeichnet man als *Fokusprojektion* (Selkirk 1984, Uhmann 1991), da die Fokuseigenschaft bzw. das Fokusmerkmal [+F] beim Fokusexponenten beginnend entlang eines syntaktischen Strukturpfades zu einer höheren Phrase projiziert wird. Der Fokusexponent ist dasjenige Wort, das den Akzent trägt; innerhalb dieses Wortes ist es diejenige Silbe, die den Wortakzent trägt, die sog. Iktussilbe; im Falle von BerLIN also die zweite Silbe:

(7)

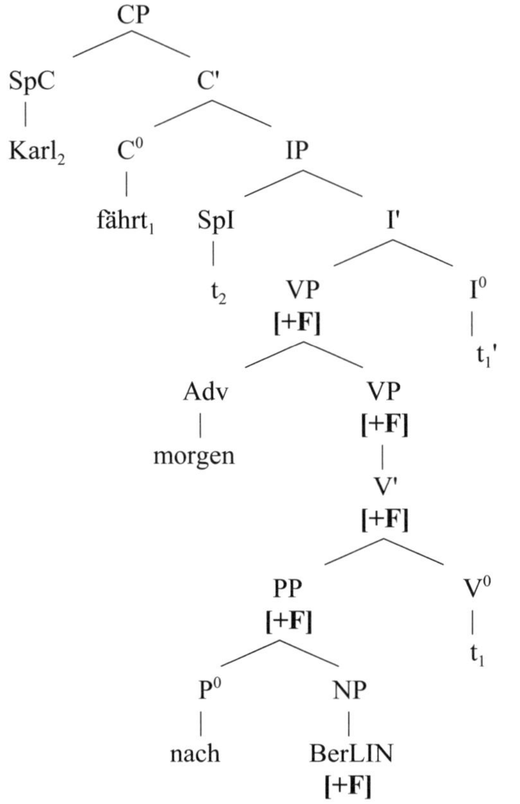

In der Struktur (7) wird das Merkmal [+F] der am tiefsten eingebetteten Konstituente, der NP [BerLIN] zugewiesen und projiziert entlang eines Pfades bis zum zweiten VP-Koten, so dass die gesamte VP als Fokusdomäne – qua Fokusprojektion – markiert ist.

In der einflussreichen Arbeit von Jackendoff (1972) wird das Begriffspaar *Fokus* vs. *Präsupposition* (*focus* vs. *presupposition*) eingeführt. Die Präsupposition eines Satzes bezeichnet die notwendigen Voraussetzungen, die erfüllt sein müssen, damit ein Satz überhaupt sinnvoll geäußert werden kann. Sie lässt sich als Folgerung aus diesem Satz auffassen wie in (8) und stellt insbesondere die Existenz des zugehörigen Frageziels – etwa der Fragen in (2) – sicher:

(8)	(i)	PAUL fährt morgen nach Berlin.	⇒	Jemand fährt morgen nach Berlin.
				∃x[x fährt morgen nach Berlin]
	(ii)	Paul fährt MORgen nach Berlin.	⇒	Paul fährt irgendwann nach Berlin.
				∃t[Paul fährt zu t nach Berlin]
	(iii)	Paul fährt morgen nach BerLIN.	⇒	Paul fährt morgen irgendwohin.
				∃x[Paul fährt morgen nach x]

So ist die Voraussetzung in (8)(i), dass jemand morgen nach Berlin fährt, eine Voraussetzung für das sinnvolle Äußern der Frage in (2)(i). Ähnlich verhält es sich mit den Fragen nach der Zeit in (2)(ii) und dem Ort in (2)(iii), für die die Präsuppositionen in (8)(ii) und (8)(iii) gelten müssen. Man erhält diese Präsuppositionen, indem man diejenige Konstituente, die in der Frage dem [+w]-Ausdruck entspricht, existenzquantifiziert. Dies führt zu der sog. *Existenzpräsupposition*.

Fokussierte Konstituenten stellen aber nicht notwendigerweise neue Information dar, und neue Information muss nicht immer fokussiert sein. So zeigt etwa das Beispiel in (9)(i), dass bekannte Information (Karl und Fritz) im zweiten Konjunkt einen Fokusakzent tragen kann, obwohl Karl und Fritz bereits aus dem ersten Konjunkt bekannt sind. Das Beispiel in (9)(ii) zeigt hingegen, dass neue Information (morgen) nicht Fokus sein muss:

(9) (i) Zuerst hat Karl Fritz getreten, und dann hat FRITZ KARL getreten.
(ii) Karl reist häufig in große Städte. Morgen fährt er nach BerLIN.

Eine weit verbreitete Auffassung charakterisiert Fokus daher nicht als die neue Information, sondern als die *Thematisierung von Alternativen* (vgl. etwa Krifka 2007).

Wir sehen nach dieser kurzen Einführung, dass einerseits eine intonatorische Hervorhebung durch einen Pitch-Akzent auf der phonologischen Ebene PF der grammatischen Beschreibung stattfindet. Zugleich führen diese Markierungen aber zu gewissen Bedeutungseffekten, die auf der semantischen Ebene LF zu beschreiben sind. Wenn wir uns nochmals das T-Modell der generativen Grammatiktheorie vergegenwärtigen, so stellen wir fest, dass die in diesem Modell getrennten Ebenen PF und LF, die ja als autonome Subkomponenten konzipiert sind, nicht direkt aufeinander bezogen sind, sondern nur vermittels der S-Struktur zueinander in Beziehung gesetzt werden. Diese syntaktische Ebene stellt damit die Verbindung zwischen Laut- und Bedeutungsebene her:

(10) D-Struktur
|
S-Struktur
/ \
PF LF

Die Informationen, die auf der einen Ebene (PF) verarbeitet werden, sind unabhängig von den Informationen, die auf der anderen Ebene (LF) verarbeitet werden, es sei denn, dass diese Informationen bereits auf der S-Struktur in bestimmter Weise gegeben sind. Will man also einen Zusammenhang zwischen phonologischer und logischer Ebene herstellen, so kann dies nur über den Weg der syntaktischen S-Struktur stattfinden. Aus diesem Grund wird seit Jackendoff (1972) ein *syntaktisches Merkmal* [+F] angenommen, welches bereits auf der S-Struktur einer bestimmten Konstituente zugewiesen sein muss. Dieses

Merkmal wird dann auf der Ebene PF entsprechend der Prinzipien der Akzentzuweisung behandelt (Uhmann 1991) und auf der Ebene LF entsprechend der Prinzipien der semantischen Interpretation gedeutet. Dieser letzen Operation wollen wir uns im Folgenden zuwenden.

15.1. Fokussemantik

In Satz (1) trägt die Konstituente *Karin* das Merkmal [+F], das im Prinzip mit jedem Knoten in einer syntaktischen Struktur assoziiert sein könnte und das anzeigt, dass dieser Knoten fokusmarkiert ist.

Auf phonologischer Ebene erhält diejenige Silbe im Satz den stärksten Akzent, die innerhalb der Fokusphrase den stärksten Akzent auf der Basis der regulären Betonungsregeln erhält. Diese Silbe stellt den Fokusexponenten dar, den wir auch hier wieder durch Großschreibung kenntlich machen wollen. Zugleich wird der Nominalphrase $[_{NP}$ Karin] das Fokusmerkmal [+F] zugewiesen:

(1) Fritz hat $[_{NP\ [+F]}$ KArin] ein Buch geschenkt.

Auf der Ebene der Bedeutung führt das [+F]-Merkmal zur Auszeichnung des *Fokus* gegenüber der *Präsupposition*. Dabei ist unter Fokus – in Anlehnung an Jackendoff (1972) – diejenige Information zu verstehen, von der der Sprecher annimmt, dass sie dem Hörer nicht bekannt ist. Demgegenüber stellt die Präsupposition diejenige Information dar, von der der Sprecher annimmt, dass sie ihm und dem Hörer bekannt ist. So gilt etwa für den Satz in (1), dass der Sprecher annimmt, dass ihm und dem Hörer bekannt ist, dass Fritz jemandem ein Buch geschenkt hat. Die Präsupposition in (2)(i) lässt sich bestimmen, indem der Fokus durch eine Variable vom entsprechenden Typ ersetzt und existenziell gebunden wird: $\exists$x[Fritz hat x ein Buch geschenkt]. Mit dem Satz *Fritz hat NIEmandem ein Buch geschenkt* lässt sich diese Präsupposition zurückweisen, denn damit wird die Existenz eines x, welches die Präsupposition erfüllt, abgestritten: $\neg\exists$x[Fritz hat x ein Buch geschenkt]. Abhängig davon, ob eine existenzielle Bindung der Fokusvariablen stattfindet oder nicht, wird man (2)(i) als Präsupposition oder als konversationelle Implikatur behandeln. Der Sprecher nimmt weiterhin an, dass dem Hörer nicht bekannt ist, dass *Karin* diejenige Person ist, die das Buch erhalten hat, so dass *Karin* in (2) den Fokus (2)(ii) bildet. Die Menge der möglichen Präsuppositionen von (2), die *Präsuppositionsmenge* in (2)(iii), ergibt sich, wenn die Fokusvariable x für Karin λ-abstrahiert wird. Wir erhalten damit die Menge aller Alternativen zu *Karin*, also die Menge aller Individuen, für die gilt, dass Fritz ihnen ein Buch geschenkt hat. Dabei ist die Nebenbedingung für die gelungene Äußerung des Satzes in (2), dass in der Diskurssituation diejenige Person, der von Fritz ein Buch geschenkt wurde, in der Diskussion steht. Die mit (2) vollzogene

Assertion besteht dann in der Behauptung, dass die fokussierte Konstituente ein Element der Präsuppositionsmenge ist, dass also Karin eines der Individuen ist, die von Fritz ein Buch geschenkt bekommen haben, obwohl dies in der Diskurssituation nicht unumstritten ist:

(2) Fritz hat $[_{NP\ [+F]}$ KArin] ein Buch geschenkt.
Setze $\varphi(x)$:= Fritz hat x ein Buch geschenkt
(i) Präsupposition: $\exists x[\varphi(x)]$
(ii) Fokus: Karin
(iii) Präsuppositionsmenge: $\lambda x[\varphi(x)]$, die Nebenbedingung: $\{x/ [\![\varphi(x)]\!] = w\}$ steht zur Diskussion
(iv) Assertion: $[\![\text{Karin}]\!] \in [\![\lambda x[\varphi(x)]]\!]$

Wie man an der Zerlegung in (2) sehen kann, werden die Alternativen in Jackendoffs Analyse über die Präsuppositionsmenge eingeführt, die in spezieller Weise (λ-Abstraktion des Fokus) konstruiert wird. Es ist aber nicht die Fokuskonstituente selbst, die diesen Alternativenbezug induziert, sondern dieser ergibt sich aus der Präsuppositionsmenge. Dies ist einer der Gründe, warum Rooth (1985) eine modifizierte Variante dieser Analyse vorschlägt, die zur eigentlichen Deutung des Fokus als Alternativenthematisierung führt.

15.1.1. Alternativensemantik

Rooth (1985) schlägt eine Konzeption zur Rekonstruktion der Fokusbedeutung vor, die wesentlichen Gebrauch von der Bedeutung des fokussierten Ausdrucks macht, indem sie die zu diesem Ausdruck mögliche Alternativenmenge verwendet. Dies macht einen erweiterten Begriff der Bedeutung erforderlich, denn neben dem Begriff der gewöhnlichen Bedeutung, die wir in diesem Buch bisher immer betrachtet haben, wird nun das Konzept der *Alternativenbedeutung* relevant, das von der Idee her zu Hamblins (1973) Fragebedeutungen weitgehend parallel konzipiert ist. Hamblin trifft eine Unterscheidung zwischen Personalpronomina und Fragepronomina in der Weise, dass ein Personalpronomen wie *er* ein Individuum denotiert, während ein Fragepronomen wie *wer* ein Menge von Individuen denotiert. Das Fragepronomen führt damit alternative Individuen in Form einer Menge in die Bedeutung ein. Zur Bedeutungskomposition bilden wir das cartesische Produkt mit der Operation *Funktionale Applikation* x_{FA}:

(3) (i) Wem hat Fritz ein Buch geschenkt?
(ii) $[\![\text{wem}]\!] = \{\text{Clara, Maria, Karin, Otto}\}$
(iii) λx[Fritz hat x ein Buch geschenkt]
(iv) λx[Fritz hat x ein Buch geschenkt] x_{FA} {Clara, Maria, Karin, Otto} =
= { Fritz hat Clara ein Buch geschenkt,

Fritz hat Maria ein Buch geschenkt,
Fritz hat Karin ein Buch geschenkt,
Fritz hat Otto ein Buch geschenkt }

In ganz ähnlicher Weise findet dies auch bei fokusmarkierten Konstituenten statt, denen als Bedeutung die Menge ihrer Alternativen zugewiesen wird:

(4) (i) Fritz hat $[_{[+F]}$ KArin] ein Buch geschenkt.

(ii) $\text{Fritz hat} \left\{ \begin{array}{c} \text{Clara} \\ \text{Maria} \\ \underline{\text{Karin}} \\ \text{Otto} \end{array} \right\} \text{ein Buch geschenkt.}$

Wir sehen, dass sowohl die Ergänzungsfrage in (3) Alternativen thematisiert, wie auch die Fokuskonstruktion in (4). Während mit der Ergänzungsfrage in (3) diese Alternativen *hörer*seitig reduziert werden sollen, werden sie mit der Fokuskonstruktion in (4) *sprecher*-seitig reduziert.

Um nun einerseits die gewöhnlichen Bedeutungen darstellen zu können, andererseits aber auch die Alternativenbedeutungen wollen wir die Denotatsklammern mit einem entsprechenden Subskript versehen. Die gewöhnliche Bedeutung (ordinary meaning) soll mit dem Subskript '$_O$' an den Denotatsklammern $[\![\ ]\!]_O$ markiert werden, die Alternativenbedeutung mit dem Subskript '$_A$', so dass wir stets wissen, ob wir es mit einer gewöhnlichen oder einer Alternativenbedeutung zu tun haben. Die gewöhnliche Bedeutung und die Alternativenbedeutung lassen sich parallel zueinander berechnen. Um sicherzustellen, dass es zu jeder gewöhnlichen Bedeutung eine Alternativenbedeutung gibt, müssen wir uns klarmachen, dass die gewöhnliche Bedeutung stets ein einziges Objekt ist (entweder einfach vom Typ e oder t, oder eine komplexe Funktion), während die Alternativenbedeutung stets eine Menge solcher Objekte darstellt. Wenn also der logische Typ eines einfachen Objekts a ist, dann hat die Alternativenbedeutung den logischen Typ <a,t>. Sie bildet damit eine *Menge* von Ausdrücken vom logischen Typ a:

(5) Wenn $[\![\alpha]\!]_O$ vom Typ a, so ist $[\![\alpha]\!]_A$ vom Typ <a,t>.

Wenn α ein alternativenfreies (singuläres) Objekt a denotiert, so ist die Alternativenbedeutung die Einermenge von a:

(6) (i) $[\![\alpha]\!]_A = \{a\}$
(ii) Jeder gewöhnlichen Bedeutung kann eine korrespondierende Alternativenbedeutung zugeordnet werden.

Die Komposition von Alternativenbedeutungen findet über die Konstruktion von Denotationsmengen statt, die wir schon im Abschnitt über Hamblins Fragesemantik kennen gelernt haben. Sie besagt, dass im Stile der cartesischen Produktbildung jedes Element der Funktormenge auf jedes Element der Argumentmenge funktional appliziert wird. Dabei gilt die folgende Beziehung zwischen gewöhnlichen Bedeutungen und Alternativenbedeutungen:

(7) (i) Wenn $[\![\alpha\beta]\!]_O = [\![\alpha]\!]_O([\![\beta]\!]_O)$, so ist $[\![\alpha\beta]\!]_A = \{\ a(b)\ /\ a \in [\![\alpha]\!]_A,\ b \in [\![\beta]\!]_A\ \}$

(ii) Jeder Funktionalen Applikation gewöhnlicher Bedeutungen kann eine korrespondierende Funktionale Applikation von Alternativenbedeutungen zugeordnet werden.

Wenn α selbst ein Ausdruck ist, der Alternativen denotiert, wie etwa *wer*, *wo*, *wann*, oder eine Konstituente, die das [+F]-Merkmal trägt, so ist:

(8) $[\![\alpha]\!]_A$ = ALT(α), wobei ALT diejenige Funktion ist, die α auf die Menge der Alternativen zu α (einschl. α selbst) abbildet.

Andererseits hat die Realisierung – etwa des [+F]-Merkmals – keine Auswirkungen, wenn wir nur die gewöhnliche Bedeutung betrachten. In diesem Fall hat das Fokusmerkmal keinen Effekt, denn die Alternativen können mit der gewöhnlichen Bedeutung nicht ausgedrückt werden:

(9) $[\![\alpha_{[+F]}]\!]_O = [\![\alpha]\!]_O$

Mit (6) und (7) ist nun garantiert, dass zu jeder einfachen und komplexen gewöhnlichen Bedeutung eine korrespondierende Alternativenbedeutung existiert. (8) stellt darüber hinaus sicher, dass auch Ausdrücke, die selbst Alternativen bezeichnen, in das System integriert sind, und (9) macht deutlich, dass eine theoretische Vorkehrung getroffen werden muss, um Alternativenbedeutungen ausdrückbar zu machen, da das bisherige Konzept der (gewöhnlichen) Bedeutung dies nicht leisten kann.

Die Charakterisierung in (5), die für die Konstruktion von Alternativenmengen fordert, dass diese vom gleichen logischen Typ sein müssen, reicht aber ganz offensichtlich nicht aus, um Alternativenmengen korrekt zu bilden. So haben die Ausdrücke in (10) alle den logischen Typ <e,t> und sind in dieser Hinsicht jeweils gleich. Dass diese Ausdrücke aber Alternativen zueinander darstellen, ist – falls überhaupt – nur unter erheblichem Abstraktionsaufwand möglich:

(10) (i) auf dem Dach
(ii) klein
(iii) die Katze streicheln

Die Schwierigkeit, in diesen Ausdrücken Alternativen zueinander zu sehen, besteht darin, einen gemeinsamen Oberbegriff zu finden, unter den sich die verschiedenen Ausdrücke subsumieren lassen. Was offenbar benötigt wird, um eine Menge von Alternativen zu bilden, ist einerseits die Existenz eines gemeinsamen Oberbegriffs, der die verschiedenen Elemente zusammenfasst, und andererseits eine Bedingung, die die Verschiedenheit der Elemente untereinander fordert. So fallen etwa *Blume* und *Rose* zwar unter den gleichen Oberbegriff *Pflanze*, sie sind aber keine Alternativen zueinander, da der Begriff *Blume* den Begriff *Rose* subsumiert. Lang (1977) und Lang/Umbach (2002) haben ein Konzept der kontrastfähigen Alternativen vorgeschlagen, welches neben einem die Alternativen verbindenden Oberbegriff (*Common Integrator*) die Bedingung der *semantischen Unabhängigkeit* für die Elemente untereinander fordert. Der Bedingung der semantischen Unabhängigkeit zufolge dürfen sich die Elemente in einer Alternativenmenge gegenseitig nicht subsumieren, wie dies etwa bei *Blume* und *Rose* der Fall ist. Denn obwohl nicht jede Blume eine Rose ist, so ist doch jede Rose eine Blume, so dass der Begriff *Blume* den Begriff *Rose* subsumiert und die beiden Begriffe daher nicht semantisch unabhängig sind:

(11) Kontrast- oder Alternativenbedingung
Die Elemente a einer Menge M bilden kontrastfähige Alternativen, gdw.
(i) alle $a \in M$ unter einen *Common Integrator* (CI) subsumiert werden können,
(ii) für alle $a_i, a_j \in M$ $(i \neq j)$ gilt: a_i und a_j sind semantisch unabhängig, d.h. a_i subsumiert nicht a_j, und a_j subsumiert nicht a_i.

Wie sich leicht sehen lässt, besitzen die Alternativen, die von Frageausdrücken denotiert werden, einen Common Integrator, der von dem invarianten Bedeutungsanteil der Fragekonstituente geliefert wird, also:

(12) (i) wer: Personen
(ii) wann: Zeiten
(iii) wo: Orte

Die kontrastfähigen Alternativen ergeben sich auf dieser Basis in Abhängigkeit von dem zugrunde liegenden Modell aus der Verschiedenheit der Personen, Zeiten und Orte.

Wir wollen uns nun den Fokuskonstruktionen zuwenden, deren wesentliche Eigenschaften ebenfalls auf dem Konzept der kontrastfähigen Alternativen basieren, und eine Analyse im Rahmen der Alternativensemantik vornehmen.

Dazu spezifizieren wir zunächst, wie das Denotat einer [+F]-markierten Konstituente

α zu charakterisieren ist. Für Satzkonstruktionen, in denen das Fokusmerkmal [+F] einer syntaktischen Konstituente α zugewiesen wird, gilt die Bedingung in (8):

(13) $[\![_{[+F]}\ \alpha]\!]_A$ = ALT(α), wobei ALT diejenige Funktion ist, die α auf die Menge aller zu α kontrastfähigen Alternativen einschließlich α selbst abbildet.

Eine syntaktische Konstituente, der das Merkmal [+F] zugewiesen wird, erhält damit als Alternativenbedeutung die Menge der kontrastfähigen Alternativen seiner gewöhnlichen Bedeutung.

Mit dieser Festlegung erhält der Satz in (14)(i) mit der Fokuskonstituente $[_{+F}$ Karin] eine Alternativenbedeutung wie in (14)(ii). Da die NP *Karin* das Merkmal [+F] trägt, ist seine Alternativenbedeutung nach (13) die Menge der kontrastfähigen Alternativen zu Karin einschließlich Karin selbst, wie dies in (14)(iii) dargestellt ist. Da die Eigenschaft *von Fritz ein Buch geschenkt zu bekommen* das Merkmal [+F] nicht trägt und auch nicht inhärent alternativenbezogen ist, denotiert dieser Ausdruck die Einermenge mit sich selbst als einzigem Element, wie es in (14)(iv) ausgedrückt ist. Um nun die Menge der Funktionen in (14)(iv) auf die Menge der Argumente in (14)(iii) anzuwenden, benötigen wir das Konzept der Denotationsmengen (jede Funktion der einen Menge wird auf jedes Argument der anderen angewendet). Da die Funktionenmenge ein Element und die Argumentmenge vier Elemente enthält, ergibt sich eine Denotationsmenge mit vier Elementen. Dies sieht man in (14)(v):

(14) (i) Fritz hat $[_{[+F]}$ KArin] ein Buch geschenkt.

(ii) Fritz hat $\left\{\begin{array}{c}\text{Clara}\\ \text{Maria}\\ \underline{\text{Karin}}\\ \text{Otto}\end{array}\right\}$ ein Buch geschenkt.

(iii) $[\![_{[+F]}$ Karin$]\!]_A$ = ALT{Karin}= {Clara, Maria, Karin, Otto}

(iv) $[\![$ λy[schenken'(Fritz', y, (ein Buch)')] $]\!]_A$ =
= {λy[schenken'(Fritz', y, (ein Buch)')]}

(v) $[\![$Fritz hat $[_{[+F]}$ Karin] ein Buch geschenkt$]\!]_A$ =
= $[\![$ λy[schenken'(Fritz', y, (ein Buch)')] $]\!]_A$ ($[\![_{[+F]}$ Karin$]\!]_A$) =
= {λy[schenken'(Fritz', y, (ein Buch)')]}(ALT(Karin)) =
= {λy[schenken'(Fritz', y, (ein Buch)')]}({Clara, Maria, Karin, Otto}) =
= { λy[schenken'(Fritz', y, (ein Buch)')](Clara'),
λy[schenken'(Fritz', y, (ein Buch)')](Maria'),
λy[schenken'(Fritz', y, (ein Buch)')](Karin'),
λy[schenken'(Fritz', y, (ein Buch)')](Otto') } =
= { schenken'(Fritz', Clara', (ein Buch)'),

schenken'(Fritz', Maria', (ein Buch)'),
schenken'(Fritz', Karin', (ein Buch)'),
schenken'(Fritz', Otto', (ein Buch)') }

(vi) Präsupposition: $\exists$y[schenken'(Fritz', y, (ein Buch)')]
Fokus: Karin
Assertion: 1) #ALT{Karin} > 1,
2) $[\![$Fritz hat $[_{[+F]}$ Karin] ein Buch geschenkt$]\!]_O$ = wahr und
3) $[\![$Fritz hat $[_{[+F]}$ Karin] ein Buch geschenkt$]\!]_O$ $\in$
$[\![$Fritz hat $[_{[+F]}$ Karin] ein Buch geschenkt$]\!]_A$

(14)(vi) zeigt die jeweils zu unterscheidenden Komponenten. Die Präsupposition konstituiert sich mittels existenzieller Bindung der Fokusvariablen. Die Fokuskonstituente ist *Karin*. Die Assertion besteht darin, dass es 1.) Alternativen zu Karin gibt, dass 2.) das Denotat der gewöhnlichen Bedeutung das Wahre ist und dass 3.) die gewöhnliche Bedeutung der Proposition ein Element der Alternativenbedeutung der Proposition ist. Fokus und Präsupposition stellen damit die beiden Bedeutungsanteile dar, die sich in der Assertion zur Gesamtbedeutung des Satzes verbinden.

15.1.2. Fokussensitive Partikeln

In Fokuskonstruktionen können sog. *fokussensitive Partikeln* (wie *auch*, *sogar*, *nur*) auftreten, die in systematische *Assoziation mit dem Fokus* treten. Wir machen uns dies zunächst an dem englischen Standardbeispiel in (15) klar. Die Position der fokussensitiven Partikel *only* befindet sich am linken Rand der VP. Innerhalb der VP können im Englischen verschiedene Konstituenten fokusmarkiert sein und *only* kann mit jeder dieser Fokuskonstituenten assoziiert sein:

(15) John only introduced Bill to Sue.
(i) John only INtroduced Bill to Sue.
(ii) John only introduced BILL to Sue.
(iii) John only introduced Bill to SUE.

(15)(i) bedeutet, dass John in Bezug auf Bill und Sue nichts anderes unternommen hat, als sie einander vorzustellen. (15)(ii) drückt aus, dass John niemanden außer Bill Sue vorgestellt hat, und (15)(iii) besagt, dass John Bill niemandem außer Sue vorgestellt hat. Die jeweils fokusmarkierten Konstituenten müssen damit über eine größere Distanz mit *only* assoziiert werden. Wir sehen auch, dass die Wahrheitsbedingungen des Satzes in (15) mit den verschiedenen Akzentzuweisungen variieren, denn (15)(i) beschreibt eine andere Menge von Situationen zutreffend als etwa (15)(ii) oder (15)(iii).

Im Deutschen ist die Partikel *nur* nicht so positionsfest wie im Englischen, sondern wird wesentlich näher an der zugehörigen Fokusdomäne strukturell integriert:

(16) (i) Fritz hat nur $[_{[+F]}$ KArin] das Buch geschenkt.
(ii) Fritz hat Karin nur $[_{[+F]}$ das BUCH] geschenkt.
(iii) Fritz hat Karin das Buch nur $[_{[+F]}$ geSCHENKT].

Auch die Interpretation dieser Sätze ist – analog zum Englischen – jeweils ausgesprochen verschieden. So bedeutet (16)(i), dass Fritz niemandem außer Karin das Buch geschenkt hat; (16)(ii), dass Fritz Karin nichts außer dem Buch geschenkt hat und (16)(iii), dass Fritz in Bezug auf Karin und das Buch nichts anderes gemacht hat, als es ihr zu schenken. Die Partikel *nur* scheint hier eine ähnliche Art der Einzigkeit zu fordern, der wir bei der Russellschen Analyse des definiten Artikels schon begegnet sind. Während (14)(i) nichts darüber aussagt, ob Fritz auch einer anderen Person ein Buch geschenkt hat, sondern lediglich, dass auf jeden Fall Karin ein Buch erhalten hat, behauptet (16)(i) gerade, dass außer Karin niemand sonst ein Buch von Fritz geschenkt bekommen hat.

Rooth (1985) analysiert Partikeln wie *nur* als adverbiale VP-Adjunkte, die die VP als Argument nehmen und die Bedeutung in (17) aufweisen:

(17) $[\![\text{nur(VP)}]\!]_O = \lambda x[\ [\![\text{VP}]\!]_O(x) \wedge \forall p \in [\![\text{VP}]\!]_A\ [\ p(x) = \text{wahr} \rightarrow p = [\![\text{VP}]\!]_O\ ]$
Dieser Ausdruck besagt im Einzelnen das Folgende:
(i) $\lambda x[\ [\![\text{VP}]\!]_O(x) \dots]$ ist die gewöhnliche VP-Bedeutung mit der Argumentstelle x für das Subjekt.
(ii) $\forall p \in [\![\text{VP}]\!]_A\ [\ p(x) = \text{wahr} \rightarrow p = [\![\text{VP}]\!]_O$: Für alle p aus der VP-Alternativenmenge gilt, wenn es zutrifft, dass das Subjekt x ein Element aus den VP-Alternativen erfüllt (p(x) = wahr), dann ist dieses p die gewöhnliche Bedeutung der VP.

Wenden wir diese Deutung auf das um die fokussensitive Partikel *nur* erweiterte Beispiel von oben (14) an, so stellen sich die einzelnen Schritte und Operationen wie folgt dar:

(18) Fritz hat *nur* $[_{[+F]}$ KArin] ein Buch geschenkt.
$[\![$ nur (Karin ein Buch geschenkt hat) $]\!]_O$ besteht aus zwei Komponenten:
(i) $\lambda x[[\![\text{VP}]\!]_O(x) \dots]$ entspricht λx[schenken'(x, Karin', (ein Buch)'(x) ...], die gewöhnliche und uns bekannte VP-Bedeutung mit der λ-gebundenen Argumentstelle x für das Subjekt.
(ii) An Stelle von '...' wird die weitere Bedingung mittels konjunktiver Verknüpfung eingesetzt:
$\forall p \in [\![\text{VP}]\!]_A\ [\ p(x) = \text{wahr} \rightarrow p = [\![\text{VP}]\!]_O$: Für alle VP-Alternativen gilt: wenn p auf x = Fritz zutrifft (p(x) = wahr), dann ist p = schenken'(x, Karin', (ein Buch)').

Die Semantik von *nur* hat in dieser Analyse weder einen direkten Bezug zum Fokus noch zum Hintergrund, sondern nimmt – entsprechend der Analyse als Adverbial – die VP als Argument. Diese ist aber weder mit dem Fokus noch mit dem Hintergrund identisch. Sie macht aber dennoch indirekt Gebrauch von den durch den Fokus eingeführten Alternativen, da diese vom fokussierten indirekten Objekt $[_{[+F]}$ KArin] eingeführt werden und zur VP-Alternativenmenge führen.

Eine wesentliche Eigenschaft der alternativensemantischen Analyse besteht darin, dass die Fokuskonstituente *in situ* interpretiert wird, was bedeutet, dass die Operation *Fokus-Anhebung*, die in Chomsky (1971) zur syntaktischen Analyse von Fokuskonstruktionen vorgeschlagen wird, auf der Ebene der Logischen Form nicht stattfinden muss. Ob dies zu adäquaten Bedeutungsbeschreibungen führen kann, wenn Fokuskonstruktionen mit anderen grammatischen Phänomenen interagieren, ist Gegenstand der Diskussion (vgl. etwa Krifka 2001).

15.1.3. Strukturierte Bedeutungen

Eine andere Art der Repräsentation von Fokus-Hintergrund-Konstruktionen stellen sog. *strukturierte Bedeutungen* dar (Jacobs 1983, von Stechow 1990, Krifka 2001). In dieser Konzeption führt die Fokussierung einer syntaktischen Konstituente α zu einer internen Strukturierung der gesamten Proposition in *Hintergrund* und *Fokus*. Beide Komponenten bilden ein *geordnetes Paar*, dessen erste Komponente der Hintergrund und dessen zweite Komponente der Fokus ist.

Der Hintergrund ergibt sich derart, dass die in der Proposition auftretende Fokuskonstituente α durch eine Variable passenden Typs ersetzt und λ-abstrahiert wird. Der Hintergrund wird damit zu einer Funktion, die die Fokuskonstitutente als Argument nimmt. Die zweite Komponente wird von der Bedeutung der Fokuskonstituente α selbst geliefert:

(19) Fritz hat $[_{[+F]}$ KArin] ein Buch geschenkt.
  (i) α = Karin
  (ii) schenken'(Fritz', α, (ein Buch)')
  (iii) ⟨λy[schenken'(Fritz', y, (ein Buch)')] , α'⟩
  (iv) ⟨λy[schenken'(Fritz', y, (ein Buch)')] , Karin'⟩

(19)(iv) ist die strukturierte Bedeutung von (19) in der Form *⟨Hintergrund, Fokus⟩*, wobei der Hintergrund – wie der λ-Ausdruck in (19)(iv) zeigt – eine Funktion darstellt, die auf den Fokus angewendet werden kann.

Fokussensitive Partikeln werden in der Theorie der strukturierten Bedeutungen nicht als VP-selegierende Prädikate analysiert, sondern sind Funktorkategorien, die sich mit einem geordneten Paar aus Hintergrund und Fokus, also einer strukturierten Bedeutung, verbinden.

Entsprechend kann die Bedeutung von *nur* angegeben werden wie in (20):

(20) $[\![\text{nur}(\langle \text{FOK, HG} \rangle)]\!] = \text{HG(FOK)} \wedge \forall x \in \text{ALT(FOK)} [\ \text{HG}(x) \rightarrow x = \text{FOK}\ ]$

HG steht für Hintergrund, FOK für Fokus. HG(FOK) ergibt mit funktionaler Applikation und λ-Konversion die propositionale Bedeutung. Dies ist das erste Konjunkt in der konjunktiven Verknüpfung. Das zweite Konjunkt ist die Einzigkeitsbedingung, die besagt, dass für alle Elemente aus der Alternativenmenge des Fokus ALT(FOK) gilt: wenn x den Hintergrund erfüllt, dann ist x gleich dem Fokus. Dies liefert den wesentlichen Aspekt der Assertion.

Angewendet auf unser bekanntes Beispiel ergibt sich die Analyse in (21):

(21) Fritz hat nur $[_{[+F]}$ KArin] ein Buch geschenkt.

(i)	FOK:	Karin
(ii)	ALT(FOK):	{Clara, Maria, Karin, Otto}= ALT{Karin}
(iii)	HG:	λy[schenken'(Fritz', y, (ein Buch)')
(iv)	⟨HG, FOK⟩:	⟨λy[schenken'(Fritz', y, (ein Buch)')], Karin'⟩
(v)	HG(FOK):	λy[schenken'(Fritz', y, (ein Buch)')](Karin') = schenken'(Fritz', Karin', (ein Buch)')
(vi)	⟦nur⟧ =	$\forall x \in \text{ALT(FOK)}[\text{HG}(x) \rightarrow x = \text{FOK}]$ In unserem Fall entspricht dem Fokus die Variable y, so dass gelten muss: Für alle Elemente y aus {Clara, Maria, Karin, Otto}: Wenn y von Fritz ein Buch geschenkt bekommen hat, dann ist y = Karin.

Karin ist wegen der [+F]-Markierung der Fokus, dessen Alternativenmenge ALT(FOK) aus den kontrastfähigen Alternativen zu Karin besteht. Für die Konstruktion des Hintergrunds HG wird die [+F]-markierte Konstituente *Karin*, die vom Typ e ist, durch eine Variable y, die auch vom Typ e ist, ersetzt. Die Variable y wird λ-abstrahiert, womit der Hintergrund HG zu einer Funktion vom Typ <e,t> wird, die Individuen auf Wahrheitswerte abbildet. Die strukturierte Bedeutung ⟨HG, FOK⟩ besteht in dem geordneten Paar aus Hintergrund und Fokus, wobei der Hintergrund die Fokuskonstituente als Argument nehmen kann: HG(FOK-). Das Denotat der fokussensitiven Partikel *nur* ist sensitiv für beide Komponenten, Fokus und Hintergrund. Dann gilt für alle x aus der Alternativenmenge zu Karin: Wenn x den Hintergrund wahr macht, dann ist x der Fokus. Und das bedeutet, dass Karin die einzige Person ist, der Fritz ein Buch geschenkt hat.

15.1.4. Kongruenz von Frage und Antwort

Wir haben gesehen, dass die semantischen Eigenschaften sowohl von Fragen als auch von Fokuskonstruktionen mit Alternativenmengen rekonstruiert werden. Es gibt nun auch einen Zusammenhang zwischen Ergänzungsfragen und der Fokuszuweisung in der Antwort. Dabei scheint zu gelten, dass die fokussierte Konstituente in der Antwort dem in der Frage auftretenden W-Ausdruck entsprechen muss (Mit # gekennzeichnete Sätze sind kontextuell unangemessen.):

(22) Wem hat Fritz ein Buch geschenkt?
(i) Fritz hat $[_{[+F]}$ KArin] ein Buch geschenkt.
(ii) #Fritz hat Karin $[_{[+F]}$ ein BUCH] geschenkt.
(iii) #Fritz hat Karin ein Buch$[_{[+F]}$ geSCHENKT].
(iv) #$[_{[+F]}$ FRITZ] hat $[_{[+F]}$ KArin] ein Buch geschenkt.

Auf die Frage (22) ist nur (22)(i) eine angemessene Antwort, nicht aber (22)(ii) bis (22)(iv). Nach der Hamblinschen Fragesemantik ist die ordinäre Bedeutung der Frage in (22) die Menge ihrer möglichen Antworten. Und wenn {Clara, Maria, Karin, Otto} den Individuenbereich bilden, so ist die Menge dieser möglichen Antworten gegeben als die Menge in (23):

(23) $[\![$Wem hat Fritz ein Buch geschenkt?$]\!]_O$ =
= { schenken'(Fritz', Clara', (ein Buch)'),
schenken'(Fritz', Maria', (ein Buch)'),
schenken'(Fritz', Karin', (ein Buch)'),
schenken'(Fritz', Otto', (ein Buch)') }

Damit Frage und Antwort *kongruent* sind, scheint also gelten zu müssen, dass die Bedeutung $[\![A]\!]_O$ der Antwort ein Element der Fragebedeutung $[\![Q]\!]_O$ ist:

(24) Eine Frage (Q) - Antwort (A) Sequenz ist kongruent gdw. $[\![A]\!]_O \in [\![Q]\!]_O$.

Diese Bedingung ist aber zu schwach, denn sie berücksichtigt nicht die möglichen Fokussierungen in der Antwort und schließt daher keine der Antworten in (22) aus. Wir benötigen also eine restriktivere Bedingung, die dies leistet. Dazu betrachten wir die Fokusbedeutung der Antwort in (22)(i) in der Alternativendeutung, die in (25) dargestellt ist:

(25) $[\![$Fritz hat $[_{[+F]}$ Karin] ein Buch geschenkt$]\!]_A$ =
= { schenken'(Fritz', Clara', (ein Buch)'),
schenken'(Fritz', Maria', (ein Buch)'),

schenken'(Fritz', Karin', (ein Buch)'),
schenken'(Fritz', Otto', (ein Buch)') }

Es sieht zunächst so aus, als müsste die Fokusbedeutung der Antwort mit der Fragebedeutung identisch sein. Es ist aber i.d.R. so, dass die Menge der möglichen Antworten auf eine Frage größer ist, als die Menge in (23). So kann man auf (23) auch die Antworten in (26) geben:

(26) (i) Fritz ist ein Geizhals, der beschenkt grundsätzlich niemanden.
(ii) Fritz hat möglicherweise Karin ein Buch geschenkt.
(iii) Keine Ahnung.

Da die Menge der möglichen Antworten tatsächlich größer sein kann als die Alternativenmenge der fokussierten Antwort, scheint (27) die Bedingung zu sein, die für die Kongruenz zwischen Frage und Antwort einschlägig ist:

(27) Eine Frage (Q) - Antwort (A) Sequenz ist kongruent gdw.
(i) $[\![A]\!]_O \in [\![Q]\!]_O$ und
(ii) $[\![Q]\!]_O \subseteq [\![A]\!]_A$.

Damit lassen sich die nicht-kongruenten Antworten in (22)(ii) bis (22)(iv) sofort ausschließen, denn wenn wir etwa die Antwort in (22)(ii) genauer betrachten, wie dies in (28) geschieht, so zeigt sich sofort, dass diese Antwort nicht kongruent zur Frage sein kann, da das einzige Element, welches beide Alternativenmengen teilen, *schenken'(Fritz', Karin', (ein Buch)')* ist, nicht aber alle Fragealternativen in der Menge der möglichen Antworten enthalten sind:

(28) $[\![$Fritz hat Karin $[_{[+F]}$ ein BUCH$]$ geschenkt.$]\!]_A$ =
= { schenken'(Fritz', Karin', (eine CD)'),
schenken'(Fritz', Karin', (ein Parfum)'),
schenken'(Fritz', Karin', (ein Buch)'),
schenken'(Fritz', Karin', (einen Mähdrescher)') }

Doch auch die komplexere Bedingung in (27) greift zu kurz, denn sie schließt etwa die mehrfach fokussierte Antwort (29)(ii) nicht aus, die zwar eine Antwort auf die multiple Frage in (29)(i) ist, zugleich aber auch die Bedingungen in (27) erfüllt und damit eine mögliche Antwort auf die Frage (22) sein kann (vgl. Krifka 2007b):

(29) (i) Wem hat Fritz was geschenkt?
(ii) Fritz hat KArin ein BUCH geschenkt.

(30) Eine Frage (Q) - Antwort (A) Sequenz ist kongruent gdw.
(i) $[\![A]\!]_O \in [\![Q]\!]_O$ und
(ii) $[\![Q]\!]_O \subseteq [\![A]\!]_A$ und
(iii) Es gibt keine zu A string-identische Antwort A', die weniger Fokusmarkierungen aufweist und (i) und (ii) erfüllt.

Die Erweiterung (30)(iii) stellt eine Minimalitätsforderung an die Fokusmarkierung dar, die dem Prinzip *Avoid F* in Schwarzschild (1999) nahe kommt.

Ergänzungsfragen und Fokuskonstruktionen können also zu jeweils ähnlichen Alternativenmengen führen, wobei gilt, dass in Frage-Antwort-Sequenzen der fragende Sprecher eine gewisse Alternativenmenge präsentiert, die der antwortende Sprecher ebenfalls thematisieren muss, zugleich aber auch mit Hilfe der Fokussierung eine Reduktion in Form der Antwort gibt.

15.2. Topiks

In diesem Unterkapitel behandeln wir zwei Arten von Topiks: *Satztopiks* und *Diskurstopiks*. Will man eine knappe inhaltliche Charakterisierung dieser beiden Begriffe geben, so bieten sich die folgenden an: Ein *Satztopik* ist diejenige Konstituente in einem Satz, über die der Restsatz eine Aussage macht: der *Satzgegenstand*. Ein *Diskurstopik* ist die Antwort auf eine Teilfrage einer übergeordneten Frage, die den *Gesprächsgegenstand* bestimmt.

15.2.1. Satztopiks

Satztopiks werden im Deutschen i. d. R. am linken Satzrand realisiert. Dazu sind verschiedene Variantenbildungen möglich:

(1)	(i)	Was den Hund angeht, das Futter steht im Kühlschrank.	Freies Topik
	(ii)	Den Hund, den habe ich nie gestreichelt.	Linksversetzung
	(iii)	Der Hund, Fritz hat ihn noch nicht gefüttert.	Hanging Topic
	(iv)	Der Hund wurde noch nicht gefüttert.	Passivierung

In (1)(i) bis (1)(iii) befinden sich die Topikkonstituenten in einer Position links des Vorfeldes deutscher Sätze. Bei der Passivierung (1)(iv) wird das Objekt zum Subjekt, indem es seine VP-interne Position verlässt und die Subjekt-Position einnimmt, um schließlich in deklarativen Hauptsätzen im Vorfeld des Satzes zu stehen. Die Realisierung von Topikphrasen am linken (möglicherweise auch am rechten) Satzrand scheint eine bevorzugte Strategie zu sein, eine Konstituente als Satztopik auszuzeichnen. Die Möglichkeit der

Paraphrasierung mit einer Konstruktion aus (1) wird daher gelegentlich als Test für Topikhaftigkeit verwendet.

Die Besetzung der Vorfeldposition im Deutschen, die in frühen Arbeiten zur generativen Grammatik gelegentlich *Topikalisierung* genannt wurde, führt nicht notwendigerweise zu der Interpretation der Vorfeld-Konstituente als Topik. Dies zeigen typische Vorfeldbesetzungen im Deutschen mit einem sog. Vorfeld-'es' in (2)(i), Fragepronomina in (2)(ii) oder nicht-referenziellen Ausdrücken wie in (2)(iii) oder (2)(iv):

(2) (i) Es kamen drei Katzen des Wegs.
(ii) Wer hat die Katze gefüttert?
(iii) Niemand hat die Katze gefüttert.
(iv) Ein Haar ist in der Suppe.

Die folgenden Paraphrasen machen deutlich, dass diese Konstruktionen den Topiktest nicht bestehen:

(3) (i) *Was es angeht, drei Katzen kamen des Wegs.
(ii) *Was wer betrifft, wer hat die Katze gefüttert.
(iii) *Niemand, der hat die Katze gefüttert.
(iv) *Ein Haar, das schwimmt in der Suppe.

Da es notorisch schwierig ist, den Begriff des Topiks durch eine einzige Eigenschaft genau zu explizieren, hat Jacobs (2001) eine prototypentheoretische Charakterisierung vorgenommen, derzufolge der Begriff *Topik* auf der Basis verschiedener Dimensionen bestimmt werden kann: Je mehr dieser Dimensionen erfüllt sind, umso prototypischer ist die Ausprägung einer Konstituente als Topik. Die folgenden vier Eigenschaften scheinen dabei wesentlich zu sein:

(4) (i) Separation:
In einer Struktur (XY) ist X von Y *informationell separiert*, gdw. die Verarbeitung der Äußerung von (XY) zwei Schritte benötigt, einen für X und einen für Y.
(ii) Prädikation:
In einer Struktur (XY) ist X das semantische Subjekt und Y das semantische *Prädikat*, gdw.
a. X spezifiziert eine Variable in der semantischen Valenz eines Elements in Y, und
b. es gibt kein Z derart, dass
(i) Z eine Variable eines Elements in der semantischen Valenz eines Elements in Y spezifiziert, und
(ii) Z in der semantischen Form höher als X ist.

(iii) Adressierung:
In einer Struktur (XY) ist X eine *Adresse* für Y gdw. X denjenigen Ort im Sprecher-Hörer-Wissen markiert, an dem die Information, die Y enthält, gespeichert wird.

(iv) Rahmensetzung:
In einer Struktur (XY) ist X der Rahmen von Y gdw. X den Bereich einer (möglichen) Wirklichkeit spezifiziert, auf den die von Y ausgedrückte Proposition beschränkt ist.

Separation zwischen X und Y tritt typischerweise auf, wenn über einen Gegenstand oder ein Individuum eine Prädikation ausgedrückt wird. Dies ist i. d. R. bei Subjekt-Prädikation-Konstruktionen zu finden, aber nicht generell. So liegt bei dem kategorischen Satz in (5)(i) deutlich eine Separation und damit eine TK-Gliederung mit dem Topik *Peter* vor, während in dem thetischen Satz (5)(ii) diese Gliederung nicht auftritt (siehe Jacobs 2001:645f). Die steigenden bzw. fallenden Akzente sind mit / bzw. \ sowie Großschreibung gekennzeichnet:

(5) (i) /PEter \SCHLÄFT.
(ii) Das TeleFON\ klingelt.

Beide Sätze in (5) drücken eine Prädikation aus, aber nur (5)(i) weist eine TKG auf. (5)(ii) charakterisiert ein Ereignis und gibt keinen Kommentar über das Telefon ab. Dies zeigt, dass Prädikation alleine für eine TKG nicht hinreichend sein kann.

Adressierung ist das wesentliche Kennzeichen des sog. *Aboutness-Topiks*. Dies ist in (5)(i) *Peter*. In der Diskurs-Repräsentationstheorie (DRT) lässt sich gut darstellen, dass *Peter* die Adresse liefert, an der die Eigenschaft *schlafen* vermerkt werden soll. Man kann sich dazu vorstellen, dass jeder Diskursreferent als eine Karteikarte in der Diskursstruktur abgelegt wird, und wann immer neue Informationen über den Diskursreferenten mitgeteilt wird, wird diese Information auf der Karteikarte notiert. *Adressierung* bezieht sich damit auf das Auffinden der entsprechenden Karteikarte. Die Adresse muss offenbar so deutlich genannt sein, dass der richtige Referent gefunden werden kann.

Rahmensetzung – die vierte Dimension – legt eine Domäne fest, relativ zu der die Restproposition zu evaluieren ist. So bedeutet etwa der Satz in (6), dass die Proposition *aktiv'(Peter')* bezüglich des politischen Bereichs Geltung hat. Über familiäre, gesundheitliche, soziale oder andere Bereiche wird hingegen nichts ausgesagt:

(6) Politisch ist Peter aktiv.

Wie Jacobs zeigt, ist jede dieser Dimensionen von den je anderen unabhängig, da sie erstens nicht voneinander ableitbar sind und zweitens nicht notwendigerweise gemeinsam auftreten, jedoch für die Bestimmung von Topiks konstitutiv sind.

Dass FHG und TKG nicht nur zwei verschiedene Gliederungsebenen darstellen, sondern zu je spezifischen Strukturkomponenten führen, sehen wir an dem Beispiel in (7). Auf die Frage in (7)(i) ist (7)(ii) eine angemessene Antwort, in der *Karin* den Fokus und *Fritz* das Topik darstellt:

(7) (i) Wem hat Fritz ein Buch geschenkt?
(ii) $[_{\text{Topik}}$ Fritz] hat $[_{\text{Fokus}}$ Karin] ein Buch geschenkt.
a. Topik: Fritz
b. Kommentar: hat Karin ein Buch geschenkt
c. Fokus: Karin
d. Hintergrund: Fritz hat ... ein Buch geschenkt

Während der Kommentar *hat Karin ein Buch geschenkt* über das Topik *Fritz* eine Aussage macht, spezifiziert die Fokuskonstituente *Karin* ein Element aus der Alternativenmenge, so dass der Hintergrund *Fritz hat ... ein Buch geschenkt* erfüllt ist. In beiden Fällen ergibt sich mit Hintergrund bzw. Kommentar jeweils ein prädikativer Ausdruck, der auf den Fokus bzw. den Kommentar jeweils funktional appliziert wird, so dass für beide Fälle eine strukturierte Bedeutung angenommen werden kann:

(8) (i) ⟨HG, FOK⟩: ⟨λy[schenken'(Fritz', y, (ein Buch)')], Karin'⟩
(ii) ⟨KOMM, TOP ⟩: ⟨λx[schenken'(x, Karin', (ein Buch)')], Fritz'⟩

Speziell im Hinblick auf die Dimensionen des Topiks in (4) ergeben sich die Dimensionen Separation und Prädikation unmittelbar aus der strukturierten Bedeutung, indem das Topik aus der Proposition separiert ist, während der Hintergrund als Funktion über das Topik prädiziert.

15.2.2. Diskurstopiks

Eine diskurspragmatische Rekonstruktion sog. *kontrastiver Topiks (K-Topik)* nimmt Büring (1997, 2006) vor. Ihm zufolge sind K-Topiks Konstituenten, die durch einen deutlich steigenden Topikakzent (/) markiert sind, der ggf. durch einen vorangehenden Tiefton prägnanter hervorgehoben werden kann, so dass sich eine *Wurzelkontur* (√) (Jacobs 1997) ergibt. Der Fokusakzent ist fallend (\). Jacobs bezeichnet diese Konstruktion auch als I-Topikalisierung, da der relevante Topikalisierungseffekt auf Grund dieser speziellen intonatorischen Hervorhebung ausgelöst wird. So steigt im Satz (9)(i) die Tonhöhe zunächst mit dem Topikakzent an, bleibt in dieser relativen Höhe und fällt erst mit dem Fokusakzent wieder ab. Analog zur Annahme eines syntaktischen Fokusmerkmals [+F] wird ein syntaktisches Topikmerkmal [+T] wie in (9)(ii) erforderlich, welches die jeweilige Konstituente als Topik auszeichnet:

(9) (i) √FRITZ hat Karin ein \BUCH geschenkt.
(ii) $[_{[+T]}$ Fritz] hat Karin $[_{[+F]}$ ein BUCH] geschenkt

(9)(i) ist eine passende Antwort auf jede der folgenden Fragen:

(10) (i) Wer hat Karin was geschenkt?
(ii) Wer hat Karin einen Kugelschreiber geschenkt?
(iii) Was haben die Kinder Karin geschenkt?

Während das Fragepronomen *was* dem Fokus entspricht, korrespondiert das Subjekt *wer* dem K-Topik. Ohne Topikakzent kann (9)(i) (bzw. (11)(ii)) angemessen auf die Frage in (11)(i) antworten:

(11) (i) Was hat Fritz Karin geschenkt?
(ii) Fritz hat Karin $[_{[+F]}$ ein BUCH] geschenkt.
(iii) # √FRITZ hat Karin ein \BUCH geschenkt.

wobei diese Frage-Antwort-Sequenz der Bedingung (27) genügt: die Alternativenbedeutung der Frage ist eine Teilmenge der Alternativenbedeutung der Antwort: $[\![Q]\!]_A \subseteq [\![A]\!]_A$. Diese Bedingung ist für die Frage-Antwort-Sequenz in (11)(i) und (11)(iii) aber nicht erfüllt. Offenbar ruft das zusätzlich auftretende Kontrast-Topik bestimmte Alternativen zur Frage (11)(i) selbst hervor, so dass alternative Fragen ins Spiel gebracht werden und (11)(iii) eine dieser Fragen beantwortet. Büring (2006) zufolge eröffnet die Frage in (12) eine *Frage-Unterfrage-Strategie*, mit den entsprechenden möglichen Antworten. Zu jedem Kind existiert eine Unterfrage:

(12) Was haben die Kinder Karin geschenkt?

Was hat Fritz Karin geschenkt? ... Was hat Karl Karin geschenkt?

Fritz hat Karin $[_{[+F]}$ ein BUCH] geschenkt. ... Karl hat Karin $[_{[+F]}$ ein BILD] geschenkt.

Büring (1997) rekonstruiert die dazu erforderlichen semantischen Werte, indem er von der aus der Alternativensemantik bekannten Fokusbedeutung eine Topikbedeutung unterscheidet, so dass sich die verschiedene Arten von Denotationen ergeben:

(13) (i) $[\![\ ]\!]_O$: gewöhnliche Bedeutung
(ii) $[\![\ ]\!]_F$: Fokusbedeutung (entspricht der Alternativenbedeutung $[\![\ ]\!]_A$)
(iii) $[\![\ ]\!]_T$: Topikbedeutung

(14) $\varphi := [_{[+T]}$ Fritz] hat Karin $[_{[+F]}$ ein BUCH] geschenkt.
(i) $[\![\varphi]\!]_O$: schenken'(Fritz, Karin', (ein Buch)')
(ii) $[\![\varphi]\!]_F$: { schenken'(Fritz, Karin', (ein Buch)'),
schenken'(Fritz, Karin', (ein Bild)'),
schenken'(Fritz, Karin', (eine CD)'), ...} ≈
≈ Was hat Fritz Karin geschenkt?
(iii) $[\![\varphi]\!]_T$: { { schenken'(Fritz, Karin', (ein Buch)'),
schenken'(Fritz, Karin', (ein Bild)'),
schenken'(Fritz, Karin', (eine CD)'), ... }
...
{ schenken'(Karl, Karin', (ein Buch)'),
schenken'(Karl, Karin', (ein Bild)'),
schenken'(Karl, Karin', (eine CD)'), ... } } ≈
≈ { Was hat Fritz Karin geschenkt?,
...
Was hat Karl Karin geschenkt? }

Die Fokusbedeutung $[\![\varphi]\!]_F$ in (14)(ii) führt die von der Fokuskonstituente induzierten Alternativen ein, die der Bedeutung einer Frage entsprechen, die ihrerseits als eine Menge von möglichen Antworten (Propositionen) rekonstruiert wird. Die Topikbedeutung in (14)(iii) führt damit zu einer Menge von Fragen, also einer Menge von Mengen von Propositionen.

Man sieht, dass diejenigen Alternativen, die der Fokus einführt von anderer Art sind, als diejenigen Alternativen, die von dem K-Topik eingeführt werden, so dass Konstruktionen wie in (9)(i) nicht als Realisierung von zwei Foki aufgefasst werden sollten. Während das semantische Objekt, das dem Fokus entspricht, als Frage rekonstruiert werden kann, führt das Topik zu einem semantischen Objekt, das einer Menge von Fragen entspricht.

Um die Kongruenz zwischen einer Frage und ihrer ein K-Topik enthaltenden Antwort zu spezifizieren, muss nun auch – anders als in (27) – eine neue Charakterisierung vorgenommen werden:

(15) Frage-Antwort-Bedingung (für Antworten mit K-Topiks):
Eine Frage (Q) - Antwort (A) Sequenz mit K-Topik ist kongruent gdw.
$[\![Q]\!]_A \in [\![A]\!]_T$.

Die Alternativenbedeutung der Frage, also die Propositionenmenge, die das Denotat der Frage darstellt, muss ein Element in der Menge der Topik-Alternativen sein.

Eine weitere Bedingung für die Angemessenheit von Sätzen mit einem K-Topik besteht in der Disputierbarkeit der durch das K-Topik eingeführten Alternativen:

(16) Disputierbarkeit:
Zu einem Satz A mit einem K-Topik muss sich nach der Äußerung von A mindestens ein disputierbares Element in $[\![A]\!]_T$ befinden.

Die Frage in (10)(iii) *Was haben die Kinder Karin geschenkt?* mit der Antwort in (11)(iii) *√FRITZ hat Karin ein \BUCH geschenkt.* setzt voraus, dass es andere Kinder als Fritz gibt. Sie lässt aber das *residuale Topik* offen, was diese anderen Kinder Karin geschenkt haben, also die Fragen: *Was hat Karl Karin geschenkt?* ...

Die Informationsstruktur von Sätzen – so haben wir gesehen – ist zu erheblichem Teil abhängig von den Eigenschaften des Diskurses, in dem die jeweiligen Sätze als Äußerungen auftreten. Die Repräsentation solcher Diskursstrukturen ist Gegenstand der Diskursrepräsentationstheorie, die wir in diesem Buch nicht mehr besprechen können.

Wir beschließen an dieser Stelle unseren Ausflug in die formale Bedeutungstheorie, die uns eine Hilfestellung liefert, um die wunderbare Fähigkeit des Menschen, über seine inneren und äußeren Erlebniswelten zu sprechen, ein wenig besser zu verstehen. Der Weg war gelegentlich steinig oder schien versperrt. Brilliante Ideen und Konzepte, die im Laufe von Jahrzehnten entwickelt wurden, haben die Spur geglättet. Wer den Weg weiter gehen möchte, der folge den *Schritten zur Satzsemantik*, die Arnim von Stechow bereits gegangen ist.

15.4. Übungsaufgaben

1. Bestimmen Sie die Alternativenbedeutung des Satzes: *Otto hat am $[_{[+F]}$ MONtag] gesungen.*

2. Warum kann man auf die Frage *Wann ist Fritz gekommen?* nicht antworten: *FRITZ ist am Montag gekommen.*?

3. Fritz, Karl und Egon sind eingeladen. In einem Gespräch über das gemeinsame Essen sagt Maria: *√FRITZ \KOMMT.* Auf welche Frage antwortet die Äußerung von Maria, und was ist das residuale Topik?

16. Symbol-Verzeichnis

∉ nicht Element

∈ Element von

⊇ Obermenge von

⊆ echte Teilmenge

⊈ nicht Teilmenge

⊂ echte Teilmenge

⊄ nicht echte Teilmenge

℘ Potenzmenge

{} Mengenklammern

∪ Vereinigung

∩ Durchschnitt

ϕ leere Menge

#(M), |M| Kardinalität der Menge M

A x B cartesisches Produkt

⟦α⟧ Äquivalenzklasse

∘ Funktionsverknüpfung

f_S charakteristische Funktion

= ist gleich; Identität

≠ ungleich

:= gleich, per Definition

≤ kleiner gleich

≥ größer gleich

≡ Äquivalenz

¬ Negation

∨ Disjunktion

∧ Konjunktion

→ Konditional

↛ impliziert nicht

↔ Bikonditional

⇒ Konsequenz

⇔ Äquivalenz

∴ daher gilt

$[\![\alpha]\!]^{M,g}$ Denotat von α bzgl M,g

∃ Existenzquantor

∀ Allquantor

φ, ψ Formeln

[φ] Skopusklammern

(φ) Negationsskopusklammern

F Denotatsfunktion

g Variablenbelegung

$\underset{\uparrow\,\textbf{Negation}}{\rightleftarrows}$ geht wechselseitig unter Negation über in

$\underset{\uparrow\,\textbf{Negation}}{\rightharpoondown}$ geht einseitig unter Negation über in

e,t Basistypen

<a,b> geordnetes Paar, Typ

f(x) Funktion von x

D_a Denotate vom Typ a

$\mathbf{D_b^{D_a}}$ Funktionen von D_a nach D_b

λ Lambda-Operator

$KONST_a$ Konstanten vom Typ a

VAR_a Variablen vom Typ a

ME_a bedeutungstragende Ausdrücke vom Typ a

F Zukunfts-Operator

P Vergangenheits-Operator

G Operator: zukünftig immer

H Operator: vergangen immer

< kleiner (lineare Ordnung)

≤ kleiner gleich

≥ größer gleich

> größer

S Sprechzeit

R Referenzzeit

E Ereigniszeit

T Menge von Zeitpunkten

I Menge von Indizes

∘ Intervall-Überlappung

W Menge von Welten

$\diamond$ Möglichkeits-Operator
$\Box$ Notwendigkeits-Operator
$^\wedge$ Intensor
$^\vee$ Extensor
$[\![\alpha]\!]^{M,w,t,g}$ extensionales Denotat
$[\![\alpha]\!]_I^{M,g}$ intensionales Denotat
$[\![\alpha]\!]_O$ gewöhnliche Bedeutung
$[\![\alpha]\!]_F$ Fokusbedeutung
$[\![\alpha]\!]_T$ Topikbedeutung
δ_* Stern-Notation

17. Lösungen der Übungsaufgaben

Kapitel 2

1. (i) Listennotation:
   $A = \{6, 7, 8, 9\}$
   $B = \{9, 10, 11, 12, 13\}$
   rekursive Regel:
   A: 1. $6 \in A$
   2. Wenn $x \in A$ und $x < 9$, dann ist $x+1 \in A$
   3. Nichts sonst ist in A.
   B: 1. $9 \in B$
   2. Wenn $x \in B$ und $x < 13$, dann ist $x+1 \in B$
   3. Nichts sonst ist in B.

   (ii) $\wp(A) = \{ \{6\}, \{7\}, \{8\}, \{9\}, \{6,7\}, \{6,8\}, \{6,9\}, \{7,8\}, \{7,9\}, \{8,9\}, \{6,7,8\}, \{6,7,9\}, \{6,8,9\}, \{7,8,9\}, \{6,7,8,9\}, \phi \}$
   In der Menge $\wp(A)$ befinden sich $2^4 = 16$ Elemente, da A vier Elemente enthält.

   (iii) a) $A \cap B$:

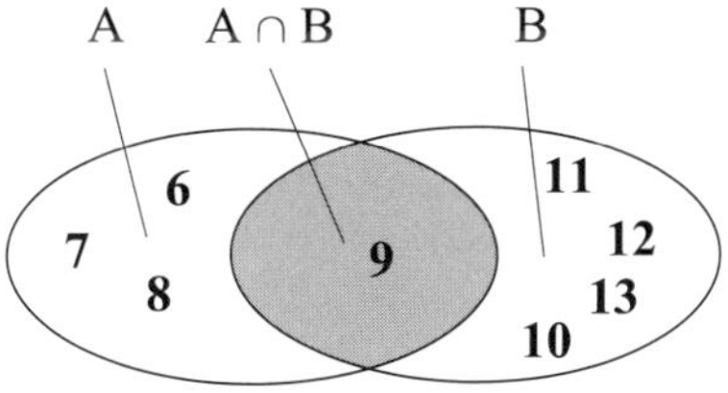

   b) $A \cup B$:

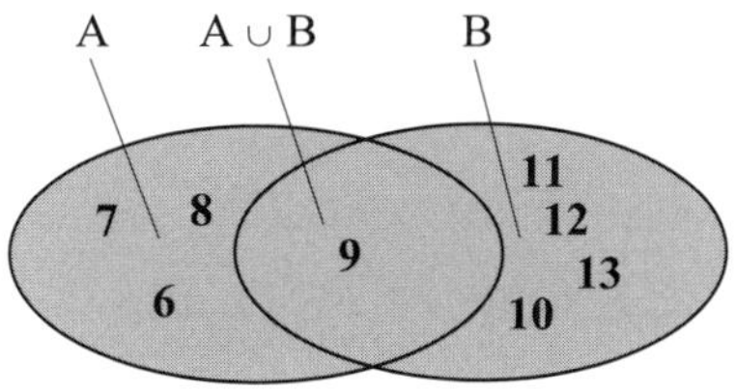

c) A – B:

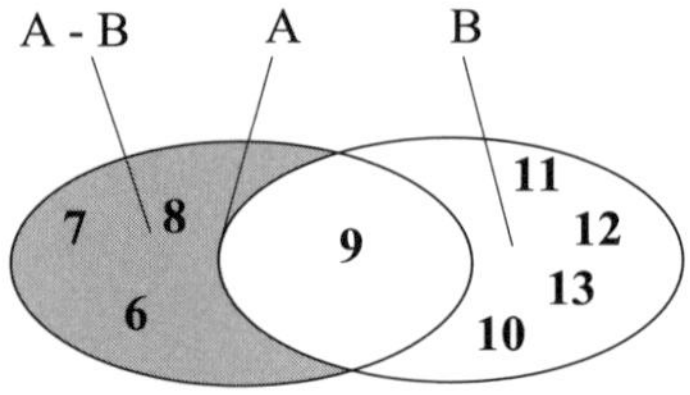

d) B - A:

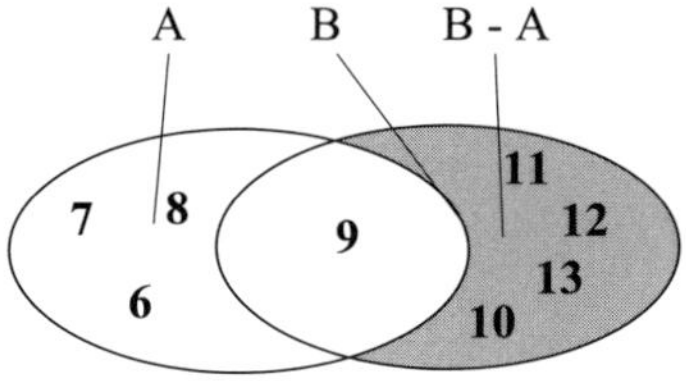

e) (A ∪ B) - B:

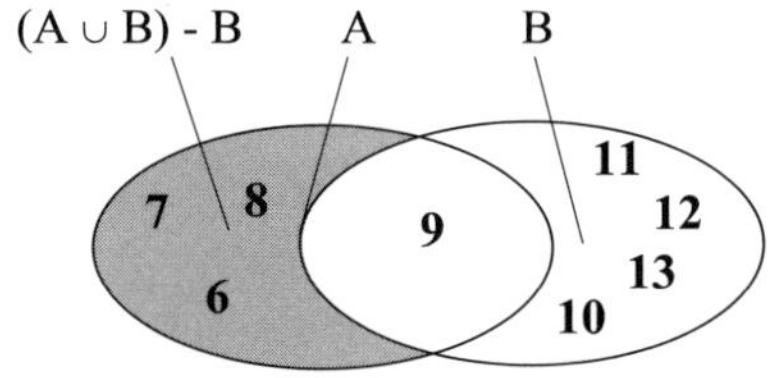

(vi) a) Ja, b) Nein, c) Ja, d) Ja, e) Ja, f) Ja

2. (i) ℘{a,b} = {{a}, {b}, {a,b}, ϕ}
℘℘{a,b} = { {{a}}, {{b}}, {{a,b}}, {ϕ}, {{a},{b}}, {{a},{a,b}}, {{a},ϕ}}, {{b},{a,b}}, {{b},ϕ}, {{a,b},ϕ}, {{a},{b},{a,b}}, {{a},{b},ϕ}, {{b},{a,b},ϕ}, {{a},{a,b},ϕ}, {{a},{b},{a,b},ϕ}, ϕ }
(ii) ℘{ϕ} = {{ϕ}, ϕ}
(iii) ℘ϕ = {ϕ}
(iv) ℘{a} = {{a}, ϕ}

Kapitel 3

1. (i) a. A x B = {<a,c>, <a,d>, <b,c>, <b,d>}
b. B x A = {<c,a>, <c,b>, <d,a>, <d,b>}
c. B x B = {<c,c>, <c,d>, <d,c>, <d,d>}
d. (A - B) x (B - A)
Da A-B = A und B-A = B ist dieses cartesische Produkt identisch mit dem in 1.(i) a.
e. (A ∪ B) x A = {a,b,c,d} x {a,b} =

$= \{\langle a,a\rangle,\langle a,b\rangle,\langle b,a\rangle,\langle b,b\rangle,\langle c,a\rangle,\langle c,b\rangle,\langle d,a\rangle,\langle d,b\rangle\}$

(ii) a. Nein, b. Nein, c. Ja, d. Ja, e. Nein, f. Nein, g. Ja, h. Nein

2. (i) $\{a,b\}$
   (ii) $\{c,d\}$
   (iii) $\{\langle b,d\rangle\}$

3. (i) R ist reflexiv.
   (ii) R ist transitiv.
   (iii) R ist eine Äquivalenzrelation, die die Partition $\{\{a,b\},\{c\}\}$ induziert.

4. Reflexivität folgt *nicht* aus Symmetrie und Transitivität, da für jedes $x \in A$ gelten muß, daß $\langle x,x\rangle \in R$. Die Symmetrie- und Transitivitäts-Eigenschaften müssen nur für Paare aus R gelten.

Kapitel 4

1. (i) p
   (ii) $p \wedge q$
   (iii) $p \rightarrow q$
   (iv) $(p \wedge q) \rightarrow r$
   (v) $(\neg p \wedge \neg q) \rightarrow \neg r$
   (vi) $(\neg p \rightarrow \neg q) \wedge (\neg q \rightarrow \neg p) \Leftrightarrow \neg p \leftrightarrow \neg q$

2. (i) Alle Formeln sind tautologisch.
   (ii) Alle Formeln sind kontradiktorisch.
   (iii) Alle Formeln sind kontingent.

3. (i) $Q := ((p \wedge q) \wedge r) \rightarrow (r \vee \neg(p \wedge q))$ ist tautologisch.

p	q	r	$p \wedge q$	$(p \wedge q) \wedge r$	$\neg(p \wedge q)$	$r \vee \neg(p \wedge q)$	Q
1	1	1	1	1	0	1	1
1	1	0	1	0	0	0	1
1	0	1	0	0	1	1	1
1	0	0	0	0	1	1	1
0	1	1	0	0	1	1	1
0	1	0	0	0	1	1	1
0	0	1	0	0	1	1	1
0	0	0	0	0	1	1	1

(ii)

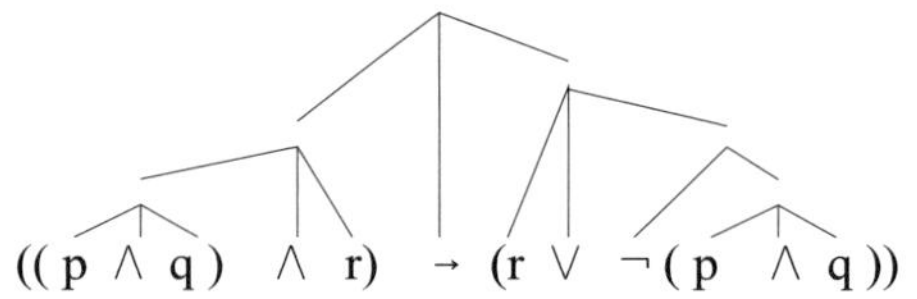

4. (i) 1. p — Prämisse 1
   2. $\neg r$ — Prämisse 2
   3. $(p \wedge \neg r) \rightarrow q$ — Prämisse 3
   4. $p \wedge \neg r$ — Konjunktion: 1, 2
   5. q — Modus Ponens: 3, 4

   (ii) 1. $p \vee q$ — Prämisse 1
   2. $\neg q$ — Prämisse 2
   3. $r \rightarrow \neg p$ — Prämisse 3
   4. p — disjunktiver Syllogismus: 1, 2
   5. $\neg\neg p \rightarrow \neg r$ — Kontraposition: 3
   6. $p \rightarrow \neg r$ — doppelte Negation: 5
   7. $\neg r$ — Modus Ponens: 4, 6

   (iii) 1. $\neg p \vee q$ — Prämisse 1
   2. $\neg q \wedge r$ — Prämisse 2
   3. $\neg(p \vee q) \rightarrow s$ — Prämisse 3
   4. $\neg q$ — Konjunktionsreduktion: 2

5. r	Konjunktionsreduktion: 2
6. $\neg p$	disjunktiver Syllogismus: 1, 4
7. $\neg p \wedge \neg q$	Konjunktion: 4, 6
8. $\neg(p \vee q)$	de Morgans Gesetz: 7
9. s	Modus Ponens: 3, 8
10. $r \wedge s$	Konjunktion: 5, 9

Kapitel 5

1. (i) $\text{schnarchen'(Peter')}$
   (ii) $\text{schlafen'(Otto')} \wedge \text{lieben'(Peter',Maria')}$
   (iii) $\neg(\text{schnarchen'(Otto')})$
   (iv) $\text{lieben'(Peter',Maria')} \rightarrow \text{hassen'(Otto',Peter')}$
   (v) $\exists x[\text{schnarchen'}(x)]$
   (vi) $\neg(\exists x[\text{schlafen'}(x)])$
   (vii) $\forall x[\text{lieben'}(x,\text{Peter'})]$
   (viii) $\forall x[\text{lieben'}(\text{Peter'},x)]$
   (ix) $\text{schnarchen'(Peter')} \rightarrow \text{hassen'(Maria',Peter')}$
   (x) $\neg(\exists x[\text{lieben'}(x,\text{Maria'})])$
   (xi) $\neg(\exists x[\forall y[\text{lieben'}(x,y)]])$
   (xii) $\forall x[\forall y[\text{lieben'}(x,y) \rightarrow \text{lieben'}(x,x)]]$

2. (i) $\forall x[\text{schlafen'}(x)]$
   Alle schlafen.
   (ii) $\exists x[\text{Kind'}(x) \wedge \text{schlafen'}(x)]$
   Ein Kind schläft.
   (iii) $\forall y[\exists x[\text{Mann'}(x) \wedge [\text{Frau'}(y) \rightarrow \text{lieben'}(x,y)]]]$
   Ein Mann liebt alle Frauen.
   (iv) $\forall y[\text{Mann'}(y) \rightarrow \exists x[\text{Frau'}(x) \wedge \text{lieben'}(x,y)]]$
   Alle Männer werden von einer Frau geliebt.
   (v) $\exists x[\text{Frau'}(x) \wedge \forall y[\text{Mann'}(y) \rightarrow \text{lieben'}(y,x)]]$
   Eine Frau lieben alle Männer.

3. Die Formel kann ganz analog zu dem Vorgehen in der erörterten Beispielaufgabe berechnet werden.

4. Das Denotat von *lieben'* muß die Paare <Peter,Maria> und <Otto,Maria> enthalten oder die Paare <Peter,Clara> und <Otto,Clara>.

5. (i) a. $\exists x[P(x) \wedge \neg I(x)]$
b. $\forall x[S(x) \rightarrow I(x)]$
c. $\exists x[P(x) \wedge \neg S(x)]$

(ii)

1.	$\exists x[P(x) \wedge \neg I(x)]$	
2.	$\forall x[S(x) \rightarrow I(x)]$	
3.	$P(a) \wedge \neg I(a)$	Existentielle Instantiierung: 1
4.	$S(a) \rightarrow I(a)$	Universelle Instantiierung: 2
5.	$P(a)$	Konjunktionsreduktion: 3
6.	$\neg I(a)$	Konjunktionsreduktion: 3
7.	$\neg S(a)$	Modus Tollens: 4, 6
8.	$P(a) \wedge \neg S(a)$	Addition: 5, 6
9.	$\exists x[P(x) \wedge \neg S(x)]$	Existentielle Generalisierung: 8

6. (i) a. $\exists x[S(x) \wedge R(x)]$
b. $\forall x[S(x) \rightarrow I(x)]$
c. $\exists x[R(x) \wedge I(x)]$

(ii)

1.	$\exists x[S(x) \wedge R(x)]$	
2.	$\forall x[S(x) \rightarrow I(x)]$	
3.	$S(a) \wedge R(a)$	Existentielle Instantiierung: 1
4.	$S(a) \rightarrow I(a)$	Universelle Instantiierung: 2
5.	$S(a)$	Konjunktionsreduktion: 3
6.	$I(a)$	Modus Ponens: 4, 5
7.	$R(a)$	Konjunktionsreduktion: 3
8.	$R(a) \wedge I(a)$	Addition: 6,7
9.	$\exists x[R(x) \wedge I(x)]$	Existentielle Generalisierung: 8

7. (i) a. $\forall x[S(x) \rightarrow I(x)]$
b. $\neg(\forall x[S(x) \rightarrow R(x)])$
c. $\exists x[I(x) \wedge \neg R(x)]$

(ii)

1.	$\forall x[S(x) \rightarrow I(x)]$	
2.	$\neg(\forall x[S(x) \rightarrow R(x)])$	
3.	$S(a) \rightarrow I(a)$	Universelle Instantiierung: 1
4.	$\exists x(\neg[S(x) \rightarrow R(x)])$	Negation, Allquantor: 2
5.	$\neg(S(a) \rightarrow R(a))$	Existentielle Instantiierung: 2
6.	$\neg(\neg S(a) \vee R(a))$	Konditionalgesetze: 5
7.	$\neg\neg S(a) \wedge \neg R(a)$	de Morgans Gesetz: 6
8.	$S(a) \wedge \neg R(a)$	doppelte Negation: 7

9.	S(a)	Konjunktionsreduktion: 8
10.	I(a)	Modus Ponens: 3, 9
11.	¬R(a)	Konjunktionsreduktion: 8
12.	I(a) ∧ ¬R(a)	Addition: 10, 11
12.	∃x[I(x) ∧ ¬R(x)]	Existentielle Generalisierung

Kapitel 6

1. (i) TYP(singen') = <e,t>
   (ii) TYP(glauben') = <t,<e,t>>
   (iii) TYP'(geben') = <e,<e,<e,t>>>
   (iv) TYP(hastig') = <<e,t>,<e,t>>
   (v) TYP(wahrscheinlich') = <t,t>

2. (i) Funktionen von Individuen in Wahrheitswerte
   (ii) Funktionen von Individuen in Funktionen von Individuen in Wahrheitswerte
   (iii) Funktionen von Wahrheitswerten in Wahrheitswerte
   (iv) Funktionen von Funktionen von Individuen in Wahrheitswerte in Funktionen von Individuen in Wahrheitswerte
   (v) Funktionen von Funktionen von Individuen in Wahrheitswerte in Wahrheitswerte
   (vi) Funktionen von Funktionen von Individuen in Wahrheitswerte in Funktionen von Funktionen von Individuen in Wahrheitswerte in Wahrheitswerte

3. <t,t>

4.

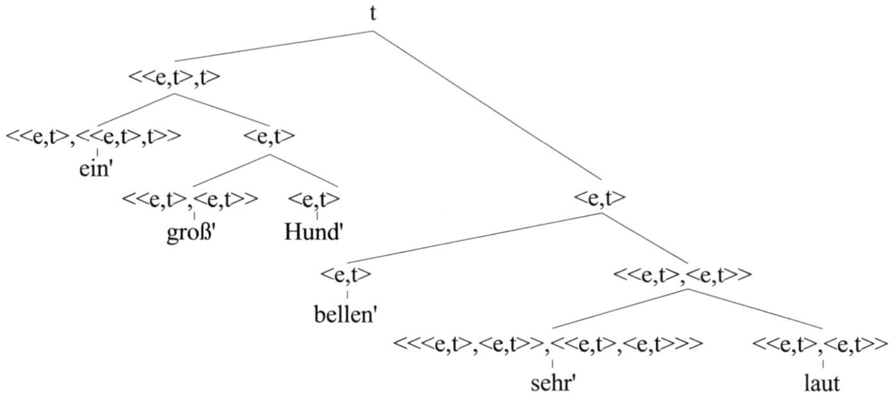

Kapitel 7

1. (i) polnische Notation:

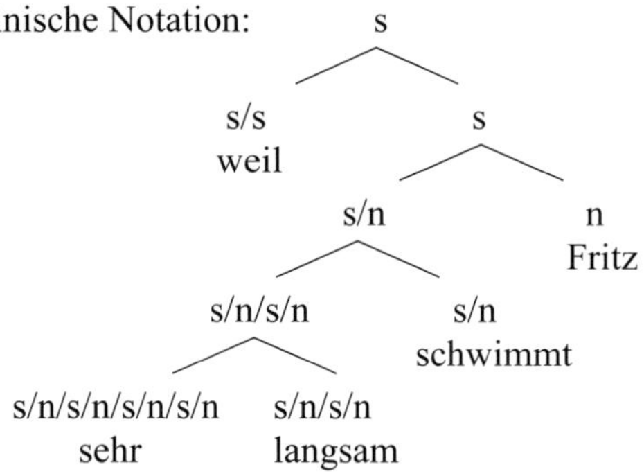

(ii) umgekehrt polnische Notation:

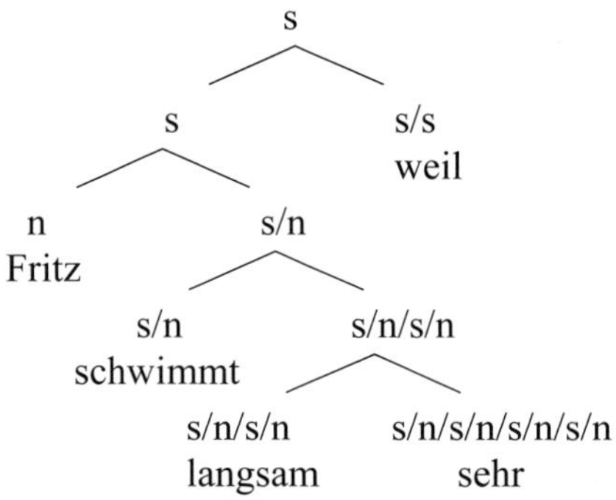

(ii) entsprechend der Wortstellung im Deutschen:

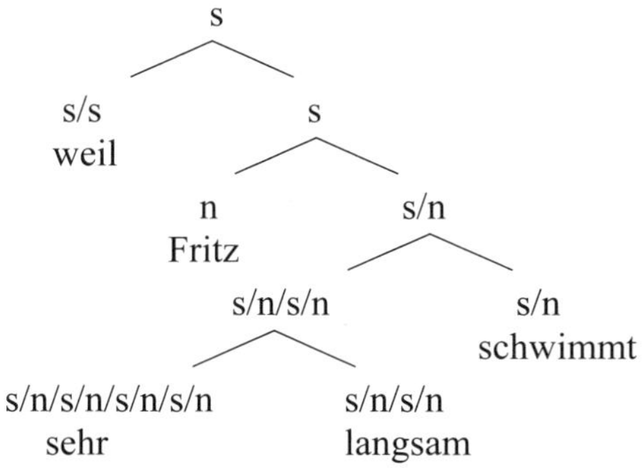

2. (i) schlafen: s/n
(ii) streicheln: s/n/n
(iii) glauben: s/n/s
(iv) entnehmen: s/n/n/n
(v) verführen: s/n/n

Kapitel 8

1. (i) λx[schlafen'(x)]
(ii) λy[λx[(streicheln'(y))(x)]]
(iii) λp[λx[(glauben'(p))(x)]]
(iv) λz[λy[λx[((entnehmen'(z))(y))(x)]]]
(v) λx[λy[(verführen'(x))(y)]]

2. (i) TYP(λx[schlafen'(x)]) = <e,t>
(ii) TYP(λy[λx[(streicheln'(y))(x)]]) = <e,<e,t>>
(iii) TYP(λp[λx[(glauben'(p))(x)]]) = <t,<e,t>>
(iv) TYP(λQ[λy[klein'(y) ∧ Q(y)]]) = <<e,t>,<e,t>>
(v) TYP(λQ[∃x[Hund'(x) ∧ Q(x)]]) = <<e,t>,t>
(vi) TYP(λP[P(Peter')]) = <<e,t>,t>

3. (i) a. λx[schlafen'(x)] (Peter')
b. schlafen'(Peter')
(ii) a. λy[λx[(streicheln'(y))(x)]] (Katze') (Maria')
b. λx[(streicheln'(Katze'))(x)] (Maria')
c. (streicheln'(Katze'))(Maria')
(iii) a. λp[λx[(glauben'(p))(x)]] ([daß Schnee weiß ist]') (Clara')
b. λx[(glauben'([daß Schnee weiß ist]'))(x)] (Clara')

c. $(\text{glauben}'([\text{daß Schnee weiß ist}]'))(\text{Clara}')$
(iv) a. $\lambda Q[\lambda y[\text{klein}'(y) \wedge Q(y)]]\ (\lambda x[\text{Hund}'(x)])$
b. $\lambda y[\text{klein}'(y) \wedge \lambda x[\text{Hund}'(x)](y)]$
c. $\lambda y[\text{klein}'(y) \wedge \text{Hund}'(y)]$
(v) a. $\lambda Q[\exists x[\text{Hund}'(x) \wedge Q(x)]]\ (\lambda z[\text{bellen}'(z)])$
b. $\exists x[\text{Hund}'(x) \wedge \lambda z[\text{bellen}'(z)](x)]$
c. $\exists x[\text{Hund}'(x) \wedge \text{bellen}'(x)]$
(vi) a. $\lambda P[P(\text{Peter}')]\ (\lambda Q[\lambda x[\text{schnell}'(Q(x))]]\ (\lambda z[\text{trinken}'(z)]))$
b. $\lambda P[P(\text{Peter}')]\ (\lambda x[\text{schnell}'(\lambda z[\text{trinken}'(z)](x))])$
c. $\lambda P[P(\text{Peter}')]\ (\lambda x[\text{schnell}'(\text{trinken}'(x))])$
d. $\lambda x[\text{schnell}'(\text{trinken}'(x))](\text{Peter}')$
e. $\text{schnell}'(\text{trinken}'(\text{Peter}'))$

Kapitel 9

1. (i) Peter trinkt. (ii) Ein Hund bellt. (iii) Der Hund bellt.
(i') $\lambda P[P(\text{Peter}')]$
(ii') $\lambda P[\exists x[\text{Hund}'(x) \wedge P(x)]]$
(iii') $\lambda P[\exists x[\text{Hund}'(x) \wedge [\forall y[\text{Hund}'(y) \rightarrow x = y] \wedge P(x)]]$
(ii'') ein': $\lambda Q[\lambda P[\exists x[Q(x) \wedge P(x)]]]$
(iii'') der': $\lambda Q[\lambda P[\exists x[Q(x) \wedge \forall y[Q(y) \rightarrow x = y] \wedge P(x)]]]$

2. (i)

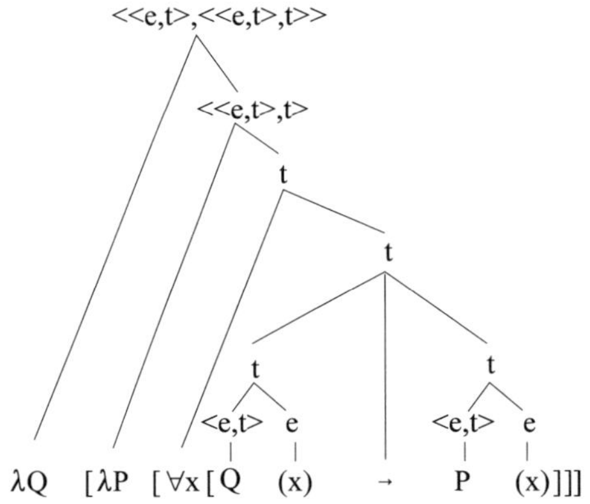

(ii)

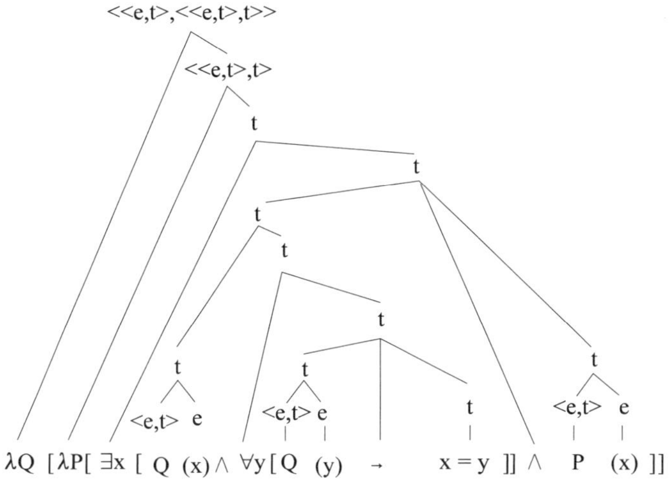

3.(i)

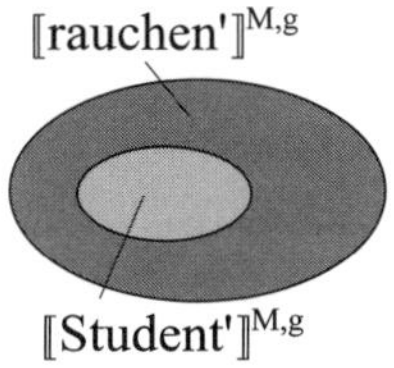

(ii)

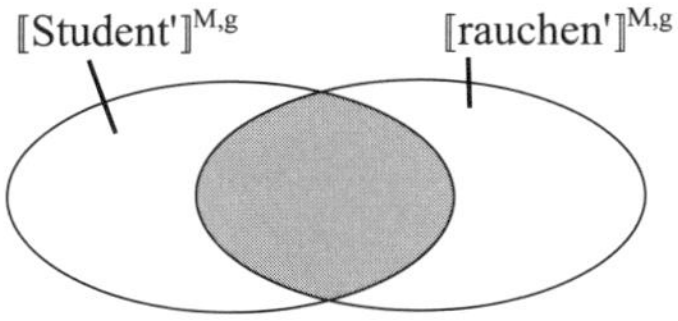

(iii)

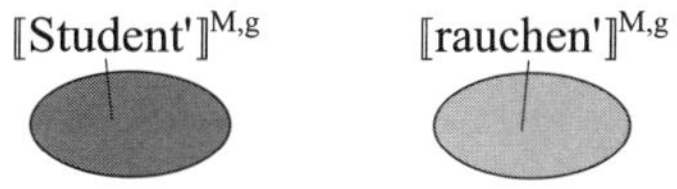

4. Syntaktische Strukturen: siehe Seite 219, 225
Semantische Strukturen: siehe Seite 223

Kapitel 10

1. (i) singen'(Peter')
   (ii) **F**[singen'(Peter')]
   (iii) **P**[singen'(Peter')]
   (iv) **F**[**P**[singen'(Peter')]]
   (v) **P**[**P**[singen'(Peter')]]
   (vi) ¬(singen'(Peter'))
   (vii) **F**[¬(singen'(Peter'))]
   (viii) ¬(**F**[singen'(Peter')])

2. (i) a. $\exists x[\mathbf{G}[\text{lügen}'(x)]] \equiv \exists x[\neg(\mathbf{F}[\neg(\text{lügen}'(x))])]$
   b. $\mathbf{G}[\exists x[\text{lügen}'(x)]] \equiv \neg(\mathbf{F}[\neg(\exists x[\text{lügen}'(x)])])$
   (ii) a. $\forall x[\mathbf{F}[\text{lügen}'(x)]] \equiv \forall x[\neg(\mathbf{G}[\neg(\text{lügen}'(x))])]$
   b. $\mathbf{F}[\forall x[\text{lügen}'(x)]] \equiv \neg(\mathbf{G}[\neg(\forall x[\text{lügen}'(x)])])$
   (iii) a. $\exists x[\neg(\mathbf{F}[\text{lügen}'(x)])] \equiv \exists x[\neg(\neg(\mathbf{G}[\neg(\text{lügen}'(x))]))] \equiv \exists x[\mathbf{G}[\neg(\text{lügen}'(x))]]$
   b. $^{*}\neg\mathbf{F}[\exists x[\text{lügen}'(x)]]$
   (iv) a. $\neg(\exists x[\mathbf{H}[\text{lügen}'(x)]]) \equiv \neg(\exists x[\neg(\mathbf{P}[\neg(\text{lügen}'(x))])]) \equiv \exists x[\neg(\mathbf{P}[\text{lügen}'(x)])]$
   b. $^{*}\mathbf{H}[\neg(\exists x[\text{lügen}'(x)])]$

3. [+ DUR],[+ RES]: erobern, verblühen, versinken, entwaffnen, begrenzen, vernichten, beleuchten
   [+ DUR],[- RES]: glauben, schreien, blühen, bewundern, kochen, meinen, schwimmen
   [- DUR],[+ RES]: explodieren, ankommen
   [- DUR],[- RES]: niesen, erschrecken

Kapitel 11

1. (i) $\Box[\text{kommen}'(\text{Peter}')]$
   (ii) $\Diamond[\text{kommen}'(\text{Peter}')]$
   (iii) $\Box[\Diamond[\text{kommen}'(\text{Peter}')]]$
   (iv) $\Diamond[\Box[\text{kommen}'(\text{Peter}')]]$

2. (i) a. $\mathbf{P}[\Diamond[\text{kommen}'(\text{Peter}')]]$
   b. $\Diamond[\mathbf{P}[\text{kommen}'(\text{Peter}')]]$
   (ii) a. $\mathbf{F}[\Diamond[\text{kommen}'(\text{Clara}')]]$
   b. $\Diamond[\mathbf{F}[\text{kommen}'(\text{Clara}')]]$
   (iii) a. $\forall x[\mathbf{F}[\Diamond[\text{schlafen}'(x)]]]$
   b. $\forall x[\Diamond[\mathbf{F}[\text{schlafen}'(x)]]]$
   c. $\Diamond[\forall x[\mathbf{F}[\text{schlafen}'(x)]]]$
   d. $\Diamond[\mathbf{F}[\forall x[\text{schlafen}'(x)]]]$
   e. $\mathbf{F}[\forall x[\Diamond[\text{schlafen}'(x)]]]$
   f. $\mathbf{F}[\Diamond[\forall x[\text{schlafen}'(x)]]]$
   (iv) a. $\exists x[\mathbf{P}[\Box[\text{spülen}'(x)]]]$
   b. $\exists x[\Box[\mathbf{P}[\text{spülen}'(x)]]]$
   c. $\Box[\exists x[\mathbf{P}[\text{spülen}'(x)]]]$
   d. $\Box[\mathbf{P}[\exists x[\text{spülen}'(x)]]]$
   e. $\mathbf{P}[\exists x[\Box[\text{spülen}'(x)]]]$
   f. $\mathbf{P}[\Box[\exists x[\text{spülen}'(x)]]]$

3. (i) $\forall x[\text{schlafen}'(x)]$: wahr: $<w_1,t_1>$; falsch: $<w_2,t_3>$, $<w_2,t_2>$
   (ii) $\Diamond[\mathbf{P}[\forall x[\text{schlafen}'(x)]]]$: wahr: $<w_2,t_3>$, $<w_2,t_2>$; falsch: $<w_1,t_1>$
   (iii) $\Diamond[(\text{lieben}'(\text{Peter}'))(\text{Clara}')]$: wahr: $<w_1,t_1>$, $<w_2,t_2>$; falsch: $<w_2,t_3>$

Kapitel 12

1. (i) $<s,e>$
   (ii) $<s,<e,t>>$
   (iii) $<s,<e,t>>$
   (iv) $<s,<e,<e,t>>>$
   (v) $<s,<<e,t>,t>>$
   (vi) $<s,<<s,t>,<e,t>>>$

2. (i) Individuenkonzept: Funktionen von Indizes in Individuen.
   (ii) Proposition: Funktionen von Indizes in Wahrheitswerte.
   (iii) Eigenschaft von Individuen: Funktionen von Indizes in Funktionen von Individuen in Wahrheitswerte.
   (iv) Eigenschaft von Propositionen: Funktionen von Indizes in Funktionen von Funktionen von Indizes in Wahrheitswerte in Wahrheitswerte.
   (v) Intensionale Relation zwischen Individuen: Funktionen von Indizes in Funktionen von Individuen in Funktionen von Individuen in Wahrheitswerte.
   (vi) Eigenschaft von Mengen von Individuen: Funktionen von Indizes in Funktionen von Funktionen von Individuen in Wahrheitswerte in Wahrheitswerte.
   (vii) Intensionale Relation zwischen Mengen von Individuenkonzepten und Individuenkonzepten: Funktionen von Indizes in Funktionen von Funktionen von Indizes in Individuen in Funktionen von Funktionen von Indizes in Individuen in Wahrheitswerte.
   (viii) Intensionale Relation zwischen Eigenschaften von Individuen: Funktionen von Indizes in Funktionen von Funktionen von Indizes in Funktionen von Individuen in Wahrheitswerte in Funktionen von Indizes in Funktionen von Individuen in Wahrheitswerte.

3. findet ein Einhorn:
   $\lambda R[\lambda x[{}^{\vee}R(\lambda y[(\text{finden}'(y))(x)])]]\ ({}^{\wedge}\lambda Q[\exists z[\text{Einhorn}'(z) \wedge Q(z)]])$
   $\equiv [\lambda x[{}^{\vee\wedge}\lambda Q[\exists z[\text{Einhorn}'(z) \wedge Q(z)]]\ \ (\lambda y[(\text{finden}'(y))(x)])]]$
   $\equiv [\lambda x[\exists z[\text{Einhorn}'(z) \wedge \lambda y[(\text{finden}'(y))(x)]\ (z)]]]$
   $\equiv \lambda x[\exists z[\text{Einhorn}'(z) \wedge (\text{finden}'(z))(x)]]$

   Clara findet ein Einhorn:

$\lambda P[P(Clara')]\ (\lambda x[\exists z[Einhorn'(z) \wedge (finden'(z))(x)]])$
$\equiv \lambda x[\exists z[Einhorn'(z) \wedge (finden'(z))(x)]](Clara')$
$\equiv \exists z[Einhorn'(z) \wedge (finden'(z))(Clara')]$
$\equiv \exists z[Einhorn'(z) \wedge finden'(Clara',z)]$

4. de re-Lesart: siehe Seite 326
   de dicto-Lesart: siehe Seite 325

Kapitel 13

1. i) Aufzählende Mengenschreibweise:
   {Fritz trinkt Bier, Maria trinkt Bier, Karl trinkt Bier}
   ii) Charakterisierende Mengenschreibweise:
   $\{p \in D_{<s,t>}: \exists x[x \in \{Peter, Clara, Fritz\} \wedge p = x \text{ trinkt Bier}]\}$
   iii) Charakteristische Funktion:
   $\lambda p \in D_{<s,t>}. \exists x[x \in \{Peter, Clara, Fritz\} \wedge p = x \text{ trinkt Bier}]$

2. i) Ja, denn: $\{p_1, p_2\} \cup \{p_3\} = \{p_1, p_2, p_3\}$ ist konsistent.
   $[\![p_1 \wedge p_2 \wedge p_3]\!] = [\![p_1]\!] \cap [\![p_2]\!] \cap [\![p_3]\!] =$
   $= \{w_1, w_2, w_4, w_6\} \cap \{w_2, w_3, w_5, w_6\} \cap \{w_1, w_3, w_5, w_6\} =$
   $= \{w_6\} \neq \varnothing$
   ii) Ja, denn:
   $[\![p_3]\!] = \{w_1, w_3, w_5, w_6\} \subseteq \{w_1, w_2, w_3, w_4, w_5, w_6\} =$
   $= \{w_1, w_2, w_4, w_6\} \cup \{w_2, w_3, w_5, w_6\} = [\![p_1]\!] \cup [\![p_2]\!] = [\![p_1 \vee p_2]\!]$

   iii) Ja, denn:
   $[\![p_1 \vee p_3]\!] = [\![p_1]\!] \cup [\![p_3]\!] = \{w_1, w_2, w_4, w_6\} \cup \{w_1, w_3, w_5, w_6\} =$
   $= \{w_1, w_6\}$
   $\{w_1, w_6\} \cup \{p_2\}$ ist konsistent, denn:
   $\{w_1, w_6\} \cap [\![p_2]\!] = \{w_1, w_6\} \cap \{w_2, w_3, w_5, w_6\} = \{w_6\} \neq \varnothing$

   iv) Folgt $(p_1 \wedge p_3)$ aus p_1?
   Nein, denn:
   $[\![p_1 \wedge p_3]\!] = [\![p_1]\!] \cap [\![p_3]\!] = \{w_1, w_2, w_4, w_6\} \cap \{w_1, w_3, w_5, w_6\} =$
   $= \{w_1, w_6\} \not\supseteq \{w_1, w_2, w_4, w_6\} = [\![p_1]\!]$

   v) Ja, denn:
   $[\![p_2 \vee p_3]\!] = [\![p_2]\!] \cup [\![p_3]\!] = \{w_2, w_3, w_5, w_6\} \cup \{w_1, w_3, w_5, w_6\} =$
   $= \{w_1, w_2, w_3, w_5, w_6\}$

$\{(p_2 \vee p_3)\} \cup \{p_2\} = \{(p_2 \vee p_3), p_2\}$ ist konsistent, denn:

$\{w_1, w_2, w_3, w_5, w_6\} \cap [\![p_2]\!] = \{w_1, w_2, w_3, w_5, w_6\} \cap \{w_2, w_3, w_5, w_6\} =$
$= \{w_2, w_3, w_5, w_6\} \neq \varnothing$

vi) Ja, wegen Konjunktionsreduktion.

3.

$\forall w[w \in HG_{epi}(w_0) \rightarrow lachen'(w)(Karl')]$

$\forall w[w \in HG_{epi}(w_0) \rightarrow \lambda v[lachen'(v)(Karl')](w)]$

$\forall w[w \in HG_{epi}(w_0) \rightarrow p(w)\ ](\lambda v[lachen'(v)(Karl')])$

$\lambda v[lachen'(v)(Karl')]$ — $\lambda p[\forall w[w \in HG_{epi}(w_0) \rightarrow p(w)]]$

$\lambda x \lambda v[lachen'(v)(x)](Karl')$ — $\lambda HG\ \lambda p[\forall w[w \in HG \rightarrow p(w)]](HG_{epi}(w_0))$

$\lambda P[P(Karl')](\lambda x \lambda v[lachen'(v)(x)])$ — $\lambda HG\ \lambda p[\forall w[w \in HG \rightarrow p(w)]]$ — $HG_{disp}(w_0)$

$(\lambda P[P(Karl)])$ — $(\lambda x \lambda v[lachen(v)(x)])$

Kapitel 14

1. (i) Hamblin: {Peter schwimmt, Maria schwimmt, Clara schwimmt}
   (ii) Karttunen: $\lambda p[{}^{\vee}p \wedge \exists x[p = {}^{\wedge}schwimmen'(x)]]$
   {Peter schwimmt, Maria schwimmt}
   (iii) G & S: $\lambda a \lambda i[\lambda x[schwimmen'(x)(i)] = \lambda x[schwimmen'(x)(a)]]$
   {Peter schwimmt ∧ Maria schwimmt ∧ Clara schwimmt,
   Peter schwimmt ∧ Maria schwimmt ∧ Clara schwimmt nicht,
   Peter schwimmt ∧ Maria schwimmt nicht ∧ Clara schwimmt,
   Peter schwimmt nicht ∧ Maria schwimmt ∧ Clara schwimmt,
   Peter schwimmt nicht ∧ Maria schwimmt nicht ∧ Clara schwimmt,
   Peter schwimmt nicht ∧ Maria schwimmt ∧ Clara schwimmt nicht,
   Peter schwimmt ∧ Maria schwimmt nicht ∧ Clara schwimmt nicht
   Niemand schwimmt.}

2. (i) $\#(\pi/A_i)$: 5,
   (ii) $\#(\pi/A_{ii})$: 4,
   (iii) $\#(\pi/A_{iii})$: 2,
   also ist $\#(\pi/A_{iii})$ informativer als $\#(\pi/A_{ii})$, und $\#(\pi/A_{ii})$ ist informativer als $\#(\pi/A_i)$.

Kapitel 15

1. $[\![\text{Otto hat am } [_{[+F]}\text{ MONtag] gesungen}]\!]_A =$

$$
\begin{aligned}
&= [\![\lambda y[\text{singen}'(\text{Otto}', (\text{am } y)')]]\!]_A([\![_{[+F]}\text{ Montag}]\!]_A) = \\
&= \{\lambda y[\text{singen}'(\text{ Otto}', (\text{am } y)')]\}(\text{ALT}(\text{Montag})) = \\
&= \{f(x) / f \in \{\lambda y\ [\text{singen}'(\text{Otto}', (\text{am } y)')]\}\ \&\ x \in \text{ALT}(\text{Montag})\} = \\
&= \{\ \lambda y[\text{singen}'(\text{ Otto}', (\text{am } y)')](\text{Montag}'), \\
&\quad \lambda y[\text{singen}'(\text{ Otto}', (\text{am } y)')](\text{Dienstag}'), \\
&\quad \lambda y[\text{singen}'(\text{ Otto}', (\text{am } y)')](\text{Mittwoch}'), \\
&\quad \ldots \\
&\quad \lambda y[\text{singen}'(\text{ Otto}', (\text{am } y)')](\text{Sonntag}')\ \} = \\
&= \{\ \text{singen}'(\text{ Otto}', (\text{am Montag})'), \\
&\quad \text{singen}'(\text{ Otto}', (\text{am Dienstag})'), \\
&\quad \text{singen}'(\text{ Otto}', (\text{am Mittwoch})'), \\
&\quad \ldots \\
&\quad \text{singen}'(\text{ Otto}', (\text{am Sonntag})')\ \}
\end{aligned}
$$

2. Die Frage-Antwort-Sequenz ist nicht kongruent.

3. Wer ist alles eingeladen?

Kommt Fritz? Kommt Karl? Kommt Egon?

Frage: Kommt Fritz?
Residuales Topik = {Kommt Karl?, Kommt Egon?}

Literatur

Abraham, W. / Jansen, Th. (Hrsg.), 1989. *Tempus - Aspekt - Modus. Die lexikalischen Formen in den germanischen Sprachen.* Tübingen: Niemeyer.

Abney, St. P., 1987. *The English Noun Phrase in Its Sentential Aspect.* PhD-diss., MIT, Cambridge, Mass.

Ajdukiewiecz, K., 1935. Über die syntaktische Konnexität. *Studia Philosophica 1*, 1-27.

Allwood, J. / Andersson, L.-G. / Dahl, Ö., 1977. *Logic in Linguistics.* Cambridge: Cambridge University Press.

Ammann, H. 1928. Die menschliche Rede. *Sprachphilosophische Untersuchungen. 2. Teil: Der Satz.* Lahr.

Bäuerle, R., 1979. *Temporale Deixis, temporale Frage.* Tübingen: Narr.

Bäuerle, R. / Egli, U. / von Stechow, A., 1979. *Semantics from Different Points of View.* Heidelberg: Springer.

Ballweg, J., 1988. *Die Semantik der deutschen Tempusformen.* Düsseldorf: Schwann.

Barwise, J., 1987. Noun Phrases, Generalized Quantifiers and Anaphora. in: Gärdenfors (ed.), *Generalized Quantifiers.* Dordrecht: Reidel, 1-30.

Barwise, J. / Cooper, R., 1981. Generalized Quantifiers and Natural Language. *Linguistics and Philosophy 4*, 159-219.

Barwise, J. / Perry, J., 1987. *Situationen und Einstellungen: Grundlagen der Situationssemantik.* Berlin, New York: de Gruyter.

van Benthem, J., 1986. *Essays in Logical Structure.* Dordrecht: Reidel.

Bierwisch, M., 1975. Semantik. in: Lyons, J. (Hrsg.), 1975. *Neue Perspektiven in der Linguistik.* Reinbek: Rowohlt, 156-167.

– 1983a. Semantische und konzeptuelle Repräsentation lexikalischer Einheiten. in: Motsch, W./ Růžička, R. (Hrsg.), 1983. *Untersuchungen zur Semantik.* (= Studia grammatica 22). Berlin: Akademie-Verlag, 61-99.

Bühler, K., 1934. *Sprachtheorie.* Jena: Fischer.

Büring, D., 1992. *Die Zeitmaschine.* Unveröffentlichtes Manuskript: Universität Köln.

– 1997. *The Meaning of Topic and Focus – The 59th Street Bridge Accent.* London: Routledge.

– 2006. Intonation und Informationsstruktur. In: H. Blühdorn/ Breindl, E. / Waßner, U. H. (Hrsg). *Text - Verstehen. Grammatik und darüber hinaus.* Berlin/New York: de Gruyter, 144-163.

Carnap, R., 1934. *Logische Syntax der Sprache.* Wien: Julius Springer.

– 1947. *Meaning and Necessity.* Chicago: University of Chicago Press.

Cann, R., 1993. *Formal Semantics. An Introduction.* Cambridge: Cambridge University Press.

Chafe, W., 1976. Givenness, contrastiveness, definiteness, subjects, topics and point of view.. In: Li C. N./ Thompson, S. (Hrsg.), *Subject and Topic.* New York: Academic Press, 27-55.

Chierchia, G. / McConnell-Ginet, S., 1990. *Meaning and Grammar. An Introduction to Semantics.* Cambridge, Mass.: MIT-Press.

Chomsky, N., 1971. Deep structure, surface structure, and semantic representation. In: D. Steinberg / Jakobovitz, L.A (Hrsg.), *Semantics.* Cambridge: Cambridge Universit Press: 193-217.

– 1977. On WH-movement. In: Cullicover, P. / Wasow, T. / Akmajian, A. (eds.), *1977. Formal Syntax.* New York: Academic Press, 71-132.

– 1981. *Lectures on Government and Binding.* Dordrecht: Foris.

– 1986. *Knowledge of Language. Its Nature, Origin and Use.* New York: Praeger.
Church, A., 1956. *Introduction to Mathematical Logic.* Princeton: Princeton University Press.
Coffa, J. A., 1991. *The Semantic Tradition from Kant to Carnap.* London: Cambridge University Press.
Comrie, B., 1976. *Aspect.* London: Cambridge University Press.
Cresswell, M. J., 1973. *Logics and Languages.* London: Methuen.
– 1985. *Structured Meanings.* Cambridge/Mass.: MIT Press.

Dowty, D., 1979. *Word Meaning and Montague Grammar.The Semantics of Verbs and Times in Generative Semantics and in Montagues PTQ.* Dordrecht: Kluwer Academic Publishers.
Dowty, D. / Wall, R. / Peters, S., 1981. *Introduction to Montague Semantics.* Dordrecht: Reidel.

Ehrich, V., 1992. *Hier und Jetzt. Studien zur lokalen und temporalen Deixis im Deutschen.* Tübingen: Niemeyer.
Ehrich, V. / Vater, H. (Hrsg.), 1988. *Temporalsemantik. Beiträge zur Linguistik der Zeitreferenz.* Tübingen: Niemeyer.
Engelberg, St., 1994. *Ereignisstrukturen. Zur Syntax und Semantik von Verben. Arbeiten des Sonderforschungsbereichs 282, Theorie des Lexikons, Nr. 60.*

Fanselow, G. / Felix, S., 1987. *Sprachtheorie. Bd. 1: Grundlagen und Zielsetzungen, Bd. 2: Die Rektions- und Bindungstheorie.* München: Fink.
von Fintel, K., 1994. *Restrictions on Quantifier Domains.* Ph.D. Dissertation, Linguistics Association (GLSA), University of Massachusetts, Amherst.
Fodor, J. D., 1970. Three reasons for not deriving "kill" from "cause to die". *Linguistic Inquiry 1*, 429-438.
– 1977. *Semantics: Theories of Meaning in Generative Grammar.* New York: Crowell.
Frege, G., 1879, *Begriffsschrift, eine der arithmetischen nachgebildete Formalsprache des reinen Denkens.* Halle.
– 1892. Über Sinn und Bedeutung. in: Patzig, G. (Hrsg.), 1980[5], *Funktion, Begriff, Bedeutung.* Göttingen: Vandenhoeck & Ruprecht, 40-65.
– 1892. Über Begriff und Gegenstand. in: Patzig, G. (Hrsg.), 1980[5], *Funktion, Begriff, Bedeutung.* Göttingen: Vandenhoeck & Ruprecht, 40-65.
– 1986[3]. *Logische Untersuchungen.* in: Patzig, G. (Hrsg.), Göttingen: Vandenhock & Ruprecht.
Fukui, N. / Speas, M., 1986. Specifiers and Projections. *MIT Working Papers in Linguistics, Vol. 8*, 128-172.

Gabelentz, Georg v.d., 1869. Ideen zu einer vergleichenden Syntax. – Wort- und Satzstellung. *Zeitschrift für Völkerpsychologie und Sprachwissenschaft 6*, 376-384.
– 1891. *Die Sprachwissenschaft, ihre Aufgaben, Methoden und bisherigen Ergebnisse.* Leipzig: Weigel.
Gadamer, H.-G.. (ed.), 1960. *Wahrheit und Methode.* Tübingen: J.C.B Mohr.
Gärdenfors, P. (ed.), 1987. *Generalized Quantifiers.* Dordrecht: Reidel.
Gebauer, H., 1978. *Montague-Grammatik. Eine Einführung mit Anwendungen auf das Deutsche.* Tübingen: Niemeyer.
Groenendijk, J./ Stokhof, M., 1982. Semantic Analysis of WH-Complements. *Linguistics and Philosophy* 5, 175-233.
– 1984. On the semantics of questions and the pragmatics of answers. in: Landman, F./ Veltman, F. (Hrsg.), *Varieties of Formal Semantics.* Foris: Dordrecht, 143-170.
– 1997. Questions. in: van Benthem, J./ ter Meulen, A., *Handbook of Logic and Language.* Elsevier Science B.V.
Grewendorf, G., 1988. *Aspekte der deutschen Syntax. Eine Rektions-Bindungs-Analyse.* Tübingen: Narr.
Grewendorf, G. / Hamm, F. / Sternefeld, W., 1987. *Sprachliches Wissen. Eine Einführung in moderne Theorien der grammatischen Beschreibung.* Frankfurt/M: Suhrkamp.

Grewendorf, G. / Meggle, G. (Hrsg.), 1995. *Linguistik und Philosophie*. Weinheim: Beltz Athenäum.
Grice, H. P., 1975. Logic and Conversation. In: Cole, P. / Morgan, J. (eds.), *Syntax and Semantics 3: Speech Acts*. New York: Academic Press.

Halliday, M. A. K., 1967. Notes on transitivity and theme in English. Part 2 *Journal of Linguistics Volume III,* 1967, 199-244.
Hamblin, C. L.,1973. Questions in Montague Grammar. *Foundations of Language 10*, 41-53.
Heim, I., 1982. *The Semantics of Definite and Indefinite Noun Phrases*. Ph.D. dissertation, UMass.: Amherst.
Heim, I. / Kratzer, A., 1992. *Introduction to Semantics*. Unveröffentlichtes Manuskript: MIT & UMass
Herweg, M., 1990. *Zeitaspekte. Die Bedeutung von Tempus, Aspekt und temporalen Konjunktionen*. Wiesbaden: Deutscher Universitäts-Verlag.
Higginbotham, J., 1993. Questions. in: Hale, K./ Kayser, S. J. (Hrsg.), *The View from Building 20: Essays in Linguistics in Honor of Sylvain Bromberger*. Cambridge, Mass.: MIT-Press.
– 1996. The Semantics of Questions. in: Lappin, S., *The Handbook of Contemporary Semantic Theory*. Oxford: Basil Blackwell.
Hintikka, J. 1969. Semantics for Propositional Attitudes. In: *Philosophical Logic*. Davis J. W. (Hrsg.), Dordrecht: Reidel, 21-45.
Hockett, Ch. F., 1958. *A Course in Modern Linguistics*. The Macmillan Company: New York.
Hofstadter, D. R., 1985. *Gödel, Escher, Bach – ein endloses geflochtenes Band*. Stuttgart: Klett-Cotta.
Horn, L. 1969. A presuppositional theory of *only* and *even*. CLS, 5. Chicago: Chicago Linguistic Society.
Hughes, G. E. / Cresswell, M. J., 1968. *An Introduction to Modal Logic*. London: Methuen.

Jackendoff, R., 1972. *Semantic Interpretation in Generative Grammar*. Cambridge, Mass.: MIT Press.
– 1983. *Semantics and Cognition*. Cambridge, Mass.: MIT Press.
– 1990. *Semantic Structures*. Cambridge, Mass.: MIT Press.
– 1992. *Patterns in the Mind*. New York: Harvester Wheatsheaf.
Jacobs, J., 1982. *Syntax und Semantik der Negation*. München: Fink.
– 1983. *Fokus und Skalen. Zur Syntax und Semantik der Gradpartikeln im Deutschen*. Niemeyer: Tübingen.
– 1988, Fokus-Hintergrund-Gliederung und Grammatik. In: Altmann, H. (Hrsg.), 1988. *Intonationsforschungen*. Niemeyer: Tübingen.
– 1995. *Wieviel Syntax braucht die Semantik? Möglichkeiten und Grenzen einer sparsamen Theorie der Bedeutungskomposition*. Unveröffentlichtes Manuskript: Universität Wuppertal.
– I-Topikalisierung. In: *Linguistische Berichte 168*, 91 – 133.
– 2001. The dimensions of topic-comment. *Linguistics 39-4*, 641–681.
Jacobs, J. / von Stechow, A. / Sternefeld, W. / Vennemann, T. (Hrsg.), 1993. *Handbuch Syntax*. Bd. 1. Berlin, New York: de Gruyter.

Karttunen, L., 1977. Syntax and semantics of questions. *Linguistics and Philosophy 1*, 3–44.
Keller, J. / Leuninger, H., 1993. *Grammatische Strukturen – Kognitive Prozesse. Ein Arbeitsbuch*. Tübingen: Narr.
Kiparsky, P., 1989. Agreement and Linking Theory. Ms. Stanford University.
Klein, W., 1994. *Time in Language*. London: Routledge.
Kratzer, A., 1976. Was "können" und "müssen" bedeuten können müssen. *Linguistische Berichte 42*, 1-28.
– 1978. *Semantik der Rede. Kontexttheorie – Modalwörter – Konditionalsätze*. Königstein: Scriptor.
– 1979. Conditional Necessity and Possibility. in: Bäuerle, R. et. al. (eds.), *Semantics from Different Points of View*, 117-148.

– 1981. The Notional Category of Modality. In: Eikmeyer, H.-J./Rieser, H. (Hrsg.), 1981. *Words, Worlds, and Contexts. New Approaches in Word Semantics*. Berlin/New York: de Gruyter, 38-74.

– 1991. Modality. In: Stechow, A.v./ Wunderlich, D. (Hrgg.), 1991. *Semantik. Ein internationales Handbuch der zeitgenössischen Forschung*. Berlin/New York: de Gruyter, 639-650.

Krifka, M., 1989. Nominalreferenz, Zeitkonstitution, Aspekt, Aktionsart: Eine semantische Erklärung ihrer Interaktion. in: Abraham, W. / Jansen, Th., (Hrsg.), 1989. 227-259.

– 2001. For a structured account of questions and answers. in: Fery, C. / Sternefeld, W. (Hrsg.), *Audiatur Vox Sapientia. A Festschrift for Arnim von Stechow*, Akademie Verlag (= studia grammatica 52), Berlin, 287-319.

– 2004. The semantics of questions and the focusation of answers. In: Lee, C., Büring, D. (Hrsg.), *Topic and Focus: A Cross-Linguistic Perspective*, 139-151. Dordrecht: Kluwer Academic Publishers.

– 2005. Focus and/or Context: A second look at second occurrence expressions. In: Kamp, H., Partee, B. (Hrsg.), *Context-Dependence in the Analysis of Linguistic Meaning*. Elsevier Publications.

– 2007a. Basic notions of information structure. In: C. Fery / Krifka, M. (Hrsg.), *Interdisciplinary Studies of Information Structure 6*. Working Papers of the SFB 632. Potsdam: Universitätsverlag Potsdam, 221–235.

– 2007b. The semantics of questions and the focusation of answers. In: Gordon, M. / Lee, Ch. / Büring, D. (Hrsg.), *Topic and Focus*, 139-150.

Kripke, S. A., 1959. A Completeness Theorem in Modal Logic. *Journal of Symbolic Logic 24*, 1-14.

– 1972. Naming and Necessity. in: Harman, G. / Davidson, D. (eds.), *Semantics of Natural Language*. Dordrecht: Reidel.

– 1981. *Name und Notwendigkeit*. Frankfurt/Main: Suhrkamp.

von Kutschera, F., 1976. *Einführung in die intensionale Semantik*. Berlin, New York: de Gruyter.

von Kutschera, F. / Breitkopf, A., 1979. *Einführung in die moderne Logik*. München: Karl Alber Verlag.

Lang, E., 1977. *Semantik der koordinativen Verknüpfung*. Berlin: AkademieVerlag.

Lang, E. / Umbach, C., 2002. Kontrast in der Grammatik: spezifische Realisierungen und übergreifender Konnex. *Linguistische Arbeitsberichte 79*, 145-186.

Lenerz, J., 1985. Über das Erkenntnisinteresse der Linguistik. In: *Beiträge zur Geschichte der deutschen Sprache und Literatur 107*, 325-343.

– 1986. Tempus und Pragmatik - oder: Was man mit Grice so alles machen kann. *Linguistische Berichte 102*, 136-154.

Levinson, St., 1983. *Pragmatics*. Cambridge: Cambridge University Press.

Lewis, D., 1976. General Semantics. in: Partee, B. (eds.), *Montague Grammar*. 1-50.

– 1981. Ordering Semantics and Premise Semantics for Counterfactuals. Journal of Philosophical Logic 10, 217-234.

Lindstrom, P., 1966. First-Order Logic and Generalized Quantifiers. *Theoria 32*, 187-195.

Linsky, L, 1967. *Referring*. London: Routledge & Kegan Paul.

Löbner, S., 1976. *Einführung in die Montague-Grammatik*. Kronberg/Ts.: Scriptor.

– 1990. *Wahr neben Falsch. Duale Operatoren als die Quantoren natürlicher Sprachen*. Tübingen: Niemeyer.

– 2003. *Semantik*. Berlin, New York: Walter de Gruyter.

Lohnstein, H., 2000. *Satzmodus – kompositionell. Zur Paramtrisierung der Modusphrase im Deutschen*. Berlin: Akademie-Verlag (= *studia grammatica 49*)

Lyons, J., 1983. *Semantik. Bde. 1 & 2*. München: Beck.

May, R., 1985. *Logical Form: Its Structure and Derivation*. Cambridge, Mass.: MIT-Press.

McCawley, J., 1981. *Everything that Linguists have Always Wanted to Know about Logic* - *but were ashamed to ask.* Oxford: Basil Blackwell.
Milsark, G., 1977. Towards an Explanation of Certain Peculiarities of the Existential Construction in English. *Linguistic Analysis 3,1*, 1-30.
Montague, R., 1973. The Proper Treatment of Quantification in Ordinary English. in: Hintikka, K.J.J. / Moravcsik, J. / Suppes, P. (eds.), *Approaches to Natural Language*. Dordrecht: Reidel, 221-242.
– 1974. *Formal Philosophy*. Herausgegeben von R.H. Thomason. New Haven: Yale University Press.
Mostowski, A., 1957. On a Generalization of Quantifiers. *Fund. Math. Vol. 44*, 12-36.

Oberschelp, A., 1992. *Logik für Philosophen*. Mannheim: B·I· Wissenschaftsverlag.
Öhlschläger, G., 1989. *Zur Syntax und Semantik der Modalverben des Deutschen*. Tübingen: Niemeyer.

Pafel, J., 1991. Zum relativen Skopus von w- und Q-Phrasen (w/Q)-Interaktion. In: Reis, M. / Rosengren, I. (Hrsg.), 1991. *Fragesätze und Fragen*. Tübingen: Niemeyer, 49-76.
Partee, B., 1973. Some Structural Analogies Between Tenses and Pronouns in English. *The Journal of Philosophy 70*, 601-609.
– 1975. Montague Grammar and Transformational Grammar. *Linguistic Inquiry VI,2*, 203-300.
– (ed.), 1976. *Montague Grammar*. New York: Academic Press.
– 1979. Semantics – Mathematics or Psychology. in: Bäuerle, R. et. al. (eds.), 1979. *Semantics from Different Points of View*, 1-14.
Partee, B. / ter Meulen, A. / Wall, R., 1990. *Mathematical Methods in Linguistics*. Dordrecht: Kluwer Academic Publishers.
Paul, H., 1880. *Prinzipien der Sprachgeschichte*. (8. Auflage, Tübingen: Niemeyer 1975).
Popp, W., 1981. *Wege des exakten Denkens*. München: Ehrenwirth.
Popper, K., 1976[6]. *Logik der Forschung*. Tübingen: Mohr.
Posner, R., 1979. Bedeutung und Gebrauch der Satzverknüpfer in den natürlichen Sprachen. in: Grewendorf, G. (Hrsg.), Sprechakttheorie und Semantik, 345-385.
Prior, A.N., 1967. *Past, Present, and Future*. Oxford: Oxford University Press.

Quine, W.V., 1974. *Grundzüge der Logik*. Frankfurt/Main: Suhrkamp.
– 1995. *Unterwegs zur Wahrheit*. Paderborn: Schöningh.

Reichenbach, H., 1947. *Elements of Symbolic Logic*. New York: The Free Press (Nachdruck: 1966).
Rescher, N. / Urquhart, A., 1971. *Temporal Logic*. New York: Springer.
Riemsdijk, H. van / Williams, E., 1986. *Introduction to the Theory of grammar*. Cambridge, Mass.: MIT Press.
Rooth, M., 1985. *Association with Focus*. Doctoral Dissertation, University of Massachusetts, Amherst.
– 1996. Focus. in: Lappin, S. (Hrsg.): *The Handbook of Contemporary Semantic Theory*. Oxford: Blackwell Publishers Ltd.
Russell, B., 1967. *Probleme der Philosophie*. Frankfurt/Main: Suhrkamp.
Russell, B. / Whitehead, A.N., 1986. *Principia Mathematica*. Frankfurt/Main: Suhrkamp.

Schönfinkel, M., 1924. Über die Bausteine der mathematischen Logik. *Mathematische Annalen 92*, 305-316.
Schwarz, M. / Chur, J., 1993. *Semantik. Ein Arbeitsbuch*. Tübingen: Narr.
Schwarzschild, R., 1999. Givenness, AvoidF and other Constraints on the placement of accent. *Natural Language Semantics 7*, 141-177.
Selkirk, E. O., 1984. *Phonology and Syntax. The Relation between Sound and Structure*. Cambridge: Cambridge University Press.

Siebel, W., 1975. *Grundlagen der Logik.* München: Fink.
Stalnaker, R. 1978. Assertion. In: P.Cole (Hrsg.): *Pragmatics: Syntax and Semantics, Volume 9.* New York: Academic Press.
– 2002. Common Ground. Linguistics and Philosophy 25, 701-21.
von Stechow, A., 1990. Focusing and Backgrounding Operators. In: Werner Abraham (Hrsg.) *Discourse Particles.* Amsterdam: John Benjamins. 37-84.
– 1991. Syntax und Semantik. in: von Stechow, A. / Wunderlich, D. (Hrsg.), 90-148.
– 2007. *Schritte zur Satzsemantik.* Teil 1 - 3. Skript Universität Tübingen. Als Internet-Adresse: http://vivaldi.sfs.nphil.uni-tuebingen.de/~arnim10/.
von Stechow, A. / Sternefeld, W., 1988. *Bausteine syntaktischen Wissens. Ein Lehrbuch der generativen Grammatik.* Opladen: Westdeutscher Verlag.
von Stechow, A. / Wunderlich, D. (Hrsg.), 1991. *Semantics - An International Handbook of Contemporary Research.* New York, Berlin: de Gruyter.
Stegmüller, W., 1979[6]. *Hauptströmungen der Gegenwartsphilosophie. Bd. 2.* Stuttgart: Kröner
Störig, H.J., 1961[2]. *Kleine Weltgeschichte der Philosophie. Bde. 1 & 2.* Frankfurt/Main: Fischer
Strawson, P.E., 1972. *Einzelding und logisches Subjekt (Individuals).* Stuttgart: Reclam.

Tarski, A., 1944. The semantic conception of truth. *Philosophy and Phenomenological Research 4*, 341-375.
– 1965. *Introduction to Logic and to the Methodology of Deductive Sciences.* New York, Oxford: University Press.
Taylor, B., 1977. Tense and Continuity. *Linguistics and Philosophy 1.2*, 199-220.
Thomason, R. H., 1974. Introduction. in: Montague, R., 1974.
Tichý, P., 1985. Do we need intervall semantics. *Linguistics and Philosophy 8*, 263-282.

Uhmann, S., 1991. *Fokusphonologie. Eine Analyse deutscher Intonationskonturen im Rahmen der nicht-linearen Phonologie.* Tübingen: Niemeyer.

Vater, H., 1975. *Werden* als Modalverb. in: Calbert, J. M. / Vater, H. (Hrsg.), *Aspekte der Modalität.* Tübingen: Narr, 71-148.
– 1986. *Einführung in die Referenzsemantik.* (= KLAGE 11, (Kölner Linguistische Arbeiten - GEr-manistik)). Köln.
– 1994[3]. *Einführung in die Zeitlinguistik.* Hürth-Efferen: Gabel.
– 1994. *Einführung in die Sprachwissenschaft.* München: Fink.
Vendler, Z., 1967. Verbs and Times. in: Vendler, Z. (ed.), *Linguistics and Philosophy.* Ithaka: Cornell University Press.g
Verkuyl, H.J., 1993. *A Theory of Aspectuality. The interaction between temporal and atemporal structure.* Cambridge: Cambridge University Press (= *Cambridge Studies in Linguistics 64*).

Wall, R., 1972. *Introduction to Mathematical Linguistics.* Englewood Cliffs: Prentice-Hall
Westerståhl, D., 1987. Branching Generalized Quantifiers and Natural Language. in: Gärdenfors (ed.), *Generalized Quantifiers.* Dordrecht: Reidel, 269-298.
Wittgenstein, L., 1921. *Tractatus logico-philosophicus.* Neu aufgelegt 1980[15]. Frankfurt/Main: Suhrkamp (= *edition suhrkamp 12*).
– 1971[14]. *Philosophische Untersuchungen.* Frankfurt/Main: Suhrkamp.
Wunderlich, D., 1980. *Arbeitsbuch Semantik.* Königstein/Ts.: Athenäum.
– 1981[2]. *Grundlagen der Linguistik.* Opladen: Westdeutscher Verlag.

Zeller, J., 1994. *Die Syntax des Tempus. Zur strukturellen Repräsentation temporaler Ausdrücke.* Opladen: Westdeutscher Verlag.

Register